B. JOHNSON

# STRENG GEHEIM

Die Blohm und Voß
143 – lenkbares Luft-
torpedo gegen Schiffs-
ziele. Eine von vielen
Lenkraketen, die be-
reits im Kriege von
Deutschland entwickelt
wurden. Die BV 143
stand 1941 im Ver-
suchsstadium, gelangte
aber nicht zum Einsatz.

B. JOHNSON

# STRENG GEHEIM

## Wissenschaft und Technik im Zweiten Weltkrieg

Geheime Archive
erstmals ausgewertet

Veröffentlicht 1978 von der British Broadcasting Corporation, London, unter dem Titel ›The Secret War‹.

Ins Deutsche übertragen von:
Hans H. Schmidt und Wolfgang Dierich

*Bildnachweis:* Nachstehenden Personen und Institutionen schulden wir Dank für die Erlaubnis zur Verwendung von Abbildungen:
A&AEE, Boscombe Down (1); Admiralty Surface Weapons Establishment (1); Aeroplane (1); AP (1); BBC (7); BICC (1); BZ Stuttgart (3); C. Babington Smith (1); Stewart Bale Ltd. (1); Général Bertrand (4); Bundesarchiv (4); Crown Copyright (15); B. Drew (1); Flight (6); Galinski (3); Gloster Aircraft Ltd. (1); HMSO (2); Hawker Aircraft Ltd. (4); Imperial War Museum (120); Brian Johnson (18); Keystone Press Agency (3); Colonel Lisicki (1); Ministry of Defence (1); National Film Board of Canada (3); Novosti Press Agency (1); NRK Fjernsynet Oslo (1); Torbjörn Olansson (1); Alfred Price (1); Public Record Office (4); Radio Research Station (National Physical Laboratory) Slough (2); Radio Times Hulton Picture Library (2); Marian Rejewski (1); Rolls-Royce (1); Royal Aircraft Establishment, Farnborough (4); Royal Radar Establishment (4); Science Museum, London (1); John Tarlow (1); Fritz Trenkle (8); US Navy National Archives (4); Günther Unger (1); Vickers (1).

Die Skizzen und Zeichnungen schuf David Ashby.

Lizenzausgabe mit Genehmigung der
Paul Pietsch Verlage GmbH, Stuttgart
für den Weltbild Verlag GmbH, Augsburg
Einbandgestaltung: Bine Cordes, Weyarn
Gesamtherstellung: Wiener Verlag, Himberg bei Wien
Printed in Austria
ISBN 3-89350-818-X

# Inhalt

# WIEDERKEHRENDE ABKÜRZUNGEN UND BEGRIFFE

AI Airborne Interception – Flugzeugbordradargerät
AMRE Air Ministry Research Establishment – Luftwaffenerprobungsstelle der RAF
ASDIC Allied Submarine Detection Investigation Committee – Alliiertes U-Boot-Ortungs- und Untersuchungskomitee, allgemeine Bezeichnung für U-Boot-Ortungsgeräte der Alliierten
ASV Air-to-Surface-Vessel; Flugzeugbordradargerät der Alliierten für die Aufspürung und Bekämpfung von Schiffen
ATS Auxiliary Territorial Service; Territorialer Hilfsdienst
BBC British Broadcasting Service; englische Rundfunk- und Fernsehanstalt
CAM Catapult armed merchant ship; mit Flugzeugkatapulten ausgerüstete bewaffnete Handelsschiffe der Alliierten
CHL Chain-Home-Low; Heimatluftverteidigungskette Englands zur Erfassung tieffliegender Feindflugzeuge
COXE Combined Operations Experimental Establishment; gemeinsame Einsatzerprobungsstelle der Briten
CR/DF Cathode Ray/Direction Finding; Peilgerät mit Sichtanzeige
CVE Carrier Vessel Escort; Begleitschutz-Flugzeugträger
DMWD Department of Miscellaneous Weapons Development; Abteilung für Waffenentwicklungen aller Art
DSO Distinguished Service Order; Kriegsverdienstorden
DWI Directonal Wireless Installation; gerichtetes Funktelegrafiegerät – Tarnbezeichnung für mit Spulenringen versehene Minenräumflugzeuge
FuG Funkgerät
FZG Flakzielgerät; Tarnbezeichnung für die V 1
GEE englisches Funknavigationsverfahren
GNAT German Naval Acoustic Torpedoes; akustische Torpedos der deutschen Kriegsmarine wie beispielsweise T 5 ›Zaunkönig‹
HF/DF High Frequency/Direction Finding; Kurzwellenpeiler
HMS Her Majesty's Station/Ship; Marinestützpunkt oder Schiff der britischen Marine
hz Hertz; physikalische Maßeinheit
H2S Bezeichnung für ein britisches Bordradargerät der RAF
IFF Identification-Friend-Foe; Freund-Feind-Kenngerät der Luftstreitkräfte
ILS Instrument Landing System; Schlechtwetteranflugverfahren
KG Kampfgeschwader der Luftwaffe
KGr Kampfgruppe der Luftwaffe
kHz Kilohertz; physikalische Maßeinheit
KW Kurzwelle
LORAN Long Range Navigation; Langstreckennavigationsverfahren
LZ Luftschiff Zeppelin
MAC Merchant Aircraft Carrier; alliiertes Handelsschiff, das als Flugzeugträger eingesetzt werden konnte
Mhz Megahertz; physikalische Maßeinheit
mph Miles per hour; (5 englische Landmeilen entsprechen 8 km)
NJG Nachtjagdgeschwader der Luftwaffe
OR Operational Research; Einsatzforschung im Auftrag der Streitkräfte
PPI Plan-Position-Indicator; Rundsichtanzeige auf einem Radar
Radar Radio Direction and Ranging; Funkmeßortung
RAF Royal Air Force; britische Luftwaffe
RCM Radio Counter Measure; Funkstör- und Abwehrmaßnahmen
RDF Radio Direction Finding; Funkpeil-/Funkortungsverfahren
Stuka Sturzkampfbomber
TR Transmitter/Receiver; Bordsende- und -empfangsgerät
UKW Ultrakurzwelle
VHF Very High Frequency; im deutschen Sprachgebrauch UKW
W Werfer; Bezeichnung für V-Waffen Regimenter
WAAF Women's Auxiliary Air Force; Stabshelferinnen der RAF
WRNS Women's Royal Navy Service; Stabshelferinnen der britischen Kriegsmarine
X-Gerät Navigationsgerät der deutschen Luftwaffe
Y-Dienst Funkhorchorganisation der britischen Streitkräfte
Y-Gerät Navigationsgerät der deutschen Luftwaffe

## DANKNOTE DES VERFASSERS

*Dieses Buch ist all jenen gewidmet, die im stillen ihre Pflicht getan haben.*

Dieses Buch ist anhand der Unterlagen der BBC-Fernsehserie ›Streng Geheim‹ geschrieben worden. Zu Dank bin ich allen denen verpflichtet, die das Material für die sechs Sendungen zusammengetragen haben, aus dem ich überreiche Anregungen empfing.

Charmian Campbell recherchierte das Kapitel ›Hochfrequenzkrieg‹ und ›Radar gegen Radar‹ und interviewte viele der daran Beteiligten in England und Deutschland.

Susan Bennett spürte Zeit- und Augenzeugen in Deutschland, Polen und Frankreich auf, um zahlreiche Fragen über deutsche Chiffriermaschinen und -methoden – insbesondere über ›Enigma‹ – zu klären.

Kate Haste kämmte die Archive nach Neuigkeiten über die V 1 und V 2 durch und ergänzte sie durch persönliche Gespräche mit Männern und Frauen, die darin verwickelt waren.

Mein Kollege Fisher Dilke, der das Drehbuch für den Teil der Serie über die Schlüsselmaschinen schrieb, unterstützte mich mit ergänzenden Untersuchungen zur Vorbereitung des letzten Kapitels dieses Buches. Außerdem bin ich dem Staatsarchiv London für die Benutzung von Archivunterlagen verbunden. Und schließlich fühle ich mich Tony Kingsford und Paul McAlinden von der BBC-Buchabteilung zu außerordentlichem Dank verpflichtet für ihre freundliche Aufgeschlossenheit zur Herausgabe und großzügige Gestaltung des Manuskriptes, die sich in Form dieses Buches niederschlägt.

1939 das Britische Konsulat in Oslo.

EINFÜHRUNG

# Der Oslo-Report

In seiner Ansprache am 19. September 1939 in Danzig hatte sich Hitler des Besitzes furchtbarer Geheimwaffen gerühmt, gegen die Deutschlands Feinde machtlos seien. Gewißheit über wenigstens einige dieser Geheimnisse sollte bald aus einer Quelle kommen, aus der man sie am wenigsten erwartet hätte – aus Deutschland selbst. Dies dürfte in der langen Geschichte der Spionage zu den unglaublichen Glücksfällen zählen.

In den frühen Morgenstunden des 5. November 1939 wurde im Britischen Konsulat zu Oslo – im damals noch neutralen Norwegen – ein Päckchen auf einem Fenstersims hinterlegt. Es war an den Marine-Attaché adressiert. Es enthielt mehrere Seiten in deutscher Schreibmaschinenschrift und ein kleines Elektronikgerät, das nach Prüfung durch Dr. R. V. Jones vom Wissenschaftlichen Nachrichtendienst des Luftfahrtministeriums in London als Abstandszünder für eine Flakgranate identifiziert wurde, der offensichtlich nur beigefügt war, um die Echtheit des viel wichtigeren Schriftstückes zu beweisen. Der später als Oslo-Report bekanntgewordene Schriftsatz offenbarte die Zielsetzungen der militärwissenschaftlichen deutschen Forschung. Er enthielt auch ein so streng gehütetes Geheimnis wie den Hinweis auf Peenemünde als deutsches Forschungszentrum.

Der Mittelsmann berichtete, daß das jüngste geheime ›Wunderflugzeug‹ der Luftwaffe, die Junkers Ju 88, als schnelles Sturzkampfflugzeug eingesetzt werden sollte, eine in England bisher unbekannte Tatsache. Er behandelte ausführlich die deutschen Radarentwicklungen und bestätigte, daß auch die deutschen Jagdflieger, die eine ›Wellington‹-Bomberstaffel bei einem Einsatz auf Wilhelmshaven nahezu aufgerieben hatten, durch Radar geführt worden waren. Er deckte die Arbeitsweise eines deutschen Nachtjagd-Funkmeßgerätes auf – später Y-Gerät genannt –, das im sich entwickelnden ›Hochfrequenzkrieg‹ eine Rolle spielen sollte. Der Report umriß auch die so bedeutsame Raketenentwicklung.

Der Brief war schlicht gezeichnet mit »Ein deutscher Wissenschaftler, der Ihnen wohlgesonnen ist«. Sein Inkognito wurde nie gelüftet, aber er muß in hervorragender Position tätig gewesen sein. Viele Skeptiker in London bezweifelten die Echtheit des Dokumentes. Andere bezeichneten es als Spielmaterial, als Propagandamaterial zur Untergrabung der britischen Moral. Jones stimmte diesen Ansichten nicht zu; er betrachtete die Unterlagen als echt. Und tatsächlich äußerte er später einmal: »In den wenigen Atempausen des Krieges pflegte ich den Oslo-Report aufzuschlagen, um nachzulesen, was denn wohl als nächstes käme.«

Der Oslo-Report war ein deutliches Menetekel dafür, daß der Krieg mehr denn je nicht nur ein Ringen der Soldaten, sondern auch der Wissenschaftler gegeneinander sein würde. Diesen Krieg konnte England nur deshalb bestehen, weil es schon

1938 vorsorgliche Maßnahmen ergriffen hatte. Bereits damals war eine Liste von mehr als 5000 Wissenschaftlern zusammengestellt worden. So standen hochqualifizierte Kräfte aus Hochschulen und Industrie bereit, die den Kern einer achtungsgebietenden Armee bildeten, und die für einen neuartigen, geheimen Elektronikkrieg gewappnet waren.

*Oben:* Diese He 111 mußte zu Beginn des Krieges in England notlanden. Sie blieb fast unbeschädigt, wurde von der RAF instandgesetzt und testgeflogen. Obwohl sie britische Hoheitsabzeichen erhielt, beließ man ihr auch das deutsche Geschwaderabzeichen des KG 26 – ›Vestigium Leonis‹. Wahrscheinlich barg man aus ihr die Papierschnitzel, denen britische Nachrichtenoffiziere erst Hinweise auf das Peilverfahren ›Knickebein‹ entnahmen. Die ›Knikkebein‹-Antenne ist unter dem Rumpf, gleich links von der Kokarde, zu erkennen.

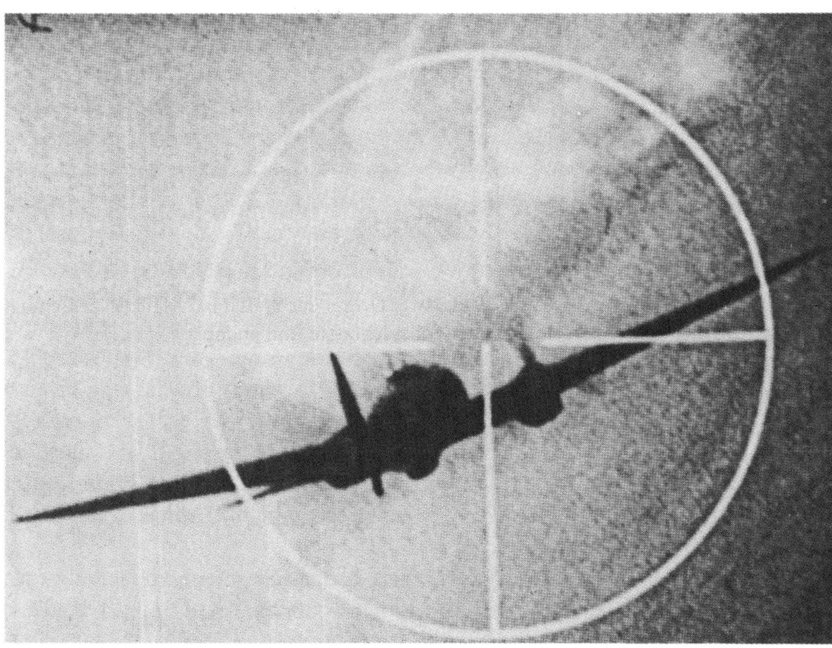

# 1. Hochfrequenzkrieg

In den ersten Monaten des Jahres 1940 begann die deutsche Luftwaffe, Nachtbomber über den verdunkelten britischen Städten und ländlichen Gebieten einzusetzen. Nicht in großen Kampfverbänden, wie befürchtet, sondern mit einzelnen Flugzeugen, die, so schien es, die Nachtabwehr- und Luftverteidigungsmethoden, die es damals praktisch noch nicht gab, sondieren sollten. Doch im März 1940 wurde einer dieser nächtlichen Wanderer vom Bodenradar erfaßt und durch einen Nachtjäger abgeschossen.

Die abgeschossene Maschine war eine Heinkel He 111. Sie trug die Kennzeichen 1H + AC, gehörte damit also zum Kampfgeschwader 26. Dies herauszufinden war für die Offiziere des Technischen Nachrichtendienstes der RAF reine Routine. Ihre Untersuchungen waren äußerst gründlich, denn aus dem Bruch der He 111 barg man Papierreste, die dem Beobachter wohl als Gedankenstütze gedient hatten. Die Übersetzung lautete:

> »Navigationshilfen: Funkfeuer arbeiten nach Plan A. Zusätzlich ab 06 Uhr 00 Funkfeuer Dühnen. Nach Eintritt der Dunkelheit Blinkfeuer. Funkfeuer Knickebein von 06 Uhr 00 auf 315 Grad.«

*Unten:* Eine He 111 im Reflexvisier eines Jägers. Wie bei allen Bombern – nicht nur den deutschen – war die Abwehrbewaffnung der He 111 im Jahre 1940 den ›Spitfire‹- und ›Hurricane‹-Jägern unterlegen. Britische Nachtjäger schossen einige Kampfflugzeuge nach Sicht ab, da sie noch keine Bordradargeräte zur Verfügung hatten.

Die Bedeutung dieses Papierfragments lag im Hinweis auf ein Funkfeuer ›Knickebein‹. Dieser Codename wurde zum ersten Mal erwähnt mit dem Hinweis auf eine Richtungsangabe durch irgendeine Art von Leitstrahlen.

Rein zufällig wurde bald darauf eine weitere He 111 abgeschossen. Sie trug ebenfalls die Kennzeichen 1H + AC. Offensichtlich war sie an die Stelle der früher abgeschossenen He 111 im KG 26 getreten. Wie schon die erste Maschine führte auch sie aufschlußreiche Notizen an Bord mit; das Tagebuch eines Besatzungsmitgliedes, das folgende Eintragungen verzeichnete:

> »5. 3. 1940. Zwei Drittel der Staffel in Urlaub. Nachmittags über ›Knickebein‹ nachgelesen, über Schlauchboote und anderes.«

›Knickebein‹ bedeutet wörtlich soviel wie ›krummes Bein‹; es ist auch der Name eines Wunderraben in der deutschen Literatur. Selbstverständlich war es wichtig, mehr über diese geheimnisvolle Erfindung zu erfahren. Eine einfache und altbewährte Methode zur Klärung gegnerischer Geheimnisse war die Vernehmung von Kriegsgefangenen.

Viele deutsche Gefangene der Luftwaffe wurden bis zu einem gewissen Maße Opfer der eigenen Propaganda. Man hatte sie glauben gemacht, daß sie bei einer Gefangennahme entweder auf der Stelle erschossen oder zumindest gefoltert würden. Sie waren nicht auf die äußerst geschickte und höfliche Form einer

Ausfragung durch den Major Felkin von der Abteilung 1 (K) des Luftwaffennachrichtendienstes in Trent Park bei Cockfosters, nördlich von London, vorbereitet. So befragte Major Felkin auch im Verlauf einer Vernehmung einen Gefangenen

Trent Park, heute ein Lehrerseminar, war einst die zentrale Vernehmungsstelle für gefangene Luftwaffenbesatzungen.

über ›Knickebein‹. Der Mann druckste herum, gab dann aber zu, daß es etwa wie ein ›X-Gerät‹ sei, und daß ein Kurzwellen-Leitstrahl verwendet würde, der nur knapp mit einem Kilometer Breite über London liege. Es war nicht das erste Mal, daß Gefangene Anspielungen auf ein ›X-Gerät‹ machten. Hier wurde es aber zum ersten Mal mit ›Knickebein‹ in Zusammenhang gebracht. Eine frühere nachrichtendienstliche Meldung mit Datum vom 4. März 1940 besagte:

> »Die ›X-Geräte‹ sind Bombenabwurfhilfsmittel. Sie verwenden Funkmeßimpulse in Form von sich kreuzenden Leitstrahlen deutscher Sender. Es entsteht ein kleines Überschneidungsfeld, in dem sich die Kennungen von zwei Sendestationen vereinigen und ein Signal erzeugen, das zugleich den Bombenabwurfmechanismus automatisch zum Auslösen bringen kann.«

Die Ähnlichkeit beider Aussagen war Dr. R. V. Jones – dem jetzigen Professor – vom wissenschaftlichen Nachrichtendienst der Luftwaffe aufgefallen. Nachdem er alle erreichbaren Informationen überdacht hatte, spürte er, ohne es recht beweisen zu können, daß dies eine besonders wichtige Angelegenheit war, die er in seinen Bericht »Hinweise auf neue deutsche Waffen, die gegen England eingesetzt werden können«, aufnehmen mußte. Er formulierte das so:

> »Es ist möglich, daß sie ein System sich kreuzender Leitstrahlen entwickelt haben, mit dem sie ein Ziel, wie z. B. London, eingabeln können, mit ausreichender Treffsicherheit für eine Flächenbombardierung. Es gibt keine Information, die Aufschlüsse über benutzte Wellenlängen zuläßt, aber die Richtgenauigkeit, die von den Deutschen erwartet wird, liegt etwa bei einer halben Meile, auf eine Entfernung von London bis zur deutschen Westgrenze. Unsere Bemühungen, eventuelle Wellenlängen festzustellen, sind im Gange, damit Gegenmaßnahmen getroffen werden können.«

Eine deutsche Feldfunkstelle. Die Luftwaffe stützte sich hauptsächlich auf Funkverbindungen ab, vor allem in besetzten Ländern, wo Fernsprechleitungen fehlten oder unzuverlässig waren. Die Textchiffrierung erfolgte über ›Enigma‹-Schlüsselmaschinen.

Der Bericht war vom 23. Mai. Die deutsche Luftwaffe hatte bereits mit Nachteinsätzen gegen England begonnen. Der britische Nachrichtendienst vermutete, daß die Kampfflugzeuge sehr wohl ein Leitstrahlsystem, wie von Jones aufgezeigt, anwenden könnten. Aber es war zu jener Zeit sehr schwierig, nähere Einzelheiten über ›Knickebein‹ zu erhalten. Die Deutschen hatten mittlerweile die Niederlande und halb Frankreich besetzt; Dünkirchen lag nur wenige Tage zurück. Es war kein günstiger Zeitpunkt, Agenten anzuheuern. Doch der nächste entscheidende Tip im ›Knickebein‹-Rätselspiel sollte wieder von den Deutschen selbst kommen.
Der rasante Vorstoß der Deutschen führte dazu, daß die Frontverbände der Luftwaffe bereits Absprunghorste in Nordfrankreich benutzten. Sie bereiteten die zu erwartende Invasion Englands vor und konnten die Verbindung zu ihren Kommandostäben nur per Funk aufrechterhalten. Die Befehle wurden nach dem ›Enigma‹-Code verschlüsselt, der als unlösbar galt. Eine von diesen Meldungen wurde am 5. Juni an den Nachrichtenführer beim IV. Fliegerkorps abgesetzt. Noch während die Fünfer-Gruppen vom Dechiffriertrupp der deutschen Luftwaffe entschlüsselt wurden, befand sich der abgehörte Funkspruch in Bletchley Park, England, auch schon zum Entziffern in Bearbeitung.

Die Geschichte der Entzifferung des ›Enigma‹-Codes ist Gegenstand des Kapitels 6. Vorerst genügt es zu sagen, daß der Code ›geknackt‹ wurde. Die Meldung an das IV. Fliegerkorps zählte zu einer der ersten Entzifferungen. Sie wurde an Oberst Blandy vom ›Y-Geheimdienst‹ der RAF übermittelt, der die Abteilung des Nachrichtendienstes leitete, die für die Überwachung des deutschen Luftwaffen-Funkverkehrs zuständig war.

Die entzifferte Meldung lautete:

> »Knickebein-Kleve ist auf Punkt 53 Grad 24 Minuten Nord und ein Grad West eingerichtet.«

Dies besagte für irgendeinen Angehörigen des Britischen Luftfahrtministeriums gar nichts. Oberst Blandy gab sie aber glücklicherweise an Dr. Jones weiter, für den es der entscheidende Hinweis war, auf den er schon lange gewartet hatte. ›Knickebein‹ kannte er bereits als Decknamen für das vermutete Leitstrahlsystem. Kleve ist jene Stadt, aus der ›Anna von Kleve‹ kam (die zweite Frau von König Heinrich VIII.). Es war der am weitesten westlich gelegene Punkt Deutschlands und deshalb der geeignete Platz für einen Richtstrahlsender, der England erreichen konnte. Der Punkt 53° 24′ Nord – 1° West liegt in England im freien Gelände nahe Retford, etwa dort, wo die Fernstraße London–Edinburgh – die alte ›A 1‹ – den ersten westlichen Längengrad schneidet.
Jones zog hieraus den einfachen Schluß, daß ein Navigationsflugzeug im Einsatz gewesen war, um zu überprüfen, wo sich der Leitstrahl zu diesem besonderen Zeitpunkt tatsächlich befunden habe. Der Leitstrahl war offensichtlich auf Sheffield gerichtet gewesen. Der deutsche Aufklärer hatte jedoch festgestellt, daß der Strahl nicht über dem Zielort lag, weshalb er den fraglichen Funkspruch an seinen Heimatsender abgesetzt hatte. Um diese Annahme zu erhärten, wurde ferner ermittelt, daß die Bombereinheiten des IV. Fliegerkorps aus den Kampfgeschwadern KG 4 und KG 27 bestanden, die mit Heinkel 111 ausgestattet waren. Von ihnen wußte man, daß sie in der gleichen Nacht zum 5. Juni Englandeinsätze geflogen hatten, als man die ›Enigma‹-Funksprüche abhören konnte. Nebenbei sei bemerkt: Bevor Jones die entzifferten Funksprüche zu sehen bekam, hatten andere Mitarbeiter im Luftfahrtministerium daraus geschlossen, daß ein Agentensender in der Nähe der Großen Nord-Fernstraße A 1 in Betrieb sei. Eine Suchaktion in der Umgebung blieb erfolglos, auch auf den umliegenen Gehöften, sehr zur Enttäuschung der örtlichen Polizeiorgane, die gehofft hatten, einen deutschen Spion auf frischer Tat zu ertappen.
In einem Bericht umriß Jones den letzten Stand der Erkenntnisse:

> ». . . daß die Deutschen irgendein Verfahren besitzen, Leitstrahlen über England zu kreuzen, das ›Knickebein‹ genannt wird. Diese Schnittpunkte können mittels eines Empfangsgerätes in der Heinkel He 111 aufgefaßt werden. Ferner: Die Genauigkeit des Verfahrens beträgt eine Bogenminute oder etwa eine Quadratmeile. Dieses unbeeinflußbare Verfahren (so folgerte er) sei gar nicht ernst genug einzuschätzen.«

Das Treffen mit Oberst Blandy erfolgte am Morgen des 12. Juni 1940. Am gleichen Nachmittag hatte Jones eine weitere Begegnung und zwar mit Professor F. A. Lindemann, seinem alten Tutor von Oxford, jetzt wissenschaftlicher Berater des Premierministers Winston Churchill.
Lindemann hatte die ›Enigma‹-Meldung nicht gesehen. So ergab sich durch einen seltsamen Zufall, als er noch einige Fragen an Jones über deutsche Radartechnik stellte, die Frage, ob es nicht irgendwelche Entwicklungen von ›X-Geräten‹ gäbe, von denen er aus Gefangenenaussagen wisse. Lindemann befand sich in einer beachtlichen einflußreichen Stellung und Jones, den die deutschen Leitstrahlen ständig beschäftigten, benötigte jede nur mögliche Unterstützung, um die weiteren Nachforschungen anstellen zu können. Zu diesem Zweck zeigte er ihm eine Kopie der entschlüsselten Meldung; aber Lindemann war nicht zu überzeugen. Er äußerte dazu, daß die hohen Frequenzen, die für den Empfang genauer Richt-

Von links: R. V. Jones, Professor F. A. Lindemann und T. L. Eckersley (Nachkriegsfotos).

strahlen von Kleve bis nach England – über 420 Kilometer Entfernung – benötigt werden, durch die Erdkrümmung verhindert würden.

Glücklicherweise war Jones auf diesen Einwand gefaßt. Er hatte vor dem Kriege einen ähnlichen Vorschlag als Navigationshilfe für die RAF eingereicht, der aus eben diesem Grunde abgelehnt worden war. Doch ein Funkwellenexperte der Marconi Corporation, T. L. Eckersley, der jetzt als Berater des Luftfahrtministeriums für ›Y‹-Fragen tätig war, hatte in einer Ausarbeitung einen möglichen Ultra-Kurzwellensender auf dem Brocken, dem höchsten Berg des Harzes in Mitteldeutschland, berechnet. Die Studie wies nach, es sei zu erwarten, daß ein Ultra-Kurzwellensignal von Kleve aus fast über ganz England hinweg zu empfangen sein müßte. Jones entschloß sich, mit der Eckersley-Studie zu versuchen, Lindemann am nächsten Tage von den Leitstrahlen der Deutschen zu überzeugen; doch in den folgenden 24 Stunden überstürzten sich die Ereignisse.

Jones traf mit Major Felkin zusammen, berichtete ihm von den aufschlußreichen Unterlagen, die er nun in Form des abgefangenen deutschen Funkspruchs vorliegen habe und fragte, ob sich aus den Vernehmungen der KG 4- und KG 27-Leute etwas Neues über ›Knickebein‹ ergeben habe. Felkin erwiderte, bei der Befragung hätten sie nichts ausgesagt. Aber nach Rückkehr in ihre Unterkünfte, die mit ›Wanzen‹ bestückt waren, hätten sie Erfahrungen über ihre Vernehmung ausgetauscht. Einer meinte, er sei nach ›Knickebein‹ befragt worden. Worauf ein anderer sagte, er auch. Beide lachten dann und einer rief: »Die finden das nie heraus!« Für Jones war dies wie eine absolute Herausforderung: Der ›Knickebein‹-Empfänger mußte sich unter allen Umständen im Flugzeug befinden.

Das erste deutsche Flugzeug, das am 28. 10. 39 über England abgeschossen wurde, war eine Heinkel 111 von der 1. Staffel des KG 26. ›Spitfire‹ der 602. Staffel hatten sie beschossen, woraufhin sie eine Bruchlandung in der Nähe von Edinburgh machen mußte. Die Funkgeräte waren unversehrt und wurden zur Untersuchung zur britischen Erprobungsstelle Farnborough geschickt. In einem Erfahrungsbericht wurde die Beschreibung der gesamten Funkausrüstung veröffentlicht. Es war die damalige Standardausstattung der Luftwaffe, mit ausgezeichneten Empfängern und Übertragungsgeräten vom Typ FuG 10 für Lang- und Kurzwellen-, Sprech- und Tastverkehr, ferner ein Eigenpeilgerät und ein Lorenz-

Blindlandegerät EBL 2. Nichts Außergewöhnliches, so stellte der Bericht fest. Alles entsprach der Ausrüstung eines normalen Nachtbombers. Und doch stutzte Jones bei der Durcharbeitung des Berichtes über das EBL 2. Dies war eigentlich nur ein Leitstrahlempfänger jener Art, wie sie im Nahbereich – bis etwa 50 Kilometer – verwendet wurden, um ein Flugzeug bei schlechter Sicht zu seinem Fliegerhorst zu leiten. Jones grübelte darüber nach, ob es nicht trotzdem etwas Besonderes an diesem erbeuteten Gerät gab. Er rief den Verfasser dieses Berichtes Major Cox-Walker, in Farnborough an und fragte ihn, ob ihm irgend etwas Auffälliges an dem Lorenz-Peilgerät aufgefallen wäre. Cox-Walker dachte einen Moment nach und sagte: »Nein«, dann aber: »Warten Sie einen Augenblick – doch! Wissen Sie, wir haben uns etwas gewundert, daß das Gerät viel empfindlicher war, als man es sonst für Blindlandungen benötigt.«

Das war es! Die deutschen Gefangenen von Trent Park hatten gelacht, weil sie annehmen konnten, daß die Briten den Wald nicht vor Bäumen sehen würden: Sie mußten denken, was ja den Tatsachen entsprach, daß das EBL eben nur ein gewöhnliches Lorenz-Peilgerät sei.

Die RAF wußte recht viel über das Lorenz-Verfahren. Es gab da eine Blindflugerprobungseinheit in Boscombe Down und das Handbuch ›Blindlandeverfahren für Flugzeugführer‹, die Vorschrift 1751, die die Anflugverfahren beschrieb. Daran war nichts geheim. Das Lorenz-Verfahren war bei den Luftstreitkräften, wie auch in der Zivilluftfahrt, in verschiedenen Ländern seit Mitte der dreißiger Jahre im Gebrauch. Es ermöglichte den Piloten die Landung bei Nacht und schlechter Sicht. Aber wie arbeitete es?

Genaugenommen ist es ein Verfahren, bei dem zwei Peilstrahlen so gelegt werden, daß sie zwei breitgestreute Fächer von Funksignalen senden, die sich auf der Anfluggrundlinie überlappen. Die beiden Antennen waren automatisch so geschaltet, daß alternativ die eine nur Punkte und die andere nur Striche ausstrahlte. Die Trennimpulse der Striche und Punkte ergaben dort, wo sie sich überlappten, einen Dauerton. Dieses Mittelfeld des Dauertons wurde als ›Dauersignal‹ bezeichnet. Es war sehr schmal und präzise genug für einen Piloten mit entsprechendem Empfänger, um genau mitten auf der Anfluggrundlinie der Landebahn anzuschweben und zu landen. Die für diesen Zweck international festgelegten einheitlichen Frequenzen lagen zwischen 28 und 35 MHz.

Das Lorenz-Verfahren war einfach, erforderte aber vom Piloten einen hohen Ausbildungsstand im Blindflug, um *nur* nach Instrumenten zu fliegen, ohne Sicht auf einen natürlichen Horizont. Im Anfang des Anflugs, in etwa 25–30 Kilometer Entfernung, war der Lorenz-Empfänger auf die passende Frequenz einzustimmen. Lag das Flugzeug dann zum Beispiel links vom Anfluggrundkurs, hörte der Flugzeugführer Punktmorsezeichen in seinem Kopfhörer. Dann hatte er den Kurs nach rechts zu verbessern, bis die Punkte sich zu einem ständigen Ton wandelten – dem Dauerton. Jetzt hatte er wieder nach links zu steuern; tat er dies nicht in ausreichendem Maße, so geriet er in das Feld der ›Morsestriche‹. Korrigierte er den Kurs zu stark nach links, so kam er wieder in die Zone der ›Morsepunkte‹. Durch ständige kleine Kurskorrekturen nach links oder rechts – wie von den Punkt- und Strichsignalen angezeigt – vermochte er im ›Dauerton‹-Bereich zu bleiben und so die Richtung auf die unsichtbare Landebahn einzuhalten. Kam er dann näher, wurde der ›Dauerton‹-Sektor immer schmaler und genauer, bis er am Landekreuz weniger als die Breite der Landebahn erreichte. Die Genauigkeit

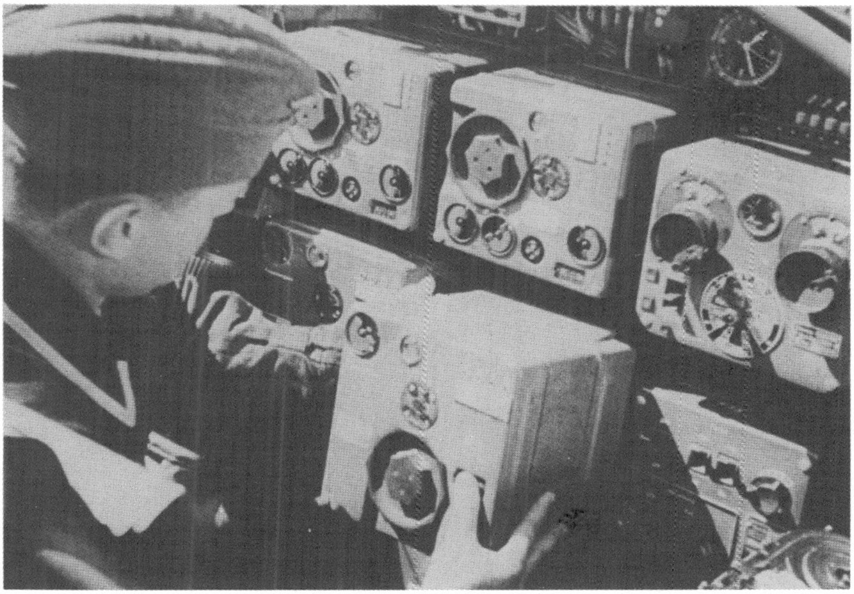

*Rechts:* Typische Funkausrüstung eines Ju 88-Nachtbombers im Jahre 1940. Ein Funkwart schiebt eine herausnehmbare Senderbox an ihren Platz. Diese FuG 10-Geräte waren nach dem Baukastensystem konzipiert und höchst modern. Alle Steckverbindungen waren passend gemacht, wodurch empfindliche Kabel und Stöpsel überflüssig wurden.

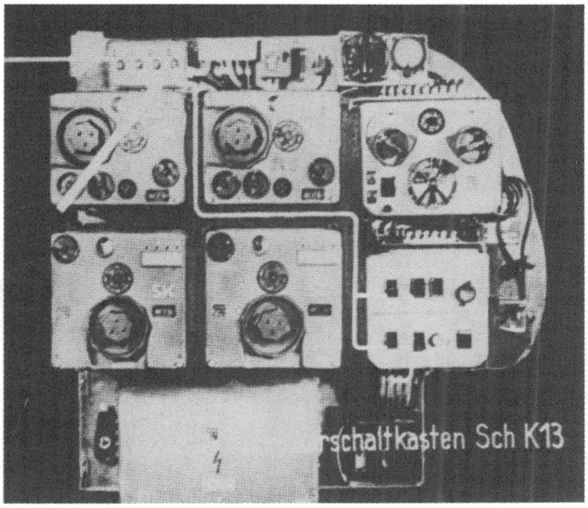


*Mitte links:* Standfoto aus einem Ausbildungsfilm der deutschen Luftwaffe über die Funkausstattung einer Ju 88.

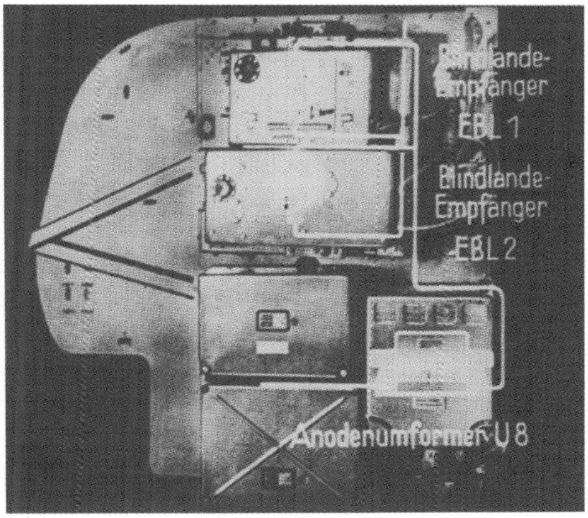


*Mitte rechts:* Rückseitenansicht der Lorenz-Blindlandegeräte EBL 1 und EBL 2.

*Rechts:* Ein erbeuteter EBL 2-Empfänger. Die fünf hochverstärkten Pentodenröhren gaben dem Gerät eine ungewöhnliche Empfindlichkeit. Sie waren der Schlüssel für den eigentlichen Verwendungszweck – den Empfang von ›Knickebein‹-Leitstrahlen.

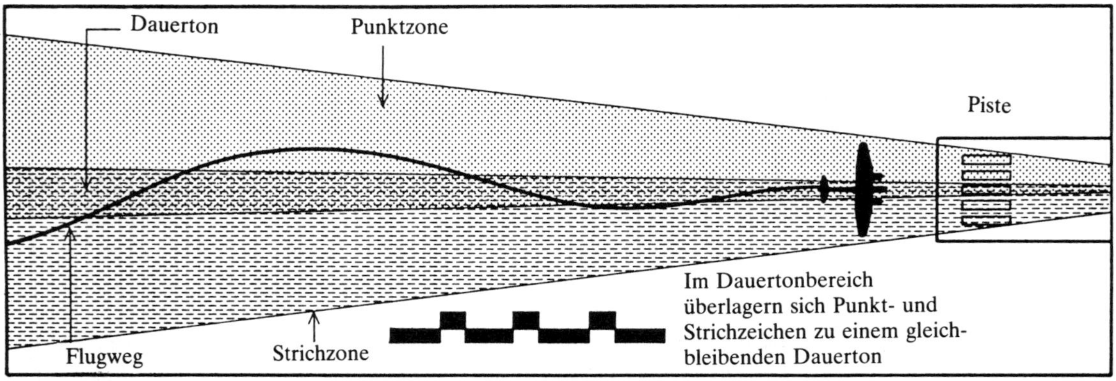


Lorenz-Peilstrahlverfahren für Blindlandungen.

dieses Verfahrens war so gut, daß ein erfahrener Pilot Abweichungen von einem Hundertstel der Breite des Dauertonfeldes wahrzunehmen vermochte.

In der Praxis war dies nicht ganz so leicht, wie oben gesagt. Der Flugzeugführer mußte Seitenwinde und Böen berücksichtigen und seinen Gleitwinkel nur nach Instrumenten fliegen. Dennoch war dies eine wirksame Hilfe (und es sollte lange dauern, bis es von dem sehr verfeinerten modernen ILS-Instrumenten-Landesystem abgelöst wurde). Der wesentliche Punkt beim Lorenz-Verfahren war hingegen die Reichweite. Unter normalen Bedingungen lag sie bei maximal 50 Kilometern.

Angesichts der überdurchschnittlichen Empfindlichkeit des erbeuteten EBL 2-Empfangsgerätes war Jones davon überzeugt, daß ›Knickebein‹ eine Version des Lorenz-Systems mit hoher Reichweite war, das dazu diente, ein Dauertonsignal nicht nur über 50 Kilometer, sondern vielmehr über 500 Kilometer abzustrahlen. Natürlich wurde es in umgekehrter Richtung verwendet, weil der Bomber vom Sender wegflog – nicht auf ihn zu –, was auch abnehmende Genauigkeit mit wachsender Entfernung vom Sender bedeutete. Wenn aber ein zweiter Strahl eingesetzt wurde, um einen Schnittpunkt – eine Kreuzpeilung – zu bilden, war es noch genau genug, um ein Ziel zu markieren.

Wenn die Deutschen derartige Leitstrahlen benutzten, bedeutete dies, daß ihre Funkmeßtechnik der britischen aus jener Zeit weit überlegen war. Da waren zum Beispiel die Schwierigkeiten mit den Frequenzen. Das erbeutete Lorenz-Gerät verfügt über voreinstellbare Abstimmungen von mehreren Frequenzen um die 30 MHz herum. War Jones Theorie richtig, so *mußten* sich diese höheren Frequenzen der Erdkrümmung anpassen und über England zu empfangen sein. Doch das schien zu jener Zeit technisch nicht lösbar und war der Grund für Lindemanns Bedenken. Aber Jones befürchtete, daß, sofern er Recht behielt, die Bedrohung wahrhaft schwerwiegender Natur sei: Alle deutschen Kampfflugzeuge waren serienmäßig mit dem Lorenz-Gerät ausgerüstet, somit waren auch alle deutschen Bomber mit diesem Leitstrahlverfahren einsatzbereit. Er war sich klar darüber, daß er den Professor davon überzeugen müsse. So brach er am 13. Juni auf, einen Tag nach dem ersten Treffen mit ihm, um ihn erneut aufzusuchen. Diesmal mit der Eckersley-Studie, die ihm geeignet schien, seine Ansichten weiter zu untermauern. Lindemann war danach derart überzeugt, daß er noch am gleichen Tage an Churchill eine kurze Notiz schrieb:

»Es dürfte einige Gründe für die Annahme geben, daß die Deutschen irgendeine neue Art von Funkverfahren haben, mit denen sie ihre Ziele zu treffen hoffen. Entweder ist dies eine Art von Radar oder irgendeine andere Erfindung. Es ist dringend erforderlich, dies insbesondere herauszufinden, und vor allem zu versuchen, die Wellenlänge festzustellen. Wenn wir diese kennen, wären wir im Stande, Mittel zu finden, sie abzulenken. Ihre Zustimmung vorausgesetzt, werde ich dies im Luftfahrtministerium vortragen und versuchen, Maßnahmen anzuregen.«

Churchills Randbemerkung auf Lindemanns Brief – bevor er ihn an seinen Staatssekretär für Luftfahrt, Sir Archibald Sinclair, weitergehen ließ – lautete: »Dies scheint höchst wichtig zu sein; ich hoffe, Sie werden es genau überprüfen lassen.«
Der 14. Juni dämmerte. Die deutsche Wehrmacht marschierte gerade in Paris ein. Es konnte nur noch eine Frage von Tagen sein, daß die Franzosen um Friedensverhandlungen nachsuchen würden. Dann würde die Luftwaffe in der Lage sein, ihre Kampfgeschwader gegen England von Absprunghäfen in Frankreich aus zusammenzufassen und auch über neue und vor allem nähere Stellungen für ihre Peilsender verfügen.
Inzwischen war Major Felkin um weitere Aussagen von Kriegsgefangenen bemüht. Am 14. Juni hatte er einen neuen Schub von Gefangenen erhalten, darunter einen Mann vom KG 26. Da dieses Geschwader inzwischen als im ›Knickebein‹-Einsatz bekannt war, bestand einige Aussicht, daß dieses Besatzungsmitglied, die Nummer A 231, davon wissen müsse. Gezielte Ermittlungen ergaben, daß A 231 Pazifist war und sich als aussagewillig herausstellte. Er zeichnete eine Skizze von einem Sendeturm, den er in Rechlin, der Luftwaffenerprobungsstelle, gesehen hatte. Die Zeichnung stimmte mit einem geheimnisvollen Sender überein, der bei Hörnum vom britischen Bomberkommando fotografiert worden war, und der den Nachrichtendienst eine Zeitlang vor Rätsel gestellt hatte.
Der deutsche Gefangene Nr. A 231 verriet auch eine Reihe von zusätzlichen Einzelheiten, einschließlich der Tatsache, daß die Striche und Punkte seitenvekehrt lägen gegenüber dem Lorenz-Landeverfahren, und er fügte hinzu:

»Sobald das Flugzeug den Peilstrahl aufgefaßt hat, hält der Flugzeugführer einen genauen Kurs ein und achtet darauf, daß Wendezeiger und Kugel, Höhenmesser und künstlicher Horizont genau auf Null stehen. Dann fliegt er nach Leitstrahl.«

Nr. A 231 mußte sich wohl irren, als er angab, daß der Höhenmesser auf Null zu stehen habe beim Einhalten des Peilstrahls (oder es wäre eine Erklärung dafür, warum er in Gefangenschaft geriet).
Als sich die Indizien für die Existenz der Leitstrahlen erhärteten, wurde Luftmarschall Phillip Joubert durch den Staatssekretär gebeten, die verantwortliche Koordination der Nachforschungen zu übernehmen. Die meisten Daten und Fakten standen dann für eine Besprechung in seinem Dienstzimmer im Luftfahrtministerium am 15. Juni zur Verfügung; zugegen waren die beiden Fachleute Lindemann und Jones, wobei Einmütigkeit darüber bestand, daß unverzügliche Maßnahmen ergriffen werden müßten.

Bevor jedoch irgendwelche Abwehrmaßnahmen getroffen werden konnten, mußten die Peilstrahlen geortet werden, denn niemand in England hatte bislang derartige Sendungen empfangen. Die genauen Frequenzen waren unbekannt. Ebenso die Kennung und der Tasttakt der Morsepunkte und -striche. Einige Empfehlungen wurden gegeben, wie zum Beispiel die Entsendung von Funkern mit UKW-Empfängern auf die 100 Meter hohen Küstenradartürme. Und es gab sogar die Anregung, daß man Ballone verwenden solle. Doch die naheliegendste

Suchmethode galt der Ausrüstung von Flugzeugen mit UKW-Geräten, um danach zu trachten, die Peilsendungen aufzufangen, die vermutlich zwischen 28 und 35 MHz zu empfangen sein würden. Ein Nachrichtenoffizier der RAF, Major Scott-Farnie, empfahl, daß die Sendungen auf 30 und 31,5 oder 33,3 MHz abzuhören wären, weil dies die drei Frequenzen waren, die man stets in den bruchgelandeten Heinkel He 111 eingestellt gefunden hatte. Am 18. Juni hatte Oberstleutnant Blucke von der Blindflugerprobungsgruppe in Boscombe Down Order erhalten, eine seiner Maschinen, eine Avro ›Anson‹, für einen Erprobungsflug startklar machen zu lassen. Erfahrene UKW-Experten des ›Y-Dienstes‹ – zumeist Vorkriegsfunkamateure – waren in Boscombe Down stationiert, wo die Spezialempfänger in die Maschine eingerüstet wurden.
Während diese Vorarbeiten in Angriff genommen wurden, hatte der unermüdliche Major Felkin bereits höchst wertvolle, und wie sich später zeigen sollte, auch zur rechten Zeit Ermittlungsergebnisse aufzuweisen. Am 18. 6. erhielt er einen Packen Papiere, die aus einem über Frankreich abgeschossenen deutschen Flugzeug stammten (vermutlich aus der Zeit vor dem überhasteten Abzug aus Dünkirchen). Auf einem Zettel stand:

»Fernfunkfeuer – UKW
1. Knickebein (G. Bredstedt n.ö. Husum)
   50° 39′ – 8° 57′
2. Knickebein
   51° 47′ 5″ – 6° 6′ (b. Kleve)

Dieses wertvolle Fundstück bestätigte nicht nur die frühere Meldung über Kleve. Der Hinweis auf Großbredstedt in Schleswig-Holstein gab sogar den Standort eines zweiten ›Knickebein‹-Funkfeuers an. Das brachte Klarheit in das Dunkel der allerersten Erwähnung von ›Knickebein‹, die, wie schon erwähnt, auf einem Papierzettel aus der He 111 des KG 26 geborgen worden war und hingewiesen hatte auf das Funkfeuer ›Knickebein‹ mit Peilung 315°. Die Richtung 315° von Bredstedt läuft durch Scapa Flow, worauf das KG 26 angesetzt worden war.
Während der nächsten ereignisreichen Tage mußte sich der Nachrichtendienst noch selbst übertreffen. Am 19. 6. wurde die Funkerkladde in der He 111 mit dem Kennzeichen 5J + AH des KG 4 gefunden, die in der vorausgegangenen Nacht abgeschossen worden war. Die Kladde enthielt eine Liste der üblichen deutschen ungerichteten Funkfeuer. Zu der bedeutsamsten Eintragung zählte die erste : »Knickebein Kleve 31,5«. Sie war höchst wertvoll, weil sie Jones mit ziemlicher Sicherheit eine genaue Frequenz angab, die in der Nacht des Abschusses geschaltet gewesen war. 31,5 MHz war übrigens eine der drei Frequenzen, auf die Major Scott-Farnie hingewiesen hatte.
Am 20. 6. lieferte Major Felkin einen weiteren Bericht: Das Vernehmungsergebnis eines neuen Gefangenen – der Nr. A 212. Er hatte angegeben, daß ›X-Gerät‹ der Deckname für ein Richtgerät zum Bombenblindabwurf ist, auf dem Prinzip zweier sich schneidender Peilstrahlen beruhend. Felkins Bericht schloß:

»Die Beweise laufen in die Richtung, daß ›X-Geräte‹ und ›Knickebein‹ genau das gleiche sind. Es muß aber auch daran erinnert werden, daß andere Feststellungen darauf hinweisen, daß sie nicht völlig gleich, dennoch aber ähnlich sind.«

Am 21. Juni liefen noch mehr Informationen von Trent Park herein. Aus einem anderen deutschen Kampfflugzeug, das in der Nacht vom 19./20. Juni abgeschossen wurde, war der Bordfunker mit dem Fallschirm abgesprungen. Nachdem er glatt gelandet war, stellte er fest, daß er seinen Notizblock noch bei sich hatte. Um Einhaltung der Sicherheitsbestimmungen bemüht, riß er ihn überhastet in Fetzen (es waren etwa 3000!), und während er sie vorschriftsmäßig zu verbrennen versuchte, wurde er gefangengenommen. Die Papierstücke wurden wieder zusammengefügt. Major Felkin saß bis drei Uhr früh darüber, um die Papierschnitzel wieder zusammenzusetzen – immerhin mit folgendem Ergebnis:

| | | | | | | | | |
|---|---|---|---|---|---|---|---|---|
| U.K.W. | 54 | 38 | 7′N | Stollberg | GLEVE | 51° | 47′ | 4 |
| Knicke | 8 | 56 | 8′O | | | 6° | 6 | 2′ |
| | 51 | | N | | | 55° | | N |
| | 1 | 30′ | O qms) 30 Mh | | | 2° | | E qms) 31,5 |

Dieser letzte Beweis bestätigte endgültig den Standort des zweiten ›Knickebein‹-Senders bei Bredstedt, der zuerst auf dem Papier der KG 4-Maschine entdeckt worden war (Stollberg und Bredtstedt schienen unterschiedliche Namen für ein und denselben Sender in Schleswig-Holstein zu sein). ›Knicke‹ war offensichtlich ›Knickebein‹ und Gleve war eine falsche Schreibweise für Kleve. Und, sehr wichtig, eine zweite Frequenz war nachgewiesen: 30 MHz. UKW ist einfach die Abkürzung von Ultra-Kurz-Welle und qms war die internationale gebräuchliche Q-Gruppe für eine angefragte Anfluggrundlinie mit mißweisender Peilung. Die anderen geographischen Ortsbestimmungen waren einigermaßen rätselhaft, weil sie sich auf Positionen über offener See bezogen.

Jones hatte jetzt eine klare Vorstellung, wie das Verfahren wahrscheinlich arbeitete. Die beiden Peilstrahlen mußten schwenkbar sein; so konnten sie über irgendeinem Ziel in England gekreuzt werden, und weil sie zueinander den beachtlichen Abstand von 400 Kilometern hatten, mußten sie einen ausreichenden Winkel zum Eingabeln abgeben, was für die Genauigkeit wichtig war. Wenn das Ziel zum Beispiel eine mittelenglische Stadt war, so würde der Pilot den Kleve-Peilstrahl auf 31,5 MHz noch über der Nordsee auffangen und sich in den Dauerton einpendeln. Dann wäre er in der Lage, seinen Steuerkurs unter Berücksichtigung des Luvwinkels zu erfliegen, nur durch Einhalten des Dauertons in seinem Kopfhöhrer; jede Abweichung von seinem Kurs würde durch Striche oder Punkte angezeigt. Der erste Strahl würde ihm die Richtung anzeigen. Bei Annäherung an das Ziel müßte der Bordfunker seinen besonderen Lorenz-Empfänger auf 31,5 MHz – die Frequenz des zweiten Peilstrahlsenders – schalten. Dieser kreuzende Strahl zeigte die Entfernung an. Es würden dann Punkte zu hören sein, immer lauter werdend, je näher man dem Kreuzungspunkt käme, bis sie in einen Dauerton übergingen. Sobald sie verschmolzen, mußte der Pilot im Dauersignal des kreuzenden Strahls und innerhalb der Bandbreite dieses Strahls genau über dem vorgesehenen Ziel sein. War diese Breite dem Piloten bekannt, so mußte es eine einfache Sache sein, den Bombenabwurfzeitpunkt zu bestimmen, ganz genau und ohne den Boden überhaupt zu sichten. Wenn Jones hiermit richtig lag, und alle Anzeichen deuteten darauf hin, dann könnte die schwache Nachtabwehr sehr schnell überwältigt werden. Selbst die ungünstigste Einschätzung der Genauigkeit des ›Knickebein‹-Verfahrens würde es noch ermöglichen, ein großes Fabrikgelände wirksam zu bombardieren.

Beachtlich war, daß das ›Knickebein‹-Geheimnis allein durch den Nachrichtendienst aufgeklärt werden konnte. Am 21. Juni schien ein wesentlicher Teil des Verfahrens bekannt zu sein, obwohl man es noch nicht einmal gehört hatte. Eine

*Rechts:* Sendeantennen des ›Knickebein‹-Senders in Kleve. Das Antennengerüst war etwa 30 Meter hoch und auf einem Rundgleis drehbar angeordnet.

*Ganz rechts:* Ein kleiner späterer ›Knickebein‹-Sender in Nordfrankreich (britisches Agentenfoto).

beachtliche Leistung, für die Jones in einem Bericht aus jener Zeit Major Felkin hohes Lob zollte:

> »So haben wir am 21. Juni 1940 zwei Standorte und zwei Frequenzen definitiv festgestellt. Der Anteil der Abteilung 1(K) des Luftfahrtnachrichtendienstes an der Lösung des ›Knickebein‹-Rätsels kann wahrlich nicht hoch genug eingeschätzt werden.«

Jones eigener Verdienst, das sei hinzugefügt, war weit davon entfernt, unbedeutend zu sein. Und nicht weniger das der Nachtjäger. Rückschauend sei festgestellt: Sie waren sehr erfolgreich beim Abschuß der Flugzeuge gewesen, die viele jener Unterlagen mit sich führten, die so entscheidend zur ›Knickebein‹-Enträtselung beitrugen.

Anfang 1940 war die britische Nachtjagd, gelinde gesagt, unzureichend. Die Flugabwehrkanonen waren im Einsatz fast wirkungslos. Die Nachtjäger vom Typ Bristol ›Blenheim‹ waren umgebaute, veraltete zweimotorige Bomber, die an Geschwindigkeit unterlegen waren und bis Ende 1940 auch über keine Radarbordausrüstung (AI = Airborne Interception Radar) verfügten, ohne die ein Nachtjäger lediglich nach Planquadraten oder Kursansagen in den ungefähren Jagdraum eines Angreifers mittels Bodenradar geleitet werden konnte, in der Hoffnung auf Feindberührung nach Sicht. In den meisten Nächten waren die Chancen hierfür praktisch gleich null.

C. F. Rawnsley, ein ›Blenheim‹-Bordschütze von der 604. Staffel beschrieb die Ängste und Gefahren dieser Nachteinsätze zu Beginn des Jahres 1940 wie folgt:

> »Nacht für Nacht jagten wir durch die Gegend wie nach Gerüchten und fanden nichts. Und dann mußten wir uns unseren Weg zurücktasten. Und dies, weil es Winter war, noch dazu bei grauslichem Wetter. Mit Seufzern der Erleichterung bumsten wir in die kleinen Grasplätze hinein, die mit Paraffinleuchten kümmerlich beleuchtet waren. Wir hatten keine Platzpeiler, keine Blindlandehilfen und keine Möglichkeit, zu einer sicheren Landung heruntergesprochen zu werden. Unsere Funkgeräte waren schwach und von geringer Reichweite. Und die Blindfluginstrumente waren erstaunlich unruhig und fickerig.«

Paradoxerweise erleichterte der mangelnde Erfolg die Aufgabe indirekt auch wieder. Deutsche Bomberbesatzungen, die nachts über England flogen, wurden so wenig angegriffen, daß sie immer sorgloser wurden. Schließlich wurde eine Maschine abgeschossen, die ihre Positionslichter eingeschaltet hatte. Andere flogen einen geraden Kurs auf gleichbleibender Höhe, sogar in hellen Mondnächten, und die Bordschützen vieler Bomber hielten nicht einmal ausreichend Aus-

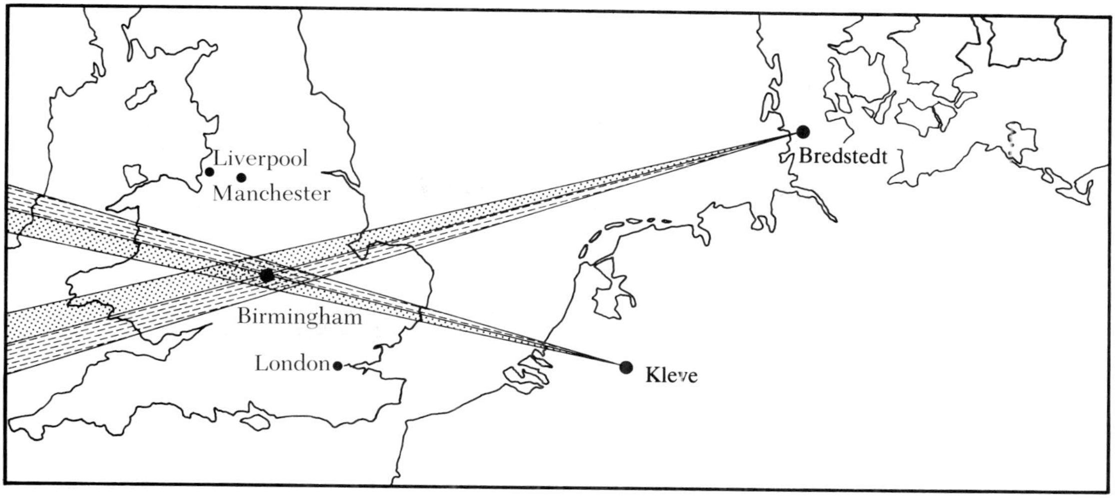


Anwendung des Lorenzverfahrens für ›Knickebein‹.

schau nach gegnerischen Flugzeugen. Aber bis bei den Briten wirksame Nachtjagdgeräte in Hochleistungsjägern zur allgemein üblichen Bordausrüstung zählten, mußte ein deutscher Nachtbomber schon sehr viel Pech haben, in jenem Sommer 1940 abgeschossen zu werden.

Angesichts des damaligen Standes der britischen Nachtabwehr ist es kein Wunder, daß die Gefahr, die durch das ›Knickebein‹-Verfahren drohte, außerordentlich ernst genommen wurde. So ernst, daß bereits für den 21. Juni eine Kabinettssitzung in Downing Street 10 anberaumt wurde unter dem Vorsitz des Premierministers. Eine wahrhaft achtunggebietende Runde: Sir Archibald Sinclair, der Staatssekretär für Luftfahrt, Lord Beaverbrook, Sir Henry Tizard, Watson Watt, Lindemann und viele Herren vom Luftwaffenstab. Die Zusammenkunft war für zehn Uhr einberufen worden, lediglich der Mann, den man anhören wollte, befand sich nicht unter den Anwesenden.

An diesem Tage hatte Dr. R. V. Jones seine Dienststelle zur gewohnten Zeit betreten und fand auf seinem Tisch eine Notiz vor, die ihn aufforderte, an einer Kabinettsberatung im Sitzungszimmer von ›Nr. 10‹ teilzunehmen. Er hatte dies für einen Ulk gehalten; was für ihn nahe lag, weil er selbst als ein rechter Scherzbold bekannt war (und noch ist). Unterdessen hatte er die erforderlichen Nachfragen über den Wahrheitsgehalt der Vorladung getätigt. Darüber war es aber schon fast 10 Uhr 30 geworden. Er eilte hinüber zur Downing Street. Die Besprechung war bereits ohne ihn seit einiger Zeit im Gange. Er nahm am Ende des großen Tisches Platz und stellte im weiteren Verlauf fest, daß kaum einer der Anwesenden von den Problemen eine Ahnung hatte. Als der Premierminister nach etwa zehn Minuten eine Frage an ihn richtete, antwortete er: »Sehr wohl, Sir, wäre es nicht gut, wenn ich die Sache einmal von Beginn an darstellen würde?« »Ja«, sagte Churchill, »das ist ein guter Vorschlag!« So berichtete Jones, wie die Geschichte wirklich abgelaufen war; von den ersten Hinweisen auf das ›Knickebein‹-Verfahren, die Erwähnung von ›X-Geräten‹ durch Gefangene, bis zu den jüngsten Beweisen. Er bemerkte, daß seine Ausführungen Eindruck machten, und der Premier fragte ihn, was nun wohl zu unternehmen sei. Jones erläuterte die verschiedenen Möglichkeiten: – einen falschen Leitstrahl legen; – den Leitstrahl mit Morsestrichen und -punkten überlagern; – oder ihn einfach stören.

Winston Churchills Bericht über eben diese Konferenz ist in seinem Buch ›Their Finest Hour‹ enthalten:

> »Als Verantwortlicher und gehalten, nicht allzuviel zu diskutieren und weil ich überzeugt war von dem Prinzip dieses schändlichen und tödlichen Spiels, gab ich sofort alle erforderlichen Weisungen an jenem denkwürdigen Tag im Juni, um der Tatsache der vermuteten Leitstrahlen und aller Gegenmaßnahmen absoluten Vorrang einzuräumen. Die geringsten Widerstände oder Abweichungen bei der Durchführung dieser militärpolitischen Leitlinien waren mir persönlich zu melden.«

Mit dieser mächtigen Rückendeckung konnte Jones nunmehr die Nachforschungen verstärkt in Angriff nehmen. Das erste war, absolute Gewißheit darüber zu erlangen, daß die Leitstrahlen tatsächlich vorhanden und nicht als gigantischer Bluff aufgezogen waren, um irgendwelche anderen Waffen zu tarnen. Er selbst glaubte dies zwar nicht im Augenblick, aber Tatsache blieb, daß seit der Downing Street-Sitzung keine Signale, die den ›Knickebein‹-Strahlen zuzuschreiben gewesen wären, mehr aufgefangen werden konnten.
Als nächster Schritt war deshalb zu versuchen, Funkzeichen von einem Flugzeug aus aufzufangen. Am Nachmittag des 21. Juni meldete Oberstleutnant Blucke die ›Anson‹-Maschinen einsatzbereit. Sie waren ausgerüstet mit amerikanischen Empfängern ›Hallicrafters S27 VHF‹, die zwar für Funkamateure entwickelt worden waren, aber die einzigen verfügbaren Geräte darstellten, die die verlangten Frequenzen aufwiesen. (Ein Luftnachrichtenoffizier der RAF hatte Gerüchten zufolge sämtliche Gerätesätze dieses Typs – auf Kredit – beim Radiogeschäft Webbs in Soho gekauft.) Der Einbau der Geräte ging nicht glatt vonstatten, weil sie überhaupt nicht zum Einsatz in einem Flugzeug ausgelegt waren. Sie mußten auf 28-Volt-Gleichstrom statt ihres normalen 250-Volt-Wechselstroms umgespannt werden. Die Flugzeuge mußten passende UKW-Antennen und Spezialeinbausätze für die Empfangsgeräte erhalten. Alle diese Arbeiten wurden ganz alleine von Hauptmann Alway, einem ehemaligen BBC-Ingenieur, der im späteren Verlauf des Krieges fiel, vorgenommen.

Ein Probeflug am Morgen des 19. Juni blieb wegen einer Störung im Hochspannungsgenerator des Funkgerätes erfolglos. Sie wurde behoben, so daß ein zweiter Flug in der Nacht vom 20. Juni unternommen werden konnte. Es wurde aber nichts gehört, weil es in dieser Nacht nur wenige feindliche Einflüge gab, womit man das Ausbleiben von Peilsignalen vielleicht erklären konnte. Nun aber – in der Nacht vom 21. Juni, dem Tag des Treffens beim Premierminister – stand alles für einen dritten Flug bereit. Doch vorher sollte es noch zu einer weiteren Besprechung kommen. Alles in allem schien es ganz ein Tag für Besprechungen zu werden, denn in Frankreich war Hitler gerade dabei, der französischen Delegation im Wald von Compiégne bei Paris die Waffenstillstandsbedingungen zu diktieren. Am gleichen Nachmittag gab es in London eine kleinere, wenngleich für die Beteiligten nicht minder dramatische Besprechung im Luftfahrtsministerium in Whitehall. Jones, einige höhere RAF-Fernmeldestabsoffiziere und ein Wissenschaftler vom Versuchskommando des Luftfahrtsministeriums (AMRE) waren zusammengekommen, um den Einsatzkurs zu beraten, den das Abhörflugzeug in dieser Nacht fliegen sollte. Auch T. L. Eckersley wurde hinzugezogen, dessen Informationsschrift von Jones verwendet worden war, um Professor Lindemann davon zu überzeugen, daß die Peilstrahlen im Bereich des Möglichen lagen. Eckersley, der ohne Jones' Wissen alle Unterlagen über ›Knickebein‹ erhalten

UKW-Empfänger ›Hallicrafter S 27‹. Diese Geräte waren bestens geeignet zum Abfangen und Peilen deutscher Luft/Bodenfunksignale, da sie einen Wellenfrequenzbereich von 10 Metern (28 MHz) bis 2 Meter (142 MHz) abdeckten. Dies schloß ›Knickebein‹-Signale ein sowie X- und auch Y-Geräte. Außerdem wurden die S 27-Geräte vom britischen Geheimdienst zum Abhören des deutschen Bordfunkverkehrs eingesetzt (was zur ›Operation Corona‹ führte).

hatte, ließ jetzt die Bombe platzen! Er lehnte die von Jones gerade von allen verstandene Erläuterung über ›Knickebein‹ ab und fügte hinzu, daß er Berechnungen angestellt habe, die bewiesen, daß der Empfang der Strahlen auf den Frequenzen, die offenbar von den Deutschen verwendet würden, unmöglich sei. Arnold Wilkins, der bei der Sitzung anwesende Wissenschaftler der AMRE erinnert sich an Eckersleys Aussage, daß »nach seiner Ansicht der Empfang aus jeder Entfernung auf dieser Wellenlänge (9 Meter) völlig unmöglich sei und daß er mit dieser Feststellung seinen guten Ruf aufs Spiel setzen würde« – was natürlich bedeutete, daß jegliche Leitstrahlbombardierung unmöglich sei. Die Wirkung dieser Feststellung auf Jones kann man sich lebhaft vorstellen:

> »Aus meiner Sicht war dies wie ein Schlag ins Gesicht, weil, wenn dem wirklich so wäre, der ganze Wirbel, den ich ausgelöst hatte, jetzt in sich zusammengebrochen wäre. Und was dann mit mir bis ans Ende meiner Tage geschehen würde, war kaum auszudenken. Ich hielt Eckersley deutlich vor, daß ich eine seiner eigenen Stellungnahmen benutzt hatte, um Lindemann zu überzeugen, und daß sie ganz klar bewiesen hätten, daß ›die Peilstrahlen so weit reichten‹. ›Oh‹, erwiderte er, ›sehr wohl, Sie hatten daran nicht glauben wollen. Ich hatte lediglich aufgezeigt, wie weit sie reichen könnten. Aber ich glaube nicht daran, daß sie wirklich so weit reichen würden‹.«

Hier griff Oberst Lywood ein, Chef des Fernmeldeverbindungswesens: »Hier hören wir den besten Funkwellenfachmann der Welt, der sagt, die Strahlen sind unmöglich. Wir haben keine weitere Zeit zu verschwenden. Ich denke, wir streichen den Flug.« Angesichts dieser Lage reagierte Jones auf die einzig mögliche Weise: »Meine Herren, heute morgen nahm ich an einer Kabinettssitzung teil und hörte mit an, wie der Premierminister Weisung erteilte, daß der Flug durchzuführen sei. Und wenn er nicht durchgeführt werden sollte, werde ich dafür sorgen, daß er erfahren wird, wer ihn verhindert hat.« Da lenkte Lywood ein und stimmte dem Flug zu, aber nicht ohne deutlich zu erklären, daß verschiedene der Anwesenden dieser Besprechung nicht damit rechneten, daß irgend etwas gefunden würde. Der einzuschlagende Kurs für das Flugzeug wurde gebilligt und Jones ging nach Hause, um, wie er es später nannte, »die scheußlichste Nacht meines Lebens« zu verbringen.

Eine Avro ›Anson‹ MK I wird aus der Halle geschoben. Zwei 350-PS-Sternmotoren Armstrong Siddeley ›Cheetah IX‹ brachten sie maximal auf 300 km/h in 2100 Meter Höhe. ›Die treue Annie‹ wurde 1935 eingeführt und stand mit weiterentwickelten Mustern bis in die fünfziger Jahre bei der RAF im Einsatz.

Das Flugzeug wurde vom Flugplatz Boscombe Down nach Wyton in Huntingdonshire geflogen, um näher an der Ostküste zu sein, worüber eventuelle Strahlen aus Deutschland nach Mittelengland laufen mußten. Die Maschinen, es war vorgesehen, daß drei einsatzbereit sein sollten, waren vom Typ Avro-›Anson‹ Mk 1, also veraltet; eine war sogar – wie die Archive von Boscombe Down ausweisen – bereits zur Ausmusterung vorgesehen. Sie waren langsam (Höchstgeschwindigkeit 300 km/h), stoffbespannt, laut und kalt, aber sie waren die einzigen, die dafür bereitgestellt werden konnten. Erst fünf Tage waren seit dem Desaster von Dünkirchen vergangen und zu jener Zeit wurden sogar ›Tiger Moth‹-Schulflugzeuge mit Bombenabwurfvorrichtungen ausgerüstet, um die erwartete deutsche Invasion abzuwehren. So gesehen war die Bereitstellung von drei immerhin baufälligen Maschinen bemerkenswert.

Der Flugzeugführer, der in dieser Nacht fliegen sollte, war Hauptmann Bufton, ein erfahrener Leitstrahlexperte von der Blindflugerprobungsgruppe Boscombe Down. Bordfunker für die ›Hallicrafters‹-Empfänger war Unteroffizier Mackie vom ›Y-Dienst‹, ein erfahrener UKW-Spezialist. Hauptmann Alway, der die Geräte eingebaut und die beiden vorhergehenden, erfolglosen Flüge durchgeführt hatte, war einfach zu erschöpft, auch diesen Einsatz noch zu fliegen.
In der zunehmenden Dunkelheit der Nacht dieses ereignisvollen 21. Juni hob die ›Anson‹ vom Grasflugplatz in Wyton ab. Die Besatzung wußte noch nichts von dem ›Knickebein‹-Geheimnis; sie hatte lediglich Auftrag, auf den beiden Frequenzen 30 und 31,5 MHz auf Lorenz-Funksignale zu achten, die dem Luftnach-

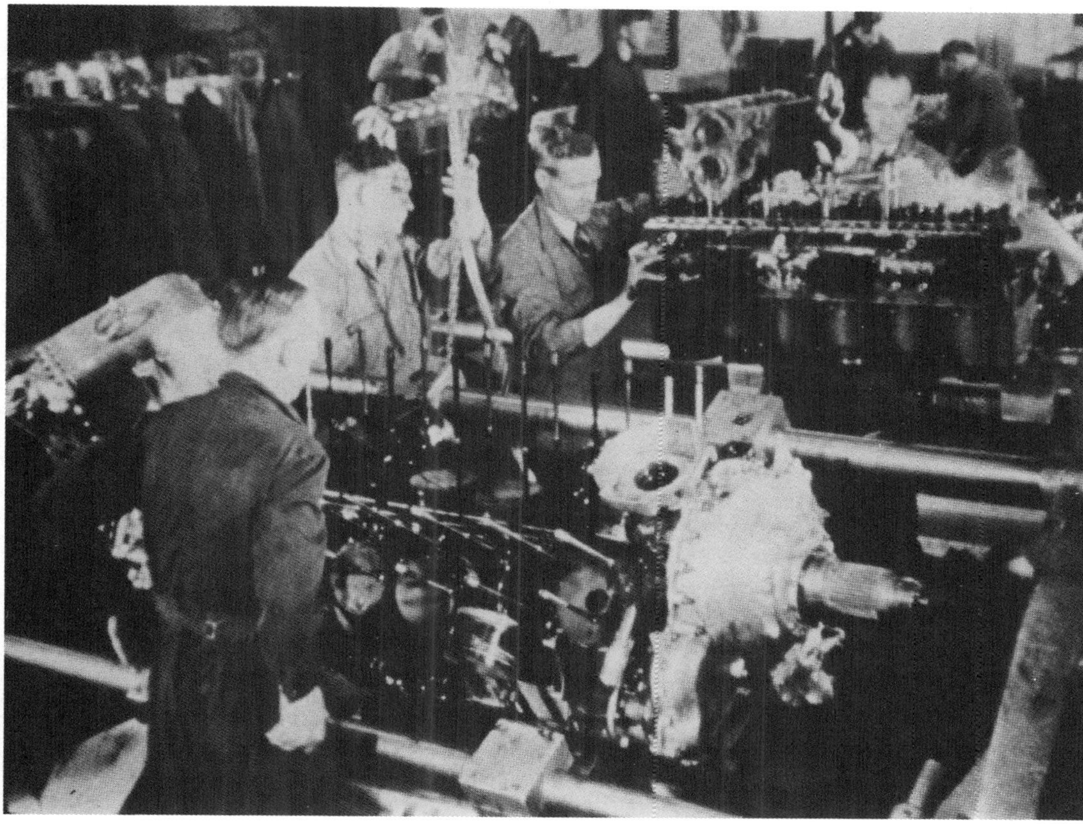

Rolls-Royce-›Merlin‹-Motorenfertigung in Derby.

richtendienst bekannt waren. Sobald ein solches Signal gefunden würde, sollten sie versuchen, den ›Dauerton‹-Bereich zu finden und die Peilung zu ermitteln. Langsam gewann das Flugzeug von Wyton aus mit nördlichem Kurs an Höhe. Dann tauchte es in eine dichte Wolkendecke und flog in völliger Dunkelheit. Unteroffizier Mackie saß vor seinem amerikanischen Empfänger, und nur das sanfte Glimmen der Skalenbeleuchtung hellte die Dunkelheit auf. Das Knattern der atmosphärischen Störungen in seinen Kopfhörern machte ihn fast taub, während er den Empfänger ständig zwischen den zwei gegebenen Frequenzen abstimmte. Eine Zeitlang waren keine Signale zu hören. Dann aber, als er wieder die 31,5 MHz einstellte, kamen schwach durch das Rauschen zuerst, dann aber schnell deutlicher werdend, eine Reihe von Morsepunkten. Über die Bordverständigung meldete er dem Piloten, daß er ein Signal aufgefangen habe. Dann schaltete er auch auf Empfang für Bufton um, und sie hörten gemeinsam, daß die Peilpunkte sehr laut und klar hörbar wurden und in einen Dauerton übergingen.

Sie befanden sich genau im Peilstrahl. Einige Sekunden später, als sie immer noch ihren Nordkurs steuerten, veränderte sich der Dauerton langsam in Morsestriche. Da gab es keinen Zweifel mehr, daß hier ein Lorenz-Peilstrahl auf 31,5 MHz lag. Sie befanden sich 1,6 km südlich von Spalding, als Hauptmann Bufton seine Maschine genau in den Peilstrahl einflog. Seinem Kompaß entnahm er den Kurs: 284°, Geographisch Nord. Der ›Dauerton‹-Bereich war etwa 370 m breit. Als der Senderpeilstrahl auf eine Bordkarte übertragen wurde, lag er genau über den Flugmotorenwerken von Rolls-Royce in Derby, die als einzige im Lande die

Rolls-Royce-›Merlin‹-Motoren fertigten, die Triebwerke der ›Spitfire‹ und ›Hurricane‹ in der Luftschlacht um England.
Etwas später in dieser Nacht entdeckten Bufton und sein Beobachter, Unteroffizier Mackie, einen zweiten Lorenz-Peilstrahl, gleicher Frequenz mit dem ersten, aber seine Punkt- und Strichsignale waren seitenverkehrt. Dieser Leitstrahl vom Sender Bredstedt wurde auf einer Position über Beeston entdeckt. Das ›Knickebein‹-Geheimnis war jetzt kein Geheimnis mehr. Der Erfolg dieses Erkundungsfluges, so wie er bei Nacht und in dichten Wolken durchgeführt wurde, ohne daß Pilot und Beobachter von der Existenz der zwei Peilstrahlen wußten, war bemerkenswert.
Die Bestätigung der besonderen Funkmerkmale beider Strahlen bis hin zu dem zweiten, der seine Punkte und Striche seitenverkehrt hatte, genauso wie ein deutscher Gefangener ausgesagt hatte, rechtfertigte Jones in jeder Hinsicht.

> »Es ist angebracht«, schrieb er in seinem Bericht, »die Untersuchungen abzuschließen, soweit diese die wissenschaftliche Klärung betreffen. Im Verlauf von zehn Tagen konnte die Angelegenheit von einer bloßen Annahme zur Gewißheit bestätigt werden. Einige technische Punkte bedürfen noch der Klärung, aber ihre Aufhellung ist nur eine Frage der Zeit. Wenn uns das Glück hold bleibt, werden wir auch die letzte Kurve noch nehmen!«

Das Vordringlichste war nunmehr, eine Art des Störens zu finden, wenn sie auch nur wie eine starke Radioempfangsstörung klang. Schnell wurde eine neue Einheit aufgestellt: die Kampfgruppe 80. Sie war anfangs in einer leerstehenden Halle in Garston, North Watford, untergebracht und stand unter dem Befehl des RAF-Luftnachrichtenoffiziers, Oberst E. B. Addison. Aus diesen bescheidenen Anfängen sollte sich eine höchst wirksame Waffe des geheimen Funkkrieges entwickeln: Ein Funkabwehrverfahren (RCM = Radio Counter Measures), das bald mehr umfassen sollte als nur deutsche Peilstrahlen, und den englischen Decknamen ›Headache‹ (Kopfschmerzen) erhielt.
Erste Aufgabe, die sich der Kampfgruppe 80 stellte, war die Errichtung geeigneter Störsender. Das war keineswegs leicht, weil die meisten der zur damaligen Zeit gebräuchlichen Sendegeräte nur die Hälfte des bekannten Frequenzbereiches der ›Knickebein‹-Signale besaßen. Dann erinnerte sich jemand, daß Bestrahlungsgeräte, wie sie in Krankenhäusern für die Tiefenbehandlung verwendet wurden, Radiowellen von einer Frequenz um die 30 MHz erzeugten. Man hoffte, daß man sie den Aufgaben anpassen könnte. Ein Experte aus der Harley Street, Fachmann für Diathermiebestrahlung, erklärte sich bereit zu helfen. »Dann«, sagte Oberst Addison, »geh' zur Kleiderkammer, schnappe dir eine Hauptmannsuniform und klappere alle Krankenhäuser ab, wo es Diathermiegeräte gibt, ›organisiere‹ sie und bring sie uns hierher zum Umbau.«
Die Geräte wurden von dem Pseudo-Offizier schnell zusammengebracht und in 150-Watt-Sender umgebaut, die dann zur Funkstörung der deutschen Peilstrahlfrequenzen verwendet wurden. Einige wurden bei ländlichen Gendarmerieposten stationiert, wie die in Glastonbury, ein anderes in Wimborne Minster, und ein Dorfpolizist hatte das Gerät sogar in seinem Schlafzimmer aufgebaut und seine Frau in die Bedienung eingewiesen, falls er unterwegs sein sollte, wenn der Anruf kam, es einzuschalten. Es bleibt zweifelhaft, ob diese schwachen Geräte sehr wirkungsvoll waren, aber immerhin zeigten sie den deutschen Bomberbesatzungen an, daß die Briten um die deutschen Leitstrahlen wußten und auch ihre Peilschneisen und möglichen Zielobjekte kannten.

Air Vice Marshal (Generalleutnant) Addison 1976.

Inzwischen waren mehrere leistungsfähigere Störsender von der Fernmeldeerprobungsstelle in Worth Matravers bei Swanage weiterentwickelt worden. Ihr Deckname war ›Aspirin‹. Sie waren wesentlich verfeinert, indem sie nicht nur einfache Störgeräusche ausstrahlten, sondern auch ständige Morsestriche, die die gleiche Tonhöhe und Kennung der feindlichen Peilzeichen hatten, aber nicht deren Richtfähigkeit. Diese Störsignale wurden dem deutschen Leitstrahl überlagert. Um dies zu erreichen, waren einige Störsender fahrbar und konnten so aufgestellt werden, daß sie unter den Leitstrahlen standen. Andere waren auf höher gelegenen Gebieten des Landes verteilt. Bei Bedarf konnten bis zu 28 ›Aspirin‹-Anlagen verfügbar gemacht werden.

Um die Peilstrahlen der Deutschen zu orten, wurde eine selbständige Organisation gebildet. Sie wurde von Oberstleutnant Blucke vom Hauptquartier des Fighter Command in Bentley Priory bei Stanmore aus geführt. Zu den drei ›Anson‹-Maschinen kamen später noch einige Armstrong-Whitworth-›Whitley‹ hinzu – zwar nicht gerade ein beliebter Typ – aber ein viel größeres Flugzeug als die ›Anson‹. Der kleine Schwarm entwickelte sich schließlich zu einer streng geheimen besonderen Einheit für elektronische Gegenmaßnahmen: die 109. Staffel.
Jede Nacht starteten die Flugzeuge und suchten nach Peilstrahlen. Alle entdeckten Peilungen wurden an Bentley Priory gemeldet. Zur Unterstützung der Flugzeuge waren einige Küstenradartürme mit UKW-Empfängern ausgestattet worden. Bereits am 26. Juni, nur fünf Tage nachdem die Leitstrahlen zum ersten Mal empfangen worden waren, stellt das Protokoll einer Konferenz vom gleichen Tage im Dienstsitz des Luftmarschalls Joubert fest:

»Folgende Radartürme sind mit ›Hallicrafters‹-Empfängern bestückt: Ottercops, Bawdsey, West Beckham, Staxton Wold und Dover. Von diesen konnten folgende Leistrahlen empfangen werden: West Beckham und Bawdsey. Oberstleutnant Blucke legte fest, daß diese nun als Funkbereitschaft mit der Auflage dienen sollten, ihm zu melden, sobald sie Peilstrahlen auffingen, damit er sofort den Start eines Aufklärungsflugzeuges befehlen konnte.«

Man kann sich vorstellen, wie schwer es gewesen sein mußte, die schweren Radioempfänger auf die 100 m hohen Radartürme zu hieven, ganz zu schweigen von der Suche nach Signalen hoch über dem Küstengelände im heulenden Sturm. Der Wissenschaftler, Arnold Wilkins, der zugegen gewesen war, als Eckersley behauptet hatte, die Strahlen seien unmöglich, erinnert sich an eine der ersten Aufgaben, mit denen er befaßt war, um eine mögliche Brauchbarkeit der Radartürme zum Auffangen von Leitstrahlen zu untersuchen:

»Ich kam nach Dover und sagte dem Kommandeur, was mein Auftrag war. Ich fragte ihn, ob es in seiner Stellung einen UKW-Empfänger gäbe; es gab einen. Dann begann ich auf den Mast zu steigen. Als ich etwa 35 Meter hoch war, hörte ich jemanden von unten nach mir rufen. Es war ein ganz aufgeregter RAF-Soldat, der mich bat, wieder herunterzukommen. Unten angekommen, wurde ich in die Senderstation gebracht, wo ein starker Radarsender arbeitete. Ich sah hier, daß es diesem Mann gelungen war, einen Empfänger aufzubauen, mit Innenantenne, etwa 5 cm unter der Decke des teilweise unterirdischen Gebäudes. Trotz einer dicken Schicht von nassem Strandkies, die auf dem Dach als Bomben- und Splitterschutz aufgebracht war, holte der Empfänger einen sehr starken ›Knickebein‹-Impuls von der deutschen Station Kleve herein. Dann ging ich und gab dem Luftfahrtministerium fernmündlich durch, daß meiner Meinung nach keine Notwendigkeit bestünde, meine Aufgabe von der Spitze eines Antennenmastes zu erledigen.«

Der unerbittliche Mr. Eckersley war immer noch der Ansicht, daß sich die Kleve-Peilstrahlen kaum über eine größere Entfernung innerhalb unserer Küstenregion erstrecken dürften, und daß die Peilstrahlen, die vom Boden aus im Lande empfangen worden waren, nur eine Art Naturphänomene seien!

Die Lösung des Problems, die Leitstrahlen zu orten, gestaltete sich weit weniger schwierig, als man es normalerweise erwartet hätte, weil die Deutschen eine schier unglaubliche Sorglosigkeit an den Tag legten. Während der ersten Julihälfte hielten die Peilsendungen über längere Zeit hin an – manchmal den ganzen Tag über – wahrscheinlich, um das Personal zu schulen. Das mangelnde Sicherheitsbewußtsein der Deutschen war erstaunlich. Wie leicht hätten sie die Strahlen in eine andere Richtung drehen können, um sie zu erproben und ihre Besatzungen zu schulen – beispielsweise über Deutschland oder über eines der besetzten Länder, denn fast ganz Europa, vom Polarkreis bis zu den Pyrenäen, lag jetzt unter ihrer Kontrolle. Es bleibt nur die Tatsache, daß sie es dennoch nicht taten.

Den ganzen Juli über verstärkte die deutsche Luftwaffe in Nordfrankreich ihre Einsatzbereitschaft: Flughäfen wurden von den Franzosen übernommen und neue angelegt. Feindlageberichte kündigten Vorbereitungen für eine große Luftoffensive gegen Großbritannien an, die als Auftakt für eine Invasion vorgesehen war. Enigma, das deutsche Chiffrierverfahren, wurde jetzt täglich in Bletchley Park entziffert. Und am 27. Juni 1940 brachte gerade diese ›Ultra-Secret‹-Quelle für Dr. Jones die letzte Gewißheit, die alles entscheidende Information, daß eine neue Phase im Hochfrequenzkrieg bevorstand.

Die Meldung besagte, daß das KG 54 – ein Kampfgeschwader in Nordfrankreich – darum gebeten hätte, daß Spezialistentrupps des V. Fliegerkorps in der Woche vom 5. 8. 40 zum Geschwader kommandiert werden sollten, um die ›Spezialblindfluggeräte‹ (EBL 2) abzustimmen. Da das Einsatzgebiet des KG 54 weder vom Kleve- noch vom Bredstedt-›Knickebein‹-Sender abgedeckt wurde, war es naheliegend, daß neue ›Knickebein‹-Stationen in Aufstellung begriffen waren. Cherbourg wurde als eine Möglichkeit angenommen. Bald bestätigten weitere Informationen ›aus gutunterrichteter Quelle (Enigma)‹, daß eine ›Knickebein‹-Bodenstelle bei Beaumont auf der Halbinsel Hague, nordwestlich Cherbourg, Position auf 1° 51′ West und 49° 40,5′ Nord, im Aufbau sei. Dies wurde Mitte August von einem Bildaufklärer bestätigt. Das war der erste Bildbeleg einer ›Knickebein‹-Stellung, denn Bredstedt lag außerhalb der Reichweite der Aufklärer-›Spitfire‹ der Aufklärerstaffel und Kleve wurde eingenebelt, sobald Ansätze gemacht wurden, die Anlage zu fotografieren.

Diese Weiterentwicklung der ›Knickebein‹-Anlage (obwohl man von ihr im britischen Nachrichtendienst zu jener Zeit nichts wußte) war viel kleiner als die riesige Sendeanlage in Kleve; sie lag näher an England und hatte Antennen, die wesentlich kompakter waren. Die Station Hague war zunächst mit einer anderen bei Dieppe gekoppelt und später auch mit verschiedenen anderen entlang der Küste.

Am 1. 8. 40 erließ Hitler seine »Weisung Nr. 17 für die Führung des Luft- und Seekrieges gegen England«, die u. a. festlegte: »Die deutsche Fliegertruppe hat mit allen zur Verfügung stehenden Kräften die englische Luftwaffe möglichst bald niederzukämpfen . . . Die Verschärfung des Luftkrieges kann ab. 5. 8. beginnen.« Die ›Luftschlacht um England‹ stand unmittelbar bevor.

Gleichzeitig mit den massiven Tageseinsätzen von Mitte August an begann die Luftwaffe ihre Nachtangriffe zu verstärken. Die RAF-Jagdflieger hatten bei Tage schon viele Begegnungen mit den Gegnern durchzustehen. Sie wurden dabei von ihren Heimatluftverteidigungs-Radarstellungen und einem Verbundsystem von Jägerleitstellen geführt. Bei Nacht jedoch war das eine viel schwierigere Sache. Ihre Bordradargeräte steckten noch in den Kinderschuhen, die britischen Nachtjäger mußten hauptsächlich nach Sicht abschießen. Die einzige Abwehr gegen Angriffe auf Schlüsselindustrien – Kraftwerke, Gaswerke, Flugzeugwerke – lag darin, den Feind an der Nutzung seiner höchst genauen Navigationsleitstrahlen zu hindern. Nacht für Nacht standen die ›Aspirin‹-Geräte im Einsatz. Bei den deutschen Bombern wurden zunächst kaum feststellbare, dann aber immer mehr unverkennbare Schwierigkeiten beim Auffinden ihrer Ziele beobachtet.

Die Wirkung der Funkstörungen wurde in einem ›Streng Geheim‹-Bericht, den die Kampfgruppe 80 erstellt hatte, zusammengefaßt. In dem Kapitel über ›Knickebein‹-Abwehrmaßnahmen im Zeitraum Juni bis August 1940 verzeichnete er:

> »Die Wirksamkeit der ›Aspirin‹-Geräte wird von drei Quellen bestätigt: Nachrichtendienstliche Erkenntnisse und Gefangenenaussagen, Auswertung feindlicher Flugzeugkurse und Erkundungsergebnisse unserer eigenen Aufklärungsflugzeuge (109. Staffel). Von Anfang an bewiesen diese Quellen, daß die angewandten Abwehrmaßnahmen den gewünschten Erfolg zeitigten.
>
> Bevor Gegenmaßnahmen getroffen wurden, hatte die Auswertung der Radarflugkurse ergeben, daß die Feindflugzeuge ihre Ziele in einer sehr schmalen Schneise anflogen. Kurz nach Beginn der RCM-Funkstörung gegen diese Strahlen traten klare Beweise dafür auf, daß die Zielkurse eine Tendenz zum Auswandern aufwiesen und zu einer Breitenstreuung im Anflug auf das Zielgebiet führten.
>
> Flugwegauswertungen liefern keine absoluten Beweise für die Wirksamkeit von Gegenmaßnahmen dieser Art, aber es ist von erheblichem Nutzen, aufzuzeigen, ob eine große Anzahl von Flugzeugen in der Lage ist, einem Leitstrahl zu folgen oder nicht. Später wurde ersichtlich, obgleich einige Flugwege der Richtung der ausgesandten Strahlen zu

folgen schienen, daß von den Peilstrahlen wenig Gebrauch gemacht wurde. Und sehr bald machten es Gefangenenaussagen auch klar, daß es für die Flugzeuge zunehmend schwieriger wurde, den Leitstrahlen zu folgen, je mehr unsere Gegenmaßnahmen in den Räumen überhand nahmen.

Nachrichtendienstliche Berichte erbrachten ferner Beweise für erfolgreiche Funküberlagerung. So beispielsweise, als aus Anlaß eines gerade erfolgenden Angriffs auf London feindliche Flugleitstellen abgehört wurden, die ihren Einsatzmaschinen durchgaben, ›Knickebein‹ sei außer Betrieb. Hinterher erfuhr man, daß viele Flugzeuge zu ihren Horsten zurückkehrten, ohne ihre Ziele erreicht zu haben.

Etwa um diese Zeit forderte der feindliche Luftwaffenführungsstab genaue Erfahrungsberichte über ›Knickebein‹-Einsätze an, was auf einige Besorgnis über deren Wirksamkeit schließen ließ. Der Gegner war sich unzweifelhaft unserer Störmaßnahmen bewußt. Er wechselte eine Zeitlang häufig die Frequenzen seiner Leitstrahlen, insbesondere der von Cherbourg und Dieppe. Auch gab es viele Fälle, in denen Feindflugzeuge unter allen Umständen ihre Ziele mit Hilfe der Leitstrahlen zu erreichen suchten und dabei die Orientierung verloren. Gefangene aus diesen Flugzeugen schilderten ihre Erfahrungen, die deutlich auf Störungen von Peilstrahlen hinwiesen. Gewöhnlich konnten sie zwar das Vorhandensein eines Leitstrahls feststellen, aber sie versuchten vergeblich, den ›Dauerton‹-Bereich aufzufassen. In einem Falle stieg die Besatzung, als sie ihr Funkgerät für unbrauchbar hielt, mit dem Fallschirm aus.

›Knickebein‹ wird weiterhin vom Gegner genutzt, aber aus jüngsten Meldungen und den Ergebnissen unserer eigenen Abhörflüge besteht kaum Zweifel daran, daß ›Knickebein‹ . . . nur noch von geringem Nutzen für deutsche Flugzeuge über unserer Heimat ist.«

Um die englischen Gegenmaßnahmen zu unterlaufen, schalteten die Deutschen ihre Leitstrahlsender erst im allerletzten Augenblick ein und richteten sie zeitweise auf ein ›Schein‹-Ziel, in der Hoffnung, die Abwehr auf eine falsche Fährte zu locken, bevor die Leitstrahlen über das richtige Ziel gelegt wurden. Aber diese Kriegslist verwandelte sich in ein zweischneidiges Schwert, woran sich ein ehemaliger Flugzeugführer des KG 1 erinnert:

»Die ›Knickebein‹-Leitstrahlen wurden eine Stunde lang auf ein beliebiges Ziel gerichtet. Die Kampfflugzeuge gingen auf Kurs, aber ohne Benutzung der Strahlen. Dann, zu einer vorgegebenen Zeit, wurden die Leitstrahlen über das richtige Ziel gelegt. Die Absicht war, die Abwehr durcheinanderzubringen. Doch sie brachten auch uns durcheinander, denn es war sehr schwer für uns, den Strahl wiederzufinden. Und wenn wir ihn dann gefunden hatten, schränkten Abwehrstörungen seine Brauchbarkeit sehr ein.«

Ein anderer deutscher Flugzeugführer, Günther Unger, der eine Do 17 beim KG 76 flog, bestätigte dies:

»›Knickebein‹ war häufig von der britischen Abwehr gestört. Aber ich glaube nicht, daß ich selbst davon getäuscht worden bin. Ich hatte ein gutes Gehör dafür. Aber ich weiß, daß beispielsweise einer meiner Beobachter unfähig war, die richtigen Peilzeichen herauszuhören, wenn der englische Störsender benutzt wurde, um ›Knickebein‹ zu überlagern. Ich glaube, man brauchte ein ganz besonderes Gehör, um aus dem Durcheinander von Geräuschen den richtigen Ton herauszuhören. Und viele von uns wurden dadurch von ihren Zielen abgelenkt.«

Aber wie gelang dies den ›Aspirin‹-Störsendern? Wenn die deutschen Kampfflugzeuge nach dem ›Knickebein‹-Verfahren eingesetzt wurden, flogen sie zunächst mit üblicher Koppelnavigation nach Kompaß. An einem bestimmten Punkt, meist über dem Kanal, faßten sie den Peilstrahl auf und hielten sich im ›Dauerton‹-Bereich, der Zone des stehenden Peilzeichens, bis kurz vor dem Ziel. Der

Günther Unger (zweiter von links) mit seiner Besatzung vor seiner Do 17 nach einem Englandeinsatz. Die Maschine erhielt Flaktreffer, wobei ein Reifen zerschossen wurde. Die gleiche Besatzung flog auch den Coventry-Einsatz mit.

›Knickebein‹-Empfänger war dann auf den zweiten Sender, der die Querpeilung gab, umzuschalten, der den genauen Zeitpunkt zum Bombenauslösen anzeigte. Nur geringe Schwierigkeiten bereitete es, in den Leitstrahl zu kommen, solange man in der Nähe des Senders über dem Kanal war, wo man die Peilzeichen noch laut hören konnte und die ›Aspirin‹-Störsender noch stark überlagert wurden. Gelangte das Flugzeug jedoch über die englische Küste, schlugen die ›Aspirin‹-Geräte zunehmend durch: Das bislang laute und deutliche beständige Dauersignal nahm die gefälschten Striche des überlagernden britischen Störsenders an. Ein unerfahrener Pilot würde beim Hören der Striche vermuten, daß er nach rechts von seinem beabsichtigten Kurs abgewichen sei und dies durch eine Korrektur nach links auszugleichen versuchen. Aber, anstatt auf den Dauerton zurückzugelangen, würde er weiter nur Striche empfangen, weil jetzt die ›Aspirin‹-Geräte weitaus stärker waren als die entfernteren ›Knickebein‹-Sender. Wenn der Pilot aus dem Bereich eines ›Aspirin‹-Störsenders herausflog, mußte er mit ziemlicher Sicherheit weit von dem echten Leitstrahl entfernt sein. Höchstwahrscheinlich würde er viel eher die falschen Striche eines anderen Störsenders auffassen, als zu den sehr schmalen (370 m breiten) Peilschneisen seines eigenen Leitstrahls zurückfinden.

Der Erfolg dieser Abwehrmaßnahme war in gewisser Hinsicht durch die besondere Eigenart der Lorenz-Peilzeichen ermöglicht worden. Der Übergang von Punkten zum stehenden Dauersignal und von diesem zu den Strichen war nicht scharf abgegrenzt, sondern sie gingen langsam ineinander über. Ein erfahrener Flugzeugführer, der mit dem Lorenz-Blindlandeverfahren sehr gut vertraut war, konnte diesen Effekt in eine Abwehr- und Gegenmaßnahme ummünzen, wie etwa der obengenannte Mann von KG 1, der Blindfluglehrer gewesen war. Der würde nie mitten im breiten Dauerton fliegen, sondern beim Auffassen des Funkstrahls seine Maschine auf einer Seite halten, hart an der Grenze zu den Punkten, wo sie gerade noch wahrnehmbar wären. Dadurch würde die geringste Kursabweichung des Flugzeugs sofort wahrzunehmen sein, weil die Punkte dann verschwinden oder

Flugzeugführersitz einer Ju 88 im Jahre 1940. Das MG-15 (Kaliber 7,9 mm) wurde bei Angriffen von vorn vom Beobachter bedient.

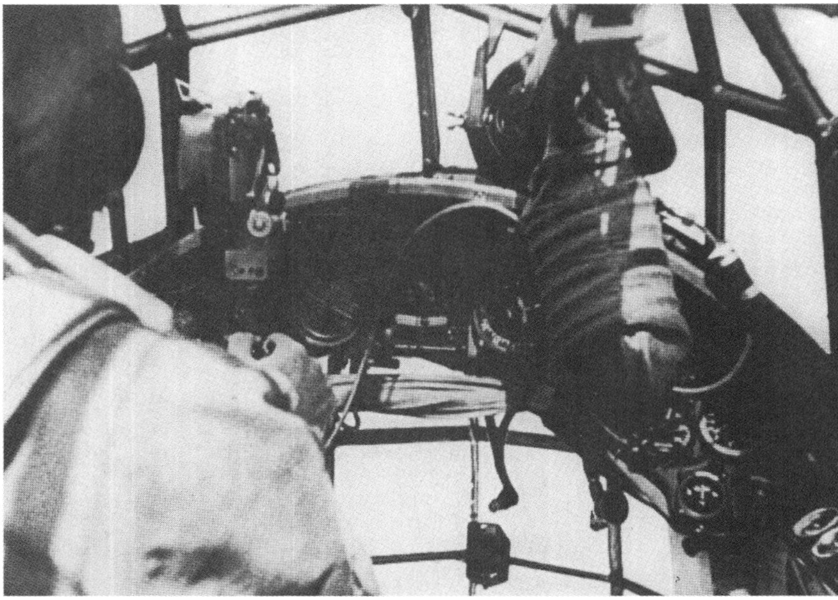

stärker werden würden. Auf diese Weise konnte ein weitaus genauerer Kurs eingehalten werden. Mitten im ›Dauerton‹-Bereich aber konnte ein Pilot von rechts nach links pendeln, ständig korrigierend und immer auf Punkte und Striche horchend, wodurch er zum Spielball für die Täuschungsstrichzeichen der Störmaßnahmen wurde. Der erfahrene Flugzeugführer brachte seine Maschine in den Leitstrahl, solange er sich über dem Kanal befand, erflog sich seinen Luvwinkel, schaltete dann den Autopiloten, die Kurssteuerung, ein, die ihn genau auf Kurs hielt, stur geradeausfliegend und die Störsignale nicht beachtend. Aber auch ohne Autopiloten, durch das Horchen auf die gerade noch wahrnehmbaren Punktzeichen war es möglich, im Leitstrahl zu bleiben, denn der Pilot steuerte einen vorgegebenen Kurs und war nicht auf Änderungen eingestellt. Wenn die gefälschten Strichzeichen auftauchten, hörten sie sich nicht echt an. Sie schlugen wesentlich stärker mit klarer Trennschärfe durch als die richtigen, mit denen sie nicht genau in Phase liefen. Es war also möglich, die echten Peilsignale herauszuhören, bis sie verlöschten. Dies konnte geschehen, wenn der Bomber dem Täuschsender sehr nahe war, und der erfahrene Pilot hielt dann einfach den Kurs nach Instrumenten ein, bis er die Störzone überflogen hatte und den richtigen Leitstrahl wiederfand. Glücklicherweise für die Briten, hatten nicht viele der Luftwaffenflugzeugführer einen so hohen Blindflugausbildungsstand, um die Peilstrahlen derart unterscheiden zu können.

Die Masse der deutschen Kampfflieger war für Tageseinsätze ausgebildet. Die Luftwaffe war in erster Linie nicht als strategische, sondern als operative Luftstreitkraft geschaffen worden, gleichsam als verlängerter Arm der Artillerie zur Heeresunterstützung im Felde. Auf diese Weise erzielte sie ihre so glänzenden Erfolge im Polenfeldzug. Nachteinsätze wurden den Piloten in zunehmendem Maße abgefordert – wie es auch der RAF erging –, weil die Leistungsfähigkeit der gegnerischen Jagdflieger wuchs. Viele Kampfbesatzungen wurden in aller Eile für Nachteinsätze umgeschult. Qualifizierte Navigatoren, im Sinne der RAF, die über Kenntnisse verfügten, die sich in den Jahrhunderten in dieser seefahrenden

Flugzeugführer und Beobachter nebeneinander (etwas nach hinten versetzt) in einer Ju 88A-1. Man beachte das Fehlen jeglichen Doppelsteuers.

Nation entwickelt hatten, und die geübt waren im Umgang mit Sextanten, Sterntabellen und astronomischer Navigation, gab es in der durchschnittlichen deutschen Flugzeugbesatzung nicht.
In der Vorkriegsluftwaffe war der Beobachter zumeist ein erfahrener ehemaliger Flugzeugführer, der auch zugleich Kommandant des Flugzeuges war. Diese Regelung reichte bis in den Kriegsanfang hinein; aber mit zunehmenden Verlusten in den Reihen der Kampfbesatzungen steigerte sich der Mangel an erfahrenen Piloten derart, daß diese hochqualifizierten Flugzeugführer entweder als Ausbilder oder wiederum als Einsatzpiloten benötigt wurden. Tatsächlich waren die Verluste während der Luftschlacht um England so hoch, daß allen Kampfgeschwadern befohlen wurde, bei Feindflügen kein Einsatzflugzeug mit mehr als einem Offizier zu besetzen. Unter diesen neuen Umständen war der Pilot zugleich Kommandant. Schnell ausgebildete Flieger ersetzten die erfahrenen Beobachter.

So mußte der Flugzeugführer von nun ab seine Navigation selbst verantwortlich durchführen. Hauptaufgabe des Beobachters wurde das Bombenwerfen, obwohl auch von ihm erwartet wurde, daß er eine Karte lesen, Funkpeilungen vornehmen, Orientierung betreiben und allgemein bei der Navigation mithelfen konnte. Auch nahm er gewöhnlich die Aufgabe eines Bugschützen wahr. In den drei Kampfflugzeugtypen, die hauptsächlich in den ersten Kriegsjahren über England eingesetzt wurden, der Heinkel He 111, Dornier Do 17 und Junkers Ju 88, gab es keinen eigenen Platz für den Beobachter mit Kartentisch und den notwendigen Instrumenten – Kompaß, Fahrtmesser, Höhenmesser – wie in den Flugzeugen der RAF. Der deutsche Beobachter saß nahe beim Flugzeugführer (Copiloten gab es nicht in der Luftwaffe, keines der genannten Kampfflugzeugmuster besaß Doppelsteuer); seine Ausbildung war kurz, und er verließ sich auf die Peilstrahlen und die anderen Funkhilfen als Hauptnavigationsmittel. Versagten diese Hilfen, so ›verfranzten‹ sich viele Bomber einfach. Wenn das geschah, waren die Besatzungen allen naturgemäßen Gefahren eines Feindfluges über feindlichem Gebiet preisgegeben. Die Kanzel, vor allem in der He 111, war eine Vollsichtkanzel, die bei

Vollsichtkanzel einer He 111, des Standardkampfflugzeuges der deutschen Luftwaffe. Zunächst 1935 als ziviles Verkehrsflugzeug verwendet, wurde es schnell zum Kampfflugzeug umgewandelt und bei der ›Legion Condor‹ in Spanien im Einsatz erprobt. Die He 111 war eine der Hauptstützen der deutschen Kampfgeschwader und stand bis zum Kriegsende im Einsatz. Danach baute die spanische Luftwaffe sie mit britischen Rolls-Royce-›Merlin‹-Motoren bis in die sechziger Jahre in Lizenz. Die starke Verglasung konnte bei gewissem Lichteinfall störende Spiegelungen in der Kanzel hervorrufen, was die Landung mitunter erschwerte.

Tageseinsätzen mit starkem Jagdbegleitschutz hervorragende Sicht bot, bei Nacht jedoch ein starkes Gefühl des Ausgeliefertseins vermittelte. Im September 1940 mußten die deutschen Kampfbesatzungen schmerzlich erfahren, daß viele ihrer Kameraden bei den verlustreichen Tageseinsätzen ausfielen. Die Luftwaffe bekam vor der RAF einen heilsamen Respekt, weil sie, obwohl die britische Nachtabwehr noch sehr in den Anfängen steckte, bis zu einem gewissen Grade, gerade die Kampfmoral betreffend, im Vorteil war. Die Tage der leichten deutschen Siege sollten schnell vergehen.

Viele gefangengenommene deutsche Nachtbomberbesatzungen sagten in Vernehmungen aus, daß sie von RAF-Nachtjägern wüßten, die entlang der Peilstrahlen patroullierten oder von Massierungen schußbereit wartender Flak: aber genau wußten sie es nicht. Eine andere verbreitete Meinung bei abgeschossenen Besatzungen war, »die Briten sind sehr gut im Funkwesen . . .« und daß die Peilstrahlen abgelenkt oder verändert würden. Außerdem gab es die Schwierigkeiten langer Nachtflüge, die Kälte, die einen erstarren ließ, der ständige, ohrenbetäubende Lärm und das Schütteln der Kriegsflugzeuge mit Kolbentriebwerken (unvorstellbar für jemanden, dessen fliegerische Erfahrung sich auf einen Flug mit einem Urlaubsjet beschränkt). Ferner belastete die Besatzung die stets gegenwärtige Gefahr der Tragflächenvereisung oder des Ausfalls der Sauerstoffanlage, die Beanspruchung des Flugzeugführers bei langandauerndem Instrumentenflug in der Nacht, die Sorge, daß der Heimathorst wegen schlechten Wetters ›dicht‹ sein könnte. Dies alles, und dazu noch die unheimlichen Geräusche fremder Funksignale, konnte die Besatzung sehr wohl glauben machen, daß sich in jeder Wolke ein Nachtjäger verberge, daß jeder Scheinwerfer sie suchte, nur sie allein, als Beute für die Flakbedienungen tief drunten.

Hier ein Ausschnitt aus einem zeitgenössischen Bericht über das Geschick der Heinkel 111, G1+LK vom KG 55, zusammengefaßt aufgrund der Vernehmungen der überlebenden Besatzungsmitglieder nach dem Absturz der Maschine in der Nähe von Coventry. Er beleuchtet genauestens den Erfolg des Störens von ›Knickebein‹. Das Flugzeug gehörte zu einem Verband, der an dem Nachtangriff auf Birmingham teilnahm. Der ›Knickebein‹-Leitstrahl Dieppe war auf diese Stadt gerichtet und

»dieses betroffene Flugzeug hatte als Ziel eine Flugzeugfabrik im Norden von Birmingham . . . Sie erwischten den Leitstrahl in knapp 4000 m Höhe über dem Kanal und folgten ihm. Nach einer Weile bekam das Dauersignal Schwankungen und verschwand dann gänzlich. Was auch immer sie versuchten, sie konnten es nicht wieder auffassen. Es scheint, als sei die Besatzung dann kopflos geworden. Sie schimpfte darüber, daß die Elektrik der Maschine Störungen hätte, weil weder der Kompaß noch der künstliche Horizont einwandfrei anzeigten, und die Nacht so dunkel sei, daß der Pilot die Maschine nicht mehr richtig halten könne . . . Der Bordfunker beteuerte jedoch, daß seine Geräte noch gearbeitet hätten, woraus die Feststellung zu widerlegen war, die Elektrik sei ausgefallen. Schließlich klinkte der Beobachter die Bomben im Notwurf aus. Er sprang zusammen mit dem Bordfunker mit dem Fallschirm ab. Pilot und Bordschütze kamen bei dem Absturz ums Leben«.

Die Unglücksmaschine war nicht abgeschossen worden, nicht einmal angeschossen. Der Bericht enthält alle klassischen Symptome, wie ein Pilot beim Blindflug durch räumliche Desorientierung die Kontrolle über seine Maschine verliert. Ein flugmedizinisch erklärbarer Zustand sich zunehmend verstärkender Symptome, hier ausgelöst durch das Ausbleiben des ›Knickebein‹-Peilstrahls. Diese Heinkel war so sicher zum Absturz gebracht worden nur durch Morsestriche, ausgestrahlt von einem Sender 4000 m unter ihr, als wären es Geschosse gewesen.
Im Rückblick auf diesen zweifelsfreien Erfolg der RAF-Abwehrmaßnahme gegen ›Knickebein‹-Strahlen muß man leider ein weitverbreitetes Mißverständnis ausräumen: die Legende, daß die Briten die Strahlen umlenkten. Dies war die Bestrebung von Dr. (jetzt Sir) Robert Cockburn, einem der jungen, sehr fähigen Wissenschaftler von TRE (Fernmelde-Versuchs-Institut) in Worth Matravers, den die ›Knickebein‹-Abwehrmaßnahmen sehr interessierten:

»Es war wirklich eine sehr einfache Idee. Im Frühherbst 1940 hatte ich einen Plan entwickelt, mit einem Empfänger an der Küste bei Swanage (Worth Matravers) die deutschen Morsepunkte zu empfangen und sie über Landleitung nach Beacon Hill bei Salisbury zu senden, von wo ich sie zurücksenden wollte.«

Wenn diese Morsepunkte von den deutschen Sendern aufgefaßt wurden, mußten sie natürlich genau mit den deutschen Strichen in Phase übereinstimmen. Dies versetzte Dr. Cockburn in die Lage, einen falschen Dauerton zu erzeugen und so die Strahlen genau abzulenken, notfalls sogar durch einen regelbaren Betrag. Aber es klappte nie.

»So hart und wechselvoll ist der Krieg! Ich hatte alles bestens vorbereitet. In der besagten Nacht wollte ich damit beginnen. Aber die Fernsprechleitung, die die Punktzeichen vom Empfänger in Swanage über Relais weitersenden sollte, war aus Einsatzgründen abgeklemmt worden.«

Die asynchronen ›Aspirin‹-Signale hatten sich aber mittlerweile erfolgreich bewährt, und zur ›Strahlumlenkung‹ kam es nie. Selbst die Tatsache, daß die Strahlen wirklich nicht umgelenkt wurden, bewahrte den Kommandeur der Kampfgruppe 80, Oberst Addison, nicht davor, verantwortlich dafür gemacht zu werden, wenn irgendein verirrter deutscher Bomber seine Bomben im Notwurf ablud.

». . . solche Bomben fielen überall im Lande verstreut, und sie trafen auch einige äußerst empfindlichen Orte. Ich erinnere mich an einen Fall, als einige auf das Gelände von Schloß Windsor fielen. Am nächsten Morgen wurde ich von dem sehr zornigen Finanzkämmerer der Königlichen Hofhaltung angerufen und befragt, wieso ich es hätte wagen dürfen, die Peilstrahlen über den Besitz von Schloß Windsor zu lenken.«

(Dem Oberst Edward Addison muß aber wohl vergeben worden sein, denn er ging als Vizeluftmarschall in den Ruhestand!)
Auch von der irischen Regierung wurde die RAF beschuldigt, daß eine große Anzahl deutscher Bomber, wie sie es beurteilte, nach Dublin ›umgelenkt‹ worden sei, das ihrer Ansicht nach schwer bombardiert worden wäre. Genauere Nachforschungen ergaben, daß nur ein Flugzeug in der Nähe des Phönix-Parks vier Bomben hatte fallen lassen, wobei 28 Menschen getötet und viele andere verletzt wurden. Wahrscheinlich ging der einzelne Bomber über Dublin wegen einer anderen britischen Abwehrmaßnahme verloren, über die selbst bis heute wenig bekannt wurde.
Außer den ›Knickebein‹-Strahlen, die im Grunde genommen nur als Bombenabwurfhilfe für ein bestimmtes Ziel und nicht für allgemeine navigatorische Zwecke dienten, verfügte die Luftwaffe über ein Netz von ungerichteten Mittelwellenfunkfeuern (zwischen 200 und 500 kHz). Etwa achtzig von ihnen standen im gesamten deutschbesetzten Europa in Betrieb. Es waren Sender schwacher Ausgangsleistung, von denen jeder ein ständiges Funksignal absetzte, jeder mit festgelegter Wellenlänge und Kennung, die üblicherweise mit einer Zahlen- oder Buchstabengruppe automatisch in langsamen Morsezeichen alle paar Minuten ausgestrahlt wurde. Die Funkfeuer waren ungerichtet, d. h., daß die Peilzeichen, die sie absetzten, keine Richtstrahlen aussendeten, sondern nur den geographischen Ort des Senders vermittelten; sie waren nichts anderes als echte Radio-›Leuchttürme‹. Die Position eines jeden dieser Funkfeuer war natürlich in den deutschen Landkarten markiert und den Bomberbesatzungen bekannt, die mittels ihrer Bordpeilantennen Peilungen von ihnen nehmen konnten. Ein einfaches Verfahren, das so alt war wie das Radio und schon im Ersten Weltkrieg angewendet wurde. Beim Empfang der Peilungen von zwei oder drei verschiedenen Sendern konnte ein Flugzeug eine sehr brauchbare Ortsbestimmung, seine Position, feststellen. Die Briten kannten das natürlich. Die RAF bediente sich der gleichen Methode. Aus diesem Grunde wurden mit Kriegsbeginn alle BBC-Radiomittelwellensender in Gruppen auf gemeinsame Wellenlängen geschaltet. Dies hielt die Deutschen davon ab, von diesen starken Sendern als Funkfeuer Gebrauch zu machen, denn seit einige Sender an verschiedenen Orten auf gleicher Frequenz lagen, wurde es unmöglich gemacht, die Sender anzupeilen und zu identifizieren. Sobald ein deutsches Flugzeug in den Umkreis von 80 Kilometern eines BBC-Senders einflog, schaltete er seinen Empfänger ab, weil auf die kurze Distanz die Zweitsignale, die von den anderen entfernteren Sendern herrührten, nicht sehr laut waren. Und wenn sich das Flugzeug nicht hoffnungslos ›verfranzt‹ hatte, mußte der Bordfunker wissen, wo der nächstliegende Sender lag. Zusammengefaßt kann festgestellt werden, daß sich die Nachtbomber, wenn überhaupt, nur sehr wenig auf die britischen Mittelwellensender abstützen konnten und ihre eigenen Funkfeuer peilen mußten.
Die deutschen Funkfeuer wurden auf eine besonders ausgewählte Weise gestört. Entlang der britischen Süd- und Ostküste wurden Empfänger mit Richtantennen auf eine Anzahl von deutschen Funkfeuern geschaltet. Die empfangenen Signale wurden über öffentliche Fernsprechleitungen der Post an britische Täuschsender übermittelt, die sie auf der gleichen Frequenz zurückfunkten und sogar mit den echten Kennungen der deutschen Stationen. Dabei spielte es keine Rolle, wie oft der Gegner seine Rufzeichen änderte: die fernen britischen Täuschsender änderten sie, wann immer gewechselt wurde, weil sie automatisch mit ihren Empfangs-

*Oben links:* Die meisten deutschen Flugzeuge besaßen Funkpeilanlagen. In der Ju 88 war sie fernbedient, so daß der Flugzeugführer die Peilrahmenantenne von seinem Sitz aus betätigen konnte.

*Oben rechts:* Der Bordfunker war für die Abstimmung auf den richtigen ›Knickebein‹-Sender verantwortlich. Wenn die britische Störmethode ›Aspirin‹ durchschlug, verloren viele Funker ihre Peilungen.

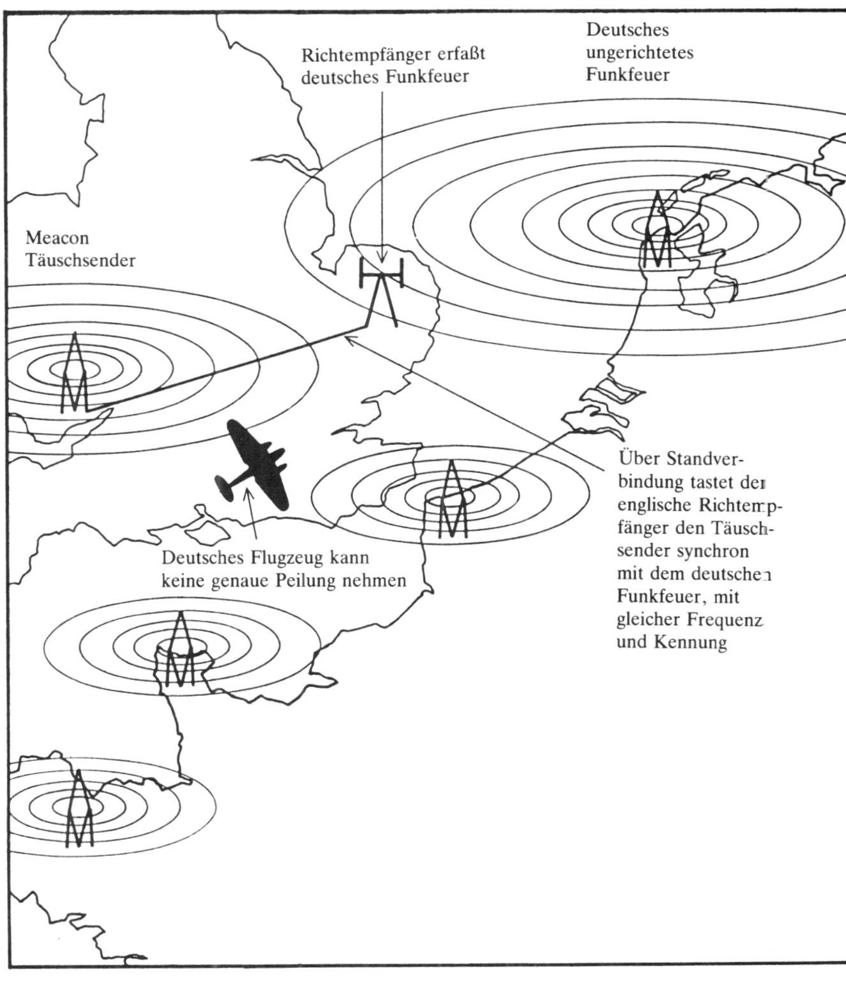


*Rechts:* So arbeiteten die Funktäuschsender.

geräten auf die deutschen Sender aufgeschaltet waren. Diese Maskierung oder auch Überlagerung von Funkfeuern, die im April 1940 begann, wurde auch ›Meaconing‹ genannt. (Ein Kunstwort aus den englischen Wörtern ›Masking of beacon‹.) Dieses Verfahren sollte noch sehr erfolgreich werden. Eine spätere Entwicklung hörte Funkmeldungen deutscher Besatzungen ab, wenn sie ihre Bodenstelle um eine Fremdpeilung nach ihren Bordpeilzeichen baten. Dann übernahm ›Meaconing‹ die Täuschung mit dem Ergebnis, daß völlig falsche Positionen mit Abweichungen bis zu 160 km an die Besatzungen übermittelt wurden, und sich die verwirrten deutschen Bodenstellen weigerten, überhaupt noch irgendwelche Peilungen durchzugeben.

Aber zurück zum ›Hochfrequenzkrieg‹. Die Lage Anfang September 1940 stellte sich so dar, daß das ›Knickebein‹-Verfahren für den Einsatz der Nachtbomber nur noch bedingt tauglich war. Die meisten Besatzungen benutzten es nur zu Beginn ihres Fluges, um den Luvwinkel zu erfliegen. Dann flogen sie nach der üblichen Koppelnavigation, die bei Schlechtwetter oder in dunklen Nächten häufig ungenau war. Die ›Aspirin‹-Gegenmaßnahmen hatten erfolgreich gewirkt.

Allerdings konnten die deutschen Nachtbomber nicht gestoppt werden. Viele von ihnen waren nicht abgeschossen worden. Es hatte sehr schwere Bombereinsätze gegeben und viele Menschen fanden den Tod. Was dennoch erreicht wurde, war doch recht beachtlich: Der Feind war nicht in der Lage, Punktziele zu treffen: die lebenswichtigen Fabriken, Flugplätze, Eisenbahnknotenpunkte. Er hätte es nur erreichen können, wenn die Leitstrahlen nicht gestört worden wären.

Dann, am späten Samstagnachmittag des 7. September 1940, auf dem Höhepunkt der Luftschlacht um England, begann der ›Blitz‹, der große Luftangriff auf London. 625 Kampfflugzeuge, geschützt von einer etwa gleichen Anzahl von Jägern, wechselten ihre Angriffsziele, die Flugplätze, und bombardierten Hafenanlagen und das Londoner ›East End‹. Bei Nacht gingen die Angriffe weiter. Ein endloser Bomberstrom – über 250 Maschinen – warf 330 Tonnen Spreng- und Brandbomben ab und verursachte neun riesige Brandherde im Londoner East End, die außer Kontrolle gerieten. Um das Chaos zu vollenden, wurde durch ein Mißverständnis das Stichwort ›Cromwell‹ ausgelöst, woraufhin alle Kirchenglokken – als Signal für den Beginn der Invasion – landauf und landab geläutet wurden.

In den nächsten 57 aufeinanderfolgenden Nächten wurde die britische Hauptstadt von der Abenddämmerung bis zum Morgengrauen bombardiert. Die deutschen Flieger folgten einem Leitstrahl, den niemand stören konnte – der Themse. Bis zum Neujahrstag 1941 waren allein in London mehr als 13 000 Menschen getötet und 16 000 schwer verletzt worden. Auch die Küstenstädte Bristol, Southampton, Plymouth und Liverpool wurden gleichsam schwer getroffen. Alles Ziele, die relativ leicht ohne die Anwendung von Leitstrahlen zu finden waren.

Trotz dieser sehr schweren Angriffe war ein gewisser Trost darin zu sehen, daß die lebenswichtigen Industriezentren Mittelenglands relativ unbehelligt geblieben waren. Dies war fast ausnahmslos den Störungen der Leitstrahlen zu verdanken. Obwohl es so schien, als habe man die Leitstrahlen besiegt und als seien ›Knickebein‹ und ›X-Gerät‹ ein und dieselbe Sache, befürchtete Dr. Jones dennoch, daß dies keineswegs erwiesen sei. Er hielt Ausschau nach einem zweiten Leitstrahlverfahren und sollte nicht lange warten müssen. In den frühen Stunden einer Nacht Anfang September 1940 läutete sein Telefon. Es war ein Kollege, Frederik Norman, Deutschprofessor, und einer der Nachrichtendienstler von Bletchley

Londoner Silhouette während der deutschen Luftoffensive.

Die Themse – eine Orientierungshilfe, die nicht zu tarnen war (während eines Einsatzes fotografiert). Es gab einen ernstgemeinten Vorschlag, die Wasserflächen von Flüssen mit Kohlenstaub abzudecken, was gut funktionierte, sofern sie nicht von Gezeiten abhängig waren. Die Sperrballone sollten Sturzangriffe verhindern.

Foto aus London während des Höhepunktes der ›Blitz‹-Offensive. Zwischen dem 7. September und 13. November 1940 griffen deutsche Kampfflugzeuge die Stadt bis auf eine einzige Nacht allnächtlich an.

Park. Ein ›Enigma‹-Spruch war entziffert worden, und kaum hatte Norman ihn gesehen, rief er Jones an: »Wir haben was!« tönte er ins Telefon, »weiß der Himmel, was es sein mag, aber ich bin sicher, das ist was für Sie. Können Sie heute morgen vorbeikommen?«
Am nächsten Morgen lag schon in Bletchley Park der übersetzte Spruch bereit. Es war der Hinweis auf das ›zweite Verfahren‹ – die geheimnisvollen ›X-Geräte‹.
Am 11. September, nach seinem Besuch in Bletchley, verfaßte Jones einen Zwischenbericht. Er bezog sich auf den ›Ultra-Secret‹-Text, der selbst in seinem ›Streng Geheim‹-Dokument mit ›beruht auf einer absolut zuverlässigen Quelle‹ umschrieben wurde. In seiner Schlußfolgerung stellt er fest, daß der Feind dabei sei, letzte Hand an eine Gruppe von mindestens fünf Hochleistungssendern bei Calais zu legen.
Die Leitstrahlen dieser neuen Sender waren offensichtlich bei zwei oder drei Gelegenheiten zwischen dem 23. August und 6. September über England erprobt worden. Sie standen wohl auch in Verbindung mit einer Bombereinheit, die in Vannes, Nordfrankreich, lag. Der Bericht fuhr fort: »Das Bedienungspersonal dieser Sender ist zugleich mit dem Einbau eines ›X-Gerätes‹ in ein Flugzeug befaßt – eine Heinkel 111, Kennzeichen 6N+LK.«
›6N‹ war bekannt als Verbandskennziffer der Kampfgruppe (KGr) 100, die über besondere Blindflugerfahrung verfügte. Als Schlußfolgerung ergab sich für Jones daraus unweigerlich:

> »Die ›X-Geräte‹ und KGr 100 gehören zusammen. Es sei daran erinnert, daß es bereits einige Zweifel hinsichtlich der Identität von ›Knickebein‹ und ›X-Geräten‹ gegeben hat. Es ist jedoch sicher, daß sie nicht identisch sind, wenngleich sie auch ähnliche Verfahren verwenden. Es ist anzunehmen, daß die ›X-Geräte‹ ein vollautomatisches Blindabwurfverfahren beinhalten dürften.«

Die britische ›Y‹-Nachrichtendienstabteilung hatte vor etwa einer Woche im Verlauf routinemäßiger Funküberwachungen neue feindliche Radiosender auf 75 MHz (= 4 Meter) ausgemacht. Die Signale dienten eindeutig nicht der Nachrichtenübermittlung. Sie waren ›Knickebein‹ ähnlich und hatten Lorenz-Charakteristiken, allerdings mit einer unterschiedlichen Abstimmung des Tones und des Tasttaktes der Punkte und Striche. Außerdem lagen sie auf einer viel höheren Frequenz. Der ›Y-Dienst‹ hatte ermittelt, daß die Signale von zwei Sendern zu stammen schienen, und zwar aus der Gegend um Calais und um Le Havre. Man hatte daraus gefolgert, daß sie für die Navigation von Minenlegern oder Torpedobooten bestimmt sein könnten.
Die Entdeckung dieser neuen Peilsignale war beunruhigend. Es schien, daß die Deutschen nun ihre territorialen Eroberungen ausweiten wollten. Sie besaßen die gesamte Küstenregion von Brest an der Biskaya bis nach Den Helder in Nordholland. In diesem riesigen Halbkreis konnten sie ihre neuen Funkstationen einrichten. Was nicht nur gute Querpeilungen und Schnittpunkte, sondern auch den Einsatz höherer Frequenzen mit größerer Genauigkeit ermöglichte, weil sie näher an England lagen als die ursprünglichen ›Knickebein‹-Richtsender.
Noch ehe der September vorüber war, hatte Jones die Bestätigung, daß die neuen Leitstrahlen – ›X-Geräte‹ – ohne Zweifel die Nachfolger des früheren, nunmehr weitgehend abgeschriebenen ›Knickebein‹ waren. Und wieder war ›Enigma‹ die Quelle.
Den Entschlüsselungsspezialisten von Bletchley Park waren auch Entzifferungen gelungen, die die Grundlage für einen weiteren wissenschaftlichen Luftwaffenbe-

Anzeigeuhr eines X-Gerätes – sogenannte ›X-Uhr‹ – für das Bombenauslösen, das aus einer He 111 der Kampfgruppe 100 geborgen wurde.

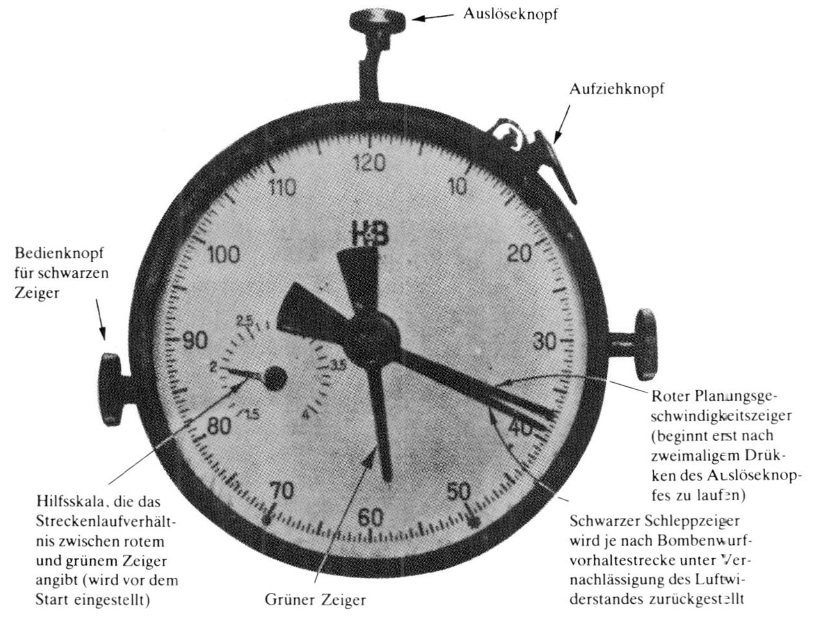


**›X-Uhr‹, wie sie kurz vor dem Bombenabwurf anzeigt**

richt von Jones abgaben. Dieser Bericht vom 25. September 1940 hatte den Titel ›Die X-Geräte‹ und – obwohl als ›Streng Geheim‹ eingestuft, wie auch der vorhergehende – trug auf dem Umschlag den Hinweis auf seinen ›Ultra-Secret‹-Ursprung (›Enigma‹):

»Die in diesem Bericht enthaltenen Informationen stammen aus einer äußerst geheimen Quelle. Ohne Genehmigung von S.R.3 (Dr. R. V. Jones) darf diese Information deshalb nicht weitergegeben werden.«

In der Einführung wird festgestellt:

»Seit dem Tage des ersten Zwischenberichts vom 11. 9. 1940 sind beträchtliche weitere Beweise über ›X-Geräte‹ verfügbar geworden. Es ist an der Zeit, die neuen Erkenntnisse zusammenzufassen und einen Überblick über den derzeitigen Stand der Dinge zu geben.«

Ein wesentlicher Teil der Informationen stammte offensichtlich aus aufgefangenen ›Enigma‹-Sprüchen, denn der Bericht enthielt genaue Angaben über die Sender:

»Verschiedene Sender wurden identifiziert, die mit den X-Gerät-Einsätzen der Kampfgruppe (KGr) 100 in Verbindung stehen mußten. Sie werden hauptsächlich mit den Namen deutscher Flüsse gekennzeichnet: Weser, Elbe, Rhein, Isar, Oder und Spree. Hiervon sind von zweien die genauen Positionen bekannt:

Weser: 49° 42′, 19.28″ N 1° 51′ 24.87″ W
Spree: 49° 41′ 43.13″ N 1° 55′ 37.10″ W

Sie liegen demnach nur 5,5 Kilometer auseinander auf der Halbinsel La Hague bei Cherbourg. Isar, Rhein und Elbe stehen im Gebiet von Calais-Boulogne.«

Der abgefangene ›Enigma‹-Spruch lieferte Einzelheiten über die Sender, die wahrscheinlich in der Nacht vom 19./20. September überprüft worden waren. Aufgrund dieser Einzelheiten kam Jones zu dem Schluß, daß es zwei Arten von Strahlen gäbe, ›feine und grobe‹. Es wurde angenommen, daß der eine davon, der grobe Strahl, auf 65–75 MHz gesendet wurde. Eine erstaunliche Tatsache war jedoch der Grad der ermittelten Genauigkeit: Die Strahlen waren bis auf fünf Bogensekunden genau gerichtet – oder 3,8 Meter auf 150 Kilometer.
Die Koordinaten der Sender Weser und Spree schienen die mögliche Genauigkeit zu erhärten. Sie waren, wie Jones darlegte:

»... mit der Genauigkeit einer hundertstel Sekunde = 30 Zentimetern angegeben ... Positionen in dieser Genauigkeit zu messen, ist ein langwieriger Prozeß; es ist bekannt, daß hierzu astronomische Methoden angewendet werden müssen.
Die Deutschen ... werden keine Zeit mit unnötigen übergenauen Berechnungen zur Festlegung geographischer Orte verschwendet haben, wenn ihre Abwurfmethode diese Genauigkeit nicht erfordert hätte.
So unglaublich es auch immer scheinen mag, muß anerkannt werden, daß die Deutschen ein Blindabwurfverfahren für Bomben besitzen, von dem sie eine Mindestgenauigkeit bis zu 10 Bogensekunden oder 7,5 m auf 150 Kilometer erwarten.
Die Genauigkeit der ›X-Geräte‹ über London ist in einer Größenordnung von 9 bis 18 Metern anzusetzen. Ein verfeinertes Angriffsverfahren ist fortgeschritten, das Grob- und Feinpeilung einbezieht, die über das Ziel gerichtet sind mit einem groben und zwei feinen Querstrahlen. Es ist offensichtlich, daß diese größere Zielirrtümer ausschaltet. Die Grobstrahlen dürften im 65–75 MHz-Band liegen und die Feinstrahlen auf der 10–50 cm-Welle.«

Nach den Ausführungen über die Einsatzverfahren, die sich im wesentlichen als richtig dargestellt herausstellten, wandte sich Jones in seinem Bericht dem Problem von Gegenmaßnahmen zu:

»Wenn die ›fein‹-Peilsendungen tatsächlich auf der 10 Zentimeterwelle liegen, haben wir wenig Hoffnung, sie stören zu können, aber vielleicht liegen sie auch auf etwas längeren Frequenzen. Einige Hoffnung liegt darin begründet, daß, im Falle der Störung der Grobstrahlen, die ›Fein‹-Strahlen zu eng gebündelt werden und nicht mehr nutzbar sind. Deshalb ist es zwingend erforderlich, sofortige Störaktionen gegen den 65–75 MHz-Sender zu ergreifen. Eine Suche nach den ›Fein‹-Strahlen wäre wohl am günstigsten in der Dauertonzone der Grobstrahlen anzusetzen.
Zumindest könnten einige der Sendungen gestört werden, denn es ist bekannt, daß es in einem Falle eine Beschwerde über Störungen der ›Rhein‹-Sendungen durch einige andere deutsche Luftnachrichteneinheiten gab.«

Die Strahlen der ›X-Geräte‹ erhielten von der Kampfgruppe 80 den Tarnnamen ›River‹ (eine zeitlang wurden sie auch ›Ruffian‹ genannt). Sie wurden ausschließlich von einem deutschen Sonderverband, der Kampfgruppe 100, benutzt. Denn anders als bei ›Knickebein‹-Strahlen, die von jedem Kampfflugzeug der Luftwaffe über seine Standardblindfluggeräte empfangen werden konnten, erforderten diese ›River‹-Strahlen für die ›X-Geräte‹ eine Sonderfunkausrüstung in den Maschinen. Es gab vier Hauptstrahlen: Einen Richtstrahl, bekannt als Marschleitstrahl für den Flugzeugführer, der von dem Sender (der X-Leitstrahlbake) in der Gegend Cherbourg, der den Decknamen ›Weser‹ trug, genau über die Mitte des Zieles gelegt wurde. Ferner die drei Querstrahlen, die als ›Rhein‹, ›Oder‹ und ›Elbe‹ bezeichnet wurden und den Hauptstrahl in bestimmten Abständen kurz vor dem Ziel kreuzten. Die Kampfflugzeuge der KGr 100 vom Typ Heinkel He 111 pfleg-

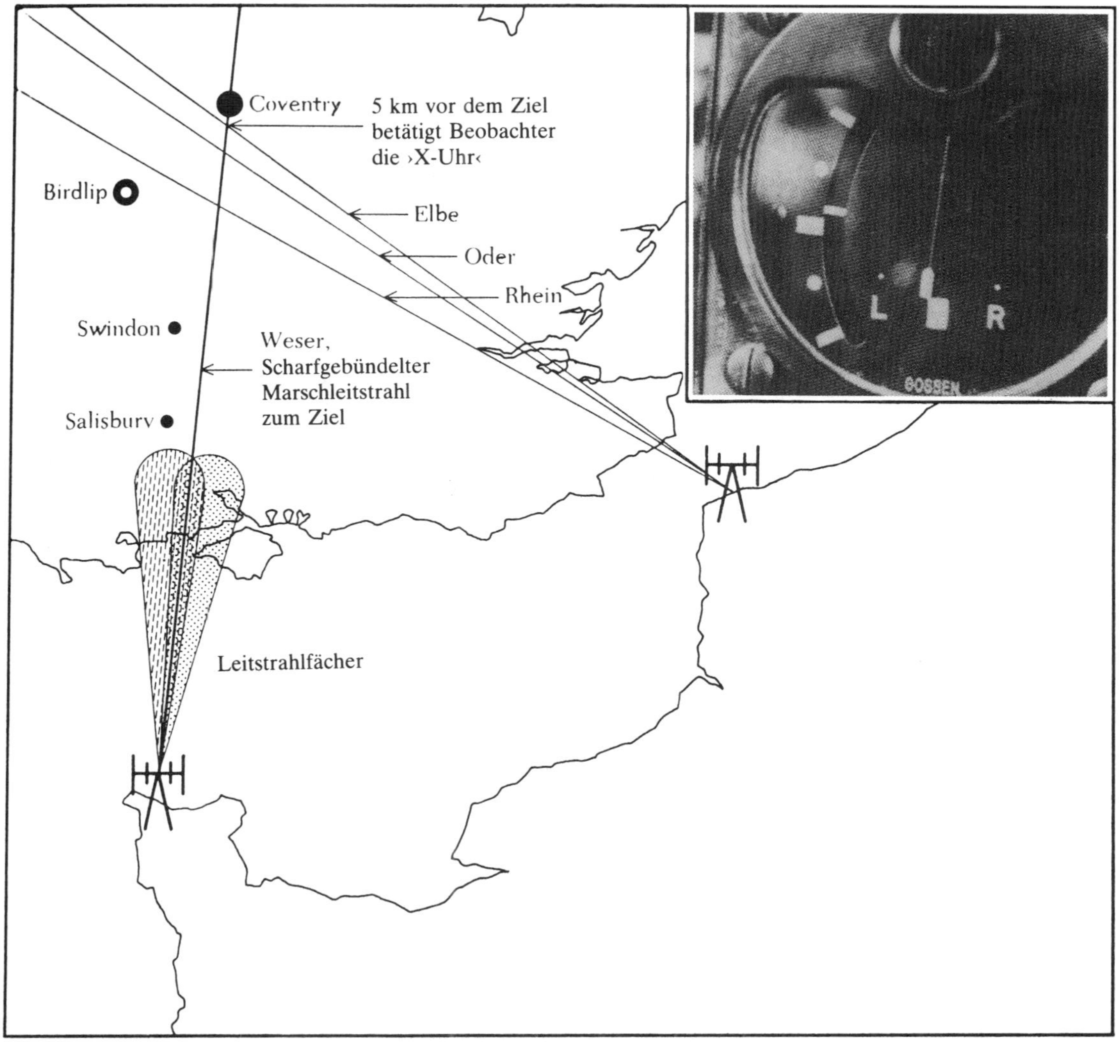


Peilstrahlen eines X-Gerätes, wie sie für den Coventry-Einsatz gerichtet waren. *Innenfoto:* X-Gerät-Peilkursanzeige zeigt an, daß das Flugzeug leicht links vom Strahl steht.

ten von ihrem Fliegerhorst Vannes in der Bretagne die 250 Kilometer in Richtung Cherbourg zu fliegen. Dort wurde der Marschleitstrahl aufgefaßt, was recht kompliziert war, da er in Wirklichkeit aus zwei Strahlen bestand, – einem breitgesteuerten Grobstrahl und einem schmalgebündelten Feinstrahl. Der breite Grobstrahl war leicht zu finden. Sobald der Pilot in ihm flog, mußte er seine Maschine allmählich in den Bereich des Feinstrahls bringen, der mit einer ›Dauerton‹-Zone von nur 7–10 Metern Breitenausdehnung scharfgebündelt war. Diese Strahlen hatten die gleichen ›Lorenz‹-Merkmale wie ›Knickebein‹, waren aber nicht akustisch wahrnehmbar. Flugzeugführer und Beobachter hatten Sichtinstrumente, deren Zeigerausschlag anzeigte, ob das Flugzeug nach links oder rechts von der Mittellinie des Feinstrahls abkam. Der Flugzeugführer hatte in dieser Situation nur dafür zu sorgen, die Maschine genau auf dem Marschleitstrahl zu halten, den Luvwinkel gegebenenfalls zu korrigieren und die befohlene Höhe einzuhalten.

Der Beobachter hatte einen eigenen Empfänger, der auf die Querleitstrahlen aus dem Raum Calais abgestimmt war. Auch er hatte ein Anzeigegerät sowie ein Bombenwurf-Rechengerät, das wie eine große Uhr mit drei Zeigern aussah, mit einem grünen, einem schwarzen und einem roten, und es wurde tatsächlich von einem Uhrwerk angetrieben. Diese Zeiger wurden mit Hilfe von Tabellenwerten, die Flughöhe und Windgeschwindigkeit berücksichtigten, vor dem Flug eingestellt. In einer bestimmten Entfernung vor dem Ziel wurde der erste Querstrahl, der den Marschleitstrahl schnitt, aufgefaßt. Es war das Vorsignal ›Rhein‹. Jetzt hatte der Pilot sehr exakt die genaue Mitte des Marschleitstrahls einzuhalten. Der Beobachter mußte wachsam auf das Kreuzen des zweiten gebündelten Querstrahls namens ›Oder‹ achten, der nur 20–30 Meter breit war und 30 Kilometer vor dem Ziel lag. Beim Auffassen dieses Signals drückte er die ›X-Uhr‹, der grüne Zeiger begann zu laufen und nahm den schwarzen Schleppzeiger mit sich. 15 Kilometer vor dem Bombenauslösepunkt wurde der dritte Querstrahl ›Elbe‹ überflogen. Der Beobachter drückte wiederum die Auslösetaste an der Uhr, woraufhin der grüne und schwarze Zeiger stoppten (sie gaben die Geschwindigkeit über Grund an). Der rote Zeiger bewegte sich in Richtung auf den jetzt stillstehenden schwarzen Zeiger zu. In weniger als einer Minute, sobald sich der schwarze und der rote Zeiger berührten, wurde ein elektrischer Stromkreis geschlossen, der die Bomben dann auslöste.

Die tatsächliche Treffgenauigkeit dieses Bombenabwurfverfahrens lag bei 100 Metern auf 320 Kilometern. Kaum weniger als es theoretisch von Dr. Jones voraussagt worden war, aber noch genau genug, um das ballistische Abwurfverhalten einzelner Bombentypen und unterschiedliche Windverhältnisse während der Bombenfallzeit berücksichtigen zu können. Das war wohl gewiß die genaueste Methode des Bombenwurfs unter Blindflugverfahren, die bis dahin von irgendeiner Luftwaffe entwickelt worden war. Sie war genau genug, eine große einzelne Fabrik zu treffen. Es gab Anzeichen dafür, daß die Kampfgruppe 100 während des Angriffs auf Birmingham am 26. Oktober 1940 die ›X-Geräte‹ schon in geringem Umfang eingesetzt hatte.

Die KGr 100 war dabei, ein neues Bombenabwurfverfahren zu entwickeln, nicht nur mit den neuen Leitstrahlen, sondern auch mit einer anderen, ganz neuartigen Technik, die von grundsätzlicher Bedeutung für Nachtbombardierungen werden sollte. Sie war es, die – ironischerweise – schließlich dazu beitragen sollte, daß viele deutsche Städte zerstört wurden. Der Grundgedanke war einfach. Eine geringe Anzahl von Bombenflugzeugen der Kampfgruppe 100 sollte den Leitstrahlen der ›X-Geräte‹ genau folgen und Leucht- und Brandbomben zur Zielmarkierung und für Flächenbrände abwerfen. Die Masse der Bomberflotte – ohne ›Knickebein‹ – würde dann auf die brennenden Städte gelenkt, wie Motten zum Licht.

Die Anwendung dieser Einsatztaktik im kleinen Umfang gab Jones den Fingerzeig auf die ›Beleuchter‹-Markierungseinsätze dieses Sonderverbandes. Einige RAF-Stabsoffiziere wollten das nicht glauben. Sie wiesen darauf hin, daß die Störverfahren gegen ›Knickebein‹ erfolgreich seien, daß die deutschen Besatzungen nur Leuchtbomben würfen, um festzustellen, wo sie sich befänden! Zum Glück für Jones war dies keine weit verbreitete Ansicht. Denn schon am 27. September, gerade zwei Tage nach Jones' zweitem Bericht über die ›X-Geräte‹, fand eine Besprechung auf hoher Ebene statt . . .

»... auf Anweisung des Komitees der Stabschefs, um Schritte zu besprechen, die gegen gewisse deutsche UKW-Navigationsleitstrahlen zu unternehmen sind, von denen anzunehmen ist, daß der Gegner sie für präzise Bombeneinsätze über dem Londoner Gebiet zu verwenden beabsichtigt.«

Die Konferenz verfügte über die Ansichten von zwei bedeutenden Wissenschaftlern, Professor Lindemann und Professor (dem späteren Sir) Edward Appleton. In diesem frühen Stadium der Erkenntnisse bestand die Möglichkeit, daß die ›Feinstrahlen‹ auf dem Zentimeterband bei etwa 10 cm ausgestrahlt werden könnten. Sollte das der Fall sein, würde es sehr schwer sein, sie erfolgreich zu stören (allein schon sie hörbar zu machen, könnte Schwierigkeiten bereiten; besondere Empfangsgeräte müßten entwickelt werden). Inzwischen konnte aber der ›Grobstrahl‹, der im 70–74-MHz-Band aufgefangen worden war, mittels einer Anzahl umgebauter Radarrichtgeräte der Heeresartillerie gestört werden, die in der gleichen Weise arbeiteten wie die erfolgreichen ›Aspirin‹-Störgeräte gegen ›Knickebein‹. Dies war ebenfalls nicht leicht, weil die Radargeräte als Impulsgeber ausgelegt waren und ihre Wirksamkeit im neuen Anwendungsbereich sehr eingeschränkt war. Diese neuen Störgeräte gegen die ›River‹-Strahlen wurden ›Bromide‹ genannt, ein entsprechend stärkeres Schmerzmittel als ›Aspirin‹.
Bestehen blieb das Problem der ›Feinstrahlen‹ und die Möglichkeit, daß sie auf dem Zentimeterband ausgestrahlt werden könnten. Dies, so stellte sich heraus, war nicht der Fall: Auch die ›Feinstrahlen‹ wurden im 70–74-MHz-Band gesendet; der Grad der Bündelung war das Ergebnis von zwei Signalen, die auf eine sehr komplizierte Weise überlagert wurden. Das Rätsel um die Zentimeterstrahlen war schnell aufgeklärt, doch dies machte damals aus zwei Gründen erhebliche Mühe. Erstens hatten die britischen Wissenschaftler es ja gerade erst geschafft, wie wir später sehen werden, im 10-cm-Band Hochfrequenzstrahlen zu erzeugen, und zwar auf dem jüngst entwickelten und höchst geheimen Hohlraummagnetron. Zweitens erforderten auch Störgeräte für das 10-cm-Band Magnetrons, die zu jener Zeit kaum über das Versuchsstadium hinaus waren.
Das Magnetron war die einzige Anlage, die hohe Leistungen in diesen extrem kurzen Wellenlängen erzeugen konnte. Es war auf dem Wege, die Radartechnik zu revolutionieren. Wenn, wie dies zunächst als wahrscheinlich schien, die Deutschen dabei waren, Leitstrahlen im 10-cm-Wellenbereich anzuwenden, wäre es ebenso wahrscheinlich, daß sie jetzt ein Magnetron im praktischen Einsatz hatten. Die ernste Bedrohung, die die neuen Strahlen darstellten, war immerhin derart, daß die Konferenz entschied, ›unverzüglich mindestens sieben Magnetrons freizugeben, sechs von der Luftfahrterprobungsstelle in Worth Matravers und eines von GEC‹. Wäre dies geschehen, dann hätte man wahrscheinlich die entscheidenden Forschungs- und Entwicklungsarbeiten an dem neuen Zehn-Zentimeter-Bordradar ungünstig beeinflußt. Gott sei Dank wurden sie nicht gebraucht. (Wir wissen heute, daß die Deutschen keine Magnetrone besaßen und solange nicht besitzen sollten, bis im späteren Verlauf des Krieges RAF-Bomber über Deutschland abgeschossen und ihre Magnetron-bestückten H2S-Radargeräte erbeutet wurden.)
Ein sehr beachtenswerter Hinweis findet sich im Besprechungsprotokoll dieser Konferenz: Professor Lindemann schlug eine passive Abwehr der möglichen Zehn-Zentimeter-Strahlen vor, was prophetisch war. Er forderte, daß eine große Anzahl von Dipolen (Halb-Wellenlängen-Antennen) auf die Frequenz der gegne-

rischen Strahlen zugeschnitten, und entweder an Ballons oder an die Radarmasten der Küstenkette aufgehängt werden, »die die Strahlen ablenken würden«. Dieser Vorschlag nahm im wesentlichen das ›Düppel‹-Verfahren, ›Window‹ (amerikanisch ›Chaff‹), vorweg: Stanniolstreifen, die aus RAF-Flugzeugen im späteren Verlauf des Krieges abgeworfen wurden, erwiesen sich als die weitaus wirksamste Maßnahme gegen die deutschen Radargeräte.
Die ersten drei oder vier ›Bromide‹-4-Meter-Störsender wurden aus Radargeräten des Heeres umgebaut. Sie waren Anfang November fertig. Gerade zur rechten Zeit, denn Nachrichtenmeldungen – meist aus abgefangenen ›Enigma‹-Sprüchen – berichteten über Anzeichen, wonach ›X-Geräte‹-Leitstrahlen und die KGr 100 für einen massierten Einsatz gegen England mit vorgesehen waren.
Am Sonntag, dem 11. November 1940, war Jones in seiner Dienststelle, wo er eine außergewöhliche Meldung empfing. Es war die Anweisung an die deutschen ›X-Geräte‹-Leitstrahlbaken, sich auf einen Einsatz gegen drei Ziele vorzubereiten: Ziel Nr. 51, 52 und 53. Diese Nummern bezogen sich auf Zielobjektlisten, die von der deutschen Luftwaffe für die Richtsender aufgestellt worden waren. Ferner gab es einen allgemeinen Befehl an die deutsche Luftwaffe, wonach ein größeres Angriffsunternehmen unter dem Decknamen ›Mondscheinsonate‹ geplant war. Auch deuteten Vernehmungsberichte von Kriegsgefangenen auf Großangriffe hin, die zwischen dem 15. und 20. November, einer Vollmondperiode, auf Mittelengland vorgesehen waren.
Am 14. 11., gegen 5 Uhr 30, rief Oberst Addison, Kommandeur der Kampfgruppe 80, bei Jones an, um ihm mitzuteilen, daß sein Funkaufklärungsflugzeug gestartet sei und daß Richtstrahlen von ›River‹ anscheinend auf eine Stadt in Mittelengland zielten. Er fragte, ob Jones ihm das Ziel der Deutschen nennen könnte. 1977 äußerte sich Jones in der BBC-Fernsehsendung ›Streng Geheim‹ dazu:

> »Ich wußte es nicht. ›Enigma‹ hatte in dieser Nacht nicht rechtzeitig entziffert werden können, und selbst wenn es bis zum nächsten Morgen gelungen wäre, wäre dies zu spät gewesen. So konnte ich ihm das Ziel nicht nennen.«

Man kann sich die Unruhe des Oberst Addison vorstellen. Er hatte nur sechs einsatzfähige ›Bromide‹-Störgeräte in dieser Nacht verfügbar, und er wollte sichergehen, daß sie mit dem besten Nutzeffekt eingesetzt würden. Außer der geringen Anzahl gab es ein zusätzliches Problem, das der richtigen Frequenz der Störgeräte. Es war weit schwieriger, die Frequenz der ›X-Geräte‹-Leitstrahlen festzustellen, als die des früheren ›Knickebein‹, wegen der wesentlich kürzeren Wellenlänge. Diese sehr hohen Frequenzen genau zu messen, erforderte feinste Meßgeräte am Boden. Von den Richtstrahlfrequenzen wußte man, daß es entweder ganze oder halbe Ziffern waren, z. B. 70 oder 70,5. Es gab daher etwa zwanzig mögliche Kanäle.
Das Abhörflugzeug der Kampfgruppe 80 war gelandet. Aber wegen Abstimmfehlern an ihren Empfängern, die niemals für Frequenzmessungen vorgesehen waren, hatten die Funker Angaben zurückgebracht wie: 69,5 und 73,7 MHz. Nun hätte 69,5 wahrscheinlich 70 sein können, aber 73,7 wäre entweder 73,5 oder 74,0 gewesen. Als Oberst Addison anrief und anfragte, welche Frequenz die Störgeräte einschalten sollten, saß Jones wie in einer Zwickmühle:

> »Es war ein höchst teuflisches Stück von Glückspiel, wie Sie sich vorstellen können, weil bei dem geringsten Fehler, den man macht, am nächsten Morgen 500 Menschen tot sein könnten. Ich tat mein Bestes (gab Addison Frequenzen an, die in Frage kommen konnten) und ging nach Hause, mich immerfort fragend, wo das Ziel wohl sein könnte.«

Heinkel 111 von der Kampfgruppe 100. Foto wahrscheinlich aus Norwegen, wo die Einheit vor ihrem Englandeinsatz lag. An der Rumpfseite als Gruppenabzeichen das ›Wikingerschiff‹. Die Maschine ist mit dem X-Gerät ausgerüstet. Der Mast der Zusatzantenne ist deutlich zu sehen.

Ein He 111-Beobachter liest bei Mondlicht seine Karte. Obwohl es nicht sicher ist, ob dieses Bild bei dem großen Coventry-Einsatz gemacht wurde, entspricht die helle Vollmondnacht genau den damaligen Verhältnissen, als man auch die Karte lesen konnte.

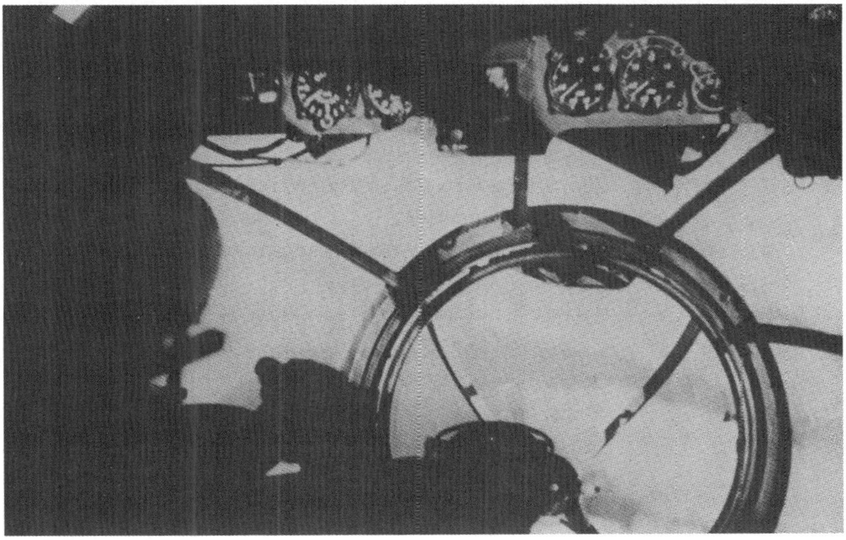

Kanzel einer He 111. Überraschenderweise wurde keine einzige der 499 Maschinen des Coventry-Einsatzes von britischen Nachtjägern angegriffen.

Zu diesem Zeitpunkt stiegen die Besatzungen der KGr 100 und anderer Kampfverbände der Luftwaffe in ihre Maschinen. Insgesamt waren etwa 500 Flugzeuge mit Bomben beladen und startbereit. Die Flugzeugführer und die Beobachter hatten genau vorgezeichnete Karten, in denen jedes Kampfflugzeug sein eigenes Ziel in Rot markiert fand. Alle Karten enthielten das Zielobjekt 53 – die Stadt Coventry.
Auf dem Fliegerhorst Vannes in der Bretagne, an der Biscaya, startete Horst Götz, ein erfahrener Pilot der KGr 100 mit seiner He 111 aus dem Grasplatz heraus. Sie hob schnell ab, weil sie leicht beladen war; nur mit Brand- und Leuchtbomben, wie alle Bomber von Vannes in jener Nacht. Alle trugen als Verbandszeichen ein Wikingerschiff und das Kennzeichen ›6 N‹ – die ›Pfadfinder‹ und ›Beleuchter‹ der KGr 100. Diese Heinkel trugen drei Antennenmasten statt des üblichen einen auf ihrem Rumpf: Die Antennen für die ›X-Geräte‹. 36 Jahre später erinnerte sich Flugkapitän Horst Götz an diese Novembernacht 1940:

> »Der Coventry-Einsatz hatte damals keine außergewöhnliche Bedeutung für uns von der KGr 100. Wir wußten nur, daß uns zahlreiche Bomber folgen würden und wir nur Brandbomben geladen hatten.
> Aus meinem Flugbuch ersehe ich, daß ich um 18 Uhr 28 unter den ersten Bombern war, die zu diesem Einsatz starteten. Doch kurz vor der britischen Küste bekam meine Heinkel Motorschaden. Ich mußte umkehren. Das Wetter war gut und ich kam glatt zurück.«

Die Heinkel der KGr 100 hatten im langsamen Steigflug über der Bretagne etwa 5000 Meter Höhe erreicht, wo sie die Marschgeschwindigkeit von rund 370 km/h aufnahmen. Das war mehr als bei normalen Bomberstaffeln, denn sie waren nur leicht beladen. Die Flugzeuge flogen in einer langen, aufgelockerten Reihe, jedes mit etwa 15 Kilometer Abstand. Über dem Kanal sollte der Marschleitstrahl von der Funkbake ›Weser‹ nahe Cherbourg aufgefaßt werden, dennoch hielten sich die Bomber an der einen oder anderen Grenzzone der Peilstrahlen und überflogen die Küste von Dorset zwischen Swanage und der Insel Wight. (Knapp vor diesem Punkt mußte Horst Götz umkehren.)
Die verbleibenden zwölf ›Pfadfinder‹ flogen weiter. Die klare Mondnacht ließ die Besatzungen schwere Nachtjägerangriffe befürchten. Aber trotz der ausgezeichneten Sicht fanden keine Angriffe statt. Das war überraschend, denn die Nacht war derart hell, daß die Beobachter, die in der Bugnase der Vollsichtkanzel ihrer Heinkel 111 auf dem Bauch lagen, die mondhelle Landschaft 5000 Meter tief unter ihnen wie am Tage auf der Navigationskarte vergleichen konnten.
Die Bomber sollten ihre Motoren über England nicht synchron laufen lassen. Dies geschah nur, um britische Horchgeräte zu irritieren, weil man seitens der deutschen Luftwaffe annahm, daß ihre Flugzeuge auf diese Weise geortet würden. (Es gab 1940 in England zwar noch einige Horchposten, aber wahrscheinlich mehr zur Unterstützung der Radarstationen; als Meßmethode in der Flugabwehr war sie überholt.) Dieser nicht synchrone Lauf der Motoren war bei den Besatzungen recht unbeliebt, weil er die Flugzeugzelle durch das Vibrieren der Motoren in Schwingungen versetzte. Tief unten war das tiefe rhythmische Wummern der ungleich laufenden Triebwerke ein charakteristisches Zeichen für deutsche Kampfflugzeuge. Wer es je hörte, wird es nie vergessen. Häufig wurde es als Unterscheidungsmerkmal zwischen eigenen und feindlichen Maschinen benutzt. Das war aber ziemlich unzuverlässig.

Die Dornier Do 17, wie sie auch Günther Unger beim Coventry-Einsatz flog, war damals bereits veraltet. Sie wurde aus den gegen England fliegenden Kampfverbänden herausgezogen und Ende 1940 durch die Ju 88 ersetzt.

Der Kurs des Marschleitstrahls ›Weser‹ lag in der Nacht vom 14./15. November 1940 auf 006° rechtweisend Nord, führte zwei bis drei Kilometer im Osten von Salisbury über die White Horse Hills beim Lambourn und dann über die Cotswolds nach Coventry. Die Bomber hatten die Themse etwa 15 Kilometer ostwärts von Witney zu überfliegen. Danach mußten die Beobachter das Anzeigegerät für den ersten Querstrahl ›Rhein‹ von Calais im Auge behalten. Der Punkt zum Auffangen lag etwa über Chipping Norton. In jener Nacht arbeiteten die ›X-Geräte‹ in den 12 Heinkel He 111 der KGr 100 einwandfrei. Die ersten Leucht- und Brandbomben fielen auf ihre Ziele innerhalb der Stadt gegen 19 Uhr 10 britischer Sommerzeit.
Schnell flackerten Feuer auf – Zeichen für den großen Bomberverband, der den ›Zeremonienmeistern‹ folgte. Diese neue Taktik, Spezialeinheiten mit höchst genauen Navigationshilfen einzusetzen, um die Einzelziele auszumachen und zu kennzeichnen, begann alle Verfahren für Nachtangriffe zu verändern. Durch die KGr 100 wurde diese Taktik über Coventry eingeführt. Später verbesserten die RAF-›Pfadfinder‹ sie über dem Reichsgebiet mit all den furchtbaren Folgen für die Deutschen.
Zehn Stunden lang flogen 499 Kampfflugzeuge der Luftwaffe in dieser Nacht vom 14./15. November ihre Angriffe. Zu ihren Zielen zählten fünf bedeutende Produktionsbetriebe für Flugzeugmotoren und Einzelteile. Unteroffizier Günther Unger, der in jener Nacht eine Do 17 des KG 76 flog, war um 1 Uhr nachts gestartet und erinnert sich:

»Der Einsatz erfolgte bei außergewöhnlich gutem Wetter. Wir starteten in Abbeville, es liegt direkt an der Küste. Als wir über den Kanal flogen, konnten wir deutlich Coventry brennen sehen. Wir brauchten keine Funkhilfen.
Ich griff etwa um 2 Uhr 30 an. Zu diesem Zeitpunkt gab es keine Abwehr. Der Flug war reine Routinesache. Es gab sehr wenig Flak und keine Nachtjäger. Als wir das Zielgebiet erreichten, wütete dort ein riesiges Flammenmeer. Ich habe nie mehr während eines einzigen Einsatzes solche Massierung von Feuersbrünsten gesehen, nicht einmal in London. Gewöhnlich lagen die Feuerflächen in unseren Zielstädten zerstreut, aber nicht hier. Das Ziel war nicht zu verfehlen.«

Offizielle Berichte, die nach dem Kriege veröffentlicht wurden, veranschlagten die Bombenmenge auf 503 Tonnen Sprengstoff. Es fielen mehr als 1500 Spreng-

Bristol ›Blenheim‹-Bomber, die mit zwei Bristol-›Mercury‹-VIII von je 840 PS ausgerüstet waren, erreichten eine Höchstgeschwindigkeit von 420 km/h. 200 dieser Maschinen wurden mit Bausätzen, die die Southern Railway Co. lieferte, in Nachtjagdversionen umgerüstet.

bomben, 50 Luftminen, jede rund 1000 Kilogramm schwer und wahrscheinlich bis zu 30 000 Brandbomben:

> »Nach einer sehr groben Schätzung wurde ein Drittel der Fabriken in der Stadt entweder völlig zerstört oder so beschädigt, daß sie außer Betrieb waren.«

Insgesamt wurden mehr als 500 Menschen getötet und mehr als 1200 verletzt. Es gab schwere Schäden an Privatbesitz: 60 000 Gebäude, was dreiviertel aller Privatwohnungen in der Stadt einschloß – und die Kathedrale.

In jener Nacht flog der Bomberstrom der Kampfgruppe 100 sehr nahe an zwei der sechs ›Bromide‹-Störsender vorbei: Einer auf dem Birdlip Hill bei Gloucester war gerade seit dem 3. November in Betrieb; er lag etwa 40 Kilometer vom ›Weser‹-Leitstrahl entfernt. Noch näher lag der Störsender in Kenilworth, lediglich 5 Kilometer vom Zentrum des Leitstrahls entfernt. Auch er war bis zu dieser Einsatznacht erst seit einer Woche in Betrieb. Ein dritter ›Bromide‹-Störsender stand bei Hagley, halbwegs zwischen Coventry und Birmingham. Er hatte als erster am 1. November den Betrieb aufgenommen. Die übrigen Störsender in Kidsgrove bei Crewe und Windlesham in Surrey (der erst in dieser Nacht einsatzbereit wurde) lagen außerhalb optimaler Reichweite.

Ob sie näher oder weiter entfernt lagen, keiner dieser Störsender vermochte die Zeiger der ›X-Geräte‹-Instrumente zu mehr als nur einem Zittern zu bringen. Auch keiner der Flugzeugführer oder Beobachter hörte irgendwelche Störgeräusche in seinem Kopfhörer. Man muß in aller Offenheit die Frage stellen, warum die Abwehrmaßnahmen versagten und unfähig waren, diesen so schweren Angriff auf Coventry zu verhindern.

Die Reaktion von Dr. Jones, der – wie man sich erinnert – die schwerwiegende Entscheidung zu treffen hatte, auf welche Frequenzen die ›Bromide‹-Störsender geschaltet werden sollten, war, daß er wohl fehlentschieden hatte. In Wirklichkeit war dies jedoch nicht der Fall. Der ›Y‹-Abhördienst hatte die Leitstrahlen während ihrer Betriebszeit beim Einsatz aufgenommen und konnte bestätigen, daß die Störsender auf den richtigen, den von Jones vorausgesagten Kanälen lagen. Aber, und dies ist ein sehr schwerwiegendes Aber, die Abstimmung der Frequenz, also die Toncharakteristik der falschen ›Strich‹-Zeichen, war ungenau. Die Störsender waren in jener Nacht überhastet aufgestellt worden, und irgendeiner hatte die Frequenz auf 1500 Hz eingestellt, während die richtige Frequenzhöhe der ›X-Geräte‹ darüber lag, nämlich bei 2000 Hz.

So blieben die ›Bromide‹-Störsender wirkungslos. Wenn die drei Störsender Birdlip Hill, Kenilworth und Hagley die richtige Wellenlänge eingestellt hätten, wären die ›X-Geräte‹-Strahlen wirkungslos oder zumindest ungenau gemacht worden. Es war wirklich eine außergewöhnlich helle Mondnacht gewesen. Dennoch hätte es eine Chance gegeben, daß sich wenigstens einige der ›Beleuchter‹ verfranzt und Leuchtbomben auf ein falsches Ziel geworfen hätten. Wie dem auch sei, der gesamte Kampfverband hatte unbehelligt seine richtigen Ziele gefunden. Das Ausbleiben von Störmaßnahmen war auf einen höchst unglücklichen Fehler zurückzuführen – und sogar auf einen unentschuldbaren, weil zur Messung der Hörfrequenzen der Strahlen nur ein UKW-Empfänger erforderlich war sowie ein abstimmbarer Tonsummer und ein entsprechend gutes Ohr. Das örtliche Kennsignal, durch den Summer hervorgerufen, hat die Aufgabe, die unbekannte Frequenz des Senders einzugabeln, bis es genau darauf abgestimmt ist. Die Anzeigeskala des Summers gab dann die Frequenz des empfangenen Fremdsignals an. Jeder, der keinen Gehörschaden hatte, konnte in weniger als einer Minute einen Frequenzwert feststellen.

Die Differenz von 2000 und 1500 Hz ist nicht allzu groß und man konnte darüber streiten, ob diese Differenz unbemerkt bleiben würde, wenn sie in einem Bombenflugzeug mit lauten Kolbenmotoren abgehört wurde. Aber – wie wir gesehen haben – wurden die Peilsignale nicht nur von menschlichen Ohren überwacht; das Meßinstrument lieferte die Hauptanzeige, und die Störgeräte konnten darauf in keinem Fall einwirken, weil besondere Störfilter in den Empfängern eingebaut waren. In der Zeit der Coventry-Angriffe hatte die Kampfgruppe 80 keine Ahnung von diesen Störfiltern. Sie hätte sie haben können, wenn es nicht zu einer Reihe von unglücklichen Zufällen gekommen wäre.

Acht Tage vor dem Coventry-Angriff mußte in den frühen Morgenstunden des 6. November eine He 111, die sich wegen Kraftstoffmangels verflogen hatte, von ihrer Besatzung im seichten Wasser der West Bay in der Nähe von Bridport notgelandet werden. Ein Besatzungsmitglied wurde bei der Bruchlandung getötet, die anderen drei wateten an Land und ergaben sich. Die Männer waren überrascht, daß ihre Gegner Engländer waren, denn sie hatten geglaubt, sich über Spanien zu befinden, als ihnen der Sprit ausging. Dieser kleine Erfolg der RAF, das deutsche Funkfeuer von St. Malo mittels ›Meaconing‹ abzulenken, sollte noch unvorhergesehene Folgen verursachen!

Der bruchgelandete Bomber lag am Strand zwischen den Grenzmarken von Ebbe und Flut. Eine Heereseinheit, die in der Nähe lag, wartete auf das Einsetzen der Ebbe, ließ einen bewaffneten Posten aufziehen und begann mit den Bergungsarbeiten. In diesem Augenblick tauchte die Marine mit einem Küstenwachboot auf und beanspruchte die He 111 als Marinebeute. Der Kapitän wies darauf hin, daß das Wrack unterhalb der Flutmarke liege.

Der verantwortliche Heeresoffizier hatte sich wohl dem Befehl des Dienstgradhöheren gebeugt, denn er ließ die Haltetaue lösen, und die Marine begann, die Heinkel zum Schiff zu ziehen, wohl in der Absicht, sie längseits festzuzurren. Die Trosse brach und das Flugzeug versank natürlich ein zweites Mal in der West Bay.

Daraufhin schien die Marine das Interesse daran verloren zu haben. Jedenfalls schleppte das Heer schließlich den jetzt noch mehr verbeulten Bomber auf den Strand bis oberhalb der Flutlinie.
Als ein Offizier des Technischen Nachrichtendienstes der Air Force hinzukam, stellte er schnell fest, daß dies keine gewöhnliche Heinkel He 111 war. Sie trug die Verbandskennung 6N+BH und als Verbandsabzeichen ein Wikingerschiff unter vollen Segeln. Das wichtigste von allem war, auf der Oberseite ihres zertrümmerten Rumpfes saßen drei senkrechte Antennen: sie gehörte zur KGr 100 und war mit dem höchst geheimen ›X-Gerät‹ ausgerüstet.
Im Monatsbericht Nr. 12 der Kampfgruppe 80 vom 27. 11., einundzwanzig Tage nach der Bruchlandung des Bombers, heißt es:

»Während dieser Woche wurden sehr wertvolle Funde in dem Bruch am Strand von Bridport gemacht. Es sind die beiden Peilempfänger . . . die ›Uhr‹ jener Heinkel 111 von der KGr 100, die am 6. November im Küstengewässer notlandete. Glücklicherweise hatten sie dank ihrer robusten Konstruktion die erlittene Bruchlandung sehr gut überstanden. Die Auswertung der Geräte ist im Gange . . . Einer der Empfänger . . . wurde sofort zur RAE nach Farnborough zur genauen Untersuchung der Funktion und Einzelteile geschickt, womit es möglich sein wird, die Empfindlichkeit und Trennschärfe der Geräte zu ermitteln. Diese Kenntnisse werden uns ohne weiteres in die Lage versetzen, die Feldstärken oder Überlagerungen festzulegen, die unsere ›Bromide‹-Störsender zukünftig entwickeln müssen . . .«

Das Untersuchungsergebnis fiel enttäuschend aus. Man hatte lediglich festgestellt, daß die Geräte einen sehr schmalen Bandfilter in ihrem Ausgangsteil besaßen, der auf 2000 Hz mit einer Toleranz von ± 50 Hz eingestellt war. Deshalb hätten die ›Bromide‹-Störsender mit ihren auf 1500 Hz liegenden Strichpeilzeichen auch gar nicht erst eingeschaltet zu werden brauchen; ihre Signale hätten ohnehin überhaupt keine Wirkung gehabt. Da aber die Sichtanzeigegeräte und die Kopfhörer der Besatzung *hinter* dem Bandfilter geschaltet waren, konnte keines der gefälschten Strichzeichen weder gesehen noch gehört werden.
Sir Robert Cockburn war zu dieser Zeit bei der Abteilung für elektronische Gegenmaßnahmen beim TRE, dem Fernmeldeerprobungsinstitut, (Telecommunication Research Establishment), in Worth Matravers. Er war

»wirklich völlig entsetzt zu hören, daß ein derart grober Schnitzer vorgekommen sein sollte. Es müßte wohl ein Übermittlungsfehler gewesen sein . . . irgend jemand hätte wohl angerufen und die falsche Frequenz durchgegeben.
Nun erhebt sich die Frage, ob der Coventry-Angriff so vernichtend ausgefallen wäre, wie er es tatsächlich war, wenn wir die Peilstrahlen auf der richtigen Frequenz gestört hätten. Es war eine sehr helle Mondnacht. Ich erinnere mich genau daran, weil ich von London aus zurückfuhr. Der Mond stand helleuchtend über New Forest. Die Bomber zogen dahin . . . es war eine außerordentlich günstige und klare Nacht für Bombereinsätze. Deshalb bin ich gar nicht so sehr davon überzeugt, daß sie nicht genauso sicher ihre Ziele gefunden hätten, selbst wenn ihre Peilstrahlen gestört worden wären. Andererseits bin ich mir nicht gewiß, ob sie die gleiche Treffgenauigkeit erzielt hätten; sie trafen Coventry äußerst genau. Das gelang nur aufgrund der Tatsache, daß die ›X-Geräte‹ ungestört eingesetzt werden konnten«.

Die Deutschen sollten noch eine Zeitlang die ›X-Geräte‹ unbehindert nutzen können. Nachdem die Frage der Frequenzabstimmung seitens der Briten hingegen gefunden worden war, erhob sich als nächstes Problem die Beschaffung einer ausreichenden Zahl von ›Bromide‹-Sendern für den wirksamen Störeinsatz. Es

Die vielseitig einsetzbare Ju 88 (Nachtbomber) war eine der erfolgreichsten deutschen Flugzeugkonstruktionen. Das Muster von 1940 war mit zwei wassergekühlten Junkers Jumo 211 J1-12-Zylindermotoren von 1340 PS ausgerüstet. Sie erreichte 480 km/h in 5200 Meter Höhe – was für einen Bomber sehr schnell war und womit sie den ›Blenheim‹-Nachtjägern der RAF mit Leichtigkeit davonflog. Man beachte die Außenaufhängung der Bomben.

waren bestenfalls 17 brauchbare vorhanden, und es dauerte bis Anfang Dezember, bis der letzte von ihnen bei Loughborough einsatzbereit war. Schwere Angriffe auf Bristol, Portsmouth, Birmingham und Liverpool sowie ein sehr schwerer Einsatz mit 300 Maschinen auf Sheffield sollten noch folgen. »Es scheint so«, berichtete die Kampfgruppe 80 am 3. Januar 1941, »daß die Kampfgruppe 100 auch weiterhin ihre Ziele findet und trifft, selbst unter den allerungünstigsten Bedingungen . . .«
In dem Maße, wie sich die RAF-Abwehrverfahren weiter verbesserten, schienen sich auch Erfolge im ›Hochfrequenzkrieg‹ abzuzeichnen. Dies war ja auch unter allen Umständen gefordert. In einem Geheimbericht ›Funkabwehrmaßnahmen vom Juni 1940 bis April 1941‹ stellt der unbekannte Verfasser, wenn auch etwas widersprüchlich, fest, daß

»der Erfolg der Funkabwehrmaßnahmen zwar in gewissem Umfang aufgehoben worden war durch die großen Zielbrände, die von den deutschen ›Beleuchtern‹ gelegt worden waren und die für die nachfolgenden Bombenflugzeuge als ausgezeichnete Navigationshilfe zum Erreichen des Ziels dienten«.

Die Tatsache, daß nur die KGr 100 die ›X-Geräte‹ allein als Mittel zur Erfüllung der ›Beleuchter‹-Aufgaben nutzte, schien die Forderung nach erfolgreichen Störmaßnahmen noch besonders zu unterstreichen.
Um es deutlich zu sagen, ›Knickebein‹ konnte damals sehr wirksam gestört werden. Die Bomber der Hauptangriffswellen mußten auf seine Anwendung verzichten, außer ganz zu Beginn ihrer Einsätze, was zweifellos der einzige Grund für den weiteren Betrieb dieser Leitstrahlanlage war. Wenn jedoch die ›Bromide‹-

Störsender als so erfolgreich bezeichnet wurden, wie sollte dann die KGr 100 ihre Ziele – »selbst unter den allerungünstigsten Bedingungen« finden?

Man sollte sich daran erinnern, daß die ›Beleuchter‹ (= Pfadfinder)-Methode auf einer sehr geringen Anzahl (knapp 2% beim Einsatz auf Coventry) hochqualifizierter Flugzeugführer und Beobachter beruhte, die sich nur zusätzlich auf die Peilstrahlen der ›X-Geräte‹ zum Auffinden und ›Beleuchten‹ des Zieles abstützten. 1976 erklärte Horst Götz in einem Interview, daß die ›Beleuchter‹-Aufgaben von der KGr 100 zusätzlich zu anderen Einsatzaufgaben wahrgenommen wurden. So erwähnte er beispielsweise Einsätze über dem Atlantik gegen Schiffsziele, die höchste fliegerische und navigatorische Erfahrung erforderten. Und er fährt fort:

». . . die Besatzungen . . . bestanden alle aus alterfahrenen Unteroffizieren, Feldwebeln und Offizieren, die schon vor dem Kriege ihre Ausbildung erhalten hatten. Es gab verhältnismäßig wenige Ausfälle. Alterfahrene Besatzungen gingen zwar hin und wieder verloren, aber nicht durch Navigationsfehler oder fliegerische Mängel. Es waren unsere jungen, neuzugeführten Besatzungen, in deren Reihen wir die meisten Ausfälle zu erleiden hatten.«

Götz kann das selbst gut beweisen: Er hatte weit über 1200 Feindflugstunden in seinem Flugbuch, bevor er 1940 gegen England flog. Später wurde er Testpilot auf Strahlflugzeugen und flog Ende 1944 über England mit einer Arado 234 Feindeinsätze.

Derart erfahrene Flugzeugführer pflegten das letzte Quentchen Fluggenauigkeit aus den Leitstrahlen herauszuholen. Störmaßnahmen konnten mit dem 1940 erreichten Stand technischer Hilfsmittel niemals hundertprozentig sein. Selbst wenn sie hundertprozentig gewesen wären, hätten viele Besatzungen der KGr 100, wie auch die RAF-›Pfadfinder‹ im weiteren Verlauf des Krieges ihre Ziele ebensogut mit einfacher Koppelnavigation erreichen können. Die Kampfgeschwader der Luftwaffe, von denen viele während der Tageseinsätze schwere Verluste an erfahrenen Besatzungen erlitten, mußten nun überstürzt ausgebildeten Nachwuchs auf Feindflüge schicken. Wegen der Störung des ›Knickebein‹-Verfahrens waren diese jungen Flugzeugführer und Beobachter aber in erheblichem Maße auf die ›Beleuchter‹-Tätigkeit der KGr 100 angewiesen.

Dessen war sich der Stab für Funkabwehrmaßnahmen bewußt. Man begann mit einer neuen Phase von Maßnahmen und Gegenmaßnahmen, mit dem ›Unternehmen Starfish‹. Nachdem die deutschen Flieger durch Feuersbrünste auf ihre Ziele geleitet wurden, waren die naheliegendsten Maßnahmen dagegen auch Brände und Feuer. Riesige Brände wurden im freien Gelände rund um die möglichen Angriffsziele entzündet, um die Bomberbesatzungen irrezuführen. Diese Ablenkungsbrände nannte man ›Starfish‹. Sie wurden recht erfolgreich angewandt, denn in den frühen Anfängen der Massenbombardierungen zogen sich die Angriffe über mehr als zehn Stunden hin. Jedes Kampfflugzeug flog selbständig seinen eigenen Kurs zum Zielgebiet. Und deshalb gab es, selbst wenn die ›alten Hasen‹ der KGr 100 das richtige Ziel beleuchtet hatten, immer noch die Möglichkeit, daß nachfolgende Maschinen mit weniger erfahrenen Besatzungen, menschlich verständlich, die ersten sich bietenden Brände, die sie entdeckten, mit Bomben belegen würden. Und genau dies trat ein. Die Kampfgruppe 80, welche die Scheinbrände betreute, berichtete:

»›Starfish‹ hat die Aufmerksamkeit des Gegners in zahlreichen Fällen auf sich gezogen und eine beträchtliche Anzahl von Bombenfehlwürfen verursacht. Andererseits gab es auch Fälle, insbesondere, wenn gute Sichtverhältnisse herrschten, in denen ›Starfish‹ unbeachtet blieb! Außergewöhnliche Erfolge waren bei Cardiff am 4. März 1941, bei Bristol am 16. März und bei Portsmouth am 17. April zu verzeichnen. Im ersten Fall berichteten Heimatsicherungskräfte, daß nicht weniger als 102 Sprengbomben auf die ›Starfish‹-Anlage abgeworfen wurden, deren Gesamtgewicht sich auf 25 Tonnen belief. 300 Bomben wurden auf die ›Starfish‹-Scheinanlage Downside bei Bristol geworfen. Die größte Bombenlast, die bis zum April 1941 von einem Scheinbrand auf sich gezogen wurde, fiel auf die ›Starfish‹-Anlage Sinah-Common bei Portsmouth. Nicht weniger als 170 Sprengbomben, 26 Luftminen, 20 Flammbomben und unzählbare Brandbomben wurden abgeworfen, was 95% der feindlichen Bombenwürfe gegen Portsmouth ausmachte.«

Die Scheinanlagen, die von dem Heeresoffizier Oberst Turner entworfen worden waren, erreichten im Januar 1941 Einsatzreife. Er ließ durchlöcherte Ölleitungsrohre derart verlegen, daß sie wie eine Industrieanlage aussahen. Durch die Öffnungen wurde Öl gepumpt und dann gezündet, um den Anschein eines typischen brennenden Bombenziels zu erwecken. Um die Täuschung glaubhafter zu machen, wurden in Abständen Wasserstrahlen auf die Brandherde gelenkt, um Dacheinstürze und kleine Explosionen vorzutäuschen. Dies wurde durch die Verwendung von automatischen Intervallwasserspülern aus städtischen Bedürfnisanstalten erzielt.
Die Scheinanlagen waren häufig von RAF-Unteroffizieren besetzt, die von einem Unterstand aus die Ölfeuer durch elektrische Fernzündung steuerten. Es war ein äußerst unbeliebter Dienst gewesen. Nach den Erinnerungen von Vizeluftmarschall Addison im Jahre 1976 hatten sie immerhin keine Ausfälle:

»Wir pflegten sie anzurufen und fragten, wie es denn bei ihnen liefe; ich möchte aber nicht wiederholen, was sie antworteten.«

In Ergänzung zum Thema ›Starfish‹ sei erwähnt, daß Oberst Turner auch verantwortlich für die ›Q‹-Anlagen war. Das waren Scheinflughäfen mit Leuchtpfaden und hölzernen Flugzeugattrappen, die für 50£ pro Stück in den Kulissenwerkstätten von Filmstudios gebaut wurden (einschließlich des britischen ›Gaumont Studios‹ in Lime Grove). Die Scheinanlagen schienen so täuschend echt auszusehen, daß sie mit Bomben belegt wurden; sie sahen sogar für einige RAF-Flugzeuge so echt aus, daß diese darauf zu landen versuchten. Aber die Deutschen entdeckten einige dieser Scheinflugplätze. Und es gibt eine amüsante Geschichte darüber: Eine Ju 88 soll eines Tages aus einer Wolke herabgestürzt sein und eine Bombe auf einen der ›Q‹-Scheinplätze zwischen die Holzattrappen geworfen haben. Die Bombe sei aber nicht explodiert, weil sie ebenfalls aus Holz war! Man kann nur davon ausgehen, daß die Geschichte wirklich wahr ist.
In Ergänzung zu dem, was man als passive Abwehrmaßnahmen beschreiben könnte, gab es auch aktive Abwehrmaßnahmen, d. h. Angriffe gegen die Peilsender selbst. Von Anfang Dezember bis Weihnachten 1940 wurden zehn Kampfeinsätze von ›Whitley‹-Bombern der 109. Staffel gegen die ›River‹-Sender bei Cherbourg geflogen. Die Feindflüge fanden bei entsetzlichem Wetter statt, und die Ergebnisse waren entsprechend ergebnislos. Nur einmal schalteten die Sendestationen ab. Wegen der sehr schlechten Sicht blieb es ungewiß, ob das wegen der Bombenangriffe geschah oder ob die Sender abgeschaltet wurden, um die Angreifer daran zu hindern, die Leitstrahlen ihrerseits als Angriffshilfe zu verwenden.
Wie die Deutschen in den Anfangstagen der Luftschlacht um England erfahren mußten, waren Funk- und Radarsender sehr ungeeignete Bombenziele, weil sie

schwer zu treffen waren. Selbst wenn sie getroffen wurden, waren sie entweder wieder schnell repariert oder durch den Einsatz von Ersatzsendegeräten ergänzt worden.

Zu Beginn des Jahres 1941 bedeuteten die Nachtbomberverbände der Luftwaffe noch eine ernste Bedrohung. Sie hatten 550 Kampfmaschinen einsatzklar. Wenngleich die Störmaßnahmen gegen die ›X-Geräte‹ endlich Anzeichen erster Erfolge zeitigten, war die Gefahr durch die Nachtbomber noch nicht abgewehrt. Der ›Y‹-Abhördienst, wie er genannt wurde, hatte neue leitstrahlähnliche Signale auf dem neuen Frequenzband 40–60 MHz aufgefangen. Der ›Hochfrequenzkrieg‹ war dabei, in seine dritte und letzte Phase einzutreten.
Noch im Juli 1940 wurde ein ›Enigma‹-Spruch aufgefangen, daß »es vorgesehen ist, ›Knickebein‹- und ›Wotan‹-Anlagen nahe Cherbourg und Brest aufzustellen«. Als Dr. Jones das erfuhr, rief er seinen Kollegen Professor Norman bei der ›Enigma‹-Nachrichtenstelle in Bletchley Park an und fragte ihn, ob es da irgend etwas über ›Wotan‹ gäbe:

> »Er sagte: ›Nun gut, Wotan war das Oberhaupt der germanischen Götter‹. Dann meinte er: ›Warten Sie einen Augenblick, er hatte nur *ein* Auge! Also ein Leitstrahl!‹ Er brüllte ins Telefon hinein, ›*ein* Leitstrahl. Können Sie sich ein Verfahren mit *einem* Leitstrahl denken?‹ Und ich erwiderte, ich könnte einen Leitstrahl auf übliche Weise benutzen und dann könnten wir beispielsweise das Entfernungsmeßsystem verwenden, das im ›Oslo-Report‹ erwähnt ist. Er sagte: ›Das muß es sein‹, und so begannen wir nachzuforschen . . .«

Im November wurde eine weitere ›Enigmameldung‹ entschlüsselt. Sie war an eine bekannte Leitstrahlsendestelle gerichtet und besagte schlicht: »Ziel Nr. 1 für Y«, gefolgt von einer Koordinatenangabe. Damit war dem britischen Nachrichtendienst bekannt, daß das ›Ziel Nr. 1‹ das Bovingdondepot des Königlichen Panzerkorps in Dorset war. Was aber Jones bedeutsam erschien, war die Tatsache, daß die Meldung lediglich an einen Sender gegeben worden war und nur eine einzige Koordinatenangabe für die Zielortung enthielt. Das bedeutete, was dieses unbekannte Verfahren auch immer sein mochte, daß es nur *einen* Sender erforderte und wahrscheinlich auch nur einen Leitstrahl. Die Bestätigung eines neuen Leitstrahls kam in der Nacht vom 21./22. Dezember. Die RAF-Funküberwachung von Kingsdown in Kent faßte einen Spruch an ein deutsches Flugzeug über Southend auf. Dessen Bodenstelle hatte durchgegeben: »Abdrehen und neuen Anflug machen!« Dann: »Entfernungsmessung nicht möglich, Auftrag nach eigenem Ermessen durchführen!« Die Abhörstelle Kingsdown empfing daraufhin schnelle Strichzeichen auf 43 MHz. Eine Fremdpeilung wurde genommen, die über den Ort Poix bei Amiens lief. In dieser Nacht empfing eine weitere ›Y‹-Abhörstelle in Hawkinge, Kent, Morsepunkte auf der gleichen Frequenz.
In der folgenden Nacht startete eine ›Whitley‹ der 109. Staffel von Wyton aus und fing auf der Frequenz von 43 MHz Peilzeichen auf, die aus Poix kamen. Der Pilot meldete Schwierigkeiten bei der Unterscheidung von Punkten und Strichen wegen der sehr hohen Morsegeschwindigkeit.
Aus anderen Abhörergebnissen und weiteren ›Enigma‹-Entschlüsselungen wurde langsam klar, daß diese Signale noch zu einem dritten Leitstrahlsystem gehörten: dem ›Y-Gerät‹ oder ›Wotan‹ genannt. Von der Kampfgruppe 80 wurde es ›Benito‹ genannt, und unverzüglich ging die RCM-Gruppe der Fernmeldeerpro-

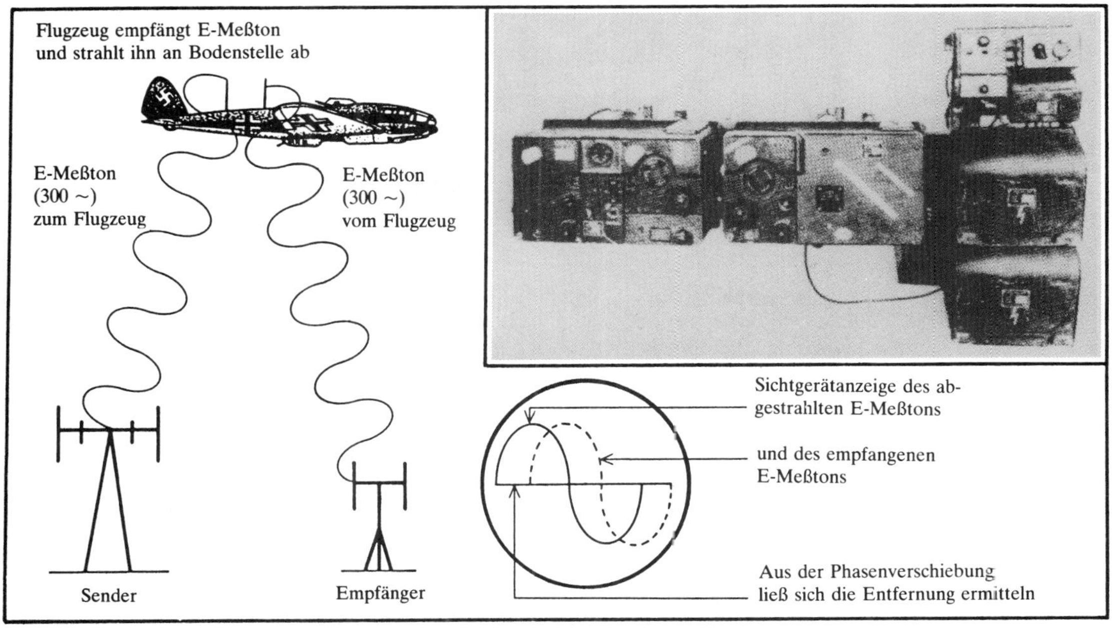


*Oben:* Y-Geräte.

*Innenfoto:* Y-Bordgerätesatz. Im Gegensatz zu früheren Peilgeräten funktionierte es automatisch und war deshalb recht leicht zu stören, ohne daß es die Bordfunker bemerkten.

bungsstelle in Worth Matravers unter Leitung von Dr. Robert Cockburn daran, Gegenmaßnahmen zu entwickeln. Die Signale lagen sehr dicht; derart dicht, daß es von Anfang an nahelag, sie nur durch irgendeine Art von optischen Anzeigegeräten darstellen zu lassen. Ende Januar 1941 waren die Wissenschaftler der TRE in der Lage, die Wellencharakteristik der ›Benito‹-Signale anhand einer Kathodenstrahlröhre zu analysieren, ihre Arbeitsweise zu beurteilen und ein Abwehrverfahren dagegen zu entwickeln.

›Benito‹ war das bahnbrechendste der drei Leitverfahren, aber paradoxerweise am leichtesten zu stören. Im Grunde war es mehr als das Bomberleitverfahren, das im ›Oslo-Report‹ beschrieben worden und ebenfalls ein Einstrahlverfahren gewesen war. Eine Bodenstelle in Nordfrankreich sendete ein Doppelsignal – eins für die Entfernung und das andere für die Richtung. Alle diese Signale des ›Y-Verfahrens‹ arbeiteten auf Frequenzen zwischen 42,1 und 47,9 MHz (um die sieben Meter Wellenlänge. Die Wahl dieser Wellenlänge war, wie wir sehen werden, ungünstig). Der Entfernungsmeßsender strahlte einen Meßton von 3 kHz aus (ein ziemlich hoher Pfeifton). Dieses Signal ließ sich auch dazu verwenden, Funksprüche im Morsecode zum Flugzeug zu übertragen. Wenn das Flugzeug eine Entfernungsmessung einholte, also wie weit es von der Bodenstelle entfernt war, wurde der Meßton auf die viel niedrigere Frequenz von nur 300 Hz moduliert.
Der Meßton wurde vom Empfänger im Flugzeug aufgenommen und dann zur Bodenstelle auf einer etwa um 3 MHz unterschiedlichen Frequenz zurückgesendet. Die Bodenstation empfing die Wellenlänge des ursprünglichen Tonsignals und die zurückgestrahlten Meßtöne auf einer Kathodenstrahlröhre und verglich die auftretende Phasenverschiebung, aus der sich die Laufzeit der Meßtöne vom Boden zum Flugzeug und zurück ergab. Das versetzte das Bedienungspersonal in die Lage, sehr genau zu ermitteln, wie weit entfernt sich das Flugzeug befand. Der Genauigkeitsgrad lag bei 91 Metern auf 400 Kilometer.
Das ist nur ein Teil der Geschichte. Es gab noch eine weitere Bodenstelle, die den

*Links:* Der Vorkriegs-BBC-Fernsehsender Alexandra Palace im Norden von London. Von hier aus wurden die Y-Geräte gestört.

Marschleitstrahl in Form eines äußerst komplexen Taktsignals sendete. Im Grunde war es eine Art Lorenz-Morsestrahl, aber mit einer Tastgeschwindigkeit von 180 Tastungen pro Minute. Die Links/Rechtstastung wurde nach dem Verhältnis der ›Punkt‹-Zeichen zu einem synchronen Impuls unterschieden, der nur durch ein automatisches Gerät aufgenommen werden konnte, das die Signale entschlüsselte. Dieses Gerät bot nicht nur eine Sichtanzeige auf einem Links/Rechtsanzeigeinstrument, sondern konnte das Flugzeug auch über den Autopiloten steuern, der es weit genauer auf dem Kursstrahl hielt als irgendein Pilot. Über dem Ziel wurden die Bomben auf ein Kommando der Bodenleitstelle ausgelöst.

Das ›Y-Verfahren‹, so bahnbrechend es auch war, hatte drei wesentliche Schwächen:

1. Es verfügte über einen automatischen Antwortsender, das heißt, das Flugzeug mußte ein Funksignal ausstrahlen, das von einem Nachtjäger genutzt werden konnte, um sich seinem Ziel zu nähern.
2. Es war ein automatisch ablaufendes Verfahren, und automatische Verfahren sind oft leichter zu täuschen als solche mit ›menschlichen‹ Beobachtern.
3. Da es vom Boden aus überwacht und beeinflußt wurde, konnte jede Bodenstelle nur einen Bomber gleichzeitig führen; deshalb konnte die Führungsfrequenz leicht gestört werden.

Innerhalb von zwei Monaten, nachdem die ersten ›Y-Geräte‹-Signale festgestellt worden waren, wurde das Verfahren bereits gestört. Das erfolgte auf so einfache und so raffinierte Weise, daß die Deutschen zuerst nicht begreifen konnten, wie das überhaupt möglich sein könne. Eine Empfangsstation auf dem BBC-Gelände in Swains Lane, Hampstead, nahm das Entfernungsmeßsignal des Flugzeugs auf, übertrug es über eine etwa 1,5 km lange Standverbindung an den starken, aber bis dahin schweigenden BBC-Fernsehsender ›Alexandra Palast‹. Dieser weitreichende Sender war für eine Leistung von 45 MHz ausgelegt. Er wurde bald auf die Frequenzen der ›Y-Bodenstelle‹ umgestellt und strahlte das Entfernungsmeßsi-

Die Y-Geräte wurden so genau getäuscht, daß die deutschen Besatzungen glaubten, ihre eigenen Geräte arbeiteten fehlerhaft.

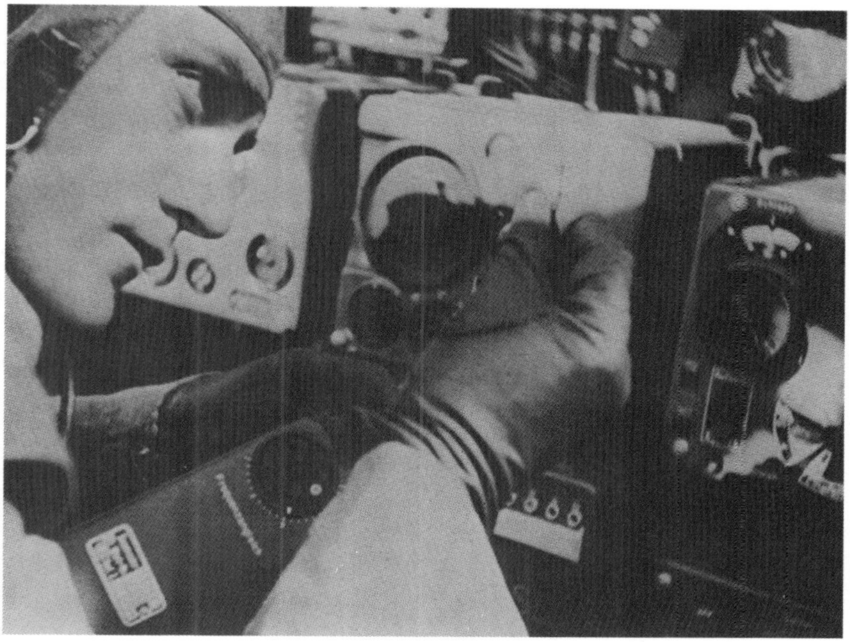

gnal des Flugzeugs zurück. Diese unvorhersehbaren BBC-Sendungen riefen ernsthafte Verwirrung hervor, weil die ausgeklügelte Störmaßnahme für den Feind nicht aufklärbar war. Hieraus erwuchs bald ein gut Teil Mißtrauen zwischen Bodenstellen und Flugzeugen, weil jeder dem anderen vorwarf, fehlerhafte Funkgeräte zu haben.

Eine zweite ›Domino‹-Station, wie man die Störsender gegen die ›Y-Strahlen‹ benannte, war auf dem Beacon Hill bei Salisbury aufgestellt worden. Zusammen mit ›Alexandra-Palast‹ ergab sich eine vollständige Überdeckung von Süd-England.

Wie es das Schicksal manchmal so will, waren die Störsender gegen ›Y-Leitstrahlen‹ ausgerechnet in der Nacht in Betrieb genommen worden, als das Kampfgeschwader 26, das fabrikneue Heinkelmaschinen mit ›Y-Geräten‹ erhalten hatte, sie erstmals als ›Beleuchter‹ (Pfadfinder) einzusetzen versuchte. Sie mußten sehr bald aufgeben. Als später eine erbeutete Heinkel mit ›Y-Gerät‹ untersucht wurde, fand man heraus, daß sie auch anders hätte gestört werden können. Nur weil den Konstrukteuren des Richtungsteiles des ›Y-Gerätes‹ ein kleiner Fehler unterlief, konnte ein schwaches Funksignal, von nur einem Zehntel der Feldstärke des Leistrahls, die funktionswichtigen Synchronisierungsimpulse stören und den Leitstrahl unbrauchbar machen. Das hätte von den Deutschen mittels zweier kleiner zusätzlicher Bauteile behoben werden können.

Im März 1941 war der deutsche ›Nachtblitz‹ im Grunde genommen vorüber. Die drei Leitstrahlverfahren waren gestört worden, und von nun an begannen die RAF-Nachtjäger in Schwung zu kommen. Die neuen Maschinen, die Bristol ›Beaufighter‹, mit dem leistungsfähigen neuen Bordradargerät A1 Mark IV in Verbindung mit einem verbesserten, bodengestützten Jägerleitradarsystem, schossen Nachtbomber in beträchtlicher Anzahl ab.

Gerade als sich die Wissenschaftler fragten, was wohl nun kommen werde, geschah das Unglaubliche. Im Mai 1941 verließen die deutschen Nachtbomber ihre Fliegerhorste in ganz Westeuropa, um in den Osten an die Grenzen Rußlands zu verlegen. Die Bomber sollten zwar in den späteren Kriegsjahren zurückkehren, aber zu dieser Zeit war die Luftüberlegenheit der RAF derart groß, daß die Luftwaffe nie wieder die Kampfkraft und Bedrohung erreichen konnte, wie sie 1940 gewesen war. Der ›Hochfrequenzkrieg‹ war vorüber.

Es war eine entscheidende Auseinandersetzung gewesen. Die erste dieser Art, die je ausgefochten wurde. Man sagt, daß der Erste Weltkrieg von Chemikern geführt worden ist und der Zweite von Physikern. Die Wissenschaftler von TRE und die Männer und Frauen der Kampfgruppe 80 gewannen die erste Runde. Sie wurden natürlich unterstützt vom Nachrichtendienst, vor allem durch ›Enigma‹. Und wenn Fehler gemacht worden waren, so sei daran erinnert, daß dieser Existenzkampf zu einer Zeit großer Entbehrungen geführt werden mußte. Im Winter 1940/41 stand Großbritannien vor der nahezu sicheren Niederlage. Jeden Augenblick war die Invasion bis zum Ende des Septembers zu erwarten gewesen. Das Land stand allein im Kampf gegen die schlagkräftigste Streitmacht, die die Welt bislang gesehen hatte. Deutschland hatte sich mit aller Kraft auf den Krieg vorbereitet. Die deutschen Funkleitverfahren waren schon seit 1938 entwickelt, erprobt und verbessert worden. Alle britischen Abwehrmaßnahmen waren nur geplant und mußten in wenigen Wochen einsatzbereit gemacht werden, oftmals sogar nur in Tagen. So ist es nicht verwunderlich, daß Fehler gemacht wurden. Und es ist tatsächlich ein Wunder, daß sie schließlich doch Erfolg hatten – und das entschei-det.

Wie wichtig ist diese zweite ›Funkschlacht um England‹ im geheimen und stillen gewesen? Professor R. V. Jones, der daran von Anbeginn an beteiligt war, legt das so dar:

> »Dieser Hochfrequenzkrieg ist unsere einzige Verteidigung gewesen; die Nachtjäger waren solange machtlos, bis das Bordradar leistungsfähig genug wurde. Die Flak schoß zu ungenau. Daher konnten wir die Bomber nicht aufhalten. Unsere einzige Hoffnung war, sie von ihren Kursen abzubringen. Gut, wir waren nicht immer nur erfolgreich, aber bestimmt in einer großen Anzahl von Fällen; mit dem Ergebnis, daß viele Menschen am Ende des Krieges noch am Leben waren, die es sonst nicht gewesen wären. Und ein gut Teil weniger Zerstörungen hat es an lebenswichtigen Einrichtungen gegeben . . . Wenn man sich nur vorstellt, was hätte geschehen können, wenn mit ›Knickebein‹ die gesamte deutsche Luftwaffe haargenau getroffen hätte. Ja, wir haben es am Beispiel Coventry gesehen, wenn die Dinge falsch laufen . . ., so etwas hätte uns jede Nacht passieren können.«

# 2. Radar gegen Radar

Im Frühjahr 1939 erhielt der Chef des deutschen Nachrichtenverbindungswesens, General Wolfgang Martini, Meldungen, wonach entlang der britischen Küste zwischen der Insel Wight und dem Firth of Forth eine Anzahl hoher Masten errichtet würden. Sie standen zumeist in Dreiergruppen und waren etwa 100 Meter hoch. Die dazugehörenden Gebäude waren von RAF-Personal besetzt. Offensichtlich hatten sie mit dem militärischen Funkwesen zu tun und möglicherweise kam auch Radar dafür in Betracht.
Die deutsche Radartechnik zeitigte zu jener Zeit recht vielversprechende Erfolge. Selbstverständlich war es für die deutsche Luftwaffe von dringlicher Wichtigkeit festzustellen, ob die Briten über ein betriebsbereites Radarnetz verfügten, das mit dem deutschen vergleichbar war.
Die Aufgabe war nicht so leicht. Sämtliche Radarangelegenheiten in England waren, wie überall, ein strenggehütetes Staatsgeheimnis. Und obwohl die Deutsche Lufthansa (DLH) auf ihren Linienflügen zum Londoner Flughafen Croydon beim Küstenüberflug über die erste dieser neuartigen Anlagen, die von Bawdsey bei Felixtowe, zu fliegen pflegte, konnte man dabei wenig Brauchbares aus der Luft erkennen, was für deutsche Wissenschaftler hätte von Nutzen sein können. Die Riesenmasten schienen für Radar ungeeignet zu sein. Die deutschen Geräte arbeiteten auf einer sehr kurzen Welle – um die 50 Zentimeter – und ihre Antennen hatten die Form von Parabolspiegeln. Man konnte daher annehmen, daß die Briten mit der Entwicklung weit zurücklagen, weil nirgends Parabolantennen zu entdecken waren. Und trotzdem mußten diese riesigen und zahlreichen Masten ihre Antennen aus irgendeinem besonderen Grunde tragen. Auf einer Spitzentagung in Berlin wurde beschlossen, einen Versuch zur Aufklärung des Zweckes dieser Anlagen durch Abhörflüge entlang der britischen Küste zu unternehmen. Dies dürften die ersten Flüge für wissenschaftliche und nachrichtendienstliche Erkenntnisse gewesen sein.
Als geeignete Luftfahrzeuge für diese elektronische Aufklärung standen, wie General Martini aufzeigte, die erst kürzlich aus dem Betrieb gezogenen 245-Meter-Luftschiffe LZ 127 und LZ 130 zur Verfügung. LZ 130 ›Graf Zeppelin‹ wurde überholt und mit Dezimeterwellenempfängern, Braunschen (Kathodenstrahl-)Röhren und Antennen ausgerüstet. Erfahrenes Funkpersonal unter persönlicher Führung des Generals war an Bord, als das riesige Luftschiff Ende Mai 1939 von seinem Ankermast in Frankfurt losmachte und Kurs West aufnahm in Richtung auf die Küste von Suffolk und die Versuchsstellung von Bawdsey.
Außerhalb der britischen Küstengewässer stimmten die Funker ihre Geräte auf die Dezimeterwellenbänder ab, die, wie man annahm, am günstigsten waren, um die aufschlußreichen Funkimpulse der britischen Radarstellungen aufzufangen.

Das riesige deutsche Luftschiff ›Graf Zeppelin‹ unternahm im Sommer 1939 zwei Aufklärungsflüge entlang der britischen Ostküste, um Impulse des Radarfrühwarnnetzes der RAF aufzufangen und zu untersuchen.

Doch Bawdsey war eine Enttäuschung und lieferte nur atmosphärische Störgeräusche. ›Graf Zeppelin‹ flog dann langsam nordwärts, parallel zur Ostküste und gerade so weit vom britischen Festland entfernt, um unbeobachtet zu bleiben. Und doch wurde er beobachtet, wenngleich auch nicht mit den Augen oder optischen Geräten. Von Stellung zu Stellung konnten britische Radar-Bediener zu Füßen der großen Masten das stete Vorrücken des LZ 130, den größten Leuchtpunkt, den sie bis dahin auf ihren Radarschirmen gesehen hatten, verfolgen.
An Bord des Luftschiffs empfingen General Martini und seine Männer immer noch atmosphärische Störgeräusche. Ihre Braunschen Röhren zeigten ein nichtssagendes Durcheinander zufälliger Funkstörungen an. In der Nähe von Hull funkte ›Graf Zeppelin‹ seine Position nach Deutschland zurück, aber ungenau. Die britischen Radarleute drunten wußten, daß er einige Meilen davon entfernt

war. Obwohl es sie gereizt hätte, schien es unter den gegebenen Umständen besser zu sein, ihm keine Positionsberichtigung durchzugeben . . .
Ein weiterer ›Zeppelin‹-Flug erfolgte im August. Wieder wurden keine Radarimpulse aufgefangen. Die Deutschen schlossen daraus, daß die Briten bis dahin noch kein betriebsfähiges Radar hatten. Aufgrund dieses Fehlschlusses war die Luftschlacht um England schon halb gewonnen.
Warum die deutschen Funkaufklärungsflüge zur Ortung des britischen Radarnetzes fehlschlugen, das schon am Karfreitag 1939 mit durchgehender 24-Stunden-Überwachung begonnen hatte, das bleibt eines der kleinen Geheimnisse des Zweiten Weltkrieges. Es stimmt zwar, daß es im ›Zeppelin‹ mit ein paar Geräten Pannen gegeben hatte, aber das bietet nur eine teilweise Erklärung. Der wahre Grund ist wahrscheinlich sehr einfach: das deutsche Radar arbeitet zwischen 1½ Metern und 50 Zentimetern, das britische hingegen auf den für die Deutschen unglaublich langen Wellen von zehn Metern. General Martinis Männer hatten die falschen Bandbreiten abgesucht.
Die Planungen zum Aufbau eines britischen Radarsystems begannen 1934. Dr. H. E. Wimperis, damals Direktor für wissenschaftliche Forschung im Luftfahrtministerium, war sich sehr wohl bewußt, daß seitens der wissenschaftlichen Forschung für die Abwehr von Luftangriffen wenig getan worden war. Die RAF-Jagdstaffeln jener Tage besaßen stoffbespannte, drahtverzurrte Doppeldecker. Sie lagen auf übers ganze Land verstreuten idyllischen Grasplätzen. Sie machten einen guten Eindruck, diese Gloster ›Gauntlet‹, Bristol ›Bulldog‹, Hawker ›Fury‹ und ›Demon‹, leuchtend angemalt, mit schachbrettartigen Staffelabzeichen, wenn sie über Hendon an den jährlichen Flugtagen ihre Kunstflüge vorführten. Aber so gut sie auch flogen, waren sie doch im wesentlichen nur weiterentwickelte Typen jener Jagdflugzeuge, die schon über der Westfront zwanzig Jahre zuvor geflogen waren. Ihre taktischen Verfahren waren genauso überholt wie ihre Flugzeuge.
Die Luftverteidigung der dreißiger Jahre beruhte auf dem Grundsatz des Sperrefliegens; das heißt, Jagdstaffeln fliegen Sperre in den Räumen, in denen feindliche Bomberdurchflüge angenommen wurden. Ging der Kraftstoff der Sperrflugzeuge zur Neige, die übliche Einsatzdauer lag nur bei einer Stunde in der Einsatzflughöhe, übernahm eine andere Staffel den Sperreinsatz, während die erste auftankte, und so ging es weiter im Wechsel.
Ein derart untaugliches Verfahren war sehr kostenaufwendig hinsichtlich Flugzeugen, Motorenbetriebszeiten und natürlich auch Betriebsstoff. Zur Behebung der offensichtlichen, verfahrenstechnischen Mängel wurden als Ausweichmöglichkeit schnell auf Höhe steigende Abfangjäger vorgeschlagen. Dies waren schnelle Jagdflugzeuge, die auf ihren Einsatzplätzen warten konnten, bis Feindbomber einflogen. Dann starteten sie, erreichten schnell die Einsatzhöhe, um die Feindformation abzufangen. Die erste dieser ›Interceptor‹ war die Hawker ›Fury‹, ein schnittiger Doppeldecker, der in 4½ Minuten auf 3000 Meter Höhe stieg. Nach damaligen Maßstäben war er sehr schnell: Der erste RAF-Jäger, der 320 km/h im Horizontalflug erreichte. Seine Spitzengeschwindigkeit lag bei 207 mph = 333 km/h in 4200 Meter Höhe. Diese Maschinen dienten seit 1931 als Jagdflugzeuge der ersten Linie, bis sie 1939 von der ›Hurricane‹ abgelöst wurden. Sie wurden als schnell genug erachtet, die langsamen und schwerfälligen Bomber eines Angreifers abfangen zu können. Aber weder wie man einen derartigen Feind zuerst orten könnte, war klar, noch was geschehen sollte, wenn er bei schlechtem Wetter oder bei Nacht einflöge.

Funk- und Navigationsgeräte in den RAF-Jägern waren zwischen den Kriegen nur in sehr einfacher Form vorhanden. Blindfluginstrumente waren keineswegs allgemein verfügbar. Und die eingebauten Funkgeräte waren nach den Worten von Dr. (jetzt Sir Robert) Cockburn:

»Jenseits aller Vorstellungen. Das Standardbordgerät bestand aus einem Gerätekasten mit einer 120-Volt-Batterie und zwei durchsichtigen Senderöhren. Ich erinnere mich, wie sie diese Teile ausprobiert haben, bevor sie wieder in das Flugzeug eingebaut wurden. Sie nahmen die beiden Senderöhren heraus, ließen sie auf den Tisch fallen und hochhüpfen – ›Boing‹ – und fingen sie auf. Wenn sie nicht zersprangen, schraubten sie sie wieder ein und die Geräte wurden für ›betriebsfähig‹ erklärt. Es war nahezu unglaublich, wie einfach und primitiv die Geräte waren.«

Wenn schon die Hilfsgeräte für die Jäger recht einfach waren, dann waren es erst recht die der Heeresflugabwehrkanoniere. Es war vorgesehen, wenn sich Feindflugzeuge näherten, daß die Flakbatterien von Flugmeldeposten eine ›Luftraumwarnung‹ bekommen sollten. Das waren Männer mit Ferngläsern, die vermutlich ihre Zeit damit verbrachten, in den Himmel zu starren. Selbst wenn das Wetter gut war, konnten sie nur selten 3600 Meter an maximaler Reichweite erhoffen. War ein Ziel geortet und der Geschwindigkeits- und Kurswert vom mechanischen Kommandorechengerät ermittelt worden, bestand die nächste Aufgabe darin, Höhe und Entfernung festzustellen. Dies wurde, sofern das Wetter es zuließ, durch einen optischen Entfernungsmesser erzielt, der selbst unter idealen Voraussetzungen dem unwandelbaren Gesetz unterlag, daß die Genauigkeit oder auch der Fehler einer gegebenen Entfernungsermittlung proportional zum Quadrat der Entfernung ist, was nichts anderes besagt, daß eine Entfernungsangabe für ein Einzelziel einen Fehlerquotienten von mehr als 600 bis 700 Metern beinhalten konnte.

Bei Nacht oder Schlechtwetter konnten anfliegende Ziele lediglich durch Schallortung ausgemacht werden. Diese Methode, die im wesentlichen nur aus einem Mikrofon bestand, das in einem Parabolspiegel saß, war in den dreißiger Jahren zur höchstmöglichen Genauigkeit entwickelt worden, erwies sich aber auch fast als unbrauchbar. Zunächst bereitete jegliches Windgeräusch Schwierigkeiten, ebenso wie Fremdgeräusche von Eisenbahnen oder Verkehrsstraßen. Aber der am meisten lähmende Nachteil war die einfache Tatsache, daß sich Schallwellen mit ungefähr 1200 km/h ausbreiten und daß in der Zeit, bis das Flugzeuggeräusch das Horchgerät erreicht hatte, die Ortung schon überholt war. Ein Flugzeug in rund 10 500 Meter Entfernung, der theoretisch möglichen Grenze der Horchgeräte, konnte durch sein Motorengeräusch etwa erst 30 Sekunden später gehört werden. Flog der Bomber nun nur mit etwa 240 km/h, war er in dieser Zeit zwei Kilometer weitergeflogen. Rechnet man die veränderlichen unbekannten Werte wie Wind, Temperatur und Feuchtigkeit mit ein, so beginnt man die beträchtlichen Mängel zu begreifen, die dem Horchsystem als Mittel der Flugzeugerfassung anhaften.

In der Mitte der dreißiger Jahre begannen die Deutschen offenkundig wiederaufzurüsten. In Amerika brach eine neue Flugzeuggeneration von Ganzmetall-Eindecker-Verkehrsflugzeugen mit Einziehfahrwerken, die Boeing 247 und die Douglas DC 2, alle Rekorde. Sie flogen mit Geschwindigkeiten und in solchen Höhen, so daß sie unmöglich von den Standardjägern und Ortungsmethoden jener Tage abgefangen werden konnten. Nicht, daß man die Amerikaner als mögliche Gegner angesehen hätte, aber die Entwicklungen im Flugzeugwesen waren so offensichtlich und durften nicht außer acht gelassen werden.

Zwischen den Weltkriegen verfügte die RAF zumeist nur über Doppeldecker, die sich wenig von den Maschinen des Ersten Weltkrieges unterschieden. Zwar waren sie jetzt aus Stahlrohr statt aus Holz gebaut, doch immer noch stoffbespannt und mit Spanndrähten versehen. Alle oben gezeigten Hawker-Typen stammen von den Reißbrettern in Sidney Camm, wo später die ›Hurricane‹ entwickelt wurde.
*Oben links:* Hawker ›Fury‹ Mk I mit 525-PS-Rolls-Royce-›Kestrel‹-Motor, der ihr eine Höchstgeschwindigkeit von 333 km/h verlieh.
*Oben rechts:* Der Hochgeschwindigkeitstyp Hawker ›Fury‹ K 3586 war ein Versuchsjäger, der 1933 schon 352 km/h entwickelte.

*Mitte links:* Hawker ›Hart‹; leichter Tagbomber. Sehr erfolgreiches Muster, das für den ›Kestrel‹-Motor maßgeschneidert wurde und in der RAF auch für andere Aufgaben Verwendung fand.
*Mitte rechts:* Hawker ›Audax‹, eine der ›Hart‹-Varianten, hauptsächlich zur Heeresunterstützung, aber auch zur Schulung verwendet.
*Unten links:* Hawker ›Demon‹, eine weitere ›Hart‹-Abwandlung, ließ den zweisitzigen Jäger wiederaufleben, der im Ersten Weltkrieg mit Erfolg verwendet wurde.
*Unten rechts:* Gloster ›Gladiator‹, letzter Doppeldeckerjäger, den es im letzten Krieg gab. Mit einem 840-PS-Bristol ›Mercury‹-Motor erzielte er maximal 405 km/h.

Gloster ›Gauntlet‹. Sie waren von 1935 bis 1937 die schnellsten britischen Jäger. Ihre Bristol-›Mercury‹-Sternmotoren gaben ihnen 370 km/h Spitzengeschwindigkeit. Mit diesem Typ wurden von Biggin Hill aus die ersten Radarversuche geflogen.

Vor diesem Hintergrund verfolgte Dr. Wimperis dringlich jede geeignet erscheinende Methode, die britische Abwehr gegen Luftangriffe zu verbessern – eine Notwendigkeit, die von Tag zu Tag notwendiger zu werden drohte.
Die Sensationspresse in den dreißiger Jahren schrieb viel über die ›Todesstrahlen‹. Geschichten wurden geschrieben über verrückte Professoren, die Autos stoppten und Flugzeuge zerstörten. Das war natürlich alles Unsinn, aber war es das auch wirklich? Auf der Suche nach Klärung oder möglicher Bestätigung schrieb Harry Wimperis an den seiner Ansicht nach bestgeeigneten Mann hierfür, an Robert Watson Watt, der 1934 Leiter einer Gruppe von jungen Wissenschaftlern in der Radioversuchsstation in Slough, einer Abteilung des Nationalen Physikalischen Instituts, war. Wimperis fragte Watson Watt über seine Meinung nach Möglichkeiten von der ›Zerstörung durch Funkstrahlen‹.
Watson Watt bat einen seiner Physiker, Arnold Wilkins, genauere Berechnungen darüber anzustellen. Er berichtet:

»Ich erhielt die Anfrage auf dem Abreißblatt eines Kalenders. Als sparsamer Schotte pflegte Watson Watt diese Art Notizzettel. Die Aufgabe, die ich bald daraus ableitete, war, die Möglichkeiten von ›Todesstrahlen‹ zu beurteilen, weil er mich bat, den Bedarf von Funkenergie zu ermitteln, die ausgestrahlt werden muß, um die Körpertemperatur eines Menschen aus einer bestimmten Entfernung auf Fieberhöhe zu bringen.«

Arnold Wilkins brauchte weniger als eine halbe Stunde, um auszurechnen, daß die erforderliche Energiemenge unendlich groß sein würde. Er brachte die Berechnungen zu Watson Watt zurück, der den Feststellungen zustimmte und Wilkins fragte, ob es irgendeinen anderen Weg gäbe, dem Luftfahrtministerium zu helfen. Arnold Wilkins erinnerte sich daran, daß er vor etwa einem halben Jahr von einem Bericht der Postbehörde gehört hatte, wonach Flugzeuge, die durch die ersten Versuchsstrecken einer UKW-Sprechfunkverbindung geflogen waren, schwere Funkschwankungen sowie Tonschwund verursacht hatten. Er schlug

Ein Horchgerät, wie es denen der ersten Kriegstage entsprach. Doch war es mehr eine Ergänzung für Radar, denn ein wirksames akustisches Luftwarngerät. Die Horchfunker peilten die Richtung zum Feindflugzeug aufgrund der Geräuschentwicklung der Motoren.

Watson Watt vor, diese Auswirkungen und Erkenntnisse zur Grundlage für ein mögliches Flugzeugerfassungssystem zu machen. Watson Watt zeigte sich an dem Vorschlag interessiert und entließ Wilkins, um weitere Berechnungen anzustellen. Ein wichtiger Faktor für die Lösung des Problems war die Größe des Flugzeuges, das von dem Verfahren geortet werden sollte. Hierfür legte Wilkins den üblichen schweren Bomber der RAF zugrunde, eine Handley Page ›Heyford‹, die, wenn auch stoffbespannt, ein Metallgitterrumpfwerk besaß. Arnold Wilkins ging von der Annahme aus, daß in einem Funkstrahl von 50 Metern Wellenlänge die 22,5 Meter spannenden Tragflügel der ›Heyford‹ wie eine Halbwellendipolantenne wirken müßten. Seine Berechnungen bewiesen bald, daß das Quantum an Funkenergie, das voraussichtlich von einem derartigen Flugzeug zurückgespiegelt werden würde, sehr groß sein dürfte, viel größer als er es ursprünglich angenommen hatte. Er trug das unerwartet günstige Ergebnis Watson Watt vor, der die Angaben prüfte und ihm dann erwiderte: ». . . wenn auch das Vorhaben zur Zerstörung mittels Funkstrahlen eine Niete gewesen ist, so bietet doch die Ortung durch Funkstrahlen immerhin eine deutliche Möglichkeit.«

Die Arbeitsgruppe für Luftverteidigungsangelegenheiten im Luftfahrtministerium ergriff diesen rettenden Strohhalm und bat Watson Watt, das Problem der ›Funkortung‹ weiter zu verfolgen, das er dann in einem bemerkenswerten Dokument umriß. Es stammt vom 12. Februar 1935 und trägt den Titel: ›Erkennen und Orten von Flugzeugen durch Funk‹. Seine Vorschläge enthielten die Verwendung der Impuls-Technik zum Messen der drei wichtigen Werte, die für eine erfolgversprechende Radarnutzung erforderlich sind: Entfernung, Kurs und Höhe. Und er deutete sogar eine Freund/Feind-Kennung (IFF) vorausschauend an, eine Methode zur Unterscheidung der Radar-Echos mittels Verschlüsselung zur Feststellung, ob ein Funksignal von einem fremden oder eigenem Flugzeug zurückgesendet wurde. Watson Watt sah die Notwendigkeit starker Großsender voraus, um Funkechoweiten bis zu 160 Kilometern zu erzielen. Er vertrat sogar die Ansicht,

BBC-Kurzwellensender ›Empire‹ bei Daventry im Jahre 1935 zur Zeit der ›Radar‹-Experimente. *Kleinbild:* Sir Robert Watson Watt.

daß Funkortung ein automatisches Zielverfolgen und Kontakthalten ermöglichen könnte. Und dies alles, bevor überhaupt ein einziges Echo empfangen worden war.
Offensichtlich war das Luftfahrtministerium höchst beeindruckt, denn nur wenige Tage später forderte man eine Vorführung, um die mathematischen Berechnungen zu überprüfen. Für den 26. Februar 1935 war ein einfacher Modellversuch angesetzt, und Wilkins sollte das Experiment vorführen. Ob dieser wieder seinen Auftrag auf einem Kalender-Abreißblatt erhielt, daran kann er sich heute nicht mehr erinnern, doch einen Hang zum Sparen gab es immer noch in Slough; für die so wichtige Angelegenheit hatte sich Watson Watt einen der leistungsstarken Kurzwellensender der BBC aus Daventry ausgeliehen.

Es war so vorgesehen, daß der Sender ein Signal mit 49 Meter Wellenlänge (6 MHz) ausstrahlen sollte. Ein passender Empfänger war in etwa einer Meile Entfernung aufgestellt. Zweck des Experimentes war, ob ein Flugzeug, das den Meßbereich durchquerte, den Sendeimpuls zurückstrahlen würde. Unter Leitung von Sir Edward Appleton war zuvor in Slough intensiv an der Erforschung der Inosphäre gearbeitet worden. Obwohl Sir Edward stets einen Empfänger mit gekoppeltem Galvanometer für seine Arbeiten benutzte, verwendeten die Wissenschaftler später ein Kathodenstrahl-Oszilloskop, das für damalige Verhältnisse sehr modern und kostspielig war. Dies wurde an einen Spezialempfänger angeschlossen, der eigens entwickelt und gebaut worden war, um Radio-Rückimpulse aus der Inosphäre aufzufassen. Dieser riesige Empfänger mit seinem stoßempfindlichen Oszilloskop wurde komplett mit den notwendigen schweren Säurebatterien

*Oben links:* Handley Page ›Heyford‹
*Darunter:* Die fahrbare Bodenversuchsstation

*Oben rechts:* Die 49 Meter langen Peilantennen in Daventry, die das ›historische Funksignal‹ absetzten, mit dem die Brauchbarkeit von Radar bewiesen wurde.

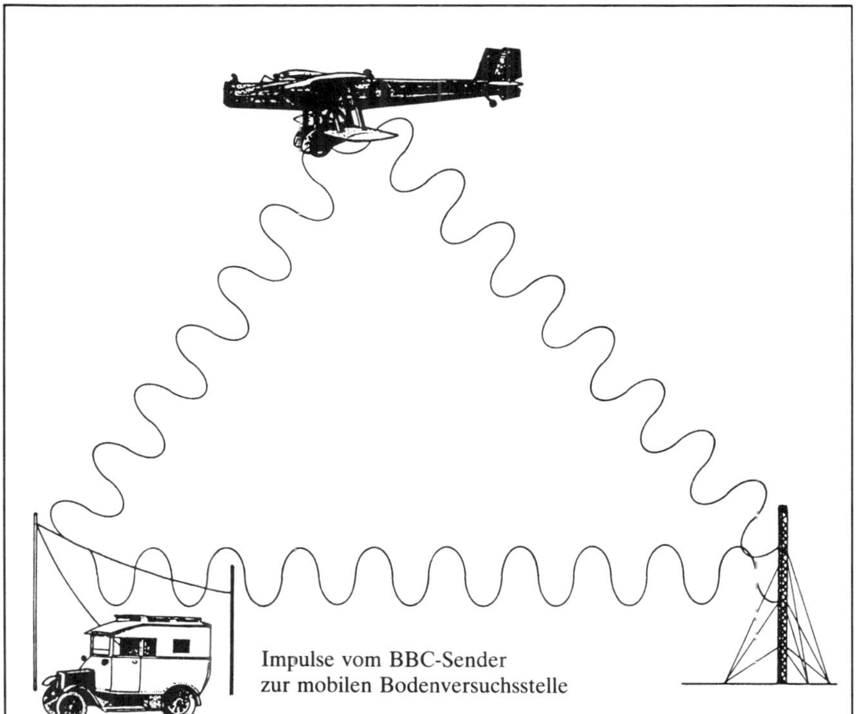


*Rechts:* Schema des ›Daventry-Experimentes‹.

in einem damals bereits als ›Oldtimer‹ geltenden handelsüblichen Morris-Lieferwagen verladen, der ziemlich berühmt und das ›Wanderlaboratorium‹ genannt wurde. Bedächtig nahm der überladene Lieferwagen an dem naßkalten 25. Februar seinen Weg nach Weedon bei Daventry.
Wilkins wurde unterstützt von einem Mann namens Dyer, der auch den Wagen fuhr. Gemeinsam stellten sie in der hereinbrechenden Abenddämmerung die Antennen auf und schafften es, Empfänger und Oszilloskop für die Vorführung betriebsbereit zu machen. Am nächsten Morgen erschien Watson Watt zusammen mit dem Vertreter des Luftfahrtministeriums, A. P. Rowe, auf dem Gelände von Weedon und wartete auf das Flugzeug, das aus Farnborough kommen sollte. Pilot der ›Heyford‹ war Hauptmann Blucke, der gleiche Mann, der fünf Jahre später mit dem ›Knickebein‹-Verfahren beschäftigt sein sollte. Er war über den Zweck des Fluges nicht informiert und hatte lediglich den Einsatzbefehl erhalten, in 1800 Meter Höhe entlang einer Linie zwischen dem BBC-Sender Daventry und der Stadt Weedon zu fliegen, was er befehlsgemäß tat; zumindest glaubte er es, noch auf dem Kurs zu sein; in Wirklichkeit aber flog er etwas seitlich versetzt, was auf dem Boden einige Besorgnis hervorrief.
Unten im Lieferwagen verfolgten Wilkins, Watson Watt und Rowe den kleinen grünen Leuchtpunkt auf dem Schirm des Oszilloskops, der das Signal des BBC-Senders darstellte. Sobald das Flugzeug dieses Signal reflektierte, wanderte der Leuchtpunkt senkrecht nach oben aus.
Der Leuchtpunkt glomm in dem abgedunkelten Lieferwagen. Dann hörten die Insassen das schwache Brummen der schwerfälligen ›Heyford‹, die sich mit stattlichen 145 km/h näherte. Da begann sich der Lichtpunkt langsam über den Bildschirm der Kathodenstrahlröhre zu bewegen. Als der Bomber über sie hinwegflog, – »gut etwas zur Seite versetzt« wie sich Wilkins erinnert – bewegte sich der Leuchtpunkt auf und ab, immer schneller schwingend. Dieses Schwingen wurde durch das vom Flugzeug zurückgeworfene Signal verursacht, sobald es den Empfänger in Weedon erreichte, weil es von dort einen längeren Weg mit unterschiedlichem Phasenverhältnis oder aber Laufzeit gegenüber dem Direktsignal benötigte. Weil sich das Flugzeug bewegte, veränderte sich der reflektierte Weg kontinuierlich in seiner Länge. Deshalb blieben die Phasenveränderung oder die Laufzeit nicht konstant, weil sie einmal zum Direktstrahl addiert, zum anderen davon subtrahiert werden mußten. Die wechselnde Ausgangsleistung des Empfängers ließ die Leuchtanzeige solange oszillieren, bis die ›Heyford‹ bei etwa 13 Kilometer Entfernung außer Reichweite geriet; und drei begeisterte Beobachter saßen da und starrten auf einen unbeweglichen grünen Leuchtpunkt. Mehreren Zeugen zufolge hat Watson Watt dann gesagt: »Großbritannien ist immer noch eine Insel!« Wilkins erinnert sich nur, daß Rowe erklärte, dies sei die überzeugendste Vorführung eines Experiments gewesen, die er je gesehen habe. Das einfache Experiment von Weedon mit improvisierter Ausrüstung hatte bewiesen, daß ein Flugzeug auch bei Nacht oder in Wolken bis auf 13 Kilometer Entfernung entdeckt werden kann. Es war ein sehr ermutigender Auftakt, obwohl es noch ein weiter Weg bis zur praktischen ›Funkortung‹ sein sollte.
Der BBC-Sender hatte einen Dauerton ausgestrahlt. Watson Watt hatte in seinem Schriftstück vorgeschlagen, daß Impulse, also kurze Radioenergiestöße, für die Funkortung erforderlich sein würden. Mit dieser Technik hatte man in Slough die Höhe der Ionosphäre gemessen – einer Schicht von ionisiertem Gas, die Radiowellen aus etwa 100 Kilometern oberhalb der Erdoberfläche reflektiert. Ein

kurzer Impuls wurde in die Ionosphäre gesendet und dann zurückempfangen. Die Laufzeit wurde gemessen und daraus die Höhe der reflektierenden Schicht errechnet. Diese Technik entsprach im wesentlichen einer Art ›Zeitlupenradar‹. Mit einfachen Worten ausgedrückt, schlug Watson Watt in seiner Denkschrift vor, eine dauernde Folge von Impulsen auszustrahlen in Form eines breitgefächerten ›Scheinwerfers‹, der bis zu 150 Kilometer vor der Stellung ›beleuchtete‹. Ein jeder Impuls mußte zeitlich genau abgestimmt sein und sich mit der konstanten Geschwindigkeit aller Funkstrahlen fortbewegen, rund 300 000 km/sec ($3.0 \times 10^{10}$cm pro Sekunde), ziemlich genau der Lichtgeschwindigkeit entsprechend. Anfangs lag die Radarimpulszahl bei 25 pro Sekunde. Später wurde sie wesentlich höher. Das Verfahren blieb aber das gleiche.
Sobald der Sender einen Impuls abgestrahlt hatte, schaltete er sich selbst ab, und ein auf die gleiche Frequenz abgestimmter Empfänger war bereit, jedes reflektierte Signal aufzufangen. Wenn der Impuls zum Beispiel auf ein Flugzeug traf, so wurde ein Teil seiner Funkenergie zum Empfänger zurückgestrahlt. Die Signale wurden auf einer Kathodenstrahlröhre angezeigt. Tatsächlich beruhte das ganze System auf dieser Kathodenstrahlanzeige. Ohne sie wäre Radar unmöglich.
Die Kathodenstrahlröhre verfügte über einen Schaltkreis, Abtastperiode genannt, die den Leuchtpunkt so schnell über den Bildschirm der Röhre laufen ließ, daß er wie eine durchgehende Linie erschien. Die Abtastperiode war so eingestellt, daß der Strahl genau so lange von der linken bis zur rechten Bildschirmseite benötigte, wie es der Zeitdifferenz zwischen den aufeinanderfolgenden Impulsen des Senders entsprach. Während dieser Zeit legte jeder einzelne Impuls eine Entfernung von 320 Kilometern zurück.
Wurde keiner der ausgestrahlten Radarimpulse zurückgeworfen, so bildete der Leuchtstrahl auf dem Bildschirm eine gerade Linie, weil der Empfänger kein Signal auffing. Wenn jedoch ein Flugzeug einen Impuls reflektierte und der Empfänger ihn auffing, wurde er auf dem Schirm als ›Blip‹ sichtbar (ein ›Blip‹ ist ein Spitzenausschlag in der sonst geraden Linie des Leuchtstrahls), solange der dauernd durchwandernde Leuchtpunkt das reflektierte Signal aufzeichnete. Da der Weg des Leuchtpunktes über den Schirm die gleiche Zeit brauchte wie der Impuls für die Strecke von 320 Kilometern, folgt daraus, daß von einem Ziel, das in einer Entfernung von angenommen 160 Kilometern aufgefaßt wurde (was Watson Watt als Maximum angesehen hatte), der reflektierte Impuls genau dann zum Empfänger zurückkam, wenn der Leuchtpunkt seinen Weg über den Schirm beendet hatte und der dazugehörige Amplitudenausschlag gerade am waagerechten Rand der Bildspur erschienen war. Kam jedoch das Echo von einem nur 80 Kilometer entfernten Flugzeug, erschien der Ausschlag auf dem halben Weg, d. h. in der Mitte des Bildschirms; bei 40 Kilometern im ersten Viertel und so weiter. Die Bildschirmskala war auf Meilen geeicht, die Ausschläge gaben demnach die Entfernung des Zieles kontinuierlich an. Die ›Blips‹ verschoben sich auf der sichtbaren Linie abhängig von der Entfernung des erfaßten Flugzeuges.
Obwohl sich die Entfernungsbestimmung, wie oben beschrieben, ziemlich einfach feststellen ließ, gab es immer noch viele ungelöste Probleme. Zum Beispiel war niemand bisher in der Lage gewesen, einen Impuls aus weniger als etwa 50 Kilometern aufzufangen. Um dies zu erzielen, hätte der übertragene Impuls in Zehnteln einer millionstel Sekunde gemessen werden müssen (anstatt von 25 pro Sekunde), und dazu hätte die Abtastperiode der Kathodenstrahlröhre sehr genau auf diese äußerst kurzen Impulse abgestimmt werden müssen.

Zu der Zeit, als Watson Watt seine Empfehlungen vorlegte, war das Problem der Ermittlung von Höhe und Kurs lediglich eine papierne Idee. Aber die Notwendigkeit, irgendeine Art von Frühwarnmittel für Luftangriffe zu schaffen, war derart dringlich, daß das Luftfahrtministerium – allein aufgrund von schriftlichen Vorschlägen, die nur von einem dürftigen Laborexperiment gestützt wurden – £ 10 000 innerhalb von wenigen Tagen flüssig machte, damit weitere Forschungsarbeiten geleistet werden konnten. 1935 waren 10 000 englische Pfund eine sehr ansehnliche Summe, mit denen sich drei oder vier Jagdflugzeuge beschaffen lassen konnten, worunter sich höhere RAF-Stabsoffiziere wiederum etwas vorstellen konnten. Stattdessen floß das Geld in geheime Erprobungsvorhaben, von denen nur wenige im Luftwaffenstab etwas verstanden, und das noch zu einem Zeitpunkt, wo das Verteidigungsbudget hoffnungslos unzureichend war.

Mit dieser finanziellen Absicherung verlegte am 13. Mai eine kleine ausgesuchte Schar von Wissenschaftlern des Laboratoriums in Slough auf einen alten Artillerie-Schießplatz nach Orfordness in Suffolk. Offiziell war sie umbenannt worden in ›Ionosphären-Versuchsstelle‹, um ihren eigentlichen Auftrag zu tarnen. Zur Wahrung der Geheimhaltung war der ausgewählte Ort ein abgelegenes Küstengelände auf einer langen Halbinsel, die mit dem Festland am Nordende nur durch eine enge Landzunge in Verbindung stand. An und für sich war es eine Insel. Die Wissenschaftler wurden von den Männern des nahegelegenen RAF-Fliegerhorstes nur als die ›Insulaner‹ bezeichnet.

Unter Leitung von Watson Watt errichtete das Team sofort einen 20-Meter-Mast und installierte schnellstens, aufgrund seiner Erfahrung mit Kathodenstrahlbildschirmen und Zeitbasis-Generatoren, einen Impulssender und -empfänger mit den dazugehörigen Antennen auf dem Antennenmast. Knapp drei Tage nach ihrer Ankunft arbeitete der Sender. Eine Woche später war der Empfänger in Betrieb, und es wurden Echos aus der Ionosphäre wahrgenommen.

Die ›Insulaner‹ müssen rund um die Uhr gearbeitet haben, denn innerhalb der nächsten fünfzehn Tage waren sie in der Lage, Flugzeuge auf ihren Versuchsfunkortungsgeräten zu ›sehen‹. Diese ersten Versuche nutzten Impulse von etwa zehn bis fünfzehn Mikrosekunden Dauer. Die bereits erzielte Entfernungsleistung lag weit über allen akustischen Horchmethoden, doch das Team legte keinen Wert darauf, die Ergebnisse amtlich zu dokumentieren. Sie seien, so sagten sie, nicht wert, jetzt schon gemeldet zu werden, weil sie wußten, daß bald schon weit bessere Ergebnisse zu erwarten waren. Ihre Zuversicht war so groß, daß für den 16. Juni eine Vorführung für die Mitglieder des Luftverteidigungsausschusses angesetzt wurde; für jene Männer, die den Weitblick gehabt hatten, dieses Wagnis finanziell abzusichern. Die Funkbedingungen waren an diesem Tage ziemlich ungünstig. Heftige Gewitter verursachten schwere atmosphärische Störungen. Dennoch konnte der Ausschuß ein Flugzeug, das über 27 Kilometer verfolgt wurde, beobachten. Das eingesetzte Flugzeug war eine Westland ›Wallace‹, deren Besatzung besonders eingewiesen worden war und natürlich einen festgelegten Kurs einhielt. Am 24. Juli wurde ein neuer Meilenstein erreicht. Während das eigene Zieldarstellungsflugzeug gerade auf dem Sichtgerät verfolgt wurde, erschien plötzlich ein ›fremder‹ Zacken in 32 Kilometern Entfernung auf dem Bildschirm. Er wurde als eine Kette von drei Flugzeugen ausgemacht. Und während die Wissenschaftler die grünschimmernden Leuchtpunkte verfolgten, zuckte ein kleiner Zacken auf. Eines der Flugzeuge hatte die Formation verlassen. Die beiden verbleibenden Zeichen wurden verfolgt, bis sie außer Reichweite

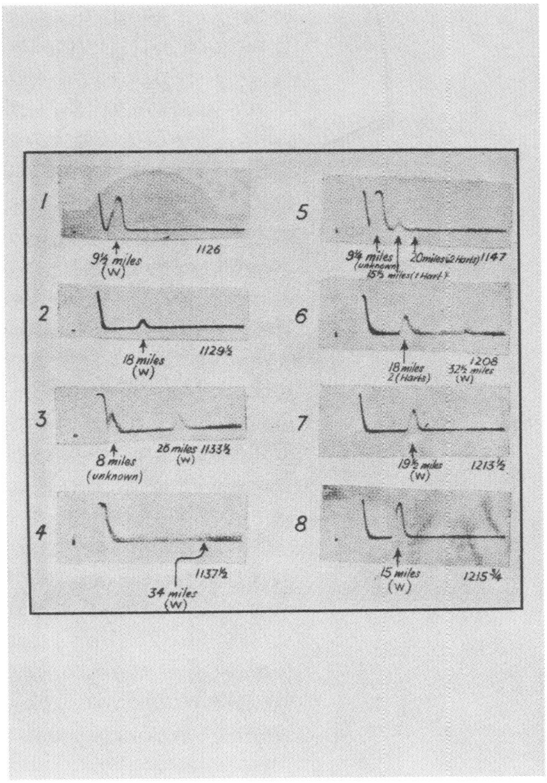


*Links:* Eine sehr seltene Aufnahme von den ursprünglichen 35 Meter hohen Holzmasten von Orfordness. Sie trugen die ersten britischen Radarantennen. Innerhalb von drei Monaten Entwicklungszeit konnten Flugzeuge auf 20 km Entfernung erfaßt werden.

*Rechts:* Fotos von Oszillografbildschirmen mit den ersten Radarechos von mehreren Flugzeugen am 24. Juli 1935. (Das Radarecho der ›Wallace‹ ist mit ›W‹ markiert.)

gerieten. Später bestätigte der Pilot der ›Wallace‹, daß er eine Kette von drei RAF-Hawker ›Hart‹ beobachtet hatte, von denen eine abgedreht wäre und die beiden anderen auf ihrem Kurs alleine habe weiterfliegen lassen. Die Versuchsingenieure von Orfordness wußten nun, daß sie auch mehr als ein Flugzeug gleichzeitig erfassen konnten.

Im August wurde die Höhe eines Flugzieles durch Vergleich zweier Empfangssignale, die von zwei vertikal angeordneten Antennenpaaren, die einen bestimmten Abstand voneinander hatten, angemessen. Einen Monat später wurde ein Flugzeug, das in 2100 Meter Höhe und 25 Kilometer Entfernung flog, mit einem Fehlerquotienten von nur einem Grad im Höhenwinkel ermittelt. Und das alles nach nur drei Monaten Entwicklungsarbeit.

Nun blieb nur noch der dritte Problemwert, wie von Watson Watt versprochen, die Peilung oder auch Richtung genannt, zu lösen. Zu jener Zeit war man davon überzeugt, daß dies die schwierigste Aufgabe von allen sei. Und tatsächlich glaubte man, daß es bis zu zwei Jahren dauern könnte, das Problem zu lösen. So groß war die Skepsis über diesen Punkt, daß die gesamte Entwicklung der Funkortung offiziell als ›RDF‹ bezeichnet wurde. Die Absicht war, den Eindruck zu erwecken, daß die Versuche in Orfordness einfach eine Verbesserung des bestehenden ›Radio Direction Finding‹-Verfahrens (Funkpeilverfahrens) seien.

In der Tat war die Lösung des Problems der ›Richtungsortung‹ im Januar 1936 gefunden worden, und zwar in ähnlicher Weise wie die Höhenortung, nur hier durch Vergleichen des empfangenen Signals, das von zwei gekreuzten Antennen aufgefangen wurde. So blieb der Tarnname ›RDF‹ nicht länger im dunkeln, und er erhielt bald die Bedeutung von Entfernungs- und Richtungsortung (Range and Direction Finding). RDF blieb aber der allgemeinübliche Name für ›Funkortung‹, bis er durch das Abkürzungswort ›Radar‹ – ›Radio-Direction and Ranging‹ ersetzt wurde, das von den Amerikanern geprägt worden war.

Anfang 1936 waren die Erfolge von Orfordness so offensichtlich, daß eine weitere Stellung gefordert wurde, um die Verknüpfung einer Kette von überlaschenden Stellungen zu erproben. Ein neues Gelände wurde bei Bawdsey Manor in der Nähe von Felixstowe ausgewählt. Die Höhe der Masten über dem Meeresspiegel beeinflußte die äußerste Reichweite dieser ersten Radaranlagen unmittelbar. Die Masten von Bawdsey waren freitragende Holzkonstruktionen von 73 Metern Höhe, die mit einem Kostenaufwand von 94 £ gebaut wurden. Mit diesen Türmen wurde am 13. März 1936 ein neuer Radarmeßrekord aufgestellt. Eine Hawker ›Hart‹, die in einer Höhe von 450 Metern in 120 Kilometern Entfernung über See flog, wurde geortet. Im September 1936 nahm die Stellung Bawdsey an den jährlichen Luftwaffenmanövern teil; es war das erste, bei dem Radar mit in den Übungsverlauf einbezogen wurde. Piloten, die natürlich nichts von den strenggeheimen Entwicklungen wußten, waren verblüfft, wenn ihnen gesagt wurde, daß sie auf falschem Kurs flogen. Ein Flug wurde sogar zum Vergnügen der Radarleute beobachtet, bei dem der Flugzeugführer auf einem nahen Flugplatz landete, um wohl schnell einen Tee zu trinken!

Die intensive Entwicklungsarbeit in Bawdsey schuf die Planung für einheitliche Küstenradarstellungen. Bald wurden an Industriefirmen Aufträge für starke Sender, Röhren und dazugehörige Ausrüstungen vergeben. Im Februar 1937 wurde Bawdsey das Ausbildungszentrum für Diplomingenieure, die im Kriegsfall eingezogen werden sollten, um die Radartechnik weiterzuentwickeln sowie für RAF-Luftnachrichtenpersonal, das die Geräte bedienen sollte. Zu dieser Zeit ging man noch davon aus, daß das Bedienungspersonal nur aus Männern bestehen würde. Doch einen Monat zuvor hatten drei Sekretärinnen der Versuchsanstalt Bawdsey einen Radarlehrgang durchlaufen. Sie schnitten außergewöhnlich gut ab. Diese drei Mädchen wurden nun die ersten von vielen hundert Radarbedienern des weiblichen Luftwaffenhilfsdienstes (WAAF = Women's Auxiliary Air Force), die schließlich in den Küstenradarstellungen während des Zweiten Weltkrieges den dort dienenden Männern zahlenmäßig überlegen sein sollten.

Im Mai 1937 hörte Bawdsey auf, eine reine Versuchsanstalt zu sein. Es wurde zu einer vollständig einsatzbereiten Radarstellung, die erste des Netzes ›Chain Home‹ der Heimatluftverteidigung. Vorbereitungen wurden getroffen, das Netz auszudehnen, das schließlich zwanzig miteinander verbundene Stellungen umfaßte, die eine lückenlose Überdeckung vom Solent bis zum Tay gaben und fähig waren, ein Flugzeug in 65 Kilometern Entfernung zu orten, wenn es in 1500 Meter Höhe flog und auf 225 Kilometer, wenn es 9000 Meter hoch war.

Im Jahre 1937 begannen Wissenschaftler mit der Suche nach geeignetem Gelände für die Radarstellungen. Ideal war ein Gelände in Küstennähe, das zur See hin leicht abfiel. Das ergab günstige Bedingungen für die Höhenanmessung und gute Reichweiten. Höhenzüge wurden nach Möglichkeit vermieden, weil sie unerwünschte Festzeichen verursachten. Die ausgewählten Stellungen mußten über angemessene Straßenzugänge zum Transport des schweren Geräts verfügen, der Untergrund mußte fest genug sein für 105 Meter hohe Stahlmasten und, was 1937 noch das wichtigste war, »die Masten durften die Moorhuhnjagden nicht ungebührlich stören!«

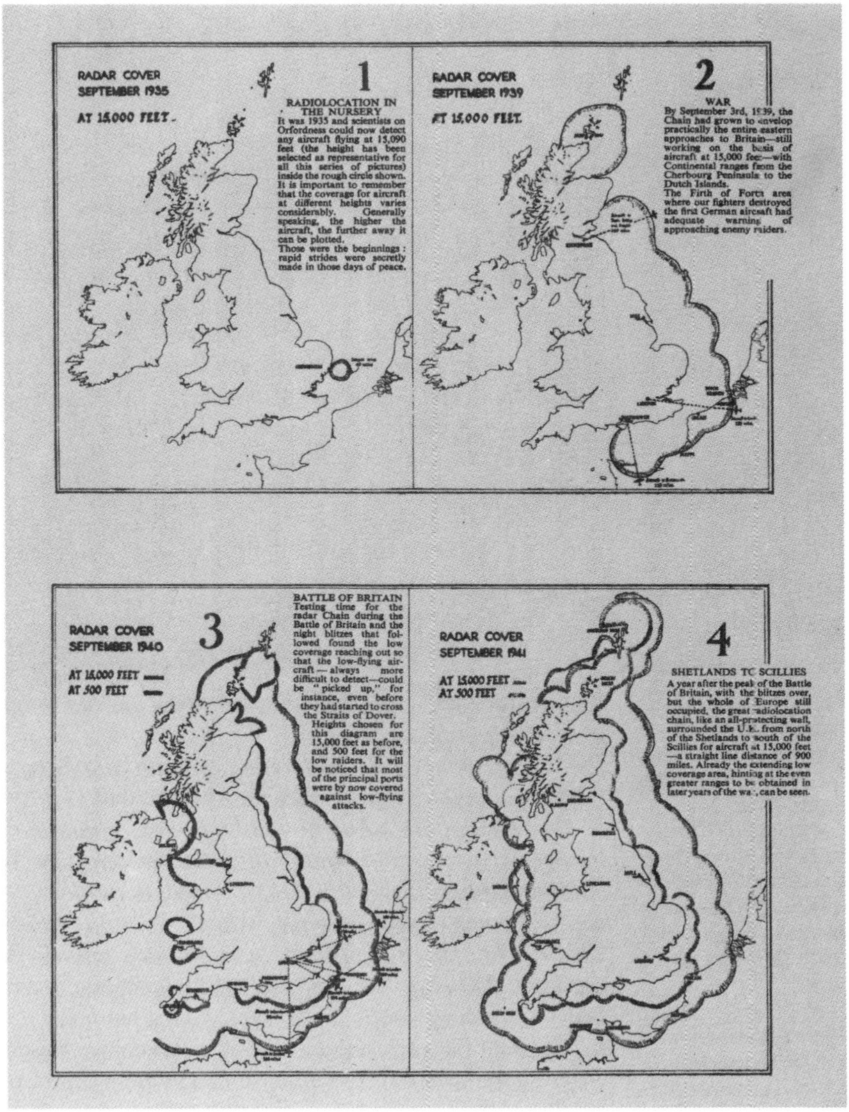


Radarüberdeckung 1935–1941 nach einer offiziellen Regierungsverlautbarung.

Der zuerst fertiggestellte Teil der Radarkette bestand aus fünf Stellungen, die die weite Themsemündung überwachten: Dover, Dunkirk (bei Canterbury), Canewden (bei Southend), Great Bromley (bei Clochester) und Bawdsey. Sie alle waren schon 1938 betriebsfähig, um den Flug von Neville Chamberlain nach München im September verfolgen zu können. Zu diesem Zeitpunkt standen die fünf Stellungen schon in ständigem Betrieb, und weitere waren im Bau. Im Sommer 1939 waren, wie wir wissen, die Radarbediener in der Lage, ständig die Position des Luftschiffs ›Graf Zeppelin‹ zu verfolgen, als es an der englischen Küste entlangflog. Einige Wochen später wurde die gesamte einsatzbereite Radarkette in Alarm versetzt, als die Bildschirme plötzlich mehr als fünfzig Flugzeuge über der Nordsee mit Kurs genau auf England anzeigten. Gerade als die Alarmglocken schrillten, drehte die ganze Flugzeugformation nur 12 Kilometer vor der Küste von Norfolk ab und flog zurück nach Osten. Später wurde festgestellt, daß die ›Chain Home‹-

*Links:* Antennenanordnung der Radarkette (Chain Home Radar = CH – für hochanfliegende Ziele –). Zwischen den 105 Meter hohen Masten hingen die Radarsendeantennen. Die Empfangsantennen hingen zwischen kleineren Masten.

*Rechts:* Radarantenne auf der Spitze eines 60-Meter-Turmes der Radarkette (Chain Home Low = CHL). Sie konnten tieffliegende Ziele bis auf 80 Kilometer Entfernung auffassen.

Radarkette ganz ungewollt auf diese Weise an den deutschen Luftwaffenmanövern teilgenommen hatte.

Die ›Chain Home‹-Radarkette arbeitete nach dem ›Scheinwerfer‹-Prinzip auf den für Radar langen Wellenlängen zwischen 10 und 13,5 Metern (22–30 MHz). Die Sender hatten 200 Kilowatt Leistung. Die maximale Reichweite betrug 200 Kilometer. Die Wellenlängen schlossen übrigens eine Bandbreite ein, die den Radioamateuren zugeteilt war. Die ›Radio Society‹ von Großbritannien war von der Regierung diskret gebeten worden, in ihrer Funkamateurzeitschrift keine Leserzuschriften zu veröffentlichen, die sich mit unerklärlichen Funksignalen befaßten, die auf dem Zehnmeterband mitzuhören seien.

Die Verwendung von relativ langen Wellen hatte einen schwerwiegenden Nachteil; obwohl sie ausgezeichnet für eine lückenlose Küstenüberwachung geeignet waren, konnten sie keine tieffliegenden Flugzeuge erfassen. Dieses Problem war bereits 1936 richtig erkannt worden. Es wurde gelöst durch eine zusätzliche Radarkette, die ›Chain Home Low‹ (CHL) (= etwa Heimatluftverteidigungskette-Tief zur Erfassung tieffliegender Flugzeuge). Dieses Tieffliegererfassungsradar war nur das weiterführende Ergebnis von Entwicklungsarbeiten, die in Bawdsey an einem Flakfeuerleitgerät geleistet worden waren. Es benutzte das überlappende oder Strahlspaltungsverfahren und konnte eine Peilung bis auf wenige Bogenminuten genau angeben. Um dies zu erzielen, arbeitete es auf einer wesentlich kürzeren Frequenz als in den ›Chain Home‹-Stellungen, nämlich auf 1,5 Meter (= 200 MHz). Dies erlaubte die Verwendung einer kompakten, richtbaren Antennenanordnung – tatsächlich wie ein ›Funksuchscheinwerfer‹ –, die in der Lage war, ein einzelnes Flugzeug anzumessen und eine Flugabwehrkanone oder einen Scheinwerfer darauf zu richten.

Das Versuchsfeuerleitgerät von Bawdsey war eines der Schaustücke des Instituts bei Besuchen höherer Offiziere und Politiker gewesen. Das Gerät stand in einer

›Hurricane‹ der 85. Staffel während der Zeit der Luftschlacht um England. Als Verband der 12. Group lagen sie in Church Fenton. (Eine der sehr seltenen Luftaufnahmen aus dieser Schlacht.)

kleinen Baracke mit einer Antenne auf dem Dach. Die gesamte Baracke konnte auf einer Drehscheibe bewegt werden. Die Baracke hatte keine Fenster, nur ein kleines Fernrohr war in der Vorderwand eingesetzt. Die Besucher wurden gebeten, hindurchzuschauen und das ›Butterschiff‹, einen kleinen Küstenfrachter, der täglich zwischen Esbjerg und Harwich pendelte, zu beobachten, während er von dem Radargerät verfolgt wurde. Die Besucher in der abgedunkelten Baracke waren verblüfft, wenn sie durch das Fernrohr blickten und das Fadenkreuz wie angegossen genau zwischen den Masten des kleinen grauen Schiffs stehen sahen. Der Stab von Bawdsey übertrieb die Vorführung am 20. Juni 1939 fast ein wenig. Winston Churchill war in diesem Falle der hochgestellte Besucher. Da der Fahrplan des ›Butterschiffs‹ nicht mit seinem Zeitplan übereinstimmte, wurde ein Flugboot der RAF vom Seefliegerhorst Felixstowe eingesetzt und angewiesen, durch den Radarbereich zu fliegen. Zur vereinbarten Zeit erschien das Flugzeug pünktlich. Obwohl es weiter entfernt flog als angefordert, wurde es ganz genau verfolgt. Churchill wurde gebeten, durch das Fernrohr zu schauen. Er guckte hinein und grummelte: »Ich kann nichts, gar nichts sehen.« Ein Wissenschaftler schaute hindurch und wies den Bediener an, das Ziel mit etwas Vorhalt anzurichten: »Kein Wunder, Sir, daß Sie es nicht sehen konnten, es war vom Fadenkreuz des Fernrohrs verdeckt.« Churchill schaute noch mal hinein: »Fabelhaft«, sagte er, »so etwas sollten wir auf Sr. Majestät Schiffen haben!« Am nächsten Tag kam Admiral Somerville zu einer Besichtigung.

Seriengeräte des 200-MHz-Feuerleitradars wurden auf 55 Meter hohen Türmen montiert. Ihre sechs Meter breiten Antennengerüste bestrichen einen weiten Kreisbogen und konnten jedes niedrigfliegende Flugzeug erfassen, das versuchte, die Radarkeulen der großen Stellungen zu unterfliegen. Sie hatten eine wirksame Reichweite von 80 Kilometern.

Während die Wissenschaftler an der Errichtung von Radarstellungen arbeiteten,

wurden neue Einsatzverfahren für die Jägerführung entwickelt. Es wirft ein gutes Licht auf die vorausschauende Tätigkeit des Luftfahrtrates, daß diese neuen Verfahren schon entwickelt waren, bevor noch das Radarnetz stand. Die taktischen Versuchsflüge fanden in Biggin Hill statt, weitgehend vorangetrieben von Henry Tizard, einem Wissenschaftler, dem viele Verdienste an der Landesverteidigung zuzuschreiben sind.
Tizard erkannte, daß durch Radar alle alten Luftkampfvorschriften für Jagdflieger überholt waren, vor allem das ›Sperrefliegen‹. Er vertrat den Standpunkt, daß der Zeitgewinn durch die Vorwarnung, die vom Radarnetz zu erwarten sei, so groß wäre, daß die Jagdflieger am Boden in Bereitschaft warten könnten, bis feststand, welchen Weg die Angreifer einschlagen würden. Die nächstgelegene Jägereinheit könnte dann immer noch rechtzeitig starten, Höhe gewinnen und den Abfangeinsatz durchführen.
Die neue Taktik verlangte eine Art von bodengeführter Abfangjagd. Dabei führen Jägerleitoffiziere die Jagdflieger über Sprechfunk durch Kursangaben an die gegnerischen Bomber heran, damit sie zum Abschuß kommen. Es gab anfangs erhebliche Widerstände seitens der Staffelführer, weil sie darin eine Behinderung des Angriffsgeistes der Piloten sahen und sie der Kontrolle irgendeines Unbekannten, der am Boden vom grünen Tisch aus entschied, ausgeliefert waren.
Die Truppenversuche in Biggin Hill begannen im Laufe des Sommers 1936. Tizard befand sich in einer ziemlich mißlichen Lage, weil er nicht die Vollmacht hatte, das Vorhandensein des Radars offenzulegen, sondern den Teilnehmern am Truppenversuch lediglich mitteilen durfte, sie könnten davon ausgehen, daß ihnen Entfernung, Kurs und Höhe übermittelt würden. Das mußte zu jener Zeit als eine wahrlich bedeutende Vorgabe erscheinen. Bei diesen Einsatzübungen wurden die Radarwerte von den beteiligten Flugzeugen durch die Übermittlung eines Funksignals simuliert, das dann von einer üblichen Flugpeilstelle aufgefaßt und mit den Standortangaben fernmündlich nach Biggin Hill übermittelt wurde. Gloster ›Gauntlet‹ der 32. Jagdstaffel sollten die Jäger und drei Hawker ›Hart‹ aus Biggin Hill die Feindbomber darstellen. Die ›Hart‹ wurden angewiesen, eine bestimmte Höhe, Geschwindigkeit und Richtung zu fliegen. Während der nächsten paar Wochen gelang es den funkgeführten ›Gauntlet‹ mit nahezu hundertprozentiger Sicherheit, die Zieldarsteller abzufangen. Es wurde dann aber festgestellt, daß dieser Erfolg teilweise den bekanntgewordenen Flugverfahren der gefügigen, als Zieldarsteller wirkenden ›Bomber‹ zu verdanken war. Die Piloten der ›Hart‹ wurden nunmehr angewiesen, ihren Kurs und ihre Höhe nach eigenem Ermessen zu wählen, was dazu führte, daß die Erfolgsquote bei Abfangeinsätzen drastisch absank.
Eines der Probleme bestand in der Schwierigkeit, die simulierten ›Radar‹-Werte auf dem neuesten Stand zu halten. Sobald die Flugpeilstellen ihre Meldungen telefonisch durchgegeben hatten, waren sie bereits weitgehend überholt. Das umständliche Verfolgen von Kursen und Geschwindigkeiten, die dann in Treffpunktdreiecke auf eine Wandtafel übertragen werden mußten, war zeitraubend und ungenau. Zur möglichen Lösung des Problems wurde eine Reihe von sonderbaren Navigationsrechnern benutzt, leider ohne sichtbaren Erfolg. Zuletzt äußerte sich der Kommandeur von Biggin Hill, Oberstleutnant E. O. Greenfell, ein erfahrener Pilot, verärgert über die langatmige Rechnerei der sogenannten Fachleute, er könne das besser »über den großen Daumen peilen«. Er wurde kühl darauf hingewiesen, es doch einmal zu versuchen. Mit Blick auf die Auswerteer-

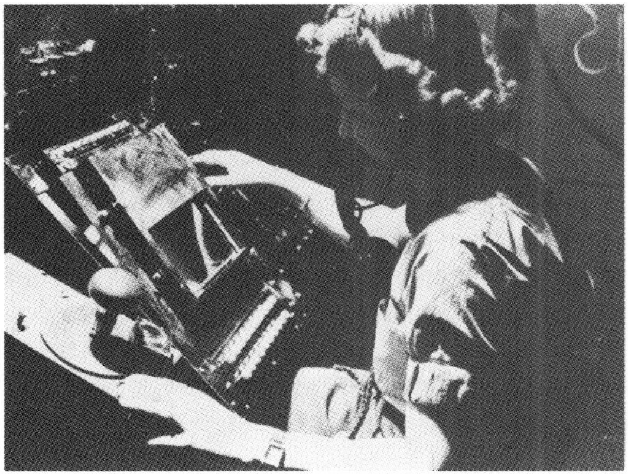

*Oben links:* WAAFs (Woman Auxiliary Air Force = Stabshelferinnen) bedienten die CH-Radargeräte in der Luftschlacht um England. Sie waren an Luftangriffe gewöhnt und standen im Kampf an vorderster Front.

*Oben rechts:* Heinkel He 111 des KG 51 zählten sowohl zu den Zielen der britischen Jäger als auch den der Radarstellen.

*Rechts:* Die Radarechos wurden an die Gefechtsstände gemeldet, wo sie von Jägerleitoffizieren ausgewertet und in Befehle für den Jägereinsatz umgesetzt wurden.

gebnisse auf der Wandtafel gab er über Funk kurz und bündig seine Kursanweisungen an die Jagdflieger durch, 150° zu steuern und fügte noch einige erforderliche Kurskorrekturen hinzu. Zu jedermann Verblüffung trafen die ›Gauntlet‹ und die ›Hart‹ tatsächlich aufeinander.
Tizard erkannte sofort, daß dies die Lösung sei. Er verbesserte die Verfahren, die als ›Treffpunktverfahren mit gleichen Winkeln‹ bezeichnet wurden. Er ging von der Voraussetzung aus, daß Jäger schneller als Bomber sind. Wenn man eine gerade Linie von den Bombern zu den Jägern zog und diese als Basis eines gleichschenkeligen Dreiecks wählte, wobei der Winkel des Jägerflugkurses dem des Bomberkurses gleich sein mußte, so mußten sie sich immer an der Spitze dieses Dreiecks treffen. Dieses einfache Verfahren, ›Tizzy-Dreieck‹ genannt, wurde zur Standardmethode bei der Lösung von Treffpunktaufgaben und blieb es bis in die sechziger Jahre, als Computer im Überschallzeitalter diese Aufgaben übernahmen.
Von 1936 an, während der drei noch verbleibenden Friedensjahre, wurden sowohl das Radarnetz als auch die Jägerleitverfahren vervollkommnet. Sie bildeten das erste verbundene Luftverteidigungssystem der Welt, das sich auf Radar abstützte. Aus den Erfahrungen bei den ersten Truppenversuchen von Biggin Hill entstanden die Auswertezentralen, Sektor-Jägerleitgefechtsstände und die riesigen Luftlagekarten mit den Stabshelferinnen des weiblichen Hilfskorps (WAAF), die die Lagesymbole für Freund und Feind bewegten, vertraute Bilder aus Filmen über den Zweiten Weltkrieg. Dazu die neue Fachsprache, die geprägt worden war: ›Pauke Pauke!‹, ›Alarmstart!‹, ›Kirchturm eins fünf!‹, ›Spielbeginn‹ und ›Karuso‹, die in Wirklichkeit natürlich nur einfache Decknamen für Piloten waren, die mit prasselnden, knisternden KW-Funkgeräten auf die Durchgaben in ihren lauten Cockpits horchten. Das Verbundsystem der Luftverteidigung ermöglichte es den Jägerleitoffizieren, die hoch über den großen Luftlagekarten saßen, in diese höchst neuartige Form technischer Kriegsführung einzugreifen und den Gang einer Schlacht zu beobachten, die sich zu ihren Füßen abspielte. Fast so wie einst im Mittelalter ein König von einem Feldherrnhügel seine Armeen zu überschauen vermochte.
Beim Ausbruch des Zweiten Weltkrieges am 3. September 1939 wurde die gesamte offene Ostküste ständig von Radar überwacht. Es konnte ein feindliches Flugzeug auf 160 Kilometer Entfernung orten, bei Tag und Nacht, ob in Wolken oder dickstem Wetter. Das hatte vier Jahre unermüdlicher Arbeit, die unter höchster Geheimhaltung ausgeführt werden mußte, gekostet und zehn Millionen britische Pfund. Wie sich bald zeigen sollte, sehr billig für diesen Preis.
Die Luftschlacht um England, die August/September 1940 ausgefochten wurde, sollte den Wert des CH-Radarnetzes unter Beweis stellen. Ohne sie hätte sich Görings Drohung, daß die Luftwaffe die britischen Jäger binnen eines Monats zerschlagen werde, leicht erfüllen können. Die Luftwaffe verfügte über 3000 Flugzeuge gegenüber 600 ›Spitfire‹ und ›Hurricane‹. Wann immer die feindlichen Maschinen starteten und sich zu den täglichen Einsätzen versammelten, wurde jede ihrer Bewegungen von den immer wachsamen Radarbedienern aufgefaßt, die sehr bald so routiniert darin wurden, aus den flimmernden Wellenbewegungen auf ihren Bildschirmen Flugzeugzahlen zu schätzen. Höhe, Richtung und Entfernung wurden von den Geräten ermittelt, aber die Anzahl der georteten Flugzeuge festzustellen, war noch immer mehr Kunst als Können. Die jungen Stabshelferinnen der WAAF, die die Radargeräte bedienten und die Abschnittsgefechtsstände

besetzten, erfüllten die früher in sie gesetzten Hoffnungen; sie waren die ersten Frauen, die sich im Frontdienst befanden.
Am 12. August 1940, am Anfang der Schlacht, bombardierten Ju 87- und Ju 88-Sturzkampfbomber einige der CH-Radarstellungen. Zuerst war es Dover, wo aber nur wenig Schaden angerichtet wurde; in Rye wurden Baracken zerstört, die Hauptsende- und Empfangsgebäude kamen jedoch davon. Der schwerste Angriff wurde von 15 Ju 88-Sturzkampfbombern des KG 51 auf die Stellung Ventnor auf der Insel Wight geflogen. Diese Stellung war die einzige, die ausfiel; die Auswerterinnen waren bis zuletzt auf ihrem Posten geblieben.
Infolge der Überlappung durch benachbarte Stellungen konnte die deutsche Funkaufklärung den Ausfall der Stellung Ventnor nicht feststellen. Von da an wurden die Angriffe auf Radarstellungen eingeschränkt und ihnen nur noch wenig Bedeutung zugemessen. Sie waren sehr schwierige Zielobjekte. Die hohen Masten schützten die Gebäude bis zu einem gewissen Maße vor Stuka-Tiefangriffen und entzogen sich dadurch der treffsichersten Art von Bombenangriffen. Es schien so, als ob es die Luftwaffe mehr oder weniger aufgegeben hatte, irgendeinen entscheidenden Schlag gegen diese bedeutenden und kriegswichtigen Anlagen zu führen. Das dem so war, lag hauptsächlich an einer falschen nachrichtendienstlichen Beurteilung ihrer Wichtigkeit.
General Adolf Galland erinnerte sich 1976:

> »Der Grund hierfür mag gewesen sein, daß wir es in Deutschland nicht fertiggebracht hatten, unser Radar so schnell wie die Briten zu entwickeln. Und wir nahmen fälschlicherweise an, daß die Hauptverwendung für Radar in ihrem Einsatz gegen Schiffe lag. Das blieb so, bis wir später, als wir es zur Einsatzreife gebracht hatten, feststellten, daß es auch gegen Flugzeuge wirkungsvoll war.
> Während der Schlacht um England haben wir Radarstellungen in Kent angegriffen. Aber vielleicht nicht genug. Erstens, weil wir ihre Bedeutung unterschätzt hatten; zweitens, weil wir ihre genauen Standorte nicht kannten; und drittens, weil man, mit welchem Aufwand auch immer, zur Zerstörung dieser Stellungen nicht viel Schaden anrichten kann. Es ist jedenfalls leicht, ihn zu beheben!«

Tatsächlich hatten viele, wenn auch nicht alle der ursprünglichen CH-Stellungen, eine sogenannte ›unterirdische Reserve‹. Dies war eine zweite Stellung, die auf dem gleichen Gelände lag, aber wie der Name besagt, unterirdisch verbunkert war. Obwohl diese Ausweichstellungen die gleichen Sender und Empfänger wie die Mutterstellungen benutzten, waren die Antennen auf kleineren 35-Meter-Masten montiert und arbeiteten deshalb auf den kürzeren Wellenlängen von 6 bis 7 Metern (42,5 bis 50,5 MHz).
Es ist hier nicht beabsichtigt, einen genauen Bericht über die Luftschlacht um England zu geben, denn es sind darüber ausgezeichnete Abhandlungen erschienen. Es genügt, darauf hinzuweisen, daß die CH- und CHL-Netze von ausschlaggebender Bedeutung waren. Die Jägerleitstellen waren in der Lage, bedacht und sparsam mit den Kräften des Fighter Command umzugehen und Flugzeuge nur dann einzusetzen, wenn Größe und Angriffsrichtung der feindlichen Verbände ausgewertet und beurteilt worden waren. Auf diese Weise war die verhältnismäßig geringe Anzahl der verfügbaren RAF-Jäger in der Lage, so kampfkräftig zu sein wie eine Streitmacht von mehrfacher Größe.
Die hartbedrängten deutschen Jagdflieger konnten es einfach nicht begreifen, woher die RAF die offensichtlich unerschöpfliche Anzahl von Jägern bekam.

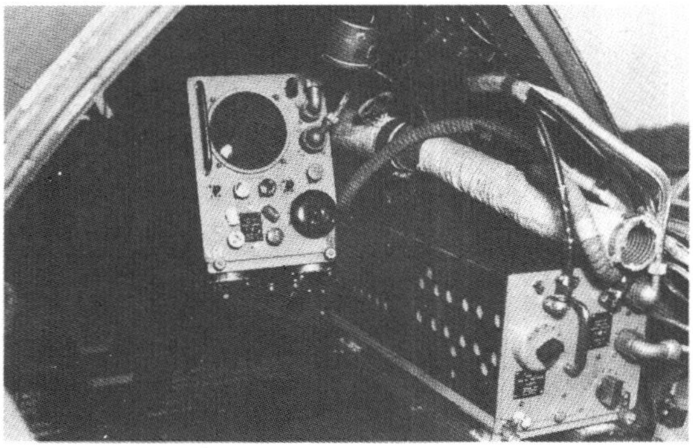

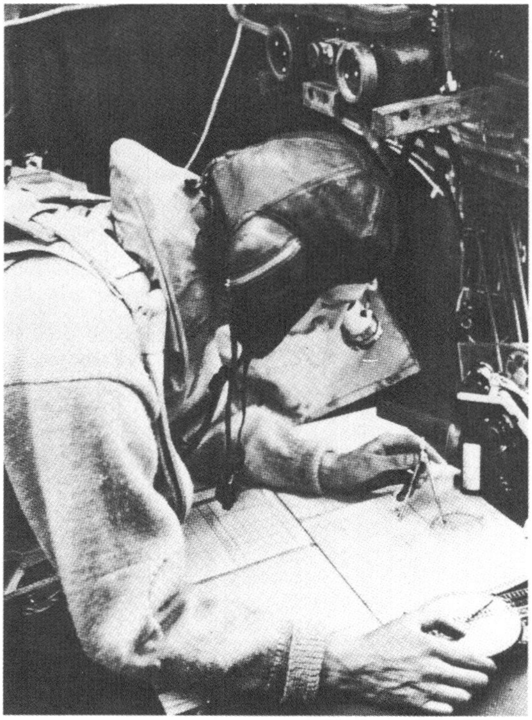

*Oben links:* Ein typischer zweimotoriger britischer Bomber von 1941, die Armstrong-Whitworth ›Whitley‹; zumeist als Nachtbomber eingesetzt, stand sie bei 11 RAF-Staffeln im Dienst.
*Darunter:* Ein GEE-Gerät für die Hyperbelnavigation; hier wahrscheinlich in einer ›Beaufighter‹.

*Oben rechts:* In den Jahren 1940/41 erfolgte die Navigation zum Zielort und zurück noch mittels der Koppelnavigation. Es gab kaum Funkhilfen (und kein Radar). Viele Besatzungen hatten Schwierigkeiten, die Ziele auszumachen.

Werner Schroer, ein an der Schlacht um England beteiligter deutscher Jagdflieger, bestätigt dies:

»Ich erinnere mich daran, wie erstaunt ich war, daß, wann immer wir den Kanal überflogen, auch stets eine gegnerische Jägereinheit in der Luft war.
Wir vermuteten, daß dies daher kam, weil wir in großer Höhe flogen und unsere Versammlungsräume ausspioniert waren; schließlich befanden wir uns in einem besetzten Land, wo es Agenten genug gab, die über unsere Flugbewegungen informieren und melden konnten. Ein anderer Grund war, wie wir meinten, das sehr gute Wetter, das die britischen Luftraumbeobachter befähigte, unseren Anflug auf große Entfernung zu sichten. Selbst wenn wir den Kanal im Tiefflug überflogen, wartete die RAF schon auf uns. Wir hatten keine Ahnung, daß es so etwas wie Radar gab und konnten uns nicht vorstellen, daß man Flugzeuge auf einem Bildschirm erkennen konnte.«

Der Ausgang der Luftschlacht um England ist heute natürlich längst Geschichte. Die sieggewohnte Luftwaffe, die bis zu dieser Zeit in einer Folge ununterbrochener Siege den Feind vor sich hergetrieben und hinweggefegt hatte, war zum erstenmal zum Stehen gebracht worden. Obgleich die Höhe der deutschen Verluste von der RAF zu jener Zeit weit übertrieben wurde, bestätigten offizielle Nachkriegszahlen den Sieg der RAF:

| | |
|---|---|
| Deutsche Verluste: | 1736 zerstörte Flugzeuge |
| RAF-Verluste: | 915 zerstörte Flugzeuge. |

Das Ziel der Luftschlacht, die Zerstörung des RAF-Fighter Command und die Erringung der deutschen Luftüberlegenheit als Auftakt für das ›Unternehmen Seelöwe‹ – der Invasion auf den Britischen Inseln –, war nicht erreicht worden. Das ›Unternehmen Seelöwe‹ wurde auf unbestimmte Zeit verschoben, und die Deutschen waren gezwungen, auf Nachtbombardierungen überzugehen.

Eine Vickers ›Wellington‹, von den Besatzungen ›Wimpy‹ genannt, war 1940/41 das Rückgrat des RAF-Bomberkommandos. Sie war der erste Typ, der GEE benutzen durfte und der erste RAF-Bomber, der Berlin in der Nacht vom 25. August 1940 mit Bomben angriff.

Der Sieg vom Sommer 1940 war natürlich nicht allein ein Verdienst des Radarnetzes. Aber sein Anteil in Verbindung mit den RAF-Jagdfliegern der ›Spitfire‹- und ›Hurricane‹-Staffeln, sowie der weitgehend noch nicht veröffentlichten Rolle, die das ›Knacken‹ des deutschen ›Enigma‹-Schlüsselverfahrens spielte, erwies sich als ausschlaggebend.

Nach der Luftschlacht um England ging die RAF zur Offensive über und begann Deutschland zu bombardieren. Sie flog Nachteinsätze, denn sie hatte, wie auch die Luftwaffe, durch bittere Erfahrungen gelernt, daß Tagesangriffe gegen eine entschlossene Jagdabwehr ein kostspieliges Geschäft waren. Am 18. Dezember 1939 hatten vierundzwanzig ›Wellington‹-Bomber Wilhelmshaven angegriffen. Sie wurden von deutschen Me 109- und Me 110-Jägern abgefangen und bekämpft. Zehn der Bomber wurden abgeschossen und drei weitere schwer beschädigt. Von da an flog die RAF nur noch Nachtbombenangriffe.

Das Hauptproblem der Nachtangriffe war letztlich nur eine Frage der Navigation. Sich über einem verdunkelten, feindlichen Kontinent zu orientieren, ohne über besondere Navigationshilfen zu verfügen, war wirklich unmöglich. Koppelnavigation und Astronavigation, die althergebrachten Standortbestimmungen mit Kompaß und Sextant, konnten unter besten Bedingungen und auf der Brücke eines großen Schiffes eine genaue Position innerhalb von knapp zwei Kilometern erbringen. Ein Beobachter an Bord eines Flugzeuges mußte bei Nacht schon sehr gut sein, seine Position auf dreizehn Kilometer genau festzulegen.

James McCloy, der als RAF-Navigator 1941 in ›Whitley‹-Bombern mitflog, erinnert sich genau an die Grenzen der Libellen-Sextanten und Sterntafeln:

> »Wir pflegten mit dem Sextanten in die Astro-Aussichtskuppel zu klettern und einen Stern zu schießen. Wir machten sechs Messungen, ermittelten davon den Durchschnittswert, um dann mit Hilfe von Tabellen, wie sie die Marineleute über Jahre hinweg verwendeten, herauszufinden, wo man sich befand, *wenn* man Glück hatte. Ich selbst habe nie Vertrauen in all das dumme Zeugs gehabt.
> Meine beste Leistung am Boden war, die Lage des Flugplatzes auf acht Kilometer genau zu bestimmen. In der Luft mußte ich froh sein, wenn ich die Position auf 32 Kilometer genau fand.«

Zu grundlegenden Schwierigkeiten in der Flugzeugnavigation führt ganz einfach der Wind. Luft ist für ein Flugzeug, wie Wasser für ein Schiff: Bewegt sich die Luft durch Windeinfluß, so wird das Flugzeug mit ihr fortbewegt. Wenn Windgeschwindigkeit und -richtung bekannt sind, dann könnte der Flugzeugführer oder Beobachter diese Werte berücksichtigen. Sind sie nicht bekannt, oder nur (aufgrund einer Vorhersage) geschätzt worden, dann wandert das Flugzeug von seinem beabsichtigten Kurs ab, sofern die Position des Flugzeuges nicht regelmäßig mit einem Bodenmerkmal, oder, was weniger zuverlässig ist, mit einer Sternpeilung verglichen werden kann. Bei Nachtflügen, oft sogar in Wolken, hatte sich herausgestellt, daß es völlig unmöglich war, die Position aufgrund von Landmarken festzustellen. Auch das Sternschießen mit dem Sextanten, sofern Sterne sichtbar waren, war zumeist erbärmlich ungenau. Die sich für die Briten 1941 ergebende betrübliche Tatsache war, daß von den 44 700 Tonnen Bomben, die in einem bestimmten Zeitraum über deutschen Zielen abgeworfen worden waren, 90% im freien Gelände aufkamen. Die Einsatzerprobungsinspektion des britischen Bomberkommandos stellte bei einer Auswertung von Aufklärungsbildern, die nach Bombardierung gemacht wurden, und anhand anderer Ergebnisse fest, daß bei einem Angriff in der Nacht vom 15./16. Mai 1940 nur 24 von 96 Flugzeugen gerade noch das richtige Ziel fanden, ganz zu schweigen davon, es zu treffen.

Ganz abgesehen vom Auffinden ihrer Ziele waren viele Bomber auch nicht einmal in der Lage, bei der Rückkehr von Feindflügen ihre Heimathäfen zu finden. Einige von ihnen flogen sogar aufgrund fehlerhafter Navigation gegen Berge.

Die Deutschen, die vielleicht weniger durch die Traditionen einer seefahrenden Nation beeinflußt waren, hatten lange vor dem Kriege herausgefunden, daß man die Koppelnavigation am besten den Vögeln überließe und daher ihre Navigationsleitstrahlen entwickelt.

Einer der Nachteile aus deutscher Sicht war, weil es sich tatsächlich um Leitstrahlen handelte, daß diese für den Gegner einen klaren Hinweis auf das beabsichtigte Ziel boten. Was die RAF suchte, war eine Art von Peilstrahlen, die die Bomber auf ihre Ziele führte, ohne dem Gegner irgendeinen Hinweis auf das beabsichtigte Ziel zu verraten.

Es gab da eine bewundernswerte Einrichtung bei der Fernmeldeversuchsabteilung (TRE), die sich ›Sunday Soviet‹ (Sonntagsgespräch) nannte. Zu den Leuten, die an diesen zwanglosen Zusammenkünften teilnahmen, zählten Wissenschaftler, Generalstabsoffiziere der Luftwaffe, wissenschaftliche Gehilfen und Offiziere aus den Frontverbänden. Es war dabei üblich, daß jeder Eingeladene frei seine Meinung äußern konnte. Manch bedeutendes Mitglied der ›Royal Society‹ mußte sich von einem jungen Offizier sagen lassen, daß er nur Unsinn rede, was er aus der Sicht des einsatzerfahrenen Offiziers wahrscheinlich auch tat.

Absicht der Treffen war, die Bedarfsträger und die Wissenschaftler zusammenzubringen. Die Gesprächsrunden waren auch äußerst erfolgreich. Auf einem dieser Treffen im Juni 1940 bedauerte Luftmarschall Joubert vom Luftwaffenstab die schlechten Bombenwurfergebnisse, die auf den navigatorischen Schwierigkeiten der RAF beruhten. Watson Watt war anwesend und erinnerte an den Vorschlag für eine Blindlandehilfe, die auf einem Impulsverfahren beruhte, das ihm 1937 in Bawdsey von einem seiner Wissenschaftler, Robert Dippy, vorgeschlagen worden war.

Nach der Gesprächsrunde im Juni wurde Dippy beauftragt, seinen Plan für ein Funknavigationssystem weiterzuentwickeln. Dieses System, das als ›GEE‹ bekannt wurde, ist nicht leicht zu beschreiben. Mit einfachsten Worten erklärt: Es bestand aus drei miteinander verknüpften Sendern A, B und C, die jeweils etwa 160 Kilometer voneinander entfernt lagen.

Sender A war der Muttersender. Er sendete Folgen radarähnlicher Impulse aus. Die Tochtersender B und C empfingen die Impulse von A und strahlten sie

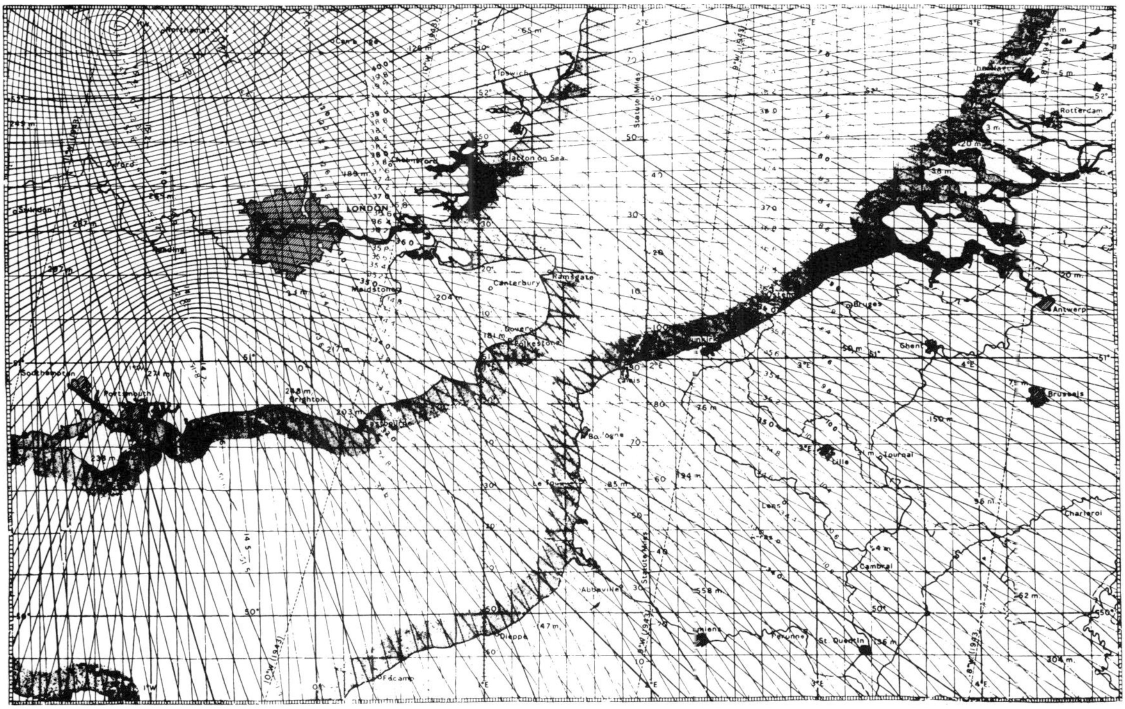


Eine GEE-Karte aus dem Jahre 1943. Das Hyperbelkurvengitter war verschiedenfarbig angelegt, wodurch die Handhabung sehr erleichtert wurde. Sie gab die Position über Deutschland auf ± 3,5 Kilometer genau an bei einem Abstand vom Heimatsender von 560 Kilometern. GEE war das erste Navigationshilfsmittel, das ein genaues Bombardieren in größerem Rahmen ermöglichte.

zurück. Die drei Sender strahlten ununterbrochen synchrone Impulse aus, allerdings mit einer bestimmten Laufzeitdifferenz zwischen ihnen, den Laufzeiten, die die Impulse benötigten, um von A nach B und von A nach C zu gelangen.

Weil nun die Impulse von den drei Sendern alle genau mit der gleichen Geschwindigkeit liefen, mußte ein Beobachter, der die Impulse auf einer Kathodenstrahlröhre verfolgte, ein unterschiedliches Zeitverhältnis zwischen ihnen erkennen, abhängig von seinem geografischen Standort. Lag dieser näher an C, erschienen die C-Impulse zuerst, gefolgt von den nächsten; lag er näher an B, kamen die Impulse des B-Senders zuerst an. Wenn der Beobachter zufällig genau die gleiche Entfernung von beispielsweise A und B hatte, dann konnte er die Impulse gleicher Laufzeitdifferenz sehen, wie sie von diesen beiden Sendern ausgestrahlt wurden. Dies war das Grundprinzip des Hyperbelnavigationsverfahrens ›GEE‹. Auf einer Karte ließ sich eine Linie ziehen, die anzeigte, wo Impulse gleicher Laufzeitdifferenz, von jeweils zwei Sendern ausgestrahlt, empfangen werden konnten. Diese Linien gleicher Laufzeitdifferenz wurden ›Isochronen‹ genannt.
In der gleichen Weise, wie Isobaren auf Wetterkarten Linien gleichen Luftdrucks anzeigen, sind Isochronen Linien gleicher Laufzeitdifferenz zwischen zwei Sendern. Sie verlaufen nicht geradlinig, sondern in Hyperbeln. Scharen von Hyperbeln können gezeichnet werden, wobei eine jede eine bestimmte Entfernung von den Sendern darstellt und alle zusammen ein Gitterwerk oder Gitternetz bilden (daher der Name GEE), das auf die Navigationskarten aufgedruckt wurde. Diese Hyperbelscharen wurden von den Wissenschaftlern als ›Hyperbelscharen mit gleichem Sender‹ bezeichnet.
Glücklicherweise hatte es der Navigator in seinem Flugzeug nicht nötig, sich mit diesen Begriffen zu belasten. Die Linien waren in seiner Karte farbig angelegt und

numeriert. Um ›GEE‹ anzuwenden mußte er nur die Kennung der Impulse feststellen und deren Laufzeitdifferenz messen, was mit einem besonderen Kathodenstrahlanzeigegerät geschah, und ihnen in seiner ›GEE‹-Gitternetzkarte mit dem Bleistift folgen. Nehmen wir an: ›Blaue Zwanzig‹ bis sie die ›Rote Achtzehn‹ kreuzt. Dann konnte er seinen Standort noch auf 3,2 Kilometer genau in 560 Kilometern Entfernung festlegen.

Der große Vorteil des ›GEE‹-Verfahrens lag darin, daß es völlig passiv war. Das heißt, es benötigte keinerlei Signale vom Flugzeug, die dessen Standort verraten konnten. Es konnte auch gleichzeitig von einer beliebig großen Anzahl von Flugzeugen benutzt werden. Anders als die deutschen Leitstrahlen von 1940 strahlten die ›GEE‹-Sender ihre Gitternetzinformationen überall hin und doch für Fremde nicht greifbar aus; ohne den besonderen Empfänger und die Karten waren die ›GEE‹-Impulse nutzlos.

Man hoffte, daß die Deutschen, wenn sie sie abhörten, daraus schließen würden, es seien gewöhnliche Radarimpulse, denen sie absichtlich täuschend ähnlich waren.

Dem RAF-Bomberkommando war selbstverständlich sehr daran gelegen, das ›GEE‹-Verfahren sobald wie möglich einsatzreif zu machen. Nach Erprobungsflügen über Großbritannien im Frühling und im Sommer 1941 folgten im August Einsatzflüge über Deutschland mit zwölf einzeln gefertigten Geräten. Die Ergebnisse waren ausgezeichnet und versprachen, die Navigation bei Nacht zu verändern und zu verbessern. Die Navigatoren benutzten ihre ›GEE‹-Geräte nicht nur, um ihre Position festzustellen, sondern konnten sie auch nutzen, wie es die Deutschen mit ihren Leitstrahlen getan hatten, sich den Wind- und Luvwinkel über Feindgebiet selbst zu erfliegen und sich ihrer beim Heimflug zu ihren Heimathorsten zu bedienen.

Natürlich bestand ein gewisses Risiko, diese höchst geheimen Prototypgeräte über feindliches Gebiet zu schicken. Und tatsächlich wurde in der Nacht vom 13. August 1941 ein Flugzeug, das ein frühes ›GEE‹-Modell an Bord hatte, nach einem Einsatz über Deutschland vermißt. Es wurden sofortige Nachforschungen bezüglich des Verlustes dieser Maschine angestellt. Nach Befragung anderer Besatzungen wurde vermutet, daß sie zu Bruch gegangen und explodiert sei. Aber selbst wenn dem so wäre, bestand die Möglichkeit, daß Besatzungsmitglieder mit dem Fallschirm ausgestiegen sein könnten und nun in Vernehmungen stünden.

Dieser Vorfall wurde Dr. R. V. Jones vorgetragen. Er war nicht der Ansicht, daß der deutsche Nachrichtendienst viel aus dem zerstörten Flugzeug erfahren könnte, weil es unwahrscheinlich war, daß die Hyperbelkarte oder der Empfänger den Bruch überstanden hätten. Er war ebenfalls sicher, daß die Besatzung nichts in einer unmittelbaren Befragung verraten würde. Aber es gab stets die Möglichkeit, daß sie auf den Trick mit den Abhörwanzen im Zimmer hereinfallen könnten. Jones selbst hatte einen wesentlichen Teil über ›Knickebein‹ auf eben dieselbe Art und Weise erfahren. Aus diesem Grunde nahm er an, daß deutsche Lauscher einiges über ›GEE‹ aus Gesprächen der Besatzung untereinander aufgeschnappt haben könnten. Da die Buchstaben G und J in der deutschen Sprache sehr ähnlich klingen, erkannte Jones, der ja als Witzbold bekannt war, daß sich hier eine großartige Gelegenheit für einen grandiosen Bluff gegenüber den Deutschen böte. Das erste, was zu tun wäre, sagte Jones später, sei gewesen:

»... alle Hinweise auf ›GEE‹ auszulöschen. Ab sofort war ›GEE‹ durch J zu ersetzen. Wenn die Deutschen Gefangene über J sprechen hörten, so müßten sie annehmen, sie hätten in früheren Horchaktionen ›J‹ statt ›G‹ falsch verstanden. Der nächste Schritt war, ein neues Verfahren hervorzuheben, das dem J einen Inhalt gäbe. Davon ausgehend, daß es unabwendbar ist, daß die Deutschen merken würden, wir wären dabei, eine neue Funkhilfe zum Einsatz zu bringen, was gäbe es besseres, als ihnen zu schmeicheln und sie glauben zu machen, daß wir ihre Leitstrahlverfahren nachgemacht hätten? Und so erfanden wir die J-Leitstrahlen und stellten tatsächlich einige ›J‹-Sender an unserer Ostküste auf.«

Jones ließ auch die Typenbezeichnung der ›GEE‹-Geräte ändern. Ursprünglich führten sie 5000er-Typennummern, ein untrügbares Kennzeichen dafür, daß es sich um Radarausrüstungsgegenstände handelte. Nun brachte man an die Halterungen in den Bombern und alle neuen Geräte das Typenschild ›TR 1335‹ an. TR stand für Transmitter Receiver = Sender/Empfänger, was ein Funk- und kein Radargerät auswies.

Und es gab noch einen Schachzug, der angewendet werden konnte. Viele deutsche Agenten waren gestellt und dann ›umgedreht‹ worden; sie arbeiteten nun für den britischen Nachrichtendienst. Einer von ihnen wurde veranlaßt, seiner deutschen Führungsstelle ein nie geführtes Gespräch zu übermitteln, das er angeblich in der Bar des Savoy-Hotels zwischen zwei RAF-Offizieren belauscht hatte. Sie sollen die neuen Titelverleihungslisten erörtert haben, und daß ein sehr bekannter Wissenschaftler »das GCB (Knight Grand Cross of the Bath = Ritter des Großkreuzes des Bath-Ordens) erhalten hätte, obwohl seine Leistung nur darin bestand, die deutschen Leitstrahlen zu kopieren, und das obendrein noch ein Jahr zu spät.« Eine andere Nachricht, die an den stets empfänglichen deutschen Nachrichtendienst übermittelt wurde, hatte den Inhalt, daß ein ›Professor Ekkerley‹ Vorträge bei RAF-Einheiten gehalten habe, in denen er das neue ›Jerry‹-Funknavigationsverfahren, das Lorenz – ähnliche Leitstrahlen verwende, erklärt hatte. Jones überließ es den Deutschen herauszufinden, ob ›J‹ auch ›Jerry‹ bedeuten sollte.

Wie zur Bestätigung dieser nachrichtendienstlichen Schachzüge wurden die ›J‹-Scheinstrahlen ausgestrahlt und auch prompt gestört, während das echte ›GEE‹-Verfahren fünf Monate lang ungestört blieb; für damalige Verhältnisse wahrlich eine sehr lange Zeit.

›GEE‹ wurde allen seinen Erwartungen voll gerecht, und die RAF-Bomber waren mit seiner Hilfe in der Lage, die deutsche ›Beleuchter‹-Taktik der Kampfgruppe 100 zu übernehmen. Die mit ›GEE‹ ausgerüsteten Bomber, die ›Pfadfinder‹, markierten die Angriffsziele mit Fallschirmleuchtbomben und Zielbränden, um den Hauptkräften eines Bomberverbandes den Weg zu weisen. Der erste regelrechte ›GEE‹-Großeinsatz erfolgte in der Nacht vom 8. März 1942, als 80 ›Pfadfinder‹-Flugzeuge, ausgerüstet mit ›GEE‹ eine Flotte von mehr als 350 Bombern beim Angriff auf Essen im Ruhrgebiet über das Ziel führten.

Der Angriff auf Essen war für die Briten äußerst erfolgreich. Am 30. Mai wurde ›GEE‹ angewandt, um das größte Bombenangriffsunternehmen zu leiten, das je von der RAF unternommen wurde – der Tausendbomberangriff auf Köln. Die Brandleger kamen wie geplant genau und pünktlich übers Ziel, und der Angriff war bald vorüber. Die Flugzeuge waren nur von einer ›GEE‹-Senderkette geführt worden, die an der britischen Ostküste stand.

Die Zusammenfassung der Kräfte während des Großangriffs auf Köln war ein zusätzliches Ergebnis von ›GEE‹. Als noch die Koppelnavigation angewendet wurde, starteten die Bombereinheiten und flogen mehr oder weniger einen beliebigen Kurs, den der Flugzeugkommandant oder ein Staffelführer festgelegt hatte. Sie trafen im Zielraum, wenn sie ihn fanden, in größeren Abständen ein, so daß ein Großangriff Stunden dauern konnte. Mit ›GEE‹ wurden die Luftangriffe nunmehr auf Minuten zusammengedrängt, was die Luftverteidigungskräfte oft überforderte.

›GEE‹ konnte von den Deutschen bis Anfang 1943 überhaupt nicht gestört werden. Im Hinblick auf zu erwartende Störungen hatten jedoch die Briten das verbesserte TR 1335 ›GEE‹-Modell II frontreif entwickelt. Es hatte von den Sendern her ein breites Frequenzband, was schnelle Frequenzwechsel ermöglichte, um gegnerische Störungen unwirksam zu machen. Deshalb wartete man, bis die ›Pfadfinder‹ in der Nähe des Zieles waren, um dann plötzlich auf einen neuen Kanal zu schalten, der zwar mit dem ursprünglichen, aber gestörten abgestimmt war, aber auf einer vollkommen anderen Frequenz sendete. Die ›Pfadfinder‹ konnten ihre Peilung nehmen und fanden ihr Ziel, bevor die Deutschen die neue Frequenz gefunden hatten und ihre Störsender aufschalten konnten. Die Ausweichfrequenzen waren natürlich den Besatzungen vorher bekannt. Diese Taktik, ›Latched K‹ (etwa: gerastete Tastung durch Frequenzwechsel) genannt, war erfolgreich und ermöglichte es, ›GEE‹ erheblich länger anzuwenden, als es irgend jemand zu hoffen gewagt hätte.

Selbst wenn das Verfahren über Deutschland insgesamt gestört worden wäre, war es die Mühe dennoch wert, da es sich für die zurückkehrenden Bomber als Funknavigationshilfe erwies. Nebenbei bemerkt wurden auch die ›J‹-Täuschungsstrahlen dazu benutzt. Aber das Hyperbelnavigationsverfahren ›GEE‹ war nicht nur für die RAF von Nutzen; auch für die Marine war es unschätzbar, besonders am Kanal; denn Dank seiner Genauigkeit konnte das Minenlegen und Minenräumen mit seiner Hilfe durchgeführt werden. Die bedeutendste Stunde kam für ›GEE‹ am Tage der Invasion, am ›D-day‹ (wie die Briten ihn nennen). Es hatte derartige Auswirkungen, daß ein Truppenkommandeur vorschlug, ihn in ›G-day‹ umzubennenen.

Zu dieser Zeit standen fünf ›GEE‹-Ketten im Einsatz, fast ganz Europa von Norwegen bis zur Biskaya abgedeckt. Die Amerikaner übernahmen ›GEE‹, benutzten es aber auf viel niedrigeren Frequenzen (2 MHz) und nannten es ›Loran‹ (Long Range Navigation). Unter günstigen Bedingungen lag die Reichweite bei fast 2000 Kilometern. Es ist noch heute im Gebrauch als allgemeine Navigationshilfe für die Seefahrt.

Eine offizielle Würdigung der Rolle, die ›GEE‹ spielte, ist in einer Schrift enthalten, die von TRE unmittelbar am Kriegsende herausgegeben wurde:

> »Das ›GEE‹-Verfahren war das wichtigste von allen Radarmitteln, die zum Gegenschlag beitrugen. Wie es das Bomberkommando anwendete, bot es jene geballte Zusammenfassung der Kräfte nach Zeit und Raum, die ausschlaggebend für die Überwindung der gegnerischen Luftabwehr war. Es trug entscheidend zum Gelingen des ›Tausendbomberangriffs‹ bei. Es ermöglichte . . . eine abgestimmte Zeitplanung selbständig durchgeführter Einsätze, ob echt oder vorgetäuscht. Und es bot wertvolle Funknavigationshilfen für ganze Bomberformationen wie auch für ihre einzelnen Maschinen, sie auf den günstigsten Kursen, zeitlich genau abgestimmt zu ihren Heimatplätzen zurückzubringen; eine unschätzbare Hilfe vor allem bei schlechtem Wetter.«

Zur Geschichte von ›GEE‹ ist noch etwas nachzutragen. Am 24. Februar 1944 wurde ein deutscher Ju 188-Fernaufklärer über England abgeschossen. Als britische Nachrichtendienst-Offiziere das Wrack untersuchten, fanden sie ein Funkge-

Bündel von Leuchtbomben (links im Bild) schweben von den ›Pfadfindern‹ herab und markieren das Ziel. Sie wurden von Beleuchtermaschinen, die mit GEE ausgerüstet waren, abgeworfen und unterschieden sich farblich nach einem vorher festgelegten Bombardierungsplan. Die nachfolgenden Bomber warfen ihre Bombenlasten einfach dort ab, wo es von den Leuchtbomben angezeigt wurde.

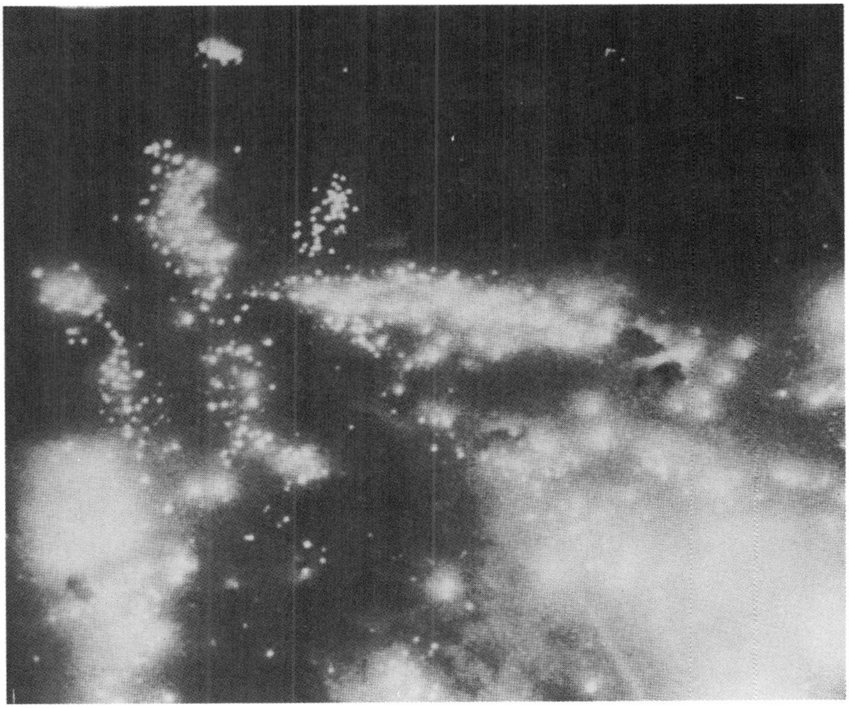

rät, das als FuG 122 beschildert war. Es kam ihnen irgendwie vertraut vor. Nähere Untersuchungen ergaben, daß es sich tatsächlich um ein ›TR 1335‹ handelte, ein erbeutetes RAF-›GEE‹-Empfangsgerät. Gleichzeitig hatten die Deutschen die ›GEE‹-Karten aus abgestürzten britischen Flugzeugen gesammelt und benutzten das Verfahren als Ersatz für ihre eigenen gestörten Leitstrahlen zur Orientierung über England.

Die RAF hatte etwas ähnliches mit einem deutschen Langstreckenfunkverfahren getan, ›Elektra-Sonne‹ genannt, das das ganze Biskayagebiet und ihre westlichen Zugänge abdeckte. Auch dieses Verfahren hatte eine Anzahl miteinander verbundener Sender, einschließlich eines Senders in Stavanger in Norwegen. Das britische Coastal Command fand dieses Verfahren so brauchbar, daß die britische Regierung nach dem Abzug der Deutschen aus Norwegen gegen Ende des Krieges die Norweger tatsächlich weiter bezahlte, um den Sendebetrieb fortzusetzen. ›Elektra-Sonne‹ sendet immer noch, wenngleich jetzt unter dem Namen ›Consol‹. Es wird gern von den Wochenend-Skippern der Privatyachten benutzt, weil es eines der sehr wenigen Funknavigationsverfahren ist, das mit einem einfachen Radioempfänger betrieben werden kann. Allerdings benötigt man dazu, wie auch bei ›GEE‹, eine Spezialkarte.

Die Genauigkeit von ›GEE‹ über dem Ruhrgebiet war derartig, daß es zwar grundsätzlich als Navigationsverfahren benutzt wurde, aber nicht als genaue Abwurfhilfe bei Blindbombardierungen. Daß ein Bedarf für ein solches Gerät bestand, war ganz offensichtlich, und Wissenschaftler von TRE in Worth Matravers (und später in Malvern) arbeiteten schon an diesem Forschungsproblem, noch bevor ›GEE‹ einsatzreif wurde.
Der Auftrag bestand darin, ein Verfahren zu entwickeln, das einem Bomber, der

in den Wolken flog, ermöglichte, seine Bomben nicht nur auf ein bestimmtes Gelände in einer bestimmten Stadt zu werfen, wie man es mit ›GEE‹ konnte, sondern auf eine einzelne Fabrik oder ein besonderes militärisches Punktziel. Um diesen Grad an Genauigkeit zu erzielen, mußte die Impulsmethode für die genaue Entfernungsermittlung herangezogen werden, denn dieser Wert war der genaueste, den ein Radarsystem messen konnte.
Das Blindbombenwurfverfahren, das eingeführt wurde, hieß ›Oboe‹. Es war von A. H. Reeves und Dr. F. E. Jones in den Jahren 1941–1942 entwickelt worden und bestand aus zwei umgerüsteten, abgewandelten Radarsendern, die auf 1½ Metern (220 MHz) sendeten. Sie lagen an der Ostküste Englands mit einigem Abstand voneinander entfernt. Der eine Sender lag bei Trimmingham in Norfolk und wurde als Zielverfolgungssender ›Katze‹ genannt, der andere stand bei Walmer in Kent und wurde ›Maus‹ genannt. Die beiden Sender waren durch Standleitungen miteinander verbunden und strahlten synchrone Impulse aus. Diese Impulse wurden von den Flugzeugen zu den Bodenstationen zurückgeworfen.
›Katze‹ hielt das Flugzeug auf einem kreisförmigen Kurs, der es über das Ziel führen sollte. Im allgemeinen ging dieser Bogenkurs von ›Katze‹ aus. Wenn das Flugzeug sich von seinem Kurs, vom Zentrum nach außen entfernte, so hörte der Pilot eine Reihe von Morsestrichen in seinem Kopfhörer. Wenn er sich ›Katze‹ näherte, eine Serie von Punkten. Lag er auf dem richtigen Kurs, so hörte er einen Dauerton, das vertraute Funkzeichen für einen qualifizierten und erfahrenen Leitstrahlpiloten. Diese links/rechts Signale und Hinweise wurden von den Bodenstationen automatisch abgestrahlt.
Die Aufgabe von ›Maus‹ war, die Grundgeschwindigkeit und Höhe des Flugzeuges zu überwachen und den Abstand des Flugzeuges vom Ziel zu ermitteln. Dann konnten die Bediener, die das ballistische Verhalten der Bomben kannten, ein Bombenabwurfsignal geben. Dieses Signal, gewöhnlich eine Unterbrechung des Dauertons, das durch ein Vorsignal in Form einer vorher festgelegten Morsegruppe angekündigt wurde, konnte nur vom Navigator gehört werden. So konnte sich der Pilot ganz auf die Einhaltung seines Kurses konzentrieren, indem er nur auf ›Katze‹ zu hören brauchte.
Die Reichweite von ›Oboe‹ lag bei 400 Kilometern, was die wichtigsten Ziele im Ruhrgebiet abdeckte. Auf dieser Entfernung lag die Genauigkeit des Verfahrens innerhalb von 90 Metern; genau genug für ›Pfadfinder‹, um einzelne Fabriken zu beleuchten und mit ›Tannenbäumen‹ zu markieren. Durchgeführte Versuche auf Bombenabwurfplätzen in England verliefen derart eindrucksvoll, daß ein neues Problem wegen der fast schon unheimlichen Genauigkeit des ›Oboe‹-Verfahrens auftrat; es war genauer als die geodätischen Vermessungsunterlagen des Britischen Amtes für Landesvermessung und genauer als die verfügbaren Vorkriegskarten von Europa.
Um die Gitternetze überprüfen und vermessen zu können, wurde Dr. R. V. Jones gebeten, ein Feindziel zu benennen, von wo seine Abwehrleute zuverlässig die genauen Einschläge der Bomben melden konnten. Er schlug den Gefechtsstand des Nachtjagdabschnitts 7 der deutschen Nachtjagdführung vor, der in einem Novizenkloster nahe der belgischen Stadt Florennes untergebracht war. Dort gab es einige aktive und zuverlässige Agenten. Am 20. Dezember 1942 startete ein kleiner Verband von ›Mosquito‹-Bombern nach Florennes. Sie waren mit ›Oboe‹-Geräten ausgerüstet, die in Einzelanfertigung zusammengebaut worden waren. Die Schnellbomber flogen in 9000 Metern, gut außerhalb der Reichweite der Flak,

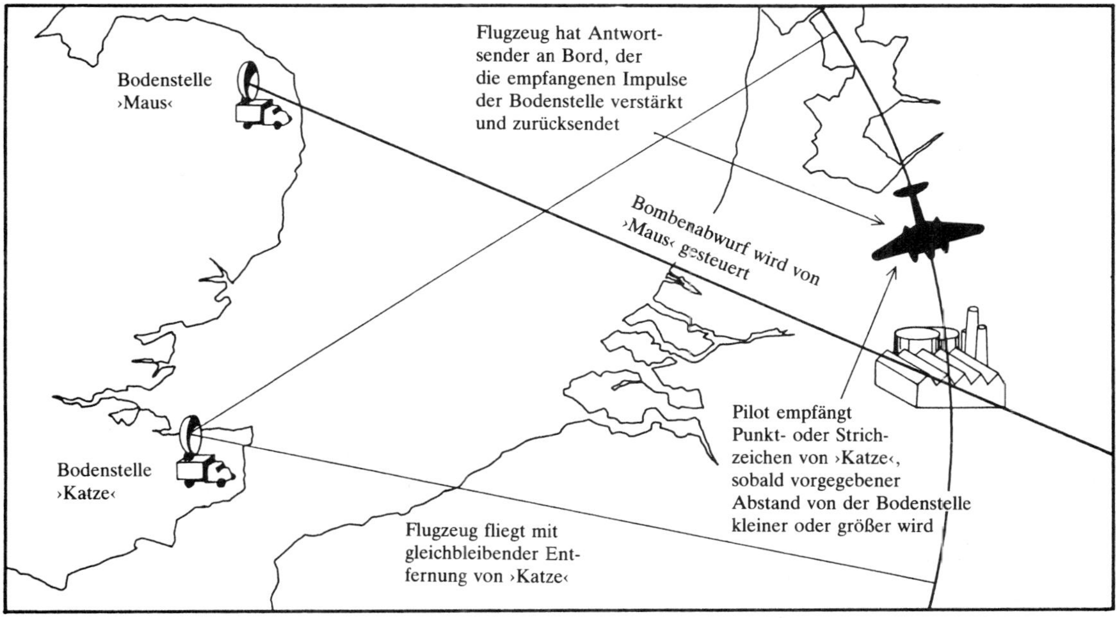


Das ›Oboe‹-Zielverfahren.

und warfen ihre Bomben, von ›Katze‹ und ›Maus‹ geführt, auf das unsichtbare Ziel acht Kilometer unter ihnen. Binnen 24 Stunden hatten die belgischen Agenten gemeldet, daß eine Bombe als Volltreffer mitten in das Kloster gefallen sei, eine weitere den Eingang getroffen habe, und die mittlere Ablage aller anderen Bomben innerhalb von 137 Metern um den Zielmittelpunkt gelegen habe. Dieses Ergebnis erzielten Flugzeuge, die 480 km/h schnell flogen. ›GEE‹ hätte an und für sich nie genauer als ± 3,2 Kilometer auf diese Entfernung von 400 Kilometern sein können.

Die Bombentrefferfotos zeigten, daß geringe Verbesserungen erforderlich waren, um die beiden Gitternetze der Landkarte in Übereinstimmung zu bringen. Im Verlauf des Februars 1943 wurde das ›Oboe‹-Verfahren verfeinert. Im März des gleichen Jahres führten die ›Mosquito‹-›Pfadfinder‹ einen Verband von 860 schweren Bombern zum Angriff auf Düsseldorf. Es folgten Einsätze auf Dortmund, Köln, Duisburg und Wuppertal. Vor der Einführung von ›Oboe‹, als man ›GEE‹ noch als Führungsmittel hatte, lagen etwa 23% der Bomben im angegebenen Ziel; mit ›Oboe‹ stieg dieser Wert auf 70%. Das hieß, daß sich die Wirkungsfähigkeit des Bomberkommandos praktisch verdreifacht hatte.
Propheten gelten stets im eigenen Lande nichts. Reeves und Jones sollten keine Ausnahme machen. Zu Beginn der Arbeiten an ›Oboe‹ schrieb eine ›hochgestellte Persönlichkeit‹ vom Ministerium für Flugzeugproduktion:

> »Es tut mit leid, aber ich bin überzeugt, es ist an der Zeit, ganz schonungslos auszusprechen, daß diese Untersuchungen von TRE mit ›Oboe‹ langsam lächerlich werden.
> Kämen sie als Anregungen aus der Öffentlichkeit und nicht von offiziellen Stellen, so wären sie ohne Zögern zurückgewiesen worden . . . wenn ich in verantwortlicher Stellung wäre, würde ich den für diese ›Oboe‹-Versuche verantwortlichen Mann ausfindig machen und ihn an die Luft setzen, damit er nicht nur seine Zeit und Kraft, sondern auch die unsere noch weiter mit seinen verrückten Phantasien vergeudet.«

Die mit ›Oboe‹ ausgerüsteten ›Mosquito‹-Bomber hatten wirklich sehr geringe Verluste. Nur eine wurde im Verlaufe der ersten 600 Feindflüge abgeschossen. Ihre gesamten Verluste machten weniger als ¼% im ganzen Kriege aus.
Das ›Oboe‹-Verfahren mit seinen 1½ Metern Wellenlänge wurde erstmals im Oktober 1943 durch die Deutschen gestört. So hatte es, wie auch »GEE«, eine recht lange Betriebszeit gehabt, die frei von jeglichen Störmaßnahmen gewesen war. Gegenstörmaßnahmen wurden von der RAF angewendet, die das ursprüngliche ›Oboe‹-Verfahren bis November beibehielten, als sie neue Entwicklungen in die Lage versetzten, auf Zentimeterwellen überzugehen. Die Angelegenheit mit dem Zentimeterwellenradar ist jedoch eine Geschichte für sich.

›GEE‹ hatte als Navigationshilfe von der britischen Küste aus eine Reichweite von mehr als 720 Kilometern, ›Oboe‹ hingegen nur 400 Kilometer. Was jetzt gebraucht wurde, war irgendein ähnlich wirksames Verfahren, das überall über Deutschland oder deutsch-besetztem Gebiet verwendet werden konnte.
Die Reichweite von ›Oboe‹ konnte theoretisch durch den Einsatz einer fliegenden Relaisstation vergrößert werden. Doch dies blieb aus technischen Gründen außer Betracht. Die einzige Lösung konnte nur irgendeine Art eigenständiger Navigationshilfe sein, die in einem Flugzeug eingebaut war. Das erste bordgestützte Radar in einem Flugzeug war das Bordradarabfanggerät, das Ende 1940 von Nachtjägern verwendet worden war. Diese Geräte, die mit 1½ Meterwellen arbeiteten, hatten erhebliche Mängel. Der schwerwiegendste war das Problem der Bodenechos. Der Radarimpuls wurde vom Boden in Richtung auf das Flugzeug zurückgeworfen, wodurch ein Großteil des Bildschirms gestört wurde. Diese reflektierten Radarstrahlen verminderten die nach vorne gerichtete Reichweite des Bordradars bezogen auf die Höhe des Flugzeuges über Grund, wodurch die maximale Reichweite auf etwa 5,6 Kilometer begrenzt blieb.
Allerdings warf die Meeresoberfläche die Radarstrahlen nicht in gleicher Weise zurück. Die Wasseroberfläche wirkte, wenn sie nicht sehr rauh war, wie ein optischer Spiegel. Die Impulse prallten von der Oberfläche des Wassers ab, weg vom Flugzeug. Die 1½-Meter-Radargeräte, die in der ›Swordfish‹ der Marineluftwaffe eingebaut waren, erwiesen sich als höchst erfolgreich im Aufspüren von aufgetauchten U-Booten. Bereits im Sommer 1939, als die ersten Vorversuche mit diesen 1½-Meter-Geräten durchgeführt worden waren, erkannte man, daß diese Bodenechos und ihr Ausbleiben über einer Wasserfläche den Ansatzpunkt für ein Bordsuchgerät zum Feststellen von großflächigen Städten darstellen könnte.
Ein ›Blenheim‹-Bomber flog 1939 mit einem abgewandelten 1½-Meter-AI-Gerät von Martlesham Heath zur Westküste von Wales. Der Wissenschaftler, der das Radar bediente, war in der Lage, dem Piloten allein aufgrund der Informationen des eingebauten Radargerätes eine genaue Beschreibung der überflogenen Route zu geben. Weitere Versuche wurden im Winter 1939/40 durchgeführt. Es war aber offensichtlich, daß viel kürzere Wellenlängen erforderlich sein würden, um das Auffinden von Zielen in Größe einer Stadt mittels Radar zu einem erfolgversprechenden Abschluß zu bringen.
Die kürzeste Wellenlänge, auf der eine brauchbare Leistung erzeugt werden konnte, lag bei 50 Zentimetern; alles darunter war damals im Jahre 1939 praktisch unmöglich, weil es die dafür erforderlichen Hochleistungsröhren noch nicht gab. Weder britischen noch deutschen Wissenschaftlern war es gelungen, aus den bis

Klystronröhre aus dem Kriege.

dahin entwickelten Röhren höhere Leistungen als 50-Zentimeter-Wellen herauszuholen. Dennoch war es wünschenswert, Radar auch mit Wellenlängen um die 10 Zentimeter zu entwickeln. Denn je kürzer die Wellenlänge, desto wirksamer und genauer arbeitete das Radar.
Die Royal Navy forderte ein Feuerleitradar im Zentimeterbereich. 1939 war ein wissenschaftliches Team der Universität Birmingham unter Professor Marcus Oliphant beauftragt worden, 10-Zentimeter-Geräte zu erforschen. Sie gingen daran, eine besondere Röhre, ›Klystron‹ (Laufzeitröhre) genannt, zu entwickeln, die 10-Zentimeter-Schwingungen hervorbringen konnte, jedoch nur mit sehr niedriger Leistung und viel zu schwach für eine wirkungsvolle Radarausstrahlung. Im Team von Professor Oliphant waren auch John Randall, ein junger Forscher (heute Sir John) und der Doktorand Harry Boot. Die beiden Männer hatten in einer CH-Küstenradarstellung gearbeitet. Als sie nach Birmingham zurückkamen, fanden sie sich in einer Randgruppe des ›Klystron‹-Teams wieder, wo sie in der Ecke eines Lehrsaales an einer Erfindung arbeiteten, die ›Barkhausen-Kurz-Oszillator‹ genannt wurde. Dieses Gerät glaubte man, in einem Zentimeterwellenempfänger verwenden zu können. Sie brauchten nicht lange, um festzustellen, daß die sogenannte Barkhausen-Kurzröhre nicht so arbeitete, wie zu erwarten gewesen war. Daher wandten die zwei ihre Aufmerksamkeit wieder dem ursprünglichen Problem der Erzeugung von Funkenergie großer Leistung mit einer Wellenlänge von wenigen Zentimetern zu.
Randall und Boot kamen zu der Überzeugung, daß das Klystron nie die geforderte Leistung erbringen würde. Sie prüften eine weitere, möglicherweise geeignete Zentimeterröhre, das Schlitzanodenmagnetron, das zu jener Zeit kaum mehr als ein merkwürdig interessanter Laboraufbau war. Es konnte auch Zentimeterschwingungen erzeugen, war aber instabil, weil es nicht auf einer festen Frequenz arbeiten konnte. Immerhin gelangten die beiden Wissenschaftler zu der Auffassung, daß es bessere Aussichten für Entwicklungen im Bereich der Zentimeterwellen böte als das Klystron.

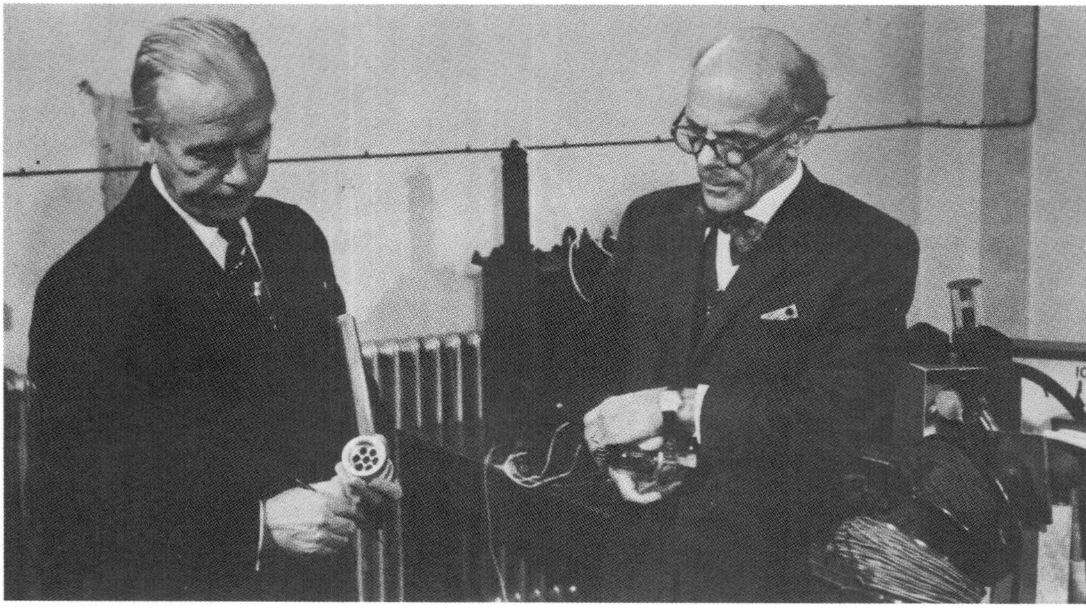

Sir John Randall (rechts) mit Harry Boot während der Filmaufnahmen, die 1976 für das Fernsehen gedreht wurden. Dr. Boot hält einen der Original-Magnetron-Blocks.

Das Klystron, das übrigens von zwei Amerikanern, den Gebrüdern Varian, entwickelt worden war, benutzte zwei Resonatoren, Rhumbatron (Hohlraumresonator) genannt (nach dem Griechischen ›Rhumba‹ = rhythmische Schwingung). Die Resonatoren, die Hohlraumstruktur hatten, arbeiteten als elektrische Oszillatoren auf der Frequenz des Klystrons. Sie wurden als Schlüssel zu allen Zentimeterröhren angesehen, und Randall und Boot entwickelten den Gedanken vom Resonator einen Schritt weiter, in der Hoffnung, ihn mit dem Funktionsprinzip des Magnetronsystems verknüpfen zu können.

Es war ein Nachmittag im November 1939, als Randall damit begann, seine Gedanken in großen Zügen aufzuzeichnen. Was dabei herauskam, war ein stabiler zylindrischer Kupferblock mit sechs ausgebohrten Resonatorhohlräumen, die um eine Kathode herum angeordnet waren. Boot zeichnete seine Berechnungen auf der Rückseite eines Briefumschlages auf. Die Größe der Resonatoren wurde aufgrund der Arbeiten von Heinrich Hertz, der als erster die Existenz von Radiowellen unter Verwendung von Drahtspulen in den achtziger Jahren des letzten Jahrhunderts nachgewiesen hatte, gewählt. Erstaunlicherweise waren bereits diese ersten Schritte in das Radiozeitalter mit Wellenlängen um etwa 10 Zentimeter herum getan worden. Die Hertz'schen Wicklungen wurden näherungsweise dem Kupferzylinder, der das Herz des neuen Magnetrons darstellte, angepaßt.

Dr. Boot erklärte unlängst, daß der Gedanke war,

> »diesen Kupferzylinder in ein starkes magnetisches Feld zu bringen und eine hohe Spannung zwischen dem Kupferzylinder und der Kathode anzulegen, so daß der Elektronenstrom, der aus der zentralen Kathode kam, statt direkt von der Anode (Kupferzylinder) angezogen zu werden, sich schnell an den eingebohrten Hohlräumen vorbei zu drehen begann. Wenn das mit der richtigen Geschwindigkeit erfolgte, wurden die Schlitze angeregt, als Resonatoren und Schwingkreise zu wirken, die beide in Phase zusammen mit einer Frequenz von 3000 MHz schwingen.«

Soweit die Theorie. In der Praxis benötigten sie die Genehmigung von Professor

*Rechts:* Rekonstruktion des Labors von Randall und Boot für die BBC-Fernsehsendung im Institut für Überwasserwaffen der Admiralität in Portsmouth. Viele der Baugruppen, wie auch der große Magnet, sind Originalteile. Die ›Lecher‹-Leitungen (Zweidrahtwellenleiter) zur Frequenzmessung sind links vom Magnet erkennbar.

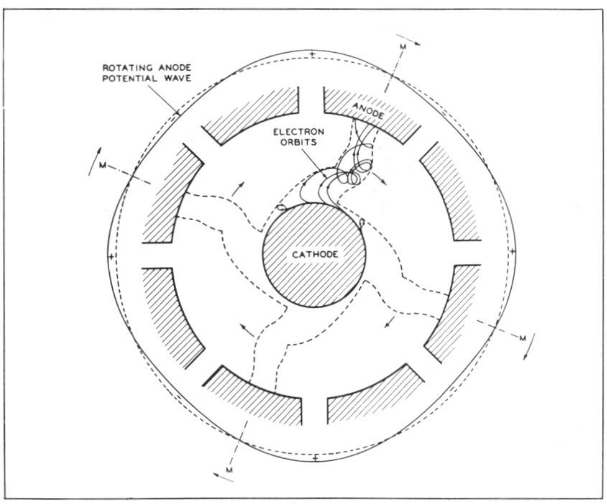

*Mitte links:* Skizze des Elektronenverlaufs in einem der ersten Magnetrons. Schon bald nach der erfolgreichen praktischen Anwendung des Magnetrons für Radar wurden die theoretischen Grundlagen dieser Erfindung erarbeitet.

*Mitte rechts:* Das Original-Magnetron, heute im Wissenschaftsmuseum in London.

Oliphant, um den Bau eines Prototyps des Hohlraummagnetrons, wie sie ihr Geisteskind nannten, in Angriff nehmen zu können. Oliphant war nicht gerade begeistert, stimmte aber zu, vielleicht im Hinblick auf die entmutigenden Ergebnisse mit den Klystrons, daß sie es mit dem ›Hohlraummagnetron‹ einmal versuchen sollten.

Der Versuchsaufbau konnte sich auf so gut wie keine Laboreinrichtungen stützen. Randall und Boot mußten Transformatoren von der Admiralität in Portsmouth ausleihen. Ein sehr alter Elektromagnet, der zu Lehrzwecken gedient hatte, wurde in einer Ecke eines Labors der Universität gefunden. Andere Geräte, einschließlich der Hochspannungsgleichrichter, bauten sie sich selbst. Der Kupferzylinder wurde von einem Laborassistenten in der Werkstatt gedreht, und eine Vakuumpumpe zusammengebastelt. Die Enden des Magnetrons wurden mit Halfpennystücken abgedichtet, die wiederum mit Siegellack befestigt wurden.

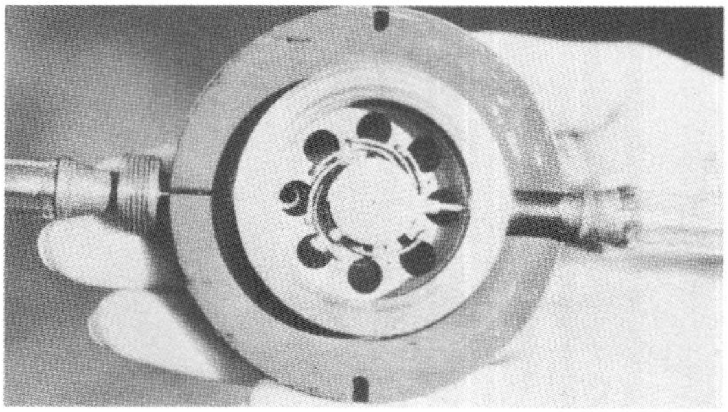

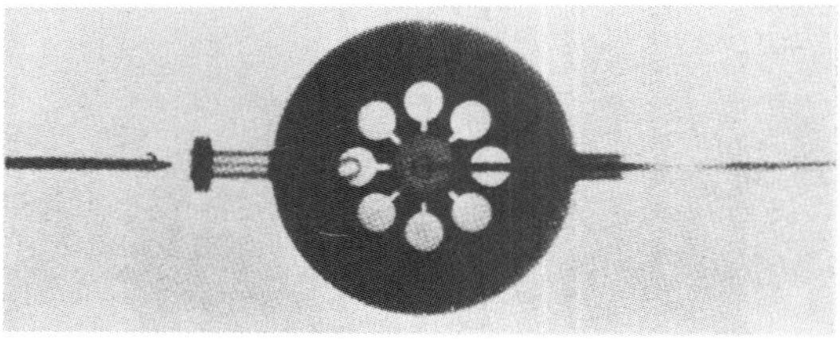

*Oben links:* Eines der ersten Magnetrone mit Blankverdrahtung; Schnittmodell zur Verdeutlichung der Anodenverbindungsdrähte.

*Darunter:* Röntgenbild eines CV 64-Magnetrons, das die Amerikaner 1940 erhielten und das von ihnen industriell gefertigt wurde.

*Oben rechts:* Wenn der 10-cm-Wellen-Antennenspiegel abwärts geneigt wurde, lieferte er die Radarinformationswerte für das H2S, einem kompletten Navigationsradargerät, das vom RAF-Bomberkommando genutzt wurde.

Dr. Boot erinnert sich gut an den Tag, als alles bereit war, um es in Betrieb nehmen zu können:

> »Es war am 21. Februar 1940, als das ganze Gerät einsatzfähig war. Wir waren mit allen undichten Stellen im Vakuumbereich fertiggeworden. Ich legte das Magnetfeld an, schaltete die Hochspannung ein und fuhr sie hoch auf zehn oder fünfzehn Kilovolt . . .«

Als Leistungsanzeige hatte dieses erste Hohlraummagnetron eine Autoscheinwerferbirne, deren Fassung entfernt worden und die an der Ausgangsleistung angeschlossen war. Nachdem die Hochspannung eingeschaltet worden war, beobachteten die beiden Physiker angespannt die Glühbirne, ob sich irgend etwas zeigte. Dann begann sie zu glühen, wurde heller und immer heller und brannte schließlich durch. Eine weitere, stärkere Lampe wurde beschafft und angepaßt; auch sie brannte genauso durch, wie eine ganze Reihe weiterer Birnen, bis endlich eine Ausgangsleistung mit dem erstaunlichen Ergebnis von 400 Watt gemessen wurde. Daß das Hohlraummagnetron Leistung erzeugte, daran war kein Zweifel. Aber als die beiden Männer den glühendheißen Versuchsaufbau à la Heath Robinson (der als britischer Karikaturist vor allem wegen seiner phantastischen Maschinengebilde bekannt wurde) sahen, blieb die Frage, die sie sich kaum zu stellen wagten, ob die hervorgebrachte Leistung auch auf der so schwierig zu erzeugenden 10-Zentimeter-Wellenlänge läge. Die einzige Methode, um in dem schlecht ausgestatteten Labor Wellenlängen zu messen, war die mittels ›Lecherdrähten‹. Zwei parallele Drähte in etwa 3–5 cm Abstand, die mit einer metrischen Anzeigeskala versehen waren, wurden mit dem Ausgang des Magnetrons verbunden. Eine kleine Taschenlampenbirne wurde an den Drähten entlanggeführt, die bei jeder halben Wellenlänge aufleuchtete. Durch Auszählen der Anzahl des Aufleuchtens der Birne konnten die Wellenlängen genau gemessen werden. Harry Boot führte die Birne an den Drähten entlang und »zum zweitenmal zu unserer großen Überraschung waren es 9,87 Zentimeter; wir hatten zehn Zentimeter angestrebt!«.

Die Bedeutung der Arbeiten von Randall und Boot kann nicht hoch genug bewertet werden: sie hob Radar aus der elektronischen Steinzeit in die Gegen-

Eine Bristol ›Beaufighter‹ mit dem 10-cm-Radar AI MK VIII in der plastikverkleideten Bugnase.

wart. Der Vorsprung, den die Alliierten dadurch im Zweiten Weltkrieg erhielten, war unschätzbar. Die Deutschen waren nicht in der Lage, auf dem Gebiet mitzuhalten, wo es den größten strategischen Vorteil erbrachte: beim Bordradar für Flugzeuge. Inklusive der zwei Halfpennystücke, die man zum Verschließen der Endplatten benötigte, kostete das Hohlraummagnetron ungefähr 200 britische Pfund. Hätte es zwei Millionen gekostet, wäre es immer noch spottbillig gewesen. Bis das Magnetron einsatzreif war, mußte noch ein Großteil an Entwicklungsarbeit geleistet werden, am meisten davon in den GEC-Labors in Wembley, die von E. C. S. Megaw geleitet wurden. Ein verbessertes Modell des Birmingham-Magnetrons wurde dort im Mai 1940 gebaut. Diese Röhre, die eine wesentlich höhere Abdichtung dank Anwendung einer Goldverschmelzungstechnik besaß, war für den Einsatz in Flugzeugen zu groß und wie das Original wassergekühlt. Aber ihr folgte die weiterentwickelte NT 98-Röhre, die luftgekühlt war. Als sie am 29. Juni 1940 erstmals in Betrieb genommen wurde, ergab sie mit einem 2,75-kg-Magnet eine Impulsleistung von 10 Kilowatt auf der 10-Zentimeter-Welle. Der zweite Prototyp der NT 98-Röhre wurde fünf Tage später dem Institut von Professor Dee an der Luftfahrt-Erprobungsstelle in Worth Matravers zu Versuchen mit einem Bordfeuerleitgerät (Bordradar) übergeben. Die Nachfrage nach diesen Prototypröhren war derart dringlich, daß GEC mehrere Versuchsmuster herstellte, wobei die Trommel eines Coltrevolvers als Bohrvorrichtung zur Herstellung der Kupferanoden verwendet wurde. Die Produktionsnummer 12 ging im August 1940 anläßlich des Tizard-Besuches in das damals noch neutrale Amerika. Sie wurde später von den Amerikanern als »die wertvollste Fracht, die jemals unser Land erreichte« bezeichnet.

Die ersten Magnetrons übertrafen alle Erwartungen, neigten aber dazu, von einer Wellenlänge auf eine andere überzuspringen, was zu viel Ausschuß führte. Diese Frequenzsprünge wurden weitgehend von Dr. J. Sayers von der Universität Birmingham ausgemerzt. Er verband jedes aufeinanderfolgende Segment des Kupferblocks, das die Hohlräume in Phasenschwingungen versetzte und machte das Magnetron damit zu einem betriebssicheren, stabilen, einsatzreifen Gerät.

Zum erstenmal wurden die Magnetronprototypen in einem Flugzeug mit einem

neuen Zentimeterwellengerät eingesetzt, das zu einer erheblichen Verbesserung in der Geräteausstattung für Nachtjäger führte. Dieses AI MK VII-Gerät wurde gegen Ende 1941 in der ›Beaufighter‹ verwendet. Es war auf Anhieb ein Erfolg. Die viel stärker gebündelten Strahlen des neuen 10-Zentimeter-Radars wurden nicht mehr von Bodenechos gestört, die die Reichweite des früheren 1½-Meter-Radars so schwerwiegend eingeschränkt hatten. Der Typ MK VII wurde sehr schnell zum MK VIII verbessert, das das von Dr. Sayers verbesserte und seriengefertigte Magnetron CV 64 enthielt. Diese kleine Röhre erzeugte einen Impuls von 25 Kilowatt auf der 9,1-Zentimeter-Welle. Mit Hilfe einer kleinen Parabolantenne, die eine Wendel- oder Schraubenabtastung vornahm, ergab sich eine maximale Reichweite von 10 Kilometern und eine minimale von 120 Metern.
Die Bordfunker, die das AI-Radar bedienten, stellten fest, daß die allgemeinen Bodenechos, die es bei den älteren Geräten noch gegeben hatte, nun zwar beseitigt waren, aber sie empfingen dennoch einzelne schwache Echos von Küstenlinien und bebautem Gelände auf ihren Geräten. Als dies den Wissenschaftlern zur Kenntnis kam, stellte sich die alte Frage nach einer ›Städteortung‹ mit einem bordeigenen Radar wieder von neuem.
Im November 1941 flog ein ›Blenheim‹-Bomber aus Christchurch bei Bournemouth mit nach unten gerichteter Zentimeterradarkeule. Die Antenne dreht mit 30 Umdrehungen pro Minute, und es wurden sogleich Echos beobachtet, die nicht nur von bebauten Landstrichen, sondern auch von anderen Geländemerkmalen herrührten. Auf einer Besprechung am 23. Dezember gab der Staatssekretär für Luftfahrt Anweisung, daß sechs Flüge durchgeführt werden sollten, »um festzustellen, ob die empfangenen Signale . . . definitiv mit besonderen Bodenzielen in Verbindung gebracht werden können«. Die Flüge fanden weisungsgemäß statt. Die Ergebnisse waren ermutigend genug für eine Gruppe, die von Professor Dee aufgestellt werden sollte. Sie stand unter Leitung von dem jungen Wissenschaftler Bernard Lovell.
Sir Bernard erinnert sich daran, daß die Arbeit zunächst den Decknamen ›BN‹, für Blind-Navigation, führte. Er wurde bald in H2S geändert, unter dem es schließlich bekannt wurde. Man nannte es so, soweit sich Sir Bernard erinnern kann, weil Lord Cherwell, als ihm die H2S vorgeführt wurde, bemerkte:

»Es stank schon, weil es schon Jahre zuvor hätte geschaffen werden sollen.«

Das H2S-Radar arbeitete mit einem 10-Zentimeter-Magnetronsender. Die drehbare Antenne unter dem Flugzeug sendete sehr stark gebündelte Strahlen aus, die den Erdboden unter dem Flugzeug abtasteten. Wasser und sehr flaches offenes Land reflektierten keine Impulse. Aber hohe Gebäude in bebauten Gegenden taten dies. Das Ergebnis war eine kartenähnliche Darstellung, die vom Navigator verfolgt werden konnte. Das jeweilige Bild auf der Bildröhre wurde PPI (Plan Position Indicator = Rundsichtanzeige) benannt. Die Abtastzeile des abtastenden Radarstrahles lief fortgesetzt und zeichnete die Einzelheiten der Erdoberfläche, gleichermaßen wie sie abgetastet wurden, nach. Die Bildröhre hatte eine Nachleuchtzeit, so daß die Umrisse der Echos solange nachleuchteten, bis sie vom nächsten Umlauf der Abtastzeile gelöscht oder erneut aufgezeichnet wurden.
Aber der Weg von den ersten Experimenten bis zur Ausstattung der Flugzeuge des Bomberkommandos mit dem H2S sollte sich als besonders steinig erweisen. Der erste Schritt war, die sich drehende Radarantenne in einen schweren Bomber einzubauen, denn die ›Blenheim‹ hatte nur eine abgewandelte AI MK VII-Anten-

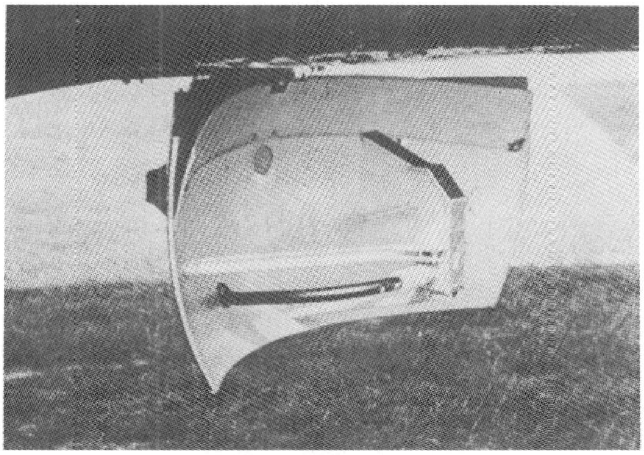

*Oben links:* Eine ›Halifax‹ mit H2S-Kuppel, die unter dem Rumpf gut zu sehen ist.

*Oben rechts:* Der rotierende H2S-Antennenspiegel (mit abgenommener Verkleidung) unter dem schweren Bomber ›Halifax‹.

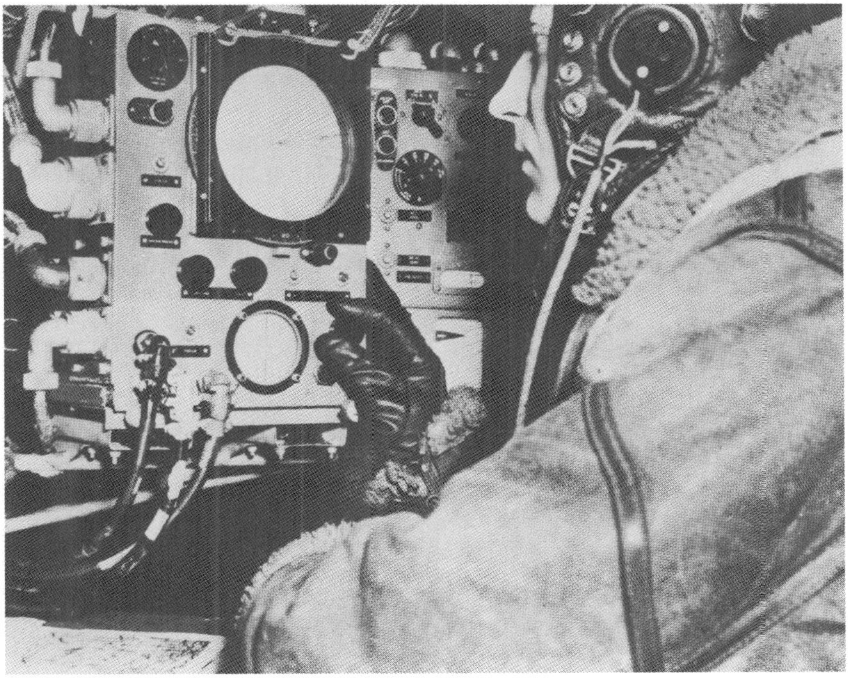

*Rechts:* Ein Funker der RAF beim Einstellen seines H2S-Radars.

ne gehabt, die sich für die H2S-Anlage nicht eignete. Es wurde Verbindung mit der Flugzeugfirma Handley Page aufgenommen. Unter dem Rumpf einer ›Halifax‹ wurde eine Plexiglaskuppel an die Stelle angebaut, die ursprünglich für einen Maschinengewehrstand bestimmt war. Die Arbeit wurde am 4. Januar 1942 begonnen, und die ›Halifax‹ V 9977 landete am 22. März 1942 in Hurn (Bournemouth).

Der Bomber wurde dann mit dem ersten Versuchsgerät H2S ausgerüstet, das den Magnetronteil eines AI MK VII benutzte. Das schnelle Tempo bei Entwicklungsarbeiten in jenen Tagen erscheint heute erstaunlich, denn der erste Flug mit der H2S-Anlage wurde schon am Abend des 16. April durchgeführt. Unglücklicherweise verhinderte ein verborgener Schaltfehler in der Energieversorgung das Funktionieren des Radargerätes. Am nächsten Morgen verlief der Flug jedoch erfolgreich. Es wurden Städte auf eine Entfernung von 10 Kilometern aus einer Höhe von fast 2500 Metern geortet.

Dieser erste Erfolg sollte jedoch nicht von Dauer bleiben. Einige Zeit mußte das kleine H2S-Team Rückschlag auf Rückschlag hinnehmen. Eines der ersten Probleme war der Einfluß der Höhe auf das neue Radar. Die ersten Flüge in der ›Blenheim‹ und später in der ›Halifax‹ waren in etwa 2500 Metern Höhe erfolgt. Wurden die Flüge aber in größeren Höhen, wie es im Einsatz erforderlich war, gemacht, so entstanden alle möglichen Probleme. Und während an deren Lösung gearbeitet wurde, verlegte die gesamte Organisation des TRE von Worth Matravers nach Malvern. Dies geschah wegen der Verwundbarkeit des bei Swanage an der Küste gelegenen Instituts. Es wurde befürchtet, daß die Deutschen, wie beim Bruneval-Einsatz, ein ähnliches Unternehmen gegen das TRE versuchen könnten.

Und nun ergab sich ein neues Hindernis. Im Luftwaffenstab wurde entschieden, daß das Magnetron, das für den Erfolg von H2S von grundlegender Bedeutung war, zu geheim eingestuft wurde, als über Feindgebiet eingesetzt werden zu können. Diese Entscheidung war durch Versuche beeinflußt worden, die gezeigt hatten, daß die Kupferanode, die den geheimen Teil der Erfindung ausmachte, praktisch unzerstörbar war, zumindest durch eine Sprengladung, die zwar das Gerät, nicht aber auch noch das Flugzeug selbst zerstörte. Deshalb war angeordnet worden, daß das überholte Klystron, von dem anzunehmen war, daß es die Deutschen kannten, und das auf jeden Fall leicht zu zerstören war, als Ersatz für das Magnetron zu benutzen sei. Wertvolle Zeit ging mit Beweiserhebungen verloren, daß das Klystron, wie es damals war, eine unzulängliche Alternative darstellte. Überdies, heute nur schwer zu glauben, regte sich beträchtlicher Widerstand gegen das H2S. Eine Zeitlang gab es mehr Widersacher als Befürworter.

Der Luftwaffenstab trat am 19. Mai zusammen, um das ganze Problem zu überprüfen. Es sei daran erinnert, daß zu jener Zeit ›GEE‹ voll einsatzbereit war und ›Oboe‹ hohe Erwartungen zu wecken schien. Was möglicherweise das H2S rettete, war die Tatsache, daß jene anderen Hilfsverfahren auf Reichweiten bis zum Ruhrgebiet begrenzt waren, wohingegen H2S nur durch die Reichweite der Flugzeuge selbst beschränkt war. Der Luftwaffenstab gab H2S unter der Voraussetzung eine Gnadenfrist, daß

»a) Das Verfahren genau genug ist, um sicherzustellen, daß die Bomben in Industrieanlagen oder andere Gebiete fallen, die als Ziele ausgewählt werden.
b) Der Luftwaffenstab sich erst dann zufrieden gibt, sobald das Gerät Flugzeugen ermöglicht, aus 25 Kilometern Entfernung und 4600 Metern Höhe ein bebautes Gebiet aufzufinden.«

Diese beruhigende Weisung seitens des Luftwaffenstabes trug nur wenig dazu bei, die Sorgen des Forschungsteams zu mindern. Am späten Nachmittag des 7. Juni startete der ›Halifax‹-Bomber, der als Versuchsträger für das H2S-Gerät diente, vom neuen Flugplatz des TRE in Defford. Bernhard Lovell hätte bei den Versuchen mit an Bord sein sollen.

Er erinnert sich:

». . . damals gab es keine Atempause. Wir standen unter enormem Druck. Entweder ich oder einige meiner Versuchsgruppe flogen jeden Tag in dieser ›Halifax‹-V-Victor 9977. An die Nummer dieser Maschine erinnere ich mich noch genau bis auf den heutigen Tag. Am Sonntag, dem 7. Juni, nahm ich einen Tag frei. Ich war des Fliegens müde.«

An Bord waren fünf der wichtigsten Leute des H2S-Versuchsteams, auch A. D. Blumlein, ein blendender Wissenschaftler von der EMI-Company. Er trug wesentlich zum Gelingen des Projektes bei, und seine Firma bereitete sich darauf vor, in größerem Rahmen die Serienproduktion des H2S aufzunehmen.
Lovell beobachtete den Start der ›Halifax‹:

> ». . . darauf kehrte ich nach Malvern zurück. Gegen sieben Uhr des gleichen Abends erhielt ich einen Anruf vom Flugplatz Defford, in dem man mir mitteilte, daß die ›Halifax‹ nicht vom Flug zurückgekommen sei.
> Dann liefen Meldungen über einen Flugzeugabsturz in Südwales ein. Der Rest der Nacht war wie ein Alptraum. Ich wurde vom Kommandanten von Defford mitgenommen. Wir suchten uns den Weg auf den kurvenreichen Feldwegen bei Ross-on-Wye zu der Absturzstelle. Und dann fanden wir das Feld mit der ausgebrannten ›Halifax‹.
> Es war Krieg und keine Zeit für Gefühle. Unsere erste Pflicht war, nach den strenggeheimen Geräten zu suchen und die Teile und Trümmer einzusammeln.
> Es war ein sehr tragisches Ereignis, das uns, wie ich meine, unter normalen Umständen vollständig umgeworfen hätte.«

Es gab keine Überlebenden des Unglücks: die RAF-Besatzung und die H2S-Versuchsgruppe fanden den Tod. Den Schock, den so etwas bei den Zurückgebliebenen hinterläßt, kann man sich wohl vorstellen.
Weil jetzt derartig Druck gemacht wurde, das H2S für die RAF bereitzustellen, wurden die Arbeiten weitergeführt. Innerhalb weniger Tage wurde eine neue ›Halifax‹ verfügbar gemacht, und am 3. Juli gab Churchill persönlich die Anweisung, alles daran zu setzen, zwei schwere RAF-Bomberstaffeln mit einsatzfähigen H2S bis zum Oktober auszurüsten.
Trotz aller Zweifler und Schwierigkeiten kam die Arbeit gut voran. Ein Vorrangprogramm wurde auf Biegen und Brechen mit Herstellerfirmen und Dienststellen in Angriff genommen, um das H2S einsatzreif zu bekommen. Einer der am meisten engagierten Gönner war Vizeluftmarschall D. C. T. Bennett, der damals gerade als Kommandeur die ›Pfadfinder‹-Flotte übernommen hatte, und der einige Zeit in Defford verbrachte, um das neue Radargerät im Flug zu erproben und zu erfliegen.
Ende 1942 wurden in 12 ›Halifax‹ der 38. Staffel und in 12 ›Stirling‹ der 7. Staffel diese Geräte eingebaut. Nach einem intensiven Ausbildungsprogramm hielt man die Besatzungen für qualifiziert genug, einen Feindeinsatz zu fliegen. Der erste H2S-Einsatz erfolgte in der Nacht vom 30./31. Januar 1943, als unter schlechtesten Wetterbedingungen sechs H2S-bestückte Bomber (4 ›Stirling‹, 2 ›Halifax‹) das Ziel Hamburg mit Erfolg für den Hauptpulk der Bomber markierten.
Diesem Bombereinsatz folgten weitere auf Köln, Turin und wiederum Hamburg. Bei jeder dieser Gelegenheiten markierte eine kleine Anzahl von ›Pfadfindern‹ die Ziele. Im Februar gab das Bomberkommando eine Denkschrift über die Einsatzerfahrungen mit dem H2S heraus:

> »H2S in seinem derzeitigen Entwicklungsstand entspricht vollkommen den Forderungen des Luftwaffenstabes und hat die Erwartungen insofern übertroffen, als es Städte sowohl nach ihrer baulichen Gestalt als auch der Lage im Gelände leicht auffinden ließ.
> Zusätzlich zu der außergewöhnlichen Eignung von H2S für die genaue Auffindung und Bombardierung von Zielen hat sich seine Genauigkeit für navigatorische Zwecke als über jeden Zweifel erhaben erwiesen.
> Insbesondere war das Erkennen von Inseln, Küstenlinien, Gebieten mit Gezeitenänderungen sowie Seen äußerst einfach.

Tatsächlich läßt sich das Problem genauer Navigation unter nahezu allen Wetterbedingungen durch H2S lösen, wenn es von einem gut ausgebildeten Navigator bedient wird.«

Die Entwicklungsarbeit ging ununterbrochen weiter, und Ende 1943 war ein weiterentwickeltes H2S – auf 3-Zentimeter-Wellenlänge arbeitend – in der Lage, Einzelheiten eines dichtbebauten Geländes, wie etwa Berlin, wiederzugeben. Mit dem X-Band-H2S, wie man es nannte, wurde die Stadt am 22. November schwer bombardiert. Es war der Auftakt zur ›Luftschlaft um Berlin‹.

Der erfolgreichste Bombenangriff mit dem 3-Zentimeter-H2S fand in der Nacht vom 3./4. Dezember 1943 statt, als 500 RAF-Bomber auf Leipzig den ersten Großangriff des Krieges flogen. Die ›Pfadfinder‹ benutzten H2S, da Leipzig weit jenseits der Reichweiten von ›Oboe‹ und ›GEE‹ lag und markierten das Ziel mit großer Genauigkeit. Dieser Einsatz wurde später als die genaueste ›Pfadfinder‹-Leistung des Krieges beurteilt. Die Entwicklung des X-Band-3-cm-H2S war so gut, daß Bombenabwürfe durch Wolken oder bei Nacht nahezu die Treffgenauigkeit von Sichtbombenabwürfen bei Tage erreichten.

›GEE‹, ›Oboe‹ und H2S, die drei Hauptortungshilfen bei RAF-Nachtangriffen gegen Deutschland, blieben nicht unangefochten. Im Winter 1942–43 tobte ein unerbittlicher elektronischer Störmaßnahmenkrieg am nächtlichen Himmel über Deutschland. Es war eine Schlacht, die von einer Seite zur anderen hin- und herwogte.

Wenn die RAF-Bomber starteten und sich zu ihren fast allabendlichen Einsätzen versammelten, stand das deutsche Radarnetz wartend bereit und lauschte auf die ersten Radarechos, die Hinweise auf das Ziel in der betreffenden Nacht abgaben. Die deutsche Radarkette war die vorderste Front einer tiefgestaffelten Luftverteidigungsgliederung.

Der britische Luftwaffennachrichtendienst hatte auf diese oder jene Art einen guten Teil über das deutsche Radarsystem in Erfahrung gebracht. Insbesondere, wie diese Geheimnisse ergründet wurden, ist eine hochinteressante Geschichte. Es begann im Dezember 1939, als im Anschluß an das Seegefecht am Rio de la Plata das deutsche Schlachtschiff ›Graf Spee‹ von seiner Besatzung in den flachen Gewässern vor Montevideo auf Grund gesetzt worden war. Bilder von dem waidwunden Schiff wurden in allen Zeitungen der Welt veröffentlicht; viele von ihnen zeigten deutlich eine neuartige Antenne, die hoch oben auf dem Gefechtsmast des Schlachtschiffes saß.

Der britische Nachrichtendienst schickte einen Radarwissenschaftler aus dem Team von Watson Watt, Bainbridge Bell, nach Montevideo, um die Bedeutung dieser Antenne zu ergründen zu suchen. Er nahm weisungsgemäß seine Untersuchungen vor und bestieg den Mast des auf Schlagseite liegenden Wracks. Er berichtete, daß das Schiff mit einer Art von rotierender Radarantenne ausgerüstet war, die wahrscheinlich Feuerleitzwecken diente und auf 57 oder auf 114 Zentimeter Wellenlänge arbeitete.

Eine Überprüfung von Vorkriegsfotos der ›Graf Spee‹ und anderer deutscher Schlachtschiffe der gleichen Klasse enthüllten, daß der Antennenaufbau, wenn auch unter Segeltuchbezügen verborgen, bereits auf Fotografien von 1938 zu sehen war. Dies war für den britischen Nachrichtendienst eine Überraschung. Die Britische Marine hatte zu jener Zeit kein Feuerleitradar und sollte es bis 1941 auch

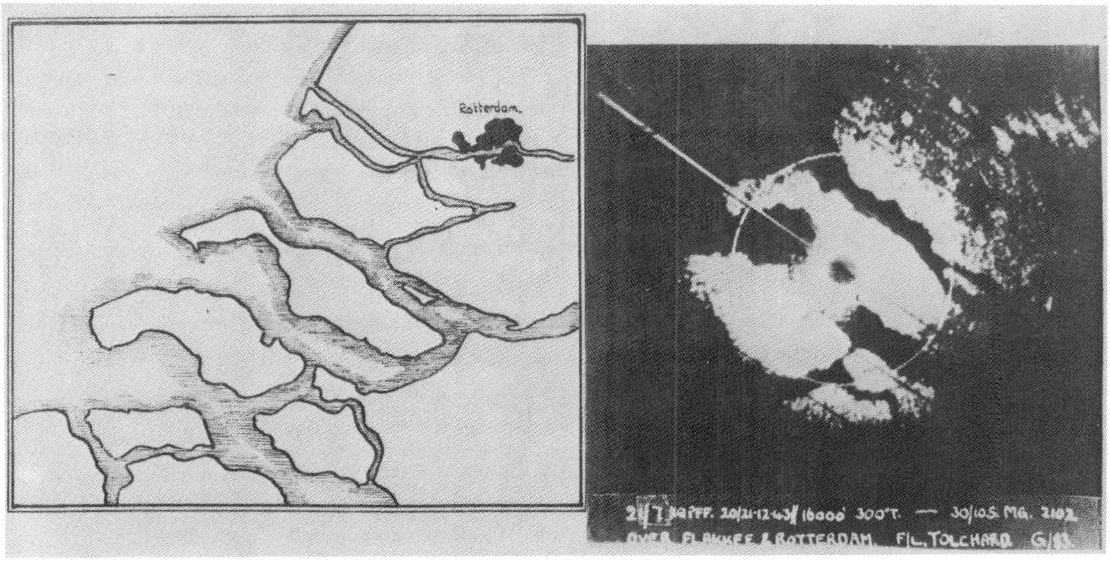


H2S-Radarbild, fotografiert vom Bildschirm einer ›Lancaster‹ über Holland.

*Unten:* Ungewöhnlicher Antennenaufbau über dem optischen Entfernungsmesser auf dem Gefechtsmast der ›Graf Spee‹. Dies war der erste tatsächliche Beweis von der Existenz eines deutschen Feuerleitradars.

nicht bekommen. Doch unverständlicherweise schien der Bericht von Bainbridge Bell in die große Ablage geraten zu sein; man hatte ihm keine besondere Aufmerksamkeit geschenkt.

Dr. R. V. Jones wurde jetzt auf der Suche nach deutschen Radargeräten eingeschaltet. Wieder einmal gab der ›Oslo-Report‹ einen Fingerzeig. Einer seiner Hinweise bezog sich auf

> »ein Flugzeugerfassungssystem mit einer Reichweite von 120 Kilometern, bei der 20-kW-Kurzwellensender entlang der deutschen Front aufgestellt waren, die 10 Mikrosekundenimpulse ausstrahlten, von Flugzeugen zurückgestrahlt und auf einer Kathodenstrahlröhre sichtbar gemacht wurden. Ähnliche Sender sollten bis April 1940 in ganz Deutschland aufgestellt werden.«

Der anonym gebliebene Verfasser kannte zwar die Wellenlänge nicht, gab aber

an, daß ein anderes Verfahren, das Parabolspiegel verwende und auf 50 Zentimeter Wellenlänge arbeite, in Entwicklung stünde.
Jones teilte das im Bericht Nr. 7 seines wissenschaftlichen Luftfahrt-Nachrichtendienstes am 17. Juli 1940 mit. Der Bericht fuhr fort, einen neuen deutschen Decknamen ›Freya‹ näher in Betracht zu ziehen, der aus einer sicheren Quelle stammte, wahrscheinlich einem abgefangenen ›Enigma‹-Spruch vom 5. Juli 1940, des Inhalts, daß

> ». . . deutsche Flugzeuge am 30. Juni einen bewaffneten britischen Aufklärer abschießen konnten dank ausgezeichneter Freya-Meldungen.«

Weitere abgehörte ›Enigma‹-Sprüche konnten entschlüsselt werden, wovon einer erwähnte:

> ». . . am 14. Juli . . . eine Forderung der 7. Flak-Brigade an Luftgau West, daß der Flugmeldetrupp 20311 in die Nähe der ›Freya‹-Geräte zu verlegen sei.«

Jones fand heraus, daß 20311 eine Kartenkoordinate für einen Punkt am Kap Hague an der Spitze der Halbinsel bei Cherbourg war, in der Nähe des kleinen Dorfes Auderville. Eine weitere Meldung beinhaltete die Verlegung einer 3,7-cm-Flakbatterie nach Lannion, wo eine andere ›Freya‹-Stellung mit Beobachtungsrichtung auf See an der Küste der Bretagne zu vermuten war.

Eine Zusammenfassung der nachrichtendienstlichen Erkenntnisse über ›Freya‹ besagte:
1. Die Deutschen verfügen über ein Flugzeugerfassungsverfahren, das
2. als Hilfe für die Abfangjagd dient und
3. sich auf ›Freya‹-Geräte abstützt, die
3. von 3,7-cm-Flak geschützt werden.
5. Zwei Stellungen sind bekannt, beide liegen an der Küste.

Ende Juli 1940 wurde ein britischer Zerstörer, die HMS ›Delight‹, nach einem Stukaangriff etwa 32 Kilometer südlich Portland Bill versenkt. Eine ›Enigma‹-Meldung besagte, daß das Schiff »mit Hilfe von ›Freya‹-Positionsangaben versenkt worden sei«. Diese Meldung, so folgerte Jones, bestätigte das Vorhandensein eines Radargerätes namens ›Freya‹, das auf der Halbinsel von Cherbourg stehen müßte. Dann machte er sich daran, sich mit ›Freya‹ aus der nordischen Göttersage näher zu beschäftigen:

> »Ich fand heraus, daß Freya die nordische Venus war, die ihre Unschuld nicht nur hingegeben, sondern auch verkauft hatte, um in den Besitz des zauberkräftigen Halsschmuckes Brisinga-men zu gelangen. Das Kleinod wurde von Heimdall bewacht, dem Wächter der Götter, der *100 Meilen weit sehen konnte bei Tag und Nacht.*«

Obwohl Heimdall der viel geeignetere Name für ein Radargerät gewesen wäre, dürfte dies, so dachte Jones, zu augenfällig gewesen sein. Aber er folgerte, daß die nächst bessere sinnvolle Wahl von der Gedankenverbindung her wohl ›Freya‹ sein mußte.
Es gab zwei mögliche Methoden, die 1940 dem Nachrichtendienst für weitere Informationen offenstanden. Die eine war die Funküberwachung zur Feststellung von Impulssendungen und ihre Ortung. Die zweite war die Bildaufklärung. Die erste Methode war ungünstigerweise für einige Zeit wegen der Überlagerungssignale britischer Sendungen ausgeschaltet, auch die zweite war anfangs nicht erfolgversprechend, weil bei den damaligen Kameras mit kurzer Brennweite die

Bildauflösung zu wenig Einzelheiten im Bildausschnitt hergab. Aber es wurden neue Bildgeräte mit 508-mm-Objektiven eingeführt. Am 22. November 1940 fotografierte der Fliegerleutnant W. K. Manifold einige Abschnitte auf der Halbinsel Hague.
Als die Aufnahmen ausgewertet wurden, fand man zwei unerklärliche Kreise mit etwa sechs Meter Durchmesser im Nordwesten eines kleinen Dorfes. Sie lagen zu dicht nebeneinander, um Flakstellungen sein zu können. Zuerst hielt man sie für irgendwelche landwirtschaftliche Anlagen.
Die Fotos, ein Stereobildpaar, wurden vergrößert und an Dr. Charles Frank geschickt, einen Physiker im Stabe von Jones. Die beiden Fotos waren in einem Abstand von 10 Sekunden aufgenommen worden. Als er sie unter einem Stereoskop betrachtete, bemerkte Frank, daß sie sich nicht genau glichen. Der Schatten eines der Objekte war von der ersten zur zweiten Aufnahme ausgewandert. Jones fragte ihn nach dem Namen des Dorfes, ›Auderville‹ war die Antwort.
Ein späterer Tiefflugeinsatz über die Bodenstellung, der wiederum von Leutnant Manifold geflogen wurde, erbrachte eine ausgezeichnete Schrägaufnahme, die deutlich zwei drehbare Richtantennenaufsätze zeigte. Das nächste Problem galt dem Versuch, die Signale dieser Stellungen herauszufinden.
Ein Wissenschaftler des TRE, Derek Gerrard, der in den Stab von Jones' Luft-Nachrichtendienst versetzt worden war, hatte das Herumsitzen in einer Dienststelle von Whitehall satt. Unternehmungslustig baute er sich einen UKW-Empfänger in seinen Wagen ein und fuhr die Südküste ab auf der Suche nach Zeichen feindlicher Radarsender. Obwohl er hin und wieder als Spion inhaftiert wurde, gelang es ihm, Impulssignale um 120 MHz (2½ Meter) aufzufassen. Diese Signale, die der ›Y‹-Dienst der RAF irrtümlich für britische Sendungen gehalten hatte, wurden bei der RAF in Hawkinge auf einer Kathodenstrahlbildröhre wiedergegeben und sofort als Radarimpulse mit einer Impulsfolgefrequenz von 500 pro Sekunde bestätigt. Peilungen wiesen als Ursprungsquelle auf die Halbinsel Hague. Die Suche nach ›Freya‹ war damit beendet.
Jones erhielt den Bericht von der erfolgreichen Ortung der ›Freya‹-Signale am Morgen des gleichen Tages, als er die Schrägaufnahmen vorgelegt bekam. Er konnte noch am selben Nachmittag dem Stab des Luftfahrtministeriums die Entdeckung des ›Freya‹-Gerätes mitteilen.
TRE setzte die Jagd nach weiteren Radarsignalen mit einem mobilen Horchwagen fort und konnte im Oktober 1941 einen genauen Bericht über eine ausgedehnte ›Freya‹-Küstenkette herausgeben. Als Ergebnis dieses ersten Erfolges bei der Aufdeckung zumindest von Teilen des deutschen Radarnetzes wurde Jones gebeten, Einzelheiten über die gesamte gegnerische Radarabwehr ausforschen zu lassen.
Von Beginn an war es für den britischen wissenschaftlichen Luftfahrtnachrichtendienst offensichtlich, daß ›Freya‹ nur ein Teil des ganzen Radarkomplexes war. Aus der Eigenart der Antennen und den verhältnismäßig langen Wellenlängen war zu folgern, daß ›Freya‹ ein Frühwarnradar war, der britischen CH-Kette entsprechend, das nur Entfernung und Richtung anzeigte. Es mußte also noch viel genauere, bisher unbekannte Radargeräte zur Ergänzung des ›Freya‹-Netzes geben. Das Problem war nur, wie sie zu finden wären.
Als die RAF damit begann, die Angriffe auf Deutschland zu steigern, wuchs der Bedarf an nachrichtendienstlicher Information darüber an. Es zeichnete sich auch immer deutlicher ab, daß Europa früher oder später besetzt werden würde.

Es wurde schon erwähnt, daß die Suche nach deutschen Radargeräten auf zweierlei Weise vorgenommen wurde. Zum einen durch Bildaufklärung und zum anderen durch Abhören des Funkverkehrs. Aber es gab auch noch eine dritte Möglichkeit: Agentenmeldungen aus dem Hinterland. Aus Agentenberichten und anderen Quellen wurde bekannt, daß zunehmend ein neuer Deckname in Verbindung mit dem gegnerischen Radar auftauchte: ›Würzburg‹. Man glaubte, daß dies das weit genauere, zuverlässigere Gerät sein müsse, das die Höhe ermittelte und Scheinwerfer, Flak oder Nachtjäger auf einzelne Feindflugzeuge einwies. Um den erforderlichen Grad an Genauigkeit zu erreichen, war es erforderlich, daß das dafür bestimmte Radargerät auf einer viel kürzeren Wellenlänge als die ›Freya‹-Geräte arbeiten müßte, die gewöhnlicherweise in England nicht zu empfangen war. Also setzte man eine ›Wellington‹ der 109. Staffel ein, die mit einem entsprechenden Empfänger ausgestattet war, der von Spezialisten der TRE bedient wurde. Am Abend des 8. Mai 1941 startete sie von Boscombe Down aus zu einem Funkmeßerkundungsflug.
Die Maschine flog über der Bretagne, als sie Radarstrahlen auf 53 cm Wellenlänge (zwischen 558 und 560 MHz) über neun Standorten auffaßte. Man fand heraus, daß von deutschen Radargeräten und -stellungen Flugzeuge bis auf 40 Kilometer Entfernung verfolgt werden konnten. Die Besatzung meldete ferner, daß plötzlich starke Scheinwerfer eingeschaltet worden seien, die auf die ›Wellington‹ gerichtet wurden. Sie »verfolgten das Flugzeug mit hoher Genauigkeit« und schienen als Leitscheinwerfer für andere Scheinwerfergruppen tätig zu sein. Die Besatzung schloß daraus, daß die Leitscheinwerfer durch Radar geführt werden müßten.
Die ›Wellington‹ war für den Funkmeßflug mit einer Rundstrahlantenne ausgestattet worden. Die Spezialisten konnten deshalb nur die allgemeine Richtung, aus der sie die Radarsignale hörten, angeben.
Jones wußte, daß diese 53-cm-Radargeräte sehr schwer zu finden sein würden. Wegen ihrer kurzen Wellenlänge mußten sie weit kleiner sein als die ›Freya‹-Geräte, die schon schwierig genug zu finden waren. Um diese knifflige Frage zu lösen, versetzte sich Jones in die Lage der Kommandeure deutscher Radarstellungen, sie mußten schließlich in einem besetzten feindlichen Land ihren Auftrag erfüllen. Mit jeder neuen Stellung mußten sich zusätzliche Schwierigkeiten hinsichtlich Sicherung und Bewachung ergeben. Jede bestehende ›Freya‹-Stellung hatte schon die erforderlichen Nachrichtenverbindungen, Kraftstromanschlüsse, Sicherungsbereiche und Unterkünfte. Deshalb war es naheliegend, neue oder ergänzende Radaranlagen in bestehende Stellungen einzufügen. Alle bekannten ›Freya‹-Stellungen wurden deshalb von den Briten neu durch Bildaufklärung fotografiert und die Ergebnisse äußerst sorgfältig ausgewertet.
Im August 1941 wurde ein ›Freya‹-Gerät in einer Küstenstellung auf den Klippen von Kap d'Antifer, in der Nähe von Bruneval, fotografiert. Charles Frank wertete die Fotos aus und fand heraus, daß ein schmaler Trampelpfad von der ›Freya‹-Stellung zu einem großen Schloß zu verlaufen schien. Aber der Pfad endete etwa 20 Meter vor dem Haus in einer Schleife. Neben der Schleife war ein kleiner Punkt. Jones erinnert sich, daß der Punkt so schwach zu erkennen war, daß sie verschiedene Abzüge benötigten, um festzustellen, ob es nicht etwa ein Staubkorn auf dem Bildabzug wäre. Konnte dieses winzige Objekt die Parabolantenne eines ›Würzburg‹-Gerätes sein?
Einer der hervorragendsten Bildaufklärer, Fliegerhauptmann Tony Hill, der von den unzureichenden kleinmaßstäblichen Bildergebnissen hörte, startete von

*Oben links:* Deutsche Fotoaufnahme eines ›Freya‹-Gerätes, etwa 1941. Oben im Gerüst die IFF-Antenne (Freund-Feind-Erkennung).

*Oben rechts:* Tiefflugaufnahmen des Leutnants Manifold von der Stellung, die zwei ›Freya‹-Radarantennen erkennen ließen.

*Rechts:* Das erste Foto mit den unerklärlichen Gerüsten (im Kreis) bei Auderville.

Benson aus auf eigene Faust mit seiner ›Foto-Spitfire‹, um Tiefflugaufnahmen von der Stellung Bruneval zu machen. Dieser Einsatz war alles andere als leicht. Die Schrägsichtkameras einer ›Spitfire‹ schossen ihre Bilder durch eine Sichtöffnung in der Seitenwand des Rumpfes. Eine Aufnahme von einem kleinen, durch starke Flak geschütztem Ziel, 90° querab von der Flugrichtung mit einer Tieffluggeschwindigkeit von nahezu 560 km/h, erforderte hohes Können und großen Mut.

Als Tony Hill in etwa 90 Meter Höhe über die Radarstation fegte, versagte seine

Kamera. Aber er berichtete dem Major Wawett von der Sektion ›G‹ der RAF in Medmenham, daß er das Zielobjekt erkannt habe und daß es wie ein elektrischer Heizstrahler mit etwa drei Metern Durchmesser aussehe.
Am nächsten Tage, es war der 15. Dezember, startete Tony Hill mit seiner ›Spitfire‹ wieder nach Bruneval und kehrte diesmal mit zwei Fotos zurück, die zu den besten Bildaufklärungsergebnissen des Zweiten Weltkrieges zu zählen sind. Die Vergrößerungen zeigten mit allen Einzelheiten die kleine ›Würzburg‹-Parabolantenne, die höchstwahrscheinlich die Quelle der 53-Zentimeter-Strahlen war, die man aufgefangen hatte. Außerdem zeigte das Bild, daß die Stellung zwar auf einer 120 Meter hohen Klippe stand, aber auch, daß ganz in der Nähe ein schmaler Strandstreifen lag. Nachdem Jones sich den Strand auf dem Foto angesehen hatte, wandte er sich Charles Frank zu und sagte: »Sehen Sie, ich glaube, wir könnten hier rankommen!« Das Ergebnis war das inzwischen berühmtgewordene Brunevalunternehmen (›Operation Biting‹), das in der Nacht vom 27. auf 28. März 1942 ablief.
Auf Empfehlung von Lord Louis Mountbatten entschied der ›Stab für Verbundene Kriegführung‹, daß kein Marine-, sondern ein Luftwaffeneinsatz durchgeführt werden sollte. Die Einsatzgruppe sollte auf dem Seewege über den schmalen Küstenstreifen zurückgeholt werden. Man hoffte, daß sie Teile des ›Würzburg‹-Gerätes und Gefangene mitbrächten. Das Kommandounternehmen sollte von der 3. Kompanie des zweiten Bataillons des Fallschirmregiments unter Führung des Pionierleutnants Vernon durchgeführt werden. Nur ein einziger RAF-Angehöriger war dabei, der sehr erfahrene Radarfachmann Oberfeldwebel C. W. H. Cox. Er hatte sich freiwillig gemeldet, obwohl er noch nie zuvor in einem Flugzeug gesessen, geschweige denn einen Fallschirmnachtabsprung gemacht hatte.
Hauptaufgabe des Kommandounternehmens war es, die Antenne aus der Mitte des Parabolspiegels auszubauen. Sie konnte den britischen Experten Gewißheit darüber verschaffen, ob sie auf der Wellenlänge von 53 cm arbeitete. Als Vorsichtsmaßregel für den Fall, daß das Unternehmen militärisch fehlschlug, sollte ein Empfangsgerät, das von einem Wissenschaftler des TRE, D. H. Priest, bedient wurde, in einem der Landungsboote mitgeführt werden, um die Frequenzen jeglicher Sendungen der Stellung in Bruneval zu überprüfen. Das zweite Ziel des Unternehmens war, den Radarempfänger und den Kathodenstrahl-Bildschirm zu erbeuten. Das sollte nach Auswertung alle Störgegenmaßnahmen aufdecken, die von den Deutschen in das ›Würzburg‹-Gerät eingebaut worden waren. Ferner hoffte man, daß der Sender Aufschluß über den Stand der gegnerischen 50-cm-Technik geben könne, weshalb der Sender selbst, wenn irgend möglich, ebenfalls mit zurückgebracht werden sollte. Zur dritten Aufgabe des Unternehmens zählte die Gefangennahme mindestens eines, möglichst aber zweier deutscher Radarspezialisten und -bediener, um im Verlauf von Vernehmungen wenigstens einige Kenntnisse über die Einsatzmethoden deutscher Radarnetze zu erfahren.
Allgemeine Hinweise und Erfahrungen für nachrichtendienstliche Zwecke konnten ganz einfach auch aus den Typenschildern der Ausrüstungsgegenstände gewonnen werden, da die Seriennummern, die Daten- und Modellbezeichnungen ein genaues Abbild der deutschen Radarentwicklung widerspiegelten. Diesem Punkt des Unternehmens wurde eine so große Bedeutung beigemessen, daß der Demontagetrupp des Kommandos angewiesen wurde, lediglich die Typenschilder mitzubringen, falls sich das ganze Gerät nicht abtransportieren lassen sollte. Die Männer des Kommandounternehmens hatten auch Skizzen und Fotos vom Innern

*Links:* Das alleinstehende Haus auf den Klippen von Cap d'Antifer in der Nähe von Bruneval. Der Pfeil zeigt auf den kleinen Punkt, den Jones für das so schwer zu findende ›Würzburg‹-Gerät hielt. Dieses Foto vermittelt einen Eindruck von den Schwierigkeiten, denen sich die Bildauswerter gegenübersahen.

*Rechts:* Tony Hills meisterlicher Tiefflugschnappschuß, der den ›Würzburg‹-Parabolspiegel zeigt. Jones bezeichnet diese Aufnahme als ›eines der Spitzenfotos des Krieges‹.

des Radarleitstandes anzufertigen. Der Zeitplan des Kommandounternehmens ließ dem Demontagetrupp, der von Leutnant Vernon und RAF-Oberfeldwebel Cox geleitet wurde, nur eine halbe Stunde Zeit für ihre Aufgaben. Sie übten an einem britischen 50-cm-Feuerleitradar, weil man das als das dem deutschen ›Würzburg‹ ähnlichste Gerät ansah. Zuerst wurde es fotografiert, dann das Gerät systematisch demontiert. Mit der Antenne beginnend, arbeitete man sich dann rückwärts über den Empfänger und Sender bis zum Anzeigegerät hindurch. Nach genügender Übung wurde die Demontage in den vorgegebenen dreißig Minuten bewerkstelligt.

Vor dem eigentlichen Kommandounternehmen versuchte Jones, den RAF-Oberfeldwebel Cox zum Heer versetzen zu lassen, und wenn auch nur für die Dauer dieses Einsatzes. Denn falls der einzige Luftwaffendienstgrad dieses Unternehmens in Gefangenschaft geriete, würde es den Deutschen klar werden, daß er Radarspezialist sein müsse. Er wußte sehr viel über das britische Radarwesen und würde ohne Zweifel rücksichtslos und nach allen Regeln der Kunst vernommen werden. Obwohl dieser verbundene Einsatz ein Teilstreitkräfte übergreifendes, bedeutendes Unternehmen war, an dem alle drei Waffengattungen teilhatten, war es unmöglich, Cox in Heeresuniform zu stecken, und wenn auch nur kurzfristig. Die Bürokratie obsiegte, und er nahm an dem Kommando als Nr. 955754, Oberfeldwebel Cox, C.W.H., Royal Air Force, teil.
Am 27. März startete das Kommando in RAF-›Whitley‹-Flugzeugen von Thruxton aus und sprang gegen Mitternacht in der Nähe der deutschen Radarstellung mit dem Fallschirm ab. Sie kamen völlig überraschend, was dieser betreffenden Radarstellung hinsichtlich ihrer Einsatzbereitschaft ein schlechtes Zeugnis ausstellte. Hier ein Auszug aus der Meldung von Leutnant Vernon, die er gleich nach dem Einsatz abgab:

»Nach glatter Landung arbeitete ich mich über den Kamm des Hügels zum Sammelpunkt der Pioniere vor. Ich wartete fünf bis zehn Minuten, bis die anderen beiden Pioniertrupps den befohlenen Ort erreichten. Sie führten Zweiradkarren zum Transport von Werkzeugen und Geräten mit sich.
Gemeinsam brachen wir auf . . . und wählten unseren Weg auf dem Gegenhang des

Tals in Richtung auf das Gebäude, indem wir den Hügel rechts umgingen, bis wir auf drei Maschinengewehrstellungen auf der Kuppe der Klippe stießen.
Sie wurden gestürmt und ausgeschaltet. Dann setzten wir unseren Weg zum ›Würzburg‹-Gerät fort.«

Es war Vollmond. Der Boden war mit Schnee bedeckt. Oberfeldwebel Cox war mit einer anderen Welle abgesprungen. In seiner Meldung schreibt er:

»Ich traf auf Herrn Vernon gegen 00 Uhr 35 am Sammelpunkt. Unter Leitung von Mr. Vernon gingen wir daran, die Karren in Richtung auf das Gebäude zu ziehen. Wir mußten verschiedene Stacheldrahtsperren überwinden und uns durch Schnee hindurcharbeiten, was recht hart und mühselig war.
Mr. Vernon wandte sich dem Haus zu und wies uns an, links am Haus herum weiterzugehen und uns zu verbergen, bis er pfiff oder nach uns riefe. Wir taten dies und lagen, wie uns schien, lange Zeit in einer kleinen Erdfurche . . . Dann arbeiteten wir uns alle durch weitere Stacheldrahtzäune hindurch bis zu dem ›Würzburg‹-Gerät. Ich sah Mr. Vernon und er sagte: ›Das ist das Ding!‹ Ich musterte das Gerät und stellte zu meiner Überraschung fest, daß es genauso wie auf dem Foto aussah.«

Dann begann Cox die Antenne abzubauen, wobei ihm einer der Pioniere half. Es war nicht so leicht, weil

»während der ganzen Zeit, in der wir am Gerät arbeiteten, Kugeln viel näher um uns herumflogen, als uns angenehm sein konnte. Doch während wir am Parabolschirm arbeiteten, wurden wir von dem Metall des Schirmes selbst gedeckt.
Mit der Zeit wurden die Soldaten ungeduldig und man befahl uns, uns abzusetzen.«

Da ein Teil des Kommandounternehmens bei der Fallschirmlandung etwas abgetrieben wurde, lief der Zeitplan nicht wie vorgesehen ab. Folglich blieben dem Demontagetrupp nur zehn statt der vorgesehenen dreißig Minuten. Und dennoch gelang es ihm trotz Beschuß in der kurzen Zeit, die funktionswichtigen ›Würzburg‹-Teile auszubauen, wie Jones in seinem Auswertebericht aufzeigte:

»Der Trupp von Leutnant Vernon löste die Antenne, indem er ihre Halterung mit einer Metallsäge durchsägte. Cox folgte dem Antennenkabel bis zum Sender. Er ging systematisch vor, um die Gerätekästen, die sich hinter dem Parabolschirm befanden, abzubauen. Auf die Weise erbeutete das Kommando Sender, Empfänger, Impulsgerät und den Zwischenfrequenzverstärker. Dies umfaßte alle wichtigen Geräte, die in dem Geräteraum hinter dem Parabolschirm untergebracht waren.
Wäre etwas mehr Zeit gewesen, hätten sie zweifellos auch noch das einzige bedeutende Teil, das zurückgeblieben war, erbeutet. Und zwar die Sichtgeräte und ihr Bediengerät, die sich in dem Radarbedienraum befanden . . .
Drei Gefangene wurden gemacht. Zwei gehörten zum militärischen Sicherungskommando an der Küste und der dritte war Aushilfsbediener am ›Würzburg‹-Gerät . . . der unter geschickten Vernehmungsbedingungen und -methoden dazu gebracht werden könnte, uns über die wichtigen Fakten der fehlenden Teile Aussagen zu machen.«

Das Kommandounternehmen zog sich mit dem erbeuteten Radar auf denselben Strandabschnitt zurück und kehrte über See sicher nach England heim. Nachdem die Geräte durch TRE ausgewertet worden waren, wurde festgestellt:

»Das hervorstechendste Merkmal der Geräte war die ausgefeilte, saubere Bauart. Das Herstellungsdatum 1939 wies darauf hin, was durch die aufgenieteten Typenschilder erhärtet wurde, daß uns die Deutschen damals auf dem Gebiet der 53-cm-Technik voraus waren. Es konnten wertvolle Erkenntnisse zur Entwicklung neuer Gegenmaßnahmen gewonnen werden.«

Im Anschluß an das Kommandounternehmen kam es zu einigen unvorhergesehenen Auswirkungen. Die Deutschen jagten das auffällige Gebäude von Bruneval in die Luft, was eine gewisse Ironie in sich barg. Das Haus, das der sichtbare Anlaß dafür war, daß der Pfad auf der ersten Luftaufnahme aus großer Höhe entdeckt wurde, gab ja gerade den Grund dafür ab, daß der britische Nachrichtendienst das ›Würzburg‹-Gerät völlig übersehen hatte. Alle anderen deutschen Radarstationen wurden nun mit dichten Stacheldrahtrollen umgeben, die das Gras und die Pflanzen davor schützten, gemäht oder gerodet zu werden. Das machte die Stellungen auf Luftbildern um so leichter erkennbar. Zahlreiche andere ›Würzburg‹-Geräte wurden aufgrund dieser Maßnahmen tatsächlich entdeckt.
Wie bereits erwähnt, wurde britischerseits befürchtet, daß ein ähnliches Kommandounternehmen nunmehr von den Deutschen auf das TRE bei Swanage angesetzt werden könnte. Die RAF erflog deshalb eine Hochaufnahme des Instituts. Sie stellte sich geradezu als ein Paradies für Bildauswerter heraus. Das gesamte TRE wurde daher nach Malvern in der Grafschaft Worcestershire verlegt, um aus jedem möglichen Gefahrenbereich herauszusein. Das führte zu erheblichen Unterbrechungen der Versuchsarbeiten, die damals gerade vordringlich anlagen, einschließlich der H2S-Entwicklung. Nach dem Kriege erfuhr man, daß hohe deutsche Offiziere der Fallschirmtruppe außerordentlich von dem Kommandounternehmen Bruneval beeindruckt gewesen waren. Zweifellos waren sie nur zu erpicht darauf gewesen, es nachzuahmen. So gesehen dürfte die Entscheidung, TRE aus seiner ziemlich exponierten küstennahen Lage herauszulösen, eine kluge Entscheidung gewesen sein.
Obwohl der Überfall auf Bruneval ein Erfolg gewesen war, wurde bald deutlich, daß das ›Würzburg‹-Gerät nur ein Teil der Geschichte war. Aus Gefangenenvernehmungen, Agentenmeldungen und Informationen aus ›anderer Quelle‹ hörte der wissenschaftliche Luftwaffen-Nachrichtendienst erstmals vom ›Würzburg-Riesen‹. Dr. Jones hatte ein ziemlich dürftiges Foto eines großen gitterförmigen Gebildes im Berliner Tiergarten erhalten. Es war von irgend jemand in der Amerikanischen Botschaft aufgenommen und nach London durchgeschmuggelt worden. (Die USA waren damals noch im Friedenszustand mit Deutschland.)
Zunächst hatte man angenommen, daß das Objekt, das auf dem Foto nur halb zu sehen war, ein Flakscheinwerfer sei. Doch dann kam zufällig ein chinesischer Physiker, der sich in Berlin aufgehalten und das Gerät im Tiergarten gesehen hatte, auf der Durchreise nach London und konnte Dr. Jones mitteilen, daß dieses Objekt in Wirklichkeit ein riesiger Radarparabolschirm war. Zu dieser Zeit hatten Bildaufklärer Aufnahmen von Berlin gemacht, und aus diesen Bildern konnte Jones eine Größe von fast 7 Metern Durchmesser errechnen. Beinahe zu gleicher Zeit meldete ein Agent ein ähnliches 7-Meter-Gitterwerk, das auf der holländischen Insel Walchern bei Domberg stand. Am 2. Mai 1942 flog Tony Hill mit seiner ›Spitfire‹ dorthin und lieferte eine weitere Serie blendender Tiefflugschrägaufnahmen, die den ›Würzburg-Riesen‹ zeigten. Ein Bild gab sogar Maßstabsverhältnisse wieder, weil ein Luftwaffensoldat in dem Augenblick von der Kamera gerade festgehalten wurde, als er dabei war, in die Bedienerkabine hinaufzuklettern. Jones hatte jetzt die Ergebnisse, die er brauchte, um auf das deutsche Luftverteidigungsradarnetz rückschließen zu können: Die ›Freya‹-Geräte dienten zur Frühwarnung anfliegender Bomber, das kleine ›Bruneval‹-53-cm-Leitradar diente der Feuerleitung von Scheinwerfern und Flakgeschützen und die ›Würzburg-Riesen‹ konnten Einzelflugzeuge verfolgen und Nachtjäger auf sie ansetzen.

Eine weitere Tiefflugaufnahme von Tony Hill: Der ›Würzburg-Riese‹ von Walchern.

Zu dieser Zeit gelang es einem belgischen Agenten, eine Karte mit den gesamten Radaraufstellungsorten eines Abschnitts in Belgien zu stehlen. Diese Karte zeigte deutlich die Reichweiten der verschiedenen Radargeräte und gab dem wissenschaftlichen Nachrichtendienst der Briten wertvolle Einzelheiten über die ›Kammhuber-Linie‹ – eines Verteidigungsgürtels von Radargeräten, der sich vom Elsaß bis nach Norwegen erstreckte. Vom britischen Nachrichtendienst so genannt nach dem damaligen Kommandeur der 1. Nachtjagd-Division, Generalmajor Josef Kammhuber. (Die Karte wurde übrigens durch einen Kurier aus Belgien herausgebracht, der Heizer auf dem Brüssel-Lyon-Expreß war. Er versteckte das Kuriermaterial unter der Kohle des Lokomotivtenders. Falls der Zug gestoppt und durchsucht worden wäre, hätte er die belastenden Beweise nur in die Feuerung der Lokomotive zu werfen brauchen!)
Die ›Kammhuber-Linie‹ oder, um es beim deutschen Namen zu nennen, ›Himmelbett‹ bestand aus einem Riegel von Nachtjagdräumen, die jeweils über ein ›Freya‹-Gerät und zwei ›Würzburg-Riesen‹ verfügten. Die deutsche Luftwaffe hatte ein ähnliches System von Jägerleitstellen und Radarluftlageräumen wie die RAF. Die Kursauswertung der Bombereinflüge und der eingesetzten Nachtjäger, die sich auf Radarmeldungen abstützte, wurde im Nachtjagdgefechtsstand des jeweiligen Jagdabschnitts vorgenommen. Nach der Frühwarnung durch die ›Freya‹-Geräte über den Anflug feindlicher Bomber konnte sich ein ›Würzburg‹-Gerät ein einzelnes Flugzeug als Ziel herausgreifen. Sobald die ›Freya‹-Geräte den anfliegenden Bomberverband geortet hatten, erhielten deutsche Nachtjäger den Startbefehl. Einer der Jäger wurde von dem zweiten ›Würzburg‹-Gerät

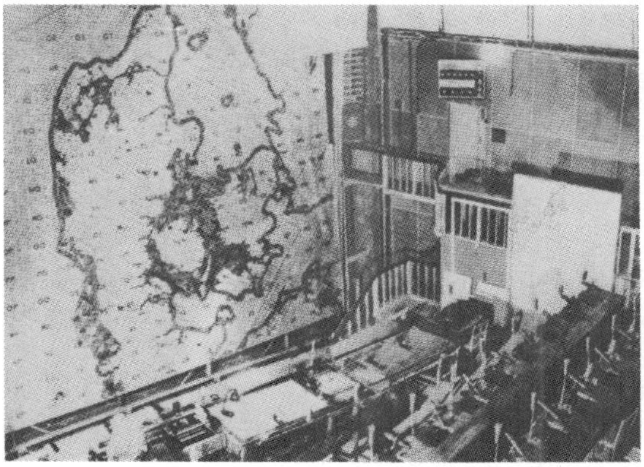

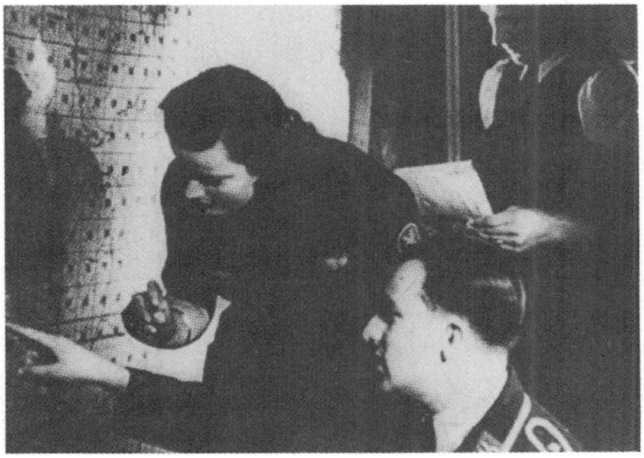

Ein deutscher Abschnittsnachtjagdleitstand der 2. Jagddivision in Dänemark. Stabshelferinnen arbeiten an Plankarten auf dem ›Seeburg‹-Tisch und halten die Kurse der Bomber und Nachtjäger auf der großen Leuchtplatte ständig auf dem aktuellen Stand. Die Jägerleitoffiziere werten die Radarkurse der RAF-Bomber aus und schikken dann ihre Nachtjäger auf Kollisionskurs mit den Bombern.

angemessen und verfolgt. Die laufende Kursverfolgung und -auswertung wurde in jedem Nachtjagdgefechtsstand von weiblichen Hilfskräften, den Luftwaffenhelferinnen, ausgeführt. Die Mädel wurden im gängigen Luftwaffenjargon ›Blitzmädchen‹ genannt, weil sie als Ärmelabzeichen einen Elektroblitz trugen. Drei Mädchen mußten die Funkmeßergebnisse der ›Würzburg-Riesen‹ mitführen. Das wurde auf einer großen, durchscheinenden Glasplatte, dem sogenannten ›Seeburg-Tisch‹, getan. Die Radarpositionen des Bombers und auch des Nachtjägers wurden auf dem Tisch als sich bewegende Lichtpunkte angezeigt. Ein roter Lichtpunkt war ein Bomber, ein grüner ein Nachtjäger. Der Tisch hatte als Kartengrundlage Teilbereiche des deutschen Jäger-Gitternetzes. In diesem Gitternetz entsprach ein Planquadrat einem halben Längengrad und einem viertel Breitengrad. Die Planquadrate waren durch zweistellige Kennbuchstaben bezeichnet und wiederum unterteilt in neun kleinere Planquadrate, die von eins bis neun beziffert waren. Auf dem ›Seeburg-Tisch‹ wurden die Flugzeuge bis auf das nächstliegende Planquadrat genau angezeigt, was etwa einem Luftraum von 9×11 Kilometern entsprach und ausreichend genug für die Reichweite des Bord-Suchradars eines Nachtjägers war. Jeder ›Seeburg-Tisch‹ stellte den Luftraum dar, der von den zum Jagdabschnitt gehörenden Radarstationen abgedeckt wurde. Die Mädchen erhielten fortlaufend Meldungen über Entfernung, Kurs und Höhe der Bomber. Und wie sich das rote Licht über den Tisch bewegte, so wurde seine Spur in Tusche auf dem Glas festgehalten. Ein Luftwaffenoffizier, der die Aufgabe eines Jägerleitoffiziers hatte, saß auf einem erhöhten Podium, überblickte den ganzen Tisch und führte die Jäger über UKW-Sprechfunk. Sobald der Nachtjäger

in den Nahbereich des Bombers kam, wurde sein Kurs ebenfalls auf dem Tisch mitgeführt. Das Nachtjagd-Bordradargerät ›Lichtenstein‹ arbeitete auf der 62-cm-Welle und ermöglichte es dem Jäger, aus etwa 5 Kilometern Entfernung den Bomber aufzufassen und an ihn bis auf Sichtweite heranzukommen.
Seitdem der britische Nachrichtendienst von der ›Kammhuber-Linie‹ wußte, wurden elektronische Gegenmaßnahmen entwickelt. Die Linie, ein Riegel von verbundenen und sich überlappenden Abschnitten, hatte nur geringe Tiefe. Die naheliegendste Gegenmaßnahme war daher, einen Bomberverband durch einen einzigen Jagdabschnitt in so dichtgeschlossener Formation zu schleusen, wie dies mit schweren Bombern bei Nacht nur irgend möglich war. Absicht war, die ›Würzburg‹-Geräte, die jeweils nur einen Bomber verfolgen konnten, zu sättigen. Wenn man einmal durch die Linie hindurchgestoßen war, würden die Bomber verhältnismäßig unbehelligt von deutschen Nachtjägern bleiben, die sehr schwere Verluste verursachten. Die Deutschen konterten dieses Verfahren durch Verstärkung der Linie in die Tiefe, so daß ein Bomber mehrere Jagdabschnitte zu durchfliegen hatte. Hier standen auch schwere, radargeleitete Flak- und Scheinwerfersperren rund um alle gefährdeten Industrieziele.
Seit die Deutschen eine Art bodengeführter Abfangjagd für ihre Nachtjäger benutzten, lag ein günstiger Gegenzug darin, die Jagdleitfrequenzen und die Nachtjäger-Bordradargeräte zu stören. Aber bevor derartiges unternommen werden konnte, mußten die genauen Wellenlängen festgestellt werden.
Die RAF-Abhörstationen ›Y‹ hatten schon schwache Impulse auf 490 MHz (62 Zentimeter Wellenlänge) aufgefangen und gleichzeitig mitgehört, wie deutsche Jägerleitoffiziere ihre Jäger führten. Aber es gab noch keinen endgültigen Beweis dafür, daß die abgehörten 62-cm-Signale tatsächlich von Nachtjagd-Bordradargeräten stammten. Es gab nur einen sicheren Weg, dies festzustellen. Durch den Einsatz eines Spürflugzeuges mit einem Radarempfangsgerät, das in einen Nachtjagdabschnitt vorstieß und hoffentlich von einem mit Radar bestückten Nachtjäger angegriffen würde. Wahrlich ein echtes Himmelfahrtskommando!
Um der Besatzung Überlebenschancen zu sichern, bemühte man sich um das schnellste verfügbare Flugzeug, eine ›Mosquito‹. Obwohl vom Bomberkommando genehmigt, gab es doch einige Verzögerungen. So mußte statt einer ›Mosquito‹ mit 610 km/h Spitzengeschwindigkeit ein ›Wellington‹-Bomber mit maximal 410 km/h genommen werden. In der Nacht vom 3. auf 4. Dezember 1942 startete die Vickers-›Wellington‹ DV 819, geflogen von Leutnant Paulton mit Oberleutnant Harold Jordan als Funkspezialist, von Gransden Lodge aus und flog zusammen mit den Bombern, die in jener Nacht Frankfurt bombardieren sollten. Um 04 Uhr 30, in der Nähe von Mainz, verließ die ›Wellington‹ den Bomberverband und flog allein in Richtung Norden. Sehr bald darauf empfing Jordan schwache Impulse auf 490 kHz. Einige Minuten lang beobachtete er die Signale, und als sie deutlich lauter wurden, übermittelte er die Einzelheiten seiner Feststellungen zurück an seinen Heimatplatz in England. Dann begann ein Luftkampf mit einem deutschen Nachtjäger, der als Ju 88 erkannt wurde. Oberleutnant Jordan wurde am Kopf verwundet, hielt aber weiter an seinem Gerät durch und war in der Lage, die Position des Nachtjägers nach Stärke und Richtung der empfangenen Radarsignale zu beurteilen und so seinem Piloten ausreichende Warnung für heftige Abwehrbewegungen zu geben. Auf diese Weise überstanden sie elf Angriffe. Alle Besatzungsmitglieder waren verwundet. Die ›Wellington‹ war durchlöchert wie ein ›fliegendes Sieb‹, das sich nur langsam heimwärts quälte, ständig Höhe

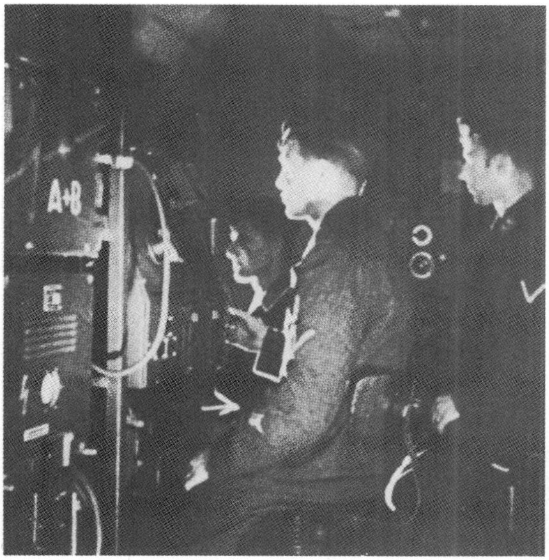

*Links:* Radarfunker der Luftwaffe in der Auswertebaracke eines ›Würzburg-Riesen‹.

*Rechts:* Die Anzeigeröhre eines ›Würzburg-Riesen‹ mit Anzeige von Rückimpulsen aus 3–5 Kilometer Entfernung.

verlierend und so schwer beschädigt, daß der Pilot erkannte, daß eine sichere Landung nicht mehr möglich war. Er entschloß sich daher, eine Notwasserung vorzunehmen. Unglücklicherweise war der Funker, der zugleich auch einer der Bordschützen war, so schwer verwundet, daß nicht anzunehmen war, er könne die Notwasserung überleben. Deshalb wurden Jordans Flugnotizen über diese Nachterkundung in eine Tasche seiner Fliegerkombination gestopft, und über Canterbury stieß man ihn mit dem Fallschirm aus der Maschine. Er landete glatt (und hat sich später wieder ganz erholt). Die ›Wellington‹ kam auf See vor der Küste von Deal herunter. Die restliche Besatzung wurde glücklich gerettet. Jordan wurde auf der Stelle mit dem DSO (Distinguished Service Order – Kriegsverdienstorden) ausgezeichnet.

Die Geheimnisse des ›Lichtenstein‹-Gerätes wurden ein weiteres Stück enthüllt, als am 9. Mai 1943 eine Ju 88, die D5 + EV der 10./NJG 3 auf dem Flugplatz Dyce, Aberdeen, landete, die mit einem FuG 202-›Lichtenstein‹-Radar ausgerüstet war. Über diesem Flugzeug liegt der Schleier eines Geheimnisses. Es ist erhalten geblieben und steht heute auf dem RAF-Fliegerhorst in St. Athen. Es scheint so, als ob die Besatzung desertierte, und ihre Ankunft nicht nur erwartet worden war, sondern daß sie einem Bericht zufolge sogar durch eine Eskorte von RAF-›Spitfire‹ begleitet wurde. Wie auch immer die Hintergründe gewesen sein mögen, das Geschenk einer voll einsatzfähigen Ju 88 war ein einmaliger Glücksfall für TRE. Die Radaranlage war schnell erforscht und überprüft. Sie war mit dem britischen Gerät MK VII AI vergleichbar, wenngleich der TRE-Bericht auch einige Mängel aufzeigt, indem er feststellt, daß:

> ». . . genaues und schnelles Zielauffassen nur dann möglich ist, wenn der Jäger in einen Anflugwinkel von etwa 30° an sein Ziel herangeführt wird.«

Die Notwendigkeit von Gegenmaßnahmen war jetzt sehr dringlich, da die Verluste durch deutsche Nachtjäger ein untragbares Maß erreicht hatten. Im Bestreben, diese Verluste einzuschränken, wurde im Kampf gegen die deutschen Radarverfahren eine verwirrende Zahl von Abwehrmaßnahmen und wiederum Gegenmaßnahmen zu feindlichen Gegenmaßnahmen entwickelt. Es sollte für die Deut-

›Lancaster‹-Bomber auf einem Flugplatz in Lincolnshire vor dem Start zu einem ihrer allnächtlichen Einsätze.

*Rechte Seite oben:* Agenten waren eine unschätzbare Nachrichtenquelle. Dieses Foto wurde unter großem Risiko auf einem holländischen Platz aufgenommen. Es zeigt einen Me 110-Nachtjäger mit Radarantennen am Bug. Beim Ausmessen der Antennen konnte der britische Wissenschaftliche Nachrichtendienst die wahrscheinliche Einsatzfrequenz ermitteln.

schen kein schneller und kein leichter Sieg mehr werden, weil der Gegner, wie ein TRE-Bericht feststellte,

»... sich äußerst einfallsreich bei Abwehrmaßnahmen erwies; eine Schlacht geistiger Fähigkeiten und technischer Findigkeit hat sich zwischen den Wissenschaftlern auf beiden Seiten entwickelt.«

Die Methoden waren abwechslungsreich. Die Methode ›Tinsel‹ verlangte von den Bordfunkern in den Bombern, ihre Standard-Bordsprechgeräte 1154/1155 auf die deutsche Nachtjagdführungsfrequenz der Jägerleitstellen einzustellen und sie durch Übertragung des Motorlärms zu stören, der von einem Mikrophon in einer der Triebwerksgondeln abgenommen wurde. ›Mandrel‹ war ein Bordstörgerät gegen ›Freya‹-Geräte. Es wurde eine Zeitlang von einer einmotorigen ›Defiant‹-Maschine aus betrieben, die im Bomberstrom mitflog. ›Jostle‹ und ›Fliegende Zigarre‹ waren leistungsstarke Bordsender, die ›Tinsel‹ beim Stören der Jagdleitfrequenzen ablösten. ›Piperack‹ wurde als Bordstörgerät gegen ›Lichtenstein‹-Geräte eingesetzt.

Genauso wie die einfachen Breitbandgeräusch-Störgeräte wurden auch sehr viele verfeinertere Methoden entwickelt. ›Moonshine‹ war ein Impulsüberträger, der statt des einzelnen, als Lockvolgel fliegenden Flugzeugs im gegnerischen Radar eine große Bomberformation vortäuschte. ›Perfectos‹ war eine Erfindung, die das deutsche Freund/Feind-Erkennungsgerät der Jäger anregte und dadurch deren Position feststellen konnte.

Im späteren Verlauf der Schlacht gab es dann auch noch die ›Operation Corona‹, eine Störmaßnahme, bei der deutsche Jägerleitoffiziere von deutschsprachigen RAF-Leuten nachgeahmt wurden und falsche Anweisungen an die Jäger durchgaben. Während einer sehr kurzen Zeit nur führten diese Leute aus RAF-Bombern, die über Deutschland flogen, ihren Auftrag durch. Die Deutschen unterliefen diese Methode recht wirkungsvoll, indem sie Nachrichtenhelferinnen zur Durch-

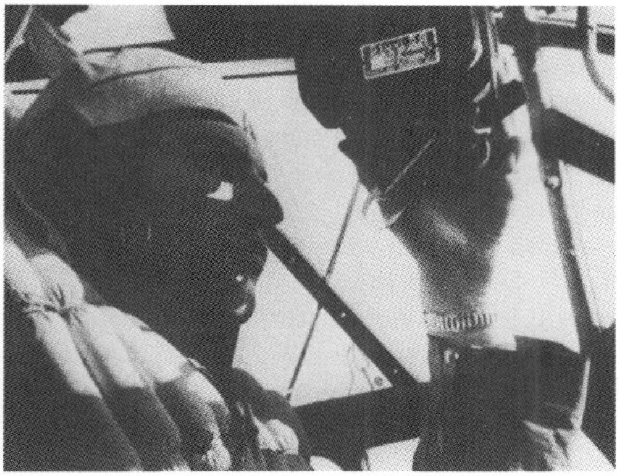

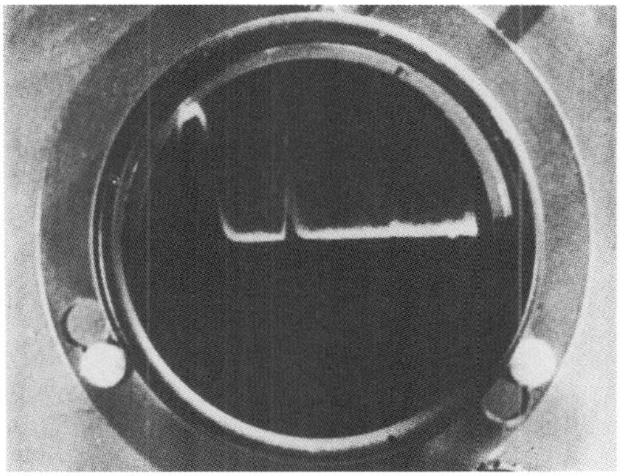

*Mitte links:* Blick auf ein ›Revi‹, das beim ›Schrägemusik‹-Verfahren zum Einrichten der Bordkanonen auf die Kraftstofftanks der RAF-Bomber benutzt wurde.

*Rechts:* Bildschirmröhre eines deutschen Nachtjagdsuchradars. Der Lichtzacken zeigt einen schweren RAF-Bomber etwa einen Kilometer vor dem Nachtjäger an.

sage der Jägerleitbefehle einsetzten, weil man richtigerweise annahm, daß die RAF niemals ihre Stabshelferinnen in Flugzeugen einsetzen würden. Diese Kriegslist war erwartet worden und deutschsprachige WAAFs (Stabshelferinnen des Frauenhilfskorps) standen bereit. Sie flogen nicht in den Bombern mit, sondern leisteten ihren Dienst von ›Hollywood Manor‹ aus, einem Landsitz bei Kingsdown in Kent. Die Sender standen an der britischen Ostküste und waren nach Deutschland gerichtet.

Viele dieser Frauen waren bei Kriegsbeginn als Emigranten nach England gekommen und sprachen daher ausgezeichnet deutsch. eine von ihnen war Ruth Tosek, eine Tschechin aus dem Sudetenland. Sie erinnert sich gut an die ›Operation Corona‹, vor allem an die Reaktion der deutschen Jägerleitsprecherinnen:

». . . sie (die Deutschen) riefen: ›Das ist eine Feindstimme, hört nicht auf sie, hört nicht auf sie!‹ Dann mußten wir erwidern: ›Wir sind die richtige Stimme.‹ Das ging solange hin und her, bis der Flugzeugführer völlig verwirrt war und nicht mehr wußte, auf wen er nun hören sollte.«

Um die Frequenzen der deutschen Radarsender und der UKW-Nachrichtennetze auszumessen, flogen Spürflugzeuge vom Typ ›Halifax‹ und B 17-›Fortress‹ aus den höchst geheimgehaltenen Funkstörstaffeln, der 192. oder 214. Staffel, in den Bomberpulks mit. Sie hatten ausgeklügelte Empfangsgeräte, wie zum Beispiel das ›Bagful‹, an Bord, das ein automatischer Breitbandempfänger war, der die Wellenbereiche abtastete, um deutsche Funksignale zu orten. Oder auch ›Blond‹, das die Charakteristik der von ›Bagful‹ georteten Signale aufzeichnete und auswertete. Ferner hatten die Flugzeuge viele der Störgeräte, wie etwa ›Piperack‹, ›Mandrel‹ und ›Airborne Cigar‹ (Fliegende Zigarre) mit an Bord.
Trotz aller Störmaßnahmen erreichte die Verlustquote des Bomberkommandos Mitte 1943 die Höchstgrenze dessen, was gerade noch als erträglich angesehen werden konnte: 200 Viermotbomber in einem Monat mit jeweils sieben Mann Besatzung.
Die deutschen Nachtjäger waren zweimotorige Maschinen vom Typ Me 110 und Ju 88 mit einem Piloten und dem Bordfunker. Sobald sie von ihren Jägerleitoffizieren bis auf 3 Kilometer an die Bomber herangeführt worden waren, schaltete der Bordfunker mit seinem Bordradargerät auf das Ziel um und führte mittels Bordeigenverständigung seinen Flugzeugführer bis auf Sichtweite an das Ziel heran. Dieser steuerte dann seine Nachtjagdmaschine unter den Bomber, wo bei den meisten britischen Typen der tote Sichtwinkel lag, zog die Nase seiner Maschine leicht hoch und zielte mit den Bordkanonen auf die Kraftstoffbehälter. Die Nachtjäger waren mit drei MG 17 (Kaliber 7,9 mm) und drei 2-cm-Kanonen bestückt. Ein kurzer Feuerstoß aus dieser tödlichen Bewaffnung ließ den Bomber meist sofort brennend in Stücke fliegen. Spätere Baureihen des Ju 88-Nachtjägers waren mit zwei 2-cm-MG 151 bewaffnet, die auf der Rumpfoberseite eingebaut waren und in einem Winkel von 70–80 Grad nach oben wirken konnten. Beim Einsatz dieser Schrägbewaffnung, im Fliegerjargon ›Schräge Musik‹ genannt, näherte sich der Flugzeugführer einfach unterhalb des Bombers und zielte mittels eines Spezialreflexvisiers (Revi).
Das ›Himmelbett‹-Verfahren hatte sich derart erfolgreich in der Nachtjagdführung bewährt, daß sich Generalmajor Kammhuber Mitte 1943 dafür einsetzte, die Zahl der Nachtjagdgeschwader, die gemäß Kriegsstärkenachweisung 120 Nachtjäger umfaßten, von sechs auf achtzehn zu ergänzen. Ferner sollten die ›Himmelbett‹-Abschnitte in dem Maße erweitert werden, daß sie praktisch den gesamten deutschen Luftraum abdecken konnten. Unglücklicherweise hielt Reichsmarschall Hermann Göring nicht viel von Kammhuber und verwarf dessen Plan. In der folgenden Auseinandersetzung wurde Kammhuber durch Generalmajor Josef Schmid abgelöst. Die Frage der Abfangverfahren und -operationen sollte jedoch durch die Ereignisse in der Nacht vom 24. auf 25. Juli 1943 einer bedeutenden Prüfung unterzogen werden.

Unter allen Störverfahren gab es eine Erfindung, die man heute zweifellos als eine ›Waffe des Jüngsten Gerichts‹ bezeichnen würde. Sie trug den Decknamen ›Window‹ (›Düppel‹) und bestand einfach aus kurzen Stanniolstreifen. Diese so harmlos aussehenden Metallbündel stellten sich in Wirklichkeit als eine derart wirksame Waffe heraus, daß es wegen ›Window‹ zu einer Auseinandersetzung auf Kabinettsebene kam. Das Prinzip von ›Window‹ war sehr einfach und war bereits seit den Anfängen des Radars bekannt. Ein Metallstück, das auf die halbe

*Rechts:* ›Lancaster-Bomber‹ beim Abwurf von Düppel-(Window-) Streifen über Deutschland.

*Unten links:* Deutsches Bordradar, ähnlich dem der Nachtjäger – in diesem Falle das Schiffssuchradar ›Hohentwiel‹. Die großen Antennenhalterungen verursachten einen beachtlichen Luftwiderstand, im Gegensatz zu dem verkleideten britischen 10-cm-Bordradar.

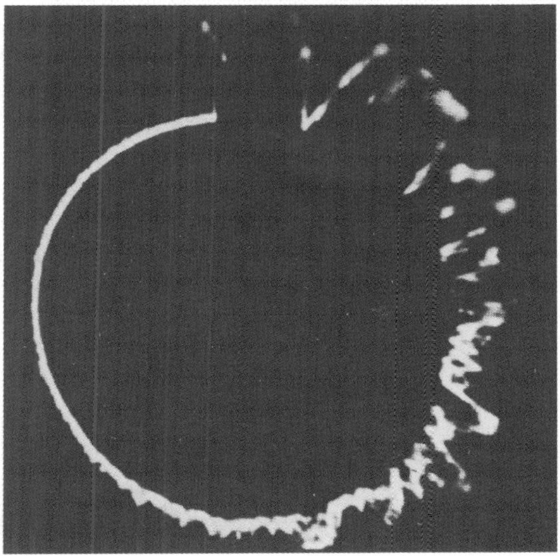

*Unten rechts:* Deutsches Foto von der Wirkung der Düppelstreifen auf einen ›Würzburg-Riesen‹.

Wellenlänge von Radarstrahlen zurechtgeschnitten war, wirkte wie eine rückstrahlende Dipolantenne, die viel stärker als die ungleichmäßige Form eines Flugzeuges ansprach und reagierte. Wenn die Stanniolstreifen auf die Hälfte der bekannten deutschen Radarwellenlänge von 53 Zentimetern, also auf 26,5 Zentimeter Länge zugeschnitten wurden, warf jeder Streifen, der herabflatterte, ein starkes Radarecho. Warf man die Stanniolstreifen bündelweise ab, so mußte diese Wolke von Stanniolstreifen das deutsche Radarnetz völlig ausschalten und blind machen, wohingegen die H2S-Geräte der RAF mit ihren zehn Zentimetern Wellenlänge weitgehend unbeeinflußt blieben.

Aber ›Window‹ war auch ein zweischneidiges Schwert. Sobald die RAF es anwendete, konnten es die Deutschen nachahmen und gegen das britische Radarnetz einsetzen. Darüber erhitzten sich die Gespräche zwischen den Wissenschaftlern und dem Luftwaffenstab. Tatsächlich hatten die Deutschen das Verfahren

auch schon. Sie nannten es ›Düppel‹. Aber auch sie scheuten sich davor, es anzuwenden. Als General Martini, Chef des Nachrichten-Verbindungs-Wesens, 1942 die Ergebnisse von ›Düppel‹-Versuchen vortrug, war Göring entsetzt. Er befahl, alle Kopien des Berichtes zu vernichten und verbot, den Namen jemals wieder zu erwähnen.
In England war Sir Robert Watson Watt einer der schärfsten Gegner der ›Window‹-Methode. Er war, wie Professor Jones berichtete,

> ». . . so ganz wie Alec Guiness im Film ›Die Brücke vom River Kwai‹. Er konnte es einfach nicht mit ansehen, nachdem er das großartige Werk Radar geschaffen hatte, wie es zerstört werden sollte, selbst wenn es das deutsche Radar war!«

Jones selbst war sehr für die Anwendung von ›Window‹, obwohl Lord Cherwell, der ursprünglich die Versuche unterstützt hatte, jetzt gegen seinen Einsatz stimmte.
Das Für und Wider dauerte an. Und schließlich ließ man die Stanniolstreifen, die bereits an Bord eines Flugzeuges verladen worden waren, zumindest in einem Falle wieder ausladen. Inzwischen stiegen die Bomberverluste der RAF derart weiter an, so daß schließlich, fast ein Jahr später als man sie hätte schon einsetzen können, der Premierminister die Weisung gab: »Open the Window!« (was soviel wie etwa: »Düppel-Einsatz freigeben!« bedeutete). ›Window‹ kam zum erstenmal in der Nacht vom 24. Juli 1943 bei der ›Operation Gomorrha‹ zum Einsatz, das als Deckwort für die Zerstörung der deutschen Hafenstadt Hamburg gewählt wurde. 746 schwere Bomber starteten von Flugplätzen in Ostengland. Sie führten zusätzlich zu den Phosphorbomben und hochexplosiven Sprengbomben vierzig Tonnen (= 92 Millionen) ›Window‹-Stanniolstreifen mit sich. Die Auswirkungen auf die durch Radar geleiteten deutschen Luftverteidigungskräfte waren vollkommen und verheerend. Die Radarschirme waren voller schimmernder falscher Radarechos, die alles andere ausschalteten. Die Leitscheinwerfer, deren Radars wirkungslos waren, irrten ziellos über den Himmel. Die Flakbatterien feuerten einfach ungezieltes Sperrfeuer und hatten nur die schwache Hoffnung, einen Bomber zu treffen. Für die Nachtjäger waren die Auswirkungen noch schlimmer. Viele fanden sich inmitten des feindlichen Bomberstroms, den sie plötzlich nicht mehr orten konnten. Andere wurden an Ziele herangeführt, die sich dann in Luft auflösten, sobald sie in die Stanniolwolken gerieten.
Die H2S-Geräte der britischen ›Pfadfinder‹, die von ›Window‹ unbeeinflußt blieben, führten die Bomberpulks zu den Zielen. Jener Sommer 1943 war außergewöhnlich heiß und trocken. Die Innenstadt war zundertrocken. Die Phosphorbomben verursachten bald Feuersbrünste, die sich zu einem entsetzlichen Feuersturm entwickelten und Hamburg buchstäblich ausbrannten. Sie verschuldeten den Tod von 51 000 Einwohnern der Hafenstadt.

Die Royal Air Force verlor in jener Nacht zwölf Bomber. Ohne ›Window‹-Einsatz hätten sie statistisch etwa fünfzig verloren. Ungefähr 280 Mann Besatzungen blieben für andere Nachteinsätze am Leben. Albert Speer, damals Hitlers Rüstungsminister, hat einmal gesagt, wenn Angriffe in dem Ausmaß wie im Falle Hamburg gegen fünf weitere deutsche Städte geflogen worden wären, wäre der Krieg damals Mitte 1943 sofort beendet gewesen.
Angriffe der Hamburger Größenordnung konnten nicht mehr wiederholt werden. Im Krieg im Geheimen sind Erfolge selten von Dauer. Die Deutschen reagierten außerordentlich schnell auf die veränderte Lage, die durch ›Window‹ entstanden

war. Als erstes wurde die ›Kammhuber-Linie‹ aufgelöst und das ›Himmelbett‹-Verfahren aufgegeben. Sie wurden durch die neue sogenannte ›Wilde Sau‹-Taktik ersetzt. Der Gedanke war recht einfach. Sobald das Angriffsziel der Bomber feststand, flogen die Nachtjäger in überhöhter Position darüber und griffen nach Sicht an, weil sie die Bomber sehen konnten, die sich als Silhouetten über den Bränden und Scheinwerfern am Boden abhoben. Der geschlossene Verbandsflug der RAF-Bomberwelle begünstigte den Jägereinsatz, so daß die Taktik der ›Wilden Sau‹ beachtliche Erfolge erzielte. Aber es war eine wesentliche Voraussetzung erforderlich. Um Sichtkontakt zu bekommen, waren die deutschen Jäger von gutem Wetter abhängig. Die meisten RAF-Bomber waren hingegen mit H2S ausgestattet und konnten bei jeder Wetterlage angreifen.
Ein weiterer Umstand wirkte sich gegen die Verteidiger aus. Die Einsätze der ›Wilden Sau‹ erforderten längere Reichweiten und Flugdauer. Statt wie bisher in verhältnismäßig kleinen ›Himmelbett‹-Planquadraten zu kämpfen, mußten sie nun weiträumig operieren. Die Me 110 war ein wenig erfolgreiches Jagdflugzeug, das sich in der Luftschlacht um England als untauglich erwiesen hatte. Jetzt gab man ihr noch einmal eine Überlebensfrist. Aufgrund der veränderten Lagebedingungen beeinträchtigte diesmal ihre kurze Reichweite ihre Verwendungsmöglichkeit ernsthaft. Die Ju 88, ursprünglich als Bomber ausgelegt, verfügte über genügende Reichweite, denn die Jäger mußten oft von einem Ende Deutschlands zum anderen fliegen, wenn sie echten oder falschen Zielen nachjagten. Das führte zu erschöpften Besatzungen, die oft mit dem letzten Tropfen Sprit auf kümmerlich beleuchteten und unbekannten Flugplätzen landen mußten, was unausbleiblich wachsende Unfallzahlen nach sich zog. Viele Jäger verunglückten einfach nur aus Spritmangel.
Die ›Wilde Sau‹-Taktik war trotz allem nur eine Zwischenlösung gewesen. Deutsche Wissenschaftler nahmen jetzt den Kampf gegen ›Window‹ auf. Viele der ›Himmelbett‹-Radarstellungen waren nach Deutschland verlegt worden und wurden mit gewissen elektronischen Sperren und Filtern ausgestattet, die darauf abzielten, die ›Window‹-Auswirkungen herabzusetzen. Man hatte bald herausgefunden, daß die Stanniolstreifen nach dem Abwurf schnell ihre Vorwärtsbewegung verloren, wohingegen die Bomber mit 320 km/h weiterflogen. Aufgrund dieser Tatsache konnte unter der Voraussetzung, daß die Windgeschwindigkeit unter 25 km/h blieb, das neue Gerät ›Würzlaus‹ den Dopplereffekt messen. Das ist der sehr kleine Frequenzunterschied der Impulse, die von den schnellfliegenden Bombern zurückgeworfen wurden, verglichen mit der fast im Luftraum stillstehenden Stanniolwolke.
Ein weiteres Hilfsmittel gegen ›Window‹ hatte den Decknamen ›Nürnberg‹. Es konnte die geringfügige Veränderung messen, die in den echten Radarechos durch die Flugzeugpropeller hervorgerufen wurde. Einige ganz erfahrene Radarbediener konnten diese Modulation tatsächlich auch ohne ›Nürnberg‹-Gerät wahrnehmen. Außerdem hatten die Deutschen, von der RAF unbemerkt, ein Netz mit besonderen Empfangsstationen eingerichtet, die mit ›Korfu‹-Geräten ausgestattet waren. Sie konnten den Kurs der Bomber aus deren H2S-Zentimeterwellenausstrahlungen feststellen. Über 200 Kilometer Entfernung konnten die ›Korfu‹-Empfänger die britischen Bomber auffassen, sobald sie auf ihren Flugplätzen starteten.
Diese Maßnahmen und der Jägereinsatz mit dem ›Wilde Sau‹-Verfahren ließen die Verluste der RAF-Nachtbomber wieder ansteigen. Nur mit Einbruch des

4R + UR, die Ju 88G-1, die versehentlich auf dem britischen Flugplatz Woodbridge landete.

Winters 1943/44 verminderten sie sich ein wenig. Doch Anfang 1944 stiegen sie wieder plötzlich in gefährlichem Maße zu den bisher höchsten Verlustzahlen an. Am 21. Januar verlor das Bomberkommando aus einem Bomberverband mit 648 Maschinen, die Magdeburg angriffen, 55 Flugzeuge. Ende des Monats gingen von 683 Bomber, die Berlin angriffen, 53 verloren. Am 19. Februar kehrten 78 schwere Bomber vom Angriff auf Leipzig nicht zurück. Es sollte noch schlimmer kommen, als in der Nacht vom 30. März von 795 Bombern, die Nürnberg bombardierten, nicht weniger als 94 verlorengingen. Das waren fast 12 Prozent, der höchste Prozentsatz an Verlusten in einer einzigen Nacht.

Verluste in dieser Größenordnung konnten länger nicht verkraftet werden. Sie überstiegen die Ausbildungskapazitäten und die Flugzeugproduktion. Es wurde nur zu deutlich, daß die deutschen Wissenschaftler einige unbekannte und höchst wirksame Mittel gegen ›Window‹ entwickelt hatten. Zahlreiche Besatzungen berichteten jetzt von laufenden Luftkämpfen mit Nachtjägern auf der gesamten Strecke zu den Angriffszielen und zurück.

Den ersten Hinweis darüber gab es im Frühling 1944. Ein Fernjäger der US-Air Force hatte am Tage Feindberührung mit einem Ju 88-Nachtjäger und schoß ihn ab. Als der Schießfilm ausgewertet wurde, konnte man eine Gruppe von langen Radarantennen an der Flugzeugnase des Nachtjägers sehen. Die Bilder waren nicht scharf genug, um die Radarantennen auswerten zu können. Somit mußte die weitere Untersuchung zunächst ruhen. Aber in den frühen Morgenstunden des 13. Juli ereignete sich für die Briten ein unglaublicher Glücksfall. Eine fast fabrikneue Ju 88G der 7. Staffel/NJG 2, mit den Kennzeichen 4R + UR, landete irrtümlicherweise auf dem RAF-Flugplatz Woodbridge in der Grafschaft Essex. Dem bedauernswerten Flugzeugführer war einer der üblichen Navigationsfehler unterlaufen. Er flog mit Gegenkurs, also um 180° verkehrt. Bei Tageslicht zeigte sich, daß dieser Nachtjäger die gleichen langen Antennen aufwies, von den deutschen Besatzungen ›Hirschgeweih‹ genannt, wie sie auf dem amerikanischen Schießfilm zu sehen waren. Diese Antennen gehörten zu einem noch unbekannten Radargerät, dem FuG 220 oder ›Lichtenstein‹-SN 2. Es arbeitete auf 3½ Meter Wellenlänge (90 MHz) und war deshalb gegenüber den ›Window‹-Streifen unempfindlich, die für 50-Zentimeter-Radarwellen zugeschnitten waren, wie sie von der RAF abgeworfen wurden.

Zusätzlich zu dem neuen Radargerät hatte das Flugzeug zwei weitere bedeutende

*Oben links:* Platz des Bordfunkers in der 4R+UR. Der große schrägliegende Kasten (rechts im Bild) ist das FuG 220 SN2, ›Lichtenstein‹-Gerät. Es war bis dahin dem RAF-Geheimdienst unbekannt. Dahinter der FuG 277-Empfänger ›Flensburg‹, mit dem das ›Monica‹-Gerät angepeilt werden konnte.

*Oben rechts:* Das riesige ›Jagdschloß‹-Gerät.

*Rechts:* Major Prinz Heinrich zu Sayn-Wittgenstein.

Geräte an Bord: ein FuG 227 ›Flensburg‹ und ein FuG 350 ›Naxos‹. Jenes war ein Radarempfänger, der auf die Frequenz des Heck-Warnradargeräts ›Monica‹, mit dem damals fast alle RAF-Bomber ausgerüstet waren, abgestimmt war. Das andere Gerät ›Naxos‹ war auf das britische H2S-Radargerät abgestimmt. Als die erbeutete Ju 88 in Farnborough nachgeflogen wurde, hatte der RAF-Pilot keinerlei Schwierigkeiten, sich aus 70 Kilometern Entfernung zum Zielanflug in Schußposition hinter eine ›Lancaster‹ zu setzen. Das nur mit Hilfe des ›Flensburg‹-Empfängers, der auf das Heckradar ›Monica‹ abgestimmt war. Auch das ›Naxos‹-Gerät erwies sich als geeignet, einen Zielanflug auf die H2S 10-Zentimeter-Strahlen zu machen.

Nun war es erwiesen, wie die Deutschen die Auswirkungen von ›Window‹ hatten ausschalten können. Sie hatten neue Methoden entwickelt, um das SN2 und die Zielanflugradargeräte nutzbar zu machen. Diese Verfahren wurden ›Zahme Sau‹ genannt. Nachtjäger flogen Warteschleifen über Funkfeuern, von wo sie mittels ›Freya‹ und einer ›Freya‹-Version mit Sternschreiber, auch ›Jagdschloß‹ genannt,

an die Bomberströme herangeführt wurden. Diese riesigen Geräte arbeiteten auf 150 MHz und waren deshalb auch durch 50-cm-›Window‹ nicht zu stören. Ihre Zweimeterantennen drehten sich langsam auf der Spitze eines turmartigen Aufbaues und wurden von einem Motor von wenigstens 140 PS angetrieben. Diese Radargeräte hatten eine Reichweite von 2 bis 120 Kilometern, lieferten aber keine Höhenangaben.
Die Wirksamkeit dieser neuen deutschen Verfahren war der Grund für die sehr schweren Verluste Anfang des Jahres 1944 gewesen. Die deutschen Jäger konnten dadurch sehr viele Luftsiege über die RAF-Bomber erringen. Einer der erfolgreichsten Nachtjäger war Major Prinz Heinrich zu Sayn-Wittgenstein, der 84 Bomber abschoß, allein vier in einer einzigen Nacht. Er fiel am 21. Januar 1944 und wurde vermutlich von einem unbekannten Bordschützen einer ›Lancaster‹ abgeschossen. Es war in der Nacht, als Magdeburg angegriffen wurde und die RAF 55 Bomber verlor.
Die Auswirkungen des unerwarteten Geschenks der verirrten Ju 88 folgten auf dem Fuße. Innerhalb von zehn Tagen war ein neues, längeres ›Window‹ verfügbar, ›Rope‹ genannt, das sich sowohl gegen das SN2-›Lichtenstein‹-Gerät wie auch gegen die älteren Radargeräte gleichsam wirkungsvoll erwies. ›Monica‹ wurde aus allen Einsatzmaschinen des Bomberkommandos ausgebaut. Die Besatzungen, die es gewohnt waren, sich auf das H2S-Gerät vom Start bis zur Landung zu verlassen, wurden jetzt angewiesen, es nur noch einzuschalten, wenn es für den Einsatz unbedingt erforderlich war.
Seit es gegen SN2-›Lichtenstein‹, ›Naxos‹ und ›Flensburg‹ britische Gegenmaßnahmen gab, befand sich die deutsche Nachtjagd in echter Bedrängnis. Gut, es wurden neue Radargeräte in Dienst gestellt. ›Neptun‹, das auf 170 MHz arbeitete, wurde bald darauf durch ›Window‹ gestört. Und schließlich auch das FuG 240 ›Berlin‹, ein 10-Zentimeter-Radargerät, das anhand eines erbeuteten Magnetrons aus dem H2S-Gerät einer zu Bruch gegangenen ›Stirling‹ entwickelt wurde. Nur etwa zehn dieser Geräte wurden jemals gebaut. Mittlerweise flogen RAF-›Mosquito‹-Nachtjäger in den Bomberströmen mit und griffen die deutschen Nachtjäger an. Aus den Jägern wurden Gejagte.

Gegen Ende 1944 wirkte sich in Form des Kraftstoffmangels ein weiterer, letztendlich entscheidender, das Schicksal besiegelnder Umstand gegen die Nachtjäger aus. Mangel an Flugbenzin, verursacht durch die Tageseinsätze auf die Ölraffinerien, beschnitt den Ausbildungs- und Einsatzflugbetrieb. Viele einsatzfähige Jagdmaschinen mußten einfach aus Spritmangel am Boden stehen. Aus diesem Grunde verringerte sich die Anzahl der Nachtjagdeinsätze von 200 auf 50 pro Nacht. Eine Lage, die sich ständig bis zum unausweichlichen Ende des Krieges verschlechterte.
Als wieder Frieden in Europa war, bahnten sich Wissenschaftlerteams ihren Weg durch die Trümmer in Deutschland und stellten einige jener technischen Meisterleistungen wie die ›Würzburg-Riesen‹ sicher. Sie erhielten neue Elektronikbauteile und wurden Universitäten zugeteilt. Mit einem ›Würzburg-Riesen‹ gelang es, die Wasserstofflinie auf der 23-Zentimeter-Welle zu orten, was die neue Wissenschaft der Funk-Astronomie begründete, die seither Pulsare, Quasare und ›Schwarze Löcher‹ im Weltraum entdeckte und bis an die äußersten Grenzen des Weltalls vordrang.

# 3. Vergeltungswaffen

Genau eine Woche nach der Landung der Alliierten in der Normandie, in den frühen Morgenstunden des 13. Juni 1944, überquerte ein kleines Flugzeug die englische Küste. Es flog in niedriger Höhe sehr schnell in Richtung London, machte ein Geräusch wie ein schweres Motorrad ohne Auspufftopf und schien zu brennen. Als es die Hauptstadt erreicht hatte, schaltete das Triebwerk plötzlich ab, das Fluggerät stürzte vornüber und explodierte in der Grove Road von Bethnan Green. Sechs Menschen fanden den Tod, eine Reihe von Häusern wurde zerstört und eine Eisenbahnbrücke schwer beschädigt. Rettungsmannschaften waren schnell zur Stelle. Nachdem sie die Opfer geborgen hatten, durchsuchten sie die Trümmer der abgestürzten Maschine nach der Besatzung. Sie suchten vergeblich und fanden niemanden. Es gab keine Besatzung.

Die unglücklichen Bürger, die an jenem Junimorgen 1944 getötet wurden, waren die ersten Opfer in einem neuen Abschnitt der Kriegsführung, dem Einsatz von Fernlenkwaffen. Der Vorfall in der Grove Road war nicht der einzige. Vier derartige unbemannte Flugzeuge hatten die Küste überquert. Aber nur das eine, dem es gelang, bis in das Stadtzentrum einzudringen, war auch das einzige gewesen, das Schaden angerichtet hatte. Es sollte nicht das letzte sein. Innerhalb der nächsten 24 Stunden wurden 393 abgefeuert. Und noch bevor das Bombardement vorüber war, waren 6000 Menschen getötet und 18 000 schwerverletzt worden, die meisten davon in London.

Die Presse nannte sie zuerst ›Roboterflugzeuge‹. Aber allgemein wurden sie ›Brumm-Bomben‹ oder ›Doodlebugs‹ (Wünschelruten) genannt. Die Deutschen bezeichneten sie als V 1 (= Vergeltungswaffe Eins).

Obwohl die breite Öffentlichkeit nichts von der V 1 wußte, bis sie tatsächlich über England auftauchte, war sie der Regierung bereits seit dem vergangenen September bekannt. Und nicht nur die fliegenden Bomben, sondern auch gelenkte Fernraketen. In seinem Bericht vom 25. September 1943 hatte bereits Dr. Jones davor gewarnt:

> »Viele Nachrichten sind gesammelt worden. Unter Berücksichtigung aller Ungenauigkeiten, die oft in einzelnen Darstellungen unterlaufen, bieten sie doch ein umfassendes Bild, das trotz aller irreführenden Einflüsse durch die Propaganda nur eine Erklärung zuläßt. Die Deutschen haben umfassende Forschungsarbeiten mit Fernlenkraketen betrieben . . . Ihre Versuche haben natürlich auch Schwierigkeiten mit sich gebracht, die wahrscheinlich eine Serienfertigung noch verzögern. Wenn Hitler die Raketen zum frühestmöglichen Zeitpunkt unter allen Umständen an der Front haben möchte, dürfte dieser Zeitpunkt wahrscheinlich in einigen Monaten bevorstehen.
> Es ist anzunehmen, daß auch die deutsche Luftwaffe einen unbemannten Flugkörper für Fernangriffe im Wettbewerb mit der Rakete des Heeres in Entwicklung hat.«

Deutsches Originalfoto einer V 1 unmittelbar nach dem Start.

*Unten:* Schemazeichnung einer V 1 auf der Grundlage von nachrichtendienstlichen Kriegserkenntnissen der Briten und der Untersuchung von Bruchstücken. (Die Einsatz-V 1 hatten keine Trapezflügel!)

**Das deutsche unbemannte Flugzeug**

GEHEIM

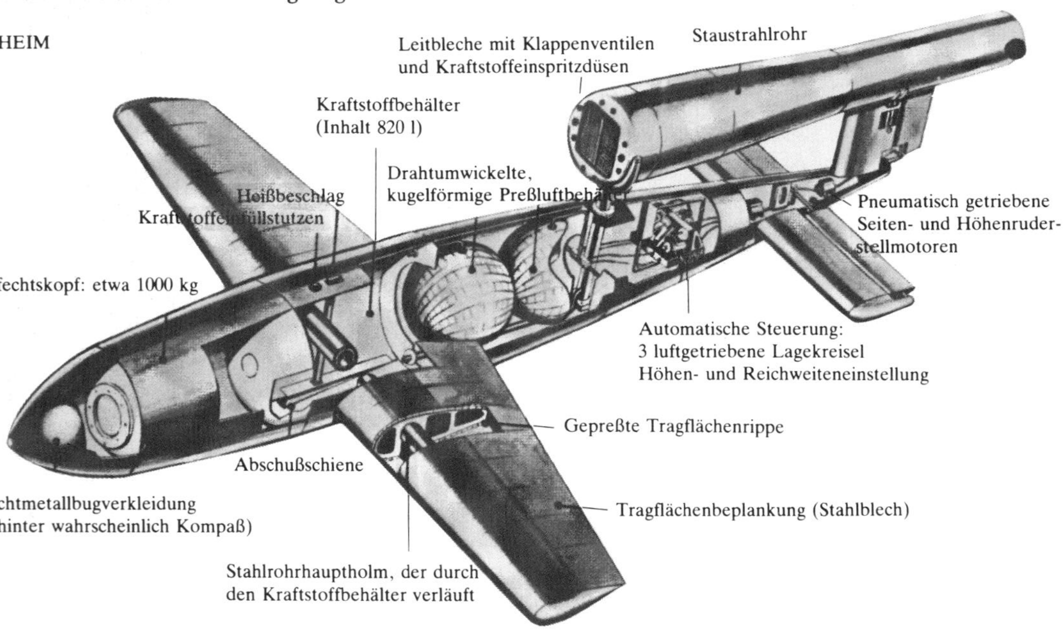


Jones' Schlußfolgerung aus den verfügbaren Feindnachrichten war sehr zutreffend. Das unbemannte Flugzeug, die V 1 war tatsächlich erst entdeckt worden, als das Vorhandensein der vom Wirkungsgrad her gesehen, viel gefährlicheren Raketen nachgewiesen werden konnte. Die Aufdeckung der Rätsel über diese geheimsten deutschen Waffen ist eine Geschichte von Spionage, Nacht- und Nebel-Aktionen, Streitereien zwischen Wissenschaftlern auf höchster Ebene, Luftbildaufklärung größten Ausmaßes und wissenschaftlicher Nachrichtendiensttätigkeit. Der erste Hinweis auf die deutschen Versuche mit weitreichenden Raketen war, wie schon erwähnt, im ›Oslo-Report‹ enthalten. Hier wurde auch eine geheime Erprobungsstelle in einem Ort namens Peenemünde erwähnt. Zusätzlich gab es

General Ritter von Thoma (links im Bild).

die Rede Hitlers in Danzig im September 1939, in der er mit Geheimwaffen gedroht hatte, »mit denen wir selbst nicht angegriffen werden können«.
Seitdem gab es überhaupt keine weiteren Hinweise bis Mitte Dezember 1942, als ein dänischer Chemie-Ingenieur dem britischen Nachrichtendienst von einer Unterhaltung berichtete, die er in einem Berliner Restaurant belauscht hatte. Dabei ging es um die Erprobung einer großen Rakete an einem Ort in der Nähe von Swinemünde an der Ostsee. Es wurde mitgeteilt, daß die Rakete eine Reichweite von 210 Kilometern haben solle und einen Gefechtskopf von 5 Tonnen tragen könne. Eine weitere Meldung aus einer anderen Quelle stellte im Februar 1943 fest, daß »die Rakete zehn Tonnen Sprengstoff über 110 Kilometer befördern könne«. Und es wurde hinzugefügt, daß die Versuche in Peenemünde an der Ostsee stattfänden. Dies war die erste Bestätigung des im ›Oslo-Report‹ erwähnten Ortes. Alle bisherigen Hinweise darauf stammten aus zweifelhaften Quellen. Der ›Oslo-Report‹ war zum Beispiel von vielen als Spielmaterial der deutschen Abwehr abgetan worden, und die Zuverlässigkeit des dänischen Ingenieurs war zu jener Zeit noch nicht überprüft worden.
Weitere Beweise über das Vorhandensein einer weitreichenden Rakete ergaben sich dann am 22. März 1943, die man nicht außer acht lassen durfte. Sie stammten von einem hohen deutschen General aus dem Stabe Rommels, dem Ritter von Thoma. Er war zusammen mit einem anderen Truppenführer des Afrika-Korps, General Crüwell, in Nordafrika in Gefangenschaft geraten und im November 1942 nach London gebracht worden. Hier waren sie einem der ältesten Vernehmungstricks zum Opfer gefallen. Nach ihrer Vernehmung kamen die beiden Männer, die sich kannten und einander vertrauten, gemeinsam in ein Zimmer, wo sie offen miteinander sprachen, nicht ahnend, daß der Raum mit Abhörgeräten ausgestattet war. Dr. Jones, daran sei erinnert, hatte bereits schon einmal entscheidende Anhaltspunkte bei der Suche nach der Beschaffenheit deutscher Leitstrahlen durch die gleiche Methode erhalten. Er erinnert sich:

»General von Thoma sagte etwas wie: ›Ja, wissen Sie, da muß irgend etwas mit diesen Raketen schiefgelaufen sein, denn ich sah sie selbst zusammen mit Feldmarschall von Brauchitsch vor achtzehn Monaten, und der leitende Major sagte damals, daß man sie in wenigen Monaten einsatzreif haben werde. Jetzt sitzen wir hier in der Nähe von London und haben noch keine Einschläge gehört. Es scheint sich nichts getan zu haben‹ . . .«

Jones hatte diesen Bericht über die Unterhaltung zusammen mit einem Kollegen vom Nachrichtendienst gelesen, der sagte: »Schau, wir hätten diese Raketen doch ernst nehmen sollen.« Jones stimmte zu, denn es schien sehr unwahrscheinlich zu sein, daß von Thoma vorsätzlich falsche Informationen verbreitete. Außerdem erhärtete die freie und offene Unterhaltung der Generäle Berichte aus anderen Quellen. Von nun an begann man, die deutschen Fernwaffen ernst zu nehmen.

Aus Jones' Sicht war das unmittelbare Ergebnis unbefriedigend, denn er fühlte, daß handfestere Informationen erforderlich wären, um den Stabchefs einen stichhaltigen Bericht vorlegen zu können. Immerhin vertrat die Abwehr des Kriegsministeriums die Ansicht, daß die V-Waffen eine derart große Bedrohung darstellten, daß diese Kenntnisse nicht auf Nachrichtendienstkreise beschränkt bleiben dürften, sondern sofort weitergeleitet werden müßten. Das Ergebnis hiervon war, daß Generalleutnant Nye, stellvertretender Stabschef des Britischen Generalstabs, nach Erhalt einer Zusammenfassung aller erreichbarer Erkenntnisse sofort den Rat von Dr. A. D. Crow einholte. Er war Wissenschaftler im Beschaffungsministerium und mit der britischen Raketenwaffenentwicklung befaßt. Ferner wurde auch Professor C. D. Ellis gehört, der wissenschaftlicher Berater im Heeresrat war. Das führte zu einem Bericht an die Stabschefs am 11. April 1943, der den Titel ›Die Entwicklung deutscher Fernraketen‹ trägt. Er enthielt alle verfügbaren Fakten und wies auf die Gefahr einer Bedrohung durch deutsche Fernraketen hin sowie auf Vorschläge für mögliche Gegenmaßnahmen.

Der inhaltsschwerste Punkt des Dokumentes war eine kritische technische Bewertung einer Zweistufenrakete, die eine Reichweite von 210 Kilometern bei einem Gewicht von 9,5 Tonnen, einer Länge von 29 Metern und einer Nutzlast von 1,25 Tonnen Sprengstoff haben sollte. Die Rakete würde von einer großen Abschußrampe abgefeuert, »sofern nicht ein äußerst genaues Lenkverfahren entwickelt worden sei«. Über die Antriebsart wurden keine Hinweise gegeben. Jegliche Angaben über Reichweite und Nutzlast konnten daher nur Vermutungen bleiben. Im Hinblick auf den Stand der britischen Raketenentwicklung zu jener Zeit und der Erfahrung des Dr. Crow war anzunehmen, daß die deutschen Flugkörper von Feststoffraketen angetrieben würden, wofür aus britischer Sicht nur das rauchlos abbrennende Kordit als einzig möglicher Treibstoff in Frage kam. Die Möglichkeit der Verwendung von Flüssigkeitstreibstoffen für Flugkörper wurde offensichtlich ausgeschlossen. Diese Fehleinschätzung sollte später zu endlosen Schwierigkeiten bei der Aufklärung und den Untersuchungen führen.

Der Bericht empfahl sofortige Luftbildaufklärung und Bombenangriffe auf die Abschußrampen. Ferner sollten der Premierminister und der Minister für Innere Sicherheit davon unterrichtet werden, daß schwere Raketen das Land mit nur geringer oder gar keiner Vorwarnung treffen könnten. Dr. Jones in seiner Eigenschaft als Chef des Wissenschaftlichen Nachrichtendienstes im Luftfahrtministerium war der Ansicht, daß eine offizielle Verbreitung dieser Erkenntnisse verfrüht wäre. Selbst wenn man einräume, daß die Auslegungen über eine mögliche deutsche Fernwaffe aufgrund der verfügbaren Erkenntnisse richtig waren, vertrat

Duncan Sandys

er die Meinung, daß man dadurch nur alle in Angst und Schrecken vor feindlichen Raketenangriffen auf London versetzte, die innerhalb weniger Wochen bevorstünden, ohne zu diesem Zeitpunkt genug über diese Raketen zu wissen, um etwas gegen sie unternehmen zu können. Weitaus besser wäre es, forderte er, die Sache nicht an die große Glocke zu hängen, sondern heimlich durchsickern zu lassen, daß man hinter einer Raketenwaffe aus Peenemünde her sei und nähere Einzelheiten herauszufinden suche.

Die Stabschefs hatten einmütig zugestimmt, den Premierminister darüber in Kenntnis zu setzen, wissenschaftliche Untersuchungen darüber anzustellen und jemanden zu benennen, der verantwortlich den Stand der deutschen Fernwaffenentwicklung untersuchen solle. Dieser Mann, der am 20. April 1943 benannt wurde, war Duncan (heute Lord) Sandys.

Am Tage vor dieser Ernennung hatte das Luftfahrtministerium die Luftbildsauswertestaffel aus dem RAF-Platz Medmenham bei Henley-on-Thames beauftragt, die Auswertung und Untersuchung der deutschen Geheimwaffen vorzunehmen:

1. Genaue Ortsangaben im Zusammenhang mit diesen Waffen können nicht gegeben werden. Von nachstehenden Vermutungen ist auszugehen:
   a) Es ist eine Fernkanone.
   b) Es ist ein Raketenflugkörper, der nach dem ›Queen Bee‹ (Bienenkönigin)-Verfahren gelenkt wird (d. h. durch Funk);
   [›Queen Bee‹ war der Name eines britischen funkgesteuerten Zieldarstellungsflugkörpers, eine sogenannte Zieldrohne].
   c) Es ist eine Art von Röhre oder Silo in einem stillgelegten Bergwerk, aus dem eine Rakete abgeschossen werden kann.
2. Die Nachforschungen der Luftbildauswertestaffel sollen darauf abzielen, folgende Punkte zu klären:
   a) Wo wird die Waffe gebaut?
   b) Wo wird sie erprobt?
   c) Art und Funktion der Waffe?
   d) Welche Baulichkeiten oder Anlagen im Umkreis von 210 Kilometern um London und Southampton eignen sich als Abschußbasen?

3. Luftaufklärung und Bildauswertung ist für das Gebiet innerhalb von 210 Kilometern von London und Southampton durchzuführen. Die hierzu verwendeten Bildbelege dürfen nicht älter als vom Januar 1943 sein. Alle Lücken in den Luftbildunterlagen sind sofort durch zusätzliche Flüge zu füllen.
4. Diesem Auftrag ist höchstmögliche Dringlichkeit einzuräumen.

Duncan Sandys war zu jener Zeit Vertreter des Beschaffungsministers. Zu Beginn des Krieges hatte er bei einer Flakeinheit in Norwegen im Einsatz gestanden. Später führte er eine Flugabwehr-Raketen-Versuchseinheit. Doch durch die Folgen eines Autounfalls wurde er dienstunfähig und erhielt den Posten eines Staatssekretärs im Beschaffungsministerium, wo er beachtliche Erfahrungen in der Waffenentwicklung sammeln konnte. Er forderte, daß in Ergänzung zur Bildaufklärung der in Nordfrankreich vermuteten Startrampen die Luftbildaufklärung auch auf Erprobungsstellen auszudehnen sei. Sie lägen wahrscheinlich in Küstengegenden, abseits von besiedelten Gebieten und außerhalb der Reichweite alliierter Bomber. Ein geeigneter Platz könne Peenemünde auf der Ostseeinsel Usedom sein. Er wies die Bildauswertestaffel vom RAF-Platz Medmenham an, die schon vorliegenden Luftbildunterlagen von Peenemünde nochmals auszuwerten und erneut Bildaufklärungsflüge dorthin anzusetzen.
Die ersten Luftaufnahmen von Peenemünde waren im Mai 1942 ganz zufällig von einem Piloten aufgenommen worden, der zu einem Einsatz nach Kiel gestartet war. »Umfangreiche Baumaßnahmen und einige merkwürdige elliptische Erdwälle« wurden gemeldet und die Bilder dann im Bildarchiv abgelegt. Bis zum 22. April 1943 waren vier weitere Einsätze über diesem Ziel geflogen worden. Es war der Tag, an dem eine hochfliegende ›Mosquito‹ von der Luftbildaufklärungsstaffel aus Benson eine Gesamtübersichtsaufnahme von der Halbinsel Peenemünde mit zurückbringen konnte.
Aufgrund der Bildauswertungen und Untersuchungen erstellten die Auswerter von Medmenham ihren Bericht. Einige lange Bauten an der Nordküste des Peenemünder Geländes wurden als eine Art von Schlammpumpwerk angesehen, die zur Landgewinnung dienten. Zwei sehr große fabrikartige Gebäude wurden im Südosten festgestellt. Einige elliptische Erdwälle lagen nahe der Nordspitze der Halbinsel. Außerdem zeigten die Fotos ein Kraftwerk an der Westküste und südlich davon drei große runde Erdwälle. Die vorläufige Erklärung für die großen Gebäude besagte, daß sie »möglicherweise ein Nitrierwerk« seien. Von einem anderen Gebäude wurde angenommen, daß es einem Ammoniakwerk ähnlich sähe, weil es mit anderen derartigen Gebäuden an anderen Orten übereinstimmte. Der allgemeine Eindruck von dem Gelände deutete auf die Produktion von Sprengstoffen hin. Der Bericht schloß:

> »Eine große weiße Rauch- oder Dampfwolke ist zu sehen, die in nordwestlicher Richtung vom Gelände zieht. Auf dem Luftbild 5010 ist ein Objekt von etwa 8 Metern Länge zu sehen, das an der seewärts gelegenen Seite des Gebäudes in nordwestlicher Richtung zeigt. Als das Bild Nr. 5011 vier Sekunden später aufgenommen wurde, war dieses Objekt verschwunden, und eine kleine weiße Rauch- oder Dampfwolke entströmte der Seeseite des Gebäudes.«

Was die Bildauswerter nicht wissen konnten, war die Tatsache, daß sie ein Luftbild der 21. A 4-V-Waffe vor sich hatten, die gerade auf der Versuchsrampe Nr. 7 einen Prüflauf machte. Noch bevor die ›Mosquito‹ auf ihrem Heimatplatz in Benson landete, war diese Rakete zu Versuchszwecken erfolgreich in das Zielgebiet in der Ostsee abgefeuert worden.

›Mosquito‹ der 1. PRU (Photo Reconnaissance Unit). Diese Flugzeuge flogen bei Tage Ferneinsätze über Deutschland zur Bildaufklärung, einschließlich der bedeutenden Entdekkung von Peenemünde. Weil sie unbewaffnet waren, mußten sie sich alleine auf ihre Geschwindigkeit von 640 km/h verlassen, um deutschen Jägern zu entkommen.

Eine Gruppe von Wissenschaftlern und Ingenieuren vom Beschaffungsministerium besuchte Medmenham, um über die Beschaffenheit der soeben erprobten Waffe zu beraten. Zu dieser Zeit galt ihr Arbeitsschwerpunkt nur den Raketenwaffen. Bei dem nächsten Treffen am 29. April im Büro von Sandys wurde folgende Übereinstimmung erzielt:

»1. Die ganze Anlage ist wahrscheinlich eine Erprobungsstelle.
2. Das ganze Gebiet ist noch nicht in vollem Betrieb. Es ist wahrscheinlich ein Sprengstoffwerk.
3. Die runden und ellipsenförmigen Anlagen dienen wahrscheinlich der Erprobung von Sprengstoff und Geschossen.
4. Falls Flugkörper tatsächlich hier erprobt werden, ist ihr Einsatzwert bisher noch nicht über das Versuchsstadium hinaus gediehen. Das Gelände ist auf alle Fälle weiterhin durch regelmäßige Luftbildaufklärung zu überwachen.
5. Angesichts obiger Feststellungen wird deutlich, daß eine schwere Fernrakete noch keine unmittelbare Bedrohung darstellt.«

Am 14. Mai forderte Sandys weitere Bildaufnahmen von Peenemünde an. Zwei Einsätze wurden geflogen. Die Auswerter von Medmenham entdeckten, daß ein großer Teil der Arbeiten 8000 Meter unter der Luftbild-›Mosquito‹ vorangeschritten waren. Es gab jetzt regen Fahrzeugverkehr. Ein Transportfahrzeug war anscheinend beladen mit einem ›zylindrischen Objekt‹ von 9 Meter mal 2,5 Meter, das über den zweiten Anhänger hinausragte. Der zweite Bildaufklärungseinsatz an jenem Tage enthüllte ein weiteres dieser ›Objekte‹. (Die außergewöhnliche Betriebsamkeit, die von der RAF festgestellt wurde, war gewiß reichlich ungewöhnlich, denn an jenem 14. Mai besuchte ein hoher Parteifunktionär, Gauleiter Fritz Sauckel, Generalbevollmächtigter für den Arbeitseinsatz, die Raketenerprobungsstelle und der Chef der Heereserprobung, Oberst Stegmaier, war natürlich bestrebt, einen guten Eindruck zu erzielen.)
Zwei Tage später konnten die Auswerter als Ergebnis von Aufklärungsflügen über Nordfrankreich beachtliche Baumaßnahmen auf einer Baustelle im Wald von Eperlecques entdecken, etwa zwei Kilometer von Watten bei Calais entfernt. Die Luftbilder zeigten ein riesiges im Bau befindliches Betonbauwerk in einer gerodeten Waldlichtung, die in etwa einer Kiesgrube ähnelte. Die Baustelle hatte

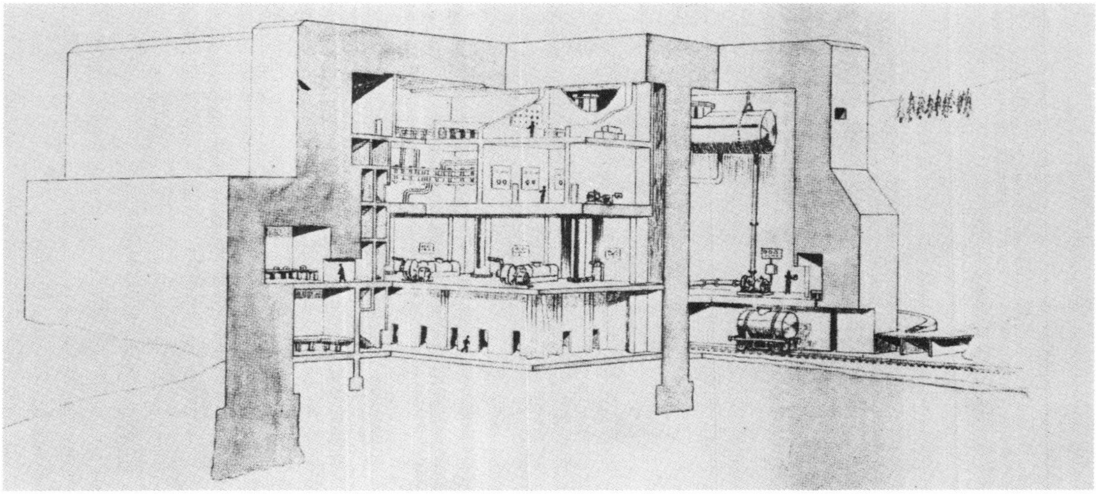

Aufrißzeichnung britischer Nachrichtendienstoffiziere anhand von Erkenntnissen über die Stellung bei Watten.

Eisenbahnanschluß. Die Auswertegruppe vermochte das eigenartige Bauvorhaben mit keinem gewöhnlichen militärischen Zweck in Verbindung bringen. Deshalb lag die Vermutung nahe, daß es sich um eine denkbare V-Waffen-Abschußanlage handelte.

Aufgrund der glaubhaften Meldungen von Flugzeugbesatzungen und zusätzlicher Agentenhinweise gab Sandys einen ersten Bericht heraus. Dieser sollte, wie Lord Sandys 1976 in einem Interview sagte, zu unmittelbaren Meinungsverschiedenheiten führen:

»Ich setzte das Kriegskabinett davon in Kenntnis, daß nach meiner Überzeugung die Deutschen dabei sind, eine Fernwaffe zu entwickeln. Aber meiner Ansicht wurde nicht bereitwillig gefolgt. Vor allem hielt Professor Lindemann (heute Lord Cherwell und Staatssekretär im britischen Schatzamt) dagegen, daß eine derartige Rakete einen Korditantrieb haben müsse. Und daß dieser rauchlose Sprengstoff Kordit nur in einem dicken Stahlmantel gezündet werden könne. Dies würde bedeuten, daß die Raketenwaffe so etwa zwischen sechzig und hundert Tonnen wiegen müsse, was kaum vorstellbar sei.

Ohne selbst Wissenschaftler zu sein, lehnte ich ab, mich in eine wissenschaftliche Auseinandersetzung ziehen zu lassen. Ich vertrat die sehr einfache Ansicht, selbst wenn Professor Lindemann nicht wisse, wie man eine Fernwaffe bauen könne, so müsse das nicht unbedingt bedeuten, daß die Deutschen nicht wüßten, wie so etwas zu schaffen sei. Es war ganz klar, daß die Deutschen außerordentliche Anstrengungen diesem Projekt widmeten, und es mußte deshalb ernst genommen werden.«

Die Reaktion von Lord Cherwell auf den Bericht von Sandys war der Anfang eines langwierigen Streites, der die wissenschaftlichen Untersuchungen darüber in Zukunft beeinträchtigen sollte. Es ging, mit einfachen Worten ausgedrückt, nur darum, daß eine Rakete mit rauchlosem oder Feststofftreibsatz für praktische Einsatzzwecke zu groß sein würde und jede andere Lösung, besonders mit Flüssigkeitsantrieb, jenseits des damaligen technischen Entwicklungsstandes lag. Deshalb wäre die Rakete eine fein ausgeklügelte Täuschung, um eine andere Waffe, vielleicht eine Fliegende Bombe, zu verheimlichen. Allein die Geschichte konnte bestätigen, ob Lord Cherwell mit seinen Ansichten richtig oder falsch lag. Inzwischen wurde seine Abneigung Sandys gegenüber durch andere als rein wissenschaftliche Meinungsverschiedenheiten erschwert.

Lord Sandys möchte sich bis zum heutigen Tage nicht hierüber öffentlich äußern. Andere teilen allerdings seine Zurückhaltung nicht. So stellte Professor Jones zum Beispiel 1977 fest:

»Gewiß, die Schwierigkeit lag natürlich darin begründet, daß Lord Cherwell Duncan Sandys nicht recht leiden konnte. Und als Duncan Sandys den Anzeichen für die Raketenentwicklung Glauben schenkte und ausdrückte, daß sie eine sehr ernste Gefahr darstellten, behauptete Cherwell das Gegenteil und erklärte, daß es noch nichts dergleichen wie eine Rakete gäbe.«

Vermutlich hatte Lord Cherwell, ein hervorragender Wissenschaftler, das Empfinden, daß eigentlich er selbst die Untersuchung hätte leiten sollen und nicht Duncan Sandys, der nie darauf Wert legte, irgendwelche wissenschaftlichen Absichten zu verfolgen. Ein wesentlicher Teil der Beweise für eine deutsche Fernwaffe war bisher durch Luftbilder erbracht worden. Anerkennung gebührt denen, die diese weiten, einsamen Aufklärungsflüge mit unbewaffneten Flugzeugen bei Tage über Feindgebiet geflogen hatten. Sie hatten Verfahren entwickelt, die zu jener Zeit allen anderen Nationen weit voraus waren. Bis tief in die Kriegszeit hinein hatten die Deutschen die Britische Insel nicht wesentlich durch Luftaufnahmen aufgeklärt. Im Gegensatz hierzu hatten die alliierten Aufklärungsstaffeln bis zum Kriegsende das ganze deutsche und deutschbesetzte Gebiet zweimal mit Luftbildern insgesamt aufgenommen. Und wenn Fehler bei der Auswertung auf der Suche nach den deutschen V-Waffen gemacht wurden, so nur aus dem Grunde, weil es ein ganz neues Aufgabengebiet für die Bildauswerter war, die an und für sich dafür ausgebildet worden waren, übliche militärische Anlagen und Truppenbewegungen zu erkennen.
Von jetzt an wurde Peenemünde zweimal in der Woche von ›Mosquito‹-Aufklärern fotografiert. Eine Luftaufnahme des Luftbildeinsatzes N/853 vom 12. Juni 1943 zeigte, daß das Küstenvorfeld aufgeschwemmt worden war und darauf »etwa 145 Meter von dem am weitesten im Südosten befindlichen Schutzdamm ein senkrechter, wie eine Säule aussehender Gegenstand von 12 Metern Höhe und einem Meter Durchmesser stand«.
Jones bekam die Bildabzüge in die Hand und sah, »was mir wie der Umriß einer Rakete vorkam, ungefähr 12 Meter lang mit einer Heckflosse von etwa 3 Metern Länge und ungefähr 3 Metern Durchmesser an der Basis«.
Diesem Bericht hatten die Bildauswerter ergänzend hinzugefügt:

»Der Gegenstand ist 10,5 Meter lang und scheint an einem Ende stumpf zu sein. So wie das Objekt auf den Luftbildern aussieht, steht es im Einklang mit der Angabe, daß es ein Zylinder ist, der auf der einen Seite konisch zuläuft und mit drei kreisförmig angeordneten Steuerflossen versehen ist.«

Selbst mit dieser vorliegenden Bildbestätigung hielten sich die Auswerter bemerkenswert zurück, die ›Objekte‹ als Raketen zu bezeichnen.
Angesichts dieser neuen Auslegungen seitens Jones' wurde eine Nachauswertung aller früheren Luftbilder von Peenemünde vorgenommen. Sie zeigte, daß ähnlich geformte Objekte auf Eisenbahnplattformwagen zusammen mit einigen Eisenbahntankwagen, was äußerst bedeutend war, entdeckt werden konnten.
Lord Cherwell hielt immer noch daran fest, daß die ganze Anlage ein Täuschungsmanöver darstelle, selbst noch, als man ihm das Luftbild vorlegte, das deutlich eine raketenähnliche Form zeigte. Inzwischen war Jones bemüht, nachrichtendienstliche Meldungen aus anderen Quellen zu sammeln. Seine Maßnahmen

bewiesen, daß im Nachrichtenwesen die Gewinnung von Informationen nur die eine Seite der Medaille zeigte. Das Wesentliche ist, was man aus den Informationen macht. Mit der Durchsetzung seiner Ansicht über die Bedeutung von Peenemünde hatte er dies in großartiger Weise bewiesen.
Jones vertrat den Standpunkt, falls das ganze Gelände von Peenemünde eine riesige Schein- und Täuschanlage wäre, worauf Lord Cherwell beharrte, konnten die Deutschen im besten Falle nur hoffen, daß es die Alliierten angreifen würden. Diese Hoffnung hätten sie wohl kaum, wenn die Anlage tatsächlich eine echte Erprobungsstelle wäre. Er konnte es anhand eines sehr kleinen Beweisstückes (›Ultra‹) nachweisen, das er aus einer anderen Untersuchung gewonnen hatte. Es war das Rundschreiben eines untergeordneten Angestellten der Luftwaffenverwaltungsorganisation an alle deutschen Luftwaffenerprobungsstellen, in dem die Kraftstoffzuteilungen festgelegt wurden. Dieses anscheinend unbedeutende Schriftstück nahm keinen direkten Bezug auf Peenemünde, doch am Ende trug es den Verteiler, in dem die Empfänger nach ihrer Wichtigkeit aufgeführt waren: Peenemünde stand an zweiter Stelle, gleich hinter Rechlin, dem ›deutschen‹ Farnborough. Später sah Jones das so:

> »Es bewies, daß Peenemünde so bedeutungsvoll war wie unser Farnborough. Und was man auch immer an Kritik über diese Einrichtung geäußert haben mag, nur wenige von uns hätten sich darüber gefreut, wenn es zerbombt worden wäre.«

Jones brachte noch weitere Beweise bei, die über die Tätigkeiten in Peenemünde Aufschluß gaben. Er war sich darüber bewußt, daß die Deutschen Radar verwenden müßten, um die Flugkörper zu verfolgen. Am ehesten mußten für diese Aufgabe die 14. und 15. Kompanie des Luftnachrichtenversuchsregimentes in Frage kommen. Er hatte recht. Eine ›Ultra‹-Meldung besagte, daß ein Kommando dieses Regiments abgestellt worden war, um eine Radarstellung nördlich von Peenemünde auf der Insel Rügen einzurichten. Ein zweites Kommando wurde auf die Ostseeinsel Bornholm, 150 Kilometer nordostwärts von Peenemünde, entsandt. Diese Schlußfolgerung sollte sich im späteren Verlauf der V-Waffen-Geschichte als bedeutend erweisen.
Wie zur Bekräftigung dieser nachrichtendienstlichen Erkenntnisse lag nun auch eine gestochen scharfe Luftbildserie vor, die am 23. Juni von Oberfeldwebel Peek in dem bisher erfolgreichsten Luftbildeinsatz fotografiert worden war. Diese zeigte ohne jeden Zweifel, daß Raketen in der Nähe von einem Prüfstand lagen. Sandys war nun überzeugt und forderte aufgrund seines Berichtes, in dem er alle Beweise zusammenfaßte, die unverzügliche Bombardierung der Anlagen von Peenemünde. In einer Kabinettssitzung vom 29. Juni wurde entschieden, daß es mit dem größtmöglichen Nachtverband, den das Bomberkommando für einen gezielten Angriff aufbieten könne, bombardiert werden solle. Allerdings schloß die große Entfernung einen sofortigen Angriff aus, weil die Nächte im Juni/Juli dafür einfach nicht lang genug waren.
Eine Lagebesprechung im Hauptquartier des Bomberkommandos beriet über die beste Möglichkeit, dieses schwierige und weit entfernte Ziel anzugreifen. Luftmarschall Sir Arthur Harris schrieb darüber:

> »Man muß sich daran erinnern, daß zu jener Zeit unsere einzigen erfolgreichen Bombenangriffe auf einzelne Fabriken in Deutschland von kleinen Bomberverbänden mit außergewöhlich erfahrenen Besatzungen durchgeführt worden waren. Sie flogen entweder am Tage oder nachts, wenn ungewöhnlich gute Sichtverhältnisse herrschten,

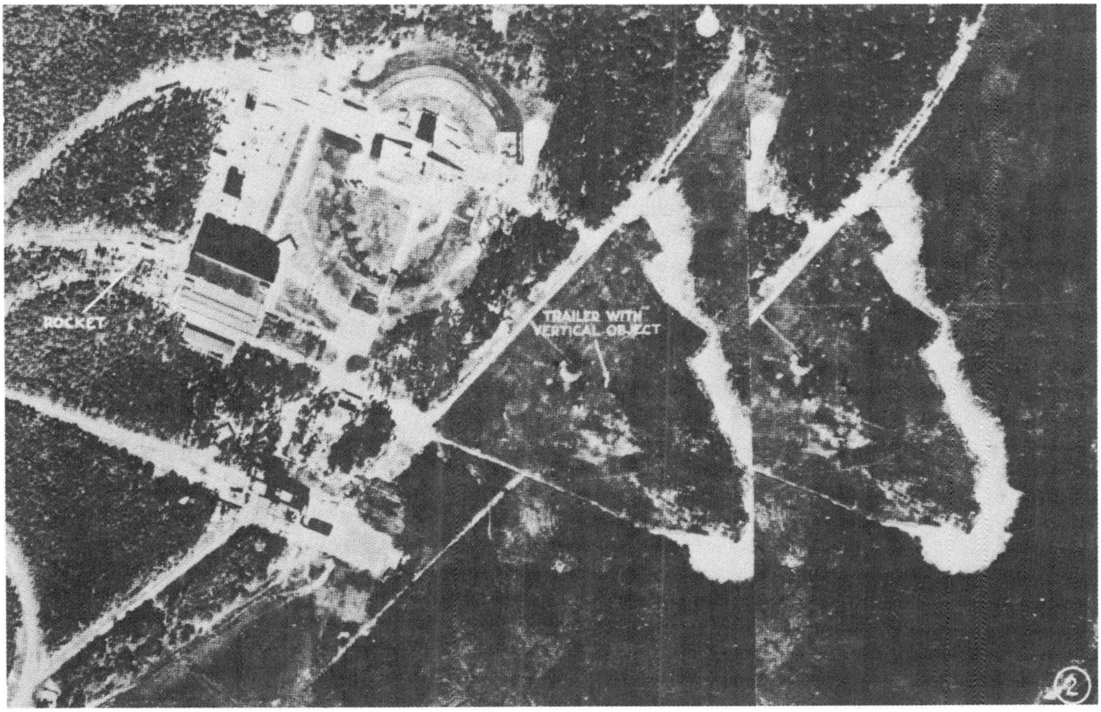


Stereodoppelbild aus einer Serie erstaunlich scharfer Fotos von Oberfeldwebel Peek, die er vom Einsatz über Peenemünde am 23. Juni mit zurückbrachte. Ein Anhänger mit ›senkrechtstehendem Objekt‹ und eine Rakete sind zu sehen.

um das Ziel bei Nacht auch zu erkennen. Beim Angriff auf Peenemünde war mir klar, daß ich die gesamte Bomberflotte einzusetzen hatte, um die Zerstörung eines Zieles von so wesentlicher strategischer Bedeutung sicherzustellen. Außerdem mußte der Angriff bei Mondschein erfolgen. Ohne Frage mußte man sich für die Zielfindung und -markierung eines derartigen Objektes nur auf das H2S-Verfahren verlassen, denn Peenemünde lag außerhalb der ›Oboe‹-Reichweite. Selbst bei Mondschein mußte es ein äußerst schwieriger Auftrag sein, die gesamte Erprobungsstelle zu zerstören.
Die Gebäude lagen aufgelockert in einem schmalen Streifen entlang der Küste . . . es müßten sicher mehrere Zielpunkte festgelegt und den einzelnen Angriffswellen zugeteilt werden.«

Der Angriff war für die Nacht vom 16. zum 17. August angesetzt. In den davorliegenden zwei Wochen wurden die Einsatzpläne ausgearbeitet. ›Pfadfinder‹ und sehr erfahrene Besatzungen des 5. Geschwaders sollten den Angriff anführen, wobei ein Leitbomber über dem Ziel kreisen sollte, um dem Hauptbomberpulk über Funk die genaue Lage der Zielmarkierungsbomben durchzugeben. Man machte sich einige Sorgen, daß Rauch die Zielpunkte verdecken könnte. Deshalb wurde festgelegt, daß die ›Lancaster‹ des 5. Geschwaders zeitlich genau abgestimmt von der Insel Rügen, die auf ihren H2S-Radargeräten gut zeichnete, anfliegen sollten. Probeflüge wurden über einem Zielgebiet ähnlicher Küstenregionen in England durchgeführt, wobei die Treffgenauigkeit von 1000 auf 300 Meter verbessert wurde.
Soweit es die britische Öffentlichkeit betraf, war die Bedrohung durch deutsche V-Waffen noch ein strenggehütetes Geheimnis. Die wahre Beschaffenheit des Zieles wurde nicht einmal den RAF-Bomberbesatzungen offenbart. Ihnen hatte man schlicht gesagt, daß das Ziel mit Radar zu tun habe und derart wichtig sei, daß der Angriff in der nächsten Nacht wiederholt werden müsse, wenn der erste

Einsatz fehlschlüge. Die Besatzungen wurden dann angewiesen, daß die Bombenanflüge aus nur 2400 Metern Höhe erfolgen sollten, weit unterhalb der üblichen Angriffshöhe, um die Treffgenauigkeit zu erhöhen.
Um die unvermeidlichen Ausfälle dieses bei hellem Mondlicht bis an die Grenze der Reichweite führenden Angriffs möglichst einzuschränken, wurde ein Ablenkungsmanöver eingeplant. Es beruhte bis zu einem gewissen Maße auf der Tatsache, daß Peenemünde noch nie zuvor angegriffen worden war, und der Anflugweg der Bomber über weite Strecken der gleiche war wie nach Berlin, das natürlich schon mehrfach bombardiert worden war. Ein kleiner ›Mosquito‹-Verband sollte tatsächlich auch die Stadt angreifen und ›Window‹-Streifen abwerfen. Man hoffte auf diese Weise, die deutschen Jägerleitoffiziere zu täuschen und sie vermuten zu lassen, daß der Hauptangriff Berlin gelte.
Sechshundert Bomber starteten zum Einsatz. Der Ablenkungsplan klappte. Alle Anzeichen auf den deutschen Radarschirmen deuteten auf einen massierten Angriff gegen die Reichshauptstadt hin. Nachtjäger hetzten in den Kampf. Als sie über den Funkfeuern bei Berlin ihre Warteschleifen flogen, wandte sich der Hauptpulk der britischen Bomber, vor der Radarüberwachung durch ›Window‹ getarnt, seinem eigentlichen Ziel Peenemünde zu.
Die ersten Bombenteppiche wurden nicht auf die Prüfstände oder die Versuchswerkstätten gelegt, sondern auf die Wohnsiedlung der Wissenschaftler. Denn diese Leute waren unersetzlich, die anderen Ziele waren zweitrangig. Die Uhr zeigte gerade eine oder zwei Minuten vor Mitternacht an, als die Leitbomben der ›Pfadfinder‹ hinabschwebten, gefolgt von Spreng- und Brandbomben. Innerhalb kurzer Zeit glich Peenemünde einem Flammenmeer.
Selbst während des Angriffs waren immer noch keine Nachtjäger zu sehen, obwohl die örtliche Flak das Feuer eröffnete und von Nebelgeneratoren künstliche Nebelschleier gelegt wurden. Die Bomben fielen in die von den ›Pfadfindern‹ gesetzten, mit farbigen Leuchtbomben markierten Zielräume. Der Angriff zog sich jedoch länger hin als geplant. Die letzten Angriffswellen der Bomber wurden von deutschen Nachtjägern abgefangen. Als sie über Berlin kreisten, hatten sie die Brände aus 180 Kilometern Entfernung im Norden ausgemacht und strebten schnurstracks in das Zielgebiet. Vierzig schwere Bomber wurden abgeschossen. Ohne das Täuschungsmanöver mit dem Ablenkungsangriff und die Gegenmaßnahmen mit ›Window‹ wären die Verluste sehr viel schwerer gewesen.

Nach ihrer Rückkehr zu den Ausgangshäfen waren die ›Pfadfinder‹-Besatzungen sicher, daß sie das Ziel erfolgreich markiert hätten. Mehr als 450 Nachtfotos waren aufgenommen worden. Es wurde behauptet, daß die Masse der Bomberflotte innerhalb von 1,5 Kilometern um den Zielpunkt getroffen habe. Die endgültige Bestätigung mußte bis zum nächsten Morgen abgewartet werden, weil der von Oberstleutnant Gordon Hughes gesteuerte Luftbildaufklärer erst um zehn Uhr über das Zielgebiet flog. Nach der Auswertung zeigten seine Luftaufnahmen, daß fünfzig der achtzig Gebäude des Entwicklungswerkes einschließlich der Konstruktionsbüros zerstört waren. Die Wohnsiedlung der Wissenschaftler war fast total zerstört.
Allerdings gab es auch einen Fehler in der Zielmarkierung, der tragische Folgen hatte und für den Luftfahrtnachrichtendienst einen folgenschweren Rückschlag bedeutete. Einige Leuchtbomben waren in ein nahegelegenes Zwangsarbeiterlager gefallen, das schwer zerbombt wurde. Professor Jones erklärte vor kurzem:

Hochaufnahme von Peenemünde mit der Lage der V-Waffen-Abschußstellungen. Aufklärerfoto nach den RAF-Bombardierungen; verschiedene Bombentrichter sind zu erkennen.

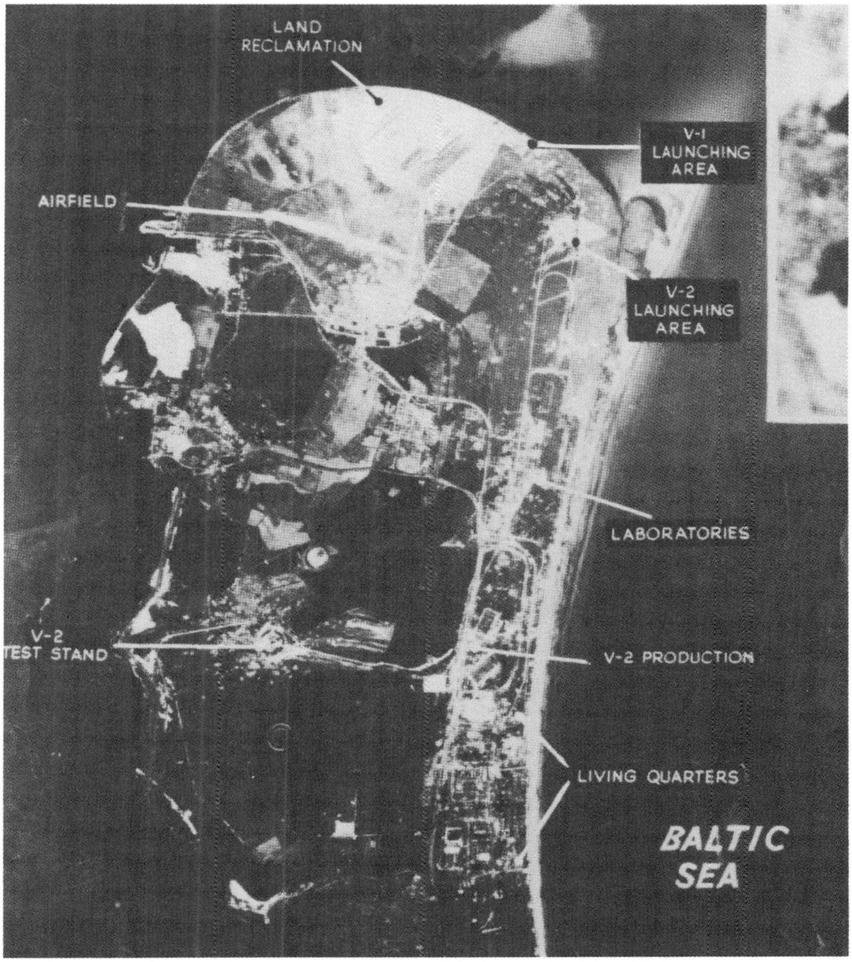


Die Unterkünfte der Wissenschaftler am Morgen nach der RAF-Bombardierung.

Albert Speer mit Hitler.

»Der gesamte Angriff lag mit 3,2 Kilometer Zielabweichung zu weit . . . Unglücklicherweise stand in diesem Bereich das Barackenlager, in dem alle Zwangsarbeiter aus den besetzten Ländern wohnten.«

Einige dieser Männer, die aus Luxemburg stammten, dienten den Briten als Agenten. Sie waren es, die Jones vor der wahren Beschaffenheit von Peenemünde gewarnt hatten; jetzt waren sie zum Schweigen gebracht worden.
Trotz dieses Irrtums waren erhebliche Schäden verursacht worden. Viele Wissenschaftler fanden den Tod, so auch Dr. Thiel, einer der Chefkonstrukteure des Projekts. Insgesamt verloren 735 Menschen, einschließlich der ausländischen Zwangsarbeiter, ihr Leben. Nach dem Kriege gaben die Deutschen an, daß der Bombenangriff das V 2-Projekt um einige Monate zurückgeworfen habe.
Albert Speer, Rüstungsminister unter Hitler, erinnert sich gut an diese Nacht:

»Ich war in einem der Flaktürme von Berlin und sah einen Glutschein am Himmel über dem Horizont. Ich hörte dann, daß es ein Großeinsatz gegen Peenemünde sei. Am nächsten Morgen ließ ich mich dorthin fliegen. Alle waren noch sehr erregt und betroffen über diesen Rückschlag. Aber im Verlauf des Tages wurde deutlich, daß die Folgen des Angriffs nicht so schwer waren wie zunächst angenommen. Viele der Ingenieure und Wissenschaftler waren getötet worden, dennoch waren Teile des Versuchsserienwerks für Raketen nicht allzu schwer getroffen worden.
Es stimmt zwar, daß das Projekt für einige Monate zurückgeworfen worden war. Aber ganz offen möchte ich sagen, daß der Entwicklungsstab eine Ausrede brauchte, weil er die Raketen verbessert hatte und ohnehin hinter den Terminplänen um einige Monate herhinkte.«

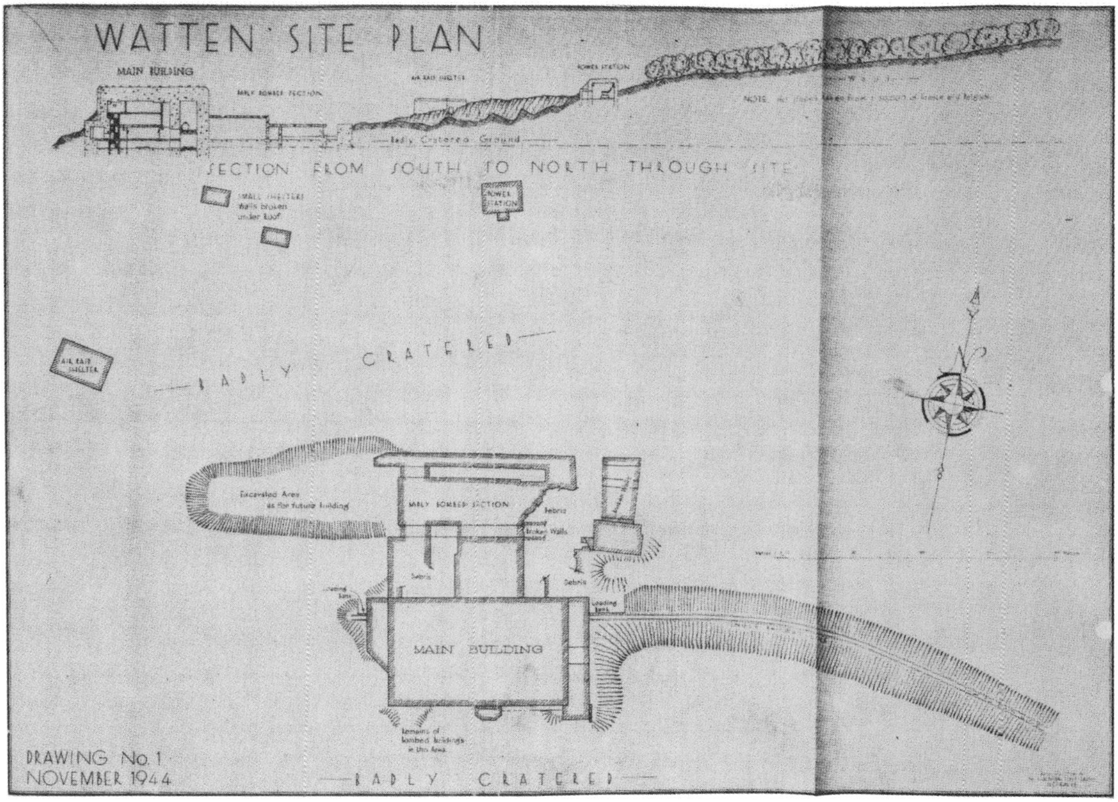


Die Stellung bei Watten; Lageplan, der von britischen Pionieren nach der Besetzung Frankreichs angefertigt wurde.

In den Wochen vor dem Angriff auf Peenemünde verringerte man die Luftaufklärungseinsätze auf das unbedingt Erforderliche, um zu verhindern, daß die deutsche Luftabwehr aufmerksam würde. Die verdächtigen Stellungen in Nordfrankreich waren hingegen mit zunehmender Häufigkeit fotografiert worden. Die Stellung in Watten wurde besonders überwacht. In Ergänzung zu den Luftbildbelegen meldete ein Agent, daß sich dort die ›Deutschen mit Fernwaffenprojekten‹ beschäftigten. Neueste Luftbilder zeigten die Stellung jetzt in bienenemsiger Tätigkeit. Neue Eisenbahngleise wurden verlegt, die in Richtung auf ein sehr mächtiges Bauwerk führten. Was zuvor wie eine Kiesgrube ausgesehen hatte, war nun verschalt und schien für das Ausgießen mit Beton bereit zu sein.
Das Vorhandensein von Fernwaffen war von den Regierungsstellen jetzt anerkannt worden; es wurde mit dem Deckwort ›Bodyline‹ versehen. Vom Ministerium für Innere Sicherheit war errechnet worden, daß bis zu 4000 Opfer von nur einem V-Waffentreffer in dichtbebautem Gebiet verursacht werden könnten. Um dieser Möglichkeit zu begegnen, wurden geheime Planungen für eine Teilevakuierung Londons angestellt. Diese beinhalteten 100 000 vordringliche Fälle, besonders Mütter mit Kindern, die in Schüben von 10 000 täglich die City zu verlassen hätten. Morrison bat das Kabinett um Freigabe eines ausreichenden Stahlkontingentes zur Errichtung von 100 000 Familienluftschutzunterständen, die nach seinem Namen benannt waren. Die Evakuierungspläne wurden später auf andere mögliche Fernwaffenziele, wie Portsmouth und Southampton, ausgedehnt.
Aus verschiedenen Nachrichtenquellen trafen ergänzende Meldungen über weitere unerklärliche Bauvorhaben bei Wissant, Noires, Bernes und Marquisse zusätz-

lich zu der Abschußstellung bei Watten ein, wo nach Agentenberichten mehr als 6000 Arbeiter eingesetzt waren. Zehn Tage nach dem Einsatz auf Peenemünde flog die 8. US Army-Luftflotte einen sehr schweren Angriff auf diese Abschußstellung. 370 Tonnen Bomben wurden von 185 B17 (›Fliegende Festungen‹) abgeworfen. Das Ergebnis dieses genau gezielten Tagesangriffs war vernichtend. Luftbildaufnahmen, die nach dem Angriff gemacht worden waren, wurden dem Baufachmann, Sir Robert MacAlpine, gezeigt. Sein Urteil lautete, daß »es für die Deutschen leichter sein würde, anderswo mit einem Bau neu anzufangen . . .«. Reichsminister Albert Speer schien den gleichen Entschluß gefaßt zu haben, denn die Arbeiten für einen neuen Fernwaffenbunker wurden an einem Ort namens Wizerns aufgenommen.

Inzwischen war am 27. August 1943 die Mitteilung einer ›gutinformierten Quelle‹ aus dem deutschen Heereswaffenamt eingetroffen. Sie wurde von Duncan Sandys als Anlage zu seinem Zwischenbericht Nr. 11 mit folgender Einleitung an die Stabschefs in Umlauf gegeben:

> »Nachrichtendienstliche Erkenntnisse.
> Ein bis ins einzelne gehender Bericht über den Entwicklungsstand der deutschen V-Waffen und über Feindpläne zum Einsatz dieser Waffen gegen England liegt vor. Er stammt aus einer außergewöhnlich gut informierten und bisher stets sehr zuverlässigen Quelle . . .
>
> 1. Es gibt zwei verschiedene Waffen: Ein unbemanntes Flugzeug, das unter der Bezeichnung ›Phi 7‹ in Peenemünde erprobt wird, und ein Raketengeschoß, A 4 (Aggregat 4) genannt, 16 Meter lang und 4,5 Meter im Durchmesser, die Nutzlast des Gefechtskopfes entspricht einer britischen 4-Tonnenbombe . . . Seine Reichweite ist 200 Kilometer und seine Dienstgipfelhöhe 35 Kilometer. Die Siemens AG in Berlin soll die Funksteuerung für beide fertigen . . . Wichtige Teile werden in den Zeppelin-Werken Friedrichshafen hergestellt (das vor kurzem von der RAF bombardiert wurde, weil man annahm, daß dort ›Würzburg-Geräte‹ gebaut würden). Weitere Baugruppen werden in ganz Deutschland verstreut hergestellt. Aber die Raketen werden in Peenemünde zusammengebaut und im scharfen Schuß erprobt. Bisher (so fährt der Bericht fort) sind etwa hundert abgefeuert worden, aber die Treffgenauigkeit war schlecht . . .
> 2. Außerdem wurden betonierte Abschußstellungen für V-Waffen bei Cherbourg und Le Harve einsatzbereit gemeldet. Weitere sind im Bau, aber nur für Lagerzwecke *denn die V-Waffen könnten erforderlichenfalls vom freien Feld aus abgefeuert werden.*
> 3. A4-Waffen werden aus eigener Kraft von leicht zu bauenden Eisenschienen aus gestartet . . . 100 sind fertiggestellt . . . Sie (die V-Waffen) werden senkrecht gestartet. Der Lärm war ohrenbetäubend.
> 4. Am 10. Juni hat Hitler vor höheren Militärs gesagt, daß London geschleift und England zur Kapitulation gezwungen würde . . . Der 30. Oktober (1943) war als Datum für den Beginn des V-Waffen-Beschusses angesetzt . . . 30 000 A4 sind in Auftrag gegeben worden. 1500 Facharbeiter wurden dem Projekt zugewiesen.«

Die Identität dieser ›Quelle‹ wurde nie aufgedeckt. Dies könnte sehr wohl ein weiteres Beispiel für die Arbeit der Codebrecher von Bletchley Park gewesen sein. Dafür gibt es aber, wie es so oft mit ›Ultra‹-Angelegenheiten der Fall ist, bisher noch keine direkten Beweise.

Eine Sitzung der Stabschefs zur Besprechung dieser neuen Informationen fand am 31. August statt:

> »Mr. Duncan Sandys führte aus, daß der Bericht in weitem Umfang seine früheren

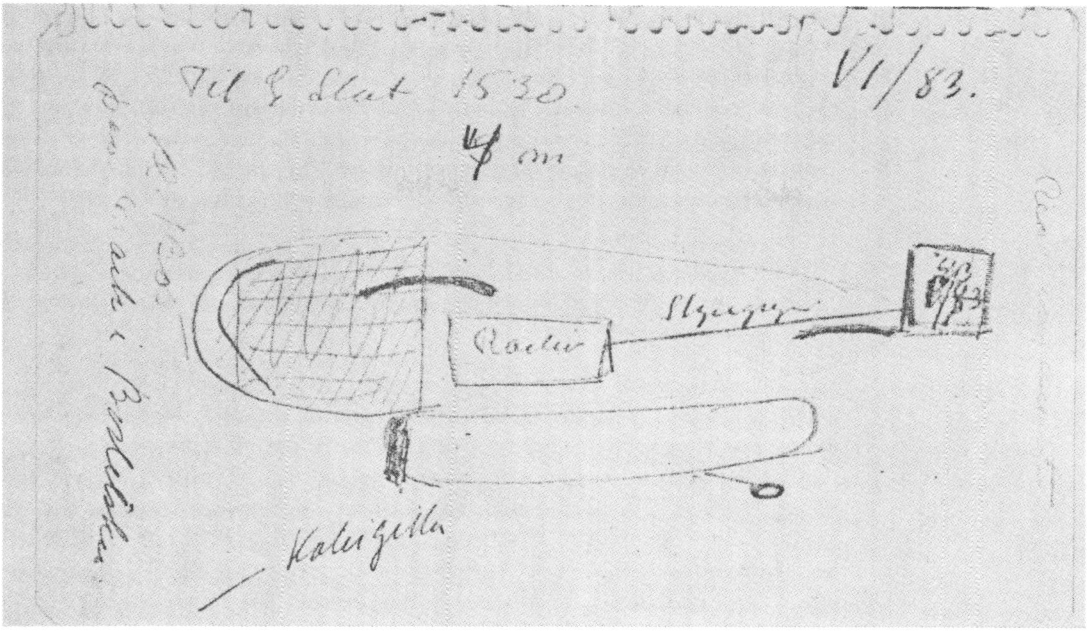


Agentenskizze einer V 1.

> Ansichten voll bestätige. Die Mitteilung, die die Reichweite und Treffsicherheit der Rakete beträfen, seien jedoch noch ungewiß. Es sei zweifelhaft, ob man in der Lage wäre, die Feuerstellungen durch Luftbildaufklärung festzustellen . . . Sie seien verhältnismäßig klein und könnten sogar innerhalb großer Gebäude in Städten verborgen werden.«

Lord Cherwell war immer noch argwöhnisch. Viele der Berichte seien »widersprüchlich und wissenschaftlich ungenau«. Dann bliebe da noch die Frage offen, ob die Raketen auf den Fotos runde oder spitze Nasen hätten. (Es ist aufschlußreich, zu bemerken, daß in der Ausfertigung Nr. 67 vom Protokoll dieser Konferenz für das Staatsarchiv das Wort ›Rakete‹ in Lord Cherwells Durchschlag durchgestrichen ist und das handschriftliche Wort ›Objekt‹ eingefügt wurde, vielleicht bestand er darauf. Er war noch weit von der Überzeugung entfernt, daß es die ›Raketen‹ tatsächlich gab.)

Sandys sagte, daß in der deutschen Propaganda ständig über die Geheimwaffen berichtet würde. Die deutsche Presse schrieb oft über Vergeltungsangriffe. Vielfältige Berichte aus einer Vielzahl von Quellen lagen vor. Alle gipfelten in der Tatsache, daß die Deutschen eine Fernwaffe entwickelten. Sandys gab aber auch zu, daß er das bis jetzt noch nicht nachweisen könne.

Luftmarschall Sir Charles Portal, Stabschef der Luftwaffe, wies auf einen neuen Gesichtspunkt hin. Er erinnerte die Besprechungsteilnehmer daran, daß Lord Cherwell früher darauf hingewiesen hatte, die Raketen könnten nur ein Tarnmanöver für eine ganz anders geartete Waffe sein. Er führte aus, daß die Marine in der Biskaya kürzlich von einer ›Gleitbombe‹ angegriffen worden sei. (Das war die Henschel 293, die nicht als ›Gleitbombe‹ bezeichnet werden konnte. Sie besaß für die Anfangsbeschleunigung ihres Fluges einen Raketenantrieb.)

Am 22. August, so legte Portal dar, war ein unbemanntes Flugzeug auf der Insel Bornholm gesichtet worden, das aus Richtung Peenemünde gekommen war. Das Flugzeug sei größer gewesen als die Gleitbombe Hs 293. Es sei auf dem Boden aufgeschlagen und von einem Agenten skizziert worden, der es etwa zehn Minuten lang näher in Augenschein nehmen konnte, bevor die Deutschen zur Stelle waren. Es schien eine Bombe zu sein, die mit Tragflügeln und Raketenantrieb ausgestattet war. Könnte dies nicht die Waffe sein, die als ›Phi 7‹ in dem zur Debatte stehenden Bericht erwähnt wurde? Portal wies darauf hin, wenn es die gleiche Waffe sei, daß sie von weit höherem unmittelbaren Interesse wäre als die Fernrakete. Obwohl gerade dieser neue Hinweis ihn zu rechtfertigen schien, goß Cherwell sofort kaltes Wasser darauf, wie das Protokoll feststellt:

»Er sagte, daß von den angegebenen Größen in der Skizze die Sprengladung in einer Größenordnung von 500 Kilogramm läge. Er nahm an, daß ein unbemanntes Flugzeug eine zu aufwendige Methode sei, eine so verhältnismäßig geringe Menge von Sprengstoff abzuwerfen.«

Dennoch gab es bei dieser Zusammenkunft grundsätzliche Übereinstimmung darüber, daß jede Anstrengung zu unternehmen sei, die Wirkungsangaben dieser neuen, von Bornholm gemeldeten Waffe genau zu überprüfen.
Anfang September herrschte die Ansicht vor, daß die ›Objekte‹, die in Peenemünde festgestellt worden waren, die einzigen zuverlässigen Hinweise auf das Vorhandensein deutscher V-Waffen darstellten. Im Augenblick schien die ›Phi 7‹ als eine Nebenentwicklung zur Hauptentwicklungsrichtung, der A 4-Fernrakete, angesehen zu werden. Die wissenschaftliche Ansicht, wie sie von Lord Cherwell zum Ausdruck gebracht wurde, der immerhin Berater des Premierministers war, lief darauf hinaus, daß die deutsche Rakete, wie anhand der Luftbilder belegt, im Grunde genommen unmöglich sei, und alle anderen sogenannten Beweise Spielmaterial der feindlichen Abwehr wären.
Doch Sandys ließ sich nicht von seiner Ansicht abbringen. Er beantragte, daß weitere wissenschaftliche Stellungnahmen eingeholt werden sollten. Er wurde vom Premierminister ermächtigt, ein wissenschaftliches Komitee zu bilden, das alle Erkenntnisse für und wider die V-Waffe prüfen sollte. Von dem Komitee wurde erwartet, daß es zu einem endgültigen Ergebnis kam.
Nun begann eine verbitterte, vernichtende Auseinandersetzung zwischen den Wissenschaftlern. Am 29. September 1943 wurde ein wissenschaftlicher Fragebogen in Zusammenarbeit von Sandys, Lord Cherwell und Herbert Morrison erarbeitet zum »Nachweis, ob die deutsche Fernwaffe möglich ist oder nicht«. Cherwell wünschte, daß das Dokument an einen kleinen Kreis gesandt wurde, bestehend aus Professor G. I. Taylor, FRS, Sir Frank Smith, FRS, Dr. A. D. Crow und Professor Sir Ralph Fowler. Sandys wies hingegen darauf hin, daß er ja schon einen wissenschaftlichen Ausschuß gebildet habe, insbesondere zur Klärung des Problems des Raketentreibstoffes. Zu diesem Ausschuß zählten Professor Taylor und Sir Frank Smith sowie auch Professor J. E. Lennard Jones, FRS, Professor C. D. Ellis, FRS, Dr. H. L. Gny, FRS und Professor W. E. Garner, FRS. Es wurde zugestimmt, daß die von Lord Cherwell benannten Dr. Crow und Professor Fowler ebenfalls in den Rundschreibenverteiler aufgenommen wurden. Schließlich mußte Cherwell feststellen, daß sie weder die Rundschreiben erhielten, noch je davon gehört hatten. Er war wütend und beschuldigte Sandys, die Unterlagen vorsätzlich den beiden Wissenschaftlern vorenthalten zu haben.
Der Fragebogen begann:

»Gerüchte sind im Umlauf über eine große Langstreckenrakete, die angeblich viele Tonnen Sprengstoff über 210 Kilometer Entfernung tragen könne . . . Eine Anzahl von Objekten ist in einer deutschen Erprobungsstelle fotografiert worden.«

Nach den Luftaufnahmen wurde eine Zeichnung angefertigt, die eine stumpfnasige Rakete, von 11 bis 12 Metern Länge, 1,50 bis 2,10 Meter Durchmesser und drei 3,60 bis 4,20 Meter langen Flossen zeigt. Das Dokument fährt fort:

»Es würde der Regierung bei der Meinungsbildung behilflich sein, ob diese Objekte Fernraketen sind, die ungefähr die angegebenen technischen Daten besitzen; wenn Sie freundlicherweise die nachstehenden Fragen beantworteten . . .«

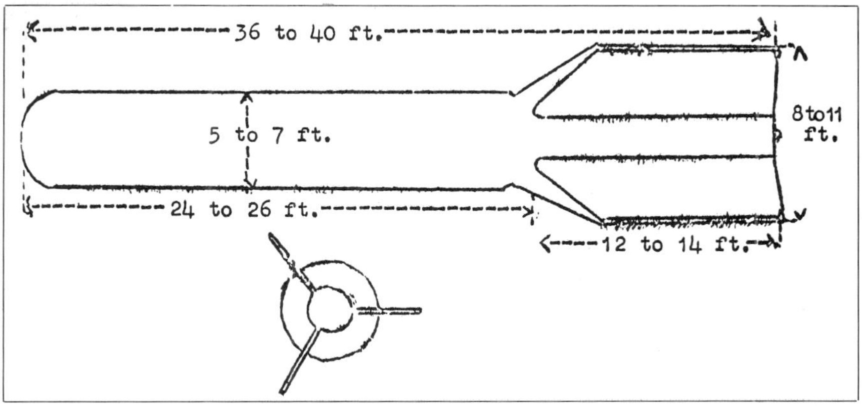


Zeichnung des mutmaßlichen ›Peenemünde-Objektes‹, wie es in der Vorlage für das ›Wissenschaftskomitee‹ skizziert wurde.

Es folgten dann siebzehn hochtechnische Fragen, die zusammengestellt worden waren, um die technischen Möglichkeiten der Raketen und deren Verwirklichung zu überprüfen. Sie betrafen Fragen nach der wahrscheinlichen Reichweite; ob es eine mehr- oder einstufige Rakete sei; über Probleme bei Austrittsgeschwindigkeiten und -temperaturen der Rückstoßgase; nach der Abschußmethode und ob ein Abschußrohr oder ein Mörser wahrscheinlicher sei; ob ein derartiger Mörser mit seinen Heißgeräten aus der Luft sichtbar sei; ob der Abschuß sichtbar sei; über Größe und Gewicht des Gefechtskopfes; wie hoch würde die voraussichtliche Zerstörungswirkung sein; und schließlich:

»Sind Sie der Ansicht, daß die Herstellung einer derartigen Rakete aus technischer Sicht im Bereich des Machbaren liegt?«

Dann prüfte das Komitee die Kernfrage über das Vorhandensein einer Rakete, die Frage nach der Antriebsart. Es war einfach nicht möglich, daß das ›Peenemünder Objekt‹ eine einstufige Langstreckenrakete wäre, wenn sie mit dem rauchlosen ›Kordit‹ angetrieben würde. Das war der einzige Raketentreibstoff, der in England zu jener Zeit verwendet wurde, weil die Pumpförderung sehr großer Mengen von geeigneten Flüssigtreibstoffen zu schwierig war. Sie wären die einzig mögliche Lösung außer Kordit gewesen. Leider berücksichtigte das Komitee die Arbeiten von Isaac Lubbock nicht, dem Chefingenieur der Asiatic Petroleum Company (einer Tochtergesellschaft von Shell). Er wußte sehr viel über Flüssigtreibstoffe für Raketen. Aus nicht ganz geklärten Gründen war er bis zum Oktober 1943 nicht in die Befragungsaktion einbezogen worden, obwohl seine Arbeiten darüber schon seit Beginn des Jahres 1941 zumindest einem der Wissenschaftler des Komitees wohl bekannt waren, nämlich Dr. Crow, dem Bevollmächtigten für Geschoßentwicklung im Beschaffungsministerium und verantwortlich für die gesamte Raketenentwicklung in England.
Die Shell-Company hatte einen Forschungsauftrag erhalten, die Entwicklung einer Starthilfsrakete für Flugzeuge zu versuchen. Jeder andere Treibstoff außer

Kordit durfte verwendet werden, weil es damals mit diesem Mittel Versorgungsengpässe gab. Lubbock begann in der Betriebstofferprobungsstelle bei Horsham in Sussex mit seinen Versuchen. Er verwendete Flüssigtreibstoffe auf der Basis von Flugzeugbenzin und Sauerstoff. Mit einem recht kleinen Finanzetat (10 000£) mußte er auskommen, und dennoch konnten gegen Mitte 1942 Testläufe von einer halben Minute Dauer erzielt werden. Lubbock und sein erster Assistent, Geoffrey Gollin, waren zuversichtlich, auf dem richtigen Weg zur Herstellung einer leichtgewichtigen Starthilfsrakete für Flugzeuge zu sein. Im Oktober 1942 wurde sie Dr. Crow vorgeführt. Eine weitere Vorführung fand im Mai 1943 vor einem größeren Kreis statt, zu dem auch Professor Sir Alfred Egerton (einem Schwager von Sir Stafford Cripps, dem Minister für Flugzeugproduktion) und Crow zählten.
David Irving beschrieb sie in seinem Buch ›Die Geheimwaffen des Dritten Reiches‹ (Seite 67):

> »Der Raketenmotor wurde einer eingehenden Erprobung von 23 Sekunden unterzogen. Das Heulen des Brennstrahls hallte über die Landschaft von Sussex, und die Bäume in der Nähe zitterten. Sir Alfred Egerton schüttelte Lubbock herzlich die Hand und rief: ›Ich bin erstaunt, daß Sie eine Flamme dieser Größe unter Kontrolle halten können, obwohl Sie flüssigen Sauerstoff und Benzin benutzen. Ich gratuliere Ihnen!‹
> Crow schwang sich nicht zu einer ähnlichen Geste auf . . . Als er an diesem Tag nach London zurückkam, unternahm er auch keinen Versuch, diesen Fortschritt Mr. Sandys zur Kenntnis zu bringen. Deshalb blieb die Überzeugung, daß die Peenemünder Raketen einen Feststoffantrieb haben müßten, wie auch Dr. Crows eigene 7,6-cm-Flugabwehrrakete ›UP‹ (UP = unrifled projectile – drallfreies Geschoß), bis Ende September bestehen.«

Die Weigerung von Dr. Crow zuzugeben, daß die kleine flüssigkeitsgetriebene Rakete mehr Schub entwickelt als eine gleichgroße mit Kordit, war eine verhängnisvolle Unterlassungssünde. Denn ohne diese Kenntnisse gelang es Lord Cherwells Anhängern, andere Wissenschaftler davon zu überzeugen, die deutschen Raketen müßten mit Feststoffantrieb versehen und damit so unförmig groß sein, daß sie technisch gar nicht möglich wären. Wissenschaftlich ausgedrückt beruht die Betriebsfähigkeit einer Rakete auf ihrem ›Alpha-Verhältnis‹, d. h. dem Verhältnis von Brennwert des Treibstoffes zum Gesamtgewicht der Rakete.
Eine Feststoffrakete gleicht im wesentlichen einer Feuerwerksrakete. Der Mantel der Rakete enthält nicht nur den Festbrennstoff, sondern muß auch dem sehr starken Druck und den hohen Temperaturen der Verbrennung widerstehen. Bei einer großen, mit Kordit angetriebenen Rakete sind das bis zu 2100° Celsius. Eine Langstreckenrakete müßte derartigen Temperaturen etwa für fünfzig Sekunden ausgesetzt sein, was einen sehr dicken Stahlmantel bedingte. Dieser würde den meisten Raum beanspruchen und die Rakete sehr schwer machen, was zu einem schlechten ›Alpha-Verhältnis‹ und eingeschränkter Reichweite führt. Diese Annahme ließ die Untersuchenden im Glauben, daß alle deutschen Fernwaffen sehr unförmig und schwer sein müßten, darum auch schwere Heiß- und Hilfsgeräte benötigten, eine Art von Mörser, um sie abzufeuern und, ein wesentlicher Gesichtspunkt, eine Abschußstellung, die Eisenbahnanschluß haben müsse. Diese Angaben mußten die Luftbildauswerter irreführen, denn sie wurden angewiesen, auf Feuerstellungen mit großen Kränen und mit Eisenbahngeleisen zu achten.
Eine Rakete mit Flüssigkeitstreibstoff war von ganz anderer Beschaffenheit. Hier bestand der Raketenkörper größtenteils aus einem Treibstoffbehälter mit einer gesonderten Brennkammer, in der die eigentliche Verbrennung erfolgte. Das

bedeutete, daß die Rakete von weitaus leichterer Struktur sein und wie bei der Flugzeugherstellung in Leichtbauweise gefertigt werden konnte. Die folgerichtige Herabsetzung des Eigengewichtes in Verbindung mit der Verwendung eines hochwirksamen Treibstoffes, aus Alkohol und flüssigem Sauerstoff, mußte ein wesentlich günstigeres ›Alpha-Verhältnis‹ erbringen. Für eine angenommene Sprengstoffnutzlast konnte die Reichweite gegenüber einer Feststoffrakete fast verdoppelt werden. Hätte Duncan Sandys diese Information zu Beginn seiner Untersuchungen verfügbar gehabt, wie es hätte sein können, wenn man Lubbock zu Rate gezogen hätte, wären die ›Peenemünder Objekte‹ als das erkannt worden, was sie in Wirklichkeit waren: flüssigkeitsgetriebene Fernraketen.
Erst Oberst Post, Sandys wissenschaftlicher Berater, lenkte die Aufmerksamkeit auf die Frage von Flüssigkeitsantrieben und auf die Arbeiten von Isaac Lubbock. Unglücklicherweise hielt sich Lubbock zu dieser Zeit gerade in den Vereinigten Staaten auf, um sich über amerikanische flüssigkeitsgetriebene Starthilfsraketen zu unterrichten. Aber sein Stellvertreter, Geoffrey Gollin, der bei den früheren Versuchen in Horsham dabeigewesen war, wurde gebeten, an der Besprechung des Kraftstoffgremiums am 20. September teilzunehmen. Gollin war, vermutlich durch Lubbock auf dem laufenden gehalten, über die jüngsten amerikanischen Forschungsarbeiten mit Flüssigkeitsantrieben voll im Bilde. Daher konnte er dem Kraftstoffgremium berichten, daß es angesichts neuer Erkenntnisse möglich sein würde, das Eigengewicht von Raketen auf nur die Hälfte des Treibstoffgewichtes zu drücken. Das war ein ›Alpha-Verhältnis‹ von 0,67 (das in etwa dem entsprach, was die Deutschen mit der einsatzreifen V 2 erreichen sollten).

Während der Sitzung widersprach Dr. Crow dieser Darlegung. Die besten Werte für die Feststoffraketen, die er entworfen hatte, lägen nur bei 0,25 und folglich müsse das ›Peenemünder Objekt‹ Teil einer mehrstufigen Kordit-Rakete sein. Er stelle sich eine Vierstufenrakete vor und kündigte an, daß seine Abteilung eine Rechenstudie für eine derartige Rakete vorbereitet habe.
Es gab weitere Besprechungen am 30. September und 4. Oktober. Gollins Behauptung, daß Alkohol und Sauerstoff ein brauchbarer Treibstoff für eine einstufige Rakete seien, wurde von der Runde zurückgewiesen, die unter dem Einfluß von Dr. Crow stand und folgendes beschloß:

> »Wir sind der Meinung, daß die erforderliche Reichweite nicht von einer einstufigen Rakete erreichbar ist und die Möglichkeit einer derartigen Entwicklung in Deutschland ausgeschlossen werden kann.«

Das Gremium beschloß, eine endgültige Aussage über die Beschaffenheit der ›Peenemünder Objekte‹ bei seinem nächsten Treffen, bei dem auch Lord Cherwell anwesend sein würde, am 11. Oktober zu formulieren.
Diese vorschnelle Ablehnung der Beweise für die Flüssigkeitsrakete war bedauerlich. Um eine neue Darstellung dieses Beweismaterials zu ermöglichen, hatte Gollin an Lubbock ein Telegramm gesandt und ihn über ›die Vorgänge in Sussex‹ in Kenntnis gesetzt, die seine sofortige Rückkehr nach London erforderten.
Isaac Lubbock, der mehr über Flüssigkeitsraketen wußte als irgend jemand sonst in England, kehrte am 10. Oktober aus Amerika zurück. Er war vermutlich von Gollin unterrichtet und wahrscheinlich mit dem wissenschaftlichen Fragebogen vertraut gemacht worden. Auf jeden Fall setzte er sich am gleichen Nachmittag noch mit Oberst Post und zwei Ballistikexperten in Post's Büro im Shell Mex Haus in der Strandstraße zusammen und begann eine erste Skizze für eine Flüssigkeits-

rakete zu fertigen, die mit den Umrissen der ›Peenemünder Objekte‹ übereinstimmte. Diese nahmen sie richtigerweise als einstufig, flüssigkeitsgetrieben und ohne Gefechtskopf an.

Bei seinem ursprünglichen Versuch mit Alkohol und Flüssigsauerstoff stand Lubbock dem Problem gegenüber, die hochexplosiven Flüssigkeiten unter hohem Druck in die Brennkammern zu pressen. Mit seinen Versuchen in Sussex hatte er verdichteten Stickstoff aus Hochdruckbehältern verwendet. Während seines Aufenthaltes in den USA hatte er feststellen können, daß die Amerikaner eine andere, anscheinend erfolgreichere Methode anwandten. Dabei nutzten sie Kreiselpumpen, um die Raketenbrennkammern mit Treibstoff zu beschicken. Verhängnisvollerweise verträgt sich Flüssigsauerstoff mit jeder Art von fetthaltigen Gleitmitteln nicht. Deshalb verwendeten die Amerikaner Salpetersäure und Aminobenzol (Anilin) und erzielten mit normalen Automotoren zum Antrieb der Pumpen gute experimentelle Erfolge mit hohen ›Alpha-Verhältnis‹-Werten von 0,57 und 0,64.

Von den amerikanischen Arbeiten ausgehend ergab sich in der Rechenstudie ein 54-Tonnen-Flugkörper mit einer Reichweite von 220 Kilometern. Die 42 Tonnen Treibstoff sollten den Triebwerken durch Kreiselpumpen oder durch den Gasdruck, der von abbrennendem Kordit in den Treibstoffbehältern erzeugt wurde, zugeführt werden.

Am nächsten Tag, dem 11. Oktober, traf sich das ›Kraftstoffgremium‹ um 14 Uhr 30 im Shell Mex Haus. Die Besprechung gestaltete sich in mehrfacher Hinsicht schwierig. Auf dem langen Tisch lagen Vergrößerungen der Fotografien von Peenemünder ›Objekten‹. Obwohl Lord Cherwell Mr. Sandys hatte wissen lassen, daß er nicht der Ansicht sei, irgendein Thema lohne seine Teilnahme an der Besprechung, war er dennoch, wie auch Dr. Crow, gekommen. Auch Golling und Lubbock waren anwesend und saßen Cherwell gegenüber. David Irving hat eine Schilderung dessen gegeben, was dann folgte:

> »Als Oberst Post die Berechnungen der Raketenstudie erläuterte, die er mit Lubbock am Tage zuvor angefertigt hatte, erhoben sich scharfe Proteste dagegen, daß damit neue Beweismittel vorgelegt würden, die niemand vorher habe prüfen können.
>
> Lord Cherwell hatte nicht viel übrig für Isaac Lubbock, den er trotz all seiner guten Kenntnisse und Fähigkeiten – der Shell-Ingenieur hatte sein Examen in Cambridge summa cum laude bestanden – als einen Eindringling bei dieser Untersuchung betrachtete. Der Professor erklärte tönend, daß ihn niemand über Raketen belehren könne. Er aber könne getrost sagen, daß er und Dr. Crow mehr über Raketen wüßten, als sonst irgend jemand in Großbritannien.
>
> Nachdem Mr. Lubbocks Vorschläge angehört worden waren, fragte Sir Frank Smith jeden der Anwesenden, ob das Peenemünder ›Objekt‹ eine Rakete sein könne. Nur Lord Cherwell und Dr. Crow verneinten die Frage. Dr. Crow beharrte darauf, daß die Objekte ›Sperrballons‹ seien. Oberst Post fragte ihn, weshalb die Deutschen es in diesem Falle für notwendig hielten, ihre Ballons auf Sonderwagen der Eisenbahn zu befördern, sollten es vielleicht Sperrballons, die schwerer als Luft waren, sein? Danach schwieg Crow.«

Die Studie von Lubbock wurde von F. E. Smith, dem Chefkonstrukteur der Waffenentwicklung, am 20. Oktober geprüft. Er stellte fest, daß »es darin keinen einzigen gewichtigen technischen Gesichtspunkt gäbe, der nicht berücksichtigt und für den keine Lösung erarbeitet worden sei«. Der Bericht überzeugte Sandys. Bei einer Besprechung mit allen Teilnehmern des Wissenschaftlichen Komitees

›RAF Medmenham‹ bei Henley-on-Thames, das Stabsquartier der Bildaufklärer während des Krieges. (Trotz des Krieges wurden die Zierbäume kunstvoll geschnitten.)

beriet man am folgenden Tage den Studienentwurf. Es gab einige Zweifel über die Methode, mit der der Treibstoff in die Brennkammern gedrückt wurde. Professor Garner war der Ansicht, daß die Kordit-Gase mit hoher Wahrscheinlichkeit eine Explosion der Salpetersäure verursachen könnten. Lubbock stimmte diesem Punkt zu und erklärte: »Wenn wir den Flugkörper bauen sollten, würden wir Pumpen verwenden.«

Dr. Crow fand sich immer mehr in der Diskussion auf einsamem Posten. Er wandte ein, er hätte nicht genug Zeit gehabt, den Entwurf von Lubbock und Post zu studieren, hielt ihn aber trotzdem für undurchführbar. Er trat weiter für eine Kordit-Rakete ein, obwohl sich die Meinungen merklich gegen ihn zu Gunsten der Vertreter des Flüssigkeitstreibstoffantriebes gewandt hatten.

Die nächste entscheidende Besprechung wurde am 29. Oktober im unterirdischen Besprechungsraum des Kriegskabinetts in Whitehall abgehalten. Churchill führte den Vorsitz. Dem vollzähligen Kriegskabinett lag der Lubbock/Post-Entwurf vor. Sandys hielt über den Entwurf Vortrag und über die Möglichkeit, daß Flüssigkeitstreibstoffe von den Deutschen verwendet würden. Cherwell wollte davon nichts wissen. Sich Lubbock zuwendend erklärte er, es sei sehr bedauerlich, daß Dr. Crow, der mehr über Raketen wisse als jeder andere in diesem Lande, nicht zugegen sei, um sein Urteil darüber abzugeben, ob der Lubbock/Post-Entwurf ein annehmbarer Vorschlag sei oder nicht. Nach Irving tat er Lubbock als einen ›drittklassigen Ingenieur‹ ab, obwohl diese Feststellung nicht in dem offiziellen Protokoll erscheint. Dann machte er eine Bemerkung, die er noch bereuen sollte:

> »Am Ende des Krieges, wenn wir die ganze Geschichte und die volle Wahrheit kennen, werden wir sehen, daß die Rakete eine Zeitungsente war.«

Lubbock war wütend über die üble Behandlung, die ihm von Lord Cherwell widerfuhr, und vertrat seinen Standpunkt – wie sich Professor Jones erinnert – ›sehr schlecht‹. Ferner konnte und durfte er aus Geheimhaltungsgründen nicht darüber sprechen, daß er Oberstleutnant Frank Whittle befragt hatte, der auch der Meinung war, daß in das Stahltriebwerk, das er für Düsenflugzeuge entwickelte, der Betriebsstoff ohne Schwierigkeiten gepumpt werden könnte. – Die Deutschen besaßen in der Tat eine noch viel bessere Lösung für dieses Problem. – Trotz allem waren die Besprechungsteilnehmer überzeugt. Die deutschen Fernwaffen waren endlich als Tatsache angesehen worden. Als eine sehr gefährliche sogar, obwohl noch nichts über Gewicht, Art und Weise des Abschusses, Lenkverfahren oder verwendete Treibstoffarten bekannt war.

Die einzige mögliche Maßnahme in dieser Lage war die nochmalige Abdeckung durch Luftbilder eines Gebietes in Nordfrankreich innerhalb eines 240-Kilometer-Halbkreises von London aus (mehr als 1,2 Millionen Luftbilder mußten auf der Suche nach den Raketenstartrampen gemacht werden). Alle in Frage kommenden Produktionswerke mußten bombardiert und alle vermutlichen Erprobungsstellen mußten ständig genau überwacht werden. Schließlich entschied der Premierminister, daß dem Parlament anläßlich einer geheimen Sitzung die bisher bekannten Tatsachen vorgetragen werden sollten.

Anfang November 1943 gingen neue Hinweise ein, die die Raketennachforschungen mehr und mehr in den Hintergrund drängen sollten. Ein französischer Agent hatte gegen Ende Oktober die Standorte von sechs ›Geheimwaffenstellungen‹ bei Abbeville gemeldet. Eine Überprüfung früherer Luftaufnahmen erbrachte nichts. Aber am 28. Oktober gelang es einem Bildaufklärer, eine der Stellungen in einem Wald – Bois Carré – etwa 16 Kilometer nordwestlich von Abbeville zu fotografieren. (Die anderen fünf von dem Agenten gemeldeten Stellungen waren durch Wolken verdeckt; sie wurden am 3. November fotografiert.)

Als die Luftbilder in Medmenham ausgewertet wurden, zeigten alle diese neuartigen Stellungen Gemeinsamkeiten. Jede hatte ein quadratisches Gebäude, eine lange betonierte Rampe, ein gegen Abgasstrahlen geschütztes, in die Erde versenktes Gebäude und drei lange schmale Gebäude, die wie ein riesiger, auf der Seite liegender Ski aussahen. Am meisten Verwirrung stifteten die Rampen: in allen sechs Stellungen zeigten die Rampen in genau die gleiche Richtung – gegen London. Es gab nach Ansicht der Auswerter in Medmenham kaum einen Zweifel, daß diese ungewöhnlichen Bauten zu der V-Waffen(›Bodyline‹)-Bedrohung gehörten. Aber sie waren darauf hingewiesen worden, daß jede Raketenstellung einen Eisenbahnanschluß haben müsse. Keine der ›Ski‹-Stellungen (wie sie jetzt genannt wurden) in Bois Carré hatten irgendwelche Bahngleise in ihrer Nähe. Die betonierten Wege, die die Gebäude miteinander verbanden, waren nicht tragfähig genug, um 60-Tonnen-Geschosse darauf befördern zu können. Auch gab es keine schweren Hebegeräte. Die elektrische Stromversorgung zu den Stellungen ließ sich anhand der Größe der Transformatoren abschätzen. Sie reichte gerade aus, um die Beleuchtung und übliche Steckdosen zu speisen. Was hatten die Rampen und die skiförmigen Gebäude zu bedeuten?

Eine außergewöhnlich deutliche Tiefflugschrägaufnahme, die die erste Stellung im Bois Carré in allen Einzelheiten zeigte, wurde von einer ›Spitfire‹ der 400. (kanadischen) Staffel ›City of Toronto‹ aufgenommen. Die skiförmigen Gebäude ähnelten keinem bisher festgestellten militärischen Bauwerk. Zwei waren gleichgroß, 82 Meter lang einschließlich der Biegung; die dritte maß nur 73 Meter. Die Gebäude hatten keine Fenster und waren aus Fertigbetonteilen errichtet worden. Luftaufnahmen anderer Stellungen zeigten, daß die genaue Lage der skiförmigen Gebäude von Stellung zu Stellung verschieden war, um zur Tarnung den natürlichen Baumbestand auszunutzen. Der Kurvenradius an der ›Skispitze‹ des Gebäudes war so gering, daß das Peenemünder ›Objekt‹ nicht hindurchpaßte. Auf jeden

Tiefflugaufnahme eines kanadischen ›Spitfire‹-Piloten von einer jener skiförmigen Rampen im Bois Carré. Es war die erste V 1-Abschußstellung, die entdeckt wurde.

Fall wurden Raketen senkrecht oder fast senkrecht nach oben abgefeuert. Die Rampen hingegen waren deutlich auf London gerichtet, aber auch ebenso deutlich für große Raketen unbrauchbar, hingegen besonders zum Starten von einem kleinen, unbemannten Flugzeug geeignet.

Die ausgezeichneten Tiefflugschrägaufnahmen vom Bois Carré zeigten auch ziemlich genau das quadratische Gebäude, das in jeder Stellung zu finden war; neunzehn davon waren schon fotografiert worden. Das Haus maß 13 mal 13 Meter und war stets genau parallel, etwas seitlich versetzt zur Rampe ausgerichtet, die man jetzt für die Abschußrampe hielt. Jedes der quadratischen Gebäude hatte einen Eingang, der gerade 6,7 Meter breit war. Wenn man annahm, daß diese Stellungen für fliegende Bomben gedacht waren, und es konnte kein anderer Zweck denkbar sein, dann war als logische Folge anzunehmen, daß die Flugkörper in den skiförmigen Gebäuden ohne ihre Tragflächen gelagert würden, weil das Tor zu diesen Gebäuden dafür zu schmal war. Die Bomben konnten in die quadratischen Gebäude gefahren werden, wo man die Tragflügel anbrachte und den Flugkörper für den Abschuß von der Rampe startklar machte.

Einige Erklärungen über den Zweck der quadratischen Bauten lieferte ein Agent, ein Franzose, der bei einem Bauunternehmer angestellt war. Er berichtete, daß sich die Deutschen mit diesem Gebäude sehr eigen anstellten. Es mußte ganz ohne Verwendung von Eisenmaterial gebaut werden. Selbst die Türangeln wurden aus Deutschland herbeigeschafft, die aus nichtmagnetischem Material, ›Zinquat‹ genannt, gefertigt wurden. Die Meldung ließ vermuten, daß der quadratische Bau zur Ausrichtung eines hochempfindlichen Magnetkompasses bestimmt sein mußte, der einen Teil des Flugkörperlenksystems bildete.

Die erwartete Treffgenauigkeit des Flugkörpers war vom britischen Geheimdienst ziemlich überschätzt worden, verursacht durch die den Deutschen nachgesagte Neigung zur Gründlichkeit. Die Rampen waren mit großer Genauigkeit auf London gerichtet. Die französischen Karten hatten jedoch ein anderes geodäti-

sches Gitter als die britischen. (Napoleon hatte sich geweigert, Greenwich als den Nullmeridian anzuerkennen und statt dessen alle französischen Land- und Seekarten mit einem Nullmeridian auf Paris bezogen festgelegt.) Kartographen der deutschen Wehrmacht hatten deshalb eine völlig neue Landvermessung vorgenommen, um ihre Kartenwerke vom nördlichen Frankreich mit denen von Großbritannien in Übereinstimmung zu bringen. Dies wurde unglaublicherweise durch Luftbildvermessung bewältigt. Diese Aufgabe war nur zu lösen, weil die deutschen Heeresgeometer eine genormte Kennzeichnung für ihre trigonometrischen Punkte verwendeten. Durch Übertragung und Einzeichnung dieser Meßpunkte entstand das neue Gitternetz, das mit dem britischen übereinstimmte.
Die Anzahl der durch die Bildaufklärung entdeckten skiförmigen Stellungen stieg ständig. Bis Ende November 1943 waren 72 entdeckt worden. Das entscheidenste fehlende Beweisglied war der Flugkörper, für den die Startrampen allem Anschein nach vorbereitet wurden. Bisher war er noch nirgends aufgetaucht. Die Flugzeugerkennungsabteilung von Medmenham war angewiesen worden, auf ein kleines Fluggerät mit einer Spannweite von etwa 6 Metern zu achten, weil man davon ausging, daß es durch die 6,7 Meter breiten Tore der quadratischen Bauten passen müßte.
Oberleutnant Constance Babington Smith war Auswerterin der Abteilung ›L‹ in Medmenham, die zuständig für die Überwachung von gegnerischen Flugplätzen und Flugzeugfabriken war. Sie überprüfte nochmals alle älteren Bilder von Peenemünde und fand ein kleines Flugzeug hinter einer der Hallen auf dem Flugzeugplatz Karlshagen-Peenemünde. Die Fotos waren vor knapp sechs Monaten aufgenommen und seinerzeit übersehen worden. Der Maßstab war zu klein, um irgendwelche Einzelheiten erkennen zu können. Aber das unbekannte Flugzeug hatte eine Spannweite von 20 Fuß (etwa 6 Meter) und Constance Babington Smith bezeichnete es daraufhin als ›Peenemünde 20‹.
Am 28. November startete einer der besten Luftbildpiloten, Major Merifield mit seinem Beobachter, Oberleutnant Whalley, in seiner ›Mosquito‹, um Bombenzerstörungen in Berlin zu lichtbilden. Weil über der Reichshauptstadt eine dichte Wolkenschicht lag, drehten sie nach Norden ab, um die Ostseehäfen von Greifswald, Stettin und Swinemünde zu fotografieren. Dann flogen sie südostwärts in Richtung Usedom und Peenemünde und weiter nach Zinnowitz, einer Erprobungsaußenstelle etwa 13 Kilometer von Peenemünde entfernt, wo man eine Radarstellung vermutete, die noch nie zuvor fotografiert worden war. Sechs Stunden später landete Merifield wieder auf seinem Heimatplatz.
Als die Auswerter die Abzüge erhielten, fanden sie unter den Bildern von Peenemünde nichts Besonderes. Aber Zinnowitz bot weit Lohnenderes. Die so nebenbei gemachten Luftbilder zeigten eine vollständige Anlage wie im Bois Carré mit Startrampen, die genau auf die Ostsee wiesen. Doch dort gab es keine skiförmigen Gebäude, die hätten bestätigen können, daß sie zur Lagerung von Flugkörpern in Einsatzstellungen dienten. Zinnowitz war offensichtlich nur Erprobungs- und Schulungsplatz und benötigte keine Lagerstätten. Die Startrampen waren fertiggestellt, im Gegensatz zu denen im Bois Carré, die noch im Ausbau standen. Unter dem Stereobildbetrachter war zu erkennen, daß sie 10 Grad Anstellwinkel hatten und 38 Meter lang waren. Diese hervorragenden Aufnahmen enttäuschten nur in einer Hinsicht, weil man kein kleines Fluggerät entdekken konnte.
Die Luftbilder von Peenemünde, die Merifield vom gleichen Flug heimgebracht

Constance Babington Smith mit einer Vergrößerung der berühmten Peenemünde-Luftaufnahme. Der Pfeil deutet auf eine von ihr entdeckte V 1 auf ihrer Startrampe.

hatte, durchliefen in Medmenham mehrere Abteilungen und erreichten schließlich die Abteilung ›L‹, damit Constance Babington Smith sie einer Routineauswertung des Peenemünder Luftwaffenfliegerhorstes Karlshagen unterziehen konnte. Sie fand nichts Besonderes auf dem Flugplatz selbst. Doch seit sie auf einem älteren Bild einige verdächtig aussehende Umrisse ausgemacht hatte, die sie nicht einordnen konnte – sie lagen auf einem aufgespülten Landstück zur Erweiterung des Flugplatzes – wollte sie noch einmal die Straße absuchen, die zum Ostseestrand führte, und sich näher mit den drei unerklärlichen Baulichkeiten dort befassen. Sie ahnte schon, daß sie für irgendeine Art von Abschußkörpern bestimmt sein könnten, obwohl die Abteilung für Industrieanlagen in Medmenham, die für die Auswertung dieses betreffenden Areals von Peenemünde zuständig war, diese Objekte als unwichtig und wohl mit den Baggerarbeiten zusammenhängend abgetan hatte.

Die neuen Luftbilder deckten nur knapp die Küste ab. Tatsächlich waren die unerklärlichen Baulichkeiten so gut wie überhaupt noch nicht fotografiert worden.

Es gab nicht einmal ein Stereodoppel. Die Einzelaufnahme war die allerletzte des Films. Und doch wurde gerade diese Aufnahme im wichtigsten Augenblick gemacht. Als Constance Babington Smith sie sorgsam unter der Lupe betrachtete, entdeckte sie auf dem mittleren Bauwerk einen winzigen kreuzförmigen Gegenstand. Es war ein kleines, unbemanntes Flugzeug, das auf einer Abschußrampe ruhte und vor dem Abschuß stand. Die Spannweite ermittelte sie mit 5,79 Meter. Ein Mann in Großbritannien war keinesfalls von dieser Entdeckung sehr überrascht. Es war R. V. Jones, der, wie schon erwähnt, herausgefunden hatte, daß bestimmte deutsche Radarstellen die Probeabschüsse von Flugkörpern über der Ostsee verfolgten und aufzeichneten. Diese Einheiten waren nun einsatzreif und konnten ihre Ortungsergebnisse über Funk mit einem einfachen Schlüssel, der anstelle von Zahlen Buchstaben verwendete, übermitteln. Diesen Code hatte Jones gebrochen:

»Geschenkt, wie sich herausstellte! Es war ein sehr einfacher Code, und es dauerte nicht lange, bis wir alles herausbekommen hatten. Die Radarstellen wurden vorab in Kenntnis gesetzt, wann Versuche begannen und in welches Zielgebiet sie gerichtet waren. So konnten wir den gesamten Flug genau verfolgen – bis zum Aufschlag.«

Bei der Analyse dieser Flugbahnen fand Jones heraus, daß sie von zwei Abschußstellen herrührten. Einmal von Peenemünde selbst und zum anderen von einer Abschußstelle, die einige Kilometer entfernt an der Küste bei Zempin (Zinnowitz) lag. Jones hatte Luftbildaufklärung erbeten, und Major Merifield flog sie als Ausweichziel seines Einsatzes am 28. November an.
Jones wußte nun, daß die Flugbahnvermessung der Deutschen mittels Radar, die er hatte mitkoppeln können, einem Fluggerät mit kleinen Flügeln galt. Er hatte auch einen guten Teil an Informationen über seine Reichweite, Treffgenauigkeit, Höhe und Anzahl der Abschüsse sammeln können. In gewisser Hinsicht jedoch warf die Entdeckung dieses unbemannten Fluggerätes auf der Abschußrampe mehr Fragen auf als sie löste. Welchen Antrieb hatte es? Wurde es durch Funk ferngesteuert? Welches Gewicht hatte der Gefechtskopf? War es der einzige Flugkörper, der von den skiförmigen Stellungen aus gestartet wurde?
Ein neuer Name für den Flugkörper, den man zunächst ›Phi 7‹ aufgrund der Angaben des Agenten von der Insel Bornholm nannte, wurde von ›Ultra‹ abgefangen: FZG 76, die Abkürzung für Flak-Ziel-Gerät, was offensichtlich ein Tarnname war. (Später fand die Bezeichnung ›Phi 7‹ eine Erklärung. Der Agent hatte sich geirrt. Die Fieselerwerke stellten den Flugkörper her unter der Typenbezeichnung Fi 103.)
Nachdem man sich nun auch den Zweck der Abschußrampen erklären konnte, ergab eine nochmalige Auswertung aller schon von Peenemünde vorliegenden Luftbilder, daß es auf dem aufgespülten Küstenstreifen vier Arten von Abschußrampen gab, die verschiedene Entwicklungsstufen darstellten. Die erste war 1942 entdeckt worden. Ihr folgte im September 1943 eine zweite, so daß anzunehmen war, daß die Versuche mit den ersten Erprobungsmustern etwa im August des Jahres abgeschlossen worden waren. Der Bau der Stellungen im Bois Carré hatte ebenfalls im September 1943 begonnen.
Angesichts der neuen Erkenntnisse über Peenemünde wurde die Luftaufklärung über Nordfrankreich verstärkt, wobei weitere 24 Abschußstellungen festgestellt werden konnten. Inzwischen belief sich die Zahl erkannter skiförmiger Stellungen auf 96.

Eine Henschel 293, funkgesteuerte ›Fliegende Bombe‹. Die Flügelkeulen dienen als Geschwindigkeitsbremse.

Diese neue Bedrohung wurde zur Hauptsorge der Stabschefs. Der Deckname ›Bodyline‹ wurde in ›Crossbow‹ abgeändert und schloß jetzt alle Flugkörper ein. Denn es war klar, daß die große Rakete nicht die einzige V-Waffe war, die die Deutschen für den Englandeinsatz entwickelt hatten. Und dennoch änderte das wenig an den Kontroversen um wissenschaftliche Standpunkte, die zeitweilig den Kampf gegen den Feind zu überschatten schienen.

Ende Oktober setzte Churchill einen Untersuchungsausschuß ein, der versuchen sollte, die Streitfragen und Auseinandersetzungen über die Raketen ein für alle Mal zu beenden und eine Klärung herbeizuführen. Er hatte Lord Cherwell gebeten, den Vorsitz zu führen, was dieser aber ablehnte. Sir Stafford Cripps hingegen stimmte zu. Aber bald erzwang die immer bedrohlicher werdende Bedeutung der Abschußrampen die Vertagung der Untersuchung. Am 16. November wurde das Verteidigungskomitee des Kriegskabinetts von Sir Stafford über die jüngsten Entwicklungen unterrichtet:

> »Es gibt wenige zuverlässige Beweise dafür, die Abschußstellungen mit irgendwelchen Fernwaffen in Zusammenhang zu bringen, obwohl das Unvermögen, ihren Verwendungszweck zu erklären . . . zu der Annahme führt, daß es sehr wohl einen gewissen Zusammenhang geben kann.«

Der Bericht fährt fort mit der Erwähnung der Henschel Gleitbombe Hs 293, und daß die Stellungen von einer größeren Version dieser Waffe oder von anderen unbemannten Flugzeugen benutzt werden könnten. Auch gäbe es die Möglichkeit, andere kleine Raketen von den Rampen abzufeuern. Abschließend legte Cripps eine Reihenfolge nach der Wahrscheinlichkeit der dort verwendeten Geheimwaffen fest:

Startrampe der V 1. Viele Anlagen wurden unvollendet aufgegeben und statt dessen verbesserte gebaut unter Ausnutzung aller natürlichen Tarnmöglichkeiten.

»1. Größere Hs 293 Gleitbombe
2. Unbemanntes Flugzeug
3. Fernrakete, kleiner als A 4
4. Rakete A 4

Für welchen Zweck auch immer die Rampen errichtet worden sind, dienen sie offensichtlich einer besonderen Aufgabe, die nur von einem Sonderverband der Deutschen Luftwaffe wahrgenommen werden kann. Und es ist klar erkennbar, daß die Deutschen ihr große Bedeutung beimessen. Es wäre deshalb klug von uns, diese Anlagen so schnell wie möglich zu zerstören.«

Lord Cherwell verfaßte ein langes Memorandum an den Premierminister. Er wertete die A 4-Rakete wiederum als ›äußerst unwahrscheinlich‹ ab. Über die Abschußstellungen merkte er an:

». . . der hervorstechendste Punkte scheint die merkwürdige Verteilung der Stellungen zu sein – 200 und mehr Kilometer von London entfernt, obwohl es im Raum um Calais, der nur 150 Kilometer weit entfernt liegt, viel Platz gibt. Es erscheint höchst merkwürdig, falls der Feind die Absicht hat, London zu bombardieren, daß er seine Stellungen 50 Kilometer entfernter als notwendig einrichtet . . .

Wenn es überhaupt eine Geheimwaffe geben soll, dann wird es höchstwahrscheinlich irgendein unbemanntes Flugzeug oder eine angetriebene Bombe, was ziemlich das gleiche ist, sein. Aber ich wäre überrascht, wenn die Angriffe ein gefährliches Maß erreichen sollten.«

Für Seine Lordschaft war eine Überraschung fällig.

Die Entscheidung für die Bombardierung der Abschußstellungen war gefallen. Es gab einigen Widerstand dagegen, weil es den Abzug von Bombern von der strategischen Luftkriegsoffensive gegen Deutschland bedeutete. Die meisten der Stellungen im Bois Carré waren noch im Bau. Weil man schätzte, daß zum Bau jeder Stellung etwa 130 Arbeitstage erforderlich waren, wurde beschlossen, sie erst dann zu bombardieren, wenn sie kurz vor der Fertigstellung standen. Der Baufortschritt jeder Stellung wurde mit einer Anzahl von Punkten bewertet: 10 Punkte für das skiförmige Lagergebäude, 10 Punkte für das quadratische Gebäude, 10 für die Abschußrampe und so fort bis zu 100 Punkten. Sobald 70 Punkte überschritten waren, wurde die Stellung bombardiert.

Am 19. Dezember 1943 hatten 54 der Abschußstellungen die erforderliche Punktzahl erreicht. Zwei Tage später wurde das erste dieser Ziele bombardiert. Alle Angriffe wurden vom RAF-Bomber Command, von der 8. und 9. US-Luftflotte und der 2. Taktischen Luftflotte der RAF durchgeführt. Schließlich wurden mehr als 23 000 Tonnen Bomben in 1053 Einsätzen auf 96 erkannte Stellungen abgeworfen. Dank der vorzüglichen Luftbildaufklärung waren alle entdeckt worden, denn es gab tatsächlich auch nur 96 gebaute Abschußbereiche.
Die Einsätze erstreckten sich über den ganzen Monat Januar 1944. Im Februar hatten sich die Deutschen offensichtlich entschieden, die Stellungen aufzugeben. Genauere Auswertungen von Luftbildern hatten aber ergeben, daß 28 der bombardierten Stellungen zum Teil wieder instandgesetzt worden waren. Die Deutschen ließen zur Täuschung einige Bombenkrater und sonstige Zerstörungen unverändert. Es war allerdings eine beiderseitige Täuschung, wenn sich die Deutschen der Hoffnung hingaben, daß die Stellungen erneut bombardiert würden, obwohl sie schon verlassen waren. Täuschung hin oder her, alle 96 Abschußstellungen lagen jetzt in Trümmern. Trotz dieser offensichtlichen Erfolge war die Schlacht jedoch noch lange nicht gewonnen.
Am 27. April 1944 entdeckte ein Luftbildauswerter des Heeres, Hauptmann Robert Powell, der einige Luftbilder von der Halbinsel Cherbourg auswertete, zwischen zwei Gehöften in der Nähe des Dorfes Belhamelin die schon bekannten Umrisse einer Abschußrampe für Fliegende Bomben.
Die Folgen, die sich aus dieser Entdeckung ergaben, waren beunruhigend. Diese und andere neue Stellungen – sie wurden als ›verbesserte‹, ›modifizierte‹ oder ›Typ-Belhamelin‹ bezeichnet – waren viel einfacher im Aufbau als die früheren. Die Abschußrampe war vorgefertigt, sie brauchte nur zusammengeschraubt zu werden. Die Abschußrampen und die quadratischen Gebäude lagen häufig in Wäldern oder inmitten von Gehöften verborgen. Die Luftaufnahmen enthüllten das Fehlen der skiförmigen Gebäude, was darauf hindeutete, daß die Flugkörper einsatzklar, also aufgetankt, bewaffnet und flugbereit in die Stellungen gelangten. Außerdem waren einige der aufgegebenen Stellungen im Bois Carré in gleicher Weise für den Einsatz vorbereitet worden.
Die Stabschefs waren beunruhigt. Die V-Waffenbedrohung durch Fliegende Bomben, die sie durch die Zerstörung der Infrastruktur gerade ausgelöscht wähnten, war wiederum zur Wirklichkeit geworden. Und dies knapp einen Monat vor dem D-Day, dem Stichtag der Landung der Alliierten an der Küste der Normandie. Bis zum 13. Mai waren 20 der ›modifizierten‹ Stellungen entdeckt worden. Viele lagen so nahe an französischen Dörfern, daß ein Bombardieren schwierig, wenn nicht gar unmöglich erschien. Es blieb nichts anderes übrig, als die Luftabwehrkräfte ständig in Alarmzustand zu halten, mögliche Ersatzteillager und Versorgungspunkte zu bombardieren und pausenlos Luftbildaufklärung durchzuführen. Sobald eine Stellung feuerbereit zu sein schien, wurde eine Warnung unter dem Stichwort ›Diver‹ (Taucher/Tauchvogel) gegeben.
Das Wetter an den Invasionstagen – um den 6. Juni 1944 – war gleichbleibend schlecht. Erst am 11. Juni konnten die Bildflüge wieder aufgenommen werden. 66 ›modifizierte‹ Stellungen wurden gefunden. Sechs davon schienen feuerbereit zu sein. Zwei Tage zuvor hatte ein V-Mann gemeldet, daß ein Eisenbahntransport mit 33 Waggons, die mit ›Raketen‹ beladen waren, Belgien in Richtung Nordfrankreich durchfahren hätte.
Das Stichwort ›Diver‹ wurde ausgelöst, aber unerklärlicherweise nicht weitergege-

Eine der verbesserten Stellungen vom Typ ›Belhamelin‹ (hier bei Vignacourt). Die Startrampe ist in einem Obstgarten versteckt und das typische ›quadratische Haus‹ auf der Weide steht genau parallel zu ihr. Ferner ist das Nebengebäude am unteren Bildrand interessant, das teilweise zur Tarnung in eine vorhandene Scheune einbezogen ist.

ben. Irgend jemand im Luftfahrtministerium hatte die Agentenmeldung und die ›Diver‹-Warnung einfach zu den Akten genommen. Das Ergebnis war, daß Luftmarschall Hill, der für die Auslösung der Luftverteidigungsmaßnahmen gegen V-Waffen verantwortlich war, nicht mehr über den drohenden Angriff wußte als sonst jemand.

Für Oberst Max Wachtel vom Flak Regiment 155 (W), das die V-Waffen zum Einsatz brachte, war der 13. Juni 1944 ein höchst betrüblicher Tag. Er hatte gehofft, daß mit einer einzigen großen Salve seine V 1 auf London abgefeuert werden würden. Jede Stellung sollte gemäß Einsatzbefehl zwanzig V 1 in Schußbereitschaft halten. Da es ja eigentlich 96 Stellungen waren, hätten fast 2000 Tonnen Sprengstoff alle 24 Stunden auf London abgefeuert werden können. Übrigens waren die zwanzig Flugkörper, die zu jeder Stellung kriegsstärkemäßig gehörten, der Grund dafür, daß eines der skiförmigen Gebäude kürzer war als die beiden anderen. Da es statt sieben nur sechs V-Waffen aufnehmen mußte, hatten die gründlichen Deutschen es kürzer gebaut, um Material einzusparen. Die typische Skiform war einfach eine Schutzmaßnahme gegen Explosionen, die nicht so sehr vor alliierten Bombardierungen, sondern vielmehr vor unvermeidlichen Fehlstarts der V 1 selbst schützen sollte. Da aber die ursprünglichen Stellungen dem Erdboden gleichgemacht worden waren und Nachschubschwierigkeiten bestanden, konnten nur 11 V-Waffen in dieser Nacht abgeschossen werden, von denen vier England erreichten.

Bis zu dem Augenblick als die erste V 1 in London einschlug, wußten die Briten kaum etwas über diese Waffe. Aber wie sah denn diese ›FZG 76/Fi 103/V 1‹ überhaupt aus?
Es war ein einfacher, freitragender Mitteldecker aus Ganzmetall mit einer Flügelspannweite von 5,30 Meter, 7,90 Meter Länge, 2180 Kilogramm Gewicht und wurde angetrieben von einem hervorragenden pulsierenden Staustrahltriebwerk (Argusrohr). Die Geschwindigkeit war ziemlich unterschiedlich, eine typische Leistung wurde mit 575 km/h in 900 Meter Höhe erzielt. Der Gefechtskopf enthielt 850 Kilogramm Amatol-Sprengstoff. Der Flugkörper wurde nicht mittels Funk ferngesteuert, obwohl eine Anzahl der V 1 einen kleinen Funksender an Bord hatte, damit Peilstationen die V-Waffe verfolgen und die Treffsicherheit des Lenksystems ermitteln konnten.
Das Lenksystem und der Antrieb waren sehr aufschlußreich. Es wird versucht, beide etwas genauer darzustellen. Die Wirkungsweise eines pulsierenden Staustrahltriebwerks ist sehr einfach. Man nehme eine Teströhre, schütte einen oder zwei Tropfen Treibstoff hinein, schüttele sie und zünde sie an. Der Treibstoff wird nicht gleichmäßig abbrennen, sondern in pulsierenden Stößen. Dies grundsätzliche Phänomen war schon seit 1906 bekannt, als ein Konstrukteur namens Karavodine ein einfaches pulsierendes Strahlrohr gebaut und betrieben hatte. Zwischen 1928 und 1930 hatte der junge deutsche Ingenieur Paul Schmidt, Fachmann für Strömungslehre, mit einem pulsierenden Strahlrohr experimentiert. Es war ein einfaches offenes Rohr mit federnden Ventilklappen am einen Ende, die etwa wie eine Stabjalousie wirkten. Ein Zündgemisch von Kraftstoff und Luft wurde eingespritzt, und die Mischung durch eine Zündkerze gezündet. Die sich ausdehnenden Gase schlossen die Ventilklappen, wurden in der Röhre beschleunigt und erzeugten so den Rückstoß. Hatten die Gase das Rohr verlassen, entstand am Einlaßteil des Rohres eine Zone niedrigen Druckes. Die Ventilklappen öffneten sich, und ein frisches Kraftstoff-/Luftgemisch strömte ein. Dieser Vorgang wiederholte sich in einer Geschwindigkeit, die weitgehend von der Resonanzgeschwindigkeit des Rohres bestimmt wurde.
Schmidt meldete 1931 seine Erfindung zum Patent an; nicht für das Staustrahltriebwerk selbst, sondern für ein Senkrechtstartflugzeug mit drei Schmidt-Strahlrohren, die unter jeder Tragflügelspitze und im Heck angeordnet waren. Diese Anordnung sollte das Flugzeug nur in die Luft bringen. Für die Vorwärtsbewegung war ein normales Propellertriebwerk vorgesehen.
Dieses sehr frühe Senkrechtstartprojekt wurde jedoch nicht verwirklicht. Der Schwachpunkt lag im Problem der Zündung. Doch nach weiteren Experimenten, die insbesondere der Nutzung der Stoßwellen sich ausdehnender Gase für die Selbstentzündung durch Verdichtung eines frischen Gemisches galten, wurden einige Erfolge erzielt. 1934 erhielt Schmidt finanzielle Unterstützung durch das Reichsluftfahrtministerium. Er legte sogar einen Vorschlag für ein Projekt vor, das im Grunde genommen schon die ›Fliegende Bombe‹ war. Doch es wurde abgelehnt. Trotzdem führte er die Versuche mit seinen pulsierenden Staustrahlrohren fort. Es ist bemerkenswert, darauf hinzuweisen, daß ihm auch zwei britische Patente erteilt wurden – Nr. 368 564 von 1931 und 737 555 – in Verbindung mit seinen Entwicklungen an pulsierenden Staustrahltriebwerken.
1939 beschloß das deutsche Reichsluftfahrtministerium, sich ernsthaft der Frage der Strahlantriebe anzunehmen. Verschiedene Hersteller von Flugzeugtriebwerken wurden herangezogen und einer davon, die Argus-Motorenwerke in Berlin,

wurde beauftragt, ein pulsierendes Staustrahltriebwerk zu entwickeln. Eigenartigerweise war man dort mit den früheren Entwicklungen von Schmidt nicht vertraut und begann ganz von vorn.

Das Grundprinzip war einfach: wenn die Luft als eine der zwei Komponenten, die für die Verbrennung notwendig sind, ruckweise oder pulsierend fließt, kann die andere, der Treibstoff, laufend zugeführt werden. Das erste Versuchsmodell hatte ein ziemlich kompliziertes Rückstromsystem. Es benutzte eine sogenannte ›Borda-Einlaßöffnung‹, die nicht so recht befriedigte. Das zweite Triebwerk wurde am 13. November 1939 erprobt und erwies sich als vielversprechend. Es hatte sehr

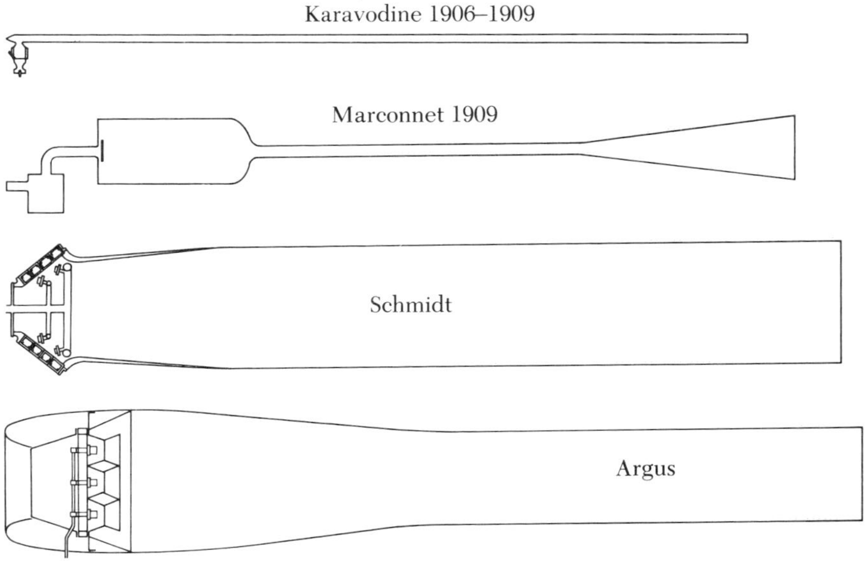


Die historische Entwicklung der Staustrahltriebwerke von 1909–1945.

gleichmäßige Schwingungen und zeigte die merkwürdige Eigenschaft der pulsierenden Staustrahltriebwerke, daß sie Eigenzündungen auslöste. Diese ersten pulsierenden oder auch genannt intermittierenden Triebwerke hatten keine beweglichen mechanischen Teile. Das Strömungsverhalten der sich ausdehnenden Gase wurde nur durch die Form der Brennkammer bestimmt. Ihnen folgte eine dritte Strahlrohrversion, die – wie der Entwurf von Schmidt – Federklappenventile besaß. Doch sie hatte nicht ein glattes Rohr, sondern bestand aus zwei Kammern, einer Misch- und einer Brennkammer. Zwischen den Kammern gab es eine Verengung, die die verbrennenden und sich damit ausdehnenden Gase am Zurückschlagen auf die Ventilklappen hinderte.

Der dritte Triebwerksprototyp erfüllte auf dem Prüfstand die Erwartungen zufriedenstellend. Wenn man berücksichtigt, daß nur drei Monate seit Entwicklungsbeginn vergangen waren, kamen die Arbeiten ganz gut voran. Zu diesem Zeitpunkt erinnerte sich irgend jemand im Reichsluftfahrtministerium an Dr. Paul Schmidt. Es wurde eine Besprechung mit ihm und den Vertretern der Argus-Werke anberaumt. Dabei stellte man fest, daß die Schmidt'schen Federklappenventile, die einen beachtlichen Entwicklungsstand erreicht hatten und widerstandsfähig genug für die Belastung in einem glatten Strahlrohr waren, auch in dem Argus-Rohr verwendet werden konnten.

Am 30. April 1941 wurde ein Originaltriebwerk unter einem Schuldoppeldecker im Flug erprobt. Die Entwicklungsarbeiten schritten voran, so daß am 19. Juni

Das dritte Argus-Staustrahltriebwerk. Die Verengung in der Brennkammer sollte ein Entzünden des Treibstoffs in der Mischkammer verhüten.

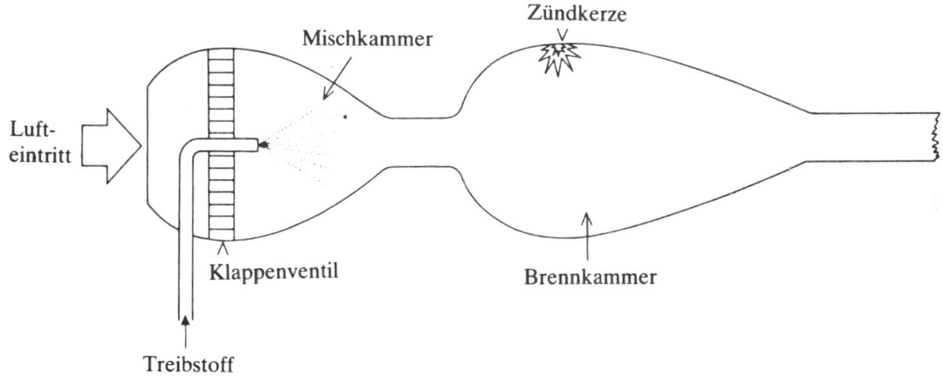


Argusrohr 014
1 Lufteintritt mit Verkleidung
2 Treibstoffeinspritzgitter
3 Klappenventil
4 Leitbleche
5 Strahlrohr
6 Zündkerze

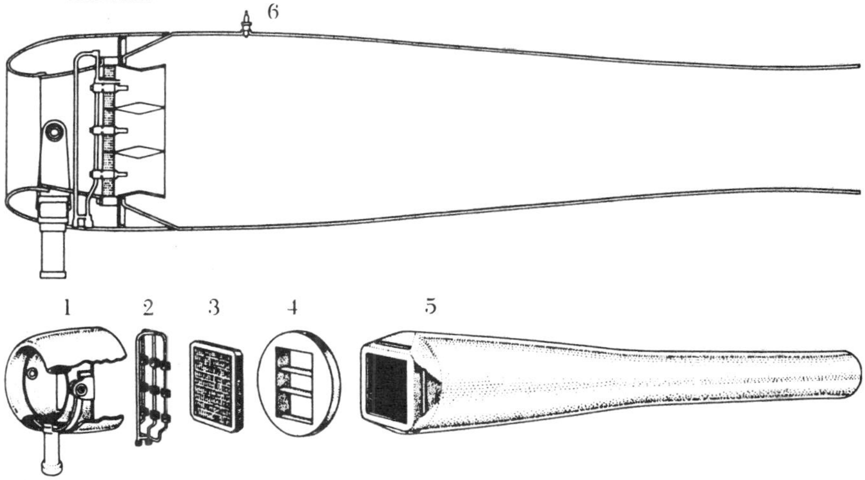


1942 die Argus-Motorenwerke den Auftrag zum Bau eines Hochleistungs-Staustrahltriebwerks für einen unbemannten Fernflugkörper erhielten. Technisch stellten diese derart einfachen Triebwerke keine Probleme mehr dar, und recht bald hatte man ein einsatzfähiges Triebwerk entwickelt, die Argus 014, die mit recht einfachem, geringwertigem Treibstoff 300 kp Schub in 900 Metern Höhe leistete.

Das Argusrohr 014 war eine Stahlblechröhre von 3,60 Meter Länge, die sich von der Brennkammer aus bis zu etwa einem Drittel ihrer Länge verjüngte und sich dann in einem geraden Abgasrohr fortsetzte. Nur fünf Bauteile wurden benötigt: der Lufteinlaß, der gleichzeitig einen Preßluftanschluß zum Anlassen enthielt; drei Sprühverteiler mit neun Einspritzdüsen; die Ventilklappeneinrichtung; eine Leitblechanordnung aus einer Gußlegierung zur Verhinderung des Zurückschlagens der Verbrennungsflamme in die Ventilklappen; und schließlich das Strahlrohr selbst. Das Triebwerk wurde mit einem Druckschalter angelassen, wobei eine genau bemessene Treibstoff- und Preßluftmenge in die Brennkammer eingedrückt wurde. Eine Zündkerze zündete das Gemisch sehr schnell und der Intermittierende Brennzyklus begann. (Es gibt Hinweise darauf, daß das hintere offene Ende des Strahlrohres mit einer Pappscheibe abgedeckt wurde, um die Startmischung im Rohr zu halten.) Das Triebwerk arbeitete im Stand am Boden zufriedenstellend, wenngleich der im Fluge erzeugte Staueffekt zu einem weit höheren Wirkungsgrad beitrug.

Treibstoffversorgungssystem der V 1:
1 Druckluftkugelbehälter
2 Druckausgleichsventile
3 680-Liter-Treibstoffbehälter
4 Treibstoffregler
5 Einspritzgitter mit Einspritzdüsen
6 Intermittierendes Strahlrohr
7 Druckluftleitung für Lagekreisel

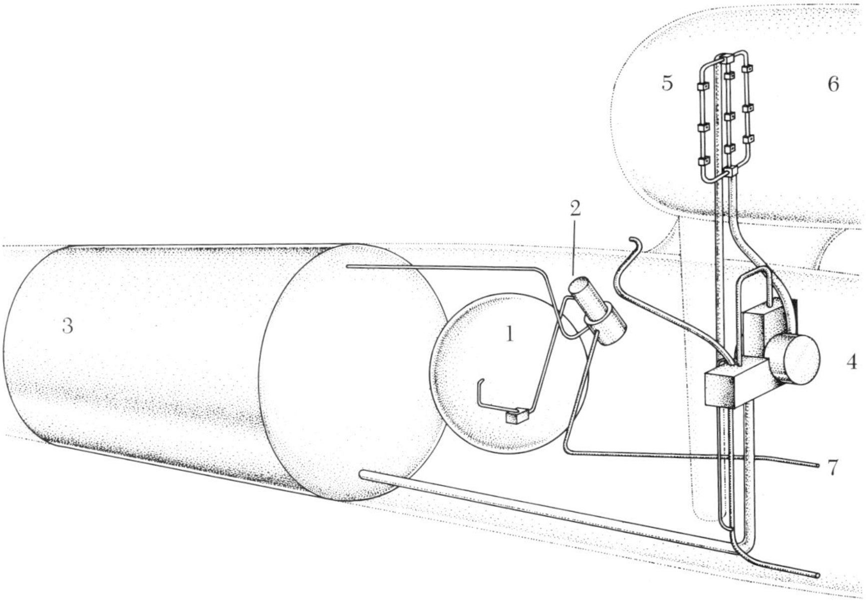


Einmal in Betrieb gesetzt, spielte die Zündkerze am Zündvorgang keine Rolle mehr. Dieser Vorgang der Selbstzündung war schon bei den ersten Versuchen mit pulsierenden Strahlrohren beobachtet worden. Zunächst hatte man angenommen, daß sie von den dünnen Wandungen des Abgasrohres herrührten, die kirschrot glühten und dadurch die Gemischladung zündeten. Die Ingenieure der Argus-Werke wiesen aber nach, daß diese Annahme nicht zutraf. Sie fuhren Dauerversuche mit Triebwerken auf einem Prüfstand mit Wasserberieselung zur Kühlung des Abgasrohres. Das Triebwerk lief auch mit abgeschalteter Zündung weiter. Schließlich entdeckten sie die Theorie von Professor Schmidt zum zweiten Mal, daß ausdehnende Gase sich wie ein mechanischer Kolben in einem Zylinder verhalten und, wenn das hochbeschleunigte Gas das Rohr verläßt, eine zusätzliche Druckwelle im Strahlrohr zurückläuft und durch diesen Gegendruck das einströmende Treibstoff-/Luftgemisch entzündet.
Diese einfachen Triebwerke schienen zuverlässig und betriebssicher zu sein. Die einzigen beweglichen Teile waren die Federklappenventile, die aber sehr unwirtschaftlich arbeiteten. Insbesondere lag der Treibstoffverbrauch hoch, der jedoch in gewissem Maße durch die Verwendung von geringerwertigem Kraftstoff ausgeglichen wurde. Man konnte die Triebwerkleistung kaum beeinflussen. Nur durch Veränderung des Kraftstoffdruckes war eine gewisse Regelung möglich. Der 680-Liter-Treibstoffbehälter wurde vor dem Start mit etwa sieben Atmosphären Druck beschickt, die aus einem kugelförmigen Druckluftbehälter im Rumpf gehalten wurden. Die Regelung des Einspritzdruckes des Treibstoffs mußte für Start, Steig- und Marschflug automatisch erfolgen. Dies wurde durch einen Regler bewirkt, der einen Einspritzdruck von 1.2. bis 2.6 atü – der Differenz zwischen Standlauf- und Startleistung – steuerte. Auch Zwischenwerte für Steig- und Marschflug wurden von diesem Kraftstoffregler wahrgenommen.

Prinzip des Steuergerätes:
1 Hauptkreisel
2 Druckluftleitungen
3 Seitenruderservo
4 Höhenruderservo
5 Höhenmesser und Höhenservo
6 Meßkreisel

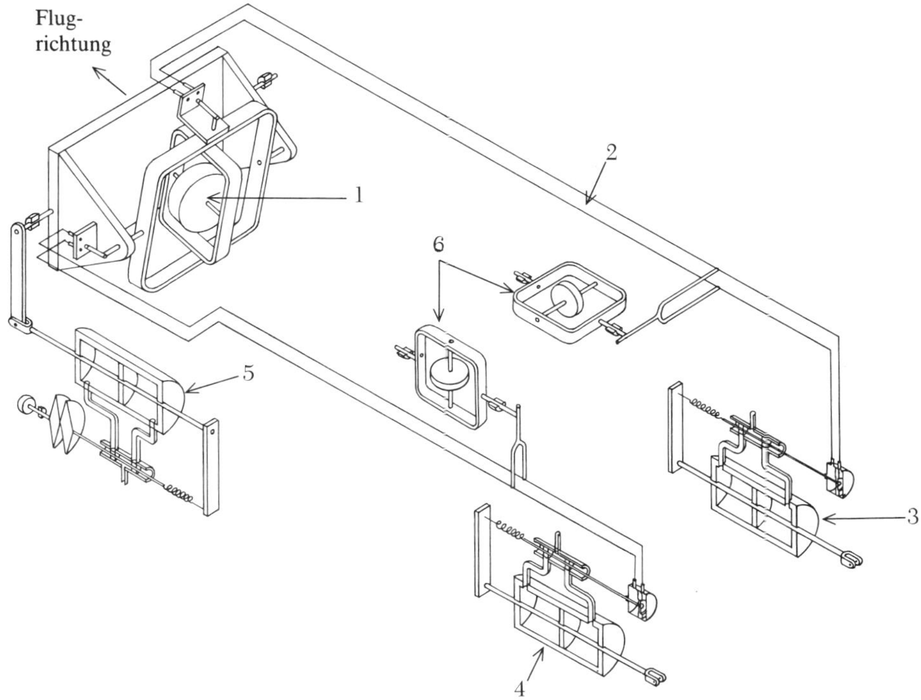


Dieses Argusrohr mit seinem Regelsystem stand zum Einbau in das Fluggerät bereit, das die Fieseler-Werke gebaut hatten. Der Erstflug erfolgte schon sechs Monate nach Auftragserteilung in Peenemünde, eine wahrlich beachtliche Leistung. Die Kurssteuerung für das FZG 76 war von den Askania-Werken entwickelt worden, die es ›Steuergerät‹ genannt hatten. Es beruhte auf Lagekreiseln, die vollkardanisch aufgehängt waren. Diese Kreisel hatten Beschleunigungsgeber, die alle Lageabweichungen wie Gieren, Steigen, Schlingern und Kursabweichungen ermittelten. Bewegungen um diese Achsen wurden abgetastet und umgesetzt, um pneumatische Regelgeräte (Servos) anzusteuern, die wiederum Höhen- und Seitenruder bewegten. Querruder gab es bei diesem Flugkörper nicht.

Der Kurs des Flugkörpers wurde durch den Flugzeugkompaß gehalten, der es dem Kreisel erlaubte, langsam mit drei Grad pro Minute auszuwandern, bis die erforderliche Flugrichtung mit dem eingestellten Kompaßkurs übereinstimmte. Der Kurskreisel (es gab auch noch zwei kleinere Lagekreisel) und die pneumatischen Regelgeräte wurden aus einer zweiten Druckluftflasche gespeist. Sie war ähnlich der anderen, die den Treibstofftank mit Druckluft versorgte. Insgesamt verbrauchte die Kurssteuerung im Flug 300 Liter Luft pro Minute. Die Kurssteuerung hatte folgende Aufgaben:

1. Seitenstabilität aufrechterhalten
2. Kurshalten für 25 Minuten Dauer
3. Ausgleichen einer Kursänderung von ± 60 Grad gegenüber der Startrichtung
4. Einhalten einer bestimmten Höhe zwischen 300 und 2500 Metern
5. Den Flugkörper abkippen lassen, wenn eine vorgegebene Entfernung abgeflogen war.

Genaugenommen war dieser letzte Punkt nicht Teil der Aufgabe des Steuergerätes. Ein kleiner Propeller am Bug des FZG 76 trieb ein Luftlog an, das die

geflogene Entfernung maß. War sie erreicht, wurde das Höhenruder voll gedrückt und der Flugkörper in den Zielsturz gesteuert. (Das plötzliche Anlegen von negativen Beschleunigungskräften ließ das Triebwerk aussetzen, was die Betroffenen im Zielgebiet warnte. Dies war nicht beabsichtigt. Als man das im späteren Verlauf der Einsätze erkannte, änderten die deutschen Konstrukteure der V 1 die Steuerung so ab, daß das Höhenruder sich nur langsam bewegte und die Flugbombe mit laufendem Triebwerk zu Boden stürzte.)
Der Standschub des Strahlrohrs reichte nicht aus, die V 1 ohne Zusatzhilfe zu starten. Der Start erfolgte von den Rampen, die in den Luftbildern so gut erkennbar gewesen waren. Diese Startrampen waren 38 Meter lang und bestanden aus einer langen Röhre, die über ihre ganze Länge an der Oberseite einen Spalt eingeschnitten hatte. Ein Kolben mit einem flossenähnlichen Starthaken war in das Rohr am Startende eingesetzt. Der Starthaken ragte oben aus dem Schlitz heraus und rastete in eine Halterung unter dem Flugkörper ein. Ein Dichtgummi schloß die Öffnung in der Länge des Rohrspaltes von innen ab und wurde durch den Kolben festgehalten.
Sobald der Flugkörper zum Abschuß fertig war, wurde das Staustrahltriebwerk angelassen. Hochgespannter Dampf, der durch die heftige Reaktion beim Vermischen von Wasserstoffsuperoxyd mit Kaliumpermanganat erzeugt wurde, preßte den Kolben durch die Röhre, der wiederum die V 1 mit sich riß. Der Dampfdruck in dem Rohr war offensichtlich ausreichend, um den Dichtgummi in dem Schlitz zu halten. Nach deutschen Angaben betrug die Startgeschwindigkeit einer Einsatz-V 1 105 m/sec; somit benötigte sie zum Start etwas weniger als eine Sekunde und verbrauchte dafür etwa 100 Kilogramm Wasserstoffsuperoxyd.
Am vorderen Rampenende schoß der Kolben heraus, löste sich vom Flugkörper und fiel in einiger Entfernung zu Boden. (Er konnte geborgen und wiederverwendet werden, sofern er unbeschädigt blieb.) Luftbildauswerter nutzten die Aufschlagstellen der Kolben, um die Anzahl der Flugbomben zu zählen, die von jeder Stellung verschossen wurden. Dieses sehr sinnreiche Dampfkatapult wurde mehrere Jahre später hochgelobt erneut erfunden und auf Flugzeugträgern der Royal Navy verwendet, wozu man gewöhnlichen Wasserdampf aus den Schiffskesseln benutzte.
Die Entwicklung der V 1-Flugbombe war alles andere als ein einfacher Weg. Über 300 Versuchsflüge wurden von Peenemünde aus durchgeführt. Um das aerodynamische Verhalten zu ergründen, stattete man etwa vierzig V 1 mit Fernmeßsendern geringer Leistung von 4 MHz aus, um die Fluglage, Flughöhe und die Ruderausschläge zu überwachen. Einige der Erprobungsflugkörper begannen kurz nach dem Start mit Rollbewegungen um die Längsachse und stürzten ab. Zuerst wurde die Kurssteuerung als Fehlerquelle angenommen. Doch dann fand man den Grund in den zu hohen Beschleunigungskräften, die beim Start auftraten, wodurch sich die Tragflügel in ihrer Befestigung verzogen und starke Rollmomente verursachten, die die Kurssteuerung nicht mehr aussteuern konnte. Andere Flugkörper flogen mit einer konstanten Querneigung von bis zu sieben Grad, wodurch sie ins Gieren gerieten und aus dem Kurs liefen. Diese Fehler waren auf die Hast und Eile, mit der die Flugkörper zusammengebaut worden waren, zurückzuführen. Schließlich schaffte eine kleine Trimmklappe an einem Tragflügel, die pneumatisch betätigt und durch ein Pendel geregelt wurde, Abhilfe für jede Lageabweichung.
Die größte Sorge bereitete den Entwicklungsingenieuren das Mitschwingen der

Standfoto aus einem V 1-Ausbildungsfilm, 2,5 Sekunden nach Startauslösung. Zu sehen ist der Flammstrahl aus dem Strahlrohr, von Dampfwolken des Katapults umgeben. Eine Sekunde später wird der Flugkörper die Startrampe (oben im Bild) verlassen.

Zelle durch die hämmernden Stöße des Triebwerks. Anfangs wurde vor allem der Kompaß davon derartig gestört, daß sich häufig Kursabweichungen bis zu zehn Grad ergeben konnten. Dies wurde durch eine Aufhängung des Kompasses mittels Gummibändern in einem hölzernen Rahmen behoben, der seinerseits wieder durch zusätzliche Federn in der V 1-Zelle gehalten wurde. Die Kursabweichung konnte dadurch bis auf weniger als ein Grad verringert werden.

Eine weitere Kinderkrankheit verursachte der Kompaß selbst. Alle eisenhaltigen Materialien haben magnetische Eigenschaften. Die V 1 bestand aus Stahlblech. Während der Herstellung, vor allem beim Vernieten und Hämmern, wurden die Stahlmoleküle magnetisch und richteten sich auf das Erdmagnetfeld aus. Die Ausrichtung dieser objektbezogenen Magnetisierung war abhängig von der Richtung, bezogen auf magnetisch Nord, die der jeweilige Flugkörper während der Montage inne hatte. Dies trifft auch für jedes Flugzeug oder Schiff zu. Jeder Kompaß in einem Flugzeug wird natürlich von diesem objekteigentümlichen Magnetismus abgelenkt. Normalerweise wird dieser Fehler mittels eines ziemlich zeitaufwendigen Verfahrens, dem sogenannten ›Kompensieren‹ des Kompasses, ausgeglichen. Das Flugzeug wird langsam um 360 ° gedreht und die Kursanzeige des Kompasses mit bekannten genauen Richtungsangaben verglichen. Kleine Magnete werden im Flugzeug (oder Schiff) am Kompaß angebracht, um jede Falschanzeige auszugleichen. (Sehr kleine Restabweichungen werden in einer ›Deviationstabelle‹, die in der Nähe des Kompaß angebracht wird, angegeben.)

Selbst wenn die Deutschen Zeit zum Kompensieren der V 1 gehabt hätten, wäre dies zwecklos gewesen, weil durch die Stahlblechkonstruktion die Ablenkungen sehr groß gewesen wären. Selbst im Falle eines Kompensierens am Boden hätten die Stöße des Triebwerks im Fluge das Magnetfeld des Flugkörpers gegenüber den Korrekturwerten wieder verlagert. Die zum Kompensieren erforderlichen Ausgleichsmagnete hätten dann große und unberechenbare Fehler hervorgerufen und den Flugkörper aus dem Kurs laufen lassen.

Diesem begegnete man auf eine sehr einfache Weise. Nachdem der Flugkörper in der Stellung zusammengebaut und mit dem Gefechtskopf fertig aufgerüstet worden war, wurde er in das quadratische Gebäude geschoben, das, wie schon erwähnt, parallel zur Abschußrampe und zum Flugkurs ausgerichtet war und aus nichtmagnetischem Material bestand. In dieser kleinen Halle wurde die V 1-Zelle sorgfältig auf den beabsichtigten mißweisenden Steuerkurs ausgerichtet. Dann wurden die Teile des Rumpfes, die um den Kompaß herum und in seiner Nähe lagen, mit Holzschlegeln bearbeitet, um die Molekularstruktur des Stahlblechs auf das erdmagnetische Feld einzurichten, nunmehr aber in Flugrichtung. (Irgendwelche anderen Ablenkungen während des Fluges durch das Strahlrohr spielten keine Rolle mehr, weil der Steuerkurs unverändert blieb.) Auf diese Weise wurde die Abweichung auf ein Grad oder weniger vermindert. Das also war das Geheimnis der ›quadratischen Gebäude‹. Hier wurde auch im Kompaß der Luvwinkel eingegeben und die Geschwindigkeit über Grund errechnet, damit das Luftlog für die vorgesehene Reichweite des Flugkörpers eingestellt werden konnte.

Die V 1-Angriffe begannen in der Nacht vom 13. auf 14. Juni 1944 und endeten, als am 29. März 1945 die letzte V 1, die auf England fallen sollte, von der Flak über Suffolk abgeschossen wurde. Insgesamt waren 10 500 Flugbomben abgefeuert worden, 3957 wurden durch Abwehr zerstört, 3531 erreichten England, 2420 trafen Londoner Gebiet. 6184 Menschen wurden getötet und 17 981 schwerverletzt. Die Materialverluste und Bauschäden durch die V 1 waren erheblich. Im Durchschnitt wurden von jeder Flugbombe, die den Abwehrgürtel durchbrach, zwei Menschen getötet und fünf schwerverletzt.

Es hätte noch viel schlimmer kommen können. Bis Ende des Krieges hatten die Deutschen zwischen 30 000 und 32 000 Fliegende Bomben produziert. Obwohl sie von den 96 Abschußrampen den Einsatz von etwa 2000 Bomben innerhalb von jeweils 24 Stunden geplant hatten, erfolgten dann doch alle Angriffsabschüsse von den ›modifizierten‹ Stellungen, die Notbehelfe ohne Lagerungsmöglichkeiten waren. Dennoch erfolgte der zweite Angriff auf London am 15. Juni. Bis zur Mittagszeit des nächsten Tages waren 244 Flugbomben aus 55 Stellungen abgeschossen worden, die in zwei Gebieten zusammengefaßt lagen. Zum einen im Gebiet Somme/Calais, wo die Luftbildaufklärung 48 Stellungen festgestellt hatte, zum anderen auch im Seine-Gebiet, wo durch Luftbilder keine Stellungen entdeckt werden konnten. Trotz der wenigen verfügbaren Aufklärungsflugzeuge, die jetzt fast ununterbrochen Einsätze zur Unterstützung der Invasion flogen, wurde dennoch eine beträchtliche Anzahl von V 1-Abschußrampen ermittelt. (Rund 156 wurden entdeckt, und es stellte sich heraus, daß dies die Gesamtzahl aller tatsächlich gebauten Stellungen war; eine beachtliche Leistung, wenn man bedenkt, daß diese ›modifizierten‹ Stellungen nicht leicht auszumachen waren. Die Deutschen gaben sich große Mühe, die bestehende Bodenbewachsung nicht zu zerstören und sie in die Tarnung mit einzubeziehen.)

War eine Stellung erst einmal benutzt worden, konnte man sie viel leichter entdecken. Ganz abgesehen von den verräterischen Rutschspuren, die die Abschußkolben auf dem Boden hinterließen, schmierten viele Flugkörper nach Verlassen der Abschußrampe ab, weil der Katapult oder das Triebwerk versagte, und explodierten. Sie verursachten große Krater und rissen das Laub von den schützenden Bäumen.

Die Stellungen zu finden war die eine Aufgabe, sie zu bombardieren die andere, die sich aus zwei Gründen als schwierig erwies. Einmal lagen sie oft in oder ganz

nahe bei französischen Dörfern, zum anderen fehlte es an Bombern. Die Schlacht in der Normandie befand sich zu der Zeit in einer kritischen Phase. Ein Abziehen taktischer Bomber hätte nachteilige Folgen auf die kriegswichtigen Landoperationen gehabt. Die Hauptabwehr gegen die V 1 oblag deshalb den Jägern, der Flak, Sperrballons und schließlich den Kräften, die jene Nachschubbereiche bombardierten, die die Abschußrampen mit Flugkörpern versorgten.
Der für die V 1-Abwehr verantwortliche Mann, Duncan Sandys, war nicht in England, als die Angriffe begannen.

»Ich hielt mich gerade auf der anderen Seite des Kanals auf und besichtigte einen unserer künstlichen Häfen, der kürzlich durch einen Sturm in Mitleidenschaft gezogen worden war.
Ich wurde sofort nach London zurückgerufen und zum Vorsitzenden eines Komitees von diensthabenden Kommandeuren und Wissenschaftlern ernannt. Ich sollte die Verteidigung von London und Südengland gegen Fliegende Bomben koordinieren.
Einige Monate zuvor hatten die Stabschefs einen Einsatzplan vorbereitet, der diese besondere Lage berücksichtigte, falls sie sich ergeben sollte.
Der Plan wies die Hauptverantwortung den Jagdflugzeugen im Küstenbereich zu. Dahinter lag ein Gürtel von Flakbatterien und um London herum lagen Sperrballonriegel. In der Praxis bewährte sich dieser Plan nicht; und zwar aus dem einfachen Grund, weil die Fliegenden Bomben, wie wir feststellen mußten, ein gut Teil schneller flogen als die meisten unserer Jagdflugzeuge. Die Jäger verfolgten die V 1 bis über den Flakgürtel, wodurch die Flak am Schießen gehindert wurde.
Der Flakbefehlshaber, General Pile, und der Kommandierende General der Jagdfliegerverteidigungskräfte, Luftmarschall Hill, und ich kamen zu dem Entschluß, daß wir mehr Erfolg damit hätten, wenn wir die Flak an die Küste verlegen und ihr die Hauptverantwortung für die Abwehr übertragen. Natürlich hätten wir die Stabschefs befragen müssen, bevor wie ihren Plan abänderten. Dies war zweifellos unsererseits ein unpassendes Vorgehen. Aber wir beschlossen aus eigener Verantwortlichkeit zu handeln und gaben Befehle an die Flak, zur Küste vorzuverlegen.«

Der Entschluß, die Flak Stellungswechsel machen zu lassen, war am 13. Juli gefallen. Vier Tage später waren 23 000 Männer und Frauen mit ihren Geschützen, Radargeräten und Nachrichtenverbindungen in den neuen Küstenstellungen einsatzbereit. Lord Sandys erinnert sich

»Die Stabschefs waren natürlich wütend. 48 Stunden lang war London zwangsläufig ohne Flakschutz gewesen, weil die Flak verlegte. Und es gab recht hohe Verluste.«

Doch der Entschluß erwies sich rasch als gerechtfertigt, weil sich die Anzahl der abgeschossenen Flugbomben drastisch erhöhte: während der ersten Wochen waren es 50 % von allen, die die Küste überflogen. Die Prozentzahl stieg weiter, bis sie in den letzten Augustwochen 83 % erreicht hatte.
Die Flakkanoniere erzielten aus drei Gründen bessere Ergebnisse. Die neuen Küstenstellungen boten für die neuen amerikanischen SCR 584-Feuerleitgeräte viel bessere Einsatzbedingungen. Es gab im offenen, hindernisfreien Gelände viel weniger Störzeichen oder Radarstörungen und Festzeichen. Die Granaten waren mit neuen Annäherungszündern bestückt, die aus einem Kleinradargerät bestanden, das dafür entwickelt worden war, um den hohen Abschußbeschleunigungskräften zu widerstehen und zu zerlegen, sobald sie in den Wirkungsbereich des Zieles gerieten und so einen Vorbeischuß in einen sicheren Treffer verwandeln konnten. Es war eine britische Erfindung, die in den USA weiterentwickelt worden war und gerade zu rechten Zeit in großen Stückzahlen verfügbar wurde.

Allein die Hawker ›Tempest‹ schossen in der Zeit der V 1-Angriffe 638 V 1 ab, von insgesamt 1771 Abschüssen der RAF.

Und schließlich hatte die Flak freies Schußfeld, das für die alliierten Jäger Sperrgebiet war, und wo die Batterien nach dem Motto schießen durften: »Feuer frei auf alles, was sich am Himmel bewegt!«
Die Jäger hatten zwei Einsatzgebiete: dem Flakgürtel vorgelagert über dem Kanal und hinter dem Flakgürtel über dem Bereich der Insel. Auch die Jäger hatten beachtliche Erfolge, obwohl die kleinen und sehr schnellen V 1 zunächst schwer zu treffende Ziele darstellten. Auch bestand die Gefahr, die 800-kg-Sprengladung zur Explosion zu bringen, wenn man zu nahe heranging. Einigen Piloten widerfuhr dies. Und obwohl mancher von ihnen gerade noch davonkam, konnte es auch zur Zerstörung oder zum Verlust des Flugzeuges führen. Viele Piloten versuchten immer wieder, an die V 1 nahe heranzukommen und schossen sie auf diese gefährliche Weise ab.
Oberstleutnant Roland Beamont flog die Hawker ›Tempest‹, den schnellsten Jäger jener Tage mit Kolbentriebwerk, gegen die V 1:

»In den ersten Tagen war das ziemlich aufregend, weil keiner von uns genau wußte, wie sich der Einsatz abspielen würde. Es waren schließlich Bomben, die in die Luft fliegen mußten. Zunächst eröffneten wir das Feuer aus etwa 400 Metern Entfernung und flogen sicherheitshalber von hinten an. Es waren winzige Ziele, und wir schossen fast regelmäßig vorbei. Also verkürzten wir die Feuereröffnung auf 200 Meter. Wenn man aber aus so geringer Entfernung schießt und das Ding fliegt vor einem in die Luft, während man mit 640 km/h oder mehr darauflosrast und der Explosion nicht mehr ausweichen kann, dann ist man – ehe man sich's versieht, mittendrin und fliegt durch den Feuerball. Und auf der anderen Seite kommt man immer im Rückenflug heraus. Es dauerte seine Zeit, bis wir wußten warum. Man flog ja wirklich durch ein teilweises Vakuum, wenn man durch das Zentrum der Explosion flog. In diesem kurzfristigen Vakuum bewirkte das Drehmoment unserer riesigen vierflügeligen Luftschraube, daß sich das Flugzeug auf's Kreuz drehte. Das war jedesmal ein verrücktes Erlebnis. Die einzigen nachteiligen Folgen waren Brandspuren auf der Rumpfaußenhaut des Flugzeuges. Die Seiten- und Höhenruder der ›Tempest‹ waren stoffbespannt und pflegten sehr häufig Feuer zu fangen. Und ein zweites Problem war, daß die Piloten häufig mit Brandwunden am

Das einzige bekannte Foto einer V 1, die ›angetippt‹ wurde (durch Antippen mit dem Tragflügel zum Absturz bringen). In diesem Fall ist es ein unbekannter Pilot in einer ›Spitfire‹, nicht in einer ›Tempest‹. Die Geschwindigkeit der ›Spitfire‹ reichte nur knapp aus, um eine V 1 zu jagen; darum ist diese Leistung um so bemerkenswerter.

linken Arm zurückkehrten. In der Kabine der ›Tempest‹ gab es nämlich zwei Lufteinlässe, auf jeder Seite einen. Der linkerhand lag unmittelbar über dem linken Arm. An heißen Sommertagen pflegten wir alle mit aufgekrempelten Hemdsärmeln zu fliegen. So verbrannte man sich den Arm, wenn die Flamme durch den Lufteinlaß schlug, deshalb schlossen wir das Ding.«

Eine andere, viel gefährlichere Angriffstaktik führte Oberstleutnant Beamont ein:

»Einmal hatte ich meine gesamte Munition auf eine V 1 verschossen. Da kam eine zweite heran. Ich mußte irgend etwas dagegen tun. Ich kam auf den Gedanken, meine Flächenspitze dicht unter das Flügelende der V 1 zu bringen, ohne es jedoch zu berühren. Dann hob ich meine Fläche allmählich an, wobei der darüberfließende Luftstrom die V 1 zum Wegkurven brachte. Dadurch wurde die Kurssteuerung des Flugkörpers so gestört, daß er außer Kontrolle geriet, abkippte und zum Absturz kam.«

Einer der einzigen alliierten Strahljäger, der im Zweiten Weltkrieg zum Einsatz kam, eine Gloster ›Meteor‹, brachte auch eine V 1 auf diese Weise zum Absturz. Am 4. August hatte Oberleutnant Dean von der 616. Staffel sich einer V 1 genähert, weil er jedoch Ladehemmung hatte, schloß er dicht an die V 1 auf und ›tippte sie ab‹, wie es von Oberstleutnant Beamont geschildert wurde. Das war das erste Mal, daß ein gegnerisches Flugzeug von einem britischen Strahljäger zerstört wurde und der erste ›Luftkampf‹ zwischen zwei Strahlflugzeugen. Die ›Meteor‹ war eine Mark I, die EE 216. Etwas später am gleichen Tage schoß eine andere ›Meteor‹ von der 616. Staffel eine V 1 ab. Insgesamt erzielte die 616. Staffel, die einzige Strahljägerstaffel der RAF, dreizehn V 1-Abschüsse.

Der erfolgreichste Tag für die Luftabwehrkräfte war der 28. August 1944, als von 94 erfolgreich katapultierten Flugbomben 65 von der Flak, 23 durch Jäger abgeschossen wurden und zwei im letzten Verteidigungsriegel der Sperrballons zum Absturz kamen. Nur vier drangen bis London durch.
Als die alliierten Landstreitkräfte ihre Positionen auf dem europäischen Kontinent gefestigt hatten, veränderten sich auch die Zielprioritäten der Bomberkräfte

derart, daß nunmehr Bomber für Angriffe gegen V 1-Stellungen bereitgestellt werden konnten. Raketenbewaffnete Jagdbomber und Bomber griffen die ›modifizierten‹ Stellungen an, obwohl diese auf Dauer nur schwer auszuschalten waren.

Die Nachschubparks wurden von schweren Bombern angegriffen. Zuvor mußten sie aber erst einmal entdeckt werden, was wieder der Luftbildaufklärung zu verdanken war. Rege Bautätigkeiten hatte man auf einem Gelände in Creil bei Paris ausgemacht, wo sich ein ausgedehntes System unterirdischer Tunnelanlagen befand, die vor dem Kriege der Champignonzucht gedient hatten. Durch Agentenmeldungen und weitere Luftaufklärung war festgestellt worden, daß die Gewölbe von den Deutschen wesentlich erweitert worden waren. Die Eingänge waren befestigt und ein neues, hineinführendes Eisenbahngleis gelegt worden. Ähnliche unterirdische Anlagen gab es bei St. Leu d'Esserat, wo zwei Anlagen so

V 1-Schäden in London. Wegen ihrer relativ geringen Auftreffgeschwindigkeit besaß die V 1 höhere Minenwirkung und war wirkungsvoller als die V 2, die meist tief in die Erde drangen, bevor sie explodierten. In dichtbebauten Gebieten wurde durch Druckwirkungen größerer Schaden verursacht.

schwer bombardiert wurden, daß Gewölbe einstürzten und die Eingänge durch Erdrutsche verschüttet wurden.
Während der V 1-Angriffe, vor allem auf London, lag den Deutschen besonders daran zu erfahren, wo ihre Flugbomben einschlugen. Deshalb hatten ihre V-Männer in Großbritannien von ihren Führungsoffizieren Auftrag erhalten, die Trefferlage durchzugeben. Soweit bekannt ist, waren alle deutschen Agenten in England inhaftiert und sogar einige ›umgedreht‹ worden, die man vor die einfache Wahl gestellt hatte, entweder erschossen zu werden oder für die britische Abwehrabteilung MI 5 zu arbeiten. Die meisten, wenn nicht sogar alle, wählten diese zweite Möglichkeit und funkten weiter Informationen nach Deutschland, jetzt aber mit ihren Agentensendergeräten aus den Zellen des Wandsworth-Gefängnisses nach den Anweisungen ihrer neuen Auftraggeber, denen sie in die Fänge geraten waren. Sie erhielten den Auftrag, durchzugeben, daß die V 1 im Norden Londons einschlagen würden und viele zu weit über das Zielgebiet hinausgeflogen wären. In Wirklichkeit hatten die Flugkörper aber eine Tendenz, schon vor dem Ziel aufzuschlagen. So verkürzten die Deutschen in denAbschußstellungen die Reichweiten, wodurch die Flugkörper noch kürzer trafen. Bemerkenswert dabei ist, obwohl gerade die mit Funk ausgestatteten V 1 von Funkpeilern genau verfolgt und als Kurzschüsse festgestellt worden waren, daß die Deutschen so großes Vertrauen zu ihren Agenten hatten, die ab und zu auch einmal eine echte Meldung übermittelten, und die eigenen Funkpeilmeldungen ihrer Luftnachrichtentruppe als Fehler betrachteten und nicht beachteten.
Wo immer sie auch in bebautes Gebiet einschlugen, verursachten die V 1 große Verwüstungen und hohe Verluste an Menschenleben. In jenen Tagen sich in London aufhalten hieß, wie in einer belagerten Stadt zu leben. Die meisten Leute erinnern sich dieser Angriffe als ein Erlebnis, das sie mehr mit dem Gehör denn mit den Augen wahrnehmen konnten. die V 1-Bomben flogen tief in 900 Meter Höhe. Durch die Häuserzeilen der City konnte niemand auf weitere Entfernung sehen. Der erste warnende Hinweis war stets das tiefe, pochende Brummen der Staustrahltriebwerke, das schnell anschwoll. In den Straßen blieben die Menschen stehen, blickten nach oben und versuchten, die Richtung, aus der sie Bomben kommen könnten, festzustellen. Sie hofften inständig, daß sie über die hinweg- oder an ihnen vorbeifliegen möchten. Aber sobald das Triebwerk plötzlich aussetzte, hasteten sie in den Schutz irgendwelcher Hauseingänge oder warfen sich flach auf das Straßenpflaster. Und dann gab es ein Atemanhalten, das wie eine Ewigkeit zu dauern schien. Einer berstenden Explosion folgte tiefes Grollen, wenn das eine oder andere Gebäude in Schutt und Trümmer sank. Danach Stille. Qualm quoll hinter den Häuserzeilen auf, und dann ertönten die Klingeln der Feuerwehrfahrzeuge und Rettungswagen, und vielleicht auch wieder das entfernte tiefe Brummen einer weiteren Flugbombe.
Der Anblick einer V 1 war unvergeßlich. Die Flugkörper flogen mit hoher Geschwindigkeit, etwa 650 km/h. Ihr kleiner Umriß, wie ein Schatten, ließ sie fast noch schneller wirken. Woran sich viele Menschen erinnerten, war die furchterregende Art, wie die Flugkörper, unbehindert von Flak, Jägern oder Sperrballons, schnurgerade ihre Bahn zogen. Die nicht erkennbare Absicht dieser Roboter machte sie noch unheimlicher. Evelyn Waugh drückte es gut in ihrem Buch ›Bedingungslose Kapitulation‹ aus:

> »Sie waren so unpersönlich wie eine Landplage . . . als ob die Stadt von giftigen Rieseninsekten überfallen worden wäre.«

Allmählich trug die Bombardierung deutscher Ersatzteildepots dazu bei, die Wucht ihrer Angriffe zu mindern. In den ersten Septemberwochen überrannten alliierte Kräfte die Abschußstellungen am Pas de Calais. Daraufhin gingen die Deutschen dazu über, die V 1 durch Heinkel He 111 und Heinkel He 177 aus der Luft abzufeuerrn. Etwa 1200 wurden gegen Portsmouth und Southampton und etwa 50 gegen Manchester eingesetzt, wovon die Mehrzahl abgeschossen werden konnte. Einige weiterreichende V 1 wurden im März 1945 aus Stellungen in Holland katapultiert, aber nur ein Dutzend kam bis London durch.

Die unmittelbare Bedrohung durch die V 1-Flugbombe hatte die Aufmerksamkeit von den deutschen Raketen abgelenkt, obwohl sich im Frühjahr und Sommer 1944 Zeichen und Hinweise auf ihr Vorhandensein häuften. Dr. Jones hatte Geheimdienstmeldungen erhalten, wonach die Deutschen im Winter 1943/44 an Langstreckenraketen arbeiteten. Im März 1944 erhielt er Meldung aus polnischen Quellen, daß es neuerdings erheblichen Betrieb auf einem SS-Artillerie-Schießplatz gäbe, der seit 1941 in der Nähe des Dorfes Blizna eingerichtet worden war. Zwangsarbeiter kamen zum Einsatz. Rund 2000 Arbeiter begannen mit dem Bau einer neuen Straße. Ein Eisenbahnanschluß wurde bis zu dem Gelände ausgebaut. Neue Baracken und Betonbauten wurden errichtet und die Dorfbewohner umgesiedelt. Stacheldraht umgab das Gebiet. Jeder, der sich innerhalb von einem Kilometer annäherte, wurde erschossen.
Weitere Nachrichten über die Bedeutung des Ausbaus von Blizna gingen, wahrscheinlich über ›Ultra‹, auf die Unterlagen über die Kraftstoffzuteilung zurück, aufgrund welcher Jones schon den Echtheitsbeweis für die Vorhaben von Peenemünde stützte. Die polnische Untergrundbewegung war jetzt in der Lage zu melden, daß von dort ›Lufttorpedos‹ abgefeuert worden wären. Umfang und Lage der festgestellten Einschlagkrater waren nach London übermittelt worden.
Anhand dieser Meldungen wurde beschlossen, das Gebiet um Blizna zu fotografieren. Am 15. April 1944 flog eine Bildaufklärungs-›Mosquito‹ die fast 1000 Kilometer weite Strecke von San Severo in Italien nach Blizna. Die Luftbildaufnahmen enthüllten den schon bekannten ›modifizierten‹ Belhamelin-Rampentyp für die V 1. Ein weiterer Einsatz, der drei Wochen später geflogen wurde, zeigte, daß die V 1-Rampe verschwunden war. Sehr aufschlußreich hingegen waren die rege Arbeitstätigkeit, ein Zug mit Betriebsstoffkesselwagen, wie man sie in Peenemünde schon gesehen hatte, eine Anzahl schwerer Sattelschlepper sowie eine große Rakete, die wiederum im Freien offen gelagert war. Am meisten Verwirrung stiftete jedoch die Feststellung, daß auf den Fotos von Blizna jeglicher Hinweis auf schwere Startanlagen für die Raketen oder sogar auf die großen ellipsenförmigen Erdwälle wie in Peenemünde fehlte.
Die Heimatarmee der polnischen Untergrundbewegung war emsig bemüht, an die Trümmer von Flugkörpern heranzukommen, die von Blizna über Land gefeuert wurden. Einen ersten Erfolg hatte sie, als am 20. Mai 1944 eine V 2-Rakete 130 Kilometer nordwestlich von Warschau in der Nähe des Dorfes Sarnaki in den Bug fiel. Die Rakete war nicht explodiert und lag im Flachwasser der Uferregion, nur die Spitzen der Steuerflossen ragten aus dem Wasser.
Die Leute der Widerstandsbewegung erreichten den Schauplatz noch vor den Deutschen und ließen die verräterischen Flossen verschwinden, indem sie die Rakete tiefer in den Schlamm drückten und Vieh in den Fluß trieben, das

Ein Foto von Mitgliedern der polnischen Untergrundarmee, bei der Bergung eines V 2-Triebwerks am 23. Mai 1944 aus dem Bug.

Schlamm aufwühlte, um die Konturen unter Wasser zu tarnen. Sie hatten damit Erfolg, denn nach drei Tagen brachen die Deutschen die Suche ab. Dann zogen die Polen die Rakete mit einem Pferdegespann heraus, verfrachteten sie auf zwei schwere Fuhrwerke und versteckten sie in einer Scheune des Dorfes Holowczyce-Kolonia. Aus Warschau kamen Ingenieure unter Führung von Jerzy Chmielewski (Deckname ›Raphael‹). Sie begannen, die V 2 zu zerlegen. Teile wurden nach Warschau zur genauen Untersuchung durch Wissenschaftler geschmuggelt. Einer von ihnen war ein junger Aerodynamiker und hieß Antoni Kocian.
Ein weiterer der Experten war Professor Greszkowski vom Polytechnikum Warschau. Er fertigte eine genaue Beschreibung der Funkausrüstung an, die in der Rakete gefunden wurde. Er wählte dafür die Wohnung des deutschen Fliegerhorstkommandanten des Flugplatzes Warschau. Wenn er tagsüber in seiner Dienststelle war, pflegte ihn seine polnische Haushälterin anzurufen, um zu fragen, was er zum Abendessen wünsche und wann er zurück sei. Auf diese Weise erfuhr sie die Pläne ihres Hausherrn und dadurch auch, in welchen Zeiten Professor Greszkowski seine Arbeiten ungestört fortsetzen konnte. Jeden Tag, kurz bevor der Kommandant in seine Wohnung und zu seiner ›zuverlässigen‹ Köchin zurückkehrte, wurden die Funk- und sonstigen Geräte in einem Koffer des Kommandanten versteckt!
London war vom Fund der polnischen Untergrundleute über Funk verständigt worden. Es wurden unverzüglich Vorbereitungen getroffen, um die hochbedeutsamen Teile der Rakete aus Polen herauszufliegen. Doch bevor dies geschah, war eine weitere Rakete verfügbar geworden, die diesmal aber nicht aus Blizna abgefeuert worden war.
Am 13. Juni 1944 hatte man von Peenemünde aus eine A 4 (V 2) abgefeuert. Sie geriet außer Kurs. Um 16 Uhr 08 erfolgte in geringer Höhe über Gräsdals Gäro in Schweden eine heftige Explosion. Die Rakete hatte keinen scharfen Gefechtskopf, wie sich später herausstellte. Sie war in der Luft explodiert, wahrscheinlich durch einen Materialfehler, der Lecks in den Kraftstoffbehältern hervorgerufen hatte. die Hauptteile der Trümmer schlugen 200 Meter von einem Bauerngehöft

Eine schwedische Bäuerin und drei Soldaten posieren am Triebwerksgehäuse einer V 2, die in Schweden einschlug.

entfernt auf, wo sie in einem Krater gefunden wurden, der, nach einem zeitgenössischen Artikel in der schwedischen Zeitung ›Svenska Dagbladgt‹ fünf Meter lang und zwei bis drei Meter tief war. Große Felsbrocken wurden mehr als zehn Meter weit weggeschleudert und Baumspitzen wie Streichhölzer geknickt.
Die Zeitung erwähnte nicht, daß die Schwedische Armee die Trümmer schnell von dem Bauernhof abgeholt hatte und sie mit mehr als nur routinemäßigem Interesse untersuchte. Die diplomatische Geschäftstätigkeit in Stockholm belebte sich beträchtlich. Die Deutschen wollten ganz selbstverständlich ihre Rakete wiederhaben. Die Briten bemühten sich nicht minder verzweifelt, entweder die Teile der Rakete zu bekommen, oder zumindest einen Bericht über die Untersuchungsergebnisse zu erhalten, die von schwedischen Spezialisten bereits eifrig zusammengestellt wurden. Die Briten boten zum Austausch einige mobile Radargeräte an; ein verlockendes Angebot, denn die Schweden hatten zu jener Zeit überhaupt noch kein Radar. Dem Angebot wurde zugestimmt. (Einige Quellen behaupteten, daß eine Staffel ›Spitfire‹ der Preis gewesen sein sollte. Aber dem war nicht so. Die Königlich Schwedische Luftwaffe erwarb erst nach dem Kriege ›Spitfire‹, als sie 1948 siebzig Fotoaufklärer KM XIX [PR 19] kaufte, die bis 1954 im Dienst standen.)
Britische Nachrichtenoffiziere flogen nach Stockholm und untersuchten die Überreste der V 2. Mit diesen Ergebnissen und den Mitteilungen aus Polen sah sich Jones in der Lage, am 16. Juli einen ›Nachrichtendienstlichen Bericht‹ herauszugeben. Die Hauptabmessungen der Rakete lagen bei 12 Metern Länge und knapp 2 Metern Durchmesser. Sie hatte vier Steuerflossen und als Treibstoff wurde Wasserstoffsuperoxyd verwendet. Obwohl das Abfluggewicht unbekannt war, wurde geschätzt, daß der Gefechtskopf wahrscheinlich zwischen drei und sechs Tonnen wog.

Jones war der Ansicht, daß gewisse Anzeichen auf eine Kreiselsteuerung hinwiesen, räumte aber ein, daß auch eine Funklenkung in Betracht gezogen werden könnte. Die Reichweite der Rakete war nunmehr insofern bekannt, daß die in Schweden gefundene A 4 etwas mehr als 320 Kilometer von Peenemünde aus

Eine Seite des ›Schweden-Berichtes‹ mit Fotos von Funkteilen aus den Trümmern der V 2, wodurch der Kenntnisstand über die V 2 für geraume Zeit fehlgelenkt wurde.

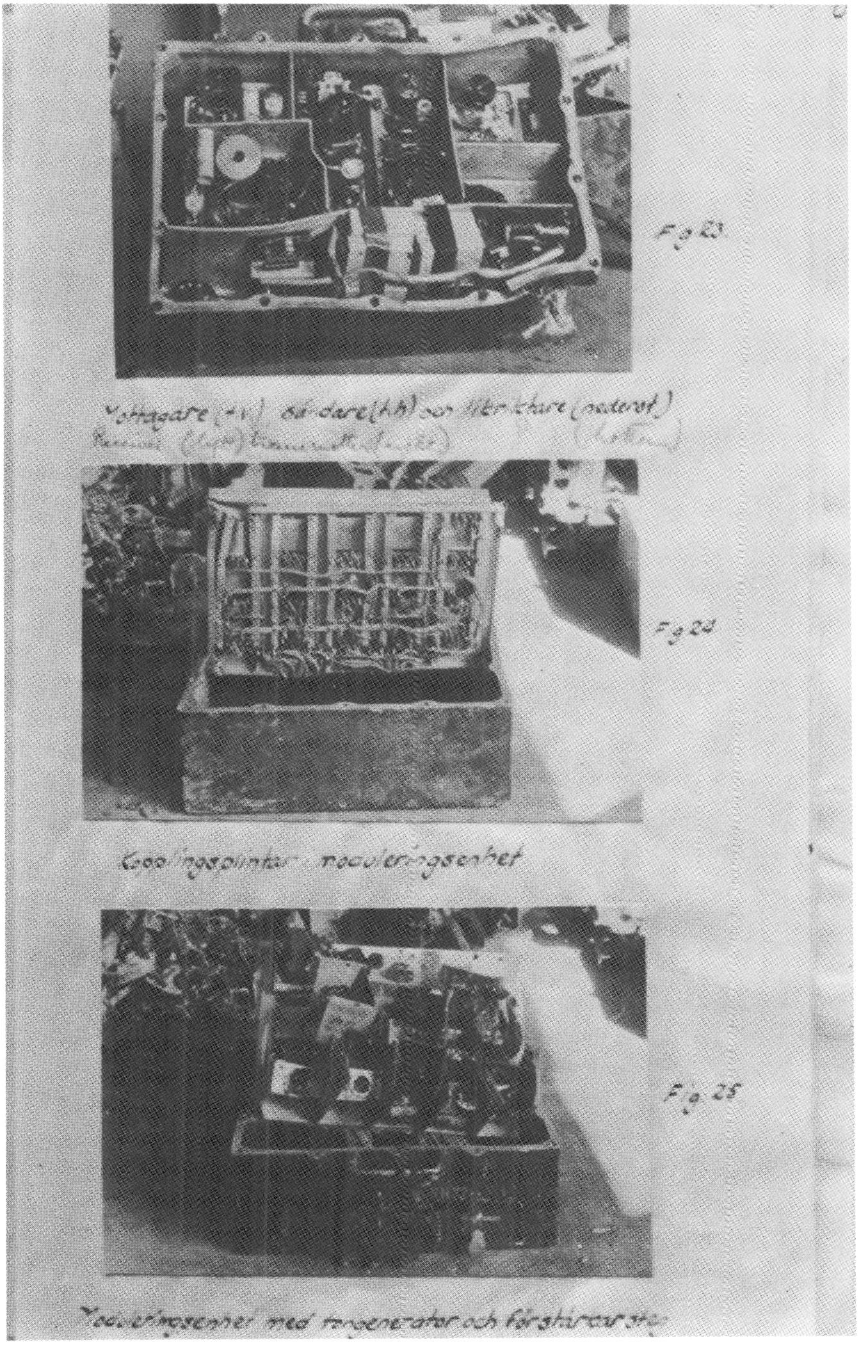


geflogen war und die Raketen aus Blizna nach den Angaben der polnischen Untergrundbewegung eine Reichweite von 300 Kilometern hatten. Der bedeutendste Einzelhinweis in diesem Bericht war die Aussage eines Kriegsgefangenen, der behauptete, daß die Raketen von einer ›einfachen Betonplatte‹ abgefeuert werden konnten.

Die britischen Fachleute, die die in Schweden gefundene Rakete untersuchten,

schlossen aus den Seriennummern der Bauteile, daß sie aus einer Fertigungsserie stammte. Sie folgerten daraus, daß die Serienproduktion im Gange war und vielleicht schon bis zu 1000 Flugkörper fertiggestellt worden waren.
Zwei Tage später beriet das gesamte ›Crossbow‹-Komitee unter Vorsitz des Premierministers über den Bericht. Das Sitzungsprotokoll weist aus, wie die offizielle Ansicht jetzt darüber war:

»Beweismaterial aus Schweden.
Einzelne Funkgeräteteile der in Schweden abgestürzten Rakete waren uns für nur einen Monat ausgeliehen worden. Es wurde klar festgestellt, daß die Rakete funkgesteuert war und die elektrischen Schaltungen und Kabelverbindungen außerordentlich weit entwickelt waren.«

Jones' Feststellung, daß die Steuerung in erster Linie durch einen Kurskreisel erfolgte, wurde nicht erwähnt.
In Wirklichkeit war diese in Schweden gefundene Rakete zufälligerweise ein ›Erlkönig‹ gewesen. Sie war zwar funkgelenkt, aber nur weil sie als Versuchsträger für das Funkkommandoführungssystem einer vollkommen anderen Rakete gedient hatte, für die Luftabwehrrakete ›Wasserfall‹, die damals in Peenemünde ebenfalls entwickelt wurde. Durch diese verständliche Fehlbeurteilung wurden die Briten zu der irrigen Annahme verleitet, die V 2 (die tatsächlich über einen Kurskreisel verfügte) mit Funkstörmaßnahmen abwehren zu können.
Das Komitee entschied aufgrund der Beweismittel aus Polen, daß die Treffwahrscheinlichkeit der V 2 in der Größenordnung von 50 Prozent Treffern innerhalb eines Kreises von 15 Kilometer um den Zielmittelpunkt liegen könne. Es gab keinen Zweifel, daß ein Luftangriff auf London möglich, ja sogar wahrscheinlich wäre, wie das Besprechungsprotokoll ausführt:

»Zusammenfassend stellte der Premierminister fest, daß er bereit sei, falls es zu diesen Raketenangriffen käme, nach Konsultationen mit den USA und den UdSSR dem Feind zur Vergeltung mit weiträumigen Gasangriffen zu drohen, sofern sich ein derartiges Vorgehen als nützlich erweisen sollte . . .«

Offensichtlich entschieden sich die Stabschefs gegen diese extreme Art von Vergeltung, obwohl laut Sitzungsprotokoll zu diesem Zeitpunkt niemand Einwendungen erhob.
In der Sitzung des Kriegskabinetts am 25. Juli äußerte sich Churchill unzufrieden über das Vorgehen des Nachrichtendienstes und den Umgang mit nachrichtendienstlichen Erkenntnissen:

»Er . . . war sehr überrascht gewesen über die Information, die erst vor einer Woche so plötzlich vorgelegt worden war. Und er meinte, daß diese Information nicht hätte zurückgehalten werden dürfen.
Es war ganz plötzlich aufgekommen, daß die Deutschen schon rund tausend von diesen Raketen hergestellt hatten, und anstatt einer komplizierten und unförmigen Abschußstellung benötigten sie lediglich eine einfache feste Betonplatte.
Der Premierminister war der Ansicht, daß er über diese Angelegenheiten umfassender auf dem Laufenden hätte gehalten werden müssen.«
Jones führte dazu aus, daß viele Informationen ihm selbst erst in der Woche vor der Abfassung seines Berichts zur Kenntnis gelangt seien. Ihm stellte sich nur die Frage, ob tatsächlich eine Raketenoffensive unmittelbar bevorstehe:
»Es gab bisher überhaupt keine Anzeichen für umfangreiche Verlegungen von Truppen oder Material nach dem Westen, die auf eine große Offensive hindeuten könnten.«

V 2-Erprobungsstand in Peenemünde vor und nach dem USAAF-Tagesangriff.

Die ganze Bedeutung der Rakete erschien jetzt in einem neuen Lichte. Die weitaus beunruhigendste Mitteilung war, daß es schon bis zu tausend Raketen gab, und der Start keine hochtechnischen und schweren Hebegeräte erforderte und noch nicht einmal eine ausgebaute Stellung.

Die Bildauswerter von Medmenham beschwerten sich nun, daß man sie irregeführt hatte. Sie waren angewiesen worden, auf große Anlagen zu achten, die, wie sie mit einigem Recht geltend machten, von den Wissenschaftlern als unentbehrlich für den Abschuß von Raketen angesehen worden waren. Ob dieses Argument nun stichhaltig war oder nicht, die Tatsache blieb, daß die Bildauswerter die sehr große, fächerförmig asphaltierte Fläche an der Küste von Peenemünde tatsächlich gesehen hatten. Sie hatten sich aber nicht gefragt, warum die deutschen militärischen Bauingenieure sich der Mühe unterzogen hatten, Neuland an der Küste zu gewinnen und ein derart großes Fundament am Strand zu gießen. Zudem hatte ein Jahr zuvor ein Luftbildeinsatz »einen senkrechten Pfeiler von etwa 12 Meter Höhe und 1,20 Meter Dicke« enthüllt, der nicht als eine Rakete identifiziert worden war. Wäre es als das angesehen worden, was es war, eine auf ihren Heckflossen stehende Rakete, wäre der Zweck der Feuerstellung offensichtlich gewesen.

Mitte Juli 1944 lag ein genauer Bericht über die in Schweden niedergegangene Rakete vor; man wußte jetzt, daß die Steuerung in der wichtigen ersten Startphase mittels Graphitsteuerrudern, die im Abgasstrahl der Rakete wirkten, vorgenommen wurde, die sie befähigte, ohne jede Hilfe von irgendeinem primitiven ebenen Startplatz aufzusteigen. (». . . ein paar Holzplanken auf einem Waldweg oder auch nur der gewachsene, feste Boden«, so schrieb General Dornberger in seinem nach dem Kriege erschienenen Buch ›V 2‹.)

Die Stellungen in Peenemünde und Zinnowitz wurden von der 8. US-Luftflotte am 18. Juli 1944 schwer bombardiert, genau elf Monate nach dem RAF-Angriff auf Peenemünde. General Spaatz, kommandierender General dieser Luftflotte, sagte, daß dieser Tagesangriff »das beste Beispiel für einen Präzisionsangriff gewesen sei, das er je gesehen habe«.

Am 24. Juli geriet Blizna in Gefahr, von der vorrückenden Sowjetarmee überrollt zu werden. An diesem Tage feuerten die Deutschen die letzten V 2 ab, bevor sie die Stellungen in die Luft jagten und aufgaben. Churchill telegrafierte an Stalin und bat ihn, nach Besetzung dieses Geländes einer britischen wissenschaftlichen Kommission den Zutritt zu gestatten, um jede Art von den Deutschen hinterlassenen Materials zu untersuchen. (Später wurde einer britischen Wissenschaftlerkommission von Stalin erlaubt, das Gelände in Blizna zu betreten. Sie sammelte

Die Landestelle bei Tarnow mit polnischen Partisanen, die auf die RAF-›Dakota‹ warten.

eine große Anzahl von Raketenteilen ein, die verpackt wurden. Mit den Sowjets traf man ein Übereinkommen, das Material nach England zu fliegen. Doch als man die Kisten endlich in Farnborough öffnen konnte, wurden darin nur Teile von zu Bruch gegangenen deutschen Flugzeugen gefunden.)

Am 15. Juli 1944 startete eine DC 3 ›Dakota‹ der RAF von Brindisi in Italien. Sie flog über Ungarn und steuerte eine große Wiesenfläche in der Nähe der polnischen Stadt Tarnow an. Dort sollte sie von Männern der polnischen Untergrundbewegung erwartet werden, die fünfzig Kilogramm Bauteile der geborgenen und gestohlenen Rakete bereithielten. Der junge polnische Ingenieur Jerzy Chmielewski sollte den Fund nach London begleiten.

400 polnische Partisanen der Heimatarmee hielten sich um die große Wiese und in den umgebenen Wäldern verborgen. Es regnete. Aber im Verlauf des Nachmittags hörte das ständige Nieseln auf. Da landeten zum Entsetzen der Polen zwei deutsche Schulflugzeuge auf dem sumpfigen Flugfeld, das gelegentlich als Außenlandeplatz der Luftwaffe diente. Die Partisanen wußten, daß die ›Dakota‹ bereits gestartet war und Kurs auf Tarnow genommen hatte. Sie konnten aber nichts anderes tun als warten, während die beiden deutschen Flugzeugführer, die sich offensichtlich auf einem Überlandschulflug befanden, rauchten. Wie nach einer Ewigkeit, so schien es, stiegen die Piloten wieder in ihre Maschinen und flogen davon. Es dunkelte schon, und binnen einer Stunde war es Nacht. Das Motorengeräusch der sich nähernden ›Dakota‹ wurde immer deutlicher. Handlampen wurden aufgestellt, um die Windrichtung anzuzeigen. Die große Transportmaschine landete glatt und rollte über das nasse Gras zu den wartenden Polen hin.

Der Pilot der ›Dakota‹, Hauptmann Culliford und sein polnischer Copilot, Oberleutnant Szajer, drangen natürlich darauf, ihr Flugzeug so schnell wie möglich wieder hinauszustarten, denn es lagen deutsche Einheiten in der Umgebung. Deshalb wurden, mit im Leerlauf drehenden Motoren, die Raketenteile und Jerzy Chmielewski an Bord genommen. Die Tür wurde zugeknallt und Vollgas gegeben. Eine ›Dakota‹ ist nun mal kein Leichtflugzeug. Sie rührte sich nicht vom Fleck, weil sie in der weichen Wiese, mitten im deutschbesetzten Europa, eingesunken war. Verzweifelt versuchte Culliford alle seine Tricks. Erst Vollgas auf den einen Motor, dann auf den anderen, um die Elf-Tonnen-Maschine freizubekommen. Die Partisanen stemmten sich gegen die Fahrwerke. Beide Motoren wurden auf Vollgas gejagt, aber immer noch wollte sich die Maschine nicht bewegen. Das Empfangskommando stimmte schon dafür, alles mit Benzin zu überschütten und in Brand zu setzen. Die ›Dakota‹-Besatzung redete ihnen das aus. Sie forderte sie auf, ein Bauernfuhrwerk zu zerlegen und einige Bretter unter die Räder zu schieben. Wiederum gab Culliford Vollgas. Das Getöse mußte kilometerweit zu hören sein. Falls es deutsche Posten vernehmen sollten, so hielten sie es sicher für besser, sich taub zu stellen, denn die einsame polnische Landschaft war bei Nacht, mit 400 Partisanen in der Gegend, weiß Gott kein günstiges Gelände für einen kleinen Trupp deutscher Soldaten, der nur über Handfeuerwaffen verfügte, sich in riskante Kämpfe einzulassen und den Helden zu spielen. Endlich zog sich die störrische ›Dakota‹, ihre Zylinderkopftemperaturanzeige lag bestimmt im roten gefährlichen Bereich, auf festeren Grund und startete zum weiten Heimflug, um in Hendon glatt zu landen.

Jerzy Chmielewski blieb in England und gab an den britischen Geheimdienst viele nützliche Informationen über die Erprobungsstelle Blizna. Er war Hauptmann in der polnischen Heimatarmee und hatte schon einige einschneidende Lebensabschnitte hinter sich; er war 1942 zufällig von der Gestapo verhaftet und nach Auschwitz in das Konzentrationslager gebracht worden. Von dort wurde er im März 1944 entlassen, ein recht ungewöhnlicher Fall. Anton Kozian, der den Auseinanderbau der V 2 überwacht hatte, hatte nicht so viel Glück. Er wurde von der Gestapo festgenommen und fiel beim Warschauer Aufstand 1944.

Einige Tage nachdem die Einzelteile der Rakete aus Polen in London angekommen waren, landete am 31. Juli ein ›Halifax‹-Bomber auf dem Platz der Luftfahrtversuchsanstalt Farnborough. Er brachte zwölf große Verpackungsbehälter mit, die zwei Tonnen V 2-Trümmer aus Schweden enthielten. Unter großen Sicherheitsvorkehrungen wurden sie in einer Halle der Abteilung für Flugzeugunfalluntersuchungen ausgepackt.

Ganz allmählich nahm die Rakete Gestalt an, als die verbogenen Metallteile nach ihrer genauen Zusammengehörigkeit, gleich einem zerstörten Flugzeug, auf dem Hallenboden ausgelegt wurden. Wie schon erwähnt, hatten sich die Gemüter hauptsächlich an der Frage nach der Art des verwendeten Treibstoffs erhitzt. Die Fachleute von Farnborough klärten sie sehr schnell auf. Sie fanden heraus, daß die Kraftstoffbehälter und die dazugehörigen Leitungen Farbrückstände von zwei Farbstoffen enthielten. Sie wurden analysiert und als Methylblau und Fluoreszein identifiziert.

Die Herkunft dieser Farbstoffe führte zu der Annahme, daß Methylblau, eine Anilinfarbe, in Alkohol gelöst war und daher der Haupttreibstoff Methylalkohol sein mußte. Die Fluoreszeinspuren führten von einem anderen Betriebsstoffbehälter zu einer Pumpe, an der einige ganz bestimmte Kennzeichen ihren Zweck als Förderpumpe von flüssigem Sauerstoff verrieten. Flüssigsauerstoff hat eine extrem niedrige Temperatur von minus 183 °Celsius. Die Pumpe und die dazugehörigen Leitungen waren ummantelt. Aber es wurde ein noch aufschlußreicheres Indiz gefunden: eine Schraube in der Pumpe war gebrochen. Es war ein körniger Bruch, der auf eine sehr niedrige Temperatur während des Bruchvorganges hindeutete. Ferner hatte die Pumpe ein relativ großes Spiel von 0,33 mm in ihren Gleitlagern, die durch die Förderflüssigkeit selbst geschmiert wurden. Das Fehlen aller sonst üblichen Schmiermittel auf Öl- oder Fettbasis war ein fast sicherer Hinweis auf flüssigen Sauerstoff.

Als die Einzelteile dieses riesigen Puzzlespiels zusammengepaßt waren, wurde das Bild deutlich. Obwohl die Fachleute von Farnborough lediglich nur Teile oder Überreste einer 12-Tonnen-Rakete, die mit rund 2700 km/h aufgeschlagen war, vor sich hatten, waren sie in der Lage, den Bericht EA 228/1 herauszugeben, der Gewichte, wesentliche Abmessungen und eine Übersichtszeichnung umfaßte.

Kraftstoffpumpe der in Schweden abgestürzten Rakete, die bewies, daß die V 2 Flüssigkeitsantrieb hatte.

| in Farnborough ermittelte Werte | | Deutsche Nachkriegs-Angaben |
|---|---|---|
| Länge über alles | = 13,97 m | 14,02 Meter |
| Durchmesser Rumpf | = 1,66 mm | 1,65 Meter |
| Durchmesser Flossen | = 3,56 m | 3,53 Meter |
| Abfluggewicht | = 12,4 t | 12,9 Tonnen |
| Startschub | = 30,5 t für 65 Sekunden | 25,4 Tonnen |
| Gefechtsladung | = 1 t | 1 Tonne |

Damit war klar, daß die V 2-Rakete eine außerordentliche wissenschaftliche und technische Leistung darstellte. Die Deutschen hatten eine Reihe von sehr schwierigen technischen Problemen gelöst und waren jeder anderen Nation auf dem Gebiet der Fernraketen um Jahre voraus. Der tatsächliche Wert eines derartigen Flugkörpers als militärische Waffe mit üblichem Sprenggefechtskopf war allerdings eine Sache für sich. Immerhin war dieses Rätsel, das über ein Jahr lang die Wissenschaftler so hart gegeneinander aufgebracht hatte, nun gelöst. Für einige war es recht peinlich. Doch insbesondere Lubbock wurde mit seiner Voraussage über die Art der Treibstoffpumpe (wenn auch nicht über den Treibstoff selbst) bestätigt. Es zeigte sich nunmehr, auf welche ausgezeichnete Art und Weise das Problem technisch gelöst wurde. Eine Dampfturbine trieb eine Doppelpumpe aus Leichtmetallguß. Der Dampf wurde durch katalytische Zersetzung von 80 % Wasserstoffsuperoxyd ($H_2O_2$) mit Kaliumpermanganat ($KMnO_4$) erzeugt; die zweistufige 500-PS-Turbine trieb zwei Kreiselpumpen mit ungefähr 4300 U/min an

Weitere Fotos vom Haupttriebwerk aus dem ›Schweden-Bericht‹.

und pumpte Alkohol und Flüssigsauerstoff mit einem Druck von etwa 24 bar ein, bei einer Temperaturdifferenz zwischen dem Dampf mit + 425 °C und dem flüssigen Sauerstoff mit − 183 °C, also 608 °Celsius. Die Pumpen hatten nur etwa 30 cm Durchmesser.

Das Raketentriebwerk selbst bestand aus einer Stahlbrennkammer, war 1 Meter 83 lang und doppelwandig ausgelegt, um den Alkohol zur Kühlung zu nutzen. Es hatte achtzehn Einspritzköpfe, die am oberen Ende der Brennkammer angeordnet waren. Jeder dieser Köpfe war von drei Ringen mit Einspritzdüsen umgeben, die den Alkohol mit dem Sauerstoff mischten, bevor sie mit einer Temperatur von 2700 °Celsius verbrannten. Der Antrieb erzeugte einen Schub von 25,4 Tonnen für 65 Sekunden mit einer Gasaustrittsgeschwindigkeit von 2050 Metern pro Sekunde. Damit erreichte die Rakete eine Höhe von 30 Kilometern mit einer Höchstgeschwindigkeit von 5800 km/h und besaß eine ungefähre Reichweite von 320 Kilometern.

Der Bericht über die Untersuchungsergebnisse von Farnborough wurde in einer Sitzung des V-Waffen-Komitees am 31. 8. 1944 vorgelegt, einen Monat nach Eintreffen der Raketentrümmer bei der Luftfahrtversuchsanstalt Farnborough.

Wie schon erwähnt, hatte die in Schweden gefundene V 2 eine Funkausrüstung, die bei den Einsatzflugkörpern nicht üblich war. Dies ging auch aus dem Bericht hervor, wonach unter den Trümmern ein Empfänger des Typs E 230 gefunden wurde, der identisch mit dem in der viel kleineren Gleitbombe Henschel 293 war, wo er als Steuergerät diente. Der Empfänger wurde von den Deutschen als ›Straßburg‹-Gerät oder FuG 230 bezeichnet. Man wußte, daß er zur Steuerung der Hs 293 auf neun Kanälen entweder um die 60 MHz oder 27 MHz arbeitete.

Bei dem aus Schweden vorliegenden Gerät fehlten jedoch die wichtigen, zur Frequenzbestimmung erforderlichen Bauteile. Außer dem Empfänger hatte man auch Teile eines Funkgeräts, von dem man annahm, daß es eine Art Impulsgeber oder Antwortsender war, der zur Geschwindigkeits- und Entfernungsermittlung diente. Ferner gab es noch weitere Bruchstücke von elektronischen Geräten. Die Verkabelung wurde als äußerst kompliziert bewertet.
Diese Feststellung ließ das ›Crossbow‹-Komitee nach dem Strohhalm der Funkstörung greifen, die drei Jahre zuvor die deutschen Leitstrahlen zunichtegemacht hatte. Schon aufgrund der ersten schwedischen Meldung, daß Funksteuerung bei der V 2 (von nun an ›Big Ben‹ genannt) wahrscheinlich sei, hatte man mit Funkstörmaßnahmen begonnen. Eine besondere Funküberwachung wurde eingerichtet, um die Frequenzen der Funkleitsignale feststellen zu können. Sechzig Empfänger der Typen S 27 und AR 88 standen rund um die Uhr auf Horchempfang.
Vier P 38 ›Lightning‹, zweimotorige Fernjäger der USAAF, wurden mit geeigneten Empfängern ausgestattet. Sie sollten das Gebiet von Blizna überfliegen und in der Sowjetunion auftanken. Die 192. RAF-Staffel führte ebenfalls Funküberwachungseinsätze näher am Heimatbereich durch. Am 15. August standen sechzig Störsender (einschließlich des BBC-Fernsehsenders von ›Alexandra Palast‹) empfangsbereit und warteten. Sogar eine Radarüberwachungsstelle wurde eingerichtet, um die Raketen zu erfassen. Sie sollten auch die Abschußstelle feststellen und vor der Rakete warnen, obwohl nur zwei Minuten Vorwarnzeit vor dem Raketenaufschlag gegeben werden konnte. Ferner wurde vorgeschlagen, eine Flaksperre in die von Radar festgestellten Anflugschneisen der V 2 zu legen. Dies wurde jedoch schließlich abgelehnt, weil die Erfolgsaussichten als zu gering angesehen wurden.
Die beste und tatsächlich einzige Gegenmaßnahme, die auf jeden Fall wirksam sein konnte, war die Bombardierung der Depots, der Nachschubstellen und der Feuerstellungen. Sie begann am 4. August, als die befestigten Stellungen in Nordfrankreich bei Siracourt, Watten, Wizernes und Mimoyecques von B 17 der USAAF angegriffen wurden. (Mimoyecques sollte sich später als Stellung für eine ganz andere Waffe erweisen). Mehr als 3000 Tonnen Bomben wurden auf vermutete Nachschublager in Frankreich abgeworfen.
Im August 1944 sah es so aus, als ob sich die V 2-Bedrohung verringert habe. Die alliierten Landstreitkräfte kamen gut voran. Sie hatten sich durch die Normandie hindurchgekämpft und erreichten am 19. August die Seine. Paris wurde am 25. befreit. Ende des Monats rollten die Armeen durch Belgien. Der Krieg schien so gut wie gewonnen. Alle Abschußstellungen der V 1 waren schon überrannt worden, wie auch die vermuteten schweren befestigten V 2-Stellungen. Das Unternehmen ›Market Garden‹, die Luftlandung bei Arnheim, wurde vorbereitet und sollte, sofern erfolgreich, zur Befreiung Hollands führen.
Die V 2 hatte ungefähr die gleiche Reichweite wie die V 1, deren Einsatz gegen London zum Erliegen gekommen war, außer jenen wenigen V 1, die von Flugzeugen gestartet wurden. Lediglich Antwerpen lag noch unter schwerem V 1-Beschuß. Wie aber brachten es die Deutschen fertig, die weitaus komplizierteren V 2, die viel mehr Genauigkeit beim Abschuß erforderten, weiterhin einzusetzen? Deutschland litt Tag und Nacht unter einer fürchterlichen Luftoffensive. Eisenbahnen und Straßen wurden pausenlos von Bombern bombardiert und Jabos mit Raketen angegriffen.

Der Optimismus nahm bei den Alliierten ein derartiges Ausmaß an, daß Sir Charles Portal, Stabschef der Luftwaffe, anordnete, daß die Angriffe auf die Nachschublager der Fernwaffen eingestellt werden sollten, um die taktischen Bomber zur Luftunterstützung des Heeres verfügbar zu haben. Die Pläne zur Evakuierung Londons wurden aufgegeben. Am 7. September hielten Duncan Sandys und Herbert Morrison eine Pressekonferenz ab und verkündeten: »Außer vielleicht einigen letzten Schüssen, die Schlacht um London ist vorüber!«

Daß es die V 2 gab, hatte man der Öffentlichkeit vorenthalten. Das Auftauchen der V 1 war schlimm genug gewesen. Man wollte die Bevölkerung nicht noch zusätzlich beunruhigen und vor einer neuen Gefahr warnen, zu der es vielleicht doch nicht kommen sollte. Der zeitliche Ablauf der Ereignisse war deshalb doppelt ungünstig. Ausgerechnet am nächsten Tage, am 8. September 1944, um 18 Uhr 43 britischer Sommerzeit, gab es eine ungeheure Explosion in London-Chiswick. Es hatte keine Vorwarnung gegeben. Kein bemanntes oder unbemanntes Flugzeug kam angeflogen. Es war die erste deutsche Fernrakete, die auf britischem Boden einschlug. Nur fünf Minuten zuvor war sie aus einem östlichen Vorort von Den Haag abgefeuert worden.

Tatsächlich war die Rakete, die in Chiswick einschlug, nicht die erste, die zum Einsatz kam. Am Morgen des gleichen Tages hatte eine Batterie der Artillerieabteilung 485 eine V 2 auf das gerade befreite Paris abgeschossen, die in einem Vorort der französischen Hauptstadt einschlug. Eine weitere Einheit, die Lehr- und Versuchsbatterie 444 nahm jetzt zusammen mit der 485. an dem Beschuß Londons teil.

Beide Batterien wurden am 18. September ostwärts verlegt, nachdem sie 35 Raketen abgeschossen hatten. Sie sollten den Verlauf der unglückseligen Luftlandung von Arnheim abwarten. Das gab London eine Ruhepause vom 18. September bis 3. Oktober, wenn auch die 444. Batterie 44 Raketen von Frisland (Dänemark) aus abschoß, die auf die Ziele Norwich und Ipswich gerichtet waren. Nur eine traf irgendwo in die Nähe des Zieles am Stadtrand von Norwich. Von dem Rest trafen zwölf überhaupt nicht in die Nähe Englands. Fünf schlugen vor der Küste ein, die anderen auf freiem Feld. Als den Deutschen klar wurde, daß die Luftlandung der Alliierten bei Arnheim fehlgeschlagen war, verlegten die beiden Batterien nach Holland zurück und nahmen am 3. Oktober den Beschuß auf London wieder auf.

Gegen die V 2 gab es keine Abwehrmöglichkeit. Obwohl die Raketen, die in den ersten paar Tagen einschlugen, eine Art Funksteuerung hatten, wurde schnell bei Untersuchungen der Trümmer festgestellt, daß die späteren V 2 sie nicht besaßen. Grundsätzlich wurden alle V 2 durch eine bodenunabhängige Trägheitsplattform gelenkt. Sie bestand aus drei Wendekreiseln, durch die die Rakete nach Richtung, Seite und Höhe gesteuert wurde. Wenn sie im Kurs oder in der Fluglage von den vorgegebenen Werten abwich, wurden die Kreisel ausgelenkt. Diese Auslenkung oder Abweichung (Präzession) wurde abgegriffen und bewegte über Servomotoren die Steuerruder, die die Abweichung aussteuerten. Es gab zwei Arten von Steuerflächen: eine, wie schon erwähnt, in Form von Graphitstrahlrudern im Abgasstrahl der Rakete; die zweite bestand aus aerodynamischen Steuerflächen, die mit den Strahlrudern im gleichen Takt ausschlugen, aber anders übersetzt waren und an den Enden der vier Stabilisierungsflossen saßen.

Die Schußweite der V 2 wurde durch Abschalten des Treibstoffes genau zu dem Zeitpunkt beeinflußt, wenn die dafür erforderliche Geschwindigkeit erreicht war.

Eine V 2 wird auf dem Abschußgerät , dem ›Meillerwagen‹, in die senkrechte Startstellung aufgerichtet.

Bei den ersten Mustern geschah dies tatsächlich durch Funkkommando. Die Funksignale wurden dazu verwendet, die Geschwindigkeit der V 2 für jeden gegebenen Zeitpunkt auszurechnen. Genau in dem Moment, in dem die Rakete die vorberechnete Geschwindigkeit erreicht hatte, erhielt sie von einem Sender ein Codesignal, das den Treibstoff abschaltete.

Nur bei einer kleinen Anzahl der ersten Raketen wurde diese Funkkommandomethode verwendet. Alle nach dem 18. Oktober auf London abgeschossenen Raketen hatten ein selbständiges Innenschaltgerät (Integrierender (I)-Wendekreisel), das wiederum das Präzessionsmoment eines Wendekreisels zur Schußweitenbestimmung nutzte und die Kraftstoffzufuhr zu einem bestimmten Zeitpunkt abschaltete. Ein Untersuchungsbericht aus Farnborough über dieses Beschleunigungsintegrationsgerät stellte fest, daß »Abweichungen, die allein auf dieses Instrument zurückzuführen waren, gewiß nicht größer waren als ± 1%, das heißt ± 3,2 km auf 320 Kilometer Entfernung.« Im Einsatz erzielte die V 2 aber aufgrund anderer Einflüsse niemals auch nur annähernd diese Genauigkeit.

Die Entdeckung, daß die Lenkung der V 2 nicht durch Funk vorgenommen wurde, machte alle Hoffnungen auf Funkstörmaßnahmen zunichte. Sogar die ersten Raketen bedurften der Funkfernführung für die Schußweitenfestlegung nur für etwa 60 Sekunden nach dem Start. Die Empfänger besaßen mehrere Kanäle. Bei der genutzten hohen Frequenz von 60 MHz hätte die Entfernung für Störmaßnahmen erhebliche Schwierigkeiten aufgeworfen. Wie dem auch sei, deutsche

Raketenangriff einer ›Typhoon‹ auf eine deutsche Bahnlinie unterbricht den Nachschub von V 2 und Treibstoffen. Viele V-Waffen wurden auf dem Eisenbahntransport durch Tiefangriffe zerstört.

Experten äußerten nach dem Kriege, daß die Funkkommandos für die Schußweitenfestlegung tatsächlich nie gestört wurden.
Die einzige noch mögliche Gegenmaßnahme war das Bombardieren von Depots und Abschußstellungen. Die Schwierigkeit lag aber darin, die Stellungen auszumachen. Einen gewissen Anhalt gab die Ortung durch Radar. Zudem erkannten die Piloten der Alliierten die aufsteigenden Abgasstrahlen, aufgrund derer man auf die ungefähre Lage der Stellungen schließen konnte.

Die alliierten Luftflotten begannen nun mit der Bombardierung aller verdächtigen Gebiete, wo Bewegungen, die irgendwie mit den Raketen in Zusammenhang standen, gesehen und gemeldet worden waren. Oberstleutnant Roland Beamont erinnert sich an einen der wenigen erfolgreichen Einsätze in diesem Rahmen, den er am 4. August 1944 flog:

». . . wir hatten Auftrag, eine Waldecke an einer Straßengabelung anzugreifen. Wir fanden sie und griffen an . . . Starkes Abwehrfeuer schlug uns entgegen. Es verriet uns, daß man hier irgend etwas verteidigen wollte. Nachdem drei unserer ›Tempest‹ ihren Tiefangriff geflogen hatten, schaute ich zurück und sah, wie sich ein großer Feuerball aus der Mitte unseres Angriffszieles erhob. Also hatten wir doch etwas getroffen. Ob es eine V 2 war, weiß ich nicht. Wir verloren eine unserer Maschinen bei diesem Einsatz. . . . Etwa drei Wochen lang flogen wie derartige Einsätze, wir erzielten aber keine Erfolge. Die Deutschen beherrschten die Tarnung sehr gut. Wir hatten nie Gelegenheit, wirklich mal eine dieser V 2 auf ihrer Abschußrampe stehen zu sehen.«

Die Raketen wurden in der Tat von vollbeweglichen Abschußeinheiten in Stellung gebracht und abgefeuert. In etwa vier Stunden konnte eine V 2 aufgerichtet, mit Treibstoff und Sprengsatz versehen und abgefeuert werden. Man brauchte lediglich eine Straßenzufahrt und ein Stück einigermaßen ebenen Bodens, um feuerbereit zu werden. Eine ganze Wagenkolonne gehörte zu der Einheit. Die Rakete auf einem Spezialtransporter, ›Meillerwagen‹ genannt, Tankwagen für Betriebsstoffe, das gepanzerte Feuerleitfahrzeug und Mannschaftswagen. Nach Abschuß der Rakete machte man Stellungswechsel. Einen so hochkomplizierten Flugkörper auf diese Weise einzusetzen, war eine außerordentliche Leistung. Dies erklärt auch, warum die Raketen fast nie zu finden und anzugreifen waren.
Im Oktober und November wurden viele Raketen von Holland aus abgefeuert. Ein Kahlschlag in einem Wald bei Rijs wurde auf einem Luftbild entdeckt, nachdem durch Radar dort eine mögliche Feuerstellung geortet worden war. Doch sie war bereits wieder geräumt. Auch andere benutzte Stellungen wurden noch ausgemacht. Erst am 29. Dezember 1944 hatte man am Boden stehende Einsatzraketen entdecken können. Doch von da an wurden für den Gegner geeignete Geländestücke immer knapper, die günstige Straßen- oder Bahnanschlüsse aufwiesen und in Reichweite für die Bekämpfung Englands lagen.
Die Deutschen lagen jetzt wieder einmal in Den Haag und hatten ihre Stellungen in dem Park ›Haagsche Bosch‹. Dort standen etwa dreizehn V 2 unter Bäumen getarnt. Aber das Laub war schon gefallen, wodurch die Raketen auf Luftbildern entdeckt wurden. Der ›Haagsche Bosch‹ wurde unverzüglich von Jagdbombern der RAF angegriffen. Von ›Spitfire‹ wurden mehr als 400 Einsätze geflogen, wobei rund sechzig Tonnen Bomben geworfen und die deutschen Truppenunterkünfte mit Bordwaffen beschossen wurden. Diese Angriffe wurden bis ins neue Jahr hinein fortgesetzt. Ein ›Spitfire‹-Pilot, Raymond Baxter, berichtete anschaulich von einem solchen Feindflug, den er mit seiner 602. Staffel (›City of Glasgow‹) durchführte:

»Wir flogen von Coltishall in Norfolk aus und hatten Auftrag, den V 2-Leuten das Leben so schwer wie nur möglich zu machen. Wir schleppten etwa 500 Kilogramm Bomben unter unseren ›Spitfire‹ XVI. Wir machten damit Sturz- und Tiefangriffe gegen Straßen, Eisenbahnen, Brücken und bekämpften mit unseren Bordwaffen alles, was sich nur bewegte.
Am besten erinnere ich mich an den Feindflug vom 14. Februar 1945. Ich führte einen Schwarm zum Angriff auf einen Wald knapp nördlich von Den Haag (den ›Haagsche Bosch‹). Wir griffen im Sturz mit Bomben an. Kurvten dann nach dem Angriff wieder zurück, um die Flakkanoniere zu beharken, die uns beschossen hatten. Gerade als wir wieder auf das Ziel einkurvten, stieg aus der Mitte des Waldes genau vor unseren Augen die unverwechselbare Form einer V 2 auf, die soeben ihren Abschußtisch verlassen hatte. Das war das erste Mal, daß jemand von uns so etwas gesehen hatte.
Ich konnte nichts dagegen tun, da ich mich mitten in einer ziemlich unliebsamen Auseinandersetzung mit den Kanonieren in der Stellung befand. Aber meine ›Nummer 4‹ im Verband, der schmächtige Schotte Cupid Love, der etwas weiter ab und rechts unter mir flog, schoß tatsächlich mit seinen Bordwaffen auf die V 2, als sie durch sein Visier zog.
Ich glaube, das muß der frechste Schuß des ganzen Krieges gewesen sein. Und wenn ich es so überlege, ist es vielleicht ganz gut gewesen, daß er sie nicht traf und in die Luft jagte. Das hätte für den Rest von uns verdammt übel ausgehen können. Jedenfalls bin ich sicher, daß dies der erste und einzige Fall war, wo sich ein Jäger in einen Luftkampf mit einer bereits fliegenden Fernrakete eingelassen hat.«

Bald nach diesem Angriff verhinderte schlechtes Wetter weitere Tiefflugeinsätze. Aber Bomber der 2. Taktischen Luftflotte warfen am 3. März im Hochangriff siebzig Tonnen Bomben in den ›Haagsche Bosch‹. Unglücklicherweise trafen die meisten Bomben nicht: sie fielen etwa eine Meile entfernt vom Ziel und töteten viele holländische Bürger.
Im Laufe des März verlegten die Deutschen aus dem ›Haagsche Bosch‹. Einige Tage lang wurden keine Raketen abgefeuert. Als der Fernwaffenbeschuß wiederaufgenommen wurde, lagen die Stellungen auf dem Rennplatz von Duindicht, ebenfalls in der Nähe von Den Haag. Hier gab es wenig Deckung. Aus Zeitmangel und wegen des hohen Grundwasserspiegels in Holland konnten keine unterirdischen Lagerräume angelegt werden. Die Raketen mit ihren Begleit- und Hilfsfahrzeugen wurden von Aufklärern entdeckt, und bald darauf wurde die Stellung von Duindicht von Jabos angegriffen.
Wegen der Luftangriffe auf ihre Nachschubwege wurde es für die Deutschen allmählich immer schwieriger, den Nachschub an Raketen und Treibstoffen aufrechtzuhalten. Die Raketeneinheiten wurden nach Osten, schließlich bis nach Deutschland selbst zurückverlegt, von wo aus sie Antwerpen und Lüttich beschossen. Am 27. März 1945 wurden die letzten zwei V 2 auf London abgefeuert. Die erste verursachte sehr schwere Verluste, da sie in einen Wohnblock in Stepney einschlug und 134 Menschen tötete. Um 14 Uhr 00 am gleichen Tage fiel die letzte gegen England gerichtete V 2 auf Orpington. Die Schlacht um London war nun endgültig vorüber.
Von den erfolgreich gegen England abgeschossenen V 2 erreichten 1115 tatsächlich ihr Zielgebiet, 571 davon das Gebiet von London. Insgesamt fanden 2754 Menschen durch die V 2 den Tod und 6523 wurden schwerverletzt. Die Personenverluste durch die üblichen Bombenangriffe auf Großbritannien beliefen sich auf 51 500 Tote und 61 400 Verletzte. Um diese Zahlen in ein richtiges Verhältnis zu bringen: die V 2-Offensive gegen London hatte sieben Monate gedauert; innerhalb von nur vierzehn Stunden erlitt die deutsche Stadt Dresden 135 000 Tote durch den gemeinsam von der RAF und USAAF durchgeführten Angriff vom 15./16. Februar 1945.
Was hatten die deutschen ›Vergeltungswaffen‹ V 1 und V 2 nun wirklich erreicht? In militärischer Hinsicht praktisch gar nichts. Die V 1 glich eigentlich nur einem kleinen Flugzeug, das sich deshalb recht leicht in derart großer Zahl abschießen ließ, so daß die Angriffsergebnisse nur zu einem Bruchteil den deutschen Erwartungen entsprachen. Auch die Wahl des Zeitpunkts für den Angriff lag ungünstig. Bis 1944 hatte die Bevölkerung von London schon vier lange Kriegsjahre durchgestanden. Sie hatte die schweren Luftangriffe überstanden und lebte in einer Zeit, als Tod und Zerstörung alltäglich waren. Nachdem die Invasion erfolgreich verlaufen war, mußte der Krieg offensichtlich für die Alliierten siegreich enden. An allen Fronten wichen die Deutschen zurück. Deutsche Ortschaften und Städte hatten unter weitaus schwereren Verwüstungen zu leiden als sie britischen Städten je zugefügt wurden. Die Geschichte hätte 1940 ganz anders ausgesehen, wenn die V 1 bereits seinerzeit eingesetzt worden wäre. Damals hätte es keine Flugzeuge gegeben, die schnell genug gewesen wären, sie abzufangen, und auch keine Annäherungszünder, die zu den Abschüssen beigetragen hätten.
Die V 2, die heutzutage als die viel gefährlichere Waffe angesehen wird, war es in Wirklichkeit nicht. Es stimmt, daß es vor ihr keine Vorwarnung gab In gewisser Hinsicht war das auch ein psychologischer Vorteil. Hörte man den Knall des

*Gegenüber:* V 2-›Zwischenfall‹ – wie es die Briten nannten – in London.

Aufschlags, hatte man bereits überlebt; wenn nicht, gab's auch keine weiteren persönlichen Probleme mehr. London war ein ausgedehntes Flächenziel. Die ›Zwischenfälle‹, wie die V 2-Einschläge genannt wurden, waren sehr vereinzelt. Es kann fast angenommen werden, daß schließlich die V 2 den Deutschen in der Tat mehr schadete als den Briten. Das war auch die Ansicht von Albert Speer, der nach dem Kriege den Standpunkt vertrat, daß mit den enormen Anstrengungen von hochqualifizierten Arbeitskräften sowie den Engpaßrohmaterialien und Treibstoffen eine große Anzahl von Strahljägern hätte gebaut werden können. Sie hätten, wie noch später berichtet wird, den Luftkrieg entscheiden können. Der Eintonnen-Gefechtskopf der V 2 (etwa so schwer wie bei der V 1) rechtfertigte den Aufwand nicht. Daß die V 2 überhaupt in Serie ging, ist wahrscheinlich der Neigung Hitlers zu einer gewissen Schwärmerei zuzuschreiben. Speer hatte ihm den Farbfilm eines der ersten V 2-Abschüsse vorführen lassen, und das hatte bei ihm zur Entscheidung ausgereicht, die weitere Raketenentwicklung zu billigen.

Die Deutschen hatten schon lange mit dem Gedanken an Raketen und interplanetarische Raumflüge gespielt. Frühere Versuche hatten einige Erfolge gebracht. 1932 begannen sich die Militärs dafür zu interessieren. Hauptmann Walter Dornberger und der junge Wissenschaftler Wernher von Braun nahmen bald in Kummersdorf bei Berlin im Auftrag des Heereswaffenamtes, Abteilung Prüfwesen, ihre Arbeiten auf. 1937 hatten sie eine flüssigkeitsgetriebene Rakete entwickelt, die A 1 (Aggregat 1), die mit Alkohol und flüssigem Sauerstoff angetrieben wurde. Sie entwickelte 300 Kilopond Standschub und war kreiselstabilisiert. Sie explodierte. Aber die nächsten beiden, – ›Max‹ und ›Moritz‹, nach den ›bösen Buben‹ von Wilhelm Busch benannt – flogen von der Versuchsstation auf der Nordseeinsel Borkum aus 2000 Meter weit.

Die Erfolge von Borkum machten weitere militärische Gelder frei. Eine neue Versuchsabteilung wurde fern von unliebsamen Beobachtern bei Wolgast auf der Insel Usedom eingerichtet. Diese geheime Abteilung nannte sich Heeresversuchsanstalt Peenemünde. Ein Windtunnel wurde gebaut und eine Reihe größerer A 3-Raketen in Angriff genommen. Sie waren 6,4 Meter lang und hatten ein 1500 Kilopond leistendes Alkohol/Flüssigsauerstoff-Triebwerk. Diese A 3 wurden 1937 von einer nahegelegenen Insel, der Greifswalder Oie, abgefeuert. Die Raketen versagten; aber nicht wegen Triebwerksausfalls, sondern wegen technischer Störungen im Trägheitslenksystem. Es sollte zwei Jahre dauern, dies in die Reihe zu bringen.

1938 hatte das Heer ein Pflichtenblatt für eine neue, weitreichende Rakete herausgegeben, die in der Lage sein sollte, zuverlässig bis zu 320 Kilometer weit mit einer Gefechtsladung von einer Tonne zu fliegen. Sie mußte transportfähig sein und aus diesem Grunde dem deutschen genormten Eisenbahnlademaß entsprechen. Die Entwicklungsmannschaft von Peenemünde machte sich ans Werk. Das Ergebnis war die A 4. Aber auch eine Zwischenlösung wurde zuvor noch gebaut, die A 5, die als Versuchsträger für das anfällige, noch Schwierigkeiten bereitende Lenksystem diente. Drei dieser A 5-Raketen wurden mit den Bezeichnungen V 1, V 2 und V 3 erprobt. ›V‹ hieß ›Vorschlag‹, was später im Kriege Verwirrung hervorrief, als die A 4 zur V 2 erklärt wurde, deren ›V‹ dann für ›Vergeltungswaffe‹ stand.

Die A 5 wurde im Laufe des Sommers 1939 völlig zufriedenstellend von der Greifswalder Oie aus abgefeuert. Das neue Lenksystem funktionierte einwandfrei. In den Jahren 1940 und 1941 herrschte in Peenemünde emsige Betriebsamkeit, als eine Mannschaft von erstklassigen Wissenschaftlern und Technikern unter Wernher von Braun die ersten A 4-Raketen entwickelte. Am 13. Juni 1942 erfolgte der erste Probeabschuß, der aber fehlschlug. Der Fehler lag in der Treibstoffzufuhr, die im Triebwerk kurz nach dem Abheben abriß. Ein zweiter Abschuß, der einen Monat später erfolgte, war ein Teilerfolg. Die Rakete flog lange genug und beschleunigte derart, daß sie als erste Lenkrakete die Schallgeschwindigkeit überschritt.

Der dritte Start am 3. Oktober 1942 war ein voller Erfolg. Peenemünde erhielt grünes Licht für die Serienfertigung. Nach dem Großangriff durch die RAF mit den schweren Zerstörungen der Produktionsbetriebe übernahm ein neuer V 2-Herstellungsbetrieb, der nur den einfachen Namen ›Mittelwerk‹ trug, die Produktion. Es war ein unterirdischer Werkskomplex bei Nordhausen im Harz, der es zusätzlich zu seiner V 1-Fertigung noch auf einen Ausstoß von monatlich 900 V 2 brachte.

Diese unterirdische Fabrik war durch Luftaufklärung festgestellt worden, und zwar durch einfache Verfolgung von Eisenbahnzügen auf ihren Strecken, wenn sie die vorgeschobenen Stellungen in Holland mit Nachschub versorgten. Luftbildauswerter, die sich aufgrund ihrer Erfahrung nur der Eisenbahnüberwachung widmeten, werteten regelmäßig die Waggontypen und ihre Ladungen, ob ziviler oder militärischer Natur, aus, um die Art der Transportgüter zu bestimmen und ob zum Beispiel alliierte Bombenangriffe Stauungen oder Umleitungen auslösten. Im Verlauf dieser Routineüberwachungen gelang es der Abteilung für Eisenbahnüberwachung in Medmenham, verschiedene Spezialtransportwaggons für V 2-Raketen festzustellen, einschließlich der 18-Meter-Kesselwagen für flüssigen Sauerstoff, wie auch einige der Tieflader für die V 2-Raketen selbst. Diese Spezialgüterwagen wurden an zahlreichen Stellen zwischen Holland und dem unterirdischen Industriewerk Niedersachswerfen bei Nordhausen am Harz gesehen.

Aufgrund der Eisenbahnauswertung sowie von Agentenmeldungen und Aussagen von Kriegsgefangenen schloß man darauf, daß dies die Fabrik war, die mit der Produktion beider V-Waffen, der V 1 und der V 2, zu tun hatte. Die Größe der unterirdischen Werksanlagen, die selber aus der Luft nicht zu sehen waren, wurde aus der Lage der Einfahrten zueinander geschätzt. Der Umfang der Produktion konnte anhand der Elektrizitätsenergie, die durch das deutsche Elektrizitätsnetz den Werken zugeführt wurde, annähernd ermittelt werden, weil die Größe der Transformatoren in den Umschaltstationen Fachleuten auf diesem Gebiet ausreichende Hinweise für den Energiebedarf eines Werkes gaben.

Die Luftbildaufklärung spürte auch dreizehn Chemiebetriebe für die Herstellung von flüssigem Sauerstoff und zwölf für Wasserstoffsuperoxyd auf. Im nachhinein ist es einigermaßen unverständlich, warum keiner dieser Betriebe oder die ›Mittelwerke‹ im Harz jemals ernstlich angegriffen wurden. Daß das Werk Nordhausen, das, wie man nach dem Kriege feststellte, das einzige Herstellungswerk für die V 2 war, nicht angegriffen wurde, sollte sich nach der Kapitulation von unschätzbarem Wert für die USA und die Sowjetunion erweisen.

Ende Januar 1945 wurde es Wernher von Braun und seiner Mannschaft endgültig klar, daß der Krieg verloren war. Sie berieten darüber, ob sie in Peenemünde durchhalten und Gefahr laufen sollten, von den Sowjets gefangengenommen zu werden, oder ob sie nach Süden ausweichen sollten, um Kontakt mit den Westalliierten – oder genauer gesagt – mit den Amerikanern aufzunehmen. Es kann nicht überraschen, daß der weitaus größte Teil die letztere Möglichkeit wählte.

V 2-Raketenmotoren-Montagestätten in den ›Mittelwerken‹.
*Rechts:* Triebwerke in der Endfertigung. Das Bild vermittelt einen guten Eindruck von der Größe der unterirdischen Anlagen.

*Unten:* Eine der beiden V 2 der ›Operation Backfire‹ beim Transport auf ihrem ›Meillerwagen‹.

Eine Weisung aus Berlin hatte den Peenemünder Stab angewiesen, »auszuhalten und den ehrwürdigen Boden Pommerns zu verteidigen«; ein weiterer Befehl forderte sie auf, sich in den Raum Nordhausen in Marsch zu setzen und dort weiterzuarbeiten, »bis der Endsieg gesichert sei«. Im Februar fuhr ein Konvoi aus Peenemünde nach Süden ab. Er bestand aus dem kompletten technischen Archiv, insgesamt 14 Tonnen, Wernher von Braun mit seinem engsten Mitarbeiterstab

und 500 Ingenieuren. Sie wurden schließlich in der leerstehenden Heereskaserne in Bleicherode bei Oberammergau untergebracht, das zur berühmt-berüchtigten ›Alpenfestung‹ gehörte, wo die Unbeirrbaren bis zum letzten kämpfen wollten.
Nach der Nachricht von Hitlers Tod am 30. April 1945 schickte von Braun, zu dem jetzt auch General Dornberger gestoßen war, seinen englisch sprechenden Bruder Magnus von Braun zur Kontaktaufnahme mit den anrückenden Amerikanern. Magnus von Braun gab sich in der österreichischen Stadt Reutte dem amerikanischen Gefreiten Fred P. Schneiker gefangen. Er teilte ihm mit, daß ein Wissenschaftlerteam, in dessen Auftrag er handle, sich den US-Streitkräften ausliefern wolle. Geheimdienstoffiziere bereiteten schnell alles für die Übergabe vor, und die Wissenschaftler wurden zur Vernehmung in eine eroberte deutsche Heereskaserne nach Garmisch-Partenkirchen gebracht.
Hier rückte von Braun bald mit seinem Anliegen heraus. Sie hätten sich entschlossen, den Amerikanern ihre Dienste anzubieten, weil sie Amerika und den Amerikanern im Grunde wohlgesonnen seien und, was gewiß noch einleuchtender war, sie seien der Ansicht, daß nur Amerika über genug Mittel verfüge, die sie in die Lage versetzen könnten, ihr eigentliches Ziel, die Eroberung des Weltraums, zu erreichen.
Damit hatten die Amerikaner nun einen Vorsprung im anglo-amerikanisch-russischen Wettlauf um die deutschen Raketenfachleute. Es muß anerkannt werden, daß sie ihre unerwartete ›Vorhand‹ blendend ausspielten, wenn auch nicht so ganz nach den Spielregeln.
Oberst Holger N. Toftoy, Chef des nachrichtendienstlichen Technischen Erfassungskommandos der US-Army in Paris, erhielt den Befehl aus Washington, sofort nach Eroberung des ›Mittelwerkes‹ Nordhausen dorthin zu gelangen und zu versuchen, V 2-Bauteile sicherzustellen. Am 11. April wurde das Werk von US-Streitkräften eingenommen. Die Soldaten fanden es zu ihrer Freude vollkommen intakt vor. Die Fertigungsbänder der V 1 und V 2 waren unangetastet geblieben, als die 4500 Arbeiter geflohen waren. Ein Trupp des Nachrichtendienstes unter der Führung von Major Robert Staver traf Vorkehrungen, soviel von dieser unbezahlbaren Beute so schnell wie möglich zurückzuschaffen. Da blieb keine Zeit, sich lange um Protokollfragen der Alliierten zu kümmern, zumal einer von ihnen, die Sowjetunion, sich daran machte, das Gebiet um Nordhausen zu besetzen, wie es bei der Konferenz von Jalta, die über die Aufteilung Deutschlands nach dem Kriege befand, festgelegt worden war.
Am 8. Mai 1945 war der Krieg in Europa beendet. Die Besetzung durch die Russen sollte am 1. Juni beginnen. Vom 22. Mai bis zum 1. Juni schafften die Amerikaner 341 Waggonladungen aus Nordhausen in den Westen zurück. Die Beute umfaßte mindestens 100 V 2 und viele Tonnen von Einzelteilen und Zubehör. Die Züge fuhren geradewegs in den Hafen von Antwerpen, wo das ganze Material auf nicht weniger als sechzehn ›Liberty‹-Schiffe, mit Zielhafen New Orleans, verladen wurde. Von dort wurde die Fracht zum Versuchsgelände des Feldzeugkorps der US-Armee nach White Sands in Neu-Mexiko transportiert.
Gemäß eines Abkommens zwischen Großbritannien und den USA hatte Großbritannien Anspruch auf die Hälfte der V 2 von Nordhausen. Oberst Toftoy aber hatte sich entschieden, die unschätzbare Beute nicht mit seinen Verbündeten zu teilen und sie auch nicht einmal darüber zu informieren. Der britische Nachrichtendienst bekam Wind von den besonderen Verlademaßnahmen im Hafen von Antwerpen. Als die britischen Offiziere in Eisenhowers Stab endlich die Erlaubnis

Eine fast fertiggestellte V 2 in Nordhausen wird von einem US-Militärpolizisten bewacht. Diese Rakete war ziemlich sicher eine von jenen, die nach White Sands abtransportiert wurden.

erhalten hatten, die Verladung zu stoppen, schwammen die ›Liberty‹-Schiffe schon sicher auf hoher See.

Aber eine Beute fehlte den Amerikanern noch: das Peenemünder Archiv. Von Braun hatte erkannt, daß die wertvolle Sammlung von Zeichnungen, Versuchsberichten und wissenschaftlichen Ausarbeitungen das Ergebnis aller Raketenforschungsarbeiten von 1932 bis 1945 darstellte. Er mußte erreichen, das Archiv in seine Hände zu bekommen, wenn das Werk fortgesetzt werden sollte. Da er viele von Hitlers ›Verbrannte-Erde‹-Befehlen kannte, hatte er vorausschauend zwei seiner zuverlässigsten Mitarbeiter, Dieter Huzel und Bernhard Tessmann, beauftragt, die 14-Tonnen-Last an Schriftstücken zu verstecken. Nach vielerlei Abenteuern konnten die beiden Männer endlich die Dokumente in einem stillgelegten Bergwerksstollen in der Nähe der Stadt Dörnten, nördlich des Harzes, verbergen. Dieses Gebiet war zufälligerweise gerade von der 9. US-Armee besetzt worden. Major Staver brachte zusammen mit einem Mann der Firma General Electric und versehen mit Informationen, die er vom britischen Nachrichtendienst erfahren hatte, mehrere Peenemünder Leute auf die Beine. Mit ihrer Hilfe wurde am 26. Mai das Versteck bei Dörnten gefunden. Gerade noch zur rechten Zeit, denn am nächsten Tage punkt zehn Uhr morgens gehörte das Gebiet zur britischen Besatzungszone.

Als Huzel und Tessmann die Schriftstücke in dem Bergwerksstollen verborgen hatten, sprengten sie den Eingang mit Dynamit zu. Als die Amerikaner gerade dabei waren, den Zugang wieder freizuschaufeln, um die Dokumente herauszuholen, erschien eine Gruppe von Engländern auf dem Schauplatz der Ereignisse. Die Amerikaner gaben sich als deutsche Geologen aus. Sie erklärten, daß sie dabei

›Operation Backfire‹.

seien, das Eisenerz zu untersuchen, weil das Bergwerk wieder in Betrieb genommen werden sollte. Diese List hatte Erfolg; die britischen Soldaten gingen weiter. In der Dämmerung des nächsten Morgens setzten sie die Freilegungsarbeiten fort. Die Dokumente, die nun ja schon in der britischen Zone lagerten, wurden entdeckt, auf US-Laster verladen, und ›ab ging die Post‹, vorbei an Trupps britischer Soldaten, die gerade ihre Straßensperren aufrichteten. Als sie endlich in der US-Besatzungszone anlangten, wurden die Dokumente heimlich in die USA verschifft. Alles, was den Briten verblieb, war ein leerer, ausgeplünderter Stollen und eine Kiste mit wertlosen Eisenerzbrocken.

Der nächste Teil der Aktion war die Befragung der wichtigen deutschen Wissenschaftler selbst. 115 von ihnen, einschließlich Wernher von Braun, wurden durch das US-Feldzeugkorps sofortige Arbeitsverträge für die Dauer eines Jahres angeboten. Alle nahmen das Angebot an. General Dornberger wurde jedoch an die Briten ausgeliefert, die ihn lästigerweise ins Gefängnis steckten. Er mußte zwei Jahre absitzen, bevor er seinen Vertrag mit den Amerikanern unterschreiben konnte.

Die gesamte V 2-Aktion, die den Decknamen ›Overcast‹ (bewölkter Himmel), später ›Paperclip‹ (Büroklammer) erhielt, ersparte den Amerikanern zwanzig Jahre Forschungsarbeiten und viele Millionen Dollar. Sie erwies sich als ein ›Riesenschritt‹ nach vorn.

Auch die Russen kamen dabei ganz gut weg. Sie bekamen den gesamten Indu-

striekomplex Nordhausen mit seinen Windkanälen und Labors und den Rest der deutschen Wissenschaftler unter Leitung von Helmut Gröttup in die Hand. England, das gemeinsam mit Belgien am meisten unter den V-Waffen leiden mußte, erhielt zwei V 2 zu Versuchszwecken. Diese wurden mit deutscher Hilfe in der Nähe von Cuxhaven in die Nordsee abgefeuert. – Das Projekt hatte den nicht unpassenden Namen ›Operation Backfire‹ (Fehlzündung).
Die Peenemünder Unterlagen enthüllten viel. Da gab es einen Typ A 4b, eine V 2-Version mit Tragflügeln, mit einer Reichweite von 640 Kilometern. Zwei A 4b waren bereits erprobt worden. Die A 6 war ein fertiger Konstruktionsentwurf mit einem neuen Triebwerk, das Salpetersäure als Oxydationsmittel und Vinyl-Isobutyläther als Treibstoff benutzte, die besser lagerfähig, leichter zu handhaben waren und sich besser transportieren ließen als Wasserstoffsuperoxyd. Die A 6 gelangte aber nicht über den Entwurfsstand hinaus.
Ferner gab es noch den A 9/A 10-Entwurf, eine riesige Zweistufenrakete, angetrieben mit Salpetersäure und Dieselöl und mit einer Reichweite von 4000 Kilometern. Sogar eine dreistufige Rakete mit einer A 11 als Trägerrakete und einer Kopplung der A 9/A 10 war ins Auge gefaßt worden. Damit hätte man in den Weltraum oder nach New York fliegen können. Das waren die Konstruktionspläne für die Eroberung des Weltraumes.
»Ich ziele nach den Sternen!« pflegte Wernher von Braun gern zu sagen. Ein Zyniker hätte hinzufügen können: »Aber manchmal traf ich London.«

SS ›*Athenia*‹.

# 4. Atlantikschlacht

*»Das einzige, was mich während des Krieges ständig ängstigte, war die U-Boot-Gefahr . . .«*
Winston Churchill

Nur wenige Stunden nach Ausbruch des Zweiten Weltkrieges torpedierte das deutsche U-Boot U 30 ohne Vorwarnung den Passagierdampfer *Athenia* und versenkte ihn vor Rockall. 128 Passagiere und die Besatzung gingen mit dem Schiff unter. Vergebens erklärten die Deutschen, daß der Handelsdampfer infolge des Irrtums eines übereifrigen Offiziers versenkt worden sei, der das Schiff mit einem Truppentransporter verwechselt habe. Die Versenkung wurde von der britischen Admiralität als Wiederaufnahme des uneingeschränkten U-Boot-Krieges gegen unbewaffnete Handelsschiffe auf offener See betrachtet, was England 1917 fast den Sieg gekostet hätte.
Das Fahren im Geleitzug, bei dem eine größere Zahl von Schiffen im Schutz begleitender U-Boot-Jäger fahren, hatte sich seit seiner Einführung 1917 als wirksam erwiesen. Die deutschen U-Boote konnten dadurch schließlich abgewehrt werden. Nach dem Untergang der *Athenia* wurden die Geleitzüge wieder eingeführt. Die Royal Navy rüstete sich für einen neuen Gang mit ihren alten Feinden, den deutschen U-Booten.
Es sollte ein langer und harter Kampf werden, der gnadenlos zwischen zwei erbitterten Gegnern ausgefochten wurde. Er sollte den ganzen Krieg hindurch vom ersten bis zum letzten Tag andauern, und nicht nur Tausende von Matrosen, Fliegern und Handelsmarinern in seinen Bann ziehen, sondern auch viele der fähigsten Wissenschaftler auf beiden Seiten, die in einem ständigen Wettstreit um technische Vormachtstellungen standen. Die Atlantikschlacht gehört zu einer der entscheidendsten aller Waffengänge im Zweiten Weltkrieg.
Ein getauchtes U-Boot, das ein unbewaffnetes Handelsschiff ohne vorherige Warnung versenkte, begeht eine Kriegshandlung, die die Verhandlungspartner zwischen den Kriegen vergeblich zu ächten versucht hatten. Alle Vorteile der Überraschung lagen auf seiten des U-Bootes, und vor allem blieb es selbst unsichtbar. Es feuerte seine Torpedos aus Seerohrtiefe ab und tauchte dann tiefer weg. Die einzige Abwehr, die damals möglich war, bestand in einem Gegenangriff durch Überwasser-U-Boot-Jäger des Geleites.
Zu jener Zeit gab es tatsächlich keine große Auswahl an U-Boot-Abwehrmaßnahmen für die britischen Begleitschiffe. Einziges U-Boot-Ortungsverfahren war ASDIC, ein geheimes britisches Unterwasserhorchgerät, das in etwa dem Radar vergleichbar war. Der einzige Unterschied bestand darin, daß anstelle von Funkwellen akustische Impulse von dem getauchten U-Boot reflektiert wurden.
Der Gedanke, den Schall zur Auffindung getauchter U-Boote einzusetzen, geht auf das Jahr 1912 zurück. Nachdem damals der Ozeanriese *Titanic* unter hohen Menschenverlusten nach dem Zusammenstoß mit einem Eisberg gesunken war, hatte der britische Ingenieur Richardson vorgeschlagen, Eisberge durch Schall-

echos zu orten, die vom fahrenden Schiff ausgesandt werden. Der Gedanke wurde als Eisbergwarngerät nie verwirklicht. (Die Amerikaner erprobten damals einen ›Fessenden-Oszillator‹ an einem Eisberg. Aber die nutzbare Reichweite erwies sich als zu kurz, daß sie keinen praktischen Wert hatte. Die Versuche wurden abgebrochen.) Doch 1915 setzte das britische Marineamt für Entwicklung und Erprobung ein U-Boot-Abwehrkomitee ein, das später dann ›Alliiertes U-Boot-Ortungs-Untersuchungs-Komitee‹ genannt wurde. Nach der englischen Bezeichnung ›Allied Submarine Detection Investigation Commitee‹ mit ASDIC abgekürzt. Es sollte alle denkbaren Ortungsverfahren gegenüber getauchten U-Booten erforschen. Das Komitee konnte die Dienste von einigen der namhaftesten Gelehrten jener Zeit in Anspruch nehmen, wie z. B. Professor W. H. Bragg und Sir Ernest Rutherford.

Das ›Hydrophon‹ war eines der ersten Horchgeräte. Es war im wesentlichen ein Unterwassermikrophon, das die Geräusche der U-Boot-Schrauben und der Motoren unter der Voraussetzung auffing, daß sie in Betrieb und die eigenen Maschinen gestoppt waren. Eine genauere Entfernungsermittlung der Unterwassergeräusche war jedoch nicht möglich.

In den städtischen Bädern von Hackney und an schottischen Seen ging das Komitee mit Eifer daran, viele seltsame Ideen auszuprobieren bis hin zu dressierten Seehunden. Es gab sogar einen ernstgemeinten Vorschlag, die Seemöwen in den Meeresbuchten von einer U-Boot-Sehrohrattrappe aus zu füttern in der Hoffnung, daß sie sich in Scharen auf jedes feindliche Sehrohr stürzen würden. Während dieser Versuche arbeitete die ASDIC-Gruppe mit der französischen Flotte zusammen, die sich in Toulon eine ähnliche Gruppe unter Professor Langevin hielt. Beide Gruppen erkannten, daß für eine Unterwasserortung Hochfrequenzschallwellen erforderlich seien, die stark gebündelt sein mußten, um die Richtung eines getauchten Unterseebootes zu ermitteln. Die Schwierigkeit lag in der Erzeugung von Ultraschallgeräuschimpulsen. Verschiedene Verfahren wurden ohne Erfolg ausprobiert, bis Professor Langevin den piezoelektrischen Effekt anwandte, der von Pierre Curie entdeckt worden war. Ein Quarz, der in einer bestimmten Weise geschnitten ist, erzeugt eine Ultraschallfrequenz, sobald er einer elektrischen Spannung ausgesetzt wird. Umgekehrt erzeugt er eine elektrische Ladung, wenn er mechanischem Druck oder Zug ausgesetzt wird. (Moderne feuersteinlose Feuerzeuge nutzten den Piezoeffekt eines kleinen Quarzes, um den Zündfunken zu erzeugen.)

Langevin hatte das Problem zur Erzeugung von Hochfrequenzimpulsen gelöst und begann damit, diesen Piezoeffekt zu einer U-Boot-Abwehrwaffe weiterzuentwickeln. Der Grundgedanke für das Ortungssystem bestand darin, daß ein derartiger Quarz, wenn er in das Meer getaucht und für die Dauer des Impulses unter Wechselstrom gesetzt wurde, zur Abstrahlung eines Hochfrequenzschallimpulses angeregt werden konnte. Wurde dieser Impuls von einem festen Gegenstand, z. B. einem U-Boot, zurückgeworfen, kehrte er beim Erreichen des Quarzes den piezoelektrischen Effekt um und erzeugte eine Spannung, die in ein akustisches Warnsignal umgesetzt werden konnte.

Viele Schwierigkeiten mußten überwunden werden, bis das System funktionierte. Versuche im Firth of Forth mit einem britischen U-Boot der D-Klasse blieben erfolglos. Die Wissenschaftler hatten sogar Schwierigkeiten, Informationen darüber zu bekommen, wieviele U-Boote als versenkt, wie die Angriffe gefahren worden waren und welche weiteren Einzelheiten von Bedeutung sein könnten.

Trotz endloser Konferenzen spürten sie, daß sie mit ihren Arbeiten nicht weiterkamen. Lord Rutherford weigerte sich, an etwas teilzunehmen, was er doch nur als eine weitere, endlose und sinnlose Besprechung bei der Admiralität ansah und schickte seine berühmtgewordene entschuldigende Absage:

> »Ich bin an Experimenten beteiligt gewesen, die darauf schließen lassen, daß Atome künstlich gespaltet werden können. Wenn das zutrifft, wird es von weitaus größerer Bedeutung als ein Krieg sein.«

Die Verzögerungen durch Behörden und Dienststellen, mit denen sich die Wissenschaftler abfinden mußten, waren so groß, daß erst im letzten Kriegsjahr, im Frühjahr 1918, Versuchsgeräte für ASDIC-Aufgaben zur Verfügung standen, mit denen die ersten Echos von einem getauchten U-Boot aufgefangen werden konnten. Das war auf See vor der Erprobungsstelle der Admiralität in Harwich. Die erzielte Reichweite belief sich auf ›wenige hundert Meter‹.

Die Reichweitenmessungen der ASDIC-Signale erfolgten nach dem gleichen Prinzip wie beim Radar. Es wurde die Laufzeit gemessen, die ein ausgestrahlter Impuls bis zur Rückkehr vom U-Boot benötigte. Die Schallgeschwindigkeit im Salzwasser beträgt etwa 1465 Meter pro Sekunde. Lief also ein Echo eine Sekunde nach der Absendung zurück, war das Zielobjekt etwa 730 Meter entfernt.

Zwischen den beiden Weltkriegen verlor man die Bedrohung durch U-Boote nicht aus dem Auge. Die ASDIC-Geräte und -Verfahren wurden beträchtlich weiterentwickelt und manche Schwierigkeiten dabei überwunden. Eins der hartnäckigsten Probleme bereitete der Schutz des Quarzsenders. Er mußte natürlich unterhalb des Schiffsrumpfes liegen und mit ungestörter Rundumwirkung Schallimpulse empfangen können. Ebenso selbstverständlich mußte er über eine Schutzvorrichtung verfügen, damit die Wasserwirbel, die sich um den Schallsender bildeten, nicht als Hindernis wirkten und die Schallimpulse streuten und falsche Echos erzeugten. Dies zu lösen erwies sich als die schwierigste Aufgabe für die Entwicklung eines einsatzreifen U-Boot-Ortungssystems.

Der Quarz wurde in einer Kuppel gelagert, die dünn genug sein mußte, die Schallimpulse hindurchzulassen, aber auch fest genug, um dem Wasserdruck bis zu 20 Knoten Fahrt standzuhalten. Das Gehäuse mußte mit Wasser gefüllt sein und am Boden der Bordaußenwand liegen, um Impulse aussenden und empfangen zu können. Das ASDIC-Horchgerät mußte sich außerdem um 360° drehen und innerhalb des Gehäuses auf- und abbewegen lassen können, um Richtung und Tiefenlage des Ziels aufzufassen. Eine der Hauptschwierigkeiten, die die Wissenschaftler der Admiralität zu lösen hatten, galt der Form dieser Schutzkappe. Sie mußte natürlich stromlinienförmig sein. Aber was man an unterschiedlichen Formgebungen auch erprobte, scheiterte entweder an der zu großen Sogwirkung, oder es wurden derartige Verwirbelungen erzeugt, die die Einzelechos in dumpfem Dröhnen verschwinden ließen. Ein Wissenschaftler der U-Boot-Versuchsstelle, J. Anderson, machte höchstpersönlich viele Versuchsfahrten in einer Sichtkuppel unter dem Schiffsrumpf des Kreuzers HMS *Devonshire* mit, um die unterschiedlichen Strömungsverhältnisse an verschiedenen Formgebungen zu beobachten, während der Kreuzer mit 30 Knoten Fahrt lief.

1931 waren Form und Anbringungsort des ASDIC-Gehäuses als eine längliche Tropfenform festgelegt worden. Sie bildete den besten Kompromiß zwischen höchstmöglicher mechanischer Beanspruchung und geringster Störung durch Wasserverwirbelung. Die beste Anbringung der ASDIC-Kuppel unter dem Rumpf lag

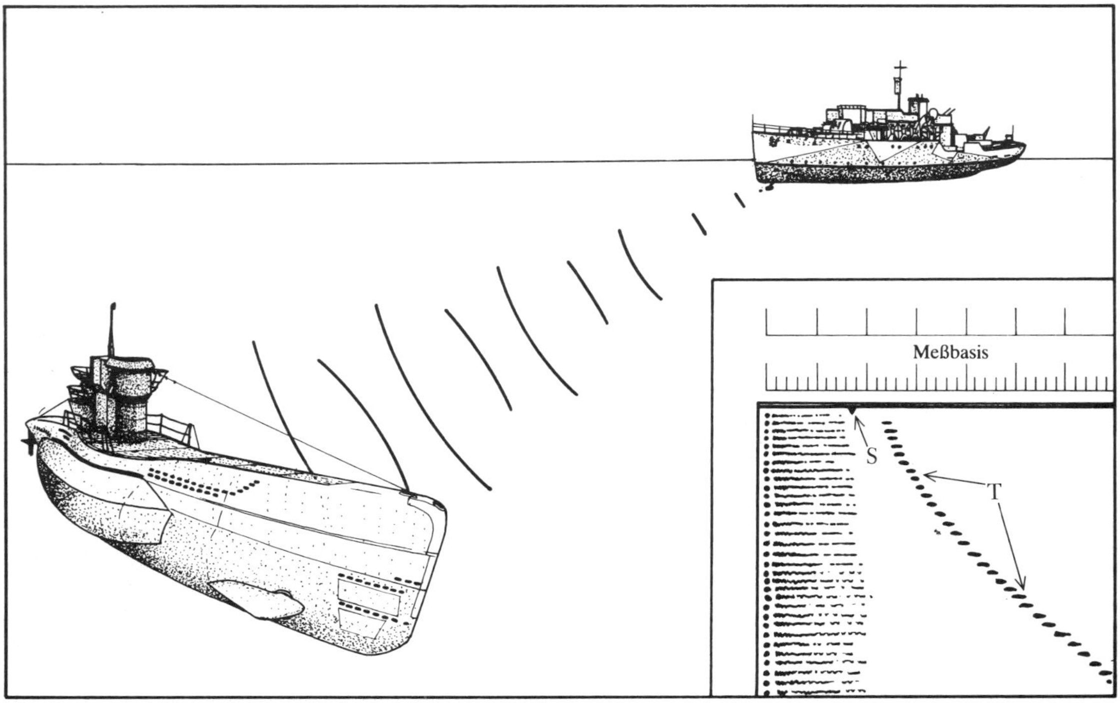


ASDIC. Ultraschallimpulse des Begleitschiffes werden vom U-Boot reflektiert und geben Entfernung und Richtung an, die von einem Aufnahmegerät angezeigt werden. (Innenbild): Der Stift (S) zeichnet auf einem empfindlichen Papierstreifen kontinuierlich die Entfernung vom U-Boot-Jäger zum Ziel (T) auf.

genau in der Längsachse des Schiffes und soweit nach vorn wie möglich versetzt. Als günstigste Frequenz wurden 20 000 Hertz ermittelt. Auf dieser Frequenz konnte ein 250-Watt-Sender brauchbare Echos zwischen 180 und 4600 Metern erzielen. Nach jahrelangen Versuchsfahrten von der Arktis bis in den Pazifik war ASDIC allmählich immer mehr verbessert geworden. Der ursprüngliche Name des Komitees – ASDIC – wurde zur allgemein üblichen Bezeichnung des Verfahrens selbst und eines der wesentlichsten U-Boot-Abwehrverfahren der Royal Navy. Die US-Marine nannte das Verfahren ›Sonar‹ (Sound Navigation and Ranging). Diese Bezeichnung wurde auch später, 1950, von der NATO übernommen.

Zu Beginn der Versuchsarbeiten erfolgte die eigentliche Wiedergabe der Echos über einfache Kopfhörer. 1930 wurde dann eine visuelle Anzeige eingeführt. Sie beruhte auf einer Erfindung, die sich ›Fultograph‹ nannte und in den Anfangszeiten der Pressefotoübertragung für den Empfang von Faksimiles verwendet wurde. Der ›Fultograph‹ war ein elektrochemisches Aufzeichnungsgerät, das aus einer laufenden Papierrolle bestand, die mit Kaliumjodit beschichtet war. Diese Schicht verfärbte sich, wenn ein elektrischer Strom hindurchgeleitet wurde.

Die Anzeige entsprach auf mechanische Art und Weise den ersten Radaranzeigegeräten. Statt einer Kathodenstrahlröhre mit ihrem wandernden Lichtpunkt gab es hier jedoch eine Elektrode, die synchron zu den Schallimpulsen über die stromempfindliche Papierbeschichtung geführt wurde. Mit Beginn der Impulslaufzeit wurde auf der linken Seite des Papiers ein Punkt angezeigt.

Wurde ein Echo während des Durchlaufs der Elektrode empfangen, so erschien ein zweiter Punkt auf dem Papier, der von einem Stromstoß des Horchgerätes herrührte und zu einer entsprechenden Verfärbung der Oberflächenbeschichtung des Papiers führte. Der Abstand zwischen den Punkten entsprach der Entfernung

HMS *Vanoc*, der Geleitzerstörer, der *U 100* rammte und versenkte. Kapitänleutnant Joachim Schepke, der U-Boot-Kommandant, war eins der Asse von Admiral Dönitz. Der Gegenstand im Vordergrund ist eine der üblichen Wasserbomben auf ihrem Abwurfgestell.

zum angemessenen Ziel. Nach jedem Impuls wurde die Papierrolle weitergedreht, ähnlich der Zeilenführung einer Schreibmaschine, und es wurde ein neues Paar von Punkten angezeigt. Sobald ein Suchschiff ein U-Boot geortet hatte und Kontakt hielt, rückten die Anzeigepunkte während des Ortungsvorgangs immer dichter in dem Maße zusammen, wie die Entfernung abnahm.

Die geringste Ortungsreichweite lag bei 180 Metern. Von da an mußte der Kapitän, der den Angriff führte, nach Stoppuhr und eigener Erfahrung entscheiden, in welchem Augenblick er seine Wasserbomben zu werfen hatte.

Im Einsatz konnte es mit ASDIC Schwierigkeiten geben. Zum einen waren U-Boote mit Unterwasserhorchgeräten ausgerüstet, die die ASDIC-Signale und auch die Schraubengeräusche der U-Boot-Jäger aufnahmen. Ein erfahrener U-Boot-Kommandant konnte seine Horchgeräte dazu benutzen, in getauchtem Zustand Ausweichmanöver zu fahren. Zum anderen konnten viele Einflüsse die Echos verfälschen, wie Kielwasserwirbel von Schiffen oder Druckwellen von Wasserbomben, Wasserschichtungen unterschiedlicher Temperaturen oder Dichte, Fischschwärme oder dann, im weiteren Verlauf des Krieges, zielgerichtete Abwehrmaßnahmen der U-Boote selbst. Unendlich viele und lange Stunden wurden an den Horchgeräten auf den U-Boot-Jägern verbracht. Nur allzugut ist allen, die diese erbarmungslose Schlacht miterlebten, das monotone ›Ping-Ping‹ der Übertragungsgeräte auf den regen- und gischtgepeitschten Kommandobrükken der Korvetten in Erinnerung, die stampfend und rollend bei schwerer See in den Winternächten den Nordatlantik absuchten.

Wenn alles gut lief, war das freilich etwas anderes. Einer der erfolgreichsten U-Boot-Jäger war Kapitän z.S. Donald Macintyre von der Royal Navy. Er hatte mit seiner HMS *Walker* ein U-Boot mit ASDIC gejagt. Es war U 100, das dann von einem anderen Schiff der Begleitgruppe, der HMS *Vanoc,* gerammt wurde. Hier

ASDIC-Bedienungspersonal. Der Offizier preßt seine Kopfhörer an die Ohren, um die wichtigen Echos besser ausmachen zu können. Im Frieden hatte die Royal Navy die Leistungsfähigkeit von ASDIC überschätzt. Unter Einsatzbedingungen verursachten die Wasserwirbel der Wasserbomben und Heckwellen von Überwasserschiffen Störungen, die von den U-Booten ausgenutzt wurden.

ein Auszug aus dem Bericht von Kapitän z.S. Macintyre über den weiteren Ablauf der Ereignisse:

»... Während wir die *Vanoc* umkreisten, hörte ich wie gebannt plötzlich den aufgeregten Ruf des Vollmatrosen Backhouse, der als Ortungsgast das ASDIC-Gerät bediente: ›Kontakt, Kontakt!‹ Aber ich konnte es nur schwerlich glauben, denn es war mehr als unwahrscheinlich, daß in dieser weiten Einöde des Atlantiks noch ein zweites U-Boot genau an der Stelle aufkreuzen sollte, wo gerade das erste auf den Grund des Meeres gesunken war. Ich war mir bewußt, daß mit Sicherheit Wasserwirbel sich in der Nähe unseres eigenen Kielwassers oder in dem der *Vanoc* gebildet hatten.
Das Echo war nicht sehr deutlich und ich zweifelte daran ... aber Backhouse war nicht zu erschüttern: ›Mit Sicherheit U-Boot-Kontakt!‹ wiederholte er, und als ich selbst auf das ›Ping-Ping‹ lauschte, verstärkte sich das Echo. Es gab keinen Zweifel mehr ...
Eine Serie von sechs Wasserbomben klatschte in die Tiefe, das war alles, was wir in der kurzen Zeit hatten klarmachen können. Als sie explodierten, lief die *Walker* voraus, um Raum zu gewinnen für die Kehrtwendung zu weiteren Angriffen. Und gerade als wir wendeten, kam von der *Vanoc* der erregte Funkspruch: ›U-Boot achtern aufgetaucht!‹
Der Strahl eines Scheinwerfers von der *Vanoc* schnitt in die Nacht und beleuchtete Boot *U 99,* das gestoppt in See lag. Die Geschützbedienungen beider Schiffe hasteten an die Kanonen. Die aufblitzenden Mündungsfeuer der 10-cm-Kanonen und die Leuchtspuren der kleineren Waffen gaben ein großartiges Schauspiel ab, obwohl ich glaube, daß ihre Treffgenauigkeit nicht so bedeutend war. Aber Gott sei Dank konnten wir sehr bald das Feuer einstellen, weil eine Signallampe vom U-Boot blinkte: ›Wir sinken!‹, und uns klarmachte, daß der Einsatz vorüber war.«

HMS *Walker* nahm die Überlebenden von *U 99* einschließlich ihres Kommandanten an Bord. Es war Kapitänleutnant Otto Kretschmer, dem die Versenkung von über 250 000 Tonnen alliierten Schiffsraums gelungen war. Der Kommandant von *U 100,* das von der *Vanoc* gerammt und dadurch versenkt worden war, war Joachim Schepke, der ebenfalls 250 000 Tonnen Schiffsraum versenkt hatte. Er

Einsetzen einer Wasserbombe; eine schwere und gefährliche Arbeit auf dem Deck einer stampfenden Korvette im Nordatlantik.

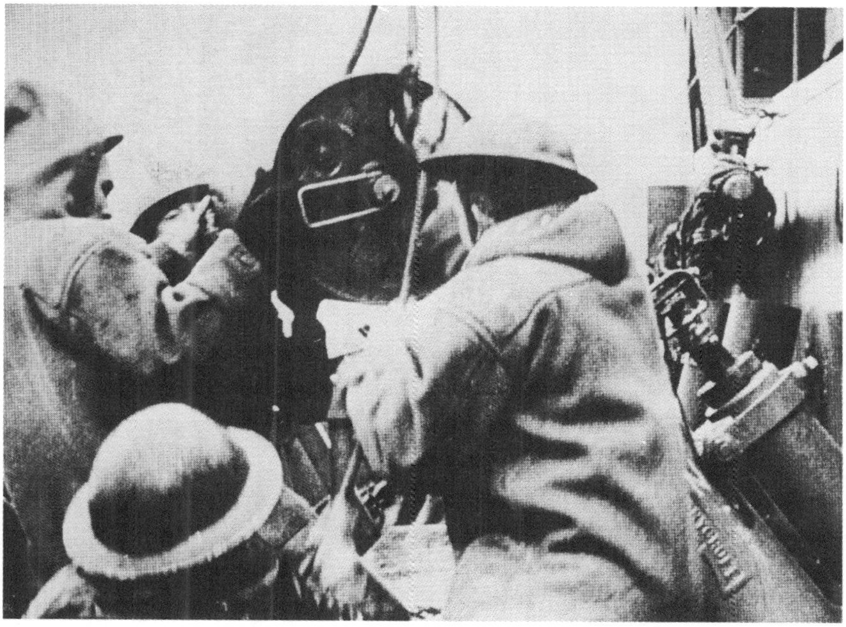

hatte weniger Seemannsglück als Kretschmer und ging mit seinem Boot unter. Der Einsatz, bei dem *U 99* versenkt wurde, fand 1941 statt, noch bevor der U-Boot-Krieg seinen Höhepunkt erreicht hatte. Deutschland hatte den Krieg mit 57 im Dienst stehenden U-Booten begonnen. 32 davon waren jedoch vom Typ II, kleinere Boote von 250 Tonnen Wasserverdrängung für Küstengewässer, die nicht über die erforderliche Reichweite für Hochseeoperationen verfügten. Außer den U-Booten vom Typ I (2 Einheiten) und Typ IX (6 Einheiten) gab es hauptsächlich den Typ VII mit 17 Booten, die 626 Tonnen Wasserverdrängung hatten. Ihre Reichweite betrug bei Überwasserfahrt 6800 Seemeilen (12 600 Kilometer) mit zehn Knoten (kurzfristig bis zu vierzehn Knoten) Fahrt. Die Unterwasserreichweite lag bei 90 Seemeilen (165 Kilometer) mit vier Knoten Fahrt. Sie hatten elf Torpedos und 44 Mann Besatzung an Bord. Vom Typ VII, allgemein als ein tüchtiges Boot angesehen, hatte die deutsche Kriegsmarine weitaus am meisten im Dienst stehen. 705 wurden davon gebaut. Das waren die Boote, die im Atlantikeinsatz standen.

Bis Ende 1940 waren die wenigen im Einsatz stehenden deutschen Boote außerordentlich erfolgreich gewesen. Damals schon hatten sie 443 Handelsschiffe mit 2,5 Millionen Tonnage, einen britischen Flugzeugträger, die HMS *Courageous,* und das Schlachtschiff *Royal Oak* versenkt. Sehr zur Bestürzung der Royal Navy wurde die *Royal Oak* an ihrem Liegeplatz in Scapa Flow durch *U 47* von Günther Prien versenkt. Ferner verloren die Briten 26 kleinere Marinefahrzeuge. Und das alles nur bei einem Verlust von 31 U-Booten.

Aber das war nur der Anfang. Denn nach der Niederwerfung Frankreichs richtete der Befehlshaber der U-Boote, Admiral Karl Dönitz, der selbst U-Boot-Kommandant im Ersten Weltkrieg gewesen war, sehr schnell U-Boot-Stützpunkte an der Küste der Biskaya ein. Das verkürzte die Marschwege in den Nordatlantik und zu den Routen der alliierten Geleitzüge. Im Frühjahr 1941, nur zwei Monate nach

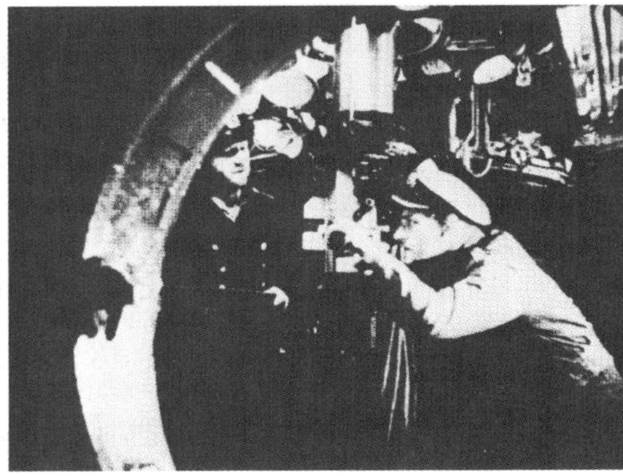

Beginn der uneingeschränkten Seekriegsführung gegen alliierte Frachtschiffsgeleitzüge waren 142 Schiffe mit insgesamt 815 000 Tonnen Tonnage und ihren kriegswichtigen Ladungen an Nahrungsmitteln und Kriegsmaterial versenkt worden.

So erfolgreich die Einzelfeindfahrten der U-Boote zweifellos waren, entwickelte man die noch bessere Rudeltaktik gegen die Geleitzüge. Man zog so viele U-Boote wie möglich zusammen, um zusammengefaßte Angriffe zu fahren. So sättigte und überforderte man die knappen Abwehrkräfte der Bewacher und

*Oben links:* U-Boot vom Typ VII. Diese ›Atlantik‹-Boote waren äußerst erfolgreich. Sie unterschieden sich in ihren Baureihen, doch auch die späteren blieben typische 760-Tonnen-Boote mit 44 Mann Besatzung und 14 Torpedos. Ihre 2800-PS-Dieselmotoren gaben ihnen eine Überwassergeschwindigkeit bis zu 17 Knoten – schnell genug, einer Korvette der ›Flower‹-Klasse davonzulaufen.

*Oben rechts:* Großadmiral Erich Raeder (links im Bild), Oberbefehlshaber der Deutschen Kriegsmarine, war ein Verfechter der Schlachtschiffe. Er wurde abgelöst von Admiral Karl Dönitz, U-Boot-Kommandant im Ersten Weltkrieg, der die U-Boot-Truppe zu einer achtunggebietenden Waffe ausgebaut hatte.

*Mitte links:* Günther Prien kehrt mit *U 47* nach einer Atlantikfeindfahrt zum Heimathafen zurück. Die Versenkung des Schlachtschiffs *Royal Oak* am Liegeplatz der britischen Flotte in Scapa Flow machte ihn zum Nationalhelden. *U 47* wurde später von den britischen Korvetten *Arbutus* und *Camellia* im Nordatlantik versenkt.

*Mitte rechts:* Ein U-Boot-Kommandant am Sehrohr. Sein Erster Wachoffizier steht bereit, die Vorhaltewerte für die Torpedos zu geben. Das U-Boot liegt etwas zu hoch im Wasser, so daß der Kommandant sich zum Okular niederbeugt, um es nicht weiter ausfahren zu müssen, weil ein voll ausgefahrenes Seerohr zu verräterisch gewesen wäre.

*Unten links:* Standfoto aus einem PK-Film durch das Sehrohr eines U-Bootes. Ein amerikanisches ›Liberty‹-Schiff ist torpediert und sackt über Heck ab. Die Besatzung in einem der Rettungsboote rudert dicht am Periskop des U-Bootes vorbei. Im Krieg verbreitete Geschichten, wonach Schiffbrüchige durch U-Boote mit Maschinengewehren beschossen wurden, sind bis auf eine einzige Ausnahme unwahr. Der einzige U-Boot-Kommandant, der auf Schiffbrüchige schießen ließ, wurde vor ein Kriegsgericht gestellt und auf Befehl von Dönitz erschossen.

*Unten rechts:* U-Boot-Bunker im Biskaya-Stützpunkt Lorient. Diese massiven Eisenbetonbauten waren unzerstörbar und stehen heute noch. Viele Bomber gingen bei Angriffen gegen sie verloren, und obwohl sie auch trafen, wurde kein einziges U-Boot innerhalb der Bunker zerstört.

---

konnte die Frachtschiffe fast nach Belieben versenken. Es gab einfach zu wenig Begleitschiffe, die die Geleitzüge gegen eine größere Anzahl von U-Booten sichern konnten. Zudem war und bleibt ein getauchtes U-Boot immer äußerst schwer zu orten, bevor es sich nicht durch einen Angriff zu erkennen gibt.

Als man im Laufe des Jahres 1941 die Rudeltaktik einführte, war sie seetaktisch noch sehr einfach. Die Einsatzführung erfolgte über den Stab ›Führer der U-Boote – West‹ (FdU – West) vom Hauptquartier in Lorient aus. Wenn ein U-Boot oder ein Fernaufklärer vom Typ FW 200 Condor einen Geleitzug gesichtet hatte, wurden über Funk an den FdU in Lorient Position, Kurs, Geschwindigkeit und Anzahl der Geleitschiffe gemeldet. An alle U-Boote in der Nähe wurden dann Funkbefehle abgesetzt, mit Braßfahrt Kurs auf den Geleitzug zu nehmen. Bis zu zehn Boote bildeten eine Angriffslinie meistens vor der Spitze des Geleitzuges, der sich mühsam im Tempo des langsamsten Schiffes dahinschleppte.

Genau besehen waren die U-Boote des Zweiten Weltkrieges keine echten Unterseeboote, sondern nur Tauchboote. Sie mußten auftauchen, um Luft für die Dieselmotoren zu haben, die die Batterien für die Elektromotoren zur Unterwasserfahrt aufluden. Weil die Batteriekapazität die Laufzeit der Elektromotoren bestimmte, liefen die U-Boote nachts aufgetaucht mit ihren Dieselmotoren in hoher Fahrt zu ihren Operationsgebieten. Dies war eine Schwäche der ersten U-Boote, denn ein U-Boot war über Wasser weitaus leichter als ein getauchtes zu erkennen und bot natürlich ein geeignetes Ziel für die Schiffsradargeräte.

> Die Geschichte des Radars in der Royal Navy begann auf einer Besprechung im März 1935, wo es darum ging, welche Mittel auf königlich-britischen Schiffen zur Verfügung stünden, um Flugzeuge entdecken zu können. Das Besprechungsergebnis lautete schlicht: »Ferngläser mit siebenfacher Vergrößerung!«

Als die Radarerprobungsstelle von Orfordness ihre Arbeit aufnahm, wurde auch die Royal Navy mit einbezogen. Der Beitrag, den die Königliche Marine-Nachrichtenschule in den Anfangstagen der Radarentwicklung geleistet hatte, war von unschätzbarem Wert, vor allem durch die Bereitstellung von Siliziumröhren hoher Leistung, die für Zwecke der Funktelegraphie bei der Navy entwickelt worden waren und bereits in den ersten ›Chain Home‹-Radarstellungen Verwendung gefunden hatten. Soweit es die Marine betraf, suchte man dringend nach einer geeigneten Methode zur Flugzeugerfassung von Bord der Schiffe. Obwohl die Arbeiten des Teams von Watson Watt in Orfordness Anlaß zu berechtigten Hoffnungen gaben, waren die militärischen Anforderungen für ein Schiffsradar doch ganz andere als für die an der Küste liegenden Radarstellungen.

Das Hauptproblem bildete für die Marine zunächst die Anbringung der Radargeräte. Die Antennen, die selbst auf Schlachtschiffen noch anzubringen waren, durften nicht zu groß sein. Hinzu kam, daß Schiffe sich frei bewegten, weshalb auch Radarantennen rundum drehbar sein mußten, um überhaupt Peilungen vornehmen zu können. Durch diese Forderungen war die Marine mehr oder weniger gezwungen, ihre ersten Untersuchungen von Anfang an den sehr kurzen Wellenlängen zu widmen, da nur diese die Verwendung von kleinen Antennen erlaubten. Der stark gebündelte Strahl, der sich konstruktionsbedingt daraus ergab, versprach nicht nur günstige Richtergebnisse gegen Flugzeuge, sondern auch gegen Überwasserfahrzeuge.

1937 wurden die Arbeiten auf ein Marineradargerät konzentriert, das auf der kürzestmöglichen Wellenlänge arbeitete und eine drehbare Dipolantenne auf der Masttop hatte. Der Kompromiß zwischen dem, was damals elektronisch möglich und technisch machbar war, lag bei einer Wellenlänge von etwa 7 Metern (45 MHz). Es war vorgesehen, daß einer der Schiffsmasten die Sendeantenne und ein anderer die des Empfängers tragen sollte. Beide drehten synchron. Um sich eine Vorstellung von der Größe dieser Antennen machen zu können, sei an die fast gleichartigen alten H-förmigen Empfangsantennen erinnert, wie sie in den fünfziger und sechziger Jahren auf vielen Schornsteinen und Dächern üblich waren, um den Kanal I des BBC-Fernsehens zu empfangen.

Die Anfangsarbeiten wurden an der Königlichen Nachrichtenschule in der Eastney-Kaserne von Portsmouth in enger Zusammenarbeit mit den Erprobungsstellen in Orfordness und Bawdsey geleistet. Ein recht kleines, aber auch sehr begeistertes Team arbeitete während des ganzen Jahres 1937. Bald schon empfing man Echos von den Hochspannungsmasten auf dem Portsdown Hill. Im Sommer 1938 wurden die Schiffe HMS *Rodney* und HMS *Sheffield* mit diesem Flugzeugfrühwarnradar ausgerüstet. Nach den ersten Versuchen mit diesen Schiffen auf offener See wurde sehr schnell deutlich, daß der Mast eines Schlachtschiffes, gelinde gesagt, eine ungeeignete Umgebung für Radarantennen war. Und doch arbeiteten die Geräte und orteten nicht nur Flugzeuge, sondern unter gewissen günstigen Bedingungen sogar auch Überwasserfahrzeuge.

Die ersten Versuchsgeräte wurden durch neuartige Röhren wesentlich verbessert. Eine Serie umgebauter Anlagen mit fast der dreifachen Ausgangsleistung der früheren wurde in der Nachrichtenschule gebaut und noch kurz vor Kriegsausbruch in Schiffe eingebaut. In der Folgezeit wurden hundert davon eingebaut, von denen viele den ganzen Krieg über im Einsatz verwendet werden konnten.

Das einfache Orten von Schiffen war aber nur die eine Aufgabe, die Bekämpfung derselben hingegen die andere. Vor Einführung der Radargeräte hatte die Schiffsartillerie mit optischen Entfernungsmessern gearbeitet, die aber abhängig von guten Sichtverhältnissen waren und durch Einnebeln leicht unwirksam gemacht werden konnten. Nachts konnten sie nur verwendet werden, wenn das Ziel mittels

HMS *Alisma*, eine typische Korvette der ›Flower‹-Klasse, die man aus dem Vorkriegswalfänger *Southern Pride* nur für Begleitschutzaufgaben weiterentwikkelt hatte. Die Korvetten waren äußerst seetüchtig, obwohl alle, die darauf in den Nordstürmen des Atlantiks gefahren sind, schwören, daß sie selbst noch im Trockendock schlingerten. Die ›Laterne‹ zwischen Mast und Schornstein nahm die Typ 271 Radarantenne auf. 1942 wurden 25 dieser Schiffe aufgrund des gegenseitigen Leihpaktabkommens an die US-Navy geliefert.

Leuchtgeschossen beleuchtet wurde. Ihr größter Nachteil lag jedoch darin, daß sie bestimmte Meßfehler abgaben, die sich mit dem Quadrat der Entfernung vergrößerten.

Der nächste folgerichtige Schritt galt deshalb der Entwicklung von 50-cm-Feuerleitradargeräten. Sie führte zu dem Typ 282 für die Flugabwehr, Typ 283 für weitreichende schwere Schiffsflak und schließlich Typ 284 für die Bekämpfung von Schiffen. Diese Geräte wurden mit Beginn des Jahres 1941 eingebaut. Der Kreuzer HMS *Sheffield* konnte beispielsweise mit seinem Radargerät vom Typ 284 das deutsche Schlachtschiff *Bismarck* erfolgreich orten und beschatten.
Nachdem die Entfernungsermittlung mit Radar einfach eine Sache der Laufzeit war, die ein Impuls bis zur Rückkehr vom Ziel benötigte, waren alle Fehlergrößen konstant und berechenbar. Entfernungsmessen hing nicht länger mehr von guter Sicht ab, auch Dunkelheit und Nebelvorhänge vermochten die Ziele nicht mehr zu schützen. Die Radargasten konnten sogar die Flugbahnen der 35-cm-Granaten der schweren Schiffsgeschütze ihrer eigenen Schlachtschiffe verfolgen, was fesselnd genug war, leider aber auch weniger erfreulich, wenn sie die gegnerischen Feuerschläge beobachteten, die auf ihr eigenes Schiff zuflogen.
Es war die Royal Navy gewesen, die auf der Suche nach den kürzesten Wellenlängen für ihre Radargeräte die ›Zentimeterwellen-Arbeitsgruppe‹ der Universität Birmingham beauftragt hatte, das Hohlraummagnetron zu entwickeln. Die Hinweise über die Erfolge von Randall und Boot trafen zur gleichen Zeit ein, als man sich im klaren darüber war, daß die Navy einen langen und erbitterten Kampf gegen U-Boote würde auszufechten haben. Denn das 50-cm-Radar, das für den Artilleriekampf gegen andere Kriegsschiffe hervorragend geeignet war, besaß wegen seiner langen Wellenlänge nur geringen Wert zum Orten eines U-Bootes, das, selbst aufgetaucht, ein nur kleines Ziel abgab. Mit dem Hohlraummagnetron ließen sich nun 10-cm-Radargeräte möglicherweise entwickeln. Im September 1940 nahmen Wissenschaftler und Marineoffiziere der Marine-Nachrichtenschule

Eastney an einer Vorführung beim TRE in Worth Matravers teil. Der Prototyp eines 10-cm-Radars mit Magnetron war auf den Klippen bei Swanage aufgebaut worden. Es war in der Lage, ein aufgetauchtes britisches U-Boot bis elf Kilometer auf See hinaus zu verfolgen.
Das Team aus Eastney begann unter Leitung von Dr. Landale mit den Arbeiten an einem 10-cm-Radar-Prototyp, der klein genug war, um in einen neuen Geleitschutzschiffstyp, die Korvetten der ›Flower-Klasse‹, eingebaut zu werden. Sie sollten nur dem besonderen Zweck der U-Boot-Jagd dienen. Das erste Versuchsgerät stand im März 1941 zum Einbau in HMS *Orchis* bereit. Es verursachte hingegen Schwierigkeiten. Bei den verwendeten Dezimeterwellen von 3000 kHz erforderte der durch die damaligen Antennenzuleitungen verursachte Schwund, daß Sender und Empfänger selbst auf dem Schiffsmast hinter den Antennen angebracht werden mußten. Ferner mußten alle Geräte vor Wind und Gischt durch ein Gehäuse mit Plexiglasscheiben geschützt werden, das ähnlich wie ein kleiner Leuchtturm aussah. Die *Orchis* lief einige Wochen später von der Clyde aus, um die neue Radaranlage zu erproben. Einige unbekannte Einflüsse waren zu überprüfen: Der Einfluß der neuen Antennenschutzhaube, die Auswirkung des Vibrierens und des Rollens des kleinen Schiffes, ganz zu schweigen davon, wie die Radargeräte ansprechen würden, wenn die Geschütze der Korvette feuerten. Doch die Ergebnisse lagen weit über allen Erwartungen. Aufgetauchte eigene ›zahme‹ U-Boote wurden auf 4600 Meter geortet. Selbst wenn sie getaucht fuhren, gaben ihre Seerohre noch brauchbare Echos ab. Das 10-cm-Radar bot gute Aussichten, wenigstens eine wirksame Waffe gegen die U-Boote abzugeben.
Und jetzt zählte nur noch die Zeit. Mitte 1940 wurden Schiffe schneller versenkt als die Werften ergänzen konnten. Es gab erschreckende Verluste an Menschenleben und an dem so wichtigen Materialnachschub, von dem die Fortführung des Krieges abhing. Die Notwendigkeit zur Ausrüstung von so vielen Begleitschiffen wie möglich mit den 10-cm-Radargeräten war so dringend, daß Einzelteile für 150 Bausätze unverzüglich in Auftrag gegeben wurden. Dieses Radargerät führte jetzt die Bezeichnung Typ 271.
Die ersten waren tatsächlich noch von Hand in Eastney beim Stab des Nachrichteninstituts der Admiralität gebaut worden. Um Zeit zu sparen, wurden Anzeigegeräte von 50-cm-Feuerleitradargeräten ausgeschlachtet und in 271er-Geräte umgebaut. Bis zum Juli 1941 konnten 25 Korvetten mit dem Typ 271 ausgerüstet werden. Sie waren mit den ersten einsatzreifen magnetronbestückten Zentimeter-Radargeräten der Welt bestückt.
Die Empfindlichkeit und Auflösung der 271er-Geräte übertraf alle Erwartungen auf dem Gebiet der Überwasserradargeräte. Bald bestätigte es sich, daß die Ortung des Sehrohrs eines getauchten U-Bootes durch HMS *Orchis* kein Zufall oder gar Traum gewesen war. Begleitschiffe waren in der Lage, so kleine Radarziele wie Holzflöße und Rettungsboote bei Nacht aufzufassen. Dadurch konnten Schiffbrüchige von torpedierten Schiffen, die man sonst nicht hätte erkennen können, gerettet werden.
Die ersten Geräte besaßen noch die 10-cm-Magnetrone NT 98 aus der Prototypenserie. Spätere Radargeräte wurden mit den neuen Vielfachmagnetronen CV 56 ausgestattet, die eine viel höhere Ausgangsleistung abgaben. Leider konnten die einfachen Antennenzuleitungen jener Zeit die erhöhte Leistung nicht aushalten und brannten dauernd durch. Daraufhin wurde ein anderer, höher belastbarer, rechteckiger Hohlleiter aus Kupfer verwendet. Seine Maße wurden auf die

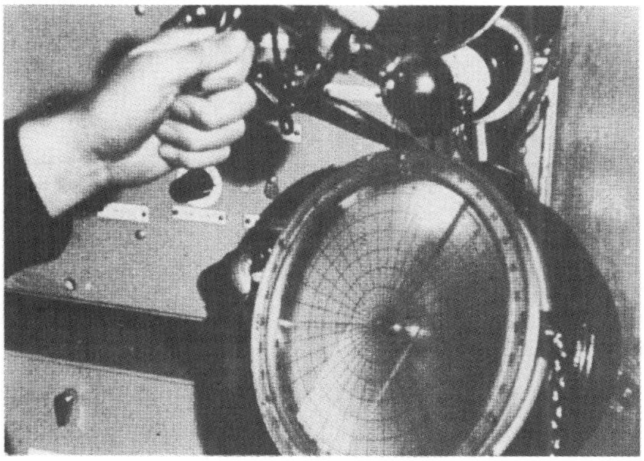

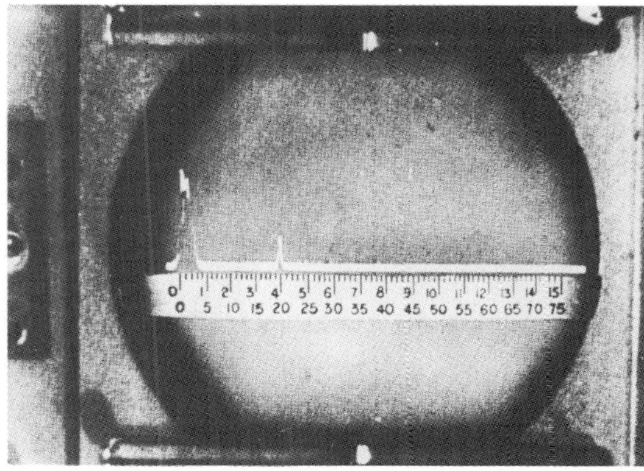


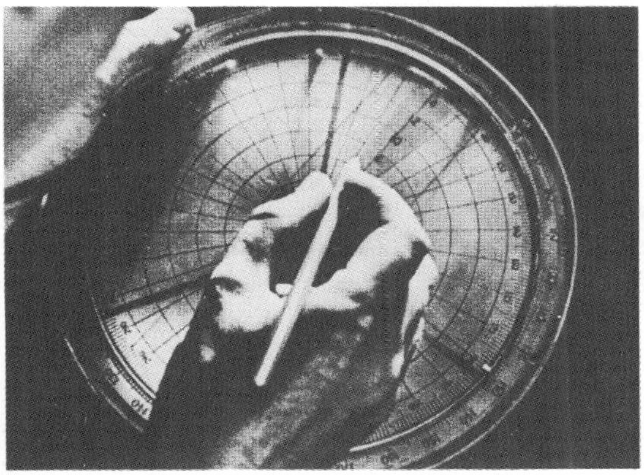

*Oben links:* Radartyp 271. Die Antenne wurde von Hand bedient. Die Anzeige (*oben rechts*) war nur eine einfache waagerechte Zeitskala, die gerade einen U-Boot-Kontakt in 12 km Entfernung anzeigt.

*Unten links:* Der Kontakt wird vom Radargast auf einer beleuchtenden Kursrose eingezeichnet.

*Unten rechts:* Ein Atlantikboot vom Typ VII beim Tauchen. Binnen 20 Sekunden ist es völlig verschwunden.

Wellenlänge abgestimmt. Dadurch konnten die Impulse des Senders zur Antenne ohne irgendeinen nennenswert meßbaren Leistungsverlust übertragen werden. Die Begleitschiffe mit 271er Radargeräten waren nun endlich in der Lage, aufgetauchte U-Boote unter einigermaßen ebenbürtigen Bedingungen zu bekämpfen. Bis dahin hatten die deutschen Unterseeboote laufend Erfolg gehabt, der nur durch ihre geringe Anzahl begrenzt war. Diesem Mangel sollten die deutschen Werften jedoch bald abhelfen. Mit der Einführung des Radargeräts 271 begann im Seekrieg eine neue Phase, die sich zum Kampf um die technologische Vorherrschaft ausweiten sollte. »Die glückliche Zeit« – wie deutsche U-Boot-Leute sie nannten – die Zeit der leichten Siege war vorbei. Von den besten Kommandanten jener Zeit – Günther Prien *(U 47)*, Joachim Schepke *(U 99)* und Otto Kretschmer *(U 100)*, jeder mit mehr als 250 000 Tonnen versenkten Schiffsraumes – waren Prien und Schepke inzwischen gefallen und Kretschmer in Gefangenschaft. Und die Atlantikschlacht war noch lange nicht vorüber.

Bevor es Radar gab, bevorzugten die U-Boote Nachtangriffe auf die Geleitzüge. So konnten sie die Schiffe in Überwasserfahrt beschatten, was vor allem wichtig war wegen der geringen Fahrt und begrenzten Reichweite beim Unterwassermarsch. Bei Überwasserfahrt mit Dieselantrieb konnte ein U-Boot vom Typ VII nicht nur mit einem schnellen Geleitzug Schritt halten, sondern war auch noch schneller als die begleitenden Korvetten der ›Flower‹-Klasse. Einem angriffsfreudigen und erfahrenen U-Boot-Kommandanten gelang es leicht, sich in der Dunkelheit unerkannt zwischen die weit auseinandergezogenen Geleitkräfte zu schie-

ben, sich ein lohnendes Ziel – meist einen Tanker – herauszusuchen und aufgetaucht mitten im Geleitzug in Schußposition zu gelangen. Das erste Anzeichen für die Anwesenheit eines U-Bootes war häufig ein torpedierter Tanker, der in einem Feuermeer explodierte, meist gefolgt von verschiedenen anderen Schiffen, die von weiteren U-Booten eines ›Rudels‹ torpediert wurden.
Sobald Schiffe angegriffen wurden, schoß man gleißende Leuchtgranaten, ›Schneeflocken‹ genannt, und hoffte, daß die Begleitschiffe ein U-Boot sichten würden. Meistens blieb ihnen nur, die Position des getauchten U-Bootes zu schätzen und mit ASDIC die Suche zu beginnen. Gelegentlich wurde ein aufgetaucht fahrendes U-Boot mitten im Geleitzug entdeckt. Dann griff eins der Begleitboote sofort mit Geschützfeuer an oder versuchte einen Rammstoß, wogegen die U-Boote äußerst verwundbar waren. Wenn erst einmal der verhältnismäßig dünne Druckkörper ein Leck hatte, war das Schicksal des U-Bootes besiegelt. Die Schwierigkeit lag darin, die U-Boote rechtzeitig zu sichten. Nur zu oft blieben sie solange unentdeckt, bis sie ein Schiff torpediert hatten. Mit Radar änderte sich die Lage vollkommen. Die mit dem Radargerät 271 ausgerüsteten Begleitschiffe waren nun in der Lage, nachts zu kämpfen. Die aufgetaucht fahrenden U-Boote konnten aufgespürt werden, und wenn sie dann alarmtauchten (ein gut geführtes Boot vom Typ VII konnte in etwa zwanzig Sekunden verschwunden sein), konnte ASDIC mit ziemlicher Genauigkeit angewandt und die U-Boote auf die einzige Weise angegriffen werden, die den Kapitänen der Überwasserflotte blieb: mit Wasserbomben.

Die Wasserbombe MK VII enthielt etwa 140 kg Amatol-Sprengstoff. Ein hydrostatischer Zünder brachte sie zur Explosion, wenn sie sank. Er reagierte auf Druck und konnte auf sechs Tiefenstufen zwischen 15 und 150 Metern eingestellt werden. Die ›Mülleimer‹, wie die britischen ›Sailors‹ ihre Wasserbomben nannten, wurden zu je fünf in einer rhombusförmigen Lage geworfen. Drei wurden über das Schiffsheck in 45-Meter-Abständen abgeworfen und zwei von Werfervorrichtungen beiderseits der Bordwand weggeschleudert. Später im Kriege wurden sie in Lagen von zehn oder vierzehn geworfen. Sie sanken mit fünf Metern pro Sekunde, um dem Schiff Zeit zu geben, aus der Gefahrenzone herauszulaufen. Dies war lebenswichtig, denn eine Wasserbombe konnte leicht das Heck einer Korvette wegreißen. Für das U-Boot lag der tödliche Wirkungsbereich innerhalb von sieben Metern Abstand. Aber auch Nahtreffer bis zu fünfzehn Metern erzielten ernste Beschädigungen. Kritische Gefährdungen ergab der sich steigernde Effekt von mehreren Nahtreffern. Viele Boote waren dann gezwungen aufzutauchen und sich mit ihrem 8,8-cm-Geschütz gegen die Geleitfahrzeuge zur Wehr zu setzen – ein Kampf, der dann so einseitig war wie zwischen einem U-Boot und einem Handelsschiff. Mehr als 200 000 Wasserbomben sind geworfen worden, und ungefähr einer von sechzehn Angriffen hatte Erfolg. 158 U-Boote wurden von britischen Schiffen mit Wasserbomben versenkt.
Die Grundzüge der Taktik für den Einsatz von Wasserbomben wurden im Ersten Weltkrieg entwickelt. Besonders der Abwurf im Kielwasser der Korvetten erwies sich als nachteilig. Zunächst bedeutete die Minimalreichweite der ASDIC-Geräte von 180 Metern, daß ein U-Jäger mit einem Kontakt das Ziel verlor, sobald er darüber hinwegfuhr und daher die Wasserbombe nach der Stoppuhr werfen mußte. Der kurze Kontaktverlust bot einem erfahrenen U-Boot-Kommandanten

die Chance, sich wegzuschleichen. Wenn erst einmal der Kontakt verlorengegangen war, konnte es mit ASDIC-Geräten sehr schwer werden, ihn in dem verwirbelten Wasser, das durch die explodierenden Bomben und das Kielwasser der U-Jäger verursacht wurde, wiederherzustellen. Ein weiterer Nachteil war einfach der, daß es keinen sicheren Hinweis darauf gab, ob der Angriff erfolgreich gewesen war, weil die Wasserbomben durch die hydrostatischen Zünder ausgelöst wurden, ob sie trafen oder nicht. Wenn ein U-Boot auftauchen mußte, wußte man Bescheid. Manche U-Boot-Besatzungen ließen auch Öl oder Abfälle ab und täuschten so einen Treffer vor. Der Kapitän des Geleitschiffes mußte sich auf seine Erfahrung und sein seemännisches Gespür verlassen, ob er tatsächlich getroffen hatte. Viele der Geleitkapitäne hatten dieses Fingerspitzengefühl, einige sogar in hervorragendem Maße. Einer von ihnen war Kapitän zur See Donald Macintyre, ein weiterer Kapitän z.S. F.J Walker, dessen 2. Geleitflotille sechs U-Boote während eines einzigen Geleitschutzeinsatzes versenkte.
Es war offensichtlich, daß sich die Erfolgschancen von Wasserbombenangriffen wesentlich erhöhten, wenn der ASDIC-Kontakt auch bis zum Bombenwurf aufrechterhalten blieb. Deshalb hatte man viele Überlegungen darauf verwendet, wie man Wasserbomben durch Abwurfgeräte nach vorwärts wegschleudern könnte. Schließlich wurde dies von der Abteilung für Allgemeine Waffenentwicklungen mit einem Mehrfachwerfer gelöst. Er konnte 24 Bomben mit je 14 kg hochexplosivem Sprengstoff abfeuern. Die Bomben waren so ausgelegt, daß sie eine aerodynamisch stabilisierte Flugbahn einnahmen und schnell und zielgenau ins Wasser tauchten. Sie wurden von Deck aus einer aus 24 schrägstehenden Zapfen bestehenden Vorrichtung elektrisch gezündet, die etwas an die Stacheln eines Igels erinnerte und deshalb ›Hedgehog‹ (›Igel‹) genannt wurde. Die Werfer wurden abwechselnd gezündet und schlugen in einem Fächer bis zu etwa 200 Meter vor dem U-Boot-Jäger in einem 40-Meter-Kreis ein und sanken mit sieben Metern pro Sekunde.
Da diese Wasserbomben Kontaktzünder hatten, war es zumeist sicher, daß ein U-Boot getroffen war, wenn es zu einer Explosion kam. Es gab jedoch eine unvorhergesehene Begleiterscheinung für die Schiffsbesatzungen, die so riesige Wasserfontänen durch ihre ›Mülleimer‹ verursachten, ob sie etwas trafen oder nicht. Sie waren höchst enttäuscht, wenn es nicht zur Feindberührung und zum Wasserbombenwurf kam. Auch gab es natürlich keine Nahtreffer bei U-Booten. Immerhin wurden die Schiffe ab Januar 1942 mit ›Hedgehog‹ ausgerüstet und fünfzig U-Boote damals als versenkt gemeldet.
Eine spätere Entwicklung dieser Voraus-Abwurfmethode war ›Squid‹ (›Tintenfisch‹), ein Dreifachwerfer, der den gesamten Wasserbombensatz auf einmal abfeuerte. Statt mit Aufschlagszündern waren die Wasserbomben mit hydrostatischen Zündern versehen. Als ›Squid‹ jedoch im Laufe des Jahres 1944 eingeführt wurde, war der Krieg gegen die U-Boote schon fast gewonnen. Dennoch wurden noch achtzehn U-Boote damit versenkt.

Obwohl der Radartyp 271 den Begleitschiffen eine unschätzbare Waffe gegen die U-Boote gewesen war, lag seine wirksame Reichweite im rauhen Nordatlantik gegen das schmale Ziel, wie es ein U-Boot-Turm abgab, selten über fünf Kilometer. Seit Kriegsbeginn gab es aber auch beachtliche Entwicklungen auf dem Gebiet der U-Bootjagd-Methoden mit Flugzeugen.

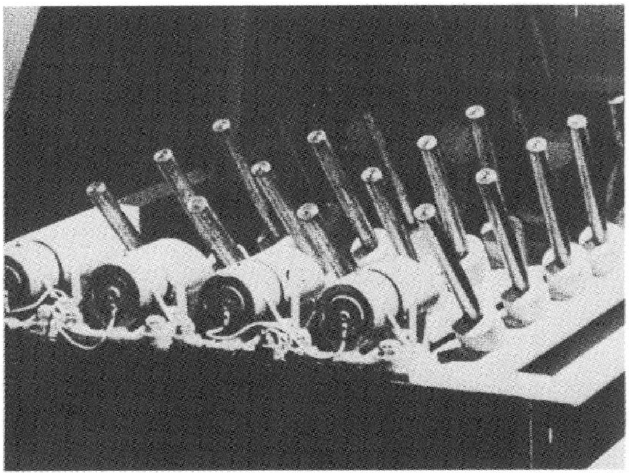

*Oben links:* Vierundzwanzig ›Hedgehog‹-Wasserbomben vor dem Abschuß.
*Oben rechts:* Die Haltezapfen, mit denen die Wasserbomben in Schußrichtung gelenkt werden. Nach ihrem Aussehen erhielt die Waffeneinrichtung den Namen ›Igel‹ (›Hedgehog‹).
*Unten links:* ›Hedgehog‹-Wasserbomben kurz nach dem Abschuß. Ihre Spritzfontänen beim Eintauchen in zeigen eine sehr gute Lage.

Zu Beginn des Krieges hatte Admiral Dönitz in einer Ansprache vor U-Boot-Kommandanten einmal gesagt: »Das U-Boot hat vom Flugzeug nicht mehr zu befürchten als ein Maulwurf von einer Krähe.« Er irrte jedoch. Bis 1945 waren 289 deutsche, elf italienische und zwölf japanische U-Boote von Flugzeugen versenkt worden. Selbst während des Ersten Weltkrieges wurden kleine Küstenluftschiffe von den U-Boot-Kommandanten als derart gefährlich angesehen, daß nicht ein einziges Schiff versenkt worden war, sobald ein Geleitzug von ihnen beschützt wurde. Ähnliche Erfahrungen machten die Amerikaner während des Zweiten Weltkrieges mit ihren ›Blimps‹ – den unstarren Kleinluftschiffen. (Wegen der großen Reichweite der deutschen Jagdflugzeuge im Zweiten Weltkrieg stand allerdings für das Britische Küstenkommando die Verwendung derartig verwundbarer Luftschiffe außerhalb jeder Frage.) Bei Ausbruch des Krieges war es bei der RAF mit U-Boot-Abwehrflugzeugen jämmerlich bestellt gewesen. Und doch konnte allein die Anwesenheit von so altmodischen Flugzeugen, wie der Avro ›Anson‹ mit ihrer kurzen Reichweite, ein U-Boot zum sofortigen Tauchen veranlassen. Die 206. Staffel stellte 1940 wegen hoffnungslosen Flugzeugmangels tatsächlich den 3. Küstenüberwachungsschwarm mit neun ›Tiger-Moth‹-Schulflugzeugen auf, womit sogenannte ›Vogelscheuchen‹-Einsätze geflogen wurden. Man hoffte, daß sogar diese so ganz unkriegerischen Doppeldecker die U-Boote zum Alarmtauchen veranlassen würden.

In den ersten Monaten des Krieges bestand die Flugzeugbewaffnung der U-Boot-Abwehr des Küstenkommandos aus 45-Kilo-Bomben, die sich bald als

unzureichend herausstellten. Im Dezember 1939 wurde die HMS ›Snapper‹, ein aufgetauchtes U-Boot der Royal Navy, irrtümlich von einem Flugzeug des Küstenkommandos angegriffen. Die Staffel blieb verständlicherweise ungenannt. Der Angriff war so genau, daß die ›45-Kilo-U-Boot-Abwehrbombe‹ die ›Snapper‹ direkt am Fuß des Kommandoturmes traf und zur völligen Zerstörung von vier Glühbirnen des U-Bootes führte!
Der Zwischenfall mit der ›Snapper‹ löste drei Maßnahmen aus: Die Entwicklung einer wirksamen, von Flugzeugen abwerfbaren 120-kg-Wasserbombe, den erneuten Vorstoß seitens der Admiralität, Einfluß auf das Küstenkommando gegenüber der RAF zu bekommen und ferner, von nun an Feuererlaubnis für britische Schiffe gegen jedes sich nähernde Flugzeug zu erhalten. Nachdem aber die U-Boot-Gefahr ständig größer wurde, erhielt auch das Küstenkommando nach und nach bessere Flugzeuge und konnte die Einführung der Suchradargeräte voll ausnutzen, was die U-Boot-Jagd wesentlich erleichtern sollte.
Flugzeug-Radargeräte für die Schiffsaufklärung und -ortung führten bei der Marine und beim RAF-Küstenkommando die Bezeichnung ASV = Air to Surface Vessel (Luft-zu-Überwasserfahrzeug). Das erste Marineflugzeug, das damit ausgerüstet wurde, war eine Fairy ›Swordfish‹, die in der Marineluftwaffe schlicht ›Stringbag‹ (Drahtkommode) genannt wurde. Dieser einmotorige Doppeldecker mit offenem Führersitz war als Torpedo- und Aufklärungsmaschine für Flugzeugträger entworfen worden. Sie ging in die Seekriegsgeschichte ein durch ihre Suchaktionen bei der Versenkung der *Bismarck* und ihren Einsatz beim Seegefecht von Tarent. Weniger ist darüber bekannt, welche Rolle dieser Doppeldecker mit dem ›Oldtimer-Look‹ bei der Entwicklung des ASV-Radars spielte.
Im Herbst 1939 räumte man einer kleinen Versuchsgruppe von Marine- und Ziviltechnikern eine Ecke in einer Flugzeughalle von Lee-on-Solent ein und stellte eine ›Swordfish‹ ab, um ein abgeändertes RAF MK II AI (Airborne Interception) Bordradargerät einzubauen. Man hoffte, daß es sich gegen Schiffsziele besser eignen würde, als bislang bei der Ortung feindlicher Bomber in der Luft. Der siebenköpfigen Technikergruppe stand nur sehr wenig Gerät zur Verfügung. Die meisten Geräte wurden auf altbekannte Weise, wie in jeder Armee wohl üblich, in den Werften und Docks von Portsmouth ›organisiert‹. Ein Gleichstrommotor zum Antrieb eines Hochspannungsgenerators hatte beispielsweise früher einmal an Bord irgendeines längst vergessenen Schlachtschiffes in der Kombüse einen Fleischwolf angetrieben.
Außer den Schwierigkeiten, Geräte aller Art zu beschaffen, traten beim Einbau des Flugzeugradargeräts beachtliche Probleme auf. Die AI-Geräte der RAF waren für die vergleichsweise großen zweimotorigen ›Blenheim‹-Nachtjäger ausgelegt. Als sie nun in die weitaus kleineren einmotorigen ›Swordfish‹ eingebaut wurden, mußte auf äußerste Gewichtseinsparung geachtet werden, weil sonst das Einsatzflugzeug beim Start vom Deck eines Flugzeugträgers nie freigekommen wäre.
Die ASV-Radargeräte arbeiteten auf der 1,7-Meter-Welle (176 MHz). Eine einfache Dipolsendeantenne wurde vor dem oberen Tragflächenmittelstück eingebaut. Die Entscheidung dafür fiel ziemlich leicht, weil es sonst keine andere Befestigungsmöglichkeit gab. Die Anbringung der Empfangsantenne gestaltete sich hingegen viel schwieriger. Die ersten RAF AI-Geräte hatten zwei Yagi-Empfangsantennen gehabt. (Diese waren nach dem gleichnamigen japanischen Physiker benannt und etwas größer als die heutzutage handelsüblichen UHF-Fernseh-

*Oben:* Fairey ›Swordfish‹ – mit Spitznamen ›Stringbags‹ (›Drahtkommode‹) – an Deck eines Flugzeugträgers für Geleitschutzaufgaben. Die beiden linken Maschinen haben ihre Innentragflügel eingeklappt, um auf dem schmalen Flugdeck mehr Platz für die auf den Start wartenden Flugzeuge zu machen. Die 1,5-Meter-ASV-(Luft/See-)Empfangsantennen sind an den Flächenstreben des vordersten Doppeldekkers deutlich erkennbar. Die Sendeantennen sind gerade noch am oberen Flügelmittelstück erkennbar.

*Rechts:* Eine ›Wellington‹ XIII des Küstenkommandos (JA 144) mit den ›Stichling‹-ASV-Antennen am Rumpf.

antennen.) Man hatte sie früher dicht an den Tragflügelenden montiert. An den ›Blenheim‹, die Metalleindecker waren, bereitete die Befestigung von Antennen keine besonderen Schwierigkeiten. Die ›Swordfish‹ jedoch waren stoffbespannte Doppeldecker mit Streben und zahlreichen Spanndrähten und besaßen obendrein als Flugzeugträger gestützte Maschinen auch noch Klappflügel. Man befestigte die Antennen schließlich vorne an der äußeren Tragflügelstrebe und drehte sie so, daß sie leicht nach auswärts gerichtet waren.

Am zweiten Weihnachtstag 1939 startete die ›Swordfish‹ in Lee-on-Solent. Der Flugplatz war mit Schnee bedeckt, und in den offenen Flugzeugsitzen war es bitter kalt. Doch die einfache Radarausrüstung funktionierte. Es wurden Echos von

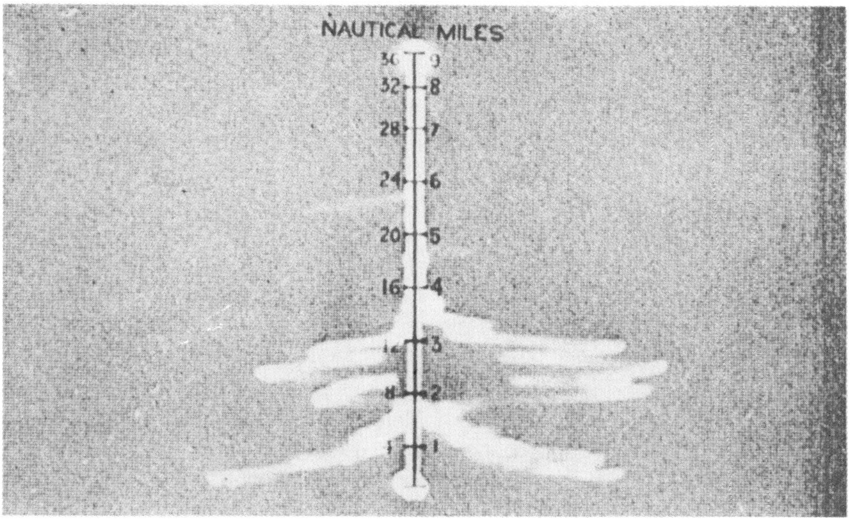


Schirmbildanzeige eines 1,5-Meter-ASV-Radars. Ein U-Boot-Kontakt ist etwas rechts des Flugzeugs ungefähr 4,6 km voraus auszumachen. Obwohl das Signal durch Wasserwellenreflexe (unten auf der Anzeige) schon ziemlich verwischt ist, mußte sich das Ziel bei Tageslicht in Sichtweite befinden.

Schiffen aufgefaßt, obgleich die Reichweiten nur enttäuschend kurz waren. Der vor Kälte bibbernden Besatzung wurde deutlich, daß noch ein Großteil an Entwicklungsarbeiten geleistet werden mußte, bevor das ASV-Radar für einsatzreif erklärt werden konnte.

Den ganzen Januar 1940 hindurch wurden in der bitteren Kälte jenes ersten Kriegswinters Erprobungsflüge unternommen. Die Antennen wurden weiter verbessert. Gegen Ende des Monats konnten endlich von einem Geleitzug im Kanal und dem Schlachtschiff HMS *Rodney* gute Echos bis auf mehrere Meilen Entfernung empfangen werden. Die Versuche waren so ermutigend, daß man die kleine Radargruppe vergrößerte. Die ›Swordfish‹ wurde durch zwei Supermarine ›Walrus‹ Amphibienflugzeuge ergänzt. Die ›Walrus‹ wurde von der Truppe ›Shagbat‹ genannt und war genauso wie die ›Swordfish‹ ein altertümlicher Doppeldecker im Zeitalter der Eindecker. Kaum zu glauben, daß sie vom Konstrukteur der Spitfire, R. J. Mitchell, entwickelt worden war. Irgendwelche entfernte Ähnlichkeit mit diesem äußerst schnittigen Jagdflugzeug war nur schwerlich erkennbar. Immerhin bot es seiner dreiköpfigen Besatzung eine seetüchtige, behagliche Kabine und war ein sehr robustes und stabiles Flugzeug, ein sehr geeigneter Versuchsträger für das ASV-Radar.

Zu der Fülle von Problemen, die die Forschungsgruppe zu lösen hatte, gehörten auch schwere Funkstörungen, die von den Radargeräten im Funk- und Sprechfunkgerätesatz der Flugzeuge selbst hervorgerufen wurden. Einige Verbesserungen zur Dämpfung der Störungen wurden zwar vorgenommen, aber ein Erprobungsflug erbrachte nur geringe Fortschritte. Bei diesem Flug flog ein völlig unbekanntes Flugzeug kurze Zeit neben der ›Walrus‹ her und drehte dann ab. Als sie nach der Landung in Lee-on-Solent zum Liegeplatz zurückrollten, kamen Leute angerannt und fragten, ob sie nicht die Ju 88 gesehen hätten, die in ihrer Nähe gewesen sei . . . Die › Walrus‹ war nämlich bald nach dem Start zurückgerufen worden, hatte den Spruch aber nicht empfangen können, weil die Funkverbindung durch das Versuchsradar ASV gestört worden war.

Mit den drei Maschinen, die Gott sei Dank noch zur Verfügung standen, schritten die Versuche schnell voran. Schwierigkeiten wurden überwunden und Reichweiten vergrößert. Die Geräte erwiesen sich zunehmend verläßlicher und widerstandsfähiger, und zwar derart, daß innerhalb von sechs Monaten nach Ausbruch des Krieges technische Forderungen an Vertragsfirmen herausgehen konnten zur Fertigung von einsatzreifen MK II ASV-Geräten für die Auslieferung an die Marineluftwaffe und an das RAF-Küstenkommando.

Die Anbringung der Antennen war nun endgültig festgelegt worden. In einmotorigen Doppeldeckern, wie etwa der ›Swordfish‹, wurde die Antenne, wie bereits erwähnt, in der Mitte der oberen Tragfläche angebracht. In den späteren zweimotorigen Typen, wie ›Beaufort‹ und ›Hudson‹, saßen sie an der Bugnase. Die Empfangsantennen lagen unter den Tragflächen, ziemlich am Flächenende bei Eindeckern und an den Tragflächenstreben bei Doppeldeckern. In beiden Fällen waren die Empfangsantennen etwas auswärts gerichtet, um optimale Überdekkung zu geben. Das RAF-Küstenkommando verwendete die ASV-Radargeräte später auch in größeren Flugzeugen. Die ›Whitley‹ und ›Wellington‹-Bomber sowie die ›Sunderland‹-Flugboote besaßen zusätzliche Antennen, die entlang der Rumpfoberseite angeordnet waren. Sie ermöglichten es, auch seitliche Radarsuchimpulse abzustrahlen.

Die Sendeantennen schickten ihre Impulse auf der 1,7-Meter-Welle nach vorn in einem weiten Fächer aus. Alle von Überwasserzielen rückkehrenden Echos wurden von den beiden Empfangsantennen aufgefangen, die überlaschende Richtkeulen besaßen. Wenn also ein Echo vom Ziel zurück auf einer Seite des Flugzeuges einfiel, empfing nur diese Antenne das Signal; kam es von vorn, empfingen beide Antennen das Echo. Anzeige im Flugzeug erfolgte auf einer einzelnen Bildröhre mit senkrechter Maßeinteilung nach Meilen (wie auch bei den Küstenstellungen der Heimatluftverteidigungskette CH). Unten auf der Maßeinteilung lag die Nullanzeige, wo die Impulse von der Meeresoberfläche direkt unter dem Flugzeug überlagert wurden. Das Ziel selbst zeigte sich als schmaler elliptischer Leuchtzacken etwas oberhalb der Anzeige; je nach seiner Entfernung und Richtung lag er auf ihr oder aber seitlich davon. Verringerte sich die Entfernung, wanderte der Leuchtzacken auf der Anzeigelinie gegen die Nullanzeige.

Die Handhabung dieses relativ einfachen Radars bereitete auch im Einsatz keine besonderen Schwierigkeiten. Sobald ein Kontakt hergestellt war, gab der Radarbeobachter dem Flugzeugführer die Ortungsrichtung an. Das Flugzeug kurvte so lange, bis auf dem Sichtgerät die Echoanzeige auf der Anzeigemarkierung lag und die Entfernung abgelesen werden konnte. Die Reichweite der ersten ASV-Geräte lag bei etwa zwanzig Kilometern bei Überwasserschiffen und aufgetauchten U-Booten. Küstenlinien zeichneten sich auf 80 bis 110 Kilometer ab, Transponderfunkbaken bis auf 150 Kilometer. Die Geräte besaßen Wahlschalter, die es den Bordfunkern ermöglichten, zwei Reichweiten von 0 bis 15 oder von 0 bis 60 Kilometer zu wählen.

Obwohl die 1,5-Meter-ASV-Geräte (wie man das 1,7-Meter-ASV bezeichnete) nach späteren Maßstäben technisch noch recht grob und ungeschlacht waren, erwiesen sie sich gegenüber U-Booten doch als sehr wirksam. Aber warum wirkten sie so viel besser über See als im Einsatz als Bordradargerät in RAF-Nachtjägern? Die Antwort ist einfach. Zunächst brauchten sie als ASV nur Entfernung und Seitenpeilung zu geben, als AI-Gerät (<u>A</u>irborne <u>In</u>terception = Luft/Luft) jedoch auch noch die Höhe. Und viel wichtiger war das Problem der störenden Bodenechos, die das ›Meterband‹-AI-Gerät beeinträchtigten. Die gab es über See nicht. Die Wasseroberfläche wirft starke Echos nur zurück, wenn außerordentlich heftiger Seegang mit hohen Wellen vorherrscht. In der Praxis gab

es allerdings ein gewisses Maß an Störechos von der Wasseroberfläche, weil die See nie völlig glatt und ruhig war. Doch dies konnte der Radarfunker durch Justierung der Dämpfungsregelung am Empfänger nachstellen.
Die erste kleine Lieferung von Prototypgeräten des Flugzeugbordradars ASV wurde von den Vertragsfirmen gegen Ende Juli 1940 an die Truppe übergeben. Zu dieser Zeit steigerten die Deutschen gerade ihre Tageseinsätze, die sich dann zur Luftschlacht um England ausweiten sollten. Da Lee-on-Solent nur wenige Kilometer von den Docks bei Portsmouth lag und offensichtlich sehr verwundbar war, wurde die Radarabteilung in das wesentlich sicherere Arbroath in Schottland verlegt. Die beiden ›Walrus‹, die ›Swordfish‹ und eine ›Albacore‹ starteten mit den wertvollen Versuchsgeräten an einem Donnerstag; am Sonntag darauf wurde Lee-on-Solent schwer bombardiert.
Laufend wurden Flugzeuge der Marineluftwaffe und des RAF-Küstenkommandos mit dem Luft/See-Radar ASV ausgerüstet. Sie verwandten es, um aufgetauchte U-Boote zu orten und griffen sie dann mit den neuentwickelten, aus der Luft abwerfbaren Wasserbomben an, die die alten, ungeeigneten U-Boot-Abwehrbomben ersetzen. Sie wogen rund 115 Kilogramm und besaßen ein Bombenleitwerk, das ihnen eine berechenbare, genaue Flugbahn verlieh. Der Gefechtskopf enthielt 75 Kilogramm Amatol. Diese Wasserbomben blieben solange ungeschärft, bis sie tatsächlich abgeworfen wurden. Das sollte vorzeitige Detonationen für den Fall verhindern, daß das Flugzeug notwassern mußte oder bei Start oder Landung auf Flugzeugträgern Bruch machte.
Außer dem direkten Angriff lag die hauptsächliche Bedeutung der ersten Bordradargeräte in der Abschreckung. Sie zwangen die feindlichen U-Boote, bei Tage getaucht zu fahren. Dadurch konnten die U-Boote bei Tageslicht nicht länger mit den Geleitzügen Fühlung halten und außerhalb der Radarreichweite der Begleitschiffe bleiben, um dann erst nach Einbruch der Dunkelheit anzugreifen.
Ende 1941 sollten zwei Faktoren die Schiffsverluste der Geleitzüge drastisch senken. Einerseits mußte Dönitz eine erhebliche Anzahl seiner Operationsflotte an U-Booten in das Mittelmeer schicken, um nach Möglichkeit die Verluste einzuschränken, die die Royal Navy dem Nachschub für das deutsche Afrikakorps zufügte. Zum anderen erklärte Deutschland am 9. Dezember 1941 den USA den Krieg. Hierin sah Dönitz die Gelegenheit zur leichten Beute. Hitler genehmigte ihm, eine Anzahl seiner 1000-Tonnen-Fern-U-Boote vom Typ IX mit 22 Torpedos auf die amerikanische Küstenschiffahrt anzusetzen. Um ihre Reichweite zu erhöhen, wurden sie auf See von U-Boot-Tankern des Typs XIV nachgetankt, die von der Truppe den Spitznamen ›Milchkühe‹ erhielten. Diese Unterseeboot-Tanker verdrängten fast 2000 Tonnen. Sie führten ausreichende Treibstoffmengen zur Versorgung von vierzehn Einsatz-U-Booten sowie auch Proviant, Ersatztorpedos und andere Nachschubgüter an Bord mit.
Die Amerikaner schienen trotz der alarmierenden Schiffsverluste, die den alliierten Geleitzügen von deutschen U-Booten im Atlantik zugefügt worden waren, keine Lehre aus den alliierten Erfahrungen ziehen zu wollen. Die Schiffahrt vor der Ostküste der USA lief ab, als wäre es noch tiefster Friede. Es gab keine Geleitzüge. Die U-Boot-Abwehrpatrouillen waren unwirksam. Die Küstenstädte hielten sich nicht an die Verdunkelung, so daß sich die Küstenschiffe oft mit ihren Silhouetten vor den Lichtern der Städte abhoben. Die Ergebnisse waren vorhersehbar und vernichtend zugleich. Die Seegebiete vor Kap Hatteras und Hampton Roads wurden zu wahren Schiffsfriedhöfen. Von Januar bis Juli 1942 wurden 460

U-Boot-Typ XIV (ein U-Boot-Tanker), ›Milchkuh‹ genannt, beim Treff mit einem U-Boot im Südatlantik. Diese riesigen Versorgungs-U-Boote hatten eine Reichweite von 20 000 km bei 10 Knoten Fahrt.

Schiffe einschließlich der Tanker, die regelmäßig die Route von den Ölfeldern Venezuelas befuhren, mit insgesamt 2,3 Millionen Tonnen versenkt. Viele der Schiffe wurden von aufgetauchten U-Booten mit Schiffsartillerie angegriffen; hierdurch schonten sie ihre Torpedovorräte. Sie hatten zu jener Zeit über Wasser wenig zu befürchten, weil es damals derart an Luftaufklärung mangelte, daß sie sogar ihre Versorgungs-U-Boote am hellichten Tage zum Ölbunkern und Nachschubfassen treffen konnten.

Trotz schwerer Verluste zögerte die US Navy, das Geleitzugfahren zu übernehmen. Sie erachtete es als eine Verteidigungsmaßnahme, die den Traditionen einer Marine widersprach, die noch nie ein verlorenes Seegefecht auf hoher See in Kauf nehmen mußte. Durch das Anwachsen ihrer Schiffsverluste und die Mißerfolge ihrer U-Boot-Jagdpatrouillen waren die Amerikaner schließlich doch gezwungen, zum Geleitzugverfahren überzugehen. Das sollte sich aber noch bis zum April 1942 hinziehen; die britische Marine stellte sogar 25 Begleitschiffe ab, die sie unter Anlegung eines strengen Maßstabes gerade noch entbehren konnte, wodurch die Verlustquoten des Schiffsverkehrs an der amerikanischen Ostküste absanken. Daraufhin verlegten die U-Boote ihre Operationen in den Golf von Mexiko und in die Karibik. Die Versenkungen setzten sich dort bis in den Juli hinein fort, als dann die US-Marine endlich Abwehrmaßnahmen auch in diesem Gebiet einleitete. Da es für die deutschen Flugzeuge keine Einsatzmöglichkeiten vor der amerikanischen Küste gab, konnten die Amerikaner auch kleine Luftschiffe mit großem Erfolg einsetzen. Unstarre Luftschiffe der Klasse K2 waren von der Goodyear-Company entwickelt worden, wovon ungefähr 150 im Verlauf des Krieges gebaut wurden. Als die dann zum Einsatz kamen, stellten sie sich als recht wirksame Waffe gegen U-Boote heraus. Nach dem Kriege erklärte die US-Marine, daß kein

Dank geringer Luftbedrohung vor der amerikanischen Küste konnten die deutschen U-Boote Anfang 1942 am hellichten Tage über Wasser Öl bunkern und Vorräte übernehmen.

amerikanisches Schiff jemals von U-Booten versenkt wurde, solange der Geleitzug von diesen Luftschiffen begleitet wurde.

Nachdem die amerikanische Marine ihre Abwehr im Sommer 1942 organisiert hatte, endete die zweite und letzte ›glückliche Zeit‹ für die deutsche U-Boot-Waffe. Dönitz wußte jedenfalls, soviel Schiffe seine U-Boote auch immer vor Amerikas Küste versenkten, daß die entscheidende Schlacht im Nordatlantik auf den Nachschubwegen nach Großbritannien stattfinden werde. Als die U-Boote dann wieder ihre Angriffe auf die Geleitzüge im Atlantik lenkten, wirkte sich das Bord-ASV-Radar langsam aus und wurde Mitte 1941 noch von einem anderen unsichtbaren und tödlichen Abwehrverfahren ergänzt, dem Kurzwellenpeiler ›Huff Duff‹, offiziell bei den Alliierten HF/DF (High-Frequency/Direction-Finding) genannt.
Deutsche U-Boote waren, sobald sie in Rudeln jagten, vor allem auf Funkverbindungen angewiesen, um ihre Angriffe abstimmen zu können. Wenn ein U-Boot oder ein Fernaufklärer Focke Wulf ›Condor‹ einen Geleitzug entdeckt hatte, wurde dessen Zusammensetzung, die Anzahl der Schiffe, die Typen der Begleitfahrzeuge sowie Kurs und Geschwindigkeit sofort an das U-Boot-Hauptquartier in Lorient durchgegeben. Die Einsatzzentrale der U-Boot-Führung schickte dann über Funk andere in der Nähe befindliche U-Boote in den Versammlungsraum, bei großen Geleitzügen mitunter bis zu zwanzig Einheiten. Sobald alle Einzelboote, die das Rudel bilden sollten, verständigt waren, quittierten sie den Empfang und gaben ihre Positionen durch. Diese Funkmeldungen, die natürlich verschlüsselt waren, wurden von besonderen Horchstellen der Royal Navy abgehört. Der Funkschlüssel, meist Fünfergruppen von Morsezeichen, war der deutsche Marine-

schlüssel des ›Enigma‹-Schlüsselverfahrens, das über ein Jahr lang nicht gebrochen werden konnte. Aber bei ›Huff Duff‹ spielte das keine Rolle, weil alleine die Funkwellen den Standort der meldenden U-Boote verrieten. (In der Tat war *U 110* am 9. Mai 1941 vor der grönländischen Küste aufgebracht worden. Seine ›Enigma‹-Schlüsselmaschine und die Schlüsselunterlagen wurden erbeutet. Dies

*Links:* Ein U-Boot eröffnet mit seiner 8,8-cm-Kanone das Feuer auf ein amerikanisches Handelsschiff. Durch das Fehlen von U-Boot-Jägern und Begleitschiffen konnten alliierte Frachtschiffe am Tage über Wasser angegriffen und durch die U-Boote mit Granaten versenkt werden. Das sparte Torpedos.

*Rechts:* Ein US-Tanker auf dem Rückweg von den Ölfeldern Venezuelas fliegt vor Cape Hatteras in die Luft. Das Foto entstammt dem Film einer deutschen Wochenschau, der vom Kommandoturm eines U-Bootes aufgenommen wurde. Das Fehlen von amerikanischem Begleitschutz im Winter 1941/42 war so offensichtlich, daß das U-Boot aufgetaucht bleiben konnte, um zu filmen, obwohl es im Schein des brennenden Tankers deutlich sichtbar war.

wurde erst kürzlich offiziell bestätigt. Auch die Tatsache des Aufbringens von *U 110*, das dann im Schlepp sank, wurde erst Mitte 1960 zugegeben.)
›Huff Duff‹ war ein besonderes Funkpeilverfahren. Es besaß eine sehr große Reichweite und war in der Lage, die Position jedes ›schwatzhaften‹ U-Bootes über Entfernungen von mehr als 1500 Kilometern anzuzeigen. Dazu trugen die Geräte vom Typ FH4 bei, die auf einem Bildschirm die genaue Standlinie zum Ursprungsort eines jeden Funksignals, das sie auffingen, sichtbar machten. Sie waren dabei so schnell, daß sie den Standort bereits bei ganz kurzen Morsesprüchen ermitteln konnten. Die Deutschen vermuteten schon, daß die Briten Marine-Peilgeräte zur Ortung ihrer U-Boote einsetzen könnten. Daher hatten sie besondere verkürzte Morsegruppen für den U-Boot-Funkverkehr eingeführt. Die Übermittlung eines Funkspruchs erfolgte derart schnell, daß eine Positionsangabe oder eine Routinemeldung weniger als dreißig Sekunden dauerte. Im Gegensatz zu herkömmlichen Peilfunkgeräten, die ein Einpeilen von Hand erforderten, reichte diese Übermittlungszeit für ›Huff Duff‹ aus, eine zuverlässige Peilung zu bekommen.
Zur Funkpeilung ist nur eine Peilstandlinie natürlich nahezu wertlos. Sie gibt zwar eine Richtung an, aber keine Entfernung. Erst wenn ein zweiter Peilstrahl oder mehrere Peilstrahlen den ersten kreuzen, wird eine genaue Standortermittlung möglich. Je mehr Peilstellen mitwirken, desto genauer wird die Standortangabe. Unter günstigen Bedingungen konnte eine U-Boot-Position bis auf 400 Meter genau ermittelt werden.

›Huff Duff‹ war das Ergebnis von bahnbrechenden Versuchen mit Kathodenstrahlröhren in der Funkversuchsstelle des Nationalen Physikalischen Instituts in Slough unter Leitung von Watson Watt und Bainbridge Bell. Es war genauso wie Radar ein weiteres Randprodukt von den Versuchen über den Zustand der Ionosphäre. Die CR/DF-Technik (Cathode-Ray/Direction-Finding) diente ursprünglich der Auffassung und Verfolgung von Gewittern. Die Streitkräfte wurden auf das Verfahren aufmerksam. Bis 1939 machte vor allem die Marine beachtliche Fortschritte. Versuchsstellen in Flowerdown, Portsmouth und auf Gibraltar spürten jedoch keinen Gewittern nach, sondern vielmehr fremdem Funkverkehr. Einige Kriegsschiffe wurden mit CR/DF ausgerüstet. Ganz sicher

Der Begleitzerstörer HMS *Hotspur* in der Mersey. Die ›Huff-Duff‹-Antenne (*kleines Bild*) ist auf der Top des achteren Mastes zu erkennen.

FH 4 ›Huff-Duff‹ mit einer Kontaktanzeige auf der Bildschirmröhre.

war Großbritannien bei Kriegsbeginn allen anderen Großmächten auf dem Gebiet des verzugslosen und genauen Funkpeilwesens weit voraus.

1940 hatte Professor P.M.S. (der spätere Lord) Blackett vorgeschlagen, daß man zur Ortung von U-Booten eine Anzahl von Kurzwellenpeilern entlang der britischen Westküste aufstellen sollte. – (Zu dieser Zeit war der Prototyp des FH4-Gerätes von der Königlichen Marine-Nachrichtenschule in enger Zusammenarbeit mit der Firma Plessey entwickelt worden. Dieses Gerät war kompakt genug, um auch auf kleinen Begleitbooten eingebaut werden zu können.) – Die Peilungen von den Schiffen und Küstenstationen wurden an die Auswertestelle der Admiralität übermittelt. Die erhaltenen Meldungen wurden zur Erstellung eines Gesamtlagebildes von U-Boot-Bewegungen zusammengefaßt, was den Begleitschiffen

und Flugzeugen die Bekämpfung einzelner U-Boote ermöglichte. Für den Fall, daß größere U-Boot-Rudel außerhalb der Reichweite von Landflugzeugen auftauchten, konnten die Geleitzüge Ausweichkurse einleiten, um sie zu umfahren. Die begleitenden Kriegsschiffe konnten hingegen ihre Angriffspositionen einnehmen.
Die erste Ortung eines U-Bootes mit Hilfe von ›Huff Duff‹ erfolgte Mitte 1941. Von nun an stieg die Erfolgsrate. ›Huff Duff‹ stand sogar im Wettstreit mit Radar, welches das erfolgreichste U-Boot-Ortungsverfahren war. Ein erfahrener ›Huff-Duff‹-Peilfunker konnte auf See die Entfernung eines U-Bootes schon anhand einer einzelnen Peilstandlinie abschätzen.
Im Sommer 1942 wurden drei FH4-Geräte als Prototypen an das US-Marine-Versuchslaboratorium abgegeben, und im Oktober des gleichen Jahres wurden die ersten in Amerika gebauten Geräte an Bord von amerikanischen U-Boot-Jägern eingebaut.

Trotz dieser neuen technischen Entwicklung dauerten die Schiffsverluste durch U-Boote an. Es gibt kaum einen Zweifel daran, daß sie ohne Radar und ›Huff Duff‹ weitaus höher gelegen hätten. Aber die deutschen Schiffswerften, die sehr leistungsfähige Produktionsverfahren nutzten, bauten ganz einfach die U-Boote schneller, als die Alliierten sie vernichten konnten. 1941 hatten die Alliierten zwei Millionen Tonnen Schiffsraum mit 429 Schiffen durch U-Boote verloren, gegenüber 35 versenkten deutschen U-Booten. 1942 sah es noch katastrophaler aus: 1155 Schiffe mit sechs Millionen Tonnen versenkt, gegenüber 87 U-Booten, die nicht in ihre französischen Basen zurückkehrten. Während Dönitz im Januar 1942 über 91 Einsatz-U-Boote verfügte, hatte er bis Dezember des gleichen Jahres 212 Boote von den deutschen Werften zugeliefert bekommen. Im Laufe des Jahres 1942 versenkten U-Boote etwas mehr als 650 000 Tonnen pro Monat, ein Ergebnis, das weit außerhalb der Leistungsfähigkeit der britischen Werften lag, sie zu ersetzen. Das deutsche Oberkommando der Marine hatte errechnet, daß 800 000 Tonnen versenkten Schiffsraums im Monat die Briten in die Knie zwingen würden, weil ihnen dadurch der Nachschub an Nahrungsmitteln und Kriegsgütern aus den USA fehlte, der entscheidend für die Fortführung des Krieges war. Diese Zahl schien durchaus im Bereich des Möglichen zu liegen. Doch in Wirklichkeit wandte sich das Blatt schon gegen die U-Boote, obwohl das zu jener Zeit alles andere als deutlich schien.
Amerikanische Schiffswerften gingen dazu über, vorgefertigte, verschweißte, standardisierte Handelsschiffe, die berühmten ›Liberty‹-Schiffe, in großen Stückzahlen und in unglaublich kurzer Zeit herzustellen. Britische Werften produzierten neue schnelle Begleitschiffe, die Fregatten der ›River‹-Klasse. Sie konnten ohne nachzubunkern den Atlantik überqueren und, was äußerst wichtig war, mit überlegener Geschwindigkeit einem aufgetauchten U-Boot davonlaufen; dazu waren die früheren Korvetten der ›Flower‹-Klasse überhaupt nicht in der Lage gewesen. Doch waren wohl die wirksamsten Waffen die wissenschaftlich entwickelten, wie Radar und ›Huff Duff‹. Von diesen erwies sich schließlich Radar, ganz besonders Flugzeugbordradargerät, als kriegsentscheidend.
Im weiteren Verlaufe des Krieges erhielt das RAF-Küstenkommando bessere Flugzeuge. Sie waren mit ASV-Radargeräten und wirksamen U-Boot-Jagdwaffen ausgerüstet. Sie begannen, die U-Boote vor allem am Tage beim Durchfahren des

U-Boot-Druckkörper im Bau. Ab 1943 waren bis zu siebzehn Werften zum Bau von U-Booten eingesetzt. Nach konventionellen Schiffsbaumethoden dauerte die Fertigstellung eines Bootes vom Typ VII rund sieben Monate. 1942 wurden 212 U-Boote neu in Dienst gestellt und nur 87 versenkt.

Ein alliierter Frachter in schwerer Dünung durch das Periskop eines U-Bootes fotografiert. Die Kanone auf dem Achterdeck ist unbemannt. Das Schiff war also ahnungslos, daß ein U-Boot in der Nähe lag. Wenig später wurde es torpediert.

Golfes von Biskaya in zunehmender Zahl zu versenken. Die Ergebnisse waren so erfolgreich, daß die U-Boote tagsüber getaucht bleiben mußten und nur noch bei Nacht ihre U-Boot-Bunker anlaufen oder verlassen konnten. Die Nacht bot ihnen genügend Sicherheit, weil die 1,5-m-ASV-Geräte ein aufgetauchtes U-Boot zwar auf etwa acht Kilometer ausmachen konnten, jedoch wegen der Wellenreflexe bei bewegter See nicht näher als auf ungefähr zwei Kilometer Entfernung zu orten vermochten. Bei Tageslicht war diese Behinderung von geringer Bedeutung, weil die U-Boote dann nach Sicht bekämpft werden konnten. Bei Nacht war das natürlich nicht möglich.

Der Hinweis auf das Problem des ASV-Einsatzes bei Nacht kam so nebenbei und außerdienstlich dem RAF-Personaloffizier im Hauptquartier des RAF-Küstenkommandos, Oberstleutnant Leigh, zur Kenntnis. Er war Pilot im Ersten Weltkrieg gewesen und kannte sehr wohl alle Gefahren der Nachtfliegerei und die Schwierigkeiten, so kleine Ziele wie einen U-Boot-Turm auszumachen. Er machte sich Gedanken über das Problem und kam zu dem Schluß, daß die einzige Lösung in einem leichten, aber leistungsfähigen Suchscheinwerfer im Bug des Suchflugzeuges liege. Zwar verstand Leigh viel von Flugzeugen, aber nichts von Scheinwerfern.

Damals lag das Hauptquartier des RAF-Küstenkommandos im Londoner Vorort Northwood. Deshalb wandte sich Leigh einfach an eine örtliche Flakstellung und erhielt vom diensthabenden Offizier eine Reihe guter Erläuterungen über dessen Scheinwerfer: Die einzelnen Größen, die Leistungen und Reichweiten, was man damit erreichen konnte und was nicht. Aufgrund dieser Kenntnisse arbeitete er seine Ideen weiter aus und kam auf einen Scheinwerfer von zweiundzwanzig Millionen Kerzen Lichtstärke und 10° Breitenstreuung.

Die erste Aufgabe war, die Unterstützung der Fachleute des RAE Farnborough zu gewinnen, zu deren Aufgaben ein solches Unternehmen eigentlich zählte. Wie nicht anders zu erwarten, versetzten sie jedoch seiner Idee einen erheblichen Dämpfer. Alle Fachleute neigen dazu, wenn von außenstehenden Leuten neue Ideen vorgeschlagen werden. Ein derartiger Scheinwerfer, so begründeten sie, benötigte bis zu zwei Jahren Entwicklungszeit, und übrigens hätten sie eine andere Lösung des Problems im Auge, die auch Schleppleuchtbomben einbezöge. Kurz gesagt, Leigh erhielt am Ende keinerlei Unterstützung. Um gegenüber dem RAE jedoch gerecht zu bleiben, sei darauf hingewiesen, daß der Winter 1940/41 die denkbar ungünstigste Zeit war, sie mit so etwas zu belästigen, weil sie viel dringendere Probleme zu lösen hatten.

Niedergeschlagen suchte Leigh dann den kommandierenden General des RAF-Küstenkommandos, Luftmarschall Sir Frederick Bowhill, auf, der zufälligerweise im Ersten Weltkrieg sein Staffelführer gewesen war. Dem gefiel der Gedanke, und er sagte seine Unterstützung zu. Dadurch konnte Leigh, immer noch ein unbekannter Personaloffizier, eine alte ›Wellington‹ mit Beschlag belegen. Eine von vieren, die man einmal zum Räumen von Magnetminen benutzt hatte. Zu diesem Zweck trugen sie unter dem Rumpf einen großen elektrischen Spulenring, der von einem Generator gespeist wurde, den ein Ford V8-Automotor antrieb. Leigh erklärte, der Generator sei für seine Scheinwerfer unbedingt erforderlich. Da die Flugzeuge jetzt ohnehin abgestellt waren, weil sie nicht länger für ihre ursprüngliche Aufgabe gebraucht wurden, war es leicht, mit dem Versuch ohne wesentlichen zusätzlichen Aufwand zu beginnen.

Seine Querverbindungen zu alten Kameraden bis zum Äußersten ausnutzend, konnte er die Firma Vickers, die Waffendrehstandhersteller Frazer-Nash und die Firma Savage & Parsons, Hersteller von Scheinwerfern in Watford, dazu überreden, die Arbeiten auch ohne offizielle ministerielle Bewilligung aufzunehmen. Und etwa vier Monate später wurde der erste ›Leigh-Scheinwerfer‹ in einer ›Wellington‹ in Weybridge eingebaut. Der Suchscheinwerfer konnte von einem Besatzungsmitglied auf und ab sowie nach links und rechts geschwenkt werden. Hierbei wurden die Steuerhebel und die Richtgetriebe eines normalen Frazer-Nash-Waffendrehstands jedoch ohne Kanonen verwendet. Die Richtbewegungen für das Suchlicht wurden vom vorderen Kanonenstand aus fernbedient. Der

Fernbomber B 24-Liberator, angestrahlt vom ›Leigh-Suchscheinwerfer‹, einer anderen Maschine.

Scheinwerfer selbst befand sich in einem einziehbaren Rahmen unter dem Flugzeugrumpf. Während der immer noch weitgehend inoffiziellen Versuche konnte mit dem ›Leigh-Scheinwerfer‹ ein aufgetauchtes britisches U-Boot bei Nacht sehr gut ausgemacht werden. Soweit ging alles gut, aber dann gab es den großen Rückschlag. Bowhill, der Leighs heimliche Versuche mit einer fast Nelsonschen Betrachtungsweise*) gedeckt hatte, wurde versetzt. Neuer Befehlshaber des RAF-Küstenkommandos wurde Luftmarschall Sir Philip Joubert.

Durch bloßen Zufall hatte Joubert in seiner früheren Stellung im Luftfahrtministerium von einem anderen Bordscheinwerfer, dem sogenannten ›Helmore-Scheinwerfer‹ Kenntnis erlangt. Er war in einer amerikanischen Douglas ›Havoc‹ eingebaut , um Feindbomber so anzuleuchten, daß Nachtjäger, die mit der ›Havoc‹ (einer zweimotorigen Umrüstung des mittleren Bombers Douglas ›Boston‹) im Verband flogen, das Ziel erkennen konnten. Dieser Scheinwerfer, von dem Leigh keine Ahnung hatte, war starr in der Bugnase der Maschine eingebaut und mußte durch Manövrieren des Flugzeugs auf das Ziel gerichtet werden.
Joubert wies Leigh natürlich darauf hin, daß in Anbetracht beachtlicher, bereits geleisteter Entwicklungsarbeiten sein nicht bewilligter Scheinwerfer fallengelassen werden müsse. Das war ein schwerer Schlag für Leigh. Aufgrund der so vorteilhaft verlaufenen Flugversuche mit der ›Wellington‹ hatte er bereits gemeinsam mit Major Savage von der Firma Savage & Parsons den Scheinwerfer für eine Anbringung unter den Tragflächen der Langstreckenflugzeuge ›Catalina‹ und ›Liberator‹ weiterentwickelt, die das RAF-Küstenkommando aus den USA zugeliefert bekam. Überzeugt davon, daß sein Scheinwerfer früher oder später doch

*) Als Nelson einmal vor Kopenhagen unbequeme Dinge nicht zur Kenntnis nehmen wollte, setzte er das Fernrohr vor sein blindes Auge und meinte, er könne nichts sehen!

benötigt würde, zog er Major Savage ins Vertrauen, woraufhin dieser es darauf ankommen ließ und die Arbeiten am ›Leigh-Scheinwerfer‹ auch ohne offiziellen Auftrag fortsetzte.
Zwei Monate vergingen. Die Versuche mit dem ›Helmore-Scheinwerfer‹ erwiesen sich, soweit das RAF-Küstenkommando damit befaßt war, als ›enttäuschend‹. Joubert befahl Leigh zu sich, der sich 35 Jahre später an das Gespräch dieses Zusammentreffens erinnert:

»... er wollte wissen, wo sich das (›Leigh-Scheinwerfer‹)-Flugzeug jetzt befände. Ich erwiderte, es stünde bei den Vickers-Werken in Weybridge. Er sagte, er wünsche es sich persönlich anzusehen und bat mich, seinen Wagen für den nächsten Tag zu bestellen, damit wir zusammen dorthin fahren könnten, um es anzuschauen.
Als wir dann zurückkamen, sagte er: ›Wissen Sie, Leigh, Ihr Scheinwerfer mag ja gut funktionieren. Aber was ich wirklich haben will, ist ein Scheinwerfer, der an ein ›Catalina‹-Flugboot paßt. Man kann schließlich keinen Waffendrehturm durch den Bootskörper eines Flugbootes stecken.‹
Ich sage, ›Sie haben Recht, Sir, aber wenn Sie wollen, können Sie nächste Woche mit mir nach Watfort zu Savage & Parsons fahren. Da werde ich Ihnen einen Scheinwerfer zeigen, der sich an eine ›Catalina‹ anbauen läßt.‹
›Meinen Sie einen richtigen Scheinwerfer?‹ fragte er.
Ich sagte, ›ja Sir, eine Bogenlampe.‹
›Wer hat das genehmigt?‹
Ich sagte: ›Niemand, Sir.‹
›Wer verantwortete das?‹
Ich sagte: ›Ich, Sir.‹«

Dann fragte Joubert, ob das Luftfahrtministerium oder der Minister für Flugzeugproduktion von dem neuen Scheinwerfer Kenntnis hätte. Leigh antwortete, daß sie davon nichts wußten:

»Dann gab es eine kleine Pause, und ich war gespannt, wie er wohl reagieren würde. ›Gut, lassen Sie mich wissen, wann er fertig ist. Ich komme dann und werde ihn mir anschauen.‹ In der folgenden Woche brachte ich ihn nach Watford, und er spielte an den Hebeln in der Werkshalle von Savage & Parsons.«

Das erhebende Ergebnis dieses Besuches war, daß der ›Leigh-Scheinwerfer‹ unverzüglich mit großer Stückzahl in Auftrag gegeben wurde. Wie wir sehen werden, wurde er sogar entscheidend im Kampf gegen die U-Boote. Für Leigh, der klare Befehle zum Einstellen der Arbeiten an seinem Scheinwerfer mißachtet hatte, stand trotz aller Erfolge einiger dienstlicher Ärger zu befürchten. Doch Sir Philip Joubert, der bald darauf Stabschef der Luftwaffe wurde, kam erst bei Kriegsende darauf zurück. Da erkannte er an, daß er den Fehler gemacht hätte, dem ›Leigh-Scheinwerfer‹ nicht sofort höchte Priorität eingeräumt zu haben. Leigh's Hartnäckigkeit hat rund sechs Monate Zeit eingespart. Sowohl die Marine als auch das RAF-Küstenkommando hatten eine höchst schlagkräftige Waffe gegen die U-Boote gewonnen.
Der ›Leigh-Scheinwerfer‹ erforderte im Einsatz besondere Angriffsmethoden, die sehr schnell von der damit ausgerüsteten 172. Staffel des RAF-Küstenkommandos entwickelt wurden, die die ›Wellington-VIII‹ von Chivenor aus flog. Diese Flugzeuge hatten ein ASV-Radar MK II mit 1,5 Meter Wellenlänge an Bord. Es konnte ein aufgetauchtes U-Boot auf größte Entfernung orten. Wenn der Radarfunker den Kontakt hergestellt hatte, wies er den Piloten auf die Richtung des U-Bootes ein und befahl der Besatzung, ihre Gefechtspositionen zu besetzen. Der

Ein ›Leigh-Suchscheinwerfer‹ unter dem Tragflügel einer ›Catalina‹. Zu sehen ist ferner eine 1,5-Meter-ASV-Yagi-Empfangsantenne und der vom Luftstrom angetriebene Generator für die Stromversorgung des Scheinwerfers. Hinter dem Generator die Bombenschlösser für die Wasserbomben.

Beobachter mußte den ›Leigh-Scheinwerfer‹ im einziehbaren Drehstand unter der ›Wellington‹ ausfahren. Der Kopilot nahm dann den Platz ein, der sonst dem Bugschützen gehörte, wo er die gleichen Steuerorgane bediente, die vorher zum Richten der Waffen genutzt wurden. Er lenkte jetzt damit den Scheinwerfer nach Angaben des Radars mittels zweier Anzeigen, die Gradunterteilungen für ›auf‹ oder ›ab‹ und für ›links‹ oder ›rechts‹ hatten.

Der Pilot brachte inzwischen das schwere Flugzeug mit viel Gefühl bis auf eine Höhe von 75 Meter über Meereshöhe hinab. Das war in dunkler Nacht ein höchst gefährliches Manöver, weil nur nach Instrumenten geflogen werden konnte. Der Pilot mußte sich ganz auf die Genauigkeit der Wettervorhersage verlassen, die ihm den barometrischen Luftdruck angab, der am Höhenmesser einzustellen war. Der im Einsatzbereich gültige, auf Seehöhe berechnete (QNH)-Luftdruck wurde auf der Höhenmesserskala auf die entsprechende Millibarzahl eingestellt. Der kleinste Fehler konnte in so geringer Höhe schon tödlich sein. Da ein Millibar einer Höhe von 9 Metern entsprach, blieb bei einem Irrtum nicht viel Spielraum. (Späterhin hatten die mit Scheinwerfern ausgerüsteten Flugzeuge Funkhöhenmesser, die bis auf wenige Dutzend Zentimeter genau unabhängig von Luftdruckschwankungen anzeigten.)

Während des Anfluges auf das Ziel hatte der Bediener des Scheinwerfers auf die Peilzahlen zu hören, die ihm vom Radarbeobachter zugesprochen wurden, und sie auf den Scheinwerfer zu übertragen. Hierzu benutzte er die Einstellskalen, wobei er den Luvwinkel (zum Ausgleich der Windabdrift) und die Zielauswanderung korrigierte. Der Scheinwerfer wurde noch nicht eingeschaltet, obwohl er bereits direkt auf das Ziel gerichtet und etwas tiefer eingestellt worden war. Sobald etwa um einen Kilometer herum das ASV-Radar infolge von Wellenreflexen das Ziel verlor, wurde der Scheinwerfer eingeschaltet und der Beleuchter zog den Lichtstrahl nach oben. Mit etwas Glück traf er dann das U-Boot mit seinem Lichtstrahl haargenau. Erst dann, wenn es genau aufgefaßt war, durfte dem Piloten gemeldet werden: ›Ziel im Scheinwerferstrahl‹, und erst dann konnte er von seinen Bordinstrumenten aufblicken und den Endanflug zum Angriff nach Sicht einleiten. Er drückte seine Maschine bis auf 15 Meter hinunter und löste eine Lage von Wasserbomben über dem U-Boot aus.

Die Wirkung derartiger Überraschungsangriffe auf eine U-Boot-Besatzung mußte, wie man sich vorstellen kann, beträchtlich sein. Sie hatten das sich nähernde Flugzeug gar nicht hören können, da sein Motorgeräusch vom Dröhnen der U-Boot-Diesel und des Seegangs übertönt wurde. Das erste Anzeichen eines Angriffs war das blendende Licht von 22 Millionen Kerzenlichtstärke des Scheinwerfers. Dann folgten die Wasserbomben. Der erste erfolgreiche Nachtangriff führte am 5. Juli 1942 zum Untergang von U 502 durch eine ›Wellington VIII‹ der 172. Staffel.

Der Verbund von ASV-Radar und ›Leigh-Scheinwerfer‹ machte es möglich, aufgetauchte U-Boote beim Durchfahren der Biskaya, das sie bis dahin als ›geruhsame‹ Nachtfahrt angesehen hatten, anzugreifen. Im Juni und Juli 1942 kam es zu etwa zwanzig Nachtangriffen. Im August wurden die deutschen U-Boot-Kommandanten eindringlich gewarnt, nicht mehr bei Nacht, sondern am Tage über Wasser zu fahren. Aber auch dann nur solange es erforderlich war, um die Batterien aufzuladen. Dabei mußten immer Beobachtungsposten auf dem Turm in alle vier Himmelsrichtungen nach angreifenden Flugzeugen Ausschau halten. Bezugnehmend auf die Angriffe mit ›Leigh-Scheinwerfer‹ notierte Dönitz in seinem Kriegstagebuch:

». . . daß die Schwierigkeiten, denen wir in der Kriegsführung gegenüberstehen, im normalen Ablauf der Ereignisse nur zu hohen und letzten Endes untragbaren Verlusten führen können.«

Deutsche Wissenschaftler fanden aufgrund von Berichten überlebender U-Boot-Kommandanten sehr schnell heraus, daß die genauen Nachtangriffe mit Scheinwerfern nur mittels Radar geführt werden konnten. Als Gegenmaßnahme schützten sie die U-Boote sofort mit einem besonderen Warnempfänger, dem FuMB 1 ›Metox‹. Er deckte die Frequenzbänder aller bekannten britischen Bordradargeräte von 113 bis 560 MHz (2,5 Meter bis 53 Zentimeter) ab.

So war ›Metox‹ in der Lage, die 1,5-Meter-Radarimpulse aufzufangen und U-Boote vor herannahenden Flugzeugen mit ASV-Geräten zu warnen. Dies geschah mit einer Reihe von Warnsignalen, die eine um so höhere Frequenz erreichten je näher das anfliegende Flugzeug kam. Dadurch gewann das U-Boot ausreichend Zeit zum rettenden Alarmtauchen.

Die ›Metox‹-Antenne wurde von einem kleinen Holzmast auf dem Turm getragen. Die ›Sailor‹ nannten es ›Biskaya-Kreuz‹. Der Nachteil hieran war, daß das mehradrige Kabel durch das wasserdicht verschließbare Turmluk geführt werden mußte. Dies bedeutete aber, daß das Luk beim Tauchen solange nicht verriegelt werden konnte, bis das ›Biskaya-Kreuz‹ unter Deck verholt war. Das war eine zeitraubende Angelegenheit, wenn vor allem jede Sekunde zählte. Dennoch erwies sich ›Metox‹ als sehr erfolgreiche Gegenmaßnahme zum Einsatz des

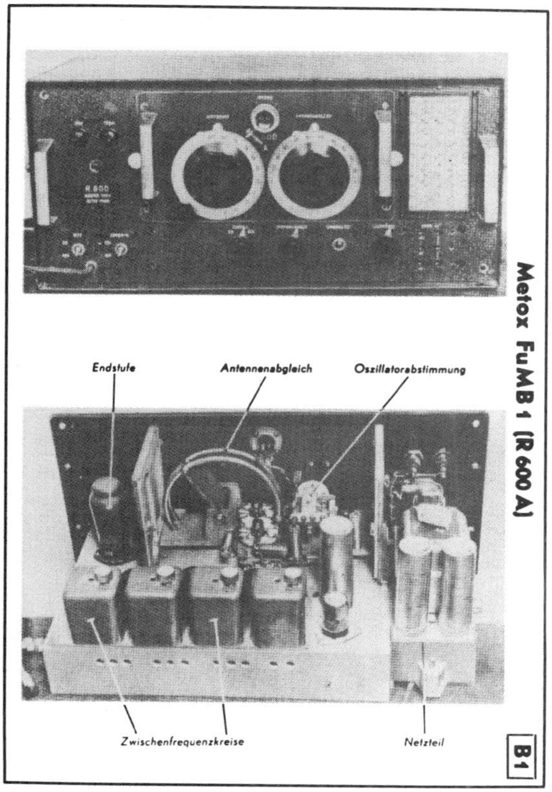

*Links:* Das ›Metox‹-Gerät. Zusätzlich zur akustischen Warnung gab es auch eine Sichtanzeige auf einer Kathodenstrahlröhre, die die ungefähre Entfernung des angreifenden Flugzeugs angibt.

*Rechts:* Die ›Metox‹-Antenne wurde ›Biskaya-Kreuz‹ genannt. Sie war nicht stationär, sondern mußte bei jedem Tauchen des Bootes durch das Turmluk des Kommandoturms des U-Bootes hinuntergeschafft werden.

›Leigh-Scheinwerfers‹. Ab Mitte 1942 wurde eine große Anzahl ›verlorener Kontakte‹ von den Besatzungen des RAF-Küstenkommandos gemeldet.
Aber auch andere Faktoren wirkten sich 1942 in der Atlantikschlacht gegen die Alliierten aus. Vom Juni an zog die US Navy eine große Anzahl von Begleitschiffen ab, die in den Pazifik verlegt wurden. Ferner wurden viele britische Begleitschiffe in das Mittelmeer abgestellt, um die Truppengeleitzüge für die ›Operation Torch‹, die Landungen in Nordafrika, zu schützen. Die verbleibenden hartbedrängten britischen und kanadischen Begleitschiffe taten ihr Bestes, wie auch die Flugzeuge, die von den Absprunghäfen an der Westküste Englands, Nordirlands, Islands und von Neufundland aus starteten, um die Geleitzüge zu sichern. Nur hatten die damals verfügbaren Flugzeuge zum größten Teil nur beschränkte Einsatzreichweiten. Es blieb die sogenannte ›Lücke‹, das Gebiet im mittleren Atlantik, in dem keine Flugzeuge vom Osten oder Westen anfliegend operieren konnten, außer solchen mit sehr großer Reichweite.

Nur die 120. Staffel des RAF-Küstenkommandos war mit amerikanischen Langstreckenflugzeugen vom Typ Consolidated ›Liberator‹ ausgestattet. Diese Maschinen hatten eine Reichweite von 3800 Kilometern. Sie konnten die ›Lücke‹ schließen. Es waren aber nur sehr wenige, die seit Juni 1942 von Nutts Corner in Nordirland aus operierten; es gab einfach nicht genug von ihnen. So sehr auch das Küstenkommando auf die Zuweisung von mehr Langstreckenflugzeugen drängte, alle vorhandenen blieben als Bomber im Einsatz bei der RAF. Und die ›Lücke‹ blieb bis 1943 bestehen, soweit es von der Küste aus operierende Flugzeuge betraf.

*Gegenüber:*
*Oben links:* Eine ›Hurricane‹ auf einem Prahm wird an Bord ihres CAM-Schiffes verholt.

*Oben rechts:* Ein CAM-Schiff mit einer ›Hurricane‹ auf dem Katapult. Zwölf Kordit-Zusatzraketen unterstützten den Jäger beim Start.

Zu Anfang des Jahres 1943 stand die Atlantikschlacht genau auf der Kippe. Beide Seiten hatten in diesem erbarmungslosen Kampf durchaus echte Gewinnchancen. Die überlebenden U-Boot-Besatzungen und Kommandanten waren sehr erfahren, äußerst diszipliniert und wurden hervorragend geführt. Ähnlich stand es mit den alliierten Begleitschiffkapitänen und -besatzungen. Sie alle hatten ihre Erfahrungen in einer sehr harten Schule gesammelt und wurden von Wissenschaftlern unterstützt, deren Arbeit und Leistungen sich so oder so schließlich als entscheidend erweisen sollten.
Einer der britischen Wissenschaftler, Professor Blackett, leitete die so bescheiden bezeichnete Abteilung ›Einsatzforschung‹ (Operational Research – OR), deren wissenschaftliche Mitarbeiter einige außergewöhnliche Gedanken zum Seekrieg beitrugen. Der Befehlshaber des RAF-Küstenkommandos, Luftmarschall Sir John Slessor, sagte über diese Männer:

> »Vor einigen Jahren wäre es mir oder, wie ich meine, auch keinem Offizier in irgendeiner Frontstellung je eingefallen, daß so ein ›Boffin‹ (Gelehrtentyp), wie ihn die RAF bald nennen sollte, ein Herr in grauen Flanellhosen, dessen Lebensinhalt früher so betont Unmilitärisches – wie Biologie oder Physiologie – gewesen war, in der Lage sein könnte, uns wichtige Dinge über unser militärisches Handwerk zu sagen. Und doch war es so.«

Eine der eindrucksvollsten Leistungen der Abteilung ›Einsatzforschung (OR)‹ bietet das Beispiel der Zündereinstellung von Wasserbomben. Diese Zünder waren auf eine Tiefe von dreißig Metern eingestellt, weil man davon ausging, daß ein U-Boot bei einem Luftangriff das Flugzeug schon beim Anflug entdeckt hatte und nach dem Alarmtauchen noch auf eine Tiefe von fünfzehn bis dreißig Meter tauchen konnte, bevor das Flugzeug heran war und seine Wasserbomben abwarf. Einer von Blacketts Gelehrten, E. J. Williams, durchdachte genau, wie sich so ein Einsatzablauf abspielte und kam zu dem Ergebnis, daß in drei von vier Fällen, in denen ein Flugzeug ein U-Boot sichtete, dieses aufgetaucht fuhr oder gerade beim Wegtauchen war. Es konnte also gezielt bekämpft werden. Wenn es andererseits schon dabei war zu tauchen, wenn es aufgefaßt wurde, schlug es mit ziemlicher Wahrscheinlichkeit unter Wasser einen Haken und konnte nicht mehr gefunden werden. Williams wies nach, daß eine höhere Vernichtungsquote zu erzielen sei, wenn man getauchte U-Boote als verlorene Ziele betrachtete und die Angriffe auf über Wasser fahrende oder gerade tauchende U-Boote konzentrierte. Dann brauchte man nur die Tiefeneinstellung der Zünder der Wasserbomben von dreißig Meter auf acht Meter zu ändern. Sobald man das berücksichtigte, stieg die Erfolgsrate an versenkten U-Booten um das Zwei- bis Vierfache. Das war ein derart drastischer Anstieg, daß die überlebenden deutschen U-Boot-Männer glaubten, die britischen Wasserbomben wären mit der doppelten Sprengstoffmenge versehen worden.
Ein weiterer eindrucksvoller Erfolg der Abteilung ›Einsatzforschung‹ war die hervorragende Untersuchung über die optimale Größe von Geleitzügen. Man fand heraus, daß, grob gerechnet, meist die gleiche Zahl an Schiffsverlusten auftrat, ob der Geleitzug nun größer oder kleiner war. Der tatsächliche Wert bewegte sich durchschnittlich um 2,6% Verluste bei Geleitzügen von weniger als fünfundvierzig Schiffen und 1,7% Verluste bei größeren Geleitzügen. Die Anzahl der Begleitschiffe war mit etwa sechs in allen Fällen die gleiche, weil das Seegebiet, das ein Großgeleit einnahm, nur wenig größer als das eines kleinen

*Unten links:* Bordschützen im Ausguck einer ›Catalina‹. Wissenschaftler wiesen nach, daß sich allein durch peinliches Sauberhalten der Plexiglashauben der Flugzeuge des Küstenkommandos das Erkennen von U-Booten deutlich verbessern ließ.

*Unten rechts:* Ferner stellten die Wissenschaftler fest, daß sich die Anzahl der Begleitschiffe eines Begleitschutzes ohne weiteres verringern ließ, wodurch zusätzliche U-Boot-Jagdgruppen aus Korvetten gebildet werden konnten.

Geleitzuges war. (Der Umkreis eines Geleitzuges mit achzig Schiffen war nur ein Siebentel größer als der eines Geleits mit vierzig Schiffen.) Selbst wenn ein U-Boot den Abwehrkordon durchbrechen konnte, hätte es in einem großen Geleit kaum mehr Schiffe versenken können als in einem kleinen, weil seine Schwachstellen nicht die Anzahl der möglichen Ziele, sondern die Torpedonachladezeit und der Torpedovorrat waren.

Ab Mitte 1943 konnte durch die Taktik der Großgeleite die Anzahl der benötigten Begleitschiffe um ein Drittel vermindert werden. Das erlaubte die Aufstellung von Begleitschutzunterstützungsgruppen, die jedem angegriffenen Geleitzug zur Hilfe kommen und U-Boote verfolgen konnten, die sich auf dem An- oder Rückmarsch befanden. Auf diese Weise war der Geleitzug nicht mehr schutzlos wie zuvor, wenn seine Begleitschiffe ihn verließen, um U-Booten nachzujagen.

So wirksam die Begleitschiffe aber auch immer kämpften, sie konnten nicht allein mit den U-Booten fertigwerden. Mit Radar ausgerüstete Flugzeuge waren notwendig, die entweder mit den Überwasserfahrzeugen zusammenarbeiteten oder selbständig die U-Boot-Bekämpfung vornahmen. Aber dennoch blieb die ›Lücke‹ im Atlantik, die schon erwähnt wurde. Sie konnte einfach nicht wirksam genug von den Küstenfliegern überwacht werden, zumindestens solange nicht, bis genügend Langstreckenflugzeuge verfügbar waren. Die naheliegendste Lösung dieses Einsatzproblems war der Einsatz von U-Boot-Jagdflugzeugen mit kürzerer Reichweite von Flugzeugträgern aus. Nur fehlte es beängstigend an Flugzeugträgern, die hierfür in Frage kamen. Die HMS *Courageous* und HMS *Glorious* waren beide

im ersten Kriegsjahr versenkt worden. Auch der berühmteste Flugzeugträger HMS *Ark Royal*, war im November 1941 von *U 81* versenkt worden, als er Jagdflugzeuge nach Malta bringen sollte. Die wenigen sonstigen Träger waren viel zu wertvolles Kriegsgerät, um beim Schutz von Geleitzügen mit Handels- und Nachschubschiffen aufs Spiel gesetzt zu werden.
Die ersten britischen Flugzeuge, die über Geleitzügen im mittleren Atlantik auftauchten, waren ›Hurricane‹-Jäger, die von HMS *Pegasus* mit Katapult gestartet wurden. (Die *Pegasus* war die frühere erste *Ark Royal*, ein Seeflugzeugtender, der noch aus dem Ersten Weltkrieg stammte.) Die *Pegasus* wurde später durch dienstverpflichtete und umgebaute Handelsschiffe ergänzt, die ein Einzelkatapult erhielten und mit ›Hurricane‹ oder ›Fulmer‹-Jägern belegt wurden. Ihr Einsatz begann 1941 nicht mit der Bekämpfung von U-Booten, weil sie keine Wasserbomben tragen konnte, sondern gegen die Fernaufklärer Focke Wulf 200 ›Condor‹ des KG 40, die als Aufklärungsflugzeuge und Fühlungshalter für die U-Boot-Rudel dienten, aber auch zum Bombardieren einzeln laufender Schiffe verwendet wurden. Das Katapultieren von Jagdflugzeugen erwies sich als gute taktische Maßnahme, hatte aber auch den entscheidenden Nachteil, daß der Jäger nicht wieder auf dem Schiff landen konnte und, wenn die Küste außerhalb seiner Reichweite lag, auf See nach seinem einzigen Einsatz notwassern mußte.
Am 3. August 1941 wurde eine ›Hurricane‹ von HMS *Maplin* katapultiert. Pilot war Kapitänleutnant R.W. H. Everett, freiwilliger Reservist der Royal Navy, der 1929 das Grand-National-Pferderennen in Gregalach gewonnen hatte. Ihm gelang es, eine FW 200 abzuschießen und seine ›Hurricane‹ glatt notzuwassern. Der Zerstörer HMS *Wanderer* konnte ihn heil aus der See bergen. Das war die erste und einzige ›Condor‹, die nachweislich von einem katapultierten Marinejäger abgeschossen werden konnte. Sie blieben dennoch im Einsatz. Später wurden auch einige Handelsschiffe mit ›Hurricane‹ oder ›Fulmer‹ ausgestattet. Sie wurden CAM-Schiffe genannt (<u>C</u>atapult <u>A</u>rmed <u>M</u>erchant Ships – mit Katapult versehene bewaffnete Handelsschiffe) und führten die Kriegsflagge. Zwei weitere ›Condor‹ wurden beschädigt, und es gelang den Jägern häufig, mehrere vom Geleit abzudrängen. Dies alleine rechtfertigte schon den Einsatz der CAM-Schiffe, weil sie den U-Booten ihre weitreichende Schiffsaufklärung nahmen. Die CAM-Schiffe blieben bis 1943 im Einsatz und waren doch nur ein Notbehelf, wie ein Rückfall in jene Zeiten, als man Sopwith ›Camel‹-Jäger von den Geschütztürmen der Schlachtschiffe im Ersten Weltkrieg startete.
Die Tatsache, daß ein einzelner Jäger mit kurzer Reichweite offensichtlich einen großen Geleitzug vor Luftangriffen zu schützen vermochte, belebte erneut das Interesse der Marine an dem Gedanken von kleinen Begleitflugzeugträgern, die schon vor dem Kriege ins Auge gefaßt worden waren. Das deutsche 5600-Tonnen-Beuteschiff *Hannover*, dessen Oberdeck abgenommen und durch ein Landedeck ersetzt worden war, konnte sechs Grumman ›Martlet‹-Jäger aufnehmen. Es wurde in HMS *Audacity* umbenannt und im September 1941 wieder in Dienst gestellt. Da man über keine Abstelldecks verfügte, blieben die sechs Maschinen ständig auf dem engen Flugdeck abgestellt. Der zuerst Startende hatte nur 275 Meter Startstrecke zur Verfügung. Es spricht für das fliegerische Können der acht Piloten, daß sie mit so einem kleinen Flugdeck fertig wurden, obwohl fünf von ihnen zuvor noch nie auf einem Träger eingesetzt waren.
Die *Audacity* sollte nur eine kurze Dienstzeit als Begleitschutz für zwei nach Gibraltar und zurück laufende Geleitzüge haben. Ihre ›Martlet‹ schossen fünf

Begleitschutzflugzeugträger HMS *Biter* aus einer soeben gestarteten ›Swordfish‹ fotografiert. Auf dem sehr kurzen Flugdeck stehen Grumman ›Wildcat‹.

FW 200 ab, beschädigten drei und drängten eine ab und beschossen einige U-Boote bei nur zwei eigenen Abschußverlusten und einem, der über Bord ging, als der kleine Träger 16° Querneigung hatte und das Deck sich bis zu zwanzig Meter hob und senkte. Am 21. Dezember 1941 wurde die *Audacity* von *U 741* torpediert, wobei viele Matrosen in den Fluten ertranken. Doch sie hatte klar bewiesen, daß ein Begleitflugzeugträger die Luftsicherung in der ›Lücke‹ im Atlantik sicherstellen konnte.

Es sollte jedoch bis zum Frühjahr 1943 dauern, daß große, in Amerika gebaute Begleitflugzeugträger (CVEs – Carrier Vessel Escort) begannen, die Handelsgeleitzüge zu begleiten. Sie wurden scherzhalber ›Jeep‹ oder ›Woolworth‹ genannt. Dreiundzwanzig standen schließlich allein bei der Royal Navy im Dienst. Jeder hatte etwa zwanzig Jagdflugzeuge vom Typ Grummann ›Martlet‹ (nunmehr unter dem amerikanischen Namen ›Wildcat‹ geführt) und der Fairey ›Swordfish‹ an Bord. Zusätzlich zu diesen ganz zweckentsprechend gebauten Schiffen gab es mehrere Handelsschiff-Flugzeugträger, MAC-Schiffe (Merchant Aircraft Carrier) genannt. Es waren umgebaute Tanker oder Massengutgetreidefrachter, deren Decksaufbauten versetzt waren, um Platz für ein kurzes Flugdeck zu schaffen. Wie die CAM-Schiffe führten auch sie die britische Kriegsflagge und hatten außer ihrer normalen Ladung vier ›Swordfish‹ an Bord. Seit ihrer Indienststellung 1943 bis zum Ende des Krieges ging nicht ein einziges Schiff aus einem Geleitzug verloren, der von diesen behelfsmäßigen Trägern gesichert wurde.

Die Fairey ›Swordfish‹ mit ihrem offenen Führersitz und ihrer geringen Geschwindigkeit erhielt in der Verwendung an Bord dieser kleinen Träger eine weitere Lebensfrist. Mit 1,5-Meter-ASV-Radar, Wasserbomben und Raketenwaffen ausgerüstet, versenkte die ›Swordfish‹ insgesamt mehr als fünfundzwanzig feindliche U-Boote (dreizehn selbst und die übrigen teilten sie sich mit Begleitschiffen). Daß diese altmodischen, stoffbespannten Doppeldecker aus dem Jahre 1936 derart erfolgreich waren, kommt einer Anklage gegen die Verantwortlichen für die Flugzeugbeschaffung bei der Marine-Luftwaffe gleich, ist aber auch eine Anerkennung für die Besatzungen, die viele Flugstunden in den eisigen Temperaturen des winterlichen Nordatlantikwetters durchhielten und dabei noch von schmalen Flugdecks aus operieren mußten, die sich in strömendem Regen und bei orkanartigen Winden um mehr als zwanzig Meter auf und ab bewegten. Die Einsätze über den Atlantik-Geleitzügen im Winter hat Hugh Pophan in seinem Buch über die Marineflieger ›Into Wind‹ beschrieben:

». . . den Fliegern in der ›Swordfish‹, die Stunde um Stunde nach der Wellenspur eines Seerohres suchten oder nach schwarzen, verschwommenen und schattenhaften Umrissen eines aufgetauchten U-Bootes, das einer überspülten Klippe beim Gezeitenwechsel glich, oder nach dem Leuchtzacken auf ihren Radarschirmen. Jeder neue Einsatz am Geleit erschien ihnen kälter, unangenehmer und gefährlicher als der vorhergehende. Aber eine Eigenschaft, die ihnen vor allem zu schaffen machte, war das Gefühl einer grenzenlosen Verlassenheit. Dieser Art Kriegführung fehlte wie in den Schützengräben des Stellungskrieges der Trost auf ein absehbares Ende.«

Als möglicher Nachfolger für die ›Swordfish‹ wurde die Curtiss ›Seamew‹ in Betracht gezogen. Sie hatte in der US Navy die Bezeichnung ›Seagull‹ (Seemöve‹) oder SO3C. Von diesen Eindeckern wurden 250 für die Royal Navy in Auftrag gegeben. Auf dem Papier schienen sie auch Vorteile gegenüber der ›Swordfish‹ zu bieten. Sie waren mit einer Geschwindigkeit von 305 km/h in 2300 Metern Höhe gegenüber der ›Swordfish‹ mit 225 km/h in 1450 Metern Höhe schneller. Außerdem hatten sie eine Flugzeit von acht Stunden. Unglücklicherweise waren sie mit Motoren von geradezu erschreckender Unzuverlässigkeit ausgestattet. Die US Navy hatte sie abgelehnt. Und diejenigen, die nach England ausgeliefert worden waren, wurden zur Bordfunkerschulung – über Land – abgeschoben.
Wenn auch die Begleitflugzeugträger viel dazu beitrugen, die ›Lücke‹ zu schließen, wurden sie auf persönliche Weisung von Präsident Roosevelt durch mehr als sechzig Consolidated B 24 ›Liberator‹ unterstützt, um die wenigen Flugzeuge, die schon bei der 120. Staffel im Dienst standen, zu verstärken. Bei diesen großen viermotorigen Bombern waren viele der üblichen gepanzerten Platten und Abwehrwaffen ausgebaut worden, um Platz für eine möglichst große Anzahl von Kraftstoffzusatzbehältern zu schaffen, damit sie weit in den Atlantik vorstoßen und dort für etwa drei Stunden am Geleitzug bleiben konnten.
Es hatte einiges Tauziehen gegeben, um die zusätzlichen B 24 ›Liberator‹ zu bekommen, denn die Erfordernisse der Bomberoffensive gegen Deutschland hatten Vorrang. Das RAF-Küstenkommando war knapp an viermotorigen Flugzeugen. Deshalb mußte es sich anfangs, wie schon berichtet, mit unzulänglichen Mustern, wie etwa der Avro ›Anson‹, begnügen. Diesen Maschinen fehlte es an Reichweite und praktisch an allem, was für die U-Boot-Bekämpfung erforderlich war. Die ›Sunderland‹-Flugboote waren schon besser, aber auch sie hatten eine recht geringe Reichweite. Der beste Typ unter den ersten Flugzeugen war die amerikanische ›Catalina‹. Dann gab es noch die zweimotorigen ›Whitley‹ und ›Wellington‹, ihnen fehlte es aber noch an der entscheidenden Langstreckenleistung. Zudem waren es veraltete Bomber, die für das RAF-Küstenkommando umgebaut worden waren. Ende 1942 kamen schließlich noch einige viermotorige ›Halifax II‹ hinzu, denen später die Seefliegerversion ›Halifax V‹ folgte. Die ›Lancaster‹ wurde erst nach dem Kriege geliefert.

Flugzeuge, die im Einsatz bei der Atlantikschlacht standen.

*Oben links:* ›Liberator‹ des Küstenkommandos. Diese Langstreckenflugzeuge schlossen die ›Einsatzlücke‹ im mittleren Atlantik.

*Oben rechts:* Eine ›Swordfish‹, mit ASV ausgerüstet, wird auf einem Begleitschutzträger zum Start vorbereitet. Die Männer, die diese offenen Flugzeuge flogen, hatten mit beißender Kälte zu kämpfen und sich beim Landen mit dem stark überholenden Deck abzumühen. Wenn der Motor versagte und sie hinunterstürzten, dann konnte man ihre Überlebenschance nur in Minuten zählen.

*Mitte links:* Eine amerikanische Consolidated ›Catalina‹. Mit ihrer ausgezeichneten Flugdauer von siebzehn Stunden standen die ›Catalina‹ seit 1941 beim Küstenkommando im Dienst. Einer ›Catalina‹ der 210. Staffel gelang es, am 7. Mai 1945 das 196. und letzte U-Boot für das Küstenkommando zu versenken.

*Mitte rechts:* Eine ›Catalina‹ wirft Wasserbomben über einem U-Boot ab, das alarmtaucht.

*Unten links:* 1943 waren neun Staffeln des Küstenkommandos mit Short ›Sunderland‹ ausgerüstet. Sie blieben bis 1957 im Dienst. Der ›Große Dampfer‹ hielt sich wacker gegenüber den deutschen Flugzeugen. Die deutschen Luftwaffenpiloten verpaßten ihr den Spitznamen ›Fliegendes Stachelschwein‹.

*Unten rechts:* Lockheed ›Hudson‹ waren die ersten amerikanischen Flugzeuge, die bei der RAF zum Einsatz kamen.

Deutsche U-Boote in ihrem Bunker, sicher vor allen Luftangriffen.

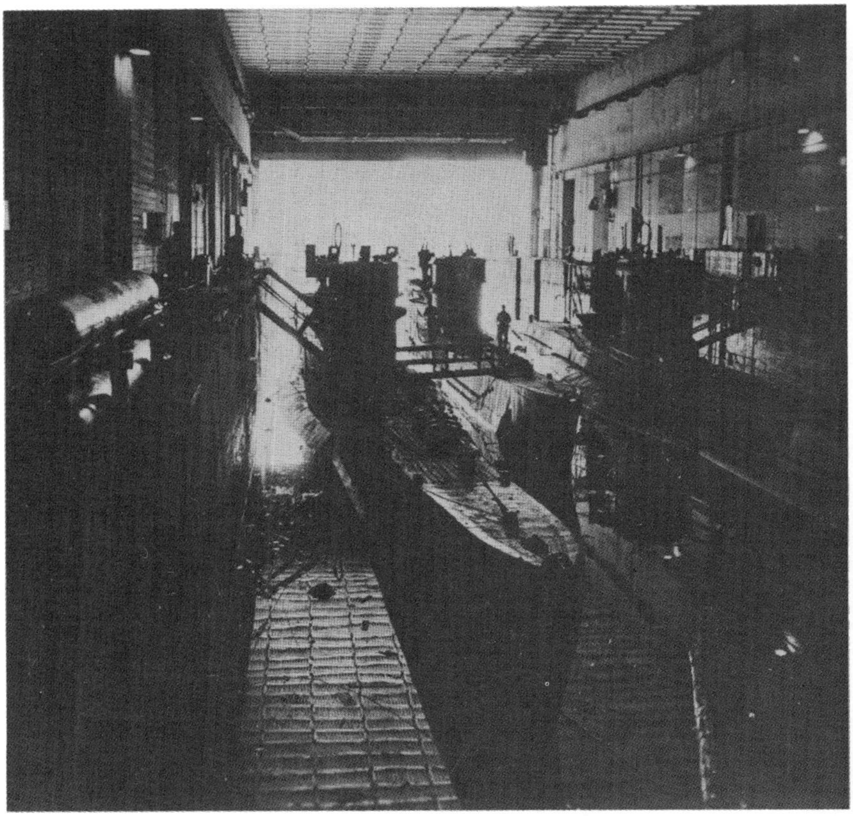

Der Grund hierfür lag darin, daß diese britischen Viermots von ihrer eigentlichen Aufgabe, Deutschland zu bombardieren, einfach nicht abgezogen werden konnten. Jedenfalls war der Luftwaffenstab der Ansicht, die beste Form der U-Boot-Bekämpfung bestehe darin, ihre Einsatzstützpunkte und Bootswerften zu bombardieren. Genaugenommen wurde aber kein einziges U-Boot durch Luftangriffe auf U-Boot-Bunker an der französischen Atlantikküste zerstört. Die Bunker waren zwar sehr genau getroffen worden, mehr als 15 000 Tonnen Bomben hatte man auf die Stützpunkte geworfen, doch die massiven Stahlbetonbauten waren unzerstörbar. Mehr als 100 schwere Bomber gingen allein in den ersten fünf Monaten des Jahres 1943 bei Einsätzen gegen die U-Boot-Basen verloren.
Im Januar 1943 standen den britischen, kanadischen und amerikanischen Begleitschiffen und Flugzeugen täglich im Einsatz durchschnittlich 116 U-Boote auf See gegenüber. Diese starke Flotte wurde durch die Tätigkeiten der deutschen Schlüsselspezialisten im FuMB-(Funkmeß-Beobachtungs-)Dienst unterstützt, deren Entzifferer den alliierten Geleitzug-Funkcode gebrochen hatten. Der BdU – Befehlshaber der U-Boote – konnte daher die Kurse vieler Geleitzüge über den Atlantik mithören.

Im März wurden aufgrund von Meldungen der Entschlüsselungsdienste neununddreißig U-Boote auf zwei Geleitzüge angesetzt. Gegen SC 122, einen ›langsamen‹ Geleitzug mit zweiundfünfzig Schiffen, und HX 229, ein ›schnelles‹ Geleit mit fünfundzwanzig Schiffen. HX 229 wurde zuerst angegriffen. Acht Schiffe wurden in acht Stunden versenkt. Die Verfolgungsjagd zog sich drei Tage hin, in denen

sich beide Geleitzüge vereinigten, um ihre Begleitschiffe gemeinsam gegen die U-Boote einsetzen zu können. Dennoch wurden insgesamt neun Schiffe mit 140 000 Tonnen Frachtraum versenkt, allein vier durch *U 338*. Nur drei U-Boote gingen verloren.
Dieser deutsche Erfolg war der Höhepunkt der Schlacht. Wären die U-Boote in der Lage gewesen, weiterhin so erfolgreich zu kämpfen, hätte Admiral Dönitz sein Ziel, die Lebensnerven zwischen Amerika und Großbritannien zu unterbrechen, erreichen können. Es sollte aber anders kommen. Die Begleitflugzeugträger und die B 24-Langstreckenflugzeuge schlossen die ›Lücke‹ dauerhaft. Sehr wichtig war noch, daß die Wissenschaftler eine zusätzliche Waffe entwickelten, die sich am Ende als entscheidend herausstellen sollte: das 10-cm-ASV-Radar.

Es begann alles mit Randall und Boot in ihrem Laboratorium an der Universität Birmingham und mit der Entwicklung ihres Hohlraummagnetrons. Wie erinnerlich, wurden diese Arbeiten mit Förderung der Admiralität durchgeführt. Das Schiffsradar Typ 271 war das erste einsatzfähige 10-cm-Bordgerät gewesen. Aufgrund dieser Erfolge war mit den Arbeiten an dem 10-cm-Radar ASV schon im Winter 1941 begonnen worden. Auf Drängen der RAF erhielt jedoch das H2S-Radar Vorrang und wurde zuerst entwickelt. Doch das H2S-Entwicklungsteam unter Leitung von Dee in Malvern hatte im H2S-Radar bereits die Möglichkeiten zur Schiffs- und U-Boot-Erkennung mit vorgesehen. Tatsächlich nannte man beim TRE die Geräte auch H2S/ASV.
Da das ›Metox‹-Warngerät die deutschen U-Boot-Besatzungen in die Lage versetzte, bei Annäherung eines Flugzeuges mit 1,5-Meter-ASV-Suchradar alarmiert zu werden, mußten die Briten eine wesentliche Änderung der Wellenlänge unbedingt vornehmen. Seitdem bekannt war, daß die Deutschen das 10-cm-Radar als ungeeignet ansahen, weil sie kein Magnetron hatten, ging man davon aus, daß sie es auch bei den englischen Flugzeugen nicht erwarteten. Die Zehnzentimeterwelle war deshalb die einzig richtige Gegenmaßnahme für das deutsche ›Metox‹-Gerät.
Es erhob sich aber auch Widerspruch. Zunächst forderte das RAF-Bomberkommando höchste Priorität für das H2S-Radar wegen der Einsätze gegen Berlin. Und auch beim TRE meinten viele Leute, daß das 10-cm-ASV-Radar noch nicht ausreichend entwickelt und seine Einführung daher verfrüht sei. Die Anpassung von H2S für ASV-Aufgaben wurde, wie sich Sir Bernhard Lovell erinnert,

> ». . . mit großer Schärfe abgelehnt; es wurde uns nicht genehmigt, irgendein H2S-Gerät vom RAF-Bomberkommando abzuzweigen. Schließlich bauten wir die ASV-Geräte auf eigene Faust beim TRE.«

Die Antwort auf diese Widerstände gegen ASV zeigte sich an den Schiffsverlusten 1942: 1354 Schiffe mit 5 970 679 Tonnen waren bis zum September versenkt worden. Die Anfangserfolge der Bordgeräte ASV und der ›Leigh-Scheinwerfer‹ waren durch ›Metox‹ zunichte gemacht worden. Deshalb wurde im Herbst 1942 entschieden, einige H2S-Geräte vom RAF-Bomberkommando abzuziehen und sich als ASV MK III in ›Wellington‹ einzubauen, die mit dem ›Leigh-Suchscheinwerfer‹ ausgestattet waren.
Der Hauptunterschied zwischen dem ASV MK III und H2S lag in der Anbringung der Drehantenne. Es war einfach nicht möglich, wegen der geringen Bodenfrei-

heit und anderer Konstruktionseigenarten die H2S-Kuppel unterhalb der ›Wellington‹ anzubauen. Die einzig mögliche Ausweichlösung war eine kinnförmige Ausbuchtung unter der Bugnase. Dies zog eine beträchtliche Änderung der Drehantenne nach sich, die ja nun in Höhen von 600 statt in 6000 Metern zu arbeiten hatte und 40° toten Winkel nach hinten aufwies. Als auch diese Probleme gelöst waren, ergaben sich, ausgerechnet in einer Zeit, als die Schiffsversenkungen auf rund 600 000 Tonnen im Monat anstiegen, neue Verzögerungen, weil die RAF derart überflüssige Verbesserungen, wie Blindlande- und Eigenpeilzusatzeinrichtungen zum Nachrüsten in ihre H2S-Navigationsgeräte forderte.
Trotz aller Schwierigkeiten und Verzögerungen wurden beim TRE zwei Prototypgeräte des ASV MK III in Einzelanfertigung hergestellt. Sie wurden im Dezember 1942 in die beiden ›Wellington‹ VIII (LB 129 und LB 135) auf dem Flugplatz Defford eingebaut. Ende Februar 1943 waren zwölf in Chivenor stationierte ›Wellington‹ mit ASV-Radargeräten ausgestattet worden, wobei fast soviel TRE-Wissenschaftler wie Luftwaffenpersonal bei den Einbauarbeiten beteiligt waren. Am Abend des 1. März starteten zwei ›Wellington‹ von Chivenor zu einem ersten Einsatzflug mit dem neuen Radargerät in die Biskaya (genau einen Monat nach dem ersten H2S-Einsatz über Deutschland beim RAF-Bomberkommando). Es kam zwar nicht zur Feindberührung, doch zur Erleichterung der Wissenschaftler hatten die Besatzungen mit den neuen Geräten keine Schwierigkeiten gehabt.
In der Nacht zum 17. März gab es die erste Feindberührung mit einem U-Boot durch das 10-cm-ASV-Radar auf fünfzehn Kilometer Entfernung. Ungünstigerweise fiel der ›Leigh-Scheinwerfer‹ aus, und ein Angriff war nicht möglich. Das gleiche Flugzeug, eine ›Wellington‹ XIII (HZ 538), konnte in der folgenden Nacht auf 11 Kilometer Entfernung sein Ziel ausmachen. Diesmal klappte alles. Das U-Boot wurde mit sieben Wasserbomben angegriffen. Die Besatzung meldete, das U-Boot sei vollkommen aufgetaucht gewesen und auf Marschfahrt. Es gab keine Anzeichen dafür, daß es vor dem Angriff gewarnt worden war. Das war natürlich der entscheidende Punkt des 10-cm-Radars, daß ›Metox‹ nicht in der Lage war, das neue Radar wahrzunehmen. Die U-Boot-Versenkungsrate stieg besonders wieder in der Biskaya an. Im März wurden bei Nacht dreizehn U-Boote überrascht und im April vierundzwanzig angegriffen. Es waren ähnliche Erfolge, wie sie das RAF-Küstenkommando im Juni 1942 nach dem ersten Einsatz der ›Leigh-Scheinwerfer‹ erzielen konnte. Die U-Boote konnten es nicht länger riskieren, durch die Biskaya bei Nacht aufgetaucht zu marschieren. Sie mußten jetzt bei Tage über Wasser ein wahres Spießrutenlaufen über sich ergehen lassen.
Der Erfolg der neuen ASV-Geräte und die größere Anzahl von Langstreckenflugzeugen wirkten sich derart aus, daß im Mai die zwei Geleitzüge ON 184 und HX 239 ohne einen einzigen Verlust in die britischen Häfen einliefen. Auf der anderen Seite verlor die deutsche Marine bei vergeblichen Angriffsversuchen sechs U-Boote. Insgesamt wurden in jenem Monat durch Begleitschiffe sowie land- und trägergestützte Flugzeuge nicht weniger als einundvierzig deutsche U-Boote versenkt. Angesichts dieser steigenden Verluste wies Dönitz seine U-Boote an, den Kampf über Wasser anzunehmen, wenn sie bei Tage von Flugzeugen angegriffen würden. Sie erhielten zusätzliche Flakwaffen und hatten anfangs, nunmehr schwerbewaffnet, Erfolg gegen die darauf nicht vorbereiteten U-Jagdflugzeuge. Doch bald entwickelte die RAF eine Taktik dagegen. Ein Flugzeug, das ein aufgetauchtes U-Boot sichtete, flog einfach Kreise außerhalb der Reichweite der U-Boot-Flakwaffen und rief die nächsten Überwassereinheiten herbei.

Eine ›Wellington‹ mit 10-cm-Radar und ›Leigh-Scheinwerfer‹. Die Radarantenne saß im ›Kinn‹ unter dem Rumpfbug. Dieses neue Radar konnte vom U-Boot-Warnempfänger ›Metox‹ nicht wahrgenommen werden. Das hatte zur Folge, daß viele U-Boote aufgetaucht überrascht werden konnten, wie z. B. *U 966* (unten), das unmittelbar nach dieser Aufnahme bombardiert und versenkt wurde – am 10. November 1943 vor Kap Ortegal in der Biskaya.

Das U-Boot wurde ständig überwacht. Sobald die verräterischen Blasenstreifen anzeigten, daß es seine Tauchzellen flutete, setzte das Flugzeug zum Angriff an.

Das entwickelte sich zu einem verbissenen Wettlauf um die Sekunden. Mit einer gut eingespielten Crew war es möglich, ein U-Boots-Deck in etwa dreißig Sekunden tauchklar zu machen und wegzutauchen. Wer es in dieser Zeit schaffte, hatte eine Überlebenschance; viele schafften es nicht und wurden Opfer der Wasserbomben oder Raketen von Flugzeugen.

Als die Verluste immer größer wurden und die glücklich davongekommenen U-Boote sich heimschleppten und meldeten, daß ihre ›Metox‹-Warngeräte bei Flugzeugangriffen überhaupt nicht mehr angesprochen hätten, waren die deutschen Fachleute ratlos. Sie zogen 10-cm-Radargeräte nicht in Betracht aus dem wenig plausiblen Grund, weil sie selbst nicht darüber verfügten.

Horchempfänger ›Naxos‹. Die Handantenne ist oben auf dem Gerät sichtbar.

Aber dann sagte ein gefangener RAF-Mann bei seiner Vernehmung aus, daß die angreifenden Flugzeuge sich an die U-Boote mit Hilfe von Signalen heranpeilten, die von deren eigenen ›Metox-Geräten‹ zurückgestrahlt würden. Bis heute ist es ein Geheimnis geblieben, wer dieser Mann war und was ihn zu dieser Aussage veranlaßte. Wie dem auch sei, die Wirkung dieser falschen Aussage war schwerwiegend.
Labortests bewiesen, daß der ›Metox‹-Empfänger tatsächlich ein schwaches Signal abstrahlte (wie dies die meisten Funkgeräte tun). Der Befehlshaber der U-Boote gab unverzüglich Befehl an die gesamte U-Boot-Flotte, die ›Metox‹-Empfänger sofort abzuschalten. Die Geräte wurden dann von Grund auf umgebaut und abgeschirmt, so daß nicht der kleinste Impuls abgestrahlt wurde. Doch das alles änderte natürlich nichts. Die U-Boote wurden weiterhin aus dunkler Nacht heraus angegriffen. Für einen Augenblick einmal aufgetaucht zur Überwassermarschfahrt und sich unsichtbar und sicher fühlend, flog kurz darauf ein gleißendes Licht auf sie zu. Danach das Dröhnen von vier 1200-PS-Motoren, begleitet von den Explosionen der ganz flach eingestellten Wasserbomben, wenn eine B-24 ›Liberator‹ oder ein ›Sunderland‹-Flugzeug in 15 Meter Höhe über sie hinwegdonnerte.

Wie aber hatten die Flugzeuge ihre kleinen Ziele schon wieder gefunden? ›Metox‹ konnte nicht mehr abstrahlen. Infrarot wäre eine Möglichkeit gewesen, aber die deutschen Experten gelangten zu der Überzeugung, daß ein neues, noch unbekanntes Radargerät sehr viel wahrscheinlicher wäre. Dessen Nachweis sollte nicht lange auf sich warten lassen. Ein ›Stirling‹-Nachtbomber der RAF, der mit dem H2S ausgerüstet war, wurde über Rotterdam abgeschossen. Wie britische Fachleute befürchtet hatten, wurde das Magnetron unzerstört geborgen. Deutsche Experten ermittelten seine Arbeitsfrequenz und die Wellenlänge – zehn Zentimeter! Es wurde dann zum ›Rotterdam-Gerät‹ umgebaut, und nunmehr war auch die Lösung der Probleme für die U-Boote klar und einfach. Es mußte ein neues ›Metox‹-Gerät, diesmal aber auch der 10-cm-Frequenz arbeitend, geschaffen werden.

Eines von vierzig U-Booten, die mit Hilfe des 10-cm-ASV-Radars 1943 in der Biskaya versenkt wurden. Die ›Mosquito‹ greift mit Kanonen und Raketen an.

Allerdings war der Empfang von 10-cm-Radarimpulsen eine viel leichtere Aufgabe, als sie abzustrahlen. Ein Funkmeßgerät – das Telefunken FuMB7 (Funkmeßbeobachtungsgerät) ›Naxos‹ wurde schnell in die Atlantik-U-Boote eingebaut. Ein Besatzungsmitglied hielt auf dem Kommandoturm eine kleine Dipolantenne hoch, wenn das Boot über Wasser fuhr. Sobald 10-cm-Impulse aufgefaßt wurden, zeigte der Empfänger ein Warnzeichen auf der Kathodenstrahlbildröhre an. ›Naxos‹ deckte das ›S-Band‹ ab, das von 2500 bis 3700 MHz (12–9 cm) reichte. Aus zwei Gründen war ›Naxos‹ nicht so wirksam wie ›Metox ‹. Es hatte einen Rundumempfang, konnte also nur warnen, wenn ein Flugzeug mit ASV-Radar in der Nähe war. Die einfache Dipolantenne hatte keinen Antennengewinn und das Gerät selbst war unempfindlich. ›Naxos‹-Geräte hatten den zusätzlichen Nachteil, daß die Antenne, so klein sie auch war, im Alarmfall durch den Turm ins Innere gebracht werden mußte, damit das Turmluk dicht verschlossen werden konnte. Durch das ständige Herumziehen wurden die langen, mehradrigen Kabel oft beschädigt, so daß der Empfänger überhaupt keine Warnsignale mehr von sich gab.

Die große Sorge auf alliierter Seite war, daß die Deutschen ein ebenso wirksames Warngerät im 10-cm-Bereich finden würden, wie es ›Metox‹ im September 1942 auf der 1,5-Meter-Welle gewesen war. Dieses Problem bewegte die Gemüter des H2S/ASV-Teams beim TRE sehr. Dort gab es ziemlich pessimistische Voraussagen darüber, wie lange wohl das ASV MK III sicher und geheim bleiben würde. Zu jener Zeit galt als feststehende Erfahrung, daß ein neues Gerät nur über eine Spanne von Wochen vor Gegenmaßnahmen sicher blieb. Darum mußte, wenn irgend möglich, ein Gerät der nächsten Entwicklungsgeneration stets bereitstehen, um eingesetzt werden zu können. Die einfachste und schnellste Ausweichlösung, sofern sich ›Naxos‹ als brauchbar erweisen sollte, war der Wechsel auf eine andere Frequenz. Das bedeutete noch kürzere Wellenlängen auf dem ›X-Band‹ von drei Zentimetern. Ein ›X-Band-H2S‹ war bereits entwickelt und eine entsprechende ASV-Version schon gebaut worden. Doch auch die Veränderung der

Wellenlänge war nur eine kurzfristige Lösung. Früher oder später kämen die Deutschen dahinter und würden einen entsprechenden Empfänger entwickeln. Aber es gab noch andere Wege, die Warngeräte auszuschalten.

Das ASV MK VI-Radargerät, das auf der Dreizentimeterwelle arbeitete, wurde im Januar 1944 an das RAF-Küstenkommando ausgeliefert. Es bot zwei neue Konstruktionsmerkmale. Die Reichweite war durch Erhöhung der Ausgangsleistung von 50 kW auf 200 kW vergrößert worden, ein außerordentlicher Wert für ein Bordradargerät jener Zeit. Als Abwehrmaßnahme gegen das Warngerät wurde eine Dämpfungsregelung der Abstrahlenergie eingebaut. Der Radarbediener konnte, sobald er einen Kontakt bekommen hatte, die Ausgangsleistung der Radarimpulse soweit herunterregeln, daß er beim Anflug auf sein Ziel das U-Boot gerade noch auf seinem Anzeigebildschirm sehen konnte. Vom U-Boot-Warnempfänger aus gesehen schienen sich die Impulse nicht zu verstärken. Der Horchfunker mußte deshalb annehmen, daß sich das Flugzeug nicht näherte, bis es dann zum Alarmtauchen zu spät war.
Die Deutschen wichen auf außergewöhnliche Wellenlängen aus, um das Dreizentimeter-ASV auszuschalten. Sie verwendeten einen neuen Suchempfänger, FuMB 36 ›Tunis‹, der den Bereich von fünfzehn Zentimeter bis drei Zentimeter abdeckte. Dazu wurden die gesamte Sehrohranlage, der Schnorchel und in einigen Fällen sogar der gesamte U-Boot-Turm mit einer besonderen Radarschutzhaut überzogen, die man ›Sumpf‹ nannte. Das war eine mehrschichtige Gummidecke mit eingelagerten Kohlegranulaten, wovon eine Schicht die Eigenschaft veränderlichen Widerstandes, die andere eine veränderliche, nichtleitende oder elektrische Felddichte besaß. Zweck der Schutzschicht (Deckname ›Schornsteinfeger‹) war, daß die U-Boot-Teile oberhalb der Wasserlinie die Radarimpulse absorbierten und die Radarechos abschwächten, um so dem Radar gegenüber ein weniger deutliches Ziel abzugeben. Bei Versuchen unter Laborbedingungen schien die ›Sumpf‹-Schutzschicht einiges zu versprechen, nicht jedoch im praktischen Einsatz. Die Strömung löste Gummiteile ab. Salzablagerungen beeinträchtigten die elektrischen Eigenschaften und schließlich gaben die nunmehr festeingebauten Antennen zum Empfang der Dreizentimeter-Welle ausgezeichnete Radarechos ab.

So wurden trotz dieser Maßnahmen die Angriffe auf die U-Boote fortgesetzt. Die deutsche Luftwaffe setzte in der Biskaya Ju 88 zur Bekämpfung der Maschinen des RAF-Küstenkommandos ein. Die RAF begegnete dieser Herausforderung, indem sie ihre U-Boot-Jagdpatrouillen durch ›Mosquito‹ und ›Beaufighter‹ schützen ließ. Und die Royal Navy verstärkte ihre Überwasser-U-Jagdkräfte, die ›Hunter Killer Groups‹.
Dann begann mit der funkgesteuerten Gleitbombe Henschel Hs 293 eine neue Phase. Diese Bombe erzielte einige Erfolge, wurde aber bald durch Stören ihres einfachen Funkkommandogebers abgewehrt. Das ganze Jahr 1943 tobte die Schlacht in der Biskaya, wobei vierzig U-Boote versenkt wurden. Hinsichtlich des Einsatzes des 10-cm-ASV-Radars mußte Hitler zugeben:

> »Der zeitweilige Rückschlag für unsere U-Boote beruhte auf einer einzigen technischen Erfindung unserer Gegner.«

Aber auch die Deutschen brachten neue technische Erfindungen, wie den ›Pillen-

Schnorchelaufsatz durch ›Sumpf‹ geschützt. Dieses Schutznetz minderte Radarreflexe in gewissem Maße, löste sich jedoch durch den ständigen Wellenschlag bald von der U-Boot-Außenhaut, und Salzablagerungen schränkten die elektrische Wirksamkeit ein. Der kleine Dipolstab ist die Antenne für das ›Tunis‹-Gerät; es zeichnete gute Echos auf 3-cm-Radargeräten.

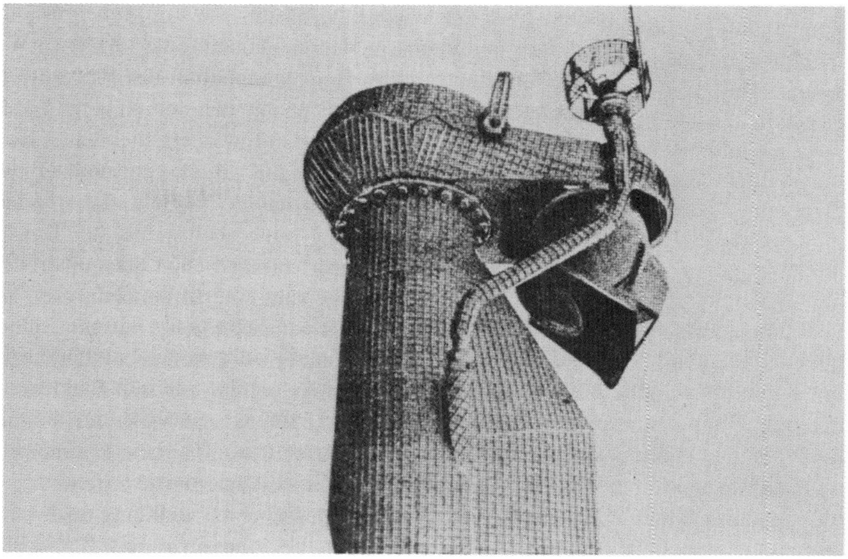

werfer‹ oder ›Bold‹, als Abkürzung des deutschen Wortes ›Lügenbold‹. Dies war ein Kanister mit Chemikalien, die ein feines und dichtes, ausgedehntes Perlen- und Bläschenfeld bildeten, wenn man sie vom U-Boot ausstieß. Dadurch wurden die ASDIC-Horch- und Ortungsgeräte gestört: Die Wirkung glich der des Düppelverfahrens.

Ferner gab es noch den akustischen Torpedo T 5 ›Zaunkönig‹, der sich auf das Schraubengeräusch eines fahrenden Schiffes, das mit fünf bis fünfundzwanzig Knoten Fahrt lief, selbst einsteuern konnte. Diese Torpedos wurden von den Alliierten GNAT (German Naval Acoustic Torpedoes) genannt. Sie kamen erstmals im September 1943 am Geleitzug ONS 18/ONS 202 zum Einsatz, wobei die Fregatte ›Lagen‹ und zwei Handelsschiffe versenkt wurden. Während der nächsten sechs Tage gingen drei weitere Handelsschiffe und zwei Begleitschiffe durch die neuen Torpedos verloren, allerdings verloren auch die Deutschen drei U-Boote während dieses Angriffs. Bald wurden Gegenmaßnahmen entwickelt. Zunächst war der *T 5 Zaunkönig* mit fünfundzwanzig Knoten für ein Torpedo ziemlich langsam. Er konnte deshalb von einem aufmerksamen Ausguck ausmanövriert werden. Ferner wurde herausgefunden, daß bei bestimmten Tourenzahlen der Schiffsmotoren die von der Heckschraube hervorgerufenen Schallwellen das Anpeilen durch die Torpedos unwirksam machten. Auch Heckstrudel und Detonationen der Wasserbomben vermochten die Torpedos auf sich zu lenken. Und schließlich wurde der ›Foxer‹ erfunden, eine Schleppboje, die Geräusche erzeugte. Sie bestand aus zwei Stahlrohren unterschiedlicher Länge, die aneinanderschlugen, wenn sie in einem entsprechenden Abstand achtern des Begleitschiffes nachgeschleppt wurden. Auf sie steuerte sich der *Zaunkönig* ein und explodierte in sicherem Abstand. Diese Maßnahmen waren so wirksam, daß die Torpedos wieder aus dem Einsatz genommen wurden.

Das nächste deutsche Gerät war eine fast vergessene holländische Erfindung: Der ›Schnorchel‹, der heutzutage allen Sporttauchern gut bekannt ist. Ein Luftstutzen am U-Boot-Turm blieb über der Wasserlinie, wenn das U-Boot voll getaucht war. So konnte es auch unter Wasser mit seinen Dieselmotoren fahren. An der Spitze,

direkt über der Wasseroberfläche, war ein Flutventil angebracht, das sich beim Tauchen automatisch schloß. Unliebsame Wellen, Wasserschwalls oder ein schlecht ausgetrimmtes Boot veranlaßten das Flutventil gleichfalls zu schließen. Dies hatte allerdings einen unangenehmen Nebeneffekt für die Besatzung, weil ein gewisser Unterdruck entstand, was zu erheblichen Beschwerden führte, wenn das Boot den Druck ausglich. Ein weiterer störender Begleitumstand bei Schnorchelfahrt war die eisige, salzhaltige Zugluft, die ständig durch das Boot pfiff. Hinzu kam noch das stete Unsicherheitsgefühl bei Tauchfahrt, daß das Oberteil des Schnorchels mit seinem verräterischen Schaumstreifen über der Wasserlinie sichtbar war und Flugzeuge zum Angriff herausfordern konnte, deren Dreizentimeter-Radar sogar den kleinen Schnorchel auffaßte. Doch der Schnorchel befähigte das getauchte Boot mehr oder weniger unbegrenzt unter Wasser mit weit höherer Fahrt zu marschieren, als dies mit den Elektromotoren möglich gewesen wäre. Alle neugebauten U-Boote und viele der bereits in Dienst stehenden wurden mit Schnorcheln ausgerüstet, die dann fast ausschließlich benutzt wurden, wenn die U-Boote durch die Biskaya marschierten.
So nützlich der Schnorchel auch war, stellte er doch eine feste Verbindung zur Wasseroberfläche her. Die damit ausgerüsteten Boote blieben deshalb weiterhin auch nur Tauchboote. Immerhin war es ein technischer Fortschritt in Richtung auf ein echtes Unterseefahrzeug, das nun auf deutschen Werften im Bau stand. Es waren die revolutionierenden ›Walter‹-Unterseeboote des Typs XVII. Die hervorstechendste Eigenschaft dieser Klasse war die hohe Unterwassergeschwindigkeit von 25 Knoten (46 km/h). Diese wurde durch das geschlossene (autarke) Umlaufsystem erreicht, das unabhängig vom Sauerstoff der Außenluft war und deshalb keinen Schnorchel brauchte. Hauptantriebsmotor war eine Walterturbine, die von einem Gasgemisch angetrieben wurde, das durch Freisetzung von hochkonzentriertem Sauerstoffsuperoxyd entstand, auch ›Ingolin‹ oder ›Perhydrol‹ bezeichnet. Ungünstigerweise war dieses Gemisch schwierig zu beherrschen und nur mit hohem Aufwand herstellbar. Außerdem war es höchst instabil und explosionsgefährdet. Das Walter-Triebwerk benötigte obendrein derart große Mengen davon, daß die Reichweite eines U-Bootes vom Typ XVII bei Höchstgeschwindigkeit auf etwa 150 Kilometer begrenzt war.
Keines dieser U-Boote kam zum Einsatz. Und nur eins von den Versuchsbooten, U 1407, das sich selbst vor Cuxhaven versenkt hatte, konnte wieder gehoben werden und wurde von der Royal Navy als HMS *Meteorite* in Dienst gestellt. Vier Jahre lang wurde es zur Erforschung des Walter-Verfahrens benutzt und 1950 abgewrackt, weil es die Briten für ›äußerst gefährlich‹ erachteten. Wäre Deutschland in der Lage gewesen, die ›Walter‹-Boote technisch zu vollenden, so hätten sie sich als höchst erfolgreich erwiesen. Unabhängig von der Außenluft hätten sie für unbegrenzte Zeit unter Wasser bleiben können.
Es ist unwahrscheinlich, daß die ›Walter‹-Boote noch so rechtzeitig fertig geworden wären, um den Ausgang der Atlantikschlacht zu beeinflussen. Aber der andere U-Boot-Typ XXI, der erstmals 1943 ernsthaft ins Auge gefaßt worden war, hätte dies erreichen können, wenn er früher in Produktion gekommen wäre. Der Typ XXI wurde auch ›Elektroboot‹ genannt. Er hatte stark erhöhte Batteriekapazität, die ihm eine hohe Unterwassergeschwindigkeit von sechzehn Knoten verlieh. Diese großen, ausgezeichnet durchkonstruierten 1800-Tonnen-Unterseeboote verfügten über eine Reichweite von 17 600 Kilometern. Sie hatten gewöhnlich dreiundzwanzig Torpedos an Bord. Daneben gab es noch einen kleineren Küsten-

Luftangriff auf ein aufgetauchtes U-Boot. U-Boot-Leute pressen sich schutzsuchend an den Turm.

typ, die U-Boote vom Typ XXIII, die 256 Tonnen verdrängten und nur vierzehn Mann Besatzung hatten.

Die U-Boote vom Typ XXI waren für eine Großserienproduktion ausgelegt. Sie waren voll verschweißt und in acht Hautpbaugruppen weitgehend vorgefertigt. Vieles an fertigungstechnischer Zuarbeit konnte in weniger hochwertigen Werkstätten erledigt werden. Wenn es möglich gewesen wäre, den Typ XXI in ausreichenden Stückzahlen herzustellen, so hätte der U-Boot-Krieg sicherlich länger gedauert. Aber es sollte nicht so sein. Die Arbeiter in den Produktionsbetrieben, Materialien und Nachschubwege wurden in Deutschland in zunehmendem Maße durch pausenlose alliierte Bombenangriffe ›rund um die Uhr‹ in Mitleidenschaft gezogen. Viele U-Boote vom Typ XXI wurden während des Baues auf den Werften zerstört. Und selbst wenn das in Angriff genommene Bauprogramm von 634 U-Booten hätte tatsächlich abgeschlossen werden können, hätten die dafür benötigten 62 000 Mann ausgebildete U-Boot-Besatzungen nicht mehr zur Verfügung gestanden. Vom Ende des Jahres an erhielt das deutsche Heer Vorrang vor allen anderen Dingen. Ein weiteres Erschwernis, das nur selten erwähnt wurde, war die starke Verminung der Ostsee durch die RAF, was die Ausbildung des U-Boot-Nachwuchses ernstlich störte.

Der Krieg gegen die U-Boote wurde praktisch im Sommer 1943 gewonnen. Zwar wurden weiterhin Schiffe versenkt, aber nicht annähernd im gleichen Verhältnis zur Nachbaukapazität. Zudem waren die Opfer, die die deutsche Kriegsmarine

5. Mai 1945: Großadmiral Dönitz hat den letzten Befehl an seine U-Boot-Besatzungen herausgegeben. Die Atlantikschlacht ist vorüber. Die überlebenden Besatzungen übergeben ihre Boote.

Ein Leichtluftschiff der US Navy nimmt die Übergabe eines U-Bootes vor der amerikanischen Küste an.

mit ihren U-Boot-Verlusten zu tragen hatte, sehr hoch. Der Marsch durch die Biskaya wurde immer gefährlicher. Und wer endlich die schützenden Betonbunker von Brest, Lorient und St. Nazaire erreicht hatte, erfuhr hier nur Hiobsbotschaften über vermißte oder versenkte Schwesterboote, dazu viele Gerüchte über mehr und mehr alliierte Flugzeuge und Geleitzüge mit neuen und tödlichen Waffen. Die Tage der Jubelempfänge nach erfolgreicher Feindfahrt mit Blumen und Musik waren dahin, als noch der Admiral persönlich Eiserne Kreuze ansteckte, unter den bewundernden Blicken des deutschen Werftpersonals und der ›Damen‹ der französischen Etablissements. Jetzt war alles düster und grau im Schatten der heraufziehenden Niederlage.

Nach der Befreiung Frankreichs zogen sich die U-Boote auf die deutschen Stützpunkte in Kiel und Cuxhaven zurück. Sie setzten ihre Schiffsversenkungen in den Küstengewässern der Normandie, der Britischen Inseln und der Nordsee fort. Doch der Preis dafür war hoch. 1944 sanken 241 Boote, und in den ersten fünf Monaten 1945 sogar 153. Von den 39 000 Offizieren und Besatzungsmitgliedern,

Das U-Boot unter amerikanischer Flagge.

die bei der deutschen U-Boot-Waffe gedient hatten, fielen 28 000 auf See; 5000 gerieten in Gefangenschaft. Das entspricht einer Verlustrate von 85%. 1150 U-Boote wurden in Dienst gestellt, von denen 842 zum Einsatz kamen. Davon wurden 781 versenkt, das sind 93%. Das ist die höchste prozentuale Verlustziffer, die es in irgendeiner Waffengattung von Streitkräften je gegeben hat.
Die überlebenden U-Boote kämpften bis zum letzten Tage des Krieges. Noch im März 1945 wurden 34 Boote versenkt, im April 57 und im Mai 28. Dann gab Dönitz zum Schluß des Europäischen Krieges den folgenden Funkspruch heraus:

»An alle U-Boote. Ab sofort Feuer einstellen. Alle Kampfmaßnahmen gegen alliierte Schiffe beenden. Dönitz.«

Am 5. Mai 1945 wurde Großadmiral Dönitz letzter Reichspräsident des Dritten Reiches. Am Tage darauf ließ er ein längeres Fernschreiben an seine U-Boot-Besatzungen durchgeben, in der er feststellte, daß die U-Boot-Waffe der deutschen Kriegsmarine einer ›überwältigenden Materialüberlegenheit‹ erlegen sei. Doch das war nur ein Teil der Wahrheit. Obwohl es stimmt, daß es die amerikanische Kriegswirtschaft ermöglicht hatte, Verluste an Schiffen, Flugzeugen und Waffen durch gewaltige Mengen wieder wettzumachen, hätte die Masse allein keine Atlantikschlacht gewinnen können. Die U-Boot-Gefahr ist durch überlegene technische Errungenschaften, wie Radar, HF/DF, ASDIC, ›Leigh-Scheinwerfer‹ und Wasserbomben gebannt worden sowie durch die Fähigkeit und den Mut der Besatzungen an Bord von Begleitschiffen, Handelsschiffen, Flugzeugträgern und Flugzeugen.

Als die letzten überlebenden U-Boote auftauchten, die schwarze Flagge setzten und Kurs auf den nächsten alliierten Hafen oder auf ein Kriegsschiff zur Übergabe nahmen, war die Schlacht im Atlantik endgültig geschlagen. Es war ein harter Kampf gewesen. Allein im Atlantik gingen 30 000 Seeleute mit 2282 Schiffen unter. Eine Gesamttonnage von 14,5 Millionen Tonnen ging verloren.
England war, wie schon einmal 1917, hart an den Rand einer Niederlage in dieser grausamen See, dem Nordatlantik, geraten.

Ein U-Boot mit einem Prisen-Kommando der Royal Navy an Bord fährt die Themse hinauf.

Radaraufzeichnungen auf einem britischen Zerstörer. Gegen Ende des Krieges machten verbesserte Radarmethoden und überlegene Waffen die Aufgaben der U-Boote weitgehend unmöglich, weil alle neuesten Entwicklungen der Deutschen vom Gegner unterlaufen wurden.

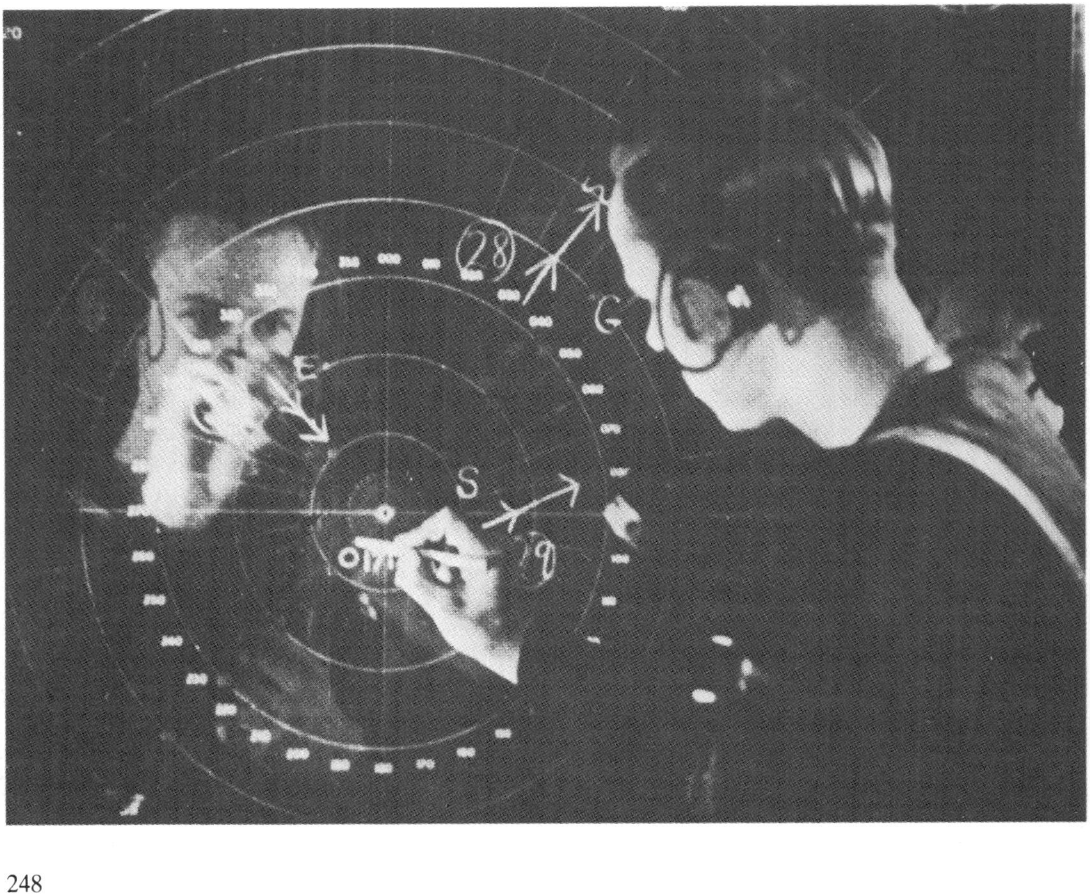

# 5. Fehlschläge

Im Herbst 1940 stellte Hitler nicht ganz unbegründet fest, daß der Krieg so gut wie gewonnen sei und ließ daher alle langfristigen wissenschaftlichen Forschungsarbeiten einschränken. Folglich auf einen kurzen Krieg eingestellt, merkten die deutschen Wissenschaftler, daß sie zunehmend hinter den Alliierten zurückblieben. Die Zeit, die zur Entwicklung neuer Waffen und Maßnahmen gegen stets neue elektronische Erfindungen benötigt wurde, reichte nicht mehr aus. Zudem konnten falsche Entscheidungen oder Versäumnisse weitreichende Folgerungen haben.

## Minen

Innerhalb von zwei Monaten nach Ausbruch des Zweiten Weltkrieges waren durch einen neuen Minentyp bereits neunundzwanzig Frachtschiffe und der Zerstörer HMS *Blanche* versenkt worden. Der Kreuzer HMS *Belfast* war, obgleich er nicht sank, so schwer beschädigt worden, daß er drei Jahre lang nicht mehr einsatzfähig war. Die deutsche Geheimwaffe, die das erreicht hatte, war die Magnetmine.

Bereits in den ersten Tagen des Krieges hatte die deutsche Kriegsmarine mit dem Verlegen von Minen begonnen. Es handelte sich um die herkömmlichen Auftriebskontaktminen. Durch die wurden schon in wenigen Tagen die Dampfschiffe *Goodwood* und *Magdepur* versenkt.

Die Auftriebskontaktmine arbeitete nach einem bekannten Prinzip, das noch aus dem Ersten Weltkrieg stammte. Sie war verhältnismäßig leicht zu räumen und wurde nicht als ernste Gefahr angesehen. Sehr bald jedoch begann die deutsche Marine einen weitaus wirksameren Typ zu verlegen: die magnetische Grundmine, die auf das magnetische Feld ansprach, das alle stählernen Schiffe umgibt.

Die Magnetmine war 1917 von den Briten erfunden und im gleichen Jahr in kleinen Stückzahlen gegen deutsche U-Boot-Stützpunkte in Holland eingesetzt worden. Doch das Interesse an Minen hatte zwischen den Kriegen in Großbritannien nachgelassen, hauptsächlich, so wurde behauptet, weil hohe britische Seeoffiziere den Standpunkt vertraten, Minenlegen sollte man den kleineren, unwichtigeren Seestreitkräften überlassen.

Die deutschen Magnetminen von 1939 waren Grundminen und nicht zu räumen. Sie wurden in Häfen, Flußmündungen und flacheren Küstengewässern ausgeworfen, sanken unentdeckt auf den Meeresboden und warteten ab. Im Laufe des Septembers wurden viele dieser Minen von U-Booten aus verlegt, meist in der Nähe von Leuchtschiffen, die damals noch ohne Einschränkungen arbeiteten. So

Royal Navy-Zerstörer HMS *Blanche*, ein frühes Opfer der deutschen Magnetminen.

verlegte U 19 neun Minen um das Leuchtschiff Innere Dowsing in der Humbermündung, wodurch drei Schiffe versenkt wurden. Solche Erfolge standen keineswegs vereinzelt da. Die schweren Verluste setzten sich weiter fort, bis es den Deutschen im November gelang, den Londoner Hafen nahezu abzuriegeln. Obwohl die Magnetminen zunächst von U-Booten, Schnellbooten und Zerstörern gelegt worden waren, wurde am 17. September erstmals auch die Luftwaffe mit eingesetzt. Minen wurden vom Flugzeug aus meist mit Fallschirmen abgeworfen. Eine verwegene Besatzung landete mit ihrem Heinkel-Wasserflugzeug sogar im Hafen von Harwich, legte dort zwei oder drei Minen und startete wieder in die Nacht hinaus.

Im November 1939 kam es zum Höhepunkt der Krise. Mehr als 200 000 Tonnen britischen Schiffsraums waren verlorengegangen. Es wurde lebenswichtig, daß etwas gegen diese neuen, unbekannten Magnetminen unternommen wurde. Bevor jedoch wirkungsvolle Gegenmaßnahmen getroffen werden konnten, war es natürlich erforderlich, eine funktionsfähige Mine in die Hände zu bekommen. Das war leichter gesagt als getan. Die HMS *Mastiff*, ein zum Minenlegen umgebauter Küstenfrachter, flog bei dem mutigen Versuch in die Luft, eine Mine, die man am 20. November in einem Netz aufgefischt hatte, zu landen. Doch schon in der nächsten Nacht gelangte eine der geheimnisvollen Minen den Wissenschaftlern der Admiralität fast in die Hände. Am 21. November gegen 10 Uhr abends hörte ein Soldat, der auf einem Artillerieschießplatz in ödem Gelände an der Themsemündung in der Nähe von Shoeburyness diente, das typische, unsynchrone Motorengebrumm eines anfliegenden deutschen Kampfflugzeuges. Eine Heinkel 111 flog niedrig über der Wasseroberfläche. Der Soldat sah einen Gegenstand, der, wie er später angab, ›wie ein Army-Seesack aussah‹ und an einem Fallschirm dicht am Ufer ins Wasser fiel. Diese Beobachtung wurde an die Admiralität gemeldet, wo die Korvettenkapitäne R. C. Lewis und F. W. Ouvry genau auf eine

Am 17. September 1939 begann die Luftwaffe mit dem Verlegen von Fallschirmmagnetminen. Hier überfliegt eine Heinkel He 111 Docks in einer Flußmündung mit Ebbe und Flut – ein typisches Zielgebiet für ihre nächtlichen Minenoperationen.

derartige Meldung schon gewartet hatten. Ouvry war Fachmann der Minen- und Torpedoschule HMS *Vernon* in Portsmouth.

Gegen drei Uhr morgens kamen die beiden Offiziere in Shoeburyness an und stellten fest, daß gerade die Ebbe einsetzte und das ›Objekt‹ sichtbar sein müsse. Eilig stellten sie ein Arbeitskommando mit Soldaten zusammen, die mit Fackeln, Stangen und Stricken ausgerüstet waren, um die Mine, falls es tatsächlich eine sein sollte, vor dem ablaufenden Wasser zu sichern.

Bis dahin, darauf sei hingewiesen, hatte kein Mensch in Großbritannien eine Ahnung, ob die Minen wirklich magnetisch waren. Ebensogut konnten sie akustisch ausgelöst werden, wenngleich man magnetisch für naheliegender hielt. Vorsichtshalber hatten Ouvry und Lewis alles Metallische, wie Abzeichen, Koppelschlösser, Sterne und Knöpfe, von ihren Uniformen entfernt. Dann wateten sie durch den Schlick in Richtung auf die Mine und wurden von dem aufmerksamen Soldaten eingewiesen, der die Mine zuerst gesichtet hatte. Mit sicherem Abstand folgte das Arbeitskommando der Soldaten.

Nach kurzer Zeit erkannten sie den unheimlichen, schwarzen zylindrischen Umriß einer Mine, die dem Korvettenkapitän Ouvry wie ein ›gestrandeter Wal‹ vorkam. Jetzt hatte er keinen Zweifel mehr daran, daß dies eine Mine unbekannten Typs war. Das Arbeitskommando wurde zurückgelassen, und die beiden Marineoffiziere stapften allein weiter. Sie fühlten sich, wie Lewis später sagte, »sehr, sehr einsam«.

Die Mine, zwei Meter vierundvierzig lang, wurde vorsichtig im Fackelschein begutachtet. Und Ouvry, der Minenexperte, stellte fest, daß

». . . da zwei Vorrichtungen am Kopf der Mine waren, die offensichtlich ausgebaut werden mußten, um sie entschärfen zu können. Eine war aus Messing, aus der ein kleiner Messingstift herausragte, ziemlich sicher eine Druckdose, die andere war aus blankem Aluminium mit einer Messingsicherung.«

Die ›Shoeburyness‹-Mine; im ersten Büchsenlicht fotografiert, als die Ebbe einsetzte.

Um diesen Verschluß herauszuschrauben, brauchte man einen besonderen Stiftschlüssel. Lewis machte einen Abdruck auf einem Meldezettel. Nach dieser Schablone sollte ein nichtmagnetischer Schlüssel aus Messing in einer nahegelegenen Heereswerkstatt angefertigt werden.

Dann kehrten die beiden Männer zur Artilleriekaserne zurück, um die Morgendämmerung und Niedrigwasser abzuwarten. In der Zwischenzeit überlegten sie, wie sie die Mine am besten entschärfen könnten. Kurz nach der Morgendämmerung meldete sich der Oberbootsmann Baldwin mit dem Vollmatrosen Vaerncombe bei ihnen und brachte nichtmagnetisches Werkzug vom Marinestützpunkt HMS *Vernon* in Portsmouth mit.

Als sie ins Watt zurückstapften, enthüllten Ebbe und Tageslicht eine zweite Mine, etwa 350 Meter von der ersten entfernt, die offensichtlich vom gleichen Flugzeug abgeworfen worden war. Man entschloß sich dazu, daß Ouvry und Baldwin sich als die Erfahrensten der ersten Mine annehmen sollten, während Lewis und Vearncombe sie mit Ferngläsern zu beobachten hätten, um aus sicherer Entfernung Aufzeichnungen zu machen, falls sich ein Unfall ereignen sollte.
Ouvry und Baldwin näherten sich mit ihrem nichtmagnetischen Werkzeugsatz der Mine, wobei sie jedes Geräusch für den Fall vermieden, daß es sich doch um eine akustische Mine handeln sollte. Es erforderte gewiß eine gute Portion Kaltblütigkeit, um so ruhig und gelassen auf die unbekannte Mine zuzumarschieren, die eine der vielgerühmten deutschen Geheimwaffen sein sollte und die ganz gewiß Entschärfungssperren besaß. Trotz allem begannen die beiden Männer die Mine zu entschärfen und auseinanderzubauen, weil sie überzeugt waren, daß es höchst wichtig war, hinter ihre Geheimnisse zu kommen. Sie waren allein im schlammigen Watt und arbeiteten gegen die Zeit, denn die Flut lief schon wieder auf.

Sie entschlossen sich, die Aluminiumverschraubung zuerst zu lösen. Sie war mit Wachs und Talg abgedichtet und hatte oben einen kleinen Kupfersplint, den

Das Innere der Magnetmine. Erst die Skala mit ›Gauss‹-Einteilung wies sie als magnetische aus.

Ouvry für einen Schärfungsdraht hielt, der von der deutschen Besatzung aus Versehen nicht entfernt worden war. Um den Schraubenschlüssel aus Messing, den man über Nacht in der Heereswerkstatt angefertigt hatte, ansetzen zu können, mußte der Kupfersplint weggebogen werden.

». . . deshalb sagte ich Baldwin, er solle ihn vorsichtig zurückbiegen. Doch als alter Seemann packte er das Ding fest an und versetzte ihm einen so fürchterlichen Ruck, daß er halb herausbrach. Ich bremste ihn schnell . . ., wir faßten mit dem Schraubenschlüssel zu und begannen, das Ding herauszudrehen. Die Verschraubung kam heraus. Dann konnte ich sie mit der Hand zu fassen kriegen und spürte, daß das Gewinde freikam. Ich dachte, es könnte eine Magnetnadel sein und zog sie deshalb sehr langsam heraus, so daß sie sich nicht zu schnell im erdmagnetischen Feld bewegte. Etwa drei Minuten ließ ich mir Zeit, den Zylinder, wie ich jetzt sehen konnte, aus der Mine herauszuziehen.«

Unter dem Zylinder, der die Zündladung enthielt, lagen Sprengstoffscheiben als Übertragungsladung für die Hauptladung. Der Zylinder, den Ouvry ausgebaut hatte, wurde, wie man später feststellte, verwendet, wenn die Mine als Fallschirmbombe eingesetzt wurde. Der Kupfersplint, den Oberbootsmann Baldwin fast herausgerissen hätte, war die Zündvorrichtung für einen Verzögerungszünder.
Um weitere Vorrichtungen ausbauen zu können, war es nun erforderlich, die Mine herumzudrehen. Lewis und Vearncombe kamen hinzu um zu helfen. Ein zweiter Zünder wurde entdeckt und ausgebaut; als man ihn ans Ufer brachte, begann er laut zu ticken, und die Männer gingen schnell in Deckung. Später stellte sich heraus, daß Ouvry und Baldwin wirklich sehr viel Glück gehabt hatten. Das tickende Uhrwerk in der Zündvorrichtung, die sie an der Unterseite der Mine ausgebaut hatten, wurde hydrostatisch durch Wasserdruck ausgelöst; sie sollte die Mine solange unscharf halten, bis sie auf den Meeresgrund niedergesunken war. Glücklicherweise hatte das Uhrwerk geklemmt; wäre dem nicht so gewesen, wäre die Mine zum Zeitpunkt ihrer Entdeckung vollkommen scharf gewesen.

Die Mine ohne Zünder und Übertragungsladung, aber noch mit 300 Kilogramm Sprengstoff gefüllt, wurde mit einem Raupenschlepper ans Ufer gezogen und im Straßentransport in die Minen- und Torpedoschule HMS *Vernon* zur genauen Untersuchung im dortigen nichtmagnetischen Labor gebracht. (Im Labor drängten sich interessierte Offiziere. Wenn in der Mine noch eine Minenfalle oder Ausbausperre versteckt gewesen wäre, hätte die Royal Navy ihre gesamten Minen- und Torpedofachleute verloren. Gott sei Dank besaß das Beutestück keine solche Minenfalle.) Als man die Bodenplatte der Mine abschraubte, war die Spannung bei den Zuschauern groß, ob nun ein akustischer, magnetischer oder vollkommen neuartiger Zündmechanismus zu Tage treten würde. Unter der Abdeckplatte lag eine Gummischutzhaube. Als man sie abnahm, kam eine Skala zum Vorschein, auf der als einziges Wort ›GAUSS‹ stand, die Maßeinheit für die Stärke eines magnetischen Feldes. Der Mechanismus wurde herausgenommen und der Sprengstoff der Hauptladung mit Heißdampf aus dem Minenkörper ausgespült. Experten der Admiralität arbeiteten bis zur nächsten Nacht hindurch am magnetischen Auslösemechanismus. Innerhalb von achtzehn Stunden lösten sie das Rästel seiner Funktion. Er war der britischen ›M‹-Mine aus dem Jahre 1917 ähnlich, die von einem darüberfahrenden Schiff durch Veränderung der vertikalen erdmagnetischen Kraftlinien ausgelöst wurde.

Wenn auf der Nordhalbkugel der Erde eine Magnetnadel horizontal im Gleichgewicht ist, neigt sich die nordsuchende Spitze nach unten in Richtung auf das magnetische Kraftfeld der Erde. Die deutsche Magnetmine arbeitete nach diesem Prinzip, bei dem ein in der Mitte gelagerter Magnetstab durch eine Spiralfeder vorgespannt wurde, die den Nordpol leicht aufwärts gerichtet hielt. An diesem Pol befand sich ein Kontakt, der von der Feder offengehalten wurde. Die Federkraft ließ sich derart einstellen, daß die senkrecht wirkende Komponente des erdmagnetischen Kraftfeldes am vorgesehenen Einsatzort der Mine berücksichtigt werden konnte. Aus diesem Grunde war auch die Einstellskala auf Gauß-Werte bezogen. Auf der Gauß-Skala in der Mine von Shoeburyness waren 0,02 Gauß für den vorgesehenen Einsatzort eingestellt. Dieser hervorragende Auslösemechanismus war vollkardanisch gelagert, so daß sich der alles auslösende Magnet, ohne Rücksicht auf die jeweilige Lage der Mine auf dem Meeresboden, stets in der richtigen Ebene befand. Die Federspannung war so eingestellt, daß sie die Tendenz zur Abwärtsneigung des nordweisenden Nadelpoles gerade aufhob.

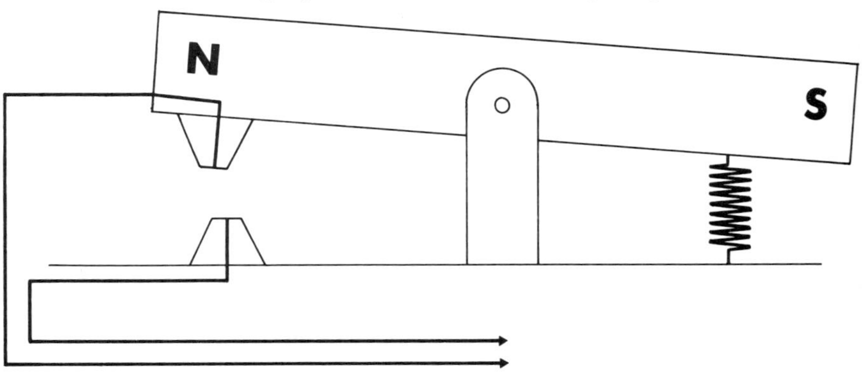


Funktionsprinzip der Auslösung einer Magnetmine: Die Kontakte sind über Draht mit einem elektrischen Zünder verbunden.

Schiffe, die auf der Nordhalbkugel der Erde gebaut werden, haben ein Magnetfeld mit nach unten wirkenden, nordweisendem Nadelpol. Wie jeder Schüler weiß, stoßen sich gleiche Pole ab und ungleiche ziehen sich an. Wenn also in der nördlichen Hemisphäre ein Schiff über eine Mine fährt, stößt es den magnetischen Nordpol der Mine ab, wodurch der Spiralfederdruck überwunden wird und sich der elektrische Kontakt schließt, der die Detonation auslöst. Andererseits besitzt ein auf der Südhalbkugel gebautes Schiff einen abwärts gerichteten magnetischen Südpol. Ein solches Schiff kann unbeschadet auf der Nordhalbkugel über eine Mine fahren, weil sein magnetischer Südpol den Nadelnordpol der Mine anziehen und der Feder helfen würde, den Kontakt noch weiter auseinanderzuhalten.

Nachdem das Funktionsprinzip einmal erkannt war, ließen die Gegenmaßnahmen nicht lange auf sich warten. Diese Arbeiten lagen in der Verantwortlichkeit von Wissenschaftlern der Minenentwicklungsabteilung der Royal Navy in HMS *Vernon* und einer Wissenschaftlergruppe vom Versuchslabor der Admiralität mit Dr. C. F. Goodeve und Dr. E. C. Bullard. Man konnte in zwei Richtungen vorgehen, einmal die Mine durch sichere Störmittel zur Detonation bringen, zum anderen den Schiffsmagnetismus so beeinflussen, daß die Zünder nicht ausgelöst wurden.

Die erste Methode war in mehrfacher Hinsicht die naheliegendste, obwohl zu jener Zeit keine Mittel zur Verfügung standen, sie in die Tat umzusetzen. Und doch schienen einige Vorarbeiten aus dem Jahre 1936 brauchbar zu sein. Damals begannen beim Feindnachrichtendienst der Marine Meldungen darüber einzulaufen, daß die deutsche Kriegsmarine mit Torpedos experimentiere, die über magnetische Abstandszünder verfügten. Eine Fachgruppe war gebildet worden, um mögliche Gegenmaßnahmen zu untersuchen. Man war übereingekommen, daß es am wirksamsten wäre, das Magnetfeld der Schiffe so zu verstärken, daß die Torpedos bereits in einem sicheren Abstand vor ihrem Ziel explodieren müßten. Im Verlauf der Versuche in den Jahren 1937 bis 1938 wurde die HMS *Curacoa* mit Kabeln verschiedenster Dicken zur Erzeugung eines starken Magnetfeldes umwikkelt und umhängt. Wissenschaftler der Admiralität bauten sogar ein Magnetfeldmodell des Schiffes, und man sammelte reiche Erfahrung über induzierte Magnetfelder. Obwohl die Arbeiten nicht in erster Linie auf die Sprengung von Magnetminen abgezielt hatten, konnten sie jetzt von Bedeutung sein.

Das unmittelbare Ergebnis dieser Versuche war das wirklich recht seltsame Schiff HMS *Borde*. Es war das erste magnetisierende Minenräumboot der Welt. Dieses Schiff trug einen riesigen Elektromagneten, der 400 Tonnen wog und von dem ein sechzig Meter langes Bündel elektrischer Eisenbahnoberleitungen gespeist wurde. Die *Borde* stach in See und ließ am Weihnachtsabend 1939 die erste Mine hochgehen. Der Explosionsdruck war so stark, daß sich jedermann an Bord auf dicke Gummivorlagen stellen mußte, um keine gebrochenen Knöchel davonzutragen.

Kein Schiff konnte derartige Erschütterungen auf die Dauer aushalten, und so wurde nach einer anderen, weniger aufregenden Methode Ausschau gehalten. Ausgediente Prähme als Verlustgeräte wurden in Betracht gezogen, doch dieser Gedanke wurde als undurchführbar verworfen. Irgend jemand schlug sogar vor, kleine Stabmagnete an Fischen in der Hoffnung zu befestigen, daß sie nahe genug an Minen heranschwimmen würden, um sie zur Detonation zu bringen. Aber nach sorgfältigen Erwägungen wurde auch das abgelehnt.

Eine interessante Lösung, die tatsächlich verwirklicht wurde, führte zu einem der eigentümlichsten Flugzeuge des Zweiten Weltkrieges. Es war die DWI – ›Welling-

Eine DWI-›Wellington‹ zur Bekämpfung von Magnetminen. Überraschenderweise beeinträchtigte der riesige Ring die Flugtauglichkeit kaum.

ton‹. DWI stand für: ›Directional Wireless Installation‹ (gerichtetes Funktelegrafiegerät). Diese Bezeichnung war der wenig überzeugende Versuch, den Zweck eines riesigen Spulenringes zu tarnen, der mit einem Durchmesser von 12 Metern unter dem Rumpf der ›Wellington‹ befestigt war. Der Spulenring war aus Aluminiumschienen zusammengesetzt, durch die ein 310 Ampère starker Strom geleitet wurde. Er wurde von einem 35-Kilowatt-Generator erzeugt, den ein Ford V8-Automotor antrieb. Der Strom erzeugte im Spulenring ein starkes, nach unten gerichtetes Magnetfeld. Die Absicht war, daß das Flugzeug in niedriger Höhe über die Küstengewässer flog und alle Minen unter sich zur Detonation brachte, ohne selbst derart durchgeschüttelt zu werden, wie die arme HMS *Borde*.
Eine ›Wellington‹ MK IA (P 2516) wurde mit einer derartigen, durch Balsaholz stromlinienförmig verkleideten Ringspule ausgerüstet. Der Versuchspilot Mutt Summers stellte fest, daß das Flugverhalten damit überraschend gut war. Die Maschine wurde nach Boscombe Down verlegt und flog dort über den Zünder, den man aus der Mine von Shoeburyness ausgebaut hatte. Zwei Stunden lang brummte sie über den Zündermechanismus in Höhen von drei bis dreißig Metern herum, während die Techniker am Boden die Kurvendiagramme des Magnetfeldes der ›Wellington‹ aufzeichneten. Sie waren begeistert festzustellen, daß der Minenmagnet immer lustig klickte. Daraus ergab sich, daß die DWI-›Wellington‹ eine Mine in sicherem Abstand zu zünden vermochte. In den ersten Januartagen 1940 wurde dann über dem Medway ein Erprobungseinsatz geflogen, wobei auch sofort eine Mine hochging.

Etwa ein Dutzend DWI-›Wellington‹ wurden in Dienst gestellt. Spätere Muster hatten leistungsfähigere Generatoren, die von ›Gipsy Six‹-Flugzeugmotoren angetrieben wurden. Dadurch konnte ein etwas kleinerer Spulenring benutzt werden. Obwohl sie im Minenräumen erfolgreich waren, (die Deutschen machten den Briten das Kompliment, diese Idee mit Ju 52 nachzuahmen) ›fegten‹ die ›Wellington‹ nur eine sehr schmale Rinne frei, und obendrein nicht einmal eine markierte. So wurden sie nur solange eingesetzt, bis man bessere Räummethoden fand. Einige allerdings wurden im Mittleren Osten dazu verwendet, den Suezkanal und kleinere Häfen freizuhalten. (Eine von diesen DWI-›Wellington‹ war es übrigens auch, die mit motorgetriebenem Generator für die ersten Versuche mit dem ›Leigh-Suchscheinwerfer‹ verwendet wurde.)

Die endgültige und beste Lösung des Problems war die Methode, die als ›Doppel L‹-Räumen bekannt wurde. Hierbei dampften zwei hölzerne Schiffe auf Parallelkurs etwa 300 Meter voneinander entfernt. Sie schleppten je zwei schwimmfähige Kabellängen, eine davon etwa 500 Meter lang, die andere wesentlich kürzer. Jedes Kabel hatte am Ende Elektroden. Große Bleisäurebatterien an Bord der Schiffe

Doppel L-Räumverfahren gegen Magnetminen.

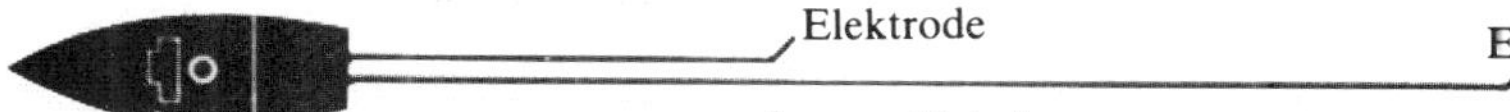


schickten 3000 Ampère-Gleichstromimpulse von fünf Sekunden Dauer in beide Kabel – in ein Kabel negativ gepolte, in das andere positiv gepolte Stromstöße. Das Salzwasser zwischen beiden Elektroden schloß den Stromkreis. Die Impulse eines jeden Schiffes erfolgten synchron zum anderen. So erzeugten sie ein starkes Magnetfeld mit einer Ausdehnung von etwa 40 000 Quadratmetern (4 Hektar) im Wasser. Jede Magnetmine in diesem Bereich mußte hochgehen. Es war ein ununterbrochener Prozeß. Die Schiffe fuhren stetig weiter und die nächsten 4 Hektar wurden geräumt, wenn die folgenden Impulse einsetzten.

Das Doppel-L-Verfahren arbeitete zufriedenstellend. Infolge der Länge der Kabel bestand für die Räumboote keine Gefahr. Eine breite Gasse wurde jedesmal schnell geräumt und genau markiert. Das Verfahren wurde von Mai 1940 bis nach dem Kriege angewendet.

Die Arbeiten an dieser sehr wirksamen Abwehrmaßnahme gegen Magnetminen hatten auf dem Höhepunkt der Krise im November 1939 eingesetzt. Die theoretischen Grundlagen waren von Dr. Goodeve und Mitarbeitern der Minenentwicklungsabteilung gelegt worden, obwohl sie einige Wissenschaftler (unter ihnen auch Professor Lindemann) für unzuverlässig und undurchführbar hielten.

Ein Modellversuch nahm etwas unübliche Formen an. Im November 1939, als Schiffe täglich torpediert und versenkt wurden, wunderten sich die Einwohner von Southsea, als sie eine Gruppe von Seeleuten sahen, die allem Anschein nach mit Modellbooten in einem Ruderbecken für Kinder spielten. (Es wurde angedeutet, daß es sich um ein Experiment zur Entdeckung von U-Booten handle, die versuchten, sich in britische Häfen zu schleichen. Hierzu würden Kabel auf dem Meeresboden verlegt, die winzige Stromstöße aufnähmen, welche von dem Magnetismus der U-Boot-Körper hervorgerufen würden. Obwohl dies nur eine Schutzbehauptung sein sollte, war ausgerechnet ein derartiges System schon zwischen den beiden Weltkriegen ausprobiert worden.) Was man dort tatsächlich im Modell erprobt hatte, war natürlich das Doppel-L-Verfahren gewesen. Die Matrosen, die das Modellboot ruderten, tarnten damit die tatsächliche Erprobung. Goodeve hatte das System umgedreht. Die Schwimmkabel lagen auf dem

Das erste schwimmfähige Kabel auf einer Trommel aufgewickelt in der BICC-Fabrik.

Boden des Teiches, den man deshalb ausgesucht hatte, weil er Salzwasser enthielt, und Goodeve wurde über sie mit dem Magnetzündmechanismus hinweggerudert, der aus der Mine von Shoeburyness stammte, und den er nun auf seinem Schoß verborgen hielt. Elektrische Stromstöße wurden von Batterien, die in einem Lieferwagen verborgen waren, durch die Kabel geleitet. Zu Goodeve's großer Erleichterung lösten sie die Zündvorrichtung auch zufriedenstellend aus.
Ein Feldversuch wurde für den zweiten Weihnachtstag 1939 auf See angesetzt. Zwei Schlepper wurden mit zahlreichen Autobatterien und einem Generator, den ein Ford-V8-Motor antrieb, beladen, um die Kabel mit Strom zu versorgen. Die Kabel waren selbst nicht schwimmfähig, sondern an Holzstücken befestigt. Die Versuche konnten zwar als zufriedenstellend beurteilt werden, doch der Tag endete mit einem auf einer Sandbank aufgelaufenen Schlepper, um dessen Schiffsschraube sich ein Kabel verwickelt hatte.

Das Problem, wie man die Kabel zuverlässig schwimmbar machen könnte, erlangte jetzt einige Bedeutung. Es war offensichtlich nicht günstig, Holzklötze und Rundhölzer zu verwenden. Ein kanadischer Offizier vom Marinestützpunkt HMS *Vernon* war der Ansicht, daß die Amerikaner eine Art schwimmfähiges Kabel verwendeten, um Bagger auf den Großen Seen mit Strom zu versorgen. Dies wurde der British Insulated Callender's Cable Company mitgeteilt, die prompt antwortete: »Wenn die Amerikaner schwimmfähige Kabel herstellen können, dann können wir das auch!« Sie schafften es in nur wenigen Wochen. Die Schwimmfähigkeit wurde durch ein abgeändertes Herstellungsverfahren für Tennisbälle erzielt, das zylindrische Schwimmkörper als Auftriebshilfen für die Kabel formte. Das erste Schwimmkabel wurde am 18. Januar 1940 ausgeliefert, das erste von mehr als 1,4 Millionen laufenden Metern, die bis Kriegsende hergestellt werden sollten. Tatsächlich waren dies die ersten selbstschwimmenden Kabel der Welt, weil sich nämlich der Kanadier geirrt hatte. Die Bagger auf den Großen Seen wurden von Kabeln versorgt, die an Holzklötzen befestigt hingen.

Ein ›Doppel-L‹-Kabel wird auf einem Magnetminenräumboot über Heck abgelassen. Die Kabel sind achtern im Wasser erkennbar.

Im Februar wurden die ersten Magnetminen mit dem ›Doppel-L‹-Verfahren geräumt. Nach den Plänen der Trawler der ›Yarmouth‹-Klasse wurden besondere hölzerne Minenräumboote gebaut und in Dienst gestellt. Sie wirkten sehr erfolgreich: 74 Minen konnten im März, fast 300 bis Ende Juni 1940 geräumt werden.

Noch während der Entwicklung des ›Doppel-L‹-Räumverfahrens wurde bereits eine weitere Maßnahme gegen Magnetminen eingeführt. Das Magnetfeld von Stahlschiffen wurde derart verringert, daß die Minen nicht mehr ansprachen. Dieses Verfahren wurde ›Entmagnetisierung‹ genannt.

Die Entmagnetisierung konnte erzielt werden, wenn man Gleichstrom durch dicke Kabelwindungen leitete und diese um den Schiffsrumpf herumlegte. Die Stromstärke mußte genau geregelt werden, um den Schiffsmagnetismus aufzuheben. Das Restmagnetfeld war dann zu schwach, um eine Magnetmine zünden zu können. Anfangs wurden die schweren Kabel einfach mit Tauen vom Deck herab befestigt. Aber das war unzureichend, weil viele Kabel bei schwerer See fortgerissen wurden. Dann kam man darauf, daß die Kabel ebenso wirksam waren, wenn sie auf Deck lagen; und noch später, sehr zur Verwunderung der verantwortlichen Techniker, wenn sie sich in Stahlbehältern innerhalb des Schiffsrumpfes befanden.

Die Berechnungen dafür, wieviel Strom man zum Aufheben des Magnetismus für jedes einzelne Schiff benötigte, beruhten auf der Eigenart seines baubedingten Magnetfeldes. Dieses wurde durch Fachtrupps in allen größeren Häfen ermittelt. Die Schiffe mußten langsam über eine Anzahl von großen Kabelspulen fahren, die auf dem Grund des Hafenbeckens lagen und zur Ermittlung des schiffsbezogenen Magnetfeldwertes dienten. Dieser charakteristische Wert wurde dann anhand einer Tabelle ausgewertet und der erforderliche Strombedarf für die Entmagnetisierung errechnet.

Die Charakteristik des natürlichen Magnetismus eines Schiffes hing in erheblichem Maße von der Richtung gegenüber magnetisch Nord ab, die das Schiff bei seiner Kiellegung innegehabt hatte. Dies führte zu einigen sehr merkwürdigen Magnetfeldwerten, vor allem bei den Schiffen, die von der Nordhalbkugel zur südlichen und zurück fuhren, wie auch bei den ›Liberty‹-Schiffen, deren Bauelemente getrennt gefertigt wurden, wobei die beiden Rumpfhälften beim Bau in unterschiedlichen Richtungen gelegen hatten. Die Magnetfeldwerte konnten derart genau bestimmt werden, daß die damit beauftragten Offiziere mit wachsender Erfahrung im Laufe der Kriegsjahre nicht nur angeben konnten, von welcher Werft ein Schiff stammte, sondern oft sogar auch noch die einzelne Helling.

Ein hölzerner, nichtmagnetischer Minenräumer schleppt seine ›Doppel-L‹-Kabel.

Als andere Möglichkeit zu dieser Entmagnetisierung, die ja nur wirksam war, solange Strom durch die Kabel floß, war von Goodeve das Umpolen vorgeschlagen worden. Hierbei wurde ein einzelnes sehr dickes Kabel mit einigen tausend Ampères beschickt und von Matrosen langsam mit Tauen an den Schiffswänden heraufgezogen. Das Kabel schmiegte sich aufgrund des starken Stromdurchflusses eng an die Bordwand an, wodurch das Schiff entgegengesetzt zu seinem natürlichen Magnetismus umgepolt wurde. So verhielt es sich wie ein Schiff von einer Helling der Südhalbkugel der Erde, dessen Magnetfeld einem magnetischen Nadelsüdpol entsprach und die allerersten deutschen Magnetminen noch nicht zur Detonation brachte.

Der Vorteil des Umpolens bedeutete insbesondere für kleine Schiffe eine Entlastung von den unhandlichen und dicken Kabelringen und den dazugehörigen Generatoren. Mehrere Hundert der kleinen Schiffe, die bei Dünkirchen im Einsatz standen, waren auf diese Weise umgepolt worden. Soweit bekannt ist, wurden nur zwei davon während dieses Einsatzes durch Magnetminen versenkt. Der Nachteil lag allerdings darin, daß das Umpolen alle drei Monate wiederholt werden mußte, wobei man für ein kleines Schiff ein bis zwei Stunden und für ein großes etwa einen Tag benötigte. Vor dem Umpolen mußten alle Schiffskompasse und Chronometer von Bord gebracht werden, weil das starke Magnetfeld deren Funktionsfähigkeit sonst zerstört hätte. (Einmal waren auf einem Flugzeugträger, der umgepolt werden sollte, zwar alle Schiffskompasse pflichtgemäß an Land geschafft worden, doch hatte man die Kompasse seiner 24 Bordflugzeuge vergessen!)

Während der sechs Kriegsjahre kostete das Entmagnetisieren und Umpolen mehr als 20 Millionen Pfund. Es erforderte große Mengen an Engpaßmaterialien, vor

Zusammenspleißen von Entmagnetisierungskabeln vor ihrem Anbringen außenbords von HMS *Repulse*. Der Kabeldurchmesser ist ein deutliches Indiz für den hohen Strombedarf.

allem Kupfer. Aber es verhinderte die Versenkung von vielen hundert Schiffen. Viele der anfänglichen Arbeiten mußten improvisiert werden und stellten außergewöhnliche Lieferanforderungen wissenschaftlicher Geräte. So erwies sich zum Beispiel ein Magnetflußmeßgerät als besonders geeignet zum Messen des Eigenmagnetismus von Schiffskörpern. Die Firma, die diese Präzisionsinstrumente herstellte, wurde von einem Vertreter der Admiralität ersucht, unverzüglich fünfhundert Geräte zu liefern. Der erstaunte Firmenchef erwiderte, daß man seit 1898 erst ein Dutzend davon gebaut habe.

Als Abschlußbemerkung über die erfolgreiche Entmagnetisierung sei die Geschichte jenes Handelsschiffkapitäns erzählt, der erleichtert und dankerfüllt nach schwerer Atlantikfahrt und glücklicher Heimkehr beim Einlaufen in den Hafen über den Maschinentelegraphen das Kommando »Alle Maschinen stop!« durchgab und dadurch auch den Strom in den Entmagnetisierungskabeln ausschaltete. Im gleichen Augenblick flog er mitsamt seinem Schiff durch eine Magnetmine in die Luft . . .

Die Deutschen fuhren fort, vertikalpolarisierte Minen zu verlegen, wenn auch ihre Zündmechanismen immer mehr verfeinert wurden. Ihre späteren Minentypen waren bipolar ausgelegt, das heißt, sie sprachen sowohl auf nord- wie auch auf südorientierte Polungen an. Um die Entmagnetisierung unwirksam zu machen, erhöhte man die Empfindlichkeit der magnetischen Auslöser. Die Royal Navy begrüßte das, weil es das Minenräumen erleichterte. Im Sommer 1940 war die Gefahr der Magnetminen trotz aller Bemühungen schon vorüber. Nach dem Kriege wurde bekannt, daß die Deutschen zur gleichen Einsicht gelangt waren. Restbestände der ersten Fallschirmminen wurden 1940 während der Luftoffensive über England als Landminen abgeworfen.

Deutsche Wissenschaftler entwickelten sehr schnell eine Ausweichlösung zur Magnetmine. Am letzten Augusttag 1940 ließ eine britische Motorbarkasse eine Mine unbekannten Typs im Firth of Forth hochgehen. Am nächsten Tag meldete der Kreuzer *Galatea*, daß eine Mine in einiger Entfernung vor ihm in der Nähe des Seezeichens Chequer Shoal in der Humbermündung hochgegangen sei. Etwa zur gleichen Zeit wurden durch einige Zerstörer in etwa einer halben Meile Entfernung Minen zur Explosion gebracht. Die Fachleute in der Minenentwicklungsabteilung von HMS *Vernon* waren nicht sehr überrascht. Sie hatten richtig vermutet, daß es sich bei den unerklärlichen Detonationen um akustische Minen handelte. Nun warteten die Briten auf die deutsche Luftwaffe, um von ihr diese neue Minenart vorgelegt zu bekommen. Inzwischen wurden Gegenmaßnahmen eingeleitet.

Da eine akustische Mine durch das Geräusch von Schiffsschrauben und -motoren gezündet wird, ist das beste Gegenmittel, ein noch stärkeres Geräusch als das des Zieles zu erzeugen und damit die Mine auszulösen. Die Zerstörer, die mit über zwanzig Knoten dahindampften, hatten dies unbeabsichtigt getan. Ebenso wie jener Unglücksküstenkampfer, der sich selbst in die Luft sprengte, als er seinen ausgeleierten Hilfsmotor anließ, um den Anker zu lichten.

Das erste Abwehrgerät gegen akustische Minen wurde auf dem Fischdampfer *Harwich* eingebaut. Der Fischbehälter wurde mit Seewasser aufgefüllt, und mit einem Preßlufthammer wurden laute Stampfgeräusche auf einer Schottwand erzeugt. Der Erfolg war, daß die *Harwich* – wie schon die HMS *Borde* – von all den Minen, die sie explodieren ließ, übel durchgeschüttelt wurde. Einige weitere Trawler der gleichen Klasse wurden als akustische Minenräumboote eingesetzt. Mehrere davon sanken durch die Minen, die sie hochgehen ließen.

Dann warf die deutsche Luftwaffe, sehr zum Ärger der deutschen Marine, akustische Minen in Flachwasser, wo zwei von den Briten unversehrt vor Cardiff und in der Themsebucht geborgen werden konnten. Die Untersuchung im Marinestützpunkt HMS *Vernon* ergab, daß sie eine Blattfeder enthielten, die mit 240 Hz pro Sekunde schwang. Diese Schwingungen wurden von einem Mikrophon aufgenommen, verstärkt und dazu benutzt, die Initialladung zu zünden. Die Minen verfügten außerdem über Antiräumvorrichtungen und Verzögerungsschaltkreise. Sie konnten fünf oder sechs Schiffe überlaufen lassen und explodierten erst, wenn sie das siebente ›hörten‹. Ferner waren Schaltuhren eingebaut, die so eingestellt werden konnten, daß die Minen über Tage oder Wochen außer Betrieb blieben.

Zur Abwehr wurden Räumbooten und Handelsschiffen besondere Hammerbojen mitgegeben. Sie wurden in sicherer Entfernung hinter dem Schiff nachgeschleppt. Diese Bojen enthielten abgewandelte ›Kango‹-Preßluftbohrer, die auf eine Metallwand mit Wasserkontakt einhämmerten und ein weites Spektrum von Frequenzen abgeben konnten. Diese Geräte waren sehr wirksam und konnten Minen bis auf zwei Kilometer Abstand zur Detonation bringen. (Der Abstandsrekord lag bei acht Kilometern).

Im Endeffekt brachten die Magnetminen und die akustischen Minen viele neue Erkenntnisse all jenen britischen Fachleuten, die Abwehrmaßnahmen zu treffen hatten und sich darauf vorbereiten mußten, auch weitere neue Erfindungen deutscher Wissenschaftler zu kontern. Die Entmagnetisierungsarbeiten hatten

Eine ›Hammerbox‹, die einen Preßlufthammer enthält, wird über Bord eines Minenräumbootes gehievt.

zum Beispiel neue Erkenntnisse über die Eigenschaften des Schiffsmagnetismus erbracht. Auch die akustischen Minen führten auf ähnliche Weise zu Forschungsarbeiten über das Geräuschverhalten von Schiffen. In Innellan an der Clyde wurde eine Beobachtungsstelle mit einer Anzahl von Unterwasserhorchgeräten eingerichtet, um das gesamte Spektrum von Unterwassergeräuschen von Schiffen zu untersuchen. Die Ergebnisse waren überraschend. Obwohl, wie zu erwarten war, die Schiffsschrauben die stärksten Geräusche verursachten, deckten sie einen viel größeren Frequenzbereich ab als zuvor bekannt war – von 1 Hz bis zu 100 kHz. Die unerwarteten niedrigen Frequenzen stammten von den Schraubenwellenlagern. Mit dieser Analyse über alle möglichen Bereiche von Schiffsgeräuschen waren die Fachleute der Admiralität auf jede Neuerung und Veränderung von deutscher Seite vorbereitet.

Darüber hinaus stellte man Untersuchungen über ein mögliches drittes Minensystem, die Druckmine, an. Sie wurde durch Sog- oder Druckwellen ausgelöst, die von einem über sie hinwegfahrenden Schiff in flachen Gewässern ausgingen. Es waren vorsorgliche Arbeiten, weil nach dem Stand der nachrichtendienstlichen Erkenntnisse von einer deutschen Druckmine nichts bekannt war. Die Überlegungen erfolgten zur rechten Zeit, weil kurz nach der Invasion am 14. Juni 1944 ein abgefangener Enigmaspruch enthüllte, daß die Deutschen drauf und dran waren, einen unbekannten Minentyp zu legen, um den Nachschub für die alliierten Truppen in der Normandie abzuschnüren. Fünf Tage später lieferte die Luftwaffe der Royal Navy tatsächlich wieder zwei intakte Muster. Diesmal wurden sie aufs Festland abgeworfen, das die Alliierten besetzt hatten.

Binnen vierundzwanzig Stunden wurden die Minen in HMS *Vernon* untersucht.

Es waren Druckminen, und am 22. Juni kannte man ihre Geheimnisse. Sie arbeiteten mit einer Druckdifferenz, die einem Zoll Wassersäule entsprach. Die Gegenmaßnahme war einfach. Da die Wasserdruckänderung, die von einem Schiff verursacht wird, proportional dem Quadrat der Geschwindigkeit des Fahrzeuges ist, war alles, was man zu tun hatte, die Fahrt herabzusetzen, sobald man über Wassertiefen von weniger als fünfundvierzig Metern fuhr. Die genaue Geschwindigkeit hing von der Größe des Schiffes und der Wassertiefe ab. Typische Zahlen für 18 bis 27 Meter waren:

| | |
|---|---|
| Schiffe über 15 000 Tonnen: | 6 Knoten (11 km/h) |
| Zerstörer: | 12 Knoten (22 km/h) |
| Kleinere Einheiten: | keine Einschränkungen |

Obwohl die Druckminen oder ›Austerminen‹, wie sie auch genannt wurden, schwer zu räumen waren, tat dies die Atlantikdünnung um so gründlicher. Mit den Druckminen gelang es nicht, den Nachschub abzuschnüren.
Von den drei Minentypen, die nicht mittels Kontaktzünder ansprachen, war die Magnetmine die bei weitem wirksamste. Sie verursachte schwere Verluste und erforderte erhebliche Anstrengungen zu ihrer Bekämpfung. Und dennoch fand man gegen sie, wie auch die anderen späteren Typen, Gegenmaßnahmen. Die eigentlichen Kenntnisse darüber hätte man in jedem Schulbuch finden können. Viel wichtiger war die Art und Weise, mit der dieses elementare Wissen in die Praxis umgesetzt wurde. Offiziere, zivile und militärische Wissenschaftler und die Industrie hatten sich erfolgreich und einmütig zur Lösung einer Aufgabe zusammengefunden. Die Ausschaltung der Magnetmine war das erste Beispiel dafür, wie eng der Spielraum zwischen Sieg und Niederlage sein kann bei den Auseinandersetzungen des ›Krieges im Geheimen‹. Und es war auch die erste Anerkennung der immer wichtiger werdenden Rolle, die von Wissenschaftlern in der Kriegführung eingenommen werden sollte.

## Die Giganten von Leipheim

Im Herbst 1940 schien für das deutsche Volk der Krieg so gut wie gewonnen; eine nicht unbegründete Meinung. Große Teile Europas – Polen, Norwegen, die Niederlande und Frankreich – waren von Deutschland besetzt. England war zwar noch unbesiegt; doch war dies gewiß nur eine Frage der Zeit. Die siegreichen deutschen Truppen waren inzwischen heimgekehrt, und fünfzehn Divisionen wurden demobilisiert. Aus deutscher Sicht stand der Friede unmittelbar bevor.
Hinter der Fassade von Paraden und jubelnden Massen sah jedoch die Aussicht auf Frieden ganz anders aus. Das Unvermögen der Luftwaffe, die RAF in der Luftschlacht um England niederzuringen, hatte Hitler veranlaßt, das Unternehmen ›Seelöwe‹, die Invasion Englands, bis zum erfolgreichen Abschluß des Unternehmens ›Barbarossa‹, des Angriffs auf die Sowjetunion, zurückzustellen. Hitler war davon überzeugt, daß auch die Niederwerfung der Sowjets in einem Blitzkrieg bewältigt werden könnte, und er dann freie Hand habe, seine ungeteilte Aufmerksamkeit seinem wichtigsten Ziel England zuzuwenden.

Lastensegler DFS 230

Die ursprünglichen Pläne für das Unternehmen ›Seelöwe‹ vom Sommer 1940 waren davon ausgegangen, daß die RAF für die Luftwaffe kein ernsthafter Gegner mehr sei, und die Luftherrschaft über dem Kanal und den Brückenköpfen an der Südküste Englands schnell errungen sein würde. Es war selbstverständlich, daß in Anbetracht der schweren Verluste bei der Luftwaffe alle weiteren Pläne für das Wagnis ›Seelöwe‹ nüchterne Überarbeitungen erforderten. Deutsche Generalstabsplanungen kamen zu dem Schluß, daß die sicherste Aussicht auf Erfolg in einem überwältigenden Angriffsschlag mit schwerer Artillerie, Panzern und Tausenden von voll ausgerüsteten Truppen läge.

Anders als die Luftwaffe erlag die Marine nicht dem Fehler, ihren Gegner zu unterschätzen. Sie stellte ohne Umschweife fest, daß sie nicht sicherstellen könnte, die verlangten Truppenverbände angesichts der Gegenwehr durch die Royal Navy überzusetzen und anzulanden. Deshalb wurde ein kühner Entschluß gefaßt: die schwere Sturmartillerie, Panzer und Truppen sollten als Luftlandeverbände in England einfallen. Zu diesem Zwecke sollte eine Flotte von Hunderten der größten je gebauten Lastensegler die Invasionstruppen einfliegen.

Das von Deutschen entwickelte Konzept einer Luftlandeoffensive hatte damals erstmals die Militärexperten Anfang 1940 bei der Einnahme Belgiens in Staunen versetzt. Damals waren in der Morgendämmerung des 10. Mai einundvierzig Lastensegler vom Typ DFS 230 im Schlepp von Junkers Ju 52 aufgetaucht. Sie landeten im freien Gelände und setzten Fallschirmjäger ab, die dann im Handstreich das Fort Eben-Emael nahmen und drei strategisch wichtige Brücken bis zum Heranrücken der Heerestruppen sicherten.

Die Lastensegler waren als Verlustmaterial im Billigverfahren hergestellt worden. Jeder konnte neun vollausgerüstete Soldaten befördern und auf den Punkt genau lautlos hinter feindlichen Linien landen. Der Erfolg dieser DFS 230 beeinflußte zutiefst militärisches Umdenken in der ganzen Welt. Sie gaben den Anstoß für die Aufstellung alliierter Luftlandetruppen mit Lastenseglern, die dann bei Arnheim zum Masseneinsatz gelangten. Größten Eindruck machten sie aber auch auf das Reichsluftfahrtministerium selbst, das anfangs den Lastenseglern skeptisch gegen-

Lastensegler Go 242

übergestanden hatte. Unmittelbare Auswirkung des Erfolges des Einsatzes in Belgien war ein Bauauftrag für den Lastensegler Gotha Go 242, der einundzwanzig vollbewaffnete Soldaten oder 6800 kg Nutzlast befördern konnte.

Das war aber nur der Anfang. Für die verschobene Invasion nach England wurden technische Forderungen für ein wahrlich überwältigendes Flugzeug gestellt, einen Großraumlastensegler. Er sollte einen Panzerkampfwagen IV oder ein Sturmgeschütz einschließlich Besatzung, Betriebsstoffen und Munition oder aber eine 8,8-cm-Flak mit Zugmaschine oder nicht weniger als 200 vollbewaffnete Soldaten fassen.

Das militärische Pflichtenheft für die Großraumlastensegler wurde innerhalb von Tagen nach dem offiziellen Aufschub des Unternehmens ›Seelöwe‹ Mitte Oktober 1940 herausgegeben. Als Auftragnehmer wurden die Messerschmitt- und die Junkerswerke ausgewählt. Angesichts der Besonderheit dieses Vorhabens ist es zweifelhaft, ob Konkurrenzfirmen verstimmt darüber waren, daß sie nicht daran beteiligt wurden. Das Entwicklungsprogramm erhielt den recht merkwürdigen Decknamen ›Unternehmen Warschau‹. Genaueste Entwurfsstudien sollten bis zum 1. November vorgelegt werden. Den Konstruktionsbüros verblieben also gerade noch vierzehn Tage. Für hundert Maschinen berechnete Kontingente an Halbzeugen und Rohstoffen mußten von beiden Firmen sofort in Auftrag gegeben werden.

Messerschmitt wurde angewiesen, die Segler aus verschweißtem Stahlrohr mit Stoffbespannung herzustellen. Junkers hingegen, der ein Pionier der Ganzmetallbauweise war, wurde aufgefordert, seinen Typ ausschließlich in Holzbauweise herzustellen. Die Direktoren von Junkers wiesen vergeblich darauf hin, daß sie keinerlei Holzbearbeitungsmaschinen hätten, so gut wie nichts vom Holzflugzeugbau verstünden und über keine erfahrenen Holzflugzeugbauer verfügten. Die Einwände stießen auf taube Ohren, und die Ju 322 ›Mammut‹ begann Formen anzunehmen.

Dieses Projekt stand von Anfang an unter einem ungünstigen Stern. Die besonderen Holzarten und Spezialkleber für den Flugzeugbau waren überhaupt nicht aufzutreiben. Harte Worte fielen zwischen Konstrukteuren und anderen Betriebsangehörigen. Irgendwie wurde dann doch ein Entwurfsvorschlag termingerecht dem Technischen Amt der Luftwaffe vorgelegt. Er ähnelte einer Riesenkeule. Zweifellos hofften viele im Junkerswerk inbrünstig, daß er abgelehnt werden würde. Doch nichts dergleichen geschah. Sie erhielten umgehend ein Fernschreiben, die Produktion solle sofort in Angriff genommen werden, und zwar in der doppelten Stückzahl der ursprünglich geforderten hundert Maschinen.
Der Prototyp der Ju 322 ›Mammut‹ gedieh zu einer Spannweite von 62 Metern. Generaloberst Ernst Udet besichtigte dieses unglaubliche Flugzeug kurz vor den Probeflügen und erklärte geradeheraus, daß es, falls es überhaupt jemals in die Luft käme, keinesfalls flugfähig sein würde, weil es, wie er es ausdrückte, »so unstabil wie ein fallendes Blatt im Herbst wäre«. Er sollte voll und ganz rechtbehalten.
Der Jungfernflug des ›Mammut‹ im März 1941 war vielleicht einer der aufwendigsten in der Geschichte der Luftfahrt. Am Ende des Junkers-Werksflugplatzes Merseburg mußte eine fünf Kilometer lange, breite Schneise in den Wald geschlagen werden. Eine viermotorige Ju 90, die den ›Mammut‹ schleppte, quälte sich torkelnd in die Luft und brauchte dabei jeden Meter der vorhandenen Startpiste. Kaum hatte dieses ›Gespann‹ vom Boden abgehoben, geriet der Flugzeugführer des ›Mammut‹ in Schwierigkeiten und dadurch auch der Führer der Schleppmaschine. Wie Ernst Udet vorausgesagt hatte, gab es ernste Schwierigkeiten mit der Flugstabilität. Der riesige Gleiter war mit dem Steuer kaum zu beherrschen. Er riß die fast abschmierende Ju 90 hinten hoch, die sich gerade noch durch steiles Wegdrücken in der Luft halten konnte. Die Katastrophe schien unausbleiblich, als der Flugzeugführer des eigenwilligen Riesenvogels das Schleppseil ausklinkte und auf einer großen Wiese eine sichere ›Bumslandung‹ machte. Dort lag die ›Mammut‹ zwei Wochen lang, bis sie ausgerechnet von den beiden Panzern zum Flugplatz zurückgeschleppt wurde, die sie eigentlich hatte befördern sollen. Es gab noch einige ziemlich halbherzige Versuche, sie erneut zu fliegen. Aber zur großen Erleichterung der Versuchspiloten und aller sonst Beteiligten ließ das Luftfahrtministerium das Projekt endlich fallen. Doch zu diesem Zeitpunkt waren bereits neunzig ›Mammut‹ aufgelegt und im Bau; was sollte mit ihnen geschehen? Die Antwort war einfach. Die Schreiner, die für den Bau der Lastensegler zusammengezogen worden waren, sägten sie nun zu Brennholzscheiten zusammen; Brennholz für 45 Millionen Reichsmark.
In der Zwischenzeit war die andere Hälfte des Projektes ›Warschau‹ in den Messerschmittwerken Leipheim bei Ulm besser vorangegangen. Sicherlich, man hatte dort den Vorteil, mit Fertigungsverfahren arbeiten zu können, die man beherrschte. Auch konnte Entwicklungschef Oberingenieur Josef Fröhlich einen weit einfacheren Entwurf vorlegen. Willi Messerschmitt fertigte den Grundentwurf persönlich. Die Pläne wurden am 6. November 1940 eingereicht, angenommen und für gut erachtet und – wie zuvor bei Junkers – mit der Auflage versehen, den Auftrag auf 200 Einheiten zu erhöhen und mit den Arbeiten sofort zu beginnen.
Ein Heer von Arbeitern, darunter sogar Angehörige eines Strafbataillons der Luftwaffe, begann mit der Fertigung. Knapp vierzehn Wochen später stand der Prototyp zur Erprobung bereit. Er bot ein eindrucksvolles Bild und besaß ver-

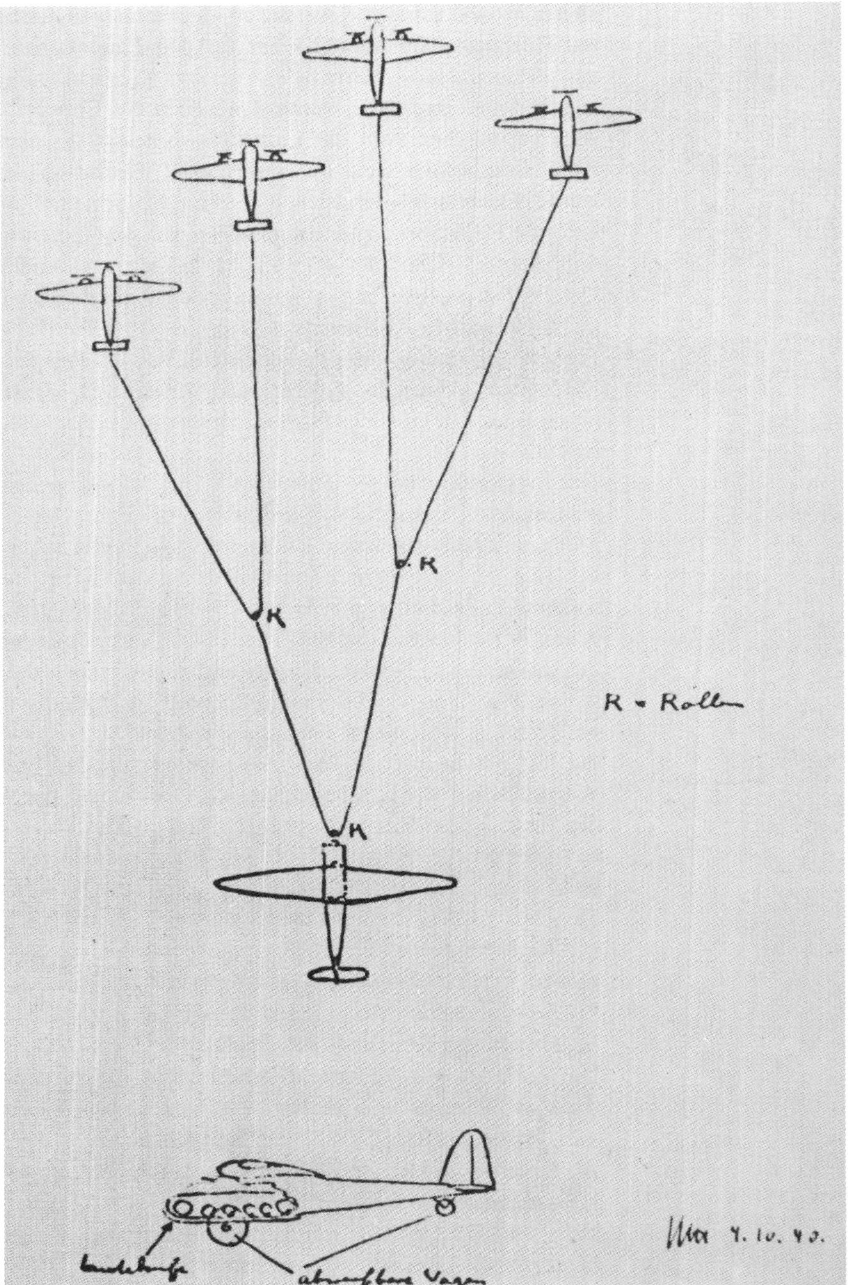

Professor Messerschmitts Entwurfskizze zum Schlepp der Giganten mit vier Ju 52. (R = Rolle; Landekufe; abwerfbarer Wagen)

schiedene Neuerungen, zum Beispiel ein nach beiden Seiten wie eine Muschel zu öffnendes Bugtor für Großlasten, wie es heute allgemein gebräuchlich ist, aber erstmals an jedem Messerschmitt-Lastensegler zu finden war. Die Zelle entsprach trotz der Größe üblichen Flugzeugbauverfahren. Der Schulterdecker war durch Streben abgestützt. Der Führersitz für einen Flugzeugführer lag in der Mitte des Rumpfes, mehr als achtzehn Meter über der Startbahn. Der Segler, diese Bezeichnung paßte eigentlich nicht recht zu ihm, war so ausgelegt, daß er auf gefederten

*Oben:* Der Prototyp des ›Gigant‹ (Me 321) wird herausgerollt. Seine Größe kann an den Leuten rund um das Fahrwerk abgeschätzt werden.

*Rechts:* Ein in der Tschechei gebauter Panzerkampfwagen IV vor dem Befahren der Rampe in die Me 321 während der Erprobung.

Kufen landete. Der Start erfolgte auf einem abwerfbaren Fahrgestell mit zwei großen Ju 90-Hauptfahrwerksreifen und zwei kleineren, vorne angebrachten Me 110-Rädern, die wie Laufrollen rundherum schwenkbar waren, um die Lenkbarkeit am Boden zu erleichtern. Das Gesamtgewicht des Fahrwerks allein betrug mehr als zwei Tonnen.

Die Me 321 erhielt den sehr angemessenen Namen ›Gigant‹, denn sie war tatsächlich gigantisch: Die Spannweite von 55 Metern war nur wenig geringer als die einer

Vier Tonnen Backsteinballast werden in den ›Gigant‹ verladen. Man beachte die muschelförmigen Bugklappen.

Der einsitzige Führerplatz des ›Gigant‹. Das lebenswichtige Trimmrad ist linkerhand vom Piloten.

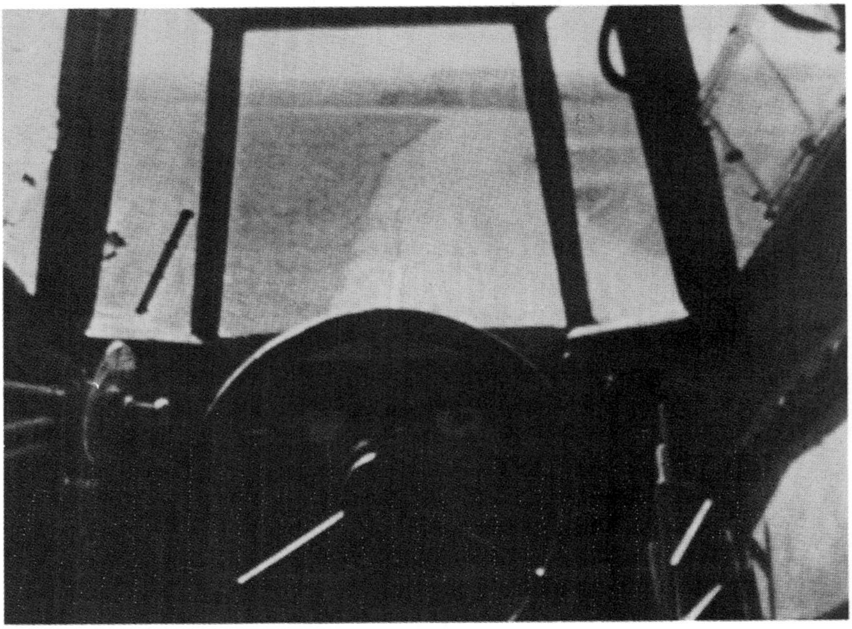

heutigen Boeing 747 ›Jumbo‹. Das Gewicht betrug nicht weniger als vierzig Tonnen. 1940 war der ›Gigant‹ das zweitgrößte Flugzeug der Welt nach der ANT-20. Als der Prototyp zum ersten Start hinausrollte, standen bereits elf weitere unmittelbar vor der Fertigstellung und 62 waren im Bau. Dies alles innerhalb von vierzehn Wochen zu schaffen, war eine hervorragende Leistung; würde er aber auch fliegen?

Der Mann, dem die wenig beneidenswerte Aufgabe zufiel, dies herauszufinden, war Flugkapitän Bauer, ein erfahrener Segelflieger. Beim Jungfernflug trug der ›Gigant‹ nur vier Tonnen Ziegelsteine als Ballast in seinem 107 Kubikmeter großen Laderaum, dessen verstärkter Boden fest genug war, um 20 Tonnen zu tragen. Am 21. Februar 1941 wurde Flugkapitän Bauer in dem Prototyp von einem Raupenschlepper an das Ende der eineinhalb Kilometer langen Betonstart-

Für die ersten Probestarts wurde der ›Gigant‹ von einer Ju 90 geschleppt. Die Fotos zeigen den Startablauf.

*Oben links:* Mit den Startraketen (R-Geräten) im vollen Schub faucht das riesige Flugzeug die Startbahn von Leipheim entlang.

*Oben rechts:* Es gibt kein Zurück; jetzt muß er abheben.

*Mitte links:* Das Hauptfahrwerk liegt noch fest am Boden, doch die Fronträder heben schon ab.

*Mitte rechts:* Haupträder beim Abheben; links Abwerfkabel.

*Unten links:* Die Ju 90 ringt um Höhe. Der ›Gigant‹ hat das Hauptfahrwerk schon abgeworfen, nur die Bugräder sind noch befestigt.

*Unten rechts:* Geschafft! Der ›Gigant‹ gleitet über den Flugplatz.

bahn geschleppt, die gerade für die Startstrecke ausreichte. An jenem Tage dürfte der einsitzige enge Flugzeugführerplatz hoch über der Startbahn wohl einer der einsamsten Plätze der Welt gewesen sein. Der Start würde knapp werden, obwohl der Lastensegler so leicht wie nur möglich beladen war, weil das einzig verfügbare

Flugzeug, das Aussicht hatte, ihn in die Luft zu bekommen, eine Junkers Ju 90 war, einer der wenigen viermotorigen Typen, die die Luftwaffe besaß. Man hielt die Motorenleistung der Ju 90 bereits für zu schwach ausgelegt, wenn sie nur allein flog. Deshalb hatte der Erprobungsstab den ›Gigant‹ vorausschauend mit acht ›R-Geräten‹, wasserstoffsuperoxydbetriebenen Startraketen, ausgestattet, die jede 500 Kilopond Schub für die Dauer von dreißig Sekunden entwickelten. Sie waren unter den Tragflügeln des ›Gigant‹ befestigt und konnten mit Fallschirmen abgeworfen werden, wenn der Segler in der Luft war. Die Raketen mußten gezündet werden, wenn der ›Gigant‹ auf der Startpiste Fahrt aufnahm.

Die Ju 90 schaffte es knapp, den Lastensegler zu seinem Jungfernflug in die Luft zu bringen. Es war ein höchst eindrucksvoller Anblick. Die Ju 90 zog an, die Startraketen zündeten in voller Stärke mit Rauch, Flammen und Getöse und blendeten die bangen Beobachter am Boden, die im ohrenbetäubenden Lärm ihr eigenes Wort nicht verstehen konnten. Nach diesem ›wagnerianischen‹ Start war die erste Hürde überwunden, als der Segler flog. Jetzt hieß es noch, die zweite nehmen, den Abwurf des zwei Tonnen schweren Fahrwerks. Hierbei mußte man genau aufpassen. Wurde es zu früh ausgelöst, konnte es unter dem Rumpf klemmen oder zurückprallen und den Lastensegler treffen, wobei es lebensgefährliche Beschädigungen verursachen konnte. Andererseits mußte es aber so früh wie möglich abgeworfen werden, um den Luftwiderstand zu verringern. Alles ging gut. Der erste ›Gigant‹ gewann mit etwas mehr als 160 km/h Fahrt langsam an Höhe. Die Ju 90 löste das Schleppseil in etwa 600 Meter Höhe aus, und die Me 321 flog majestätisch mit 140 km/h Geschwindigkeit eine weitere Kurve um das Flugfeld von Leipheim.

Dieser erste Flug dauerte nur zwanzig Minuten. Dem Flugkapitän Bauer mag er wohl länger vorgekommen sein, denn er merkte sehr schnell, daß die Steuer kaum zu bewegen waren. Das war nicht verwunderlich, da sie alle nur von Hand direkt betätigt wurden, und allein das Höhensteuer schon eine größere Fläche besaß, als die Tragflügel eines ansehnlichen Leichtflugzeuges. Unter Zuhilfenahme der Trimmung konnte der ›Gigant‹ mit einer erfolgreichen Landung heruntergebracht werden. Der Flugzeugführer berichtete sachlich, die Flugeigenschaften seien überraschend gut, fügte aber hinzu, die Steuerdrücke seien einfach zu hoch. Er wies darauf hin, daß eine größere Kabine und ein zweiter Flugzeugführer als Hilfe beim Drücken und Ziehen die Arbeit im Führersitz verbessern könnten. Dieser begründete Vorschlag wurde angenommen, konnte aber erst ab der 101. Maschine bei der Herstellung berücksichtigt werden.

Die Versuchsflüge gingen weiter. Zahlreiche Flugzeugführer wurden aufgefordert, die Prototypen zu fliegen. Flugzeugführer des fünften Fluges war die bewundernswerte Hanna Reitsch. Sie brachte in ihrem Flugbericht eine kritische Anmerkung und erinnert sich noch heute, daß ihrer Meinung nach der ›Gigant‹

> ». . . unmöglich war. Er war so primitiv, weil er im Fronteinsatz nur einen Flug zu machen hatte, dann war er abzuschreiben. Man konnte ihn nicht zurückbringen. Er war sehr schwer zu steuern. Man brauchte enorme Kräfte. Und was für mich in einem Fünfminutenflug zu schwer war, dürfte auch für einen kräftigen Mann in einem Einstundenflug zuviel sein.
>
> Ich versuchte, mit diesem Argument Udet davon zu überzeugen, daß das Projekt eingestellt werden müsse. Doch er glaubte mir nicht, weil Messerschmitt gesagt hatte: ›Sie ist nur ein kleines schwaches Mädchen, kein kräftiger Krieger. Hören Sie deshalb nicht auf sie!‹«

Flugkapitän Hanna Reitsch, die einzige Frau, die den ›Gigant‹ flog.

He 111 ›Zwilling‹, die auch zum Schlepp des ›Gigant‹ verwendet wurde.

Das Projekt wurde nicht eingestellt, man hätte es aber tun sollen. Es war offensichtlich, daß die Ju 90 zu schwache Motoren hatte und unfähig war, den ›Gigant‹ unter Frontbedingungen zu schleppen. Die Schleppflugzeugführer berichteten, daß sie kaum die Mindestgeschwindigkeit halten könnten und die luftgekühlten BMW-Sternmotoren beim Start gefährlich überhitzt würden.

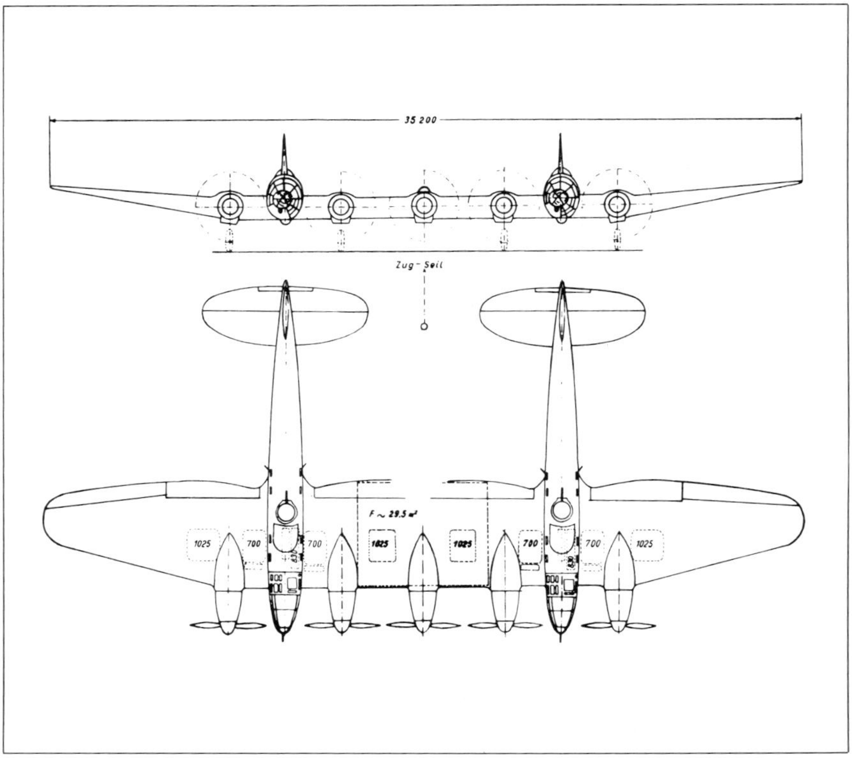


General Udets Vorschlag: Zusammenbau von zwei Heinkel He 111 unter Einfügen eines fünften Motors – eine Alternative zum ›Troika‹-Schlepp.

Daraufhin machte Udet den drastischen Vorschlag, zwei zweimotorige Bomber Heinkel He 111 zusammenzubauen und einen fünften Motor in die Mitte einzufügen. Daraus entstand der ›Zwilling‹ oder die Doppel-Heinkel He 111 Z, die nach Berechnungen in der Lage sein sollte, einen vollbeladenen ›Gigant‹ mit mehr als 210 km/h zu schleppen. Die Fertigung einiger ›Zwillinge‹ wurde aufgenommen, aber es sollte seine Zeit dauern, bis sie einsatzreif wurden. Inzwischen nahm die Frage nach einer brauchbaren Schleppmaschine kritische Formen an. Als Professor Messerschmitt seinen Lastensegler zuerst skizzierte, hatte er vorgeschlagen, vier Flugzeuge im Verbandsflug zum Schlepp des ›Gigant‹ zu verwenden. Die Möglichkeit einer solchen Methode war untersucht worden, und was dabei herauskam, war der Troika-Schlepp mit drei Flugzeugen. Drei Messerschmitt Me 110 C (zweimotorige Zerstörerflugzeuge, die während der Luftschlacht um England alles andere als überzeugt hatten) sollten mit drei langen 10-mm-Stahltrossen den Schlepp im Verbandsflug ermöglichen.

Der Dreierschlepp erforderte große Erfahrung von seiten der Schleppflugzeugführer. Erste Versuchsflüge waren wenig ermutigend; es gab viele Unfälle. Bei einem Übungsflug führten drei Zerstörerflugzeuge nur die Schleppkabel mit, um den Verbandsstart zu üben. Als eine der äußeren Maschinen nach innen, auf die mittlere Maschine zuscherte, geriet sie in deren Schleppkabel, und beide Me 110 stürzten ab.

Bei einer Schleppvorübung hatten die Troika-Piloten eine dreimotorige Ju 52 im Schlepp, deren Außenmotoren für alle Fälle nur im Leerlauf mitdrehten. Das war eine weise Vorsichtsmaßnahme im Hinblick auf das, was sich noch ereignen sollte. Denn kaum hatte der Dreierschlepp abgehoben, als eine der Me 110 überzog und

Startphasen eines ›Dreier‹-(Troika-) Schleppverbandes.

*Oben links:* Sobald der Schlepp anrollt, werden die Startraketen gezündet.
*Oben rechts:* Während der Schlepp auf der Leipheimer Startbahn Geschwindigkeit aufnimmt, passiert er andere ›Giganten‹, die im Bau sind.
*Unten links:* In der Luft! Die Me 110 sind fast am Abschmieren. Die Raketen sind ausgebrannt, aber das Startfahrwerk ist noch nicht abgeworfen.
*Unten rechts:* Ein gutes Bild von der Gefährlichkeit des engen Verbandsfluges beim Troika-Schlepp.

nach Backbord wegscherte. Der Ju 52-Pilot betätigte die Schleppseilauslösung und gab auf den beiden äußeren Motoren Vollgas. Aber eine der Schlepptrossen klinkte nicht aus und das hundert Meter lange Stahlkabel peitschte wild herum, als die Ju 52 mit nur zwei Triebwerken um Höhe kämpfte. Es schlug einen Wagen in zwei Hälften, mähte durch landwirtschaftliche Gebäude, köpfte einige Bäume und schlang sich dann um einen Telegrafenmast, der aus der Erde gerissen wurde. Die gute alte Ju war fast am Abschmieren, doch irgendwie konnte der Flugzeugführer sie in der Luft halten und landete glatt mit dem schweren Telefonmast im Schlepptau.

Nach derartigen Vorübungen war das Troika-Schleppen des ›Gigant‹ selbst natürlich kein Vorhaben, das man sorglos angehen durfte. Beim Start mußte der ›Gigant‹ zuerst bei etwa 88 km/h abheben, danach verließen die beiden äußeren Schleppmaschinen den Boden, gefolgt vom Führer des Schleppzuges. Der Steigflug hatte mit 130 km/h Geschwindigkeit zu erfolgen. Mit vierzig Tonnen Gewicht hinter sich hatten die zwei Flugzeugführer alle Hände voll zu tun. Die Me 110 flogen fast an der Überziehgeschwindigkeit. Der geringste Leistungsabfall der hochbeanspruchten Motoren konnte zum Absturz führen; und davon gab es genug. Bei einem Flug zog zum Beispiel der Flugzeugführer des ›Gigant‹ seine Schleppseilauslösung und kurvte nach rechts weg, ein völlig übliches Verhalten beim Segelflugschlepp. Unglücklicherweise hatte sich eines der Schleppseile nicht gelöst, und eine Me 110 wurde in Stücke gerissen. Auch Hanna Reitsch kam bei ihrem zweiten – und letzten – Flug mit dem ›Gigant‹ gerade noch einmal davon. Eine der Schleppmaschinen verlor an Leistung und klinkte beim Start das Schleppseil aus. Glücklicherweise brannten die Startraketen noch. So kuppelte sie

Neue technische Entwicklungen zeichnen sich ab: Als eine Me 321 vom Boden abhebt, passiert sie den ersten Prototyp der motorisierten Version, die Me 323 C, deren vier Motoren in der Serienfertigung dann auf sechs erhöht wurden.

auch die beiden anderen Schleppflugzeuge aus und machte aus einer Höhe von nur 50 Metern eine schwere Notlandung auf einem zufällig abfallenden Gelände. Bei einem anderen Versuchsflug mit einem vollbeladenen ›Gigant‹ wurde ein makaberer Rekord aufgestellt. Als der Lastensegler gerade abgehoben hatte, setzten die Starthilfsraketen auf einer Seite aus. Die riesige Maschine wurde durch den ungleichen Schub herumgerissen und zog die Schleppseile zusammen. Die drei Me 110 krachten ineinander und zogen den ›Gigant‹ mit sich in den Boden. Der Lastensegler hatte Truppen an Bord. Die Totenliste wies 129 Namen aus. Vielleicht war es zu jener Zeit das bisher verheerendste Flugzeugunglück der Welt.

Von allen Fehlschlägen unberührt lief die Produktion in einem zweiten Fertigungswerk in Obertraubling unvermindert weiter. Am Ende des Sommers 1941 waren einhundert Me 321A-1 an die Luftwaffe ausgeliefert worden, während sich die B-1-Typen mit Doppelsteuer der Fertigstellung näherten.

Die Luftwaffe hatte Verbände aufgestellt, die den ›Gigant‹ fliegen sollten; aber wohin? Die Invasion nach England, für die sie ja vorgesehen waren, war ganz in den Hintergrund getreten, nachdem der Rußlandfeldzug die deutschen Kräfte mehr und mehr band. Um den Nachschub der riesigen Armeen zu sichern, war vorgesehen, den ›Gigant‹ als Transporter für die Ostfront einzusetzen. Hierbei ergaben sich aber unversehens ernste Schwierigkeiten. Außer den haarsträubenden Belastungen, denen die Flugzeugführer auf den langen Flügen ausgesetzt waren, hatte der Troika-Schlepp nur eine Reichweite von höchstens 400 Kilome-

*Oben:* Die Me 323 am Boden und beim Flug zur Ostfront. Die Luftschraube des rechten Innenmotors steht auf ›Segelstellung‹.

*Unten links:* Eine Gotha Go 244, der frühere Lastensegler jetzt mit Motoren.

*Unten rechts:* Eine sowjetische ›ANT-20 bis‹, damals das größte Flugzeug der Welt.

tern. Dies wäre mehr als ausreichend für das Unternehmen ›Seelöwe‹ gewesen, aber keineswegs genug, um die riesigen Weiten Rußlands zu überspannen. Die unvermeidlichen Folgen waren häufig erforderliche Zwischenlandungen zum Nachtanken.

Das Einfallen einer Anzahl von 40-Tonnen-Lastenseglern mit 55 Metern Spannweite auf den überfüllten Flugplätzen entlang der Strecken an die Ostfront rief ein Chaos hervor. Sie saßen unbeweglich auf ihren Kufen, blockierten die Start- und Landepisten, bis sie übernächtigtes und frierendes Bodenpersonal zu Anbringung von Fahrwerken aufbocken konnte, um sie wegzuschaffen. Das setzte natürlich voraus, daß die Fahrgestelle dort verfügbar waren, ganz zu schweigen von der Bevorratung mit Startraketen und ihrem besonderen, sich leicht verflüchtigenden Treibstoff. Und all das in Etappen von 400 Kilometern! Bald wurde offenkundig, daß der ›Gigant‹ als Sturmlastensegler sehr wirkungsvoll sein könnte, ein Langstreckensegler war er ganz gewiß nicht.

Man hatte den ›Gigant‹ für das Unternehmen ›Herkules‹ zur Eroberung von Malta vorgesehen. Sie sollten von He 111 Z geschleppt werden, die bis dahin zur Verfügung gestanden hätten. Doch ›Herkules‹ wurde nicht durchgeführt. Andere Einsatzpläne für den ›Gigant‹ schlossen Luftlandeaktionen auf russischen Ölfeldern, Truppentransporte nach Sizilien und schließlich Entsatzeinsätze für Stalingrad ein; aber ohne feste Fahrwerke waren sie einfach für den Fronteinsatz unbrauchbar.

In geringerem Umfang stellte die Gotha 242 das gleiche Problem dar. Auch sie

war als Lastenträger verwendet worden. Und um sie als ›Leergut‹ zurückzubekommen, hatte man den Vorschlag gemacht, einfach zwei Motoren an die Flächenstreben anzubauen, damit sie von der Ostfront mit eigener Kraft zurückfliegen konnten. Aus dieser Idee entsprang die Gotha 244 – eine motorisierte Version des Lastenseglers mit festem Fahrwerk und Motoren, die in der Lage war, ohne Schwierigkeiten auch vollbeladen zu starten und selbständig zu fliegen.
Wenn sich dieser Plan bei der Gothaer Waggonfabrik verwirklichen ließ, warum nicht auch bei Messerschmitt? Die Entwicklungsgruppe in Leipheim erhielt Auftrag zu untersuchen, ob man die Me 321 mit Festfahrwerken und vier Motoren ausstatten könnte. Sie sollten ausreichend Leistung abgeben, um mit Schlepphilfe zu starten, mußten aber auch in der Lage sein, vollbeladen den Flug zum Zielort allein durchzustehen und danach leer mit eigener Kraft zu starten und zum Ausgangshafen zurückzukehren. Im Herbst 1941 wurden zwei Me 321 Lastensegler ›Gigant‹ zu den ersten motorisierten Versionen Me 323 umgebaut. Als Triebwerke wurden Gnôme-Rhône 14-Zylinder-Sternmotoren der französischen Luftwaffe verwendet und ein achträdriges Fahrwerk entworfen, das mit unebenen Flugplätzen fertig werden konnte.
Obwohl die beiden umgebauten Lastenflugzeuge die technischen Forderungen erfüllten, entschied man sich bald, die Motorenzahl auf sechs zu erhöhen, weil sie damit auch vollbeladen ohne Hilfe starten konnten, wodurch das gefährliche Spiel mit dem Troikaschlepp vermieden wurde, wie auch die Bereitstellung von Startraketen mit ihrem besonderen Treibstoff und dem dafür besonders ausgebildeten Fachpersonal. Die Me 323 war damals das zweitgrößte Motorflugzeug der Welt. (Nur die russische Tupolev ›ANT-20 bis‹, mit ihrer unglaublichen Spannweite von 79 Metern – 2 Meter länger als eine Boeing 747 – übertraf sie.) Mit einer zwölfköpfigen Besatzung, einschließlich zweier Bordmechaniker, die in kleinen Bordwarträumen in den Tragflügeln saßen, war die Me 323 mit Abwehrwaffen gespickt und wurde schließlich an der Ostfront erfolgreich eingesetzt. Sie konnte zwölf Tonnen Nutzlast über 800 Kilometer weit befördern, war aber mit ihrer Reisegeschwindigkeit von knapp 200 km/h sehr langsam. Es gab ständig Sorgen durch Überhitzung der Triebwerke, was mit Blick auf die Temperaturen des russischen Winters wohl einen Rekord eigener Art darstellte. Doch mit einer neuentwickelten Motorverkleidung konnte sie nicht nur die Ostfront, sondern auch das Afrika-Korps mit Kanonen, Munition und Betriebsstoffen versorgen. Der Betriebsstoff wurde in 200-Liter-Fässern transportiert, die äußerst anfällig gegenüber Jagdfliegerangriffen waren. Viele ›Giganten‹ wurden über dem Mittelmeer in Brand geschossen und stürzten ab.
Die Luftwaffe machte dann einen taktischen Fehler, den die 8. Luftflotte der USAAF später nachvollziehen sollte. Man hatte angenommen, daß mehrere Me 323 im engen Verbandsflug sich durch ihre zahlreiche Bewaffnung, jedes Flugzeug war mit zwölf Maschinengewehren bestückt, gegenüber Jägern schützen könnten. Dem war leider nicht so. Am 22. April 1943 starteten sechzehn Me 323 von Trapani auf Sizilien, um Betriebsstoffe nach Tunis zu fliegen. In der Nähe von Kap Bon wurde der Verband von RAF-Jägern angegriffen. In einem kurzen Luftgefecht wurden vierzehn der sich langsam dahinschleppenden ›Giganten‹ gnadenlos abgeschossen. Die meisten gingen in Flammen auf, und nur neunzehn von einhundertvierzig Besatzungsmitgliedern konnten aus dem Mittelmeer gerettet werden.
Die Me 323 blieb weiter im Einsatz. Insgesamt wurden zweihundert gebaut. Es

waren nützliche Großtransporter, wenn es wenig feindliche Jagdflieger gab, wie am Anfang über der Ostfront. Doch die deutschen Soldaten verabscheuten den sogenannten ›Leukoplastbomber‹. Sie bevorzugten die ein sicheres Gefühl gebende Wellblechhaut der Junkers Ju 52, der ›alten Tante Ju‹, wie sie sie nannten.
Der ›Gigant‹ mag heute als unsinniger Anachronismus betrachtet werden, vor allem der Lastensegler. Aber wenn der Ablauf der Ereignisse im Kriege nur ein klein wenig anders gewesen wäre, und wenn die Lastensegler für Luftlandungen eingesetzt worden wären, für die sie einmal entworfen und geplant worden waren, dann hätten so um die 200 von ihnen in den Tagen nach Dünkirchen lautlos aus dämmerndem Himmel gleiten können, um 20 000 Soldaten, 100 Panzer und schwere Artillerie im hügeligen Gelände des Weald in Kent anzulanden, in dem nur wenig mehr als die Gewehre der Home-Guard verfügbar waren, die diese Kräfte hätten bändigen können.

## Das ›Große Windei‹ und andere Geschichten

Rund um die Stadt Appledore in der Grafschaft Devon im Südwesten von England, wo sich die Flüsse Taw und Torridge vereinigen und in den Bristol-Kanal fließen, war 1943 COXE stationiert, die ›Gemeinsame Einsatzerprobungsstelle‹ (Combined Operations Experimental Establishment). Sie war gebildet worden, um die verschiedenen alliierten Waffen und Kriegsgeräte für die bevorstehende Invasion auf dem europäischen Festland zu erproben und zu beurteilen.
Das Gelände war hervorragend geeignet. Weite Sandstrände, die mitunter eine hohe Brandung hatten, geschützte Buchten, davon einige mit steilen Kiesstränden und andere mit flachem Watt. Da gab es Felsen und Dünen, alles was zur Erprobung und Entwicklung all der vielen seltsamen Erfindungen erforderlich war, die COXE unterbreitet wurden.
Jene Aufgabe, die größte amphibische Operation aller Zeiten vorzubereiten, war derart überwältigend und umfassend, daß viele aufgerufen waren, aber auch viele zum Zuge kamen. Die Chancen für Anbieter aus den kleineren Ingenieurbüros, die an Geheimprojekten arbeiteten, war noch nie so groß gewesen. Eines der spektakulärsten technischen ›Windeier‹ war das ›große Windei‹, eine Rollmine.
Die ›Abteilung für Waffenentwicklung aller Art‹ (Department of Miscellaneous Weapons Development, DMWD) hatte keinen guten Ruf. Böse Zungen behaupteten, darin wären ›Gaukler und Schwindler‹ am Werke. Ihr war die Aufgabe gestellt worden, eine Methode zum Druchbrechen einer drei Meter hohen und zwei Meter dicken Betonwand zu entwickeln. Man sagte, so sei die erste Verteidigungslinie des Atlantikwalls an Frankreichs Küste beschaffen und die Strandpartie sei mit Sicherheit vermint, mit Hindernissen gespickt und würde von Maschinenwaffen und Artilleriefeuer überstrichen. Einer der Wissenschaftler, der an dieser Aufgabe tätig war, hieß Nevil Shute Norway, ein bekannter Schriftsteller, der aber auch Aerodynamiker war. Er hatte berechnet, daß zumindest eine Tonne Sprengstoff am Fuße der Mauer erforderlich sei, um eine Lücke zu sprengen, die groß genug für die Durchfahrt eines Panzers sei. Die Frage war nur, wie man den Sprengstoff an diese Mauer brächte.

Zahlreiche Pläne wurden vorgetragen und zurückgewiesen. Doch eines Tages erschien ein Luftwaffenoffizier, Oberst Finch-Noyes, vom Gemeinsamen Einsatzstab mit einer groben Skizze von dem, was dann das ›große Windei‹ werden sollte. Ein kühner Plan: zwei Dreimeterräder mit dreißig Zentimeter breiten Stahlreifen waren durch einen geräumigen Zylinder verbunden. Diese trommelförmige Mittelachse war vollgepackt mit 1,8 Tonnen hochexplosivem Sprengstoff. Rund um den äußeren Stahlreifen eines jeden Rades war eine Reihe von Feststoffraketen befestigt, die den ganzen Riesenradsatz mit mehr als 95 km/h von einem Landungsboot aus durch die Brandung und rücksichtslos über Hindernisse und Minen hinweg den Strand hinauf gegen den Atlantikwall treiben sollte. Dort sollte das Radpaar zerbrechen und die Ladung explodieren.
Innerhalb eines Monats war der Prototyp unter absoluter Geheimhaltung in Leytonstone im Nordosten von London gebaut worden. Unter gleicher Geheimhaltung war er im Schutz der Dunkelheit nach Appledore geschafft worden. Angesichts dieser Geheimhaltung war es unverständlich, daß er nach der Ankunft an der Küste des Seebades der Grafschaft Devon einfach aus seinem Transportwagen unter den Augen einer großen Zahl von Feriengästen zum Strand gerollt wurde.
Der für die ersten Versuche ausgewählte Strandabschnitt hieß ›Westward Ho‹. Die Versuche begannen am 7. September 1943 und brachten Abwechslung in so manchen tristen Kriegsurlaubstag der zuschauenden Kurgäste. Für die ›Jungfernfahrt‹ war der Sprengstoffbehälter mit 1,8 Tonnen Sand gefüllt. Da aber das Verhalten des Ungetüms mit Antrieb, gelinde gesagt, reine Spekulation war, wurden nur achtzehn der Raketen am äußeren Ring genutzt. Mit einigem Zittern drückte Norway auf den Knopf der elektrischen Zündung, und mit Getöse donnerte das Ungetüm, ganz in Feuer und Rauch gehüllt, die Rampe des Landungsbootes hinunter. In Wolken von Dampf rollte es durchs Wasser und zum Strand hinauf. Einige Zeit hielt es geraden Kurs. Dann setzten auf einer Seite zwei Raketen aus. Das Gefährt schaukelte nach rechts, beschrieb einen Kreis und blieb in einer dichten Rauchwolke liegen. Der Raketenantrieb war zu schwach gewesen.
Die Anzahl der Raketen wurde verdoppelt. Und am nächsten Tage brachte das Landungsboot die Rollmine an den Strand von Instow in der Torridgebucht. Wieder rollte sie durchs Wasser, wieder fielen Raketen aus, und obwohl sie doppelt so weit wie beim ersten Mal lief, erwies sich der Raketenantrieb immer noch als zu schwach. Ein dritter Reifen wurde eingefügt, um noch mehr Raketen befestigen zu können. Der dritte Versuch war nur noch reinstes Theater. Die dreirädrige Mine wurde nahe der Niedrigwassermarke auf eine Holzrampe gesetzt. Unglücklicherweise tat sich gar nichts, als die Zündung eingeschaltet wurde. Während nun in ständiger Eile nach dem Fehler gesucht wurde, stieg die Flut unaufhaltsam höher. Langsam wurde das Gerät vom Wasser umspült. Als man es bei wieder eingetretener Ebbe barg, war der dritte Radring, auf den man alle Hoffnungen setzte, zerbrochen. Das Team reiste nach London zurück an seine Reißbretter.
Drei Wochen später kehrten sie mit einer neuen Rollmine zurück. Neue Probeläufe fanden statt, nunmehr mit Antrieb von mehr als siebzig Raketen. Der Anblick war überwältigend. Das ›große Windei‹ donnerte von der Rampe herunter durch die See, sprühte Gischt und Dampf hoch in die Luft. Dann aber, gerade als es den Strand hochrollen sollte, drehte es unvermittelt zurück ins Meer, überschlug sich

Die Rollmine, ein ›Windei‹, erheiterte viele Kurgäste in trüben Kriegsurlaubstagen.

und verlor brennende Raketen, die über den Sandstrand fauchten, dieweil die noch festsitzenden Raketen unter Wasser explodierten und Dampffontänen mit hohem Druck ausstießen. Wiederum suchte das Team unverzagt die Wrackteile zusammen. Man ging jetzt auf eine zweirädrige Ausführung mit einer sehr einfachen mechanischen Fernsteuerung über, die aus langen Stahlseilen mit einer Reißlast von einer Tonne bestand. Die Seile führten von jeder Seite des Monstrums zu einer Trommelwinde an der Küste. Oberst Norway bediente die Windenbremsen, als die Mine über den nassen Strand rollte und langsam an die neunzig Stundenkilometer erreichte. Da begann sie plötzlich aus dem Kurs zu laufen. Als Norway nur sachte die Backbordbremse betätigte, um den Kurs zu berichtigen, riß das Seil wie ein Zwirnsfaden, und 600 Meter Stahlkabel peitschten schlängelnd über die Köpfe der Beobachter hinweg.

Die Versuche gingen weiter. Man versuchte es mit dickeren Seilen, mehr Raketen, weniger Raketen, anderen Reifen auf den Rädern. Doch die Ergebnisse blieben durchgehend enttäuschend. Durch die Zentrifugalkräfte, die bei mehr als 80 km/h auftraten, lösten sich einige der neun Kilogramm wiegenden Raketen und rissen meist noch zwei oder drei daneben angebrachte mit sich. Da jede Rakete achtzehn Kilopond Schub für die Dauer von vierzig Sekunden ergab, fauchten sie mit wachsender Geschwindigkeit in völlig unvorhersehbare Richtungen über den Strand. Die Versuchsgruppe verwandte noch mehrere Wochen darauf, verschiedene Verbesserungen auszuprobieren, um die Raketenbefestigungen zu verstärken und die Steuerungsprobleme zu lösen, als zu ihrer großen Erleichterung DMWD von der ›Gemeinsamen Einsatzleitung‹ darüber unterrichtet wurde, daß die absolute Richtungsgenauigkeit nicht mehr gefordert würde. Alles, was die Rollmine zu erreichen habe, sei die Einhaltung eines allgemeinen Laufkurses in Richtung auf den Feind.

Anfang Januar 1944 fanden die letzten Versuche statt. Eine illustre Vertretung von Ministerialkriegern und Wissenschaftlern hatte sich am Strand von ›Westward Ho‹ versammelt, um über das weitere Schicksal des ›großen Windeies‹ zu befinden, das an Bord seines Landungsprahms unmittelbar vor der Küste dümpelte. Der berühmte Bildberichterstatter vieler Vorkriegsautorennen, Luis Klemantaski, stand bereit, das Ereignis zu filmen. Ebenso war inmitten der weniger erlauchten Beobachter ein Airedaleterrier namens Ammonal anwesend, der dabei war, unsterblich zu werden.

Zuerst lief alles bestens. Das Ungetüm rollte ins Wasser und begann auf die Küste zuzuhalten. Die ›Hohen Tiere‹ beobachteten es durch Feldstecher von einem Kieswall aus. Die beiden gigantischen Feuerräder ringelten sich in hellen Flammenstreifen mit zunehmender Geschwindigkeit über den Strand; hinter seiner Filmkamera hatte Klemantaski den Eindruck, als ob sie 160 Stundenkilometer machten. Da gab eine der Raketenhalterungen nach; erst eine dann noch zwei Raketen brachen weg. Das Ungetüm begann verdächtig zu schlingern. Es traf auf einige kleine Krater im Sand und begann nach Steuerbord abzudrehen und auf Klemantaski zuzurasen, der den Ablauf des Versuchs durch seine Vergrößerungsoptik verfolgte, die Entfernung mißdeutete und weiterfilmte. Näherkommendes Dröhnen ließ ihn von seinem Sucher aufblicken. Er sah das Ungetüm genau auf sich zuhalten und brennende Raketen nach allen Richtungen versprühen. Als er dann um sein Leben rannte, erhaschte er nur flüchtig einen Blick, wie sich die versammelten Admiräle und Generäle in den Stacheldrahtverhau hinter der Kiesbank in Deckung stürzten.

Das ›Windei‹ drehte dann zurück auf das Meer zu, aber es ging am Ufer zu Bruch, wo es sich unter heftigen Explosionen zerlegte. Raketen jagten rasant über den Strand. Eine von ihnen wurde von dem großartigen Terrier Ammonal verfolgt; eine Szene, die Klemantaski, zu seiner noch immer laufenden Filmkamera zurückgeeilt, gerade noch einfangen konnte. Durch diese Szene überlebte der Terrier im Archiv des Imperial War Museum bis auf den heutigen Tag.

Dies scheint das irgendwie typisch englische Happy-End für dieses ›Windei‹ gewesen zu sein.

Und das war natürlich auch das Ende. Die Unterhaltung zwischen den Leuten vom DMWD und den ›Hohen Tieren‹ beschränkte sich nur noch auf das Notwendigste, nachdem sich diese aus dem Stacheldraht befreit hatten. Offiziöser Ablehnungsgrund für das ›Windei‹ war die Zerstörung, die es hätte möglicherweise anrichten können, wenn eines davon beim Transport an Bord eines Landungsbootes losgegangen wäre. Und doch blieb ein gewisses Geheimnis um das ›große Windei‹ zurück. Ob es jemals für einen Einsatz vorgesehen war, weiß man nicht. Vielleicht war es, wie einige Schriftsteller vermutet haben, nur ein Bluff, der zu einer Täuschungsaktion gehörte, um die Deutschen glauben zu machen, die Invasion richte sich gegen den Pas de Calais. Denn dieser war der am stärksten befestigte Teil des Atlantikwalls, wo die ›Rollmine‹ glaubhaft hätte eingesetzt werden können, eher als an den vielen weniger befestigten Stränden der Normandie, wo dann die Landung tatsächlich auch erfolgte. Das Fehlen von Geheimhaltungsmaßnahmen bei Appledore spricht für die Täuschungsthese. Sir Charles Goodeve, Chef der Abteilung DMWD, (obwohl zur Zeit der Erprobung der Rollmine schon nicht mehr) sagte ganz einfach, er wisse von nichts, fügte aber hinzu:

»Wir haben noch viel unwahrscheinlichere Sachen als jene Rollmine erprobt.«

Doch das ist kaum zu glauben.

Um fair zu bleiben: von COXE wurden viele Waffen bewertet und entwickelt, die höchst erfolgreich waren und eine entscheidende Rolle bei der Invasion selbst und auch später noch gespielt haben. Da gab es zum Beispiel eine Reihe äußerst ungewöhnlicher Panzerfahrzeuge (Armoured Fighting Vehicles, AFV). Sie wurden nach ihrem einfallsreichen Schöpfer, Generalmajor Percy Hobart von der 70. Panzerdivision, (›Hobart's Funnies‹) ›Hobarts Raritäten‹ genannt. Hunderte von seinen ›DD‹ (Duples Drive – Doppelantrieb) ›Sherman‹-Panzern waren bei der Invasion in der Normandie eingesetzt. Diese Panzer waren mit hohen, abnehmbaren stoffbespannten Bordwänden und mit Schraubenantrieben versehen. Mit angebauten Bordwänden und eingeschalteten Schiffsschrauben konnten die Panzer vom Landungsfahrzeug aus ans Ufer schwimmen. Die Eintauchtiefe war jedoch kritisch, da sie nur wenige Zentimeter Freibord hatten. Beim geringsten Seegang wurden die Stoffbordwände überflutet, worauf die Tanks innerhalb von Sekunden wegsackten.
Zu Hobarts ›Raritäten‹ zählten auch Panzer, die Brücken legen oder weiche Sandmulden überwinden konnten. Und ein Typ trug einen Mörser, der Explosivladungen von der Größe eines Mülleimers gegen feindliche Stützpunkte feuern konnte. Doch das vielleicht am meisten bekannte Spezialfahrzeug war der ›Taschenkrebs‹ oder auch ›Dreschflegeltank‹ genannt. Es war ein ›Churchill‹- oder ›Sherman‹-Panzer mit einer Drehwalze vor dem Bug, an der eine Anzahl von Eisenketten befestigt war, womit für die Infantrie eine Gasse durch die Minenfelder geschlagen werden konnte. Diese Panzer retteten viele hundert Menschenleben in der Normandie und auch noch später.
PLUTO (Pipe Line Under The Ocean) war ein Verfahren, um Betriebsstoff von der Südküste Englands direkt zu den Brückenköpfen in Frankreich zu pumpen. Der Generalstab hatte errechnet, daß nicht weniger als 14 000 Fahrzeuge am Invasionstag selbst übergesetzt würden, eine Zahl, die bis zum 12. Tage nach der

*Gegenüberliegende Seite:* Zu den mehr absonderlichen Geheimprojekten von COXE zählte auch der Kapok-Landesteg. Vielleicht hatten die Männer des ›Gemeinsamen Erprobungsstabes‹ geglaubt, daß eine rechtzeitige Anlandung von Motorradfahrern am Invasionstag kriegswichtig sei. Ein schwimmbarer Landesteg aus Kapok wurde gebaut und in Appledore erprobt. Glaubte man wirklich, daß ein Zug Soldaten in Badehosen in verminte Gewässer springen würde, um unter Beschuß den ›kriegswichtigen‹ Krädern an Land zu helfen? Bei den Übungen funktionierte es – mehr oder weniger . . .

Invasion auf 95 000 Fahrzeuge anwachsen sollte. Um den Betriebsstoff für eine derartige Anzahl befördern zu können, hätten Tanker in der Invasionsflotte mitfahren müssen, die zu den verwundbarsten Zielen gehören, die man sich vorstellen kann. Die Lösung des Problems erhielt die Bezeichnung ›Pluto‹. Diese Unterwasserpipeline war in kleinerem Umfang zwischen Swansea und Ilfracombe in Wales erprobt worden. Sie wurden rechtzeitig im Ärmelkanal verlegt. Die Pumpstationen wurden getarnt in zerbombten Gebäuden verschiedener Orte an der britischen Küste eingebaut. Obwohl es anfänglich beträchtliche Schwierigkeiten gab, war ›Pluto‹ letztendlich in der Lage, Kraftstoff aus den Öltanks von Liverpool direkt bis an den Rhein zu pumpen.
Abgesehen vom Betriebsstoff erforderte der Nachschub der Invasion auch Hafenanlagen für die tägliche Anlandung von 12 000 Tonnen Versorgungsgütern und 2500 Fahrzeugen. Die Einnahme eines intakten Hafens lag nicht im Bereich des Möglichen. Ein französischer Hafen wäre entweder bei den alliierten Angriffsunternehmen oder von den zurückweichenden deutschen Truppen zerstört worden. Es hätte Wochen gedauert, bis er dann wieder benutzbar gewesen wäre. Dafür gab es nur eine Lösung, den Transport von zwei kompletten großen Hafenanlagen im Verband der Invasionsflotte.

## ›Operation Mulberry‹

*Unten:* Eine andere ›kriegswichtige‹ Erfindung war der Wasseranzug, ein ernsthafter Vorschlag, mit dem Infanterie den Atlantikwall dadurch angreifen sollte, daß man sie hinter den Panzern durch die Brandung von den Landungsbooten bis zur Küste schleppte. Etwaige Opfer sollten notfalls von der Patenteinmanntrage gerettet werden. Merkwürdigerweise kam keine dieser ›Geheimwaffen‹ zum Einsatz.

Churchill hatte bereits 1942 die Notwendigkeit derartiger Häfen vorhergesehen. Der Mann, dem dann tatsächlich eine brauchbare Lösung gelang, war Flottillenadmiral John Hughes-Hallet. Es war ein gewaltiges Vorhaben. 200 absenkbare Stahlbetonbehälter, 18 Meter hoch und 6000 Tonnen verdrängend, wurden entlang des Medway und der Themse gebaut. Dafür wurden eine Million Tonnen Gußbeton und 70 000 Tonnen Stahl benötigt. Zwei solcher ›Mulberry‹-Häfen wurden gebaut. Ein amerikanischer für den Küstenabschnitt mit dem Decknamen ›Utah‹ und ein britischer für ›Gold Beach‹ bei Arromanches. Sie mußten für den fast um sieben Meter wachsenden Tidenhub der Küste an der Normandie ausgelegt sein und den ›Liberty‹-Schiffen mit fast acht Metern Tiefgang einen Liegeplatz bieten. Man schleppte sie mit einer Flotte von 150 Schleppern im 4½-Knoten-Tempo über den Kanal. Der erste Teilhafen wurde bei Arromanches am Tage D + 1, dem 7. Juni 1944, in seine Position abgesenkt.
Unglücklicherweise zerschlug am Tage D + 13 einer der schwersten Stürme, der seit Jahren im Kanal gewütet hatte, den künstlichen Hafen im Landungsabschnitt ›Utah‹. Auch der britische Hafen, der in einer etwas geschützteren Gegend lag, erlitt starke Zerstörungen, konnte aber instandgesetzt werden. Bis zum 27. Juni, der Einnahme von Cherbourg, beeinträchtigte der Mangel an Hafeneinrichtungen die militärischen Operationen. Aber ohne die Abstützung auf die ›Mulberry‹-Häfen wäre der schnelle Ausbruch aus den Brückenköpfen in der Normandie wohl nicht möglich gewesen.

## Die Geisterflotte

Durch alle Planungen für die Invasion auf dem Festland zog sich stets eine Forderung: Der Gegner mußte über den Ort der Hauptlandung unbedingt im Unklaren gelassen werden. Aus mehreren Gründen war der Raum um Calais für die Invasion der naheliegendste und auch für den deutschen Wehrmachtsführungsstab der wahrscheinlichste. Es war wichtig, diese Vermutung zu bestärken, selbst noch nach der Landung in der Normandie. Um diesen Anschein glaubhafter zu machen, inszenierte man die ›Operation Fortitude›, ein Ablenkungsmanöver mit einer Geisterflotte, die nach Calais übersetzen sollte.
›Fortitude‹ war eine gewaltige funktechnische Täuschungsaktion, die von Dr. Robert Cockburn vom TRE, dem ›Fernmeldeforschungsinstitut‹, geplant worden war. Im Januar 1944 hatte man ihn aufgefordert, in einem Planspiel Hauptlandungskräfte, die im Raum Boulogne und Dieppe an Land gehen sollten, zu simulieren. Die einfachste Lösung wäre der Einsatz von Schiffen gewesen. Da aber die bevorstehende Invasion alle verfügbaren Schiffsraumreserven band, wurde beschlossen, es nur mit elektronischen Mitteln zu versuchen.
Zunächst ermittelte Cockburn aus Unterlagen des Wissenschaftlichen Nachrichtendienstes von R. V. Jones die Standorte und Typen jeder bekannten deutschen Radarstellung in Nordfrankreich. Aufgrund dieser Erkenntnisse flog die Zweite Taktische Luftflotte von März 1944 bis zur Invasion (›D-Day‹ am 6. 6. 1944) mehr als zweitausend Einsätze gegen das deutsche Küstenradarnetz. Alle Frühwarngeräte in der Normandie wurden ausgeschaltet, nur im Raum Calais ließ man absichtlich etwa ein Dutzend Stellungen unbehelligt. Diese Radarstellen sollten als einzige die Scheininvasion auffassen: eine Armada, die nur aus Zehntausend von Düppelstreifen bestand, die von Flugzeugen abgeworfen wurden, um eine Landungsflotte auf dem Ärmelkanal über einem Gebiet von 650 Quadratkilometern vorzutäuschen.
Das zu erreichen, bedurfte äußerst genauer Fliegerei. Zwei kampferfahrene Staffeln vom RAF-Bomberkommando, die 617. – die berühmten ›Talsperrenknacker‹ – mit ›Lancaster‹- und die 218. mit ›Stirling‹-Bombern, sollten die Einsätze übernehmen. Im Blindflug mußten sie Warteschleifen, die dreizehn Kilometer lang und drei Kilometer breit waren, in genau sieben Minuten fliegen, dann um zwei Kilometer vorrücken und den nächsten Sieben-Minuten-Turn fliegen. Die großen Bomber mußten genauen Verbandsflug einhalten und dabei pro Minute zwölf Düppel-Bündel (›Window‹) abwerfen. Wenn diese Wolken aus Aluminiumstreifen abwärts schwebten, war die Wirkung auf die deutschen Überwachungsradargeräte genau die gleiche, als wenn sich ihnen die Schiffsarmada mit acht Knoten Fahrt näherte.
Andere Flugzeuge umkreisten die ›Geisterflotte‹ mit leistungsstarken ›Mandrel‹-Radarstörsendungen, die so geregelt waren, daß sie noch genug Freiraum auf den feindlichen Radarschirmen hervorriefen, um die ›Flotte‹ erkennen zu lassen. Inzwischen sollte das tatsächliche Invasionsgebiet durch breitbandige Sperrstörungen vollkommen für den Fall abgeschirmt werden, daß irgendeine der dortigen Radarstellungen die Luftangriffe vor der Invasion doch überstanden haben sollte. Zur Unterstützung der Düppel-Aktionen schipperten vierzehn RAF-Seenotrettungsbarkassen unter den Bombern her. Jede schleppte einen Sperrballon mit zehn Metern Durchmesser, der innerhalb seiner Hülle einen großen Radarreflektor trug. Die Ballons hatten den Spitznamen ›Filbert‹ (Haselnuß). Sie reflektier-

Sir Robert Cockburn 1976.

›Operation Fortitude‹: Luftangriff auf deutsche Radarstellungen.

ten Radarechos, die denen von 10 000-Tonnen-Schiffen glichen. Zusätzlich waren noch vier der Barkassen mit Radartranspondern (Antwortsendern) mit Decknamen ›Mondschein‹ ausgerüstet, die auf gegnerische Radarimpulse mit so starken Echos antworteten, als wären es große Schiffe. All diese umfassenden Täuschungsmaßnahmen genau aufeinander abzustimmen, war schon schwierig genug, wenn es nur *eine* Geisterflotte gewesen wäre. In Wirklichkeit waren es aber zwei: die 218. Staffel mit drei ›Mondschein‹-Barkassen und sechs Booten mit ›Filberts‹ bildeten die ›Glimmer‹-Flotte, die scheinbar auf Boulogne angesetzt war. Die 617. Staffel mit dem Rest zielte auf Cap d'Antifer ab; diese ›Flotte‹ hatte den Decknamen ›Taxable‹.

›Glimmer‹ und ›Taxable‹ wurden durch Radarnavigation auf Kurs gehalten. Die ›Lancaster‹ der 617. Staffel benutzten das Hyperbelnavigationsverfahren GEE und die ›Stirling‹ der 218. ein verbessertes GEE namens GH, in gewisser Hinsicht ähnlich dem ›Oboe‹-Verfahren, doch mit dem Vorteil, daß mehrere Flugzeuge es

gemeinsam gleichzeitig verwenden konnten. Die zwei Scheinflotten waren am ›D-Day‹ ›im Einsatz‹ und hielten die Täuschungsmaßnahmen vier Stunden lang aufrecht. Kein deutscher Nachtjäger tauchte auf, sehr zur Beruhigung von Cockburn, der nicht unbegründet befürchtet hatte, daß Nachtjäger die ganze ›Operation Fortitude‹ platzen lassen könnten.
Zum Abschluß täuschten andere Bomberstaffeln in der ›Operation Titanic‹ einen Luftlandeeinsatz auf Cap d'Antifer und Caën vor. Die ›Halifax‹ und ›Stirling‹ warfen hierbei ebenfalls Düppelstreifen, um die Größe der Streitmacht auf den deutschen Radarschirmen noch riesiger erscheinen zu lassen. Über den vorgetäuschten Absprungstreifen wurden Feuerwerkskörper abgeworfen, um die Geräusche eines Gefechtes mit Handfeuerwaffen hervorzurufen. Auch die Fallschirmjägertrupps vom RAF-Spezialkommando sprangen nur mit dem einen Auftrag ab, Gefechtslärm zu verursachen.
Inzwischen näherte sich die echte Invasions-Armada der Normandie. Sie wurde von ungeheuren, breitbandigen Radarstörmaßnahmen abgeschirmt. denn mehr als 200 der Kriegsschiffe hatten Radarstörgeräte an Bord. Nachkriegsuntersuchungen haben ergeben, daß es lediglich einer deutschen Radarstellung gelang, die echte Invasionsflotte zu orten. Doch zu dem Zeitpunkt herrschte bei den Verteidigern bereits heilloses Durcheinander. Und wie einst in Pearl Harbour jene rechtzeitige Radarwarnung vor den anfliegenden Japanern, so blieb auch diese unbeachtet.
Niemand vermag zu sagen, wie vielen Soldaten auf alliierter Seite durch die ›Operation Fortitude‹ am ersten Invasionstag das Leben erhalten blieb. Doch bei aller Überlegenheit der Elektronik wäre ›Fortitude‹ – wie auch die ganze Invasion – natürlich ohne die absolute Luftüberlegenheit nicht möglich gewesen. Die Düppel abwerfenden Bomberstaffeln flogen vier Stunden lang mit 290 km/h auf fünfzehn Kilometer vor der feindlichen Küste herum. Nicht ein einziger Bomber wurde angegriffen, obwohl deutsche Radarstellen sie erfaßt hatten. Selbst bei Tageslicht war die deutsche Luftwaffe nicht in der Lage gewesen, den riesigen Verbänden von langsamen Transportern und Bombern irgenwelche bedeutenden Verluste zuzufügen.
Es hätte ganz anders ausgehen können, wenn die deutsche Luftwaffe ihren zweifellos vorhandenen Vorsprung hinsichtlich Zielsetzung und Entwicklung einer neuen Art der Luftkriegsführung gegenüber den Alliierten Luftstreitkräften voll zum Tragen hätte bringen können.

## Raketenjäger

Der Turbojäger Messerschmitt Me 262 war zu seiner Zeit allen anderen möglichen Gegnern um mindestens zwei Jahre in der Entwicklung voraus. Dieser 1942 bestehende Vorsprung wurde jedoch durch direktes Eingreifen Hitlers vertan.
Es hatte alles in der Mitte der dreißiger Jahre begonnen, als es einigen vorausschauenden Männern klar wurde, daß der Kolbenmotor- und Propellerantrieb für Flugzeuge bald seine theoretischen Leistungsgrenzen in großen Flughöhen erreicht haben würde. Ein junger RAF-Hauptmann namens Frank Whittle war

Die unglückliche Heinkel He 280, die nie in Serie ging.

einer dieser Männer. Ein anderer war Hans-Joachim Pabst von Ohain, damals noch unbekannter Assistent eines Professors für Aerodynamik an der Universität Göttingen.

Im Frühjahr 1936 hatte Dr. von Ohain das Interesse des Konstrukteurs Ernst Heinkel an der Möglichkeit des Gasturbinenantriebs für Flugzeuge geweckt. Heinkel nahm den jungen Wissenschaftler in seinen Entwicklungsstab auf und gab ihm jede Unterstützung, ein Turbinentriebwerk, das He S2A, zu bauen, das im September 1937 erstmals auf dem Prüfstand lief. Das reine Versuchstriebwerk war im Rahmen seiner Aufgabenstellung erfolgreich, obwohl es nur einen Schub von achtzig Kilopond erzielte.

Daraufhin wurde ein Triebwerk für Flugerprobungen, das He S3A, entwickelt und gebaut, das mehr als 450 Kilopond Schub leisten sollte. Es wurde in eine besonders dafür entwickelte Zelle eingebaut – die Heinkel He 178. Erich Warsitz machte mit ihr am 27. August 1939 den ersten strahlgetriebenen Flug der Welt auf dem Werksflugplatz der Heinkelwerke in Marienehe.

Mehrere Flüge wurden durchgeführt, und im November 1939 wurde das kleine Versuchsflugzeug General Ernst Udet vorgeführt, der jedoch Bedenken im Hinblick auf eine Verwendung des neuartigen Antriebs im Einsatzflugbetrieb der Luftwaffe äußerte. Trotzdem setzte Heinkel die Entwicklungsarbeiten an Triebwerken und Zellen fort. So schufen die Heinkelwerke den ersten einsatzfähigen zweistrahligen Turbojäger He 280, der zugleich auch als erstes Flugzeug in der Luftfahrtgeschichte mit einem Schleudersitz ausgestattet war. Der Erstflug erfolgte am 2. April 1941 in Marienehe. Drei Tage später fand die Vorführung vor General Udet und Dipl.-Ing. Lucht, dem Generalstabsingenieur der deutschen Luftwaffe, statt. Dabei erreichte die He 280 eine Höchstgeschwindigkeit von 776 km/h in nahezu 6000 Meter Höhe.

Die übliche Geschwindigkeit bei den damaligen Jägern mit Kolbenmotoren lag bei 560 km/h. Doch Udet bezweifelte weiterhin einen Bedarf an Turboflugzeugen für die Luftwaffe. Obwohl neun Prototypen der He 280 bereits flogen, wurde sie nie in Serie gegeben. Das geringe Interesse mochte zum Teil daher rühren, daß zwischen Heinkel und Udet sowie dessen Nachfolger, General Milch, kein gutes persönliches Verhältnis bestand. Jedenfalls erhielt die Konkurrenzfirma Messerschmitt zu dieser Zeit Aufträge unter der Bezeichnung ›Projekt 1065‹ zur Entwicklung eines Turbojägers, der späteren Me 262.

Zu dieser Zeit war Messerschmitt bereits mit einem früheren Projekt beschäftigt, dem Raketenjäger Me 163, der das Ergebnis einer etwas widerwilligen Dreierbeziehung zwischen Alexander Lippisch, dem genialen Konstrukteur kleiner schwanzloser Deltasegler, sowie Hellmuth Walter, der ein sehr leistungsfähiges, kleines leichtes Flüssigkeitsraketentriebwerk entwickelt hatte und der Firma Messerschmitt war. Diese Gruppe hatte ein kleines Deltaflugzeug ohne Antrieb gebaut, um ohne besondere Dringlichkeit die Möglichkeit eines Abfangjägers mit Raketenantrieb zu untersuchen. Unter der Bezeichnung Me 163 wurden zunächst Versuchsflüge ohne Triebwerk im Segelflug vorgenommen. Nach anfänglichen Schwierigkeiten mit Seiten- und Querruderflattern erwies sie sich als äußerst flugtüchtig und hatte einen Gleitwinkel von 1:20, was in jeder Hinsicht den Werten von reinen Hochleistungssegelflugzeugen gleichkam.

Die Erprobungsflüge wurden von Heini Dittmar, Testpilot bei Messerschmitt, durchgeführt. An einem Sommertag 1940 war er auf eine Höhe von 4900 Meter geschleppt worden und segelte zurück zum Werksflugplatz bei Augsburg, wo General Udet gerade zufällig auf Routinebesuch war. Dittmar drückte das kleine Deltaflugzeug steil auf den Platz zu, sauste mit 640 km/h am General vorbei, riß die Me 163 nahezu senkrecht hoch, bevor er eindrehte und sie sauber aufsetzte. Diesmal war Udet beeindruckt: »Was für ein Triebwerk hat die Maschine?« fragte er. Man erklärte ihm, sie habe keins, würde aber im Hinblick auf einen Raketenantrieb erprobt, sofern man eine höhere Dringlichkeitsstufe bekäme. Nunmehr gab Udet sofort Anweisung, das Raketentriebwerk einzubauen, trotz eines Befehls von Hitler aus dem Jahre 1940, wonach alle Entwicklungen einzustellen seien, deren Abschluß länger als achtzehn Monate beanspruchen.

Die Flüge der Me 153 A mit Raketenantrieb konnten aus Geheimhaltungsgründen nicht in Augsburg erfolgen. Deshalb wurde das Flugzeug nach Peenemünde-West (Karlshagen) gebracht, wo im Sommer 1941 die Versuchsflüge mit Raketentriebwerk durchgeführt wurden. Das Raketentriebwerk für die ersten Flüge war das Walter HWK R11 203 mit 750 Kilopond Schub. Hiermit konnte Dittmar leicht den damaligen Geschwindigkeitsweltrekord von 754,97 km/h überbieten und 919,99 km/h erreichen. (Wegen der Geheimhaltung im Kriege konnte der Weltrekord natürlich nicht zur Bestätigung angemeldet werden.)

Die Flugeigenschaften der Me 163 A waren ausgezeichnet, obwohl der Start von einem abwerfbaren Fahrgestell und die Landung auf einer Kufe erfolgten. Größter Nachteil war jedoch die kurze Brenndauer des Raketentriebwerks, die gerade zum Steigen auf 3950 Meter und für einen kurzen Geradeausflug ausreichte. War der Treibstoff verbraucht, so mußte die Me 163 zum Platz zurücksegeln. Da Hochgeschwindigkeitsflüge in großer Höhe stets infolge des zu Neige gehenden Brennstoffs abgebrochen werden mußten, obwohl die Me 163 noch beschleunigte, schlug Dittmar vor, die Me 163 auf Höhe zu schleppen, um genug Treibstoff zur Ermittlung der tatsächlichen Höchstgeschwindigkeit zu haben. Lippisch hatte errechnet, daß sie über 1000 km/h liegen könne, was in jenen Tagen einer schier unerreichbaren Traumgrenze wie der Lauf über eine Meile unter vier Minuten

*Oben links:* Heini Dittmar unmittelbar nach seinem Weltrekordflug mit mehr als 1000km/h.

*Oben rechts:* Dittmars Me 163 A hebt in Peenemünde vom Boden ab und (darunter links) steigt weg mit fast 800 km/h.

*Unten rechts:* Prototyp Me 163 A (links) im Vergleich mit einer der ersten Me 163 B ›Komet‹.

entsprach. So wurde Heini Dittmar am 2. Oktober 1941 vom Flugplatz Peenemünde aus von einer Messerschmitt Bf 110 auf 4000 Meter Höhe geschleppt. Dort klinkte er aus und zündete das Raketentriebwerk. Die Me 163 A beschleunigte auf unglaubliche 1002 km/h oder Mach 0.84.
Während dieses Fluges bei der höchsten Geschwindigkeit, die bis dahin je erzielt worden war, erlebte Dittmar den Verdichtungseffekt der Luft, der später allgemein volkstümlich als ›Schallmauer‹ bekannt wurde. Er berichtete

> »Mein Fahrtmesser zeigte schnell auf 910 km/h und stieg weiter an. Bald war die 1000 km/h-Marke erreicht. Dann begann der Zeiger zu zittern. Die kombinierten Höhen/Querruder (Elevons) begannen plötzlich zu flattern, und im gleichen Augenblick ging die Maschine in einen nicht mehr zu steuernden Sturzflug über, wobei hohe negative Beschleunigungen auftraten.
> Ich schaltete sofort das Triebwerk aus und dachte für einige Augenblicke, daß es mich jetzt wohl doch erwischt hätte!
> Dann, genauso plötzlich, sprachen die Steuer wieder normal an, und ich zog die Maschine behutsam aus dem Sturz heraus.«

Dittmar war nicht der erste Pilot gewesen, der den Verdichtungseffekt erlebt hatte. Jagdflieger beider Seiten hatten die Erfahrung gemacht, daß bei hohen Sturzfluggeschwindigkeiten mit voller Motorleistung merkwürdige Flattererscheinungen und sogar eine Umkehr der Steuerwirkungen im Höhenruder auftreten konnten. Doch war Dittmar der erste Flugzeugführer, der diese Erfahrungen im Horizontalflug machte.

Das Technische Amt der Luftwaffe hatte Bedenken und das nicht ohne Grund. Der leistungsfähigste Windkanal konnte höchstens Mach 0.80 erzielen. General Udet vermochte die Skeptiker umzustimmen. Am 22. Oktober, knapp einen Monat vor seinem unerklärlichen Selbstmord, bewilligte er einen Bauauftrag von immerhin siebzig Raketenjägern Me 163 B als Vorserie für eine bewaffnete Ausführung für die Luftwaffe. Es war geplant, mit Hilfe dieser Flugzeuge bis zum Frühjahr 1943 einen Raketenjägerverband einsatzbereit zu haben.

Als sich Udet im November 1941 erschoß, bestand die Gefahr, daß dieses Projekt mit ihm stürbe. Obwohl sein Nachfolger, Feldmarschall Erhard Milch, den Auftrag ausdrücklich bestätigte, setzte er gleichzeitig die Dringlichkeitsstufe herab. Deshalb dauerte es bis zum Februar 1943, als der erste Raketenstart einer Me 163 B (Berta) mit Rudolf Opitz am Steuer in Peenemünde erfolgen konnte. Die Entwicklung des Raketenjägers ging nur schleppend voran und führte zu Spannungen zwischen Alexander Lippisch und Willi Messerschmitt. Sie gipfelten im April 1943 darin, daß Lippisch aus der Firma Messerschmitt ausschied und von nun an auch keinen weiteren Anteil mehr an dem Projekt hatte.

Zu diesem Zeitpunkt wurde es klar, daß der Krieg noch lange nicht vorüber war. Der Raketenjäger bot eine mögliche Lösung gegenüber den Problemen mit der wachsenden Bedrohung durch die Tagesangriffe der USAAF-Bomberverbände. Rüstungsminister Albert Speer gab Weisung, daß eine ausreichende Anzahl von Raketenjägern, die jetzt ›Komet‹ genannt wurden, in Serie gehen sollte, um in den Einsatzstaffeln ständig 1000 von ihnen verfügbar zu haben. Obwohl ihre Reichweite sehr begrenzt war, ließen sie sich doch billig herstellen und konnten als Objektschutz lebenswichtige Ziele, wie zum Beispiel die Ölraffinerien zur Herstellung synthetischen Treibstoffs bei Leipzig, sichern.

Die erste Einsatzgruppe, das Erprobungskommando 16, wurde unter dem erfahrenen Jagdfliegerhauptmann Wolfgang Späte in Bad Zwischenahn aufgestellt. Hier wurden die Einsatzverfahren und -taktiken gegen die US-Bomber erarbeitet. Sobald sich Bomber näherten, sollten einige ›Komet‹ starten und mit etwa 700 km/h in fünf Minuten fünfundvierzig Sekunden fast senkrecht auf 11 500 Meter Höhe steigen und dort auf 900 km/h beschleunigen. Sie hatten dann nur noch Treibstoffreserven für etwa zwei Minuten. Eine Radarstellung sollte sie in eine Überhöhung von 1000 Metern über die Bomberströme führen, damit sich von dort der Verband gleichzeitig aus allen Himmelsrichtungen in Angriffsposition auf den Bomberstrom stürzen konnte.

So war es auf jeden Fall geplant. In der Praxis blieben diese Taktiken beträchtlich hinter den Erwartungen zurück. Anfangs ereigneten sich während der Ausbildung viele tödliche Unfälle, meist infolge des hochexplosiven Treibstoffs. Die ›Komet‹ war mit dem Walter HWK 109-509 A-Raketentriebwerk ausgerüstet, das schier unfaßbare 1500 Kilopond Schub bei nur 166 Kilogramm Gewicht leistete. Der Brennstoff bestand aus einer Mischung von C-Stoff (57% Methylalkohol, 30% Hydrazinhydrat und 13% Wasser) und T-Stoff (80%iges Wasserstoffsuperoxyd). Unglücklicherweise reagierten beide Treibstoffe höchst aggressiv. Sobald sie vermischt wurden, spalteten sie sich sofort explosionsartig in hochtemperierte Gase. Sogar das Betanken der ›Komet‹ war ein gefährliches Unternehmen. Die beiden Treibstoffe wurden aus Tankwagen, die deutlich mit einem großen T oder C gekennzeichnet waren, in getrennte Behälter gepumpt. Die Tankwagen durften

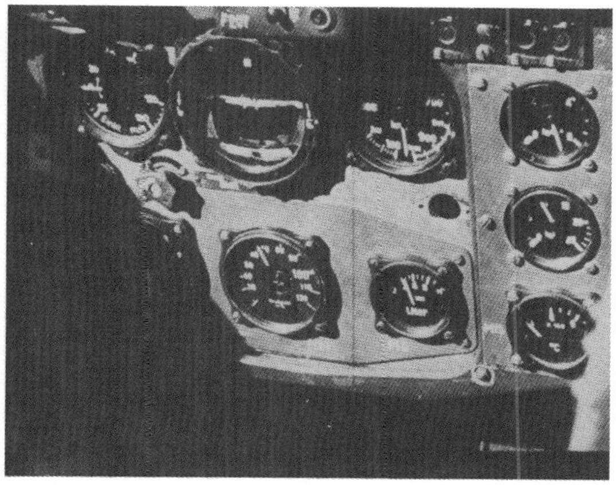

*Oben links:* Das Walter HWK 109-509 A-Raketentriebwerk.

*Oben rechts:* Ein Flugzeugwart, durch Sonderbekleidung relativ geschützt, betankt mit äußerster Vorsicht eine Me 163 mit T-Stoff.

*Mitte links:* Das Raketentriebwerk war mit Wasser abzusprühen, bevor das Triebwerk angelassen werden konnte.

*Mitte rechts:* Die Me 163 war kein ›Wegwerf-Flugzeug‹, wie sein gut bestücktes Instrumentenbrett zeigt.

*Unten:* Durch seine Spezialflugkombi geschützt, mit Sonnenbrille und Handschuhen, klettert der Flugzeugführer einer Me 163 in den Führersitz.

sich einander höchstens auf 800 Meter nähern. Zuerst wurde der eine Stoff herangefahren und getankt. Danach mußte alles, was mit ihm in Berührung gekommen war, sogar das Bodenpersonal, mit Wasser abgespritzt werden. Es war der einzige Vorteil dieser tödlichen Flüssigkeiten, daß sie wasserlöslich waren. Dann fuhr der eine Tankwagen fort und der zweite rollte heran. Der T-Stoff war der gefährlichere, weil er sofort in Flammen aufging, sobald er mit organischen Stoffen in Berührung kam, ob es eine vorbeifliegende Biene oder aber ein Flugzeugwart war.
Allein die Lagerung und Behandlung dieser Treibstoffe sprach sehr dagegen, daß die ›Komet‹ je ein einsatzreifes Waffensystem im Frontflugbetrieb der Luftwaffe werden konnte. T-Stoff durfte nur in Aluminiumbehältern gelagert werden, alles andere wurde zerfressen oder fing sofort Feuer. C-Stoff hingegen konnte nur in Glasbehältern lagern, da er fast alle anderen Materialien zersetzte, insbesondere Aluminium. Man drehte Ausbildungsfilme zur Schulung des Bodenpersonals der Luftwaffe, das das Pech hatte, zu einer ›Komet‹-Einheit versetzt zu werden. Eine Szene in einem dieser Filme zeigt, wie ein einziger Tropfen T-Stoff in eine Schale mit C-Stoff fällt, wobei es einen Knall wie bei einem Gewehrschuß gab. Eine andere Szene zeigt, wie etwas C-Stoff über einen Putzlappen geschüttet wird, der plötzlich binnen Sekunden verglüht. Die geringste Unachtsamkeit konnte fatale Folgen haben und hatte sie auch. So verlor ein Mechaniker sein Leben, als er versehentlich C-Stoff in einen Behälter goß, der zuvor für T-Stoff verwendet worden war.
Schon das Anlassen des Triebwerks, das mit so mörderischen Flüssigkeiten betankt wurde, mußte ein entnervender Augenblick gewesen sein. Zuerst wurde das ganze Raketentriebwerk mittels einer Hochdruckspritze mit Wasser ausgespült. Dann schaltete der Flugzeugführer eine kleine Elektropumpe ein, die eine genau dosierte Menge des Katalysators Kalziumpermanganat und Chromkali (gelb) mit T-Stoff beimischte. Das spaltete sich in Hochdruckdampf, der die Hauptpumpen antrieb, die die beiden Treibstoffe genau geregelt in die Raketenbrennkammer förderten. Nachdem der Pilot sich überzeugt hatte, daß alle Druckanzeigen richtig waren, schob er vorsichtig und behutsam den Leistungshebel vor, der fünf Rasterstellungen hatte: Aus, Leerlauf und drei Schubstufen.
Gestartet werden mußte von einer ebenen, befestigten Piste und genau in den Wind hinein. Es war allen Berichten zufolge eine riskante Sache. Wenn die ›Komet‹ beim Vollgasgeben zum Start nicht bereits explodierte (und einige taten es), mußte der Flugzeugführer die Maschine bis zu einer Geschwindigkeit von 280 km/h auf dem Boden halten. Die Beschleunigung war ungeheuer stark. Das Fahrwerk mußte abgeworfen werden, bevor die Fahrt zu hoch wurde, weil die großen Räder starke Verwirbelungen hervorriefen. Andererseits durfte es auch nicht zu früh ausgelöst werden, weil es sonst zurückprallen und die ›Komet‹ beschädigen konnte.
An der Platzgrenze hatte die ›Komet‹ schon nahezu 800 km/h Geschwindigkeit erreicht. Jetzt konnte der Pilot sie in einem fast senkrechten Steigflug mit 700 km/h hochziehen. Beim abrupten Hochziehen setzte jedoch das Raketentriebwerk oft aus. Weil die Flughöhe für einen Notausstieg zu gering war, blieb dem Flugzeugführer nichts anderes übrig, als die Landekufe auszufahren und zu versuchen, auf dem nächstbesten Feld zu landen. Die Überlebenschancen waren meist gleich Null. Mit ihrem kurzen Rumpf überschlug sich die ›Komet‹ leicht und ging zu Bruch, wobei die vollen Tanks mit den unstabilen Flüssigkeiten sofort explodier-

ten. Mano Ziegler, einer der wenigen ›Komet‹-Flugzeugführer, der noch lebt, schrieb über den Ausgang eines Triebwerkausfalls beim Start, den er selbst beobachtete:

»Bangen Blickes folgten unsere Augen der Maschine, die jetzt weit hinten am Platz den Boden berührte, sich noch einmal aufbäumte zu einem weiten Luftsprung, dann wie ein Stein aus dem Himmel fiel, in das unebene, bewachsene Gelände rutschte und sich wenig später überschlug – und dann schossen fast gleichzeitig eine weiße Stichflamme und ein Wolkenpilz . . . hoch.«

Nicht alle Bruchlandungen führten zur Explosion, obwohl in mancher Hinsicht das Ende oft noch schrecklicher war. Wiederum war Mano Ziegler Zeuge:

»Joschis Maschine sackte schnell ab, schlug schräg auf den Platz auf und glitt noch einige fünfzig Meter, um dann liegenzubleiben. Das alles war gute zwei Kilometer von unserem Standort entfernt passiert, und wir rannten, so schnell uns unsere Beine trugen, hinter dem Feuerwehr- und Krankenwagen her.

. . . Gewiß würde es nicht so schlimm sein. Schließlich hatte es kein Feuer und keine Explosion gegeben. Feuerlösch- und Saniwagen erreichten Joschi kaum eine Minute nach dem Aufschlag, aber unser Joschi war nicht mehr. Der T-Stoff aus den zerstörten Treibstoffleitungen war in den Führersitz gedrungen und hatte den wahrscheinlich Bewußtlosen, weil er mit dem Kopf auf das Instrumentenbrett geschlagen war, buchstäblich zersetzt . . .«

Selbst wenn alles gutging, konnte sich die Kabine auch mit Dampf füllen und den Flugzeugführer zu einem Blindflugstart zwingen. Trotz allem fand jeder Pilot die ›Komet‹ atemberaubend. Mano Ziegler:

»Ich stieg wie ein Fahrstuhl, zurückgelehnt in meinen Sitz mit nichts um mich herum als die unendliche Bläue des Himmels.«

Auch Hanna Reitsch fand die Me 163

»faszinierend, es war als ob man auf einer Kanonenkugel sitzt. Man war trunken vor Geschwindigkeit und in eineinhalb Minuten auf 10 000 Meter Höhe.«

War man erst einmal in 10 000 Meter Höhe, so ging der Treibstoff bald zur Neige, und der Welt schnellstes Jagdflugzeug wurde zum schnellsten Segelflugzeug der Welt, dem eine Landung ohne Motor bevorstand. Von Radar geleitet wurden die Piloten durch Funk zum Platz heruntergesprochen. Doch selbst so hervorragende Segelflieger wie Hanna Reitsch fanden die Landung ›schwierig‹. Es gab zahlreiche Probleme. Zunächst war die Landegeschwindigkeit von fast 225 km/h für die damalige Zeit sehr hoch. Einfache Landeklappen waren vorhanden, aber dank ihrer außergewöhnlich sauberen aerodynamischen Formgebung schien die Me 163 ewig zu schweben. Sie widersetzte sich geradezu den Bemühungen des Flugzeugführers, die hohe Fahrt auf 160 km/h Aufsetzgeschwindigkeit zu vermindern. Mit ausgebranntem Raketentriebwerk gab es kein Durchstarten, keine Möglichkeit, sich mit kurzem Gasgeben bei einem schlecht angesetzten Landeanflug ›hinzuhungern‹ und an den Platz heranzuziehen. Wer zur Landung ansetzen mußte, hatte keine Korrekturmöglichkeit mehr. Selbst eine perfekt ausgeführte Landung konnte in einer Katastrophe enden. Die Landekufe mußte ausgefahren werden, sonst konnten Landestöße beim Aufsetzen zu schweren Rückgratverletzungen führen. Hinzu kam, daß in den Tanks oft noch unverbrauchte Restmengen an Treibstoffen zurückblieben und einige Flugzeuge bei zu harten Landungen in die Luft flogen. Wenn aber alles gut abgelaufen war, die ›Komet‹ zum Stillstand kam und sich

Oberfeldwebel Schubert neben seiner ›Komet‹. Die kleine Luftschraube trieb den Generator für die Funkanlage an.

seitlich auf eine Fläche neigte, dann lag sie hilflos allein mitten auf dem Rollfeld, bis ein Spezialschlepper, der sogenannte ›Scheuschlepper‹ (nach einem Konstrukteur so benannt) kam und sie zurückholte, ein bevorzugtes Ziel für jeden feindlichen Tiefangriff. Im Juli 1944 und dann nochmals im August wurde Bad Zwischenahn, der Fliegerhorst der ›Komet‹, bombardiert. Am 16. August wurden die Raketenjäger verlegt und als Einsatzjagdgruppe – I./Jagdgeschwader 400 – in Brandis bei Leipzig aufgestellt. Sie hatte den Auftrag, den Objektschutz für die Leuna-Werke, in denen synthetischer Treibstoff hergestellt wurde, zu übernehmen. Diese Raffinerien lagen rund fünfzig Kilometer von Brandis entfernt.

Im Jagdeinsatz gegen die US-Bomber mit ihren begleitenden Fernjägern wurden die Mängel der Me 163 ›Komet‹ erst richtig deutlich. Ihr Hauptangriffsziel waren die Bomber, die ›Dicken Autos‹ im Luftwaffenjargon. Um jedoch an die B 17 ›Fliegende Festung‹ und die B 24 ›Liberator‹ heranzukommen, mußten sie damit rechnen, selbst von den Begleitjägern ›Mustang‹ und ›Thunderbolt‹ angegriffen zu werden. Um dies zu verhindern, mußte die ›Komet‹ mit über 930 km/h angreifen. Das bedeutete, daß sie gegenüber den Bombern einen Fahrtüberschuß von fast 550 km/h hatte. Wegen dieser hohen Annäherungsgeschwindigkeit mußte der Angriff bei mindestens 200 Meter vor dem Ziel abgebrochen werden. Da aber die wirksame Reichweite ihrer 3-cm-Bordkanone bei 600 Meter lag, hatten die Raketenjäger nur 2–3 Sekunden Zeit für das eigentliche Wirkungsfeuer, wenn sie von hinten oder querab kamen. Für den Angriff von vorn blieb sogar nur eine Sekunde Zeit zum Schießen. Und gerade diese Angriffsart von vorn wurde von den Jagdflugzeugen mit Kolbenmotoren am meisten bevorzugt. Nur die allererfahrensten Flugzeugführer konnten hoffen, Treffer anzubringen. Und tatsächlich schafften dies auch nur wenige. Der erfolgreichste Tag des JG 400 war der 24. August 1944, als eine Kette unter Führung von Oberfeldwebel Schubert drei B 17-

Abschüsse melden konnte. Schubert brachte einen Abschußfilm zurück, den einzigen Schießfilm vom Luftsieg einer ›Komet‹, soweit man weiß. Einen zweiten konnte er nicht mehr machen, weil seine ›Komet‹ kurz darauf beim Start explodierte. Eine Woche später wurde die einzige deutsche Produktionsstätte für C-Stoff in Kiel völlig zerbombt und dem Erdboden gleichgemacht. Treibstoff aus Lagervorräten wurde per Bahn nachgeschoben. Aufgrund der Auslagerung in verstreute Depots, die wegen der alliierten Bombenangriffe erforderlich war, kamen die Treibstoffe überhaupt nicht mehr an oder hatten derart langwierige Transportwege, daß sie sich zersetzt hatten und unbrauchbar geworden waren.

Eine B 17, die Schubert abschoß. Einzelbild aus seinem Schießfilm; es ist der einzige bekannte Filmnachweis vom Luftsieg einer ›Komet‹.

In den letzten Tagen des Krieges brauchten die überlebenden Flugzeugführer des JG 400 die geringen Treibstoffbestände, die sich noch besaßen, auf. Aber das einzige, was sie damit erreichten, war die Beschädigung einer einzelnen ›Mosquito‹. Im März 1945 flogen täglich 2000 alliierte Bomber ihre Tagesangriffe auf das Reichsgebiet. Doch keine Luftwaffeneinheit konnte noch etwas dagegen tun. Am 8. Mai 1945 ergaben sich die Reste des JG 400 den britischen Streitkräften. Die 48 verbliebenen ›Komet‹ wurden unter den Siegern aufgeteilt. Von 350, die gebaut worden waren, sind zehn noch heute in Museen erhalten geblieben.
Während die erbeuteten ›Komet‹ in Farnborough und sonstwo untersucht wurden, bauten die Japaner die Me 163 nach. Zeichnungen und zerlegte Baugruppen waren im Frühjahr 1944 von Deutschland mit U-Booten nach Japan geschickt worden. Der Mitsubishi-Konzern baute die japanische Version, die J8M1 ›Shusui‹ – ›Schneidendes Schwert‹. Der erste ›heiße‹ Start wurde am 7. Juli 1945 durchgeführt. Wie als getreue Kopie der Me 163, bis hin zu ihren Flugeigenschaften, stürzte sie beim Start infolge Triebwerkversagens ab.

## Turbojäger

Das Vorhandensein deutscher Turbo- und Raketenflugzeuge war vom Alliierten Nachrichtendienst gemeldet und durch Luftaufklärung bestätigt worden. Eine Reihe sehr deutlicher Aufnahmen des Peenemünder Flugplatzes Karlshagen vom 23. Juni 1943 enthüllte vier kleine schwanzlose Deltaflugzeuge. Die Bildauswerte-

rin Constance Babington Smith ermittelte eine Spannweite von etwas über neun Metern (30 Fuß). Gemäß den Gepflogenheiten bei unbekannten Typen nannte sie das Flugzeug einfach ›Peenemünde 30‹. Es handelte sich tatsächlich um die Me 163 B.
Wichtiger noch als das entdeckte Flugzeug war der Zusatz in ihrem Bericht über ›Bedeutsame Aktivitäten‹ auf dem Flugplatz:

> »Das Rollfeld zeigt erhebliche Verschleißerscheinungen. Die meisten der Spuren sehen so aus, wie sie gewöhnlich von Flugzeugreifen hervorgerufen werden. Es gibt jedoch noch einige ungewöhnliche Spuren, die von den Stellen nahe einer Flugzeughalle und der kleinen Gebäude, wo die schwanzlosen Flugzeuge stehen, in Richtung auf die Flugplatzmitte zulaufen. Jede dieser Spuren besteht aus einem ziemlich deutlich erkennbaren dunklen Streifen, der in den meisten Fällen von einer verfärbten Stelle in der Grasnarbe ausgeht und sich dann langsam verliert.
> Diese Spuren scheinen sich über unterschiedliche Längen zwischen 90 und 180 Meter zu erstrecken . . .
> Es sei darauf hingewiesen, daß Luftbilder von Augsburg, die am 20. Juni 1943 aufgenommen wurden, ebenfalls einige verfärbte Stellen in der Grasnarbe des Rollfeldes zeigen, die denen von Peenemünde ziemlich gleichen.«

Diese Streifen in der Grasnarbe waren ganz richtig als von Strahlflugzeugen herrührend gedeutet worden, die auf einem Rasenplatz starten oder ihre Triebwerke abbremsten. Als erste Maßnahme wurden sofort Luftbilder von britischen Flugplätzen erflogen, auf denen Prototypen von Strahlflugzeugen erprobt wurden. Es wurden ähnliche Spuren gefunden. Besonders deutliche Beweise lieferten die Luftbilder von Boscombe Down.
Die Doppelspuren auf dem Messerschmitt-Werksflugplatz in Augsburg stammten offensichtlich von der zweistrahligen Me 262, die bald darauf der erste einsatzfähige Turbojäger der Welt werden sollte. Die Arbeiten an diesem fortschrittlichen Flugzeug begannen im Herbst 1938, als das deutsche Reichsluftfahrtministerium Messerschmitt aufgefordert hatte, mit Vorstudien für die Zelle eines Jagdflugzeuges zu beginnen, das umwälzende, höchst geheime Antriebsaggregate erhalten sollte. Es war das ›Projekt 1065‹, das schließlich dazu beitrug, daß die konkurrierende Heinkel He 280 nicht zum Zuge kam.
Messerschmitt vollendete den Vorentwurf im Juni 1939, schuf bis zum März 1940 ein Holzmodell, worauf der Vertrag über drei Prototypzellen erteilt wurde. Das Flugzeug entpuppte sich als ein aerodynamisch sehr sauber und schnittig ausgelegter Tiefdecker mit ausgezeichneten Größenverhältnissen, gut eingepaßten, gepfeilten Tragflächen und zwei untergehängten Strahltriebwerksgondeln. Der neue Jäger verkörperte den Grundsatz aller Flugzeugkonstrukteure: »Was gut aussieht, muß auch gut sein!«
Jedoch waren sowohl Zellen als auch Triebwerke noch nicht erprobt. Die für die drei Prototypen vorgesehenen BMW-Axial-Strahltriebwerke waren sicherlich nicht die einfachste Antriebsart für diese bahnbrechenden Arbeiten, weil Axialturbinen gewisse Konstruktionsprobleme aufwerfen, die ihnen bis auf den heutigen Tag anhaften. Man erwartete von ihnen 455 Kilopond Schub, aber auf dem Prüfstand erreichten sie nur 260 Kilopond, was nicht annähernd für Versuchsflüge ausreichte.
Als einzig mögliche Ausweichlösung bot sich die Junkersturbine Jumo 004, auch ein Axialtriebwerk, an. Doch sie war noch nicht annähernd fertig entwickelt, hatte erst im November 1940 mit dem Probelauf auf dem Triebwerkserprobungsstand

*Oben:* Die verräterischen Hinweise von Erprobungsflügen mit Düsenflugzeugen, die in den Rasen der Startbahn des Flugplatzes Boscombe Down eingebrannt sind. Foto aus dem Jahre 1944.

*Rechts:* Die Me 262 hatte damals gewiß die beste aerodynamische Formgebung eines Strahlflugzeuges.

begonnen und verursachte unmittelbar danach erhebliche Schwierigkeiten. Inzwischen waren die drei Prototypzellen fertiggestellt worden, hatten aber keine Triebwerke. Nun war es April 1941 geworden, und das Interesse an Strahlantrieben ließ im Reichsluftfahrtministerium immer mehr nach. General Udet stellte sogar fest, daß die Luftwaffe nicht einmal einen langfristig absehbaren Bedarf an Strahljägern habe und die vorhandenen Jäger mit Kolbenmotoren allen zukünftigen Anforderungen gerecht werden würden. Sein Nachfolger, Feldmarschall Milch, pflichtete dem bei und ließ nahezu sämtliche weiteren Versuchsarbeiten am Strahlantrieb einstellen.

Trotz dieser niedrigen Dringlichkeitsstufe und dem, was sich in offiziellen Kreisen sogar an Feindseligkeiten alles aufschaukelte, setzte die Entwicklungsgruppe von Messerschmitt die Arbeiten voller Begeisterung fort. In Ermangelung von Turbinen baute sie einen einzelnen Junkers-Jumo-210G-Kolbenmotor in den ersten Prototyp ein, um die Flugeigenschaften ihres Erprobungsmusters testen zu können. Der Erstflug fand im April 1941 statt. Obwohl die Triebwerkleistung äußerst schwach war, weil der Jumo 210 nur knapp 600 PS leistete, führte man einige erfolgreiche Flüge durch.

Mitte November trafen die ersten beiden BMW-003-Strahlantriebe zum Einbau ein. In kluger Voraussicht hatte Professor Messerschmitt das Kolbentriebwerk in der Bugnase der Me 262 belassen, eine wohlweislische Vorsichtsmaßnahme, denn sobald die Leistungshebel zum Start nach vorn geschoben wurden, brachen die Turbinenschaufeln in beiden Triebwerken ab. Der Pilot, Flugkapitän Fritz Wendel, schaffte es gerade noch, sicher zu landen. Die Triebwerke wurden ausgewechselt und beträchtliche Umbauten als notwendig erachtet. Bis die verbesserten Triebwerke wieder eingebaut werden konnten, sollte es Ende 1943 werden.

Acht lange Monate dauerte es, bis die passenden Jumo-004-Triebwerke endlich zur Verfügung standen. Sie hatten ihre Flugerprobung unter einer Me 110 bestanden, lieferten 840 Kilopond Schub und wurden in die dritte Me 262-Zelle (PC + UC) eingebaut. Die Flugerprobung wurde nach Leipheim verlegt, wo man eine sehr lange betonierte Piste für die ›Gigant‹ gebaut hatte.

Am frühen Morgen des 18. Juli 1942 begann Fritz Wendel mit Hochgeschwindigkeitsrollversuchen. Er stellte fest, daß die Me 262, die damals noch ein Spornrad hatte, ein deutlich auftretendes Widerstreben zeigte, das Heck – den Schwanz – zu heben. Das Höhenruder, dem der Luftstrahl eines Propellers fehlte, zeigte keine Wirkung. Wendel entschloß sich, die Fahrwerksbremsen kurz anzutippen, um das Heck aus dem Windschatten der Tragflügel hochzubekommen. So trat er für einen Augenblick bei seinem ersten Startversuch auf die Bremsen, als er mit 180 km/h die Startbahn hinunterdonnerte. Das Heck kam tatsächlich hoch, und sanft hob die Me 262 zum erstenmal nur mit Strahlantrieb ab. Als Wendel nach zwölf Minuten gelandet war, berichtete er:

> »Sofort tippte ich kurz auf die Bremsen, der Schwanz hob sich und das Höhenruder bekam Steuerdruck. Meine Strahltriebwerke liefen wie ein Uhrwerk. Es war ein reines Vergnügen, diese neue Maschine zu fliegen. Ich war wirklich selten so begeistert bei einem ersten Flug mit einem neuen Flugzeug wie bei der Me 262.«

Bald darauf kam der Chefpilot von Rechlin nach Leipheim, um das Düsenflugzeug zu fliegen. Obwohl er von Wendel sorgfältig eingewiesen worden war, bediente er die Bremsen falsch, kam von der Piste ab und endete mit stark beschädigter Maschine in einem Kornfeld. Das führte in Berlin zu einer noch sehr

viel ablehnenderen Haltung gegenüber der Me 262. Dennoch wurden fünfzehn Maschinen in Auftrag gegeben, und im Dezember 1942 fiel die Entscheidung, eine begrenzte Produktion mit einem Ausstoß von monatlich zwanzig Einheiten aufzunehmen. Aus Sicht des Reichsluftfahrtministeriums schien dies, trotz des Einspruchs von Messerschmitt, eine ausreichende Stückzahl für Erprobungszwecke zu sein.
Der eigentliche Wendepunkt für den leistungsmäßig unschlagbaren Jäger trat im April 1942 ein, als General Galland den vierten Prototyp (PC + UD) in Lechfeld flog. Er war sehr beeindruckt von dem Turboflugzeug, und ein oder zwei Tage später berichtete er Göring, er sei überzeugt, daß die Me 262 der Luftwaffe einen sehr deutlichen Vorsprung gegenüber den alliierten Kolbenmotorjägern bringen würde. Er schlug ferner vor, daß die gesamte Fertigung von einmotorigen Jagdflugzeugen jetzt auf die FW 190 zu beschränken sei und die dadurch freiwerdenden Fertigungsbänder zum Bau der Me 262 eingesetzt werden sollten. In einer Besprechung am 2. Juni 1943 wurde endlich zugestimmt, daß der Turbojäger Me 262 in Serie gehen soll. Der vierte Prototyp wurde Göring vorgeführt, der Hitler darüber begeistert berichtete; doch dieser wollte einer Massenfertigung nicht zustimmen.
Das Spornradfahrwerk wurde als nicht befriedigend für den durchschnittlichen Einsatzpiloten angesehen. Am fünften Prototyp wurde ein voll einziehbares Dreibeinfahrwerk mit Bugrad erprobt, wie es heute allgemein üblich ist. 1943 war es noch so etwas wie eine Sensation. Doch die Versuche waren zufriedenstellend. Die Maschine war nun produktionsreif und wartete darauf, in die Serienproduktion genommen zu werden.
Weitere Vorführungen wurden vor Göring, Milch und Galland im November 1943 in Regensburg durchgeführt. Bezeichnenderweise fragte Göring Professor Messerschmitt, ob der Me 262-Jäger zum Bombenwerfen umrüstbar sei. Es wurde geantwortet, daß dies keinerlei Schwierigkeiten bereite. Am 26. November, wurde eine Me 262 in der Nähe von Hitlers Hauptquartier vorgeflogen, das damals bei Insterburg in Ostpreußen lag. Hitler war sehr beeindruckt und forderte, sofort mit der Massenproduktion der Me 262 als Bomber zu beginnen.
Das war eine verhängnisvolle und unverständliche Entscheidung. Ein anderer zweistrahliger Turboprototyp, die Arado 234, der für die Luftaufklärung mit hoher Geschwindigkeit entworfen war, hatte schon seine Erprobungsflüge hinter sich und war für eine Verwendung als Bomber weitaus geeigneter. Er wurde schließlich auch in einer Bomberversion gebaut. Inzwischen verzögerte Hitlers Direktive zwangsläufig die Produktion der Me 262. Denn trotz der Versicherung Professor Messerschmitts, daß sie auch für Bomberaufgaben ausgelegt sei, war sie es in Wirklichkeit nicht. Nicht einmal die sonst üblichen einfachsten Bombenaufhängungen waren vorgesehen. Selbst nach Hitlers Befehl bestand die erste Produktionsserie vom Mai 1944 aus Jägern, der Me 262 A-1 ›Schwalbe‹.
Als Jagdflugzeug übertraf die Me 262 alle Typen ihrer Zeit. Sie erreichte 870 km/h in rund 6100 Meter Höhe. Der schnellste damalige alliierte Jäger, die North-American P 51 D ›Mustang‹ mit Rolls-Royce-Motor, erreichte nur 700 km/h. Doch als Hitler feststellte, daß sein Befehl mißachtet worden war, befahl er, daß alle bereits gebauten Me 262-Jäger sofort auf Bomber umzurüsten seien. Die Bomberversion ›Sturmvogel‹ mußte ihre zwei 500-kg-(oder eine 1000-kg-)Bomben außenbords mitführen, was ihre Geschwindigkeit gegenüber den alliierten Kolbentriebwerksjägern verringerte.

Die verschiedensten Pläne wurden unterbreitet, um die Me 262 ohne völlige Umkonstruktion für ihre Rolle als Bomber reif zu machen. Einer der tollsten war, eine 1000-kg-Bombe in Schlepp zu nehmen, sie mit Holzflügeln zu versehen und mit einem starren Schleppgestänge (dem Deichselschlepp) an die Maschine zu hängen. Ein hierfür unvermeidlicher zweirädriger abwerfbarer Startkarren sollte helfen, die Bombe in die Luft zu bekommen. Die Einsatzmethode sah für den ›Sturmvogel‹ vor, daß der Flugzeugführer sein Ziel im Stechflug angreifen und die Bombe auslösen sollte, wobei Absprengbolzen das Schleppgeschirr und die Bombentragflügel trennen sollten. Die Flugversuche erwiesen sich als schwierig. Die Fläche der Bombe war für zuviel Auftrieb entworfen worden, wodurch sie in starke Schwingungen geriet und den Schlepp derart schwierig gestaltete, daß ein Versuchspilot sogar mit dem Fallschirm abspringen mußte. Ein anderes Mal ließ sich die Bombe von der Me 262 nicht trennen, und der Flugzeugführer mußte mit ihr landen. Bei einem weiteren Flug löste sich das Schleppgeschirr in einer Kurve, wobei die Bombe freikam und nach unten wegsauste. Nach diesen Ereignissen ließ man den Plan von der Schleppbombe und dem Deichselschlepp wieder fallen.
Angesichts der immer stärker und vernichtender werdenden USAAF-Tagesangriffe änderte Hitler im November 1944 seinen Befehl und verlangte Tausende von Me 262 als Jagdflugzeuge, fügte aber hinzu, um das Gesicht zu wahren, daß sie fähig sein sollten, auch noch eine 250-Kilo-Bombe zu tragen. Die Serienmuster des Turbojägers Me 262B erwiesen sich fliegerisch unter der Voraussetzung leicht beherrschbar, daß der Flugzeugführer beträchtliche Erfahrungen auf Kolbenmotorflugzeugen hatte. So wurden tatsächlich die ersten Turbinenjäger der Welt in erster Linie von Messerschmittwerkspiloten geflogen. Im April 1944 wurden sie zum Erprobungskommando 262 (E-Kdo 262) in Lechfeld zusammengefaßt, um zwei Aufgaben wahrzunehmen: einmal die Umschulung von Luftwaffenflugzeugführern auf die Me 262 und zum anderen die Abwehr hocheinfliegender ›Mosquito‹- und ›Lightning‹-Bildaufklärer, die von deutschen propellergetriebenen Jagdflugzeugen fast überhaupt nicht abgefangen werden konnten.
Später wurden die Turbojäger hauptsächlich gegen die Bomberströme der 8. US-Luftflotte eingesetzt. Überlebende amerikanische Piloten erinnern sich noch sehr genau daran, wie sie die Turbojäger im Einsatz erlebten. Colonel Johnson war Kommandant einer B 17, der Anfang 1945 bei einem Tagesangriff auf Nürnberg dabei war, als drei Me 262 seinen Verband angriffen:

> »Mein Heckschütze meldete sie in Richtung sechs Uhr oben und setzte hinzu ›sehr weit oben‹. Ich erinnere mich daran, als wäre es gestern gewesen. Als nächstes hörten wir nur noch, daß alle Bordschützen das Feuer eröffnet hatten und der Heckschütze ein weiteres Mal rief: ›Da kommen sie!‹ Drei Turbojäger rasten durch unseren Bomberverband, schossen drei unserer Maschinen ab und waren unversehens verschwunden. Sie waren wirklich gut!«

Das ursprüngliche E-Kdo 262 wurde als Luftwaffenverband in die Reichsverteidigung unter Führung des sehr erfolgreichen Jagdfliegers Major Walter Nowotny eingegliedert. Ihm unterstanden etwa dreißig Flugzeuge. Innerhalb eines Monats nach Beginn der Reichsverteidigungseinsätze gegen US-Bomber waren sie im Oktober 1944 auf drei Flugzeuge zusammengeschmolzen. Die meisten Ausfälle waren nicht auf Feindeinwirkung sondern auf Flugunfälle zurückzuführen. Meist beruhten sie auf Triebwerksausfall und mangelnder Einsatzerfahrung. Nowotny selbst fiel in einem Einsatz am 8. November. Die Überlebenden bildeten den

Leutnant (später Major) Ben Drew nach dem Abschuß von zwei Me 262.

Die P 51D, North American ›Mustang‹, wie sie Lt. Drew flog.

Stamm des J.G.7 unter Oberst Johannes Steinhoff, später Major Theo Weißenberger, das dreißig Viermot-Abschüsse gegenüber den Amerikanern erzielte.

Aber auch die Me 262, obwohl sie viel schneller als die P 51 ›Mustang‹ und P 47 ›Thunderbolt‹ war, konnte abgeschossen werden, und wurde es auch. Leutnant Ben Drew von der 361. Jagdgruppe schoß zwei von ihnen während des Starts am Flugplatz Achmer ab, indem er sie mit seiner P 51D im Tiefflug angriff. Auf gleicher Höhe mit der Me 262 hatte die ›Mustang‹ wenig Chancen, da die deutschen Flugzeugführer den Luftkampf leicht abbrechen konnten, weil sie nur einfach Vollgas geben mußten. Die einzige Erfolgsaussicht bestand darin, sich aus großer Höhe überraschend auf sie hinabzustürzen.

Als sich der Krieg seinem Ende zuneigte, versuchten die Deutschen verzweifelt, den Ausstoß der Me 262 zu steigern. Alliierte Bombenangriffe auf Zulieferungsbetriebe und Flugzeugfabriken erschwerten die Lage außerordentlich. Aber durch

gezielte Auslagerung der Fertigung wurden die Turboflugzeuge bald in Wäldern und hervorragend getarnten Ausweichbetrieben gefertigt. Insgesamt wurden 1433 Me 262 gebaut, obwohl wahrscheinlich nur etwa einhundert von ihnen tatsächlich zum Einsatz kamen.
Den letzten Me 262-Verband, den ›Jagdverband 44‹ (JV 44), stellte General Galland persönlich auf. Es war ein Eliteverband mit sorgsam ausgewählten Jagdfliegern. Zehn von ihnen trugen das begehrte Ritterkreuz. Sie starteten hauptsächlich von der Autobahn München–Augsburg aus und flogen im JV 44 so lange, bis ihre Bodentruppen von amerikanischer Infanterie am 3. Mai 1945 überrollt wurden. Der Verband war gerade erst einen Monat im Einsatz gewesen, hatte aber fünfzig US-Bomber abgeschossen. Die drei Me 262, die Colonel Johnson gemeldet hatte, waren aller Wahrscheinlichkeit nach vom JV 44 gewesen.
Als der erste Turbojäger der Welt seine Einsätze beendete, hatte er zwar nur eine kurze Erfolgsserie aufzuweisen, doch mit ihm waren die Grundzüge für die Strahljägerentwicklung der nächsten dreißig Jahre aufgezeigt worden.
Rückblickend wird deutlich, daß die Me 262, falls sie ein Jahr früher in ausreichender Anzahl verfügbar gewesen wäre, entscheidenden Einfluß auf die alliierten Luftkriegsoperationen genommen hätte. General Galland hat wiederholt festgestellt: sofern die Turbojäger im Frühjahr 1943 einsatzreif gewesen wären, hätte die Luftwaffe die lähmenden Tagesbombardierungen stoppen können. Ferner war es denkbar, daß Turbojäger in großer Anzahl mit ausgereiften Triebwerken und erfahrenen Besatzungen die Luftüberlegenheit langsam wiedergewonnen hätten, die in der Luftschlacht um England verlorenging. Dies ist keine so ungewöhnliche Vorstellung, weil die Alliierten bis Mitte 1944 überhaupt keine Luftkriegsmittel gegen die Me 262 gehabt haben. Die Invasion wäre dann sehr viel verlustreicher für die Alliierten verlaufen, als sie es ohnehin schon war.
Für die Verzögerungen zeichnete Hitler verantwortlich. Im Grunde genommen lag aber das größte Hemmnis für die Entwicklung des deutschen Turbojägers in der Triebwerkfrage begründet. Die BMW-Turbine war nicht fertig. Die Junkers Jumo 004 war zu schwach und verursachte viele jener Brüche, unter denen die Me 262 litt. Denn mit einer Lebensdauer von durchschnittlich fünfzehn Einsatzstunden konnte es nie ein befriedigendes Triebwerk sein.
Wenn die Deutschen 1939 ernsthaft ein Turbojägerpotential angestrebt und soviel wissenschaftliche Anstrengungen und Mittel diesem Produktionsprogramm gewidmet hätten wie den V2-Raketen, dann hätte Anfang 1943 auch eine schlagkräftige Flotte von Turbojägern bereitstehen können.

Schon 1943 in größerer Anzahl verfügbare deutsche Turbinenjäger wären seitens der Alliierten nur schwer abzuwehren gewesen. Der einzige alliierte Strahljäger, der frontreif wurde, war die Gloster ›Meteor‹. Sie machte ihren Jungfernflug erst im März 1943. Im Juli 1944 standen sechzehn ›Meteor‹ MK 1 in der 616. Staffel bereit, gerade noch zur rechten Zeit, um den deutschen V 1 nachzujagen. Und erst im Januar 1945 folgte die Baureihe MK III. Sie hatte Rolls-Royce-Derwent-Triebwerke und entwickelte eine Höchstgeschwindigkeit von knapp 800 km/h.
Das erste britische Strahltriebwerk, das übrigens die erste für den Flugzeugantrieb entwickelte Gasturbine war, die überhaupt lief, wurde erstmals von seinem Erfinder, Hauptmann Frank Whittle, am 12. April 1937 zum Laufen gebracht. Weil es ständig praktisch an allem, besonders aber an Geld mangelte, wurde das

Die winzige Gloster E 28/39 beim Start zu einem Testflug in Farnborough.

ganze Whittle-Projekt nur mit ›ein paar Groschen‹ betrieben. Das Britische Luftfahrtministerium stand ihm fast verletzend gleichgültig gegenüber. Whittle und seine sechs Mitarbeiter bauten und änderten in einer ehemaligen Gießerei in Lutterworth an der Strahlturbine herum. Vier Jahre nach dem ersten Probelauf erhielt die Turbine am 12. April 1941 endlich die Zulassung für die ersten Testflüge.

Anders als die deutschen Axialturbinen wurde bei diesem Triebwerk ein günstigerer Radialkompressor verwandt. Eine kleingehaltene Flugzeugzelle, die Gloster E 28/39, wurde besonders dafür gebaut und machte den Jungfernflug am 15. Mai 1941. Es war der erste Flug mit Strahlantrieb in Großbritannien. Der Pilot Jerry Sayers erreichte rund 600 km/h in 6100 Meter Höhe, eine etwas bessere Leistung als die der damaligen ›Spitfire‹. Anschließend stellte er fest, daß der ›Gloster‹-Jet das am einfachsten zu handhabende Flugzeug gewesen sei, das er je geflogen habe. Dieses Geschichte machende Flugzeug, die W 4041, steht heute im Museum für Wissenschaften in London.

Aufgrund des erfolgreichen Fluges der E 28/39, die als reines Experimental- und Versuchsflugzeug entwickelt worden war und nicht als ein Prototyp gedacht, beschloß die britische Regierung, den Auftrag zur Fertigung von Strahlturbinen zu erteilen. Sie sollten ein zweistrahliges Jagdflugzeug antreiben, das von der Firma Gloster unter dem Namen ›Thunderbolt‹ entwickelt werden sollte. (Um Verwechslungen mit der amerikanischen P 47 ›Thunderbolt‹ zu vermeiden, wurde der britische Strahljäger in ›Meteor‹ umgetauft.) Die Firma, die den Bauauftrag für die Strahltriebwerke erhielt, waren die Rover-Automobilwerke, die keine oder nur wenig Erfahrungen mit irgendwelchen Flugmotoren besaßen. Whittle erinnert sich, daß

»... sie (die Roverleute) sich lange Zeit herumplagten und zu keinem Ergebnis kommen konnten. Glücklicherweise wurde dann der Entschluß gefaßt, daß Rolls-Royce die Sache übernehmen sollte ...«

Rolls-Royce, heute zu Recht das beste Entwicklungs- und Herstellungswerk von Flugzeug-Strahl- und Turbinentriebwerken, geriet rein zufällig an dieses Geschäft. Der Rolls-Royce Konstrukteur Stanley Hooker hatte im Februar 1940 ein Whittle-Triebwerk zu sehen bekommen und war beeindruckt davon. Er besuchte Lutterworth mehrere Male, befreundete sich mit Whittle, erkannte die Bedeutung von Strahltriebwerken und bat den Direktor von Rolls-Royce, Mr. (später Lord) Hives, sich die Gasturbine einmal selbst anzuschauen. Hives fragte ihn, welche Leistung denn das neue Triebwerk entwickle, und als Hooker erwiderte, so etwa um die 450 Kilopond Schub, zeigte sich Hives nicht im geringsten davon beeindruckt und meinte:

»Das reicht ja kaum aus, die Haut vom Reispudding zu pusten!«

Hives war es natürlich gewohnt, bei Triebwerksleistungen in der Größenordnung von Pferdestärken zu denken. Deshalb stellte Hooker einige einfache Berechnungen an und ging wieder zu Hives: »Wissen Sie, wieviel Schub unser ›Merlin‹-Motor der ›Spitfire‹ verleiht?«
»Nein«, sagte Hives.
»Nun, er gibt 450 Kilopond Schub ab!«
Hives schaute ihn an. Er klingelte. Eine Sekretärin trat ein. »Ich fahre mit Hooker nach Lutterworth, um mir dieses Strahltriebwerk am Sonntag anzusehen«, sagte er zu ihr.
Das war im August 1940. Die Luftschlacht um England wogte über Südengland. Nachdem er Whittles Triebwerk besichtigt hatte, gelangte Hives zu dem Entschluß, auch bei Rolls-Royce Strahltriebwerke zu bauen. Nur die Rover-Werke standen im Wege. Hives bat Hooker zu sich und sagte:
»Heute abend werden wir ausgehen und in Clitheroe mit S. B. Wilkes speisen.« (Wilkes war der geschäftsführende Direktor von Rover.)
Hooker erinnert sich:

»Es war ein gepflegtes Essen, fünf Schillinge pro Kopf in jenen Tagen, und schmeckte gut. Gegen Endes des Mahles wandte sich der alte Hives Wilkes zu und sagte: ›Was wollen Sie eigentlich mit diesen Strahltriebwerken anfangen? Sie haben doch keine Erfahrung mit Flugmotoren. Das ist schließlich unsere Domäne.‹ Ich glaube, er fügte hinzu: ›Sie quälen sich da mit den Grundlagen ab.‹ Und dann meinte er: ›Ich will Ihnen sagen, was ich möchte. Ich gebe Ihnen unser Werk für Panzermotoren in Nottingham und Sie überlassen mir diese Sache mit den Strahltriebwerken!‹
Wilkes sagte: ›Abgemacht!‹«

So trat Rolls-Royce mit einer Spesenrechnung von fünfzehn Schillingen als Eintrittspreis in das Zeitalter der Strahltriebwerke.
Hooker besaß beste Erfahrungen mit Vorverdichtern, die auf der herkömmlichen Technologie beruhten. Er wurde Leiter der Strahltriebwerksentwicklung. Der Konzern stellte eine Rolls-Royce-Version der Entwicklung von Whittle her. Sie erhielt den Namen ›Welland‹ und erwies sich als ein sehr zuverlässiges Triebwerk, das seine Hundertstundenprüfläufe ohne Beanstandung durchhielt und als Antrieb für die Serien-›Meteor‹ diente.
Wenn die Messerschmitt Me 262 auch eine weitaus bessere Zelle als die ›Meteor‹ hatte – und das hatte sie zweifellos –, so war das Rolls-Royce-Triebwerk in nahezu jeder Hinsicht der Junkers Jumo 004-Turbine überlegen. Sir Frank Whittle ist heute davon überzeugt, wenn er eine seitens der Regierung angemessene Unter-

Eine der ersten Gloster-›Meteor I‹ beim Probeflug. Im Gegensatz zur Me 262 waren bei ihr die (Rolls-Royce-)Triebwerke besser als die Zelle.

stützung und die Entwicklungshilfsmittel von Rolls-Royce zur Verfügung gehabt hätte, daß die RAF die ›Meteor‹ schon 1942, also zwei Jahre früher, hätten haben können.

Der ›Meteor‹-Jäger war das einzige alliierte Düsenflugzeug, das während des Krieges in Dienst gestellt werden konnte. Die Deutschen hingegen hatten auch einen bemerkenswerten Strahlbomber, die Arado 234. Dieses Flugzeug war, wie schon erwähnt, ursprünglich als Schnellaufklärer entworfen worden. Einige von ihnen führten gegen Ende 1944 Bildaufklärungseinsätze über Südengland, Hull und über der Normandie durch. Sie flogen in 9100 Meter Höhe mit fast 720 km/h. Dieses zweistrahlige Turboflugzeug hatte keine Mühe, den alliierten Jägern zu entkommen. Und doch gelang es, eines von ihnen über dem Flugplatz Rheine abzuschießen. Das war am 11. Februar 1945, als die Arado 234 von einem Aufklärungsflug über dem Gebiet des Humber zurückkam und von einer Hawker ›Tempest‹ der 274. Staffel überrascht wurde.

Die im Einsatz stehenden Arados waren in erster Linie Prototypen. Diese frühen Muster starteten von einem dreirädrigen Startwagen, der unmittelbar nach dem Start abgeworfen wurde. Die Landung erfolgte auf einer einfachen Federkufe, die von deutschen Konstrukteuren so liebend gern verwendet wurde. Das Abbremsen bewirkte ein Bremsfallschirm. Dies mochte auf einem großen Grasflugplatz ausreichen. Doch das Problem lag wie bei der Me 163 darin, daß die Arado nach der Landung hilflos auf dem Platz lag und ein willkommenes Ziel für Tiefangriffe bot, bis sie zu einem weit entfernten, getarnten Abstellplatz geschleppt werden konnte.

Außer den Prototypen gab es eine Bomberversion der Ar 234, ›Blitz‹ genannt. Sie hatte vier BMW 003 A-Strahltriebwerke und ein einziehbares Bugradfahrwerk. In der Ardennen-Offensive im Dezember 1944 flogen Arado 234 der unterschiedlich-

*Oben:* Eine Arado 234 der A-Serie startet mit Hilfe einer Rakete von ihrem Abwerffahrwerk. Dank ihrer aerodynamisch sauberen Zelle steigt sie schnell auf 10 000 Meter Höhe.

*Mitte links:* Eine spätere Ausführung, die Ar 234B-2 mit Einziehfahrwerk und Bugrad, wird startklar gemacht.

*Mitte rechts:* Arado 234 C, das einzige vierstrahlige Turboflugzeug, das im Kriege gebaut wurde.

*Unten:* Die Vollsichtkabine der Arado war übersichtlich eingerichtet und besaß ausgezeichnete Sichtverhältnisse auch nach unten, was für ihren ursprünglichen Einsatzzweck als Aufklärer wichtig war.

sten Muster Einsätze. Sie waren in dem Turbobomberverband KG 76 zusammengefaßt. Dieser verfügte über erfahrene Kampfflieger, die zu Aufklärungs- und Heeresunterstützungseinsätzen in den letzten Monaten des Krieges eingesetzt wurden. Doch trotz ihrer Spitzengeschwindigkeit von 865 km/h wurden einige von ihnen abgeschossen. Nur eine kleine Anzahl von den etwa 200 gebauten Maschinen kam dann noch zum Einsatz.
Auch die Arado 234 war, in doppelter Hinsicht sogar, ein bahnbrechendes Flugzeug, das die Deutschen in die Luftfahrtgeschichte einbrachten. Es war der erste Turbo*bomber* und das erste *vier*strahlige Düsenflugzeug der Welt. Sobald die Feindseligkeiten vorüber waren, wurden alle noch verfügbaren ›Blitz‹ zwecks Erforschung durch die Alliierten zusammengezogen. Einige kamen nach Farnborough und wurden genau untersucht und nachgeflogen. Nur eine Arado 234, soweit bekannt, gibt es noch heute. Sie gehört zum Bestand des amerikanischen Luftfahrtmuseums der Smithsonian-Stiftung und wird zur Zeit für die Ausstellung restauriert.

## Hubschrauber

Das vielseitigste ›Arbeitstier‹ aller kleineren und größeren Kriege nach 1945 war der Hubschrauber. Er spielte aber im Zweiten Weltkrieg keine oder kaum eine Rolle, obwohl es vor dem Kriege schon Hubschrauber gab. Hanna Reitsch flog einen der ersten verwendbaren Hubschrauber im Februar 1938. Es war die Focke-Achgelis Fa 61. Dies war zwar keineswegs der erste Hubschrauber, und Hanna Reitsch auch nicht der erste Pilot. Aber eine Reihe von Flügen, die sie mit der Fa 61 machte, erlangten weltweite Publizität aus dem einfachen Grunde, weil ihre Flüge unter Dach, in einer Halle stattfanden.
Im Jahre 1937 hatte die Fa 61 verschiedene internationale Hubschrauber-Weltrekorde aufgestellt; zum Beispiel einen Höhenrekord von 2440 Metern und einen Geschwindigkeitsrekord von 122 km/h. Inhaber dieser Weltrekorde war der Werkpilot Edwald Rohlfs. Doch in einer Atmosphäre international wachsenden Mißtrauens gegenüber der Goebbelspropaganda wurden Berichte über deutsche Rekorde totgeschwiegen. Um die internationale Aufmerksamkeit zu erlangen, die sich die Deutschen so verzweifelt erhofften, mußte etwas Sensationelles geschehen. Nach den Schilderungen von Hanna Reitsch, die mehr fliegerische Abenteuer überlebt hatte als irgendein anderer Pilot, hatte sich General Udet höchstpersönlich einen blendenden Propagandagag ausgedacht. Er sollte die Welt dazu zwingen, die Leistungen der deutschen Hubschrauber zur Kenntnis zu nehmen. Udet überredete Hanna Reitsch, die zu jener Zeit nicht nur ein attraktives junges Persönchen war, sondern auch eine international anerkannte Rekordsegelfliegerin, sie solle sich mit der Fa 61 vertraut machen und den Hubschrauber anläßlich der Deutschen Automobil-Ausstellung 1938 in Berlin vierzehn Tage lang in der riesigen Deutschlandhalle vorfliegen. Jeden Abend flog sie den kleinen Hubschrauber in meisterhafter Weise vor 20 000 Besuchern, zweifellos auch einschließlich aller Militärattachés. Es war ein sensationelles Debüt, denn zu jener

Hubschrauber der Kriegszeit.

*Oben links:* Der Flettner Fl 282 ›Kolibri‹.
*Oben rechts:* Die Fa 61, die auch von Hanna Reitsch geflogen wurde. Der erste Hubschrauber, der in Produktion ging.
*Unten links:* Fa 223 ›Drache‹, der größte Hubschrauber während des Krieges.

Zeit waren die meisten Drehflügler nur Tragschrauber, die nicht fähig waren, sich aus eigener Kraft senkrecht in die Luft zu heben.

Zu den deutschen Hubschraubern im Kriege gehörte auch der Flettner Fl 282 ›Kolibri‹. Er war der erste militärische Hubschrauber und der einzige, der während der Kriegsjahre im Einsatz war. Etwa zwanzig waren an die deutsche Kriegsmarine ausgeliefert worden. Sie wurden in erster Linie als Bordhubschrauber zur U-Boot-Suche und zu Verbindungszwecken, vor allem in der Aegäis und im Mittelmeer, verwendet.
Die Fa 61 war ein echter Hubschrauber, obgleich nach heutigen Maßstäben noch recht primitiv. Sie bestand im Grunde nur aus dem Rumpf eines Schuldoppeldekkers Focke-Wulf FW 44 ›Stieglitz‹. Sie war mit dem Original 160-PS-Siemens-Sternmotor ausgerüstet, der zwei Dreiblattrotoren antrieb, die an seitlichen Auslegern drehten. Der kleine Propeller in der üblichen Anordnung diente nur zur Kühlung des Motors. Aber sie flog! Nach den Flügen in der Deutschlandhalle erreicht eine zweite Fa 61 eine Höhe von 3427 Metern; ein Weltrekord, der lange nicht gebrochen werden sollte.

Die Fl 282 flog erstmals 1940. Sie nutzte die Technik zweier ineinanderkämmender Rotoren (wie bei einem Eierschaumschläger), um das Gegendrehmoment auszugleichen. Ausgerüstet war sie mit einem 140-PS-Siemens-Halske-Sternmotor und erreichte eine Geschwindigkeit von 145 km/h. Die Fl 282 konnte gut von

*Unten rechts:* Ein amerikanischer Pitcairn-Tragschrauber mit britischen Hoheitsabzeichen. Im Gegensatz zu richtigen Hubschraubern waren die Rotoren nicht von einem Motor angetrieben, sondern drehten sich wie die Flügel einer Windmühle. Obwohl sie mit dem Motor für einen Kurzstart gekoppelt werden konnten, waren sie nicht fähig, in der Luft stillzustehen – zu ›Hovern‹ – oder senkrecht nach unten zu fliegen. Das Foto zeigt Tests vm HMS *Massey* aus. Die Pitcairn war zwar in der Lage, von einem kleinen Flugdeck zu starten oder darauf zu landen, konnte jedoch keine nennenswerte Nutzlast tragen. Die RAF benutzte einen ähnlichen Tragschrauber, die Avro ›Rota‹, um die erste ›Chain Home‹-Radarkette zu vermessen.

Schiffen aus operieren und war sehr erfolgreich. Allerdings war sie, wie auch viele andere der ersten Hubschrauber, wegen ihrer geringen Nutzlastkapazität nur begrenzt einsetzbar. Trotzdem wurde 1944 für die deutsche Kriegsmarine ein Auftrag über 1000 Stück erteilt, doch dann machten feindliche Bombardierungen zu jener Zeit die Produktion unmöglich.

Der modernste Hubschrauber im Kriege war die Fa 223 ›Drache‹, ebenfalls von Professor Henrich Focke konstruiert. Es war ein großer Hubschrauber, der mindestens sechs Mann befördern und schwere Lasten heben konnte. In erster Linie war er für Verbindungszwecke ausgelegt und war wegbereitend für die Aufgabe des Hubschraubers als ›Fliegender Kran‹. Der kurze Streifen eines deutschen Filmes aus dem Kriege, der sich heute im Archiv des Imperial War Museum befindet, zeigt eine Fa 223, wie sie den Rumpf einer bruchgelandeten Me 109 aufnimmt. 440 ›Drachen‹ wurden in Auftrag gegeben, doch ständige Bombenangriffe verhinderten die Fertigung. Nur ungefähr ein Dutzend kam zum Einsatz. Mitte 1945 wurde eine unbeschädigte Fa 223 von einer deutschen Besatzung in England bei der Luftlandeerprobungsstelle auf dem Flugplatz Beaulieu in Hampshire erprobt, wobei sie im Verlaufe der Versuche bei einem Absturz völlig zu Bruch ging.

In Beaulieu wurde nach dem Kriege auch noch ein weiterer bemerkenswerter Drehflügler, die Fa 330 ›Bachstelze‹, getestet. Genau genommen war diese kleine Maschine kein Hubschrauber, sondern ein Schlepptragschrauber. Sie war teilzerlegbar und konnte in wasserdichten Behältern an Deck der U-Boote vom Typ IX mitgeführt werden. Ihre Aufgabe war es, einen möglichst hohen Ausguckpunkt zur Auffindung von Zielen zu bieten. Sie wurden im Indischen Ozean und im Südatlantik eingesetzt, wo alleinfahrende einzelne Handelsschiffe ohne Begleitschutz verkehrten, weil diese Gewässer nur wenig befahren waren. Die geringe Höhe der Kommandotürme von aufgetauchten U-Booten schränkte die Sichtweite stark ein. Doch mit der ›Bachstelze‹ im Schlepp eines U-Bootes waren etwa 150 Meter Höhe zu erreichen. Dadurch hatte der Pilot, der zugleich Beobachter war, einen erheblich erweiterten Gesichtskreis. Pilot und U-Boot-Kommandant standen über ein Fernsprechkabel in Verbindung. Beim Erscheinen eines Schiffes mußte der Schlepptragschrauber mit der Winde wieder eingeholt werden. Wenn sich das gemeldete Schiff aber als Kriegsschiff herausstellte oder wenn ein Flugzeug erschien, mußte das U-Boot alarmtauchen. Der bedauernswerte Pilot sollte dann den Rotor abwerfen, der nach oben wegging und dabei einen Fallschirm auslöste, der den Pilot mitsamt seinem Gitterrumpf ins Wasser trug. Hier waren die Anschnallgurte zu lösen, damit – wie es in einem zeitgenössischen Bericht im besten, leider zynischen Amtsdeutsch hieß – der Pilot ›auf gute alte Seemannsart ertrinken konnte!‹ Zwei Fa 330 überdauerten alle Zerstörungen und stehen heute in England: eine im Museum für Wissenschaft, die andere in einer Lagerhalle für das ›RAF-Museum‹.*)

Auf britischer Seite gab es eine kaum bekannte Drehflüglerentwicklung, den ›Rotajeep‹. Aus einer Reihe von Vorschlägen wurde er 1942 durch die Luftlandeerprobungsstelle getestet. Er sollte mit Hilfe von Rotorblättern militärische Lasten – vom einzelnen Soldaten bis zum Panzer tragen und durch Schleppflugzeuge mit den Luftlandetruppen in die Schlacht befördert werden. Beim ›Rota-

*) Anmerkung des Übersetzers: Eine Original-Fa 330 wurde inzwischen gegen deutsche Hubschrauber-Technologie ausgetauscht und steht heute im Hubschrauber-Museum Bückeburg.

Nicht

Der Rotajeep.

jeep‹ handelte es sich um den üblichen US-Army-Jeep, der mit einem einfachen Rumpf- und Schwanzstück, sowie einem Rotorträger für einen Zweiblattfaltrotor versehen war. Flugversuche wurden 1942 durchgeführt, wobei der ›Rotajeep‹ im Schlepp einer ›Whitley‹ Geschwindigkeiten bis zu 240 km/h erreichte. Obwohl sie halbwegs erfolgreich verliefen, ergaben sich doch ernste Stabilitätsprobleme, so daß keine freien Flüge versucht wurden. Hätte man die Schwierigkeiten überwinden können und die Entwicklungen weiter vorangetrieben, dann hätte das Schleppflugzeug den ›Rotajeep‹ ausgeklinkt, und er wäre wie ein Platanenblatt zur Erde geschwebt und mit etwa 60 km/h gelandet. Die Besatzung sollte dann, wenn sie unversehrt gelandet war, den Rotor zusammenklappen, den Jeepmotor anlassen und ins Gefecht fahren. Diese Idee wurde nicht weiterverfolgt. So erging es auch einem ähnlichen Vorschlag, bei dem auf einen Panzer 47 Meter lange Rotoren aufgesetzt werden sollten. Ein Muster wurde tatsächlich gebaut, jedoch in weiser Voraussicht nie geflogen.

*Linke Seite:*
Eine Bildfolge aus einem deutschen Film während des Krieges zeigt den Einsatz einer ›Bachstelze‹ vom U-Boot aus. Sie wurde zerlegt in einem druckfesten Behälter auf Deck mitgeführt, war schnell montiert und im Schlepp des U-Bootes in die Luft gebracht.

Der einzige alliierte Hubschrauber, den es während des Krieges noch in größerer Zahl gab, war die Sikorsky R4, bei der RAF als ›Hoverfly‹ bekannt. Der Erstflug fand im Juni 1942 statt. Dieser Hubschrauber ging als erster in Serienfertigung und sollte richtungweisend für die Hubschrauberentwicklung werden. Er hatte den klassischen Einzelrotorkopf mit drei Rotorblättern und einen kleinen Heckrotor zum Ausgleich des Drehmoments. Anfang 1944 begann die Serienfertigung. Die meisten Muster wurden zur Ausbildung und Erprobung eingesetzt. Eine geringe Anzahl von ihnen flog auch im Fernen Osten. Die Sikorsky war also während des Krieges schon technisch einsatzbereit und blieb es auch danach. Eine liebevoll restaurierte R4 B ›Hoverfly‹ steht heute im RAF-Museum in Hendon.

Es ist unmöglich, all die vielen Waffen in diesem Buch darzustellen, die von den Wissenschaftlern beider Seiten in sechs langen Kriegsjahren entworfen und entwickelt worden sind. Allein über die deutschen Raketenentwicklungen ließe sich ein umfangreiches Buch schreiben, von denen mehr als neunzig Entwürfe bis 1945 vorgelegen haben. Doch eine weitere deutsche Geheimwaffe verdient es, gewürdigt zu werden, weil es einer der ersten Lenkflugkörper war. Es handelt sich um die Henschel Hs 293, die man heute als ›stand off‹ – (Abstandsbombe) oder ›smart‹ – (intelligente) Bombe bezeichnen würde. Diese kleine Gleitbombe mit Raketenantrieb wurde bereits kurz erwähnt, als der alliierte Nachrichtendienst zum ersten Mal darüber Kenntnis erhielt. Die Henschel Hs 293 war ihrer Zeit um Jahre voraus und hätte bei der Invasion in der Normandie mit verheerendem Erfolg eingesetzt werden können.
Die Henschel Hs 293 war eine von mehreren Lenkwaffen, die von deutschen Wissenschaftlern vornehmlich als Schiffsbekämpfungswaffe entwickelt worden war. Die Arbeiten hatten 1939 begonnen; und zwar an der Hs 293 und einer weiteren Waffe, der SD 1400 Fritz X, einer Lenkbombe mit 1400 kg panzerbrechender Ladung, die freifallend über Funk steuerbar war. Die ›Fritz X‹ war eine genial einfache Erfindung, versenkte aber immerhin im September 1943 das italienische Schlachtschiff ›Roma‹ in den Gewässern vor Sardinien.
Die Henschel Hs 293 war eine wesentlich kompliziertere Waffe, fast ein kleines Flugzeug mit Tragflächen und Heckflossen am schlanken Rumpf, der hauptsächlich aus einer 550-Kilo-Bombe mit Stauraum für die Stabilisierungskompasse und die Funklenkausrüstung bestand. Die Gleitbombe wurde außenbords des Mutterflugzeuges, meist eine He 111 oder He 177, befördert. Nach dem Ausklinken vom Flugzeug fiel sie etwa eine Sekunde lang im freien Fall, bis das Walter-Flüssig-Raketentriebwerk 109-507 zündete. Es lief mit Wasserstoffsuperoxyd und entwikkelte einen Schub von 600 Kilopond für die Dauer von zehn Sekunden. Es beschleunigte die Gleitbombe bis auf 250 Meter pro Sekunde. Sobald es ausgebrannt war, zündete das unter dem Flugkörper angebrachte Hilfstriebwerk (BMW 109-511-Raketenmotor), das zusätzlich für 15 Sekunden Schub abgab. Besondere Schleppkeulen an den Tragflügeln bremsten die Marschgeschwindigkeit auf etwa 580 km/h, während im Sturzflug bis zu 960 km/h erzielt wurden.
Sobald die Hs 293 vom Flugzeug frei war, konnte sie vom Beobachter mit einem Steuerknüppel ferngelenkt werden, und zwar nach links/rechts und oben/unten. Um die kleine Gleitbombe im Auge behalten zu können, führte sie in ihrem Heck eine rauchfreie, rote Leuchtspurladung mit. Hiernach konnte ein geübter Beobachter ein Ziel noch in 20 Kilometer Entfernung vom Auslösepunkt ansteuern und treffen.
Die Erprobung der Hs 293 begann im Dezember 1940 vor Peenemünde über der Ostsee. Beim zweiten Flug traf eine Erprobungsbombe mitten ins Ziel, einem kleinen Schuppen. Spätere Versuchseinsätze wurden gegen ein ausgemustertes 5000-Tonnen-Schiff geflogen, das bald durchlöchert war. Um höchste Treffgenauigkeit zu erzielen, wurden die Bombenschützen an einem sehr fortschrittlichen Simulator ausgebildet. Dann machten sie drei scharfe Lufteinsätze – beim dritten Einsatz saß die Gleitbombe gewöhnlich mitten im Ziel.
Die Schwäche der Hs 293 lag in ihrer Funksteuerung. Die ersten verwendeten Frequenzen waren 27 oder 60 MHz. Das waren Wellenbereiche, die durch ein internationales Vorkriegsabkommen freigehalten worden waren. Achtzehn verschiedene Einzelfrequenzen standen zur Verfügung, jeweils neun auf jedem

Die Henschel 293. Die Bremskeulen hinter den Flächenenden erhielten bei späteren Mustern Lenkdrahtspulen als Gegenmaßnahme für Funkstörmaßnahmen der Alliierten.

Eine Henschel 293 – Fliegende Bombe – unter ihrem Mutterflugzeug He 111. Das torpedoförmige Gerät unterhalb des Flugkörpers ist die zweite Stufe des BMW-Raketenantriebs.

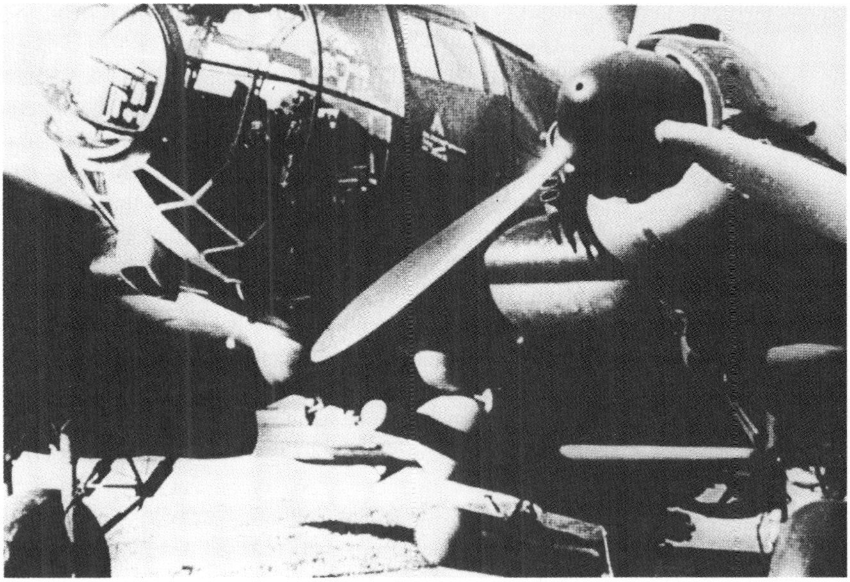

In 5–10 Kilometer Entfernung vom Ziel wurde die Henschel 293 ausgelöst. Der Bombenschütze lenkte dann den Flugkörper über Funk vom Flugzeug aus mit einem Steuerhebel. Der Flugzeugführer hatte dabei den Kurs sehr genau zu halten, damit der Bombenschütze die Sichtverbindung nicht verlor.

Band, die im Frontverband vorgerastet werden konnten. Die Steuerung erfolgte über Quer- und Höhenruder. Ein Seitenruder war nicht vorgesehen. Die Funkkommandolenkung war sehr einfach ausgelegt. Sie erfolgte über veränderliche Breitenimpulse auf Tonmodulation. Nur die Querruderausschläge wurden stufenlos geregelt, die Höhenruder hingegen nur ziemlich grob, nach der sogenannten ›Peng-Peng‹-Methode, das hieß nichts anderes, als daß sie entweder voll nach oben oder nach unten ausschlugen. In der Praxis verfeinerten deutsche Wissenschaftler dieses System in gewisser Hinsicht, indem sie eine geschwindigkeitsabhängige Sperre in den Auf-/Abmechanismus einbauten, der von einer Druckplatte gesteuert wurde, die wiederum vom Luftstrom, dem Fahrtwind der Gleitbombe beeinflußt wurde.

Es sind Filme erhalten geblieben, die jetzt in den Archiven des Imperial War Museums liegen. Sie wurden in der BBC-Fernsehserie ›Streng Geheim‹ gezeigt. Aus ihnen ist ersichtlich, daß bei den Flugkörperausbildungsflügen das Lenkverfahren hervorragend funktionierte. Im Einsatz sah es hingegen ganz anders aus. Nach einigen Anfangserfolgen in der Biskaya und im Mittelmeer konnte die Royal Navy die einfachen Steuerkanäle schnell stören, und die Gleitbomben wurden so wirkungsvoll gestört, daß sie 1944 aus dem Einsatz gezogen werden mußten.

Die deutschen Wissenschaftler, die mit der Entwicklung der Henschel Hs 293 befaßt waren, kannten die Störprobleme sehr wohl. Tatsächlich flogen, bevor die Gleitbombe zum Einsatz kam, Flugzeuge mit geeigneten Funkempfängern die gesamten voraussichtlichen Zielgebiete ab und erfaßten die Belegung von Funkkanälen, die möglicherweise für Gleitbomben in Frage kamen. Die meisten waren schon von alliierten Navigationsfunkfeuern und -hilfen oder von Radar belegt. Nur zwei freie, trennscharfe Kanäle blieben schließlich übrig.

Da sie sich der Empfindlichkeit der Funkkanäle gegenüber Störungen bewußt waren, hatten die Deutschen eine Verbesserung in Entwicklung stehen, die Drahtlenkung, die noch bis in die heutige Zeit für Flugkörper mit kurzer Reichweite vielfach verwendet wird. Man entfernte die Schleppkeulen von den Tragflügeln der Hs 293 und befestigte dort zwei Drahtspulen für 0,2 mm Klaviersaitendraht. Zwei Drähte wurden von einer Rolle auf jeder Seite abgespult, die 18 Kilometer Draht enthielt. Gleiche Spulen waren am Trägerflugzeug mit weiteren 12 Kilometern angebracht, also insgesamt 30 Kilometer Draht. Die Drähte spulten sich ab, wenn die Gleitbombe auf das Ziel zuflog. Die Tonfrequenzsteuersignale liefen über den Draht und blieben dadurch gegenüber Frequenzschwankungen und Funkstörmaßnahmen völlig abgeschirmt.

Aus verschiedenen Gründen dauerte es zu lange, das Drahtlenkverfahren bis zur Einsatzreife zu entwickeln, es kam daher bei der Hs 293 B nicht mehr zum Tragen. Andere Überlegungen, wie man den Störmaßnahmen begegnen könnte, schlossen die Anwendung von UHF-Geräten mit starker Richtwirkung ein, aber auch sie wurden vor Kriegsende nicht mehr fertig. Die wahrscheinlich zukunftsweisendste Entwicklung war die Hs 293 D. Sie war eine außerordentliche Leistung, erfolgte ihre Lenkung doch bereits mit Hilfe von Fernsehkameras. Die Deutsche Fernsehgesellschaft entwickelte und baute in Zusammenarbeit mit der Deutschen Reichspost ein sehr kleines Fernsehgerät mit 224 Zeilen. Die Aufnahmekamera, ›Tonne A‹ genannt, benutzte eine Bildwandlerröhre und war im Bug der Hs 293 D hinter einer elektrisch beheizten Glasscheibe angebracht. Das gesamte Bordvideoaggregat mit Impuls- und Kippgeneratoren, Bildverstärker und Bildröhre war in einem kompakten Gehäuse von annähernd 17 × 17× 40 Zentimeter Größe unterge-

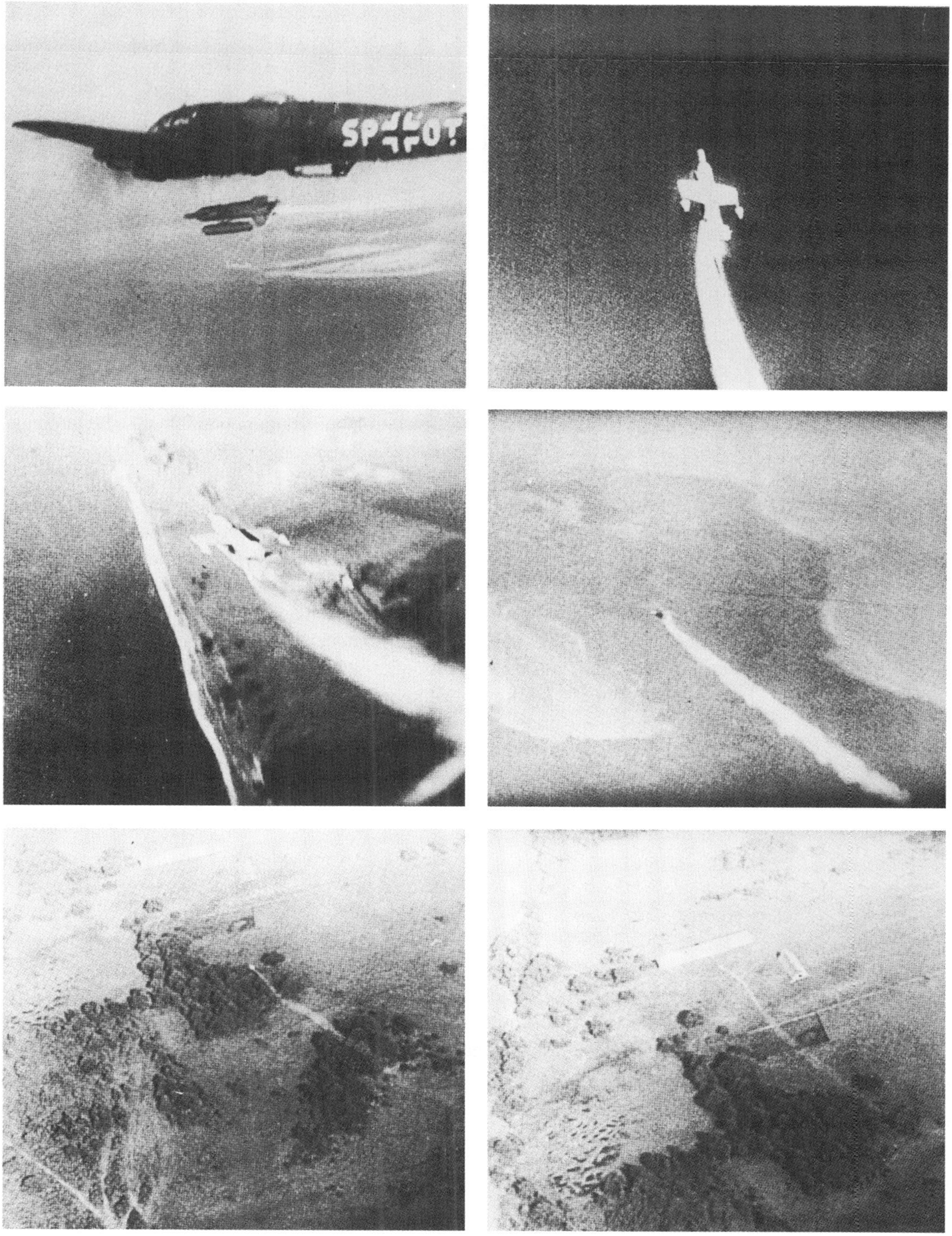

Im Augenblick des Auslösens beschleunigt die Hs 293 mittels ihrer Rakete und entfernt sich von ihrem Mutterflugzeug He 111. Die folgenden Bilder stammen vom zweiten Erprobungsflug Anfang 1941 in Peenemünde. Das Ziel ist ein langes Gebäude, das ein Schiff darstellen soll. Die Rauchspur zeigt eine Höhenkorrektur an, die der Lenkschütze vornimmt, als sich die Hs 293 dem Ziel nähert; er lenkt sie genau in die Zielmitte.

Die höchst fortschrittliche Fernsehkamera, die man für die (ferngelenkte) Hs 293D entwickelt hatte; rechts das Bordempfangsgerät, mit dem der Bordfunker die ›Fliegende Bombe‹ vom Mutterflugzeug aus ins Ziel ›fliegen‹ lassen konnte.

bracht. Das war lange vor den Tagen der Transistoren und integrierten Schaltungen, und man benötigte immerhin noch 29 Röhren dafür, ein außerordentliches Beispiel von Miniaturisierung.

Die Ausgangsleistung der Fernsehkamera wurde in einen 20-Watt-Sender eingespeist, der auf 73 cm Wellenlänge arbeitete und zur Herabsetzung von Interferenzen mit einer Yagi-Richtantenne verbunden war. Der gesamte Fernsehgerätesatz erhöhte das Gewicht der Gleitbombe lediglich um 130 Kilogramm. Das Mutterflugzeug hatte einen Fernsehempfänger für den Bombenschützen an Bord, der damit in der Lage war, die Gleitbombe gleichsam zu ›fliegen‹, als säße er in ihr selbst. Die Vorteile der Steuerung durch Fernsehen waren einleuchtend: sobald die Gleitbombe etwa 20 Kilometer vor dem Ziel ausgelöst worden war, konnte das Mutterflugzeug sofort auf Heimatkurs abdrehen oder in einer Wolke – sofern vorhanden – Schutz suchen, während der Bombenschütze die Hs 293 weiter auf das Ziel zusteuerte und ihren Anflug auf dem Bildschirm verfolgte. Je näher die Gleitbombe ihrem Ziel kam, um so genauer vermochte der Bordschütze sie zu führen. Er konnte sie sogar Ausweichbewegungen fliegen lassen, um der Schiffsflak seines Opfers das Zielen zu erschweren.

Diese bahnbrechende Anwendung des Fernsehens zählt heutzutage zu den wichtigen Baugruppen moderner Waffensysteme. Wie so vieles andere, was in Deutschland erfunden wurde, kamen auch diese Entwicklungen viel zu spät, um noch Frontreife zu erreichen. Aber selbst wenn man sie in ausreichender Menge hätte bereitstellen können, war 1944 die feindliche Luftüberlegenheit so groß, daß die Mutterflugzeuge der Gleitbomben schon abgeschossen worden wären, bevor sie eine entscheidende Anzahl von Gleitbomben hätten auslösen können.

Zum Schluß verdient noch eine deutsche Schiffsbekämpfungswaffe der Erwähnung, obwohl sie fast unbekannt ist. Es war die Rollbombe ›Kurt‹, die zweifellos der berühmten ›Dammknacker‹-Bombe von Barnes Wallis nachempfunden war, obwohl sie eher einer anderen Entwicklung von Wallis, der wesentlich kleineren Rollbombe ›Highball‹ ähnelte. Zwei von ihnen konnten von einer ›Mosquito‹ abgeworfen werden. Die ›Kurt‹Rollbombe hatte einen Raketenantrieb, der beim Aufschlag auf dem Wasser abgesprengt wurde und eine 385-Kilo-Rollbombe freigab, die bis zu 450 Meter weit über das Wasser sprang, bevor sie neben ihrem Ziel absank und dann genau in der Tiefe explodierte, die von einem Wasserdruckzünder vorgegeben war. ›Kurt‹ wurde eingehend erprobt. Anfangs von einer zweimotorigen Me 410 abgeworfen, erfolgten die späteren Erprobungen mit einer einmotorigen FW 190, die zwei dieser Rollbomben tragen konnte. Aber die ›Kurt‹, wie auch die ›Highball‹ kamen an der Front nie zum Einsatz.

Das einzige bekannte Bild der ›Kurt‹-Rollbombe. Eine FW 160 wirft zwei Bomben, die eine beachtliche Strekke weit über das Wasser springen, bevor sie absinken und mittels Wasserdruckzünder explodieren.

In Anbetracht der großen Zahl und der unzweifelhaften Qualität deutscher Geheimwaffen des Krieges erhebt sich zwangsläufig die Frage: wenn Wissenschaftler in der Lage waren, so zukunftsweisende Technologien zu entwickeln, wie sie zum Beispiel die V 2 (A4) Rakete erforderte, wie weit waren sie dann mit der Entwicklung der Atombombe? Die Antwort lautet, daß sie diesbezüglich überhaupt keine nennenswerten Fortschritte machten. Einer der Gründe ergab sich aus den Folgen der NS-Rassenpolitik. Albert Speer äußerte sich 1977 so:

> »Es ist eine Ironie der Geschichte . . ., daß die Möglichkeit für Deutschland, eine Atombombe zu haben, von Hitlers Feststellung vereitelt wurde, daß Einsteins Theorien und jede Atomforschung ›Jüdische Physik‹ seien . . ., und das war einer der Gründe, daß wir kein Zyklotron oder irgend etwas Sonstiges hatten; die Spitzenstellung, die wir vor dem Kriege in der Atomforschung innegehabt hatten, wurde mißachtet und nicht genutzt . . .«

Die Spitzenstellung, von der Speer berichtet, war natürlich in erster Line das Werk jener brillanten jüdischen Wissenschaftler, die Deutschland in der Mitte der dreißiger Jahre verließen, um dem Antisemitismus der NS-Partei zu entgehen. Viele suchten Zuflucht in den Vereinigten Staaten, um dort an dem ›Manhattan-Projekt‹, der Atombombe, mitzuarbeiten.

Bletchley Park, das victorianische Landhaus, in dem das Hauptquartier der ›Staatlichen Code- und Chiffrierschule‹ während des Krieges lag.

# 6. Das Rätsel – ENIGMA

Alle Waffen, Erfindungen und Abwehrmethoden, die in den vorstehenden Kapiteln beschrieben worden sind, waren während des Zweiten Weltkrieges streng gehütete Staatsgeheimnisse. Die meisten wurden bald danach freigegeben. Ein Teil blieb unter Geheimverschluß bis zum Ablauf der vorgeschriebenen Dreißig-Jahres-Frist. Nur *ein* Geheimnis aus der Kriegszeit wurde nicht enthüllt und dürfte es sehr wahrscheinlich auch kaum werden. Es betrifft die Arbeiten der britischen »Staatlichen Code- und Chiffrierschule« und insbesondere die angewandten Methoden bei der Brechung des deutschen Maschinencodes, der heute allgemein unter der Bezeichnung ›Enigma‹ bekannt ist: Das höchste Staatsgeheimnis ›Ultra‹, das noch immer geheimgehalten wird.

In den sechs Kriegsjahren arbeiteten 10 000 Männer und Frauen an der Entzifferung der deutschen militärischen Geheimschlüssel. Deckname der Abteilung war ›Auswärtiges Amt – Zimmer Nr. 47‹. Tatsächlich lag die Dienststelle etwas außerhalb des kleinen Städtchens Bletchley in der Grafschaft Buckinghamshire. Hier standen zahlreiche Holzbaracken inmitten eines ausgedehnten Parks eines herrschaftlichen Landsitzes im viktorianischen Stil von unübertroffen häßlicher Geschmacklosigkeit, bekannt als Bletchley Park, oder kurz ›BP‹.

Die Arbeiten im Bletchley Park und seinen Außenstellen waren das bestgehütete Geheimnis des Krieges, ein Geheimnis, das so gut gewahrt wurde, daß es erst einunddreißig Jahre nach Kriegsende von dem pensionierten RAF-Geheimdienstoffizier F. W. Winterbotham in seinem Buch »Das Geheimnis Ultra« enthüllt wurde. Darin werden die Arbeitsweise des britischen Entzifferungsdienstes im Kriege und einige der weitreichenden Folgen für den Ausgang des Krieges aufgedeckt. Die erste offizielle Freigabe von Unterlagen erfolgte erst im Oktober 1977, als das Staatsarchiv in London die Texte von Tausenden von entschlüsselten ›Ultra‹-Meldungen für die Öffentlichkeit zugänglich machte. Vor der Freigabe dieser Texte, deren Sichtung und Auswertung noch Jahre in Anspruch nehmen wird, suchte man in den Archiven vergeblich nach auch nur einem einzigen Hinweis auf ›Ultra‹ oder ›Enigma‹.

›Enigma‹ war eine Sammelbezeichnung für das deutsche Chiffrierwesen, aber auch eine allzu grobe Verallgemeinerung für einen Begriff mit sehr vielen Inhalten, denn ›Enigma‹ hieß anfangs nur das Schlüsselgerät, das die Deutschen zum Verschlüsseln geheimer Meldungen benutzten. ›Ultra‹ war der britische Deckname für die Geheiminformationen, die von ›Enigma‹ oder entsprechenden anderen Chiffriermaschinen im Zweiten Weltkrieg stammten.

Die Geschichte der Geheimschriften und des Verschlüsselungswesens reicht weit zurück. Geheimschreiben sind von Homer in der Ilias erwähnt. Herodot beschrieb, wie die Griechen geheime Meldungen über die Absichten von Xerxes erhielten, die dann zum Sieg von Salamis führten – eine der ersten Entscheidungsschlachten zwischen Ost und West. Die Araber benutzten im Mittelalter Geheimschriften; sogar das Wort ›Ziffer‹ stammt aus dem arabischen Wort ›Sifr‹, das Null heißt. Die Venezianer verwandten mit Vorliebe Geheimkodes und -schriften. Doch die eigentliche Glanzzeit des Schlüsselwesens begann mit zwei verwandten Erfindungen, dem Morsealphabet von Samuel Morse aus dem Jahre 1844 und der Errichtung eines zuverlässigen, drahtlosen, weitreichenden und weltweiten Funkverkehrs um die Jahrhundertwende.

Der Telegraf setzte Truppenführer in die Lage, mit ihren vorderen Einheiten in ständiger Verbindung zu bleiben. Für diese Zwecke mußte eine eigene Fernmeldetruppe aufgestellt werden. Feindliche Agenten entdeckten schnell, daß der Telegrafieverkehr über die Drahtleitungen angezapft werden konnte. Deshalb wurden Kodes entwickelt, um ein Mitlesen der Texte zu verhindern. Der Telegrafie-Morseverkehr über Draht hatte auch andere deutliche Grenzen. Er konnte nur in relativ ruhigen militärischen Situationen, wie zum Beispiel in einem Stellungskrieg, aber natürlich nicht im Fernmeldeverkehr mit Schiffen auf See eingesetzt werden.

Die Erfindung der drahtlosen Telegrafie engte diese Grenzen ein. Eine Heeres- oder Marineeinheit konnte mit ihr über nahezu jede Entfernung angesprochen werden und augenblicklich antworten. Nachteilig war allerdings, daß der Gegner in der Geborgenheit seines Territoriums mithören konnte, wozu er lediglich ein entsprechendes Empfangsgerät benötigte. Dieser Nachteil wurde jedoch durch die Vorteile der freien Beweglichkeit und Einfachheit der drahtlosen Telegrafie reichlich aufgewogen. Der militärische und diplomatische Nachrichtenverkehr nahm sprunghaft zu. Schon in den Anfangsmonaten des Ersten Weltkrieges wuchs er sich zu einem wahren Schwall von Morsepunkten und -strichen aus. Der Funktelegrafieverkehr in einem solchen, noch nie dagewesenen Ausmaß verstopfte die wenigen verfügbaren und begrenzten Wellenbereiche von vorne bis hinten. Die jeweiligen Geber der Gegenstellen hatten damit zu rechnen, daß der Feind mithört. Damit Funksprüche abhörsicher wurden, erforderten die Sprüche, die mehr oder weniger geheimen Inhalts waren, Decknamen und Verschlüsselungen in erheblichem Umfang.

Um nun den Geheimkode der so frei zugänglichen Funksprüche zu brechen, verfeinerten die Kryptologen, Geheimschrift- und Kodebrecher-Spezialisten, ihre Methoden in immer raffinierterer Weise.

Eine der ersten offenen Kriegshandlungen, die die Briten im Ersten Weltkrieg begangen haben, war das Kappen des deutschen Atlantikkabels nach den USA durch den Kabelleger ›Telconia‹ am 5. August 1914. Ihrer Kabelverbindungen beraubt, mußten die Deutschen ihren diplomatischen Dienstverkehr nach Nord- und Südamerika zumeist über Funk abwickeln, auf den sich die Briten aufgeschaltet hatten. Die abgefangenen Funksprüche wurden von einer hervorragenden Arbeitsgruppe dechiffriert, die im Zimmer Nr. 40 des alten Gebäudes der Admiralität tätig war. In dieser Abteilung saßen die erfahrensten Schlüsselspezialisten des Ersten Weltkrieges. Sie begannen ihre Arbeit anhand eines deutschen Verschlüsselungsbuches der Kriegsmarine, das vom leichten Kreuzer ›Magdeburg‹ geborgen worden war, der 1914 in der Ostsee sank.

Im Verlaufe des Krieges hatte das ›Zimmer Nr. 40‹ unter dem großartigen Kapitän z. S. Hall von der Royal Navy mehr als 15 000 deutsche Funksprüche entschlüsselt. Höhepunkt war, als größter Erfolg kryptologischer Arbeit, die

Entschlüsselung der deutschen Schlüssel 0075 und 13040 des Auswärtigen Amtes durch Nigel de Grey. Dadurch gelang die Dechiffrierung des ›Zimmermann-Telegramms‹*), dessen Veröffentlichung die USA 1917 entscheidend zum Eintritt in den Krieg veranlaßte.
Nach dem Ersten Weltkrieg wurde über die Arbeiten im ›Zimmer Nr. 40‹ in der britischen Öffentlichkeit berichtet, was zweifellos auch im Ausland zur Kenntnis genommen wurde. Man war sich darüber klar, daß die üblichen Schlüsselmethoden aus der Kriegszeit letztlich erkannt werden konnten. Diese Methoden nutzten im Austausch für Wörter, Abkürzungen oder übliche Redewendungen alphanumerische Chiffriergruppen, die mit bis zu 70 000 Kodegruppen sehr umfangreich sein konnten. Die Ursache dafür lag einfach in der Wiederholung und ständigen Wiederkehr bestimmter Buchstaben und Wörter begründet. Gab es in einem bestimmten Kode ausreichend viele Geheimmeldungen, so konnte der Geheimschriftexperte den Kode nachvollziehen und den Klartext von bekannten Angaben, wie der Schreibweise von Namen, Adressen oder anderen vergleichbaren Bezeichnungen, die schon häufig in einfacheren oder bereits entschlüsselten Kodes vorgekommen waren, ableiten. Ferner bestand immer die Gefahr, daß ein gültiges Verschlüsselungsbuch in feindliche Hände gefallen war, wie im Falle der ›Magdeburg‹. Es waren auch sogar Kodeunterlagen von Tauchern aus versenkten deutschen U-Booten geborgen worden.
Abgesehen von der Gefährdung, der umfangreiche Geheimkodes unterlagen, ergab ihre Anwendung noch andere, wesentlich grundsätzlichere Einschränkungen. Allein der Umfang des militärischen Funkverkehrs brachte nahezu unlösbare logistische Probleme hinsichtlich der Erstellung, Vervielfältigung und Verteilung tausender von Schlüsselbüchern mit sich. Hinzu kam die zeitraubende und ermüdende Tätigkeit bei der Verschlüsselung und Entschlüsselung von Funksprüchen. Ein vorgeschobener Telegrafenposten im Felde und unter Beschuß war kaum der geeignete Platz für solche Arbeiten.
Im Jahre 1915 erfand der Amerikaner Edward Hebern, den das Chiffrierwesen faszinierte, eine einfache maschinelle Schlüsselmethode in Verbindung mit einer damals ganz neu auf dem Markt erschienenen elektrischen Schreibmaschine. Die Tasten betätigten in Wirklichkeit nur Schalter. Tippte man zum Beispiel das ›A‹, so schloß sich ein Stromkreis und gab einen Impuls an einen elektromagnetischen Antrieb, der über einen mechanischen Typenhebel das ›A‹ ausdruckte. Jede alphabetische Taste war dem entsprechenden Buchstaben zugeordnet. E. Hebern verlegte die Schaltdrähte einfach so, daß das getippte ›A‹ zum Beispiel ein ›K‹ auslöste, ein ›R‹ konnte zum ›E‹ werden und so weiter. Damit konnte das Getippte ›Angriff heute nacht‹ etwa ›kongtaa mijxi oksmx‹ ergeben. Der hervorstechendste Punkt dieser ersten elektromagnetischen Chiffriermethode war die einfache Handhabung, denn mit Hilfe zusätzlicher Schaltungen konnte der verschlüsselte Text ›kongtaa mijxi oksmx‹ in die Maschine eingetippt werden, der dann im Schriftbild wieder als Klartext ›Angriff heute nacht‹ ausgedruckt wurde. Die Maschine war umschaltbar und sehr schnell. Verschlüsseln und Entschlüsseln benötigten nicht mehr Zeit als das Tippen einer Meldung, und der Geheimschreiber hatte einen laufenden Beleg sowohl über den kodierten als auch den entschlüs-

*) Anmerkung des Übersetzers:
Im Januar 1917 schlug der deutsche Außenminister Arthur Zimmermann Mexiko telegrafisch vor, Amerika den Krieg zu erklären, das dadurch von Europa abgelenkt werden sollte. Doch das Gegenteil trat ein, weil die Engländer den Funkspruch auffingen und an die Amerikaner weitergaben.

selten Klartext. Die mit der Hebern-Maschine chiffrierten Texte konnten funktelegraphisch in Morsezeichen an ein Schiff übermittelt werden und dort in eine mit gleicher Schaltung versehene Schreibmaschine eingetippt werden, die sie unfehlbar entschlüsselten. Auch die Antwort konnte gleich verschlüsselt werden.
Die von Heberns Schreibmaschine gelieferten Chiffrierungen waren einfache alphabetische Umwandlungen. Obwohl sie für den normalen Geschäftsgebrauch sicher waren, denn ein ähnliches Gerät war kurz zuvor auf dem freien Markt angeboten worden, bereitete ihre Entschlüsselung einem halbwegs geschulten Kryptologen keinerlei Schwierigkeiten. Er stellte bei einer derartigen Meldung von einigermaßen ausreichender Länge eine Häufigkeitsanalyse der im Text enthaltenen Buchstaben oder Zahlen an. Alle westlichen Sprachen haben eine charakteristische Wiederholungsrate ihrer Buchstaben, was auch immer der Text beinhaltet. (1843 schrieb Edgar Allan Poe die Kurzgeschichte »Der Goldkäfer«, in der er eine einfache alphabetische Buchstaben-Verschlüsselung durch eine Häufigkeitsanalyse löst. Er stellte eine Reihenfolge der am meisten vorkommenden Buchstaben im Englischen auf: e, a, o, i, d, h, n, r, s, t, u, y, c, f, g, l, m, w, k, p, j, v, q, x, z.)
Buchstabenhäufigkeitsanalysen sind ein Eckpfeiler der Geheimschriftkunde. Ein Dechiffrierspezialist braucht nicht lange, um einen einfachen Buchstabentauschtext zu entschlüsseln, denn das ›e‹ ist der bei weitem meistgebräuchliche Buchstabe im Englischen, und jedes Wort mit drei Buchstaben und auf ›e‹ endend, ist mit ziemlicher Wahrscheinlichkeit das Wort ›the‹, wobei ›t‹ und ›h‹ häufig aufeinanderfolgen. Vokale sind ebenso schnell herauszufinden wie die häufigsten Konsonanten. Wenn erst ein ausreichendes Stück Klartext entschlüsselt ist, lassen sich die Lücken schon allein aus dem Sinn der Nachricht füllen.
Um zu vermeiden, daß die Chiffrierung durch die Häufigkeit und Wiederholung der Buchstabenfolge bloßgestellt wird, war es erforderlich, den Kode so oft zu ändern, daß Häufigkeitsanalysen unmöglich oder zumindest sehr erschwert würden. Hebern erkannte dies und experimentierte 1917 mit einer zweiten Schlüsselmaschine, die Walzen enthielt. Diese Walzen schalteten das Anschlagsystem einer Schreibmaschine jedesmal um, wenn eine Taste gedrückt wurde, wodurch sich das gesamte Schlüsselalphabet verschob. Nach erheblichen Bemühungen baute er seine ›Elektrische Schlüsselmaschine‹ – US Patent 1 683 072 – und konnte 1928 sogar einige davon an die US Navy verkaufen.
Auf den ersten Blick sah diese Verschlüsselungsmaschine wie eine Schreibmaschine aus. Sie war aber keine, weil sie nicht schrieb, wenngleich sie über eine Tastatur mit sechsundzwanzig Großbuchstaben in der gleichen Anordnung wie die Tastatur einer üblichen Schreibmaschine verfügte. Über den Buchstabentasten waren auf einer schrägen Schauleiste sechsundzwanzig Buchstaben auf kleinen Glasscheibchen aufgedruckt, jede von hinten mit einer Leuchtbirne versehen, die wiederum entsprechend der Tastatur angeordnet waren. Oben auf der Maschine, wo bei den üblichen Schreibmaschinen Walze und Typenkopf liegen, waren fünf Walzenscheiben parallel zur Tastatur angebracht. Jede Walzenscheibe hatte außen die sechsundzwanzig Buchstaben des Alphabets eingestanzt und konnte auf eine eingravierte Marke eingestellt werden.
Jede der drehbaren Walzen bestand aus Isoliermaterial – wahrscheinlich aus einem der ersten Kunststoffe, dem ›Vulcanit‹ – und hatte für jeden Buchstaben einen elektrischen Kontakt. Die Kontakte waren über Drähte paarweise nach einem besonderen Schaltplan miteinander verbunden, wobei jede der fünf Walzen

Die Zeichnung aus der Patentschrift für Heberns ›Elektrische Kodiermaschine‹.

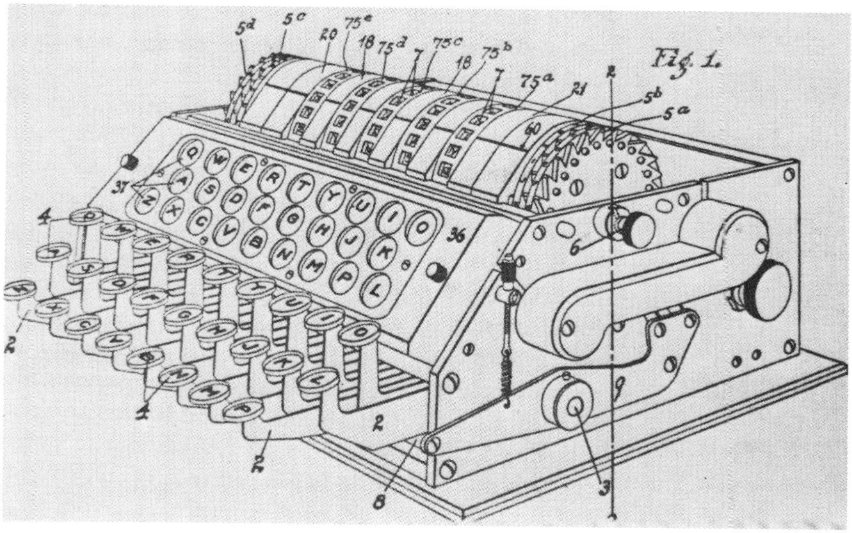

eine eigene Verdrahtung aufwies. Diese unterschiedlichen Verdrahtungen bewirkten die eigentliche Verschlüsselung. Dies wird am Beispiel der Arbeitsweise einer einzelnen Walze deutlich. Drückte man die ›A‹-Taste, so ging ein elektrischer Strom über eine Kontaktbürste zum ›A‹-Kontakt der ersten Walze, durchlief die innere Verdrahtung und löste auf der anderen Seite zum Beispiel ›F‹ aus, wobei das ›F‹-Schaufenster auf der Buchstabentafel aufleuchtete. Wurde ›A‹ nochmals gedrückt, so rückte die Walze um einen Buchstaben weiter, und der Kontakt ließ den Strom über die Verdrahtung vielleicht zum ›Y‹ fliegen. ›Y‹ leuchtet dann auf der Anzeige auf. Auf diese Weise konnte jede einzelne Walze sechsundzwanzig völlig unterschiedliche Schlüsselalphabete hergeben.
Bei Heberns Schlüsselapparat waren fünf derartige Walzen in Serie geschaltet. Sobald die erste Walze eine volle Umdrehung gemacht hatte, rückte die zweite Walze um einen Buchstaben weiter. Hatte sie eine volle Umdrehung vollführt, so sprang die dritte einen Schritt weiter; und so weiter. Auf diese Art konnte Heberns Fünfwalzenmaschine 11 881 376 (= $26^5$) verschiedene Schlüsselalphabete hervorbringen.

Bei Verwendung der Schlüsselmaschine von Hebern konnte der Benutzer eine Schlüsselleitgruppe rasten, also eine Anfangseinstellung vornehmen, mit der die fünf Walzen zu laufen begannen, zum Beispiel mit der Schlüsselgruppe ›BKZFJ‹. Damit war festgelegt, mit welchem der Chiffrierbuchstaben begonnen wurde. Sobald der Klartext über die Tasten eingegeben wurde, leuchteten die entsprechenden Chiffrierbuchstaben in den Sichtfenstern auf und wurden von einem zweiten Verschlüsselungsexperten mitgeschrieben. Die Entschlüsselung erfolgte dann durch Einstellung der gleichen Schlüsselleitgruppe ›BKZFJ‹. Der verschlüsselte Text wurde dann über die Tasten eingetippt und der Klartext leuchtete Buchstabe für Buchstabe in den Sichtfeldern auf.

Die gewaltige Anzahl von Schlüsselalphabeten, die von den Walzen hervorgebracht wurden, gab Heberns Maschine einen beachtlichen Grad von Sicherheit und Geheimhaltung. Ohne Frage ließ sich jetzt mit Häufigkeitsberechnungen nichts mehr entschlüsseln. Lediglich die aufwendige und zeitraubende mathematische Gruppentheorie konnte hier noch weiterhelfen, den Schlüssel zu brechen.

Die Zeit, um einen Hebern-Kode zu entschlüsseln, wäre derart langwierig gewesen, daß eine abgefangene Meldung, zumindest in Kriegszeiten, schon überholt und dadurch wertlos gewesen wäre.
Obwohl Heberns Walzen-Schlüsselmaschine als erste serienmäßig gebaut wurde, war sie nicht die einzige auf diesem Gebiet. 1919 war an Jugo Koch aus Delft ein Patent für eine Verschlüsselungsmaschine erteilt worden, die er holländisch ›Geheimschriftmaschine‹ nannte. Wie es scheint, hat Koch nie ein funkionsfähiges Gerät seiner Erfindung bauen lassen. Auf jeden Fall kaufte ein deutscher Ingenieur namens Arthur Scherbius die Patentrechte auf und baute diese Maschine, die er ›Enigma‹ (entsprechend dem griechischen Wort Rätsel) nannte. Scherbius' Maschine glich im wesentlichen der Hebernschen, obwohl beide allem Anschein nach unabhängig voneinander ein ähnliches technisches Prinzip wählten. Sie besaß zwar nur drei Walzen, doch die Stromimpulse der dritten durchflossen die beiden anderen, so daß sich dadurch insgesamt der Effekt von sechs Walzen ergab. Dies wurde jedoch durch den Nachteil erkauft, daß sie nicht in der Lage war, einen gleichlautenden Buchstaben auch als solchen zu verschlüsseln, das heißt, ein ›A‹ im Klartext konnte nicht wieder als ›A‹ in der verschlüsselten Meldung erscheinen. Das schien zunächst ein unbedeutender Mangel zu sein, sollte sich aber als ernster Nachteil und Schwachstelle herausstellen.
1923 etwa fertigte Scherbius die ›Enigma‹ in seinem Betrieb in Berlin. Sie wurde auf dem Kongreß der Internationalen Postunion und der Leipziger Messe ausgestellt und als preiswertes, zuverlässiges, abhörsicheres Gerät zur Übermittlung von geschäftlichen Mitteilungen und Telegrammen angepriesen. Die Deutsche Reichspost stellte ›Enigma‹ in praxi vor, indem sie eine verschlüsselte Grußadresse an den Kongreß kabelte, die von der Schlüsselmaschine vor aller Augen entschlüsselt wurde. Arthur Scherbius konnte sich tatsächlich selbst zu diesem hoffnungsvollen Beginn für sein Vorhaben gratulieren. Seine ›Enigma‹ zog jedoch auch andere als nur kommerzielle Interessenten auf sich. Diskrete Auskünfte wurden eingeholt, und die Schlüsselmaschine von der Ausstellung abgezogen, um in Berlin in der Chiffrierabteilung der Reichswehr wieder aufzutauchen, jenem kleinen Hunderttausend-Mann-Heer, das Deutschland unter den Auflagen des Versailler Vertrages zugestanden worden war. Chef der Abteilung ›Chi‹ (Chiffrierwesen) war Oberst Erich Fellgiebel, ein qualifizierter Nachrichtenoffizier, der später zum Generalmajor und Chef der deutschen Nachrichtentruppe aufsteigen sollte.
Ergebnis der Überprüfung durch Fellgiebel war die völlige Rücknahme der ›Enigma‹-Maschine vom zivilen Markt. Sie blieb weiterhin in Fertigung, jedoch mit wesentlichen Verbesserungen für den Anwendungsbereich in der im Entstehen begriffenen Wehrmacht. ›Enigma‹ erschien genau zum richtigen Zeitpunkt, denn Deutschland befand sich in einem politischen Umbruch. Die ersten Alarmzeichen der NS-Partei Adolf Hitlers wurden deutlich. Der berühmte Putsch im Münchner ›Bürgerbräu‹-Keller hatte sich im November 1923 ereignet, und kaum ein Jahr später veröffentlichte Hitler sein Buch »Mein Kampf«. Als er 1933 die Macht in Deutschland übernommen hatte, wurden in Generalstabsstudien Untersuchungen über eine neue Strategie der Kriegführung entwickelt, den ›Blitzkrieg‹ mit seinen schnellen Operationen. (Diese operativen Gedankengänge stützten sich wesentlich auf die Schriften der britischen Militärtheoretiker Generalmajor Fuller und Hauptmann Liddell-Hart ab, deren umwälzende Vorschläge im eigenen Lande weitgehend unbeachtet blieben.) Die konsequente ›Blitzkrieg‹-Strate-

Oberst Lisicki (rechts im Bild) betrachtet das französische Muster einer ›Enigma‹-Maschine, die von der BBC-Funkgerätewerkstatt für die Fernsehserie von 1976 wieder funktionsfähig gemacht worden war.

gie beruhte auf massiven motorisierten Kräften mit Panzern und taktischen Luftstreitkräften. Ihr erfolgreicher Einsatz bedurfte schneller und zuverlässiger Nachrichtenverbindungen, die nur durch Funk zu gewährleisten waren. Hierzu boten sich die ›Enigma‹-Schlüsselmaschinen hervorragend an. Sie wogen sehr wenig, waren batteriegespeist und robust genug, um auf der Ladefläche eines Lkw der Nachrichtentruppe während der Fahrt bedient werden zu können.

›Enigma‹ wurde bei der deutschen Wehrmacht eingeführt. Sie hatte anfangs drei Walzen und eine Schalttafel, mit der man sogar eine zusätzliche Verschlüsselung vornehmen konnte. Eine Bewertung der ›Enigma‹, die wahrscheinlich von ›Chi‹ stammte, wies darauf hin, daß für den Gegner

> ». . . die Meldungen überhaupt nicht zu dechiffrieren wären, sofern er nicht selbst über eine ›Enigma‹ verfügte. Und sogar mit einer (erbeuteten) ›Enigma‹, mit der es dann theoretisch möglich sein könnte, den Kode zu brechen, würde dies eine Fähigkeit und Können erfordern, über die nur wenige Chiffrierexperten verfügten.«

Diese Beurteilung und Stellungnahme klangen recht zuversichtlich und sicher, denn die Geheimnisse der ›Enigma‹-Schlüsselmaschine waren bereits enthüllt worden.

Die Polen, von mächtigen und bedrohlichen Gegnern umgeben, hatten zwischen den beiden Weltkriegen einen der wirksamsten Nachrichtendienste der Welt aufgebaut. Ihr Kode- und Chiffrierbüro ›BS4‹ (›Biuro Szyfrow‹ bedeutet Chiffrierbüro, und ›4‹ war die ›Deutsche Abteilung‹) hatte seinen Sitz in Warschau und wurde von Oberst Givido Langer geleitet. Es hatte einige beachtliche Erfolge erzielt. Insbesondere bei der Schlacht um Warschau, als 1920 polnische Kräfte unter Pilsudski die Bolschewiken vor den Toren der Stadt aufhielten. Dies war in nicht geringem Maße dem Brechen der sowjetischen Geheimschlüsselverfahren durch den polnischen Nachrichtendienst zu verdanken. Nach diesen ersten Erfolgen brachen die Polen den Schlüssel der deutschen Reichswehr, den sie ohne Schwierigkeiten bis zu jenem gewissen Tag im Jahr 1928 mitlesen konnten, als ein neuer Schlüssel erstmals in Betrieb genommen wurde. Die BS4-Kryptologen vermuteten, daß er mechanisch funktionierte und sie ihn daher nicht brechen könnten. Die folgenden Ausführungen beruhen auf Interviews und einzelnen, unvollständigen Hinweisen aus verschiedenen Quellen in Polen, Frankreich und England. Es kann angenommen werden, daß es so war, doch bis zum Zeitpunkt, an dem die britischen Archive über dieses Thema geöffnet werden, müssen manche Einzelheiten reine Vermutung bleiben.

Es steht außer Frage, daß die Deutschen ihre ›Enigma‹-Chiffriermaschinen für ihren militärischen Führungsfunk einsetzten. Dies war die Quelle jener Sprüche, die die Polen nicht lesen konnten. BS4 war sich ziemlich sicher, daß es sich bei dieser deutschen Schlüsselmaschine um eine Weiterentwicklung jener handelsüblichen ›Enigma‹ von Scherbius handelte, die von polnischen Offizieren der Abwehr auf der öffentlichen Ausstellung gesehen worden war. Es war daher sehr bedeutend, sich ein Exemplar der militärischen ›Enigma‹ zu beschaffen. Hierzu bot sich im Jahre 1928 eine Gelegenheit. Nach den Schilderungen des Oberst Tadeusz Lisicki, eines heute in England lebenden, ehemaligen polnischen Fernmeldeoffiziers, stellte an einem späten Freitagnachmittag ein Beamter der deutschen Botschaft in Warschau dringende Nachforschungen in der Bahnhofszollstation nach einer Versandkiste an, die vom Auswärtigen Amt in Berlin an die deutsche Botschaft adressiert sein sollte. Er forderte, daß sie unverzüglich vom Zoll freigegeben werde. Seine Besorgnis war so auffällig, daß die Polen argwöhnisch wurden in der richtigen Annahme, daß möglicherweise in Berlin ein Irrtum unterlaufen sei, und man dort Diplomatengepäck versehentlich als normales Frachtgut abgefertigt hatte. Dem hartnäckigen deutschen Beamten wurde mit Bedauern eröffnet, daß das Gepäckstück noch nicht angekommen sei und daß die Zollstelle alsbald über das Wochenende geschlossen werde.

Die Zöllner verständigten sofort den polnischen militärischen Abwehrdienst, der keine Zeit verlor, die Kiste zu öffnen. Und da erkannte man den Grund der

Angehörige der ›Gruppe 300‹ in Cadix. Ganz rechts Marian Rejewski; Capitain und Madame Bertrand in der Mitte des Bildes.

*Mitte links:* Jerzy Rosicki

*Mitte rechts:* Henryk Zygalski

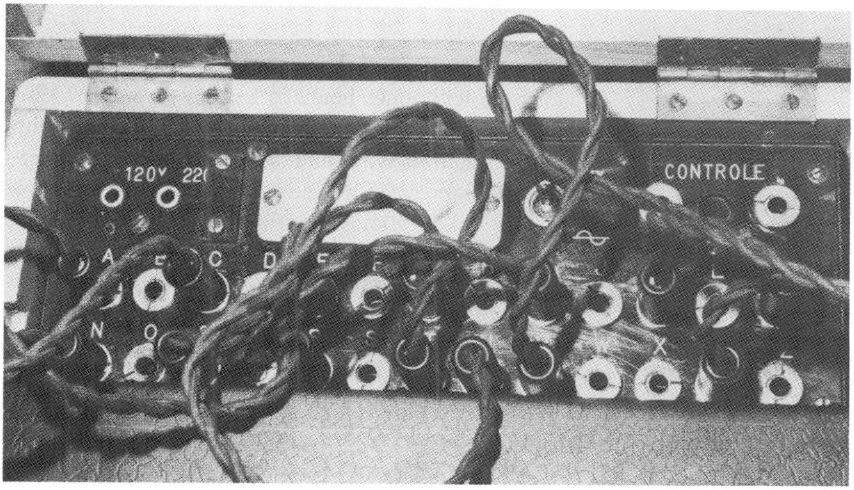


Die Überschlüsselungsschalttafel (Steckerverbindung), die den Kodebrechern die Arbeit zusätzlich erschwerte.

deutschen Besorgnis: sorgfältig in Stroh verpackt lag darin eine nagelneue militärische ›Enigma‹-Schlüsselmaschine. Über das Wochenende untersuchten BS4-Experten die Maschine gründlich, verpackten sie, ohne Spuren zu hinterlassen, so daß sie am Montagmorgen zur Abholung bereitlag.

Die Überprüfung der ›Enigma‹ gab den Polen wertvolle Informationen, vor allem über die Schaltverbindungen der drei Chiffrierwalzen und über die zusätzlichen Steckerverbindungen, die für eine Doppelverschlüsselung vorgesehen waren. Es war offensichtlich, daß die militärische ›Enigma‹ einen Fortschritt gegenüber der handelsüblichen darstellte, und es wurde deutlich, daß nur ausgezeichnete Kryptologen in der Lage sein dürften, mit dieser Entwicklung Schritt zu halten, weil sie über Kenntnisse der höheren Mathematik verfügen mußten. BS4 verpflichtete deshalb drei hervorragende junge Mathematiker von der Posener Universität. Posen war bis 1918 lange Zeit deutsch gewesen und zählte immer noch zum deutschsprachigen Gebiet in Polen; die gründliche Beherrschung der deutschen Sprache war eine wichtige Voraussetzung für diese Aufgabe.

Einer von ihnen, Marian Rejewski, hatte eine außerordentliche analytische Begabung. Er wurde, was nicht frei von Ironie ist, nach seinem Examen an die Göttinger Universität entsandt, um sich insbesondere mit den tiefgründigen Gebieten höherer Mathematik wie der Gruppentheorie, Kombinationslehre, vor allem Permutationen und Statistik zu befassen, unentbehrliches Grundlagenwissen für alle Kryptologen. Der zweite Studiker, Jerzy Rozycki, war ganz anders veranlagt. Er verstand es, verblüffend einfallsreiche Lösungen zu allen möglichen Problemen einzubringen. Der dritte im Bunde, Henryk Zygalski, ergänzte die beiden anderen. Er war ein gewissenhaftes, beständiges ›Arbeitstier‹ und in der Lage, jedwede denkbare Lösungsmöglichkeit unermüdlich zu durchforschen. Nach vierjährigen Ergänzungsstudien nahmen sie 1932 ihre Tätigkeit bei BS4 auf, um sich mit den ›Enigma‹-Abhörmeldungen zu befassen. Innerhalb von viereinhalb Monaten vermochten sie den ›Enigma‹-Schlüssel zu brechen; eine außerordentlich beachtliche Leistung, selbst wenn man die Unterstützung und Hilfe, über die sie verfügten, in Betracht zieht.

Nach Aussagen, die von Rejewski persönlich 1976 in Warschau gemacht wurden, war es in Polen seinerzeit gelungen, über einen schwedischen Kontaktmann eine zivile ›Enigma‹-Maschine zu erwerben und sie der militärischen mit Hilfe zusätzlicher Einbauten anzugleichen. Aber aus einer anderen Quelle kam noch weit wertvollere Hilfe. Irgendwann zu Beginn 1931 hatte sich ein subalterner Bediensteter aus dem deutschen Reichswehrministerium an die französische Abwehr mit dem Angebot herangemacht, gewisse Chiffrierinformationen verkaufen zu wollen, einschließlich Unterlagen über die zu einem der bestgehüteten Geheimnisse der Chiffrierabteilung zählende ›Enigma‹-Maschine. Der Name des Kanzleiangestellten wurde mit Schmidt angegeben, der echt oder auch nicht echt sein kann. Jedenfalls gab sich der Mann selbst den prophetisch düsteren Decknamen ›Asche‹ . Die Franzosen waren natürlich zunächst einmal geeignet, ›Asche‹ bestenfalls als geldgierig, schlimmstenfalls als Doppelagenten anzusehen. Das Angebot war einfach zu schön, um wahr zu sein. Ein Mann jedoch, Hauptmann Gustave Bertrand, Leiter des Chiffrierbüros der französischen Abwehr, war gewillt, der Geschichte von ›Asche‹ Glauben zu schenken. Er hatte den kärglich bezahlten jungen Mann, der einen Lebensstandard pflegte, der seine Einkünfte überschritt, eingehend befragt. ›Asche‹ war nicht persönlich in der Lage, zu strenggeheimen Unterlagen Zutritt zu bekommen, hatte aber einen Bruder, der in

Seiten aus dem ›Enigma‹-Handbuch der deutschen Nachrichtentruppe, wie sie vom Agenten ›Asche‹ an Bertrands Geheimdienststelle geliefert wurden.

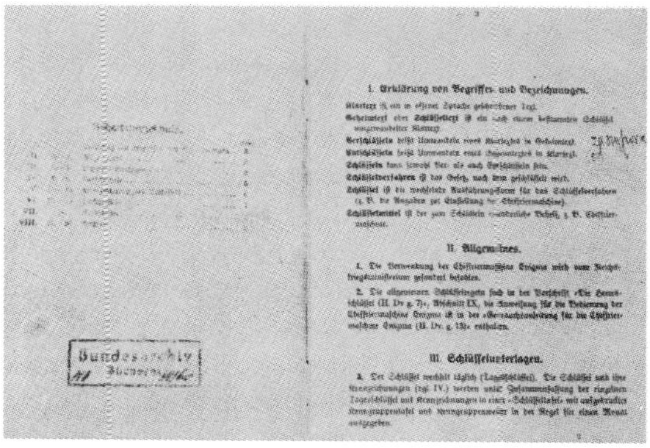

I. Erklärung von Begriffen und Bezeichnungen.

[illegible]

II. Allgemeines.

[illegible]

III. Schlüsselunterlagen.

[illegible]

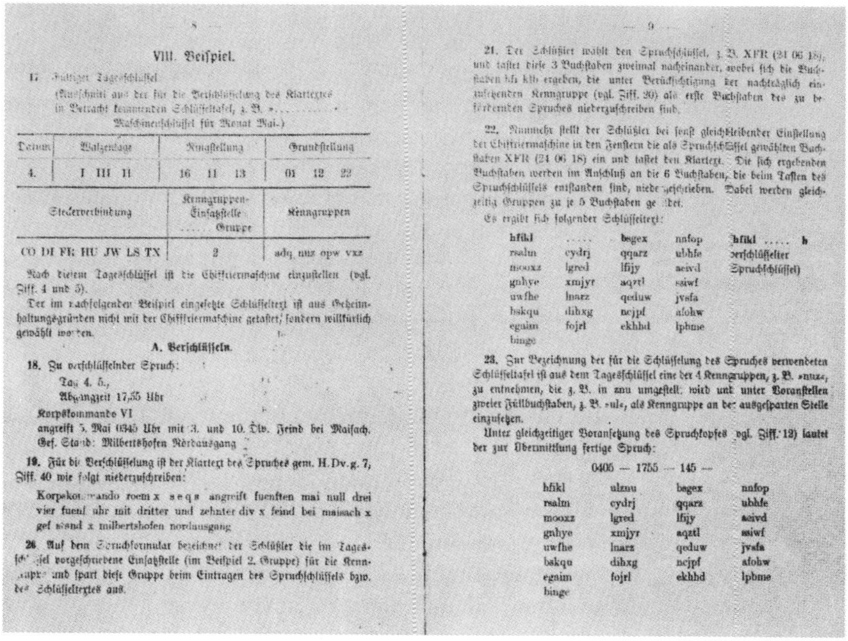

— 8 —

VIII. Beispiel.

17. Gültiger Tagesschlüssel
(Ausschnitt aus der für die Verschlüsselung des Klartextes in Betracht kommenden Schlüsseltafel, z. B. »........ Maschinenschlüssel für Monat Mai.«)

| Datum | Walzenlage | Ringstellung | Grundstellung |
|---|---|---|---|
| 4. | I III II | 16 11 13 | 01 12 22 |

| Steckerverbindung | Kenngruppen-Einsatzstelle ...... Gruppe | Kenngruppen |
|---|---|---|
| CO DI FR HU JW LS TX | 2 | adq nuz opw vxz |

Nach diesem Tagesschlüssel ist die Chiffriermaschine einzustellen (vgl. Ziff. 4 und 5).

Der im nachfolgenden Beispiel eingesetzte Schlüsseltext ist aus Geheimhaltungsgründen nicht mit der Chiffriermaschine getastet, sondern willkürlich gewählt worden.

A. Verschlüsseln.

18. Zu verschlüsselnder Spruch:

Tag 4. 5.,
Abgangzeit 17,55 Uhr

Korpskommando VI
angreift 5. Mai 0345 Uhr mit 3. und 10. Div. Feind bei Maisach. Gef. Stand: Milbertshofen Nordausgang

19. Für die Verschlüsselung ist der Klartext des Spruches gem. H.Dv.g. 7, Ziff. 40 wie folgt niederzuschreiben:

Korpskommando roem x seqs angreift fuenften mai null drei vier fuenf uhr mit dritter und zehnter div x feind bei maisach x gef stand x milbertshofen nordausgang

20. Auf dem Spruchformular bezeichnet der Schlüßler die im Tagesschlüssel vorgeschriebene Einsatzstelle (im Beispiel 2. Gruppe) für die Kenngruppe und spart diese Gruppe beim Eintragen des Spruchschlüssels bzw. des Schlüsseltextes aus.

— 9 —

21. Der Schlüßler wählt den Spruchschlüssel, z. B. XFR (24 06 18), und tastet diese 3 Buchstaben zweimal nacheinander, wobei sich die Buchstaben hfi klb ergeben, die unter Berücksichtigung der nachträglich einzusetzenden Kenngruppe (vgl. Ziff. 20) als erste Buchstaben des zu befördernden Spruches niederzuschreiben sind.

22. Nunmehr stellt der Schlüßler bei sonst gleichbleibender Einstellung der Chiffriermaschine in den Fenstern die als Spruchschlüssel gewählten Buchstaben XFR (24 06 18) ein und tastet den Klartext. Die sich ergebenden Buchstaben werden im Anschluß an die 6 Buchstaben, die beim Tasten des Spruchschlüssels entstanden sind, niedergeschrieben. Dabei werden gleichzeitig Gruppen zu je 5 Buchstaben gebildet.

Es ergibt sich folgender Schlüsseltext:

| | | | | |
|---|---|---|---|---|
| hfikl | ..... | begex | nnfop | (hfikl ..... b verschlüsselter Spruchschlüssel) |
| rsalm | cydrj | qqarz | ubhfe | |
| mooxz | lgred | lfijy | aeivd | |
| gnhye | xmjyr | aqztl | ssiwf | |
| uwfhe | lnarz | qeduw | jvsfa | |
| bskqu | dihxg | ncjpf | afohw | |
| egaim | fojrl | ekhhd | lpbme | |
| binge | | | | |

23. Zur Bezeichnung der für die Schlüsselung des Spruches verwendeten Schlüsseltafel ist aus dem Tagesschlüssel eine der 4 Kenngruppen, z. B. »nuz«, zu entnehmen, die z. B. in znu umgestellt wird und unter Voranstellen zweier Füllbuchstaben, z. B. »ul«, als Kenngruppe an der ausgesparten Stelle einzusetzen.

Unter gleichzeitiger Voransetzung des Spruchkopfes (vgl. Ziff. 12) lautet der zur Übermittlung fertige Spruch:

0405 — 1755 — 145 —

| | | | |
|---|---|---|---|
| hfikl | ulznu | begex | nnfop |
| rsalm | cydrj | qqarz | ubhfe |
| mooxz | lgred | lfijy | aeivd |
| gnhye | xmjyr | aqztl | ssiwf |
| uwfhe | lnarz | qeduw | jvsfa |
| bskqu | dihxg | ncjpf | afohw |
| egaim | fojrl | ekhhd | lpbme |
| binge | | | |

höheren Stäben der Reichswehr gut bestallt und anscheinend bereit war, zweifellos gegen entsprechende Bezahlung, geheime Informationen zu beschaffen. ›Asche‹ war und bleibt eine undurchsichtige Figur. Es ist kein Foto von ihm bekannt. Aber Bertrand traf ihn, gemeinsam mit einem anderen französischen Agenten namens ›Rex‹, der als Dolmetscher tätig war, da ›Asche‹ nur deutsch sprach, und noch weiteren Männern der französischen Abwehr zwischen 1931 und 1939 neunzehnmal in einem Dutzend europäischer Städte. Er erhielt dabei Fotos von Hunderten streng vertraulicher deutscher Dokumente. Eine der ersten Lieferungen von 1932 war unbezahlbar: die deutsche Heeresdienstvorschrift ›Gebrauchsanleitung für die Chiffriermaschine Enigma‹, dazu ein Verschlüsselungsbuch mit den Schlüsseln und ein Übungsbeispiel für eine verschlüsselte Meldung mit dazugehörigem Klartext. Kopien hiervon ließ Bertrand an die polnische Abteilung BS4 weiterleiten, die mit der französischen Abwehr zusammenarbeitete.

Man kann den Wert des Spions ›Asche‹ gar nicht hoch genug ansetzen. Die von ihm gestohlenen Unterlagen waren natürlich für die Polen sehr hilfreich bei der Aufdeckung der Geheimnisse von ›Enigma‹. Obwohl die drei Mathematiker das Problem auch irgendwann allein gelöst hätten, wäre es wohl sicher nicht rechtzeitig vor der Änderung der Maschine gelungen. Das hätte die weitere Dechiffrierarbeit wesentlich erschwert und verzögert, wahrscheinlich auch mit schwerwiegenden Konsequenzen.

Den Polen gelang es 1934, den ›Enigma‹-Kode zu brechen. Damals stellte das deutsche Schlüsselpersonal die drei Chiffrierwalzen einfach nach einem vorgesehenen Plan ein, dem Tagesschlüssel, wie er im Heeresschlüsselbuch ausgedruckt war. Auch hiervon konnte ›Asche‹ Kopien liefern. Immerhin war die ›Enigma‹ in dem Augenblick, als sie offiziell in die deutsche Wehrmacht eingeführt wurde, entwicklungsmäßig ständig auf den neuesten Stand gebracht worden. Um auch weiterhin die Funksprüche mitlesen zu können, mußten die Polen mehr als nur rein mathematische Methoden anwenden. Man gelangte bei BS4 zu der Überzeugung, daß noch weitere Muster der gebräuchlichen ›Enigma‹-Geräte erforderlich wären, wenn sie auch noch zukünftig in der Lage bleiben wollten, deutsche Meldungen zu entschlüsseln.

Die polnischen Nachbauten beruhten auf der bekannten handelsüblichen ›Enigma‹ mit den zusätzlichen Bauteilen, die sich aus den Erkenntnissen der Warschauer ›Zollinspektion‹ und ergänzenden mathematischen Analysen ergeben hatten. Diese neuen Maschinen wurden nun unter höchster Geheimhaltung von den AVA-Fernmeldewerkstätten in Warschau nachgebaut und von 1934 an durch BS4 verwendet. Eine Zeitlang arbeiteten sie zufriedenstellend, doch im Oktober 1936 begannen die Deutschen mit Änderungen. Die Doppelverschlüsselungsschalttafel wurde vergrößert. 1937 wurde die Verdrahtung der Chiffrierwalzen geändert und die Grundeinstellung der drei Walzen nicht länger einfach aus einem Verschlüsselungsbuch entnommen. Statt dessen wurde die Technik der Mehrfachanzeige benutzt. Das Verschlüsselungsbuch gab dem Schlüsselpersonal die Steckerverbindungen und die Ringstellung an, die durch Verdrehen des äußeren Ringes der Walze, auf dem die sechsundzwanzig Buchstaben des Alphabets eingraviert waren, gegenüber einer Festmarkierung eingestellt werden mußte, wodurch sich eine Verstellung (zum Beispiel von ›A‹ in ›F‹) des Schlüsselalphabets ergab. Jede der drei Walzen wurde unterschiedlich eingestellt. Wenn dies getan war, mußte der Bediener die Walzen wieder in die Maschine einsetzen und die Grundstellung einstellen, die in den drei Sichtfenstern des Gehäusedeckels ablesbar war. Der Grundstellungsschlüssel war abhängig von der Kenngruppe oder dem Schlüsselnetz der absendenden Stelle. Diese waren für jedes Schlüsselnetz verschieden und wurden vor dem Kriege monatlich und während des Krieges dreimal am Tage gewechselt.

Wenn man beispielsweise annimmt, daß die Grundstellung ›AAA‹ war, eine sehr auffällige und fast unmögliche Kombination, aber gut geeignet zur Erläuterung, hatte der Verschlüßler willkürlich einen Spruchschlüssel mit drei Buchstaben zu wählen und sie zweimal nacheinander zu tasten, zum Beispiel ›LOXLOX‹. Die ›Enigma‹ konnte dann vielleicht die Buchstabengruppe ›AOBRMV‹ auswerfen. Der Schlüßler notierte sich diese Buchstabengruppe, setzte dann die drei Walzen auf den gewählten Spruchschlüssel LOX und verschlüsselte die Meldung, indem er den Klartext des Spruches auf der Tastatur eintippte. Während er dies tat, schrieb ein zweiter Verschlüßler den chiffrierten Text in Buchstaben-Fünfergruppen mit. War die Verschlüsselung beendet, wurde die Meldung über Funk mit Morsezei-

Die Grundeinstellung einer ›Enigma‹-Schlüsselmaschine; hier der Schlüssel ›E L K‹.

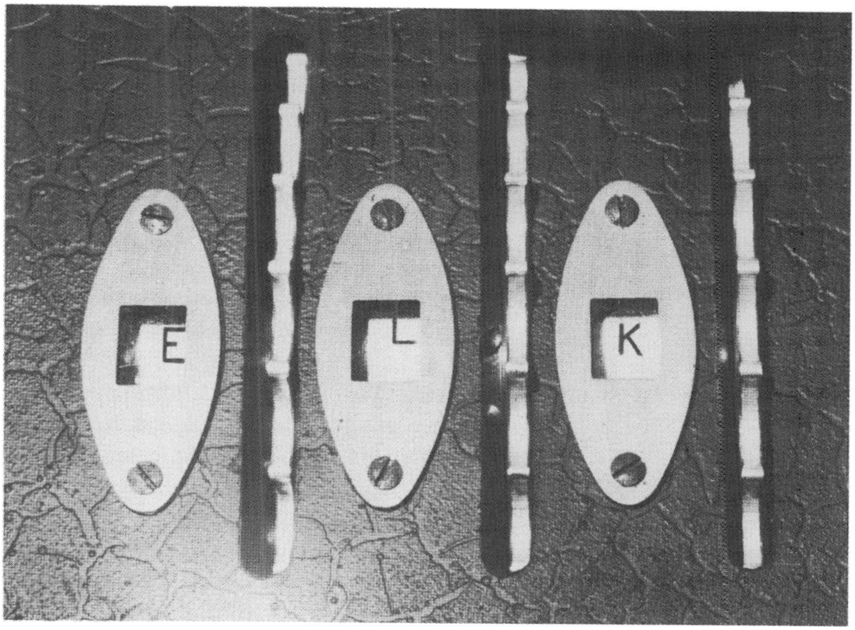


Kopie der Originalskizze der polnischen ›Bomba‹. Aus dem Gedächtnis von Marian Rejewski 1976 in Warschau gezeichnet. ›Silnik‹ ist der polnische Ausdruck für ›Motor‹.

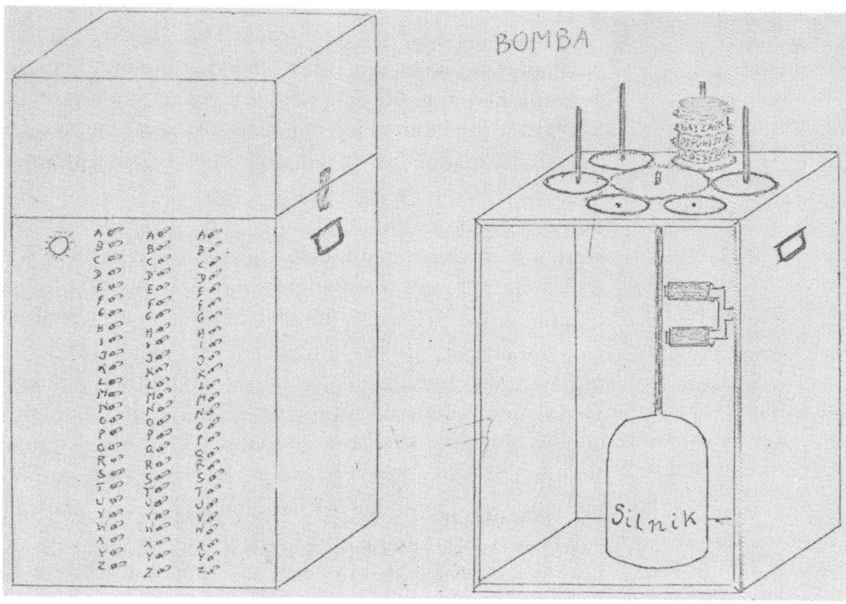


chen abgesetzt. Der Funkspruch begann mit der Kenngruppe des Absenders und des Empfängers. Die Meldung fing mit ›AOBRMV‹ an, gefolgt von den Fünfergruppen des Schlüsseltextes. Nach Empfang der gesamten Meldung wurde sie einem Schlüßler zur Entschlüsselung übergeben. Dieser entnahm die Steckerverbindungen, die Ringstellung und die Grundstellung ›AAA‹ seiner Schlüsseltafel. Dann mußte er ›AOBRMV‹ in seine ›Enigma‹ tasten, was wiederum als ›LOX-LOX‹ aufleuchtete – die drei beliebigen Buchstaben, die der absendende Verschlüßler gewählt hatte. Danach war ›LOX‹ auf den drei Chiffrierwalzen einzustellen, und der verschlüsselte Text, der auf der Tastatur eingetippt wurde,

erschien als deutscher Klartext Buchstabe für Buchstabe in den Leuchtfeldern, um von dem zweiten Entschlüßler mitgeschrieben zu werden.
Die beliebig zu wählenden Spruchschlüssel für die Chiffrierwalzen der ›Enigma‹ dienten nur der Geheimhaltung. Kein Spion oder Agent konnte wissen oder herausfinden, welche drei Buchstaben ein bestimmter Verschlüßler benutzen würde, und die Verschlüßler hatten strengsten Befehl, niemals dieselben drei Buchstaben ein zweitesmal zu benutzen (obwohl sie es dennoch oft getan haben). Ferner galt als Regel, daß der Schlüsseltext keinesfalls mehr als achtzig Fünfergruppen umfassen durfte.
Um es den Kryptologen vom BS4 zu ermöglichen, die verschlüsselten ›Enigma‹-Meldungen abzufangen, bauten die Polen eine elektromechanische Maschine, die Rozycki ›Bomba‹ nannte (nach dem Speiseeis). Sie durchlief alle möglichen Buchstabenkombinationen für die drei Schlüsselwalzen, bis die richtige Einstellung gefunden war, mit der eine Meldung auf den polnischen ›Enigma‹-Nachbauten entziffert werden konnte. Von diesen ›Bomba‹-Geräten hat keines den Krieg überdauert. 1976 fertigte Rejewski aus dem Gedächtnis eine Skizze für die Fernsehsendung ›Streng Geheim‹ an.
Es ist nicht mehr ganz klar, wie sie eigentlich genau funktioniert haben. Doch sie erbrachten Ergebnisse, obwohl sie auch gewisse Nachteile besaßen. Erstens war ihre Herstellung sehr teuer, dann war für jede Ringstellung ein ›Bomba‹-Gerät erforderlich, und wegen der Doppelverschlüsselung waren sechs ›Bombas‹ für einen bestimmten ›Enigma‹-Schlüssel notwendig. Zweitens vollzogen sie nicht die gesamte Entschlüsselung. Sie forderten zusätzlich ein Hilfsgerät, ›Leuchttafel‹ genannt. Das war, wie der Name schon sagt, ein von unten beleuchteter Tisch, auf dem große Lochkarten übereinander gestapelt wurden. Durch geschicktes Hantieren gelang es, daß sich deckungsgleiche Löcher ergaben, die dann durchschienen. Sie stellten die Informationen für mögliche Chiffrierwalzeneinstellungen dar.
Die deutschen Heeres- und Luftwaffen-›Enigma‹-Funksprüche wurden mit Hilfe eines sehr wirksamen Funkabhördienstes Tag für Tag abgehört. Einer der klassischen mitgehörten Sprüche kam vom Reichsluftfahrtministerium in Berlin: »An alle Flugplätze; Ernst Röhm abliefern; tot oder lebend!«
Das war am 30. Juni 1934, heute bekannt als ›Nacht der langen Messer‹, als Hitler brutal gegen ehemalige Parteigänger vorging, die ihm gefährlich werden konnten.
Den polnischen Kryptologen vom BS4 gelang es, ihre Methoden zu verbessern. In den ersten sechs Monaten des Jahres 1938, als der Funkverkehr der deutschen Wehrmacht täglich stärker wurde, wuchsen auch ihre Abhörerfolge. Jedoch nur bis zum 15. Dezember 1938, jenem Tag, an dem alle deutschen ›Enigma‹-Maschinen zwei zusätzliche Chiffrierwalzen erhielten. Von nun an konnten die drei ›Enigma‹-Schlüsselwalzen aus fünf verfügbaren ausgewählt werden. Das erhöhte die Sicherheit. Da bisher jede Ringstellung zum Dechiffrieren eine ›Bomba‹ benötigte, erhöhten die zusätzlichen Chiffrierwalzen den Bedarf an ›Bombas‹ um den Faktor zehn, also von sechs auf sechzig, was natürlich auch eine weit größere Anzahl hochspezialisierter Fachleute für ihre Bedienung erforderte. Die Polen vom BS4 hatten hierfür weder die Zeit noch die Mittel in ihrem Vorkriegsetat. Die ›Enigma‹-Funksprüche waren für die Deutschen also wieder sicher und geheimhaltungsmäßig geschützt.
Hauptmann Bertrand hatte es in Frankreich zum Teil schon vorausgeahnt, daß die Polen Hilfe benötigten. Kurz bevor die beiden zusätzlichen Chiffrierwalzen beim

Das französische Muster einer Fünfwalzen-›Enigma‹ mit hochgeklapptem Gehäusedeckel. Auf dem Bild sind rechts oben die zwei Ersatzwalzen zu sehen. Auf den drei Chiffrierwalzen ist die Grundstellung E L K gewählt. Das Glühlampenfeld beleuchtete die Buchstabenanzeige auf dem Gerätedeckel, die der Tastaturanordnung entsprach. (Die bei der deutschen Truppe verwendeten ›Enigma‹-Geräte verfügten über die übliche Fernschreibtastatur.)

deutschen ›Enigma‹-Gerät eingeführt wurden, hatte er den Briten den Vorschlag unterbreitet, daß man zusammenarbeiten sollte. Der britische Geheimdienst, der von allen Dienststellen der zurückhaltendste war, scheute davor zurück, um es gelinde auszudrücken. Doch in der kritischen Atmosphäre, wie sie nach dem Münchner Abkommen herrschte, und angesichts der Unvermeidbarkeit eines weiteren Krieges mit Deutschland in nicht allzu ferner Zukunft, wurde der Vorschlag nicht insgesamt zurückgewiesen. Ermutigt sandte Bertrand gleichsam als eine Art ›Brautgabe‹ Abzüge aus den Dokumenten von dem Agenten ›Asche‹. Zugleich machte er Andeutungen über polnische Erfolge bei der Lösung gewisser deutscher Geheimschlüssel mittels modernster kryptologischer Methoden.
Die offizielle Antwort der Briten liegt bis heute in den Londoner Archiven hinter Schloß und Riegel. Doch kurz vor seinem Tode gab Bertrand 1976 der BBC aufschlußreiche Hinweise. Ergänzende Hinweise konnten auch aus Polen in Erfahrung gebracht werden. Anhand dieser Quellen scheint es so, daß die Briten einverstanden waren und am 9./10. Januar 1939 in Paris an einem Dreiertreffen von Vertretern der polnischen, französischen und britischen Nachrichtendienste teilgenommen haben. Die Anwesenheit der Polen warf Schwierigkeiten auf, da die Briten zu jener Zeit offiziell noch keine freundschaftlichen Beziehungen zu den Polen unterhielten. Das Treffen fand vor dem Beistandspakt statt. Um es genau zu sagen, die Briten zweifelten daran, daß sie von den Polen und ihrem BS4 irgend etwas Neues über Kryptoanalyse erfahren würden, was sie nicht schon längst selbst wußten.

Was sich auf diesem Treffen wirklich abspielte, ist unbekannt. Wahrscheinlich reichte es gerade dazu aus, die Glaubwürdigkeit der Teilnehmer untereinander festzustellen und Kontakte zu knüpfen. Der britische Vertreter muß wohl einen positiven Bericht bei seinen Vorgesetzten in London erstattet haben, denn es kam zu einem zweiten, wie es sich dann ergab, auch entscheidenden Treffen am 24. Juli, diesmal jedoch nicht in Frankreich, sondern in Polen. Der Ort war dem Geheimcharakter des Anlasses durchaus angemessen. Es fand in der Dienststelle für den ›Enigma‹-Einsatz statt; der polnische Deckname dafür war ›Wicher‹

(Sturm); das Anwesen ›Lasy Kabackie‹ lag tief in einem Kiefernwald in der Nähe von Pyry, zwanzig Kilometer südostwärts von Warschau.
Die Gastgeber waren auf jeden Fall durch zwei höhere Stabsoffiziere der polnischen Abwehr, Mayer und ›Luc‹ (Oberst Langer) sowie ein oder zwei Kryptologen vom BS4, einschließlich des Mathematikers Rejewski, vertreten. Die französische Delegation bestand aus Hauptmann Bertrand und dem Kryptologen Hauptmann Braquenié. Über die britischen Vertreter blieben einige Zweifel offen. Mit Sicherheit gehörte Fregattenkapitän A. Denniston dazu, damals Leiter der britischen ›Staatlichen Kode- und Chiffrierschule‹ sowie Dilwyn Knox, zu jener Zeit Chef-Kryptologe. Es gab auch noch einen dritten Mann, ›Professor Sandwich‹, dessen wahre Identität bis heute nicht recht gelüftet werden konnte. Alle Hinweise stimmen darin überein, daß er teilnahm, und alle sind überzeugt, daß er nicht der war, für den er sich ausgab. Vorgestellt wurde er als ein Mathematiker aus Cambridge. Und wer war er wirklich? Einer der teilnehmenden Polen (Mayer) behauptete, daß es Menzies gewesen sei, der Vertreter und dann spätere Chef von MI5 (und noch viel später durch Ian Fleming als ›M‹ in den James-Bond-Krimis unsterblich gemacht). Mayer beteuerte, Menzies persönlich gekannt zu haben, was seiner Aussage besonderen Wert zumißt. Andererseits war Hauptmann Bertrand, der Menzies auch kannte, sogar noch in allerjüngster Zeit, im Jahre 1976, ganz entschiedener Ansicht, daß es, wer immer ›Professor Sandwich‹ gewesen sein mag, ganz gewiß nicht Menzies war.
Selbst General Colin Gubbins vom Sondereinsatzstab wurde als ›Mister-Sandwich‹-Verdächtiger in Betracht gezogen. Oberst Lisicki gab an, daß Gubbins zwar zur fraglichen Zeit in Polen gewesen sei, nicht aber als Teilnehmer an der Besprechung, sondern irgendwo bei Beratungen über den Waffennachschub für Partisanen für den Fall, daß Polen von den Deutschen überrannt werden sollte. Alan Turing, ein Mathematiker, der sich während des Krieges als einer der bedeutendsten Fachleute im britischen Dechiffrierwesen hervortat, stand ebenfalls als ›Mister Sandwich‹ in Verdacht. Seine Anwartschaft darauf geriet sehr ins Wanken, als die Polen überrascht des Professors offensichtlich mathematischen Unkenntnisse feststellen mußten. Rejewski bemerkte jüngst, daß ›Professor Sandwich‹ recht absonderlich ausgesehen habe, »als wenn er verkleidet gewesen wäre«. Vorerst wird die wirkliche Identität des falschen Herrn Professors in Großbritannien noch als Staatsgeheimnis behandelt. So bleibt die Angelegenheit vorerst auf sich beruhen; es genügt, zu sagen, daß es einen dritten Mann als Teilnehmer der britischen Delegation gegeben hat.
Das Treffen begann mit Darlegungen von ›Luc‹ über den Umfang der polnischen Erfolge bei der Lösung der ›Enigma‹-Rätsel und über die Schwierigkeiten, die sich aus der Einführung zusätzlicher Chiffrierwalzen durch die Deutschen ergeben haben. Eine lange Diskussion folgte, aus der sich zwei mögliche Richtungen für Gegenmaßnahmen herausschälten. Die erste wurde von Bertrand vorgeschlagen. Demnach sollte man mit einer Täuschaktion und Irreführung beginnen. Die deutsche Seite sollte über seine Kontaktleute mit Informationen versorgt werden, wonach man die Fünfwalzen-›Enigma‹-Verschlüsselung aufgedeckt habe. Das sei verhältnismäßig leicht glaubhaft zu machen. Alles, was er, Bertrand, nur zu tun habe, sei, die entschlüsselten Texte aus der Zeit der Tätigkeit des Agenten ›Asche‹ durchsickern zu lassen, um die Deutschen davon zu überzeugen, daß die Franzosen die ›Enigma‹-Sprüche entschlüsselt hätten. Sie würden dann das Schlüsselverfahren als zu unsicher fallen lassen, so hoffte Bertrand. Doch wenn

dies Erfolg gehabt hätte, hätten die Deutschen wohl kaum *alle* Schlüssel abgeschafft, eher wäre noch eine neue, verbesserte Version von ›Enigma‹ über kurz oder lang entwickelt worden.
Oberst Langer vertrat hingegen die Ansicht, der bessere Weg wäre wohl die erneute Anstrengung aller drei Partner, gemeinsam den Fünfwalzenschlüssel zu brechen. Dieser Vorschlag wurde einmütig von allen Besprechungsteilnehmern angenommen, und die drei Geheimdienstpartner stimmten darin überein, daß:

1. die Polen ihre mathematischen Arbeiten an den ›Enigma‹-Schlüsseln fortführen sollten,
2. die Franzosen ihre nachrichtendienstlichen Kontakte zu ihren Agenten in Deutschland weiter pflegen sollten,
3. die Briten ihre größeren Mittel und technischen Möglichkeiten dazu nutzen sollten, mindestens sechzig ›Bombas‹ zu entwickeln und zu bauen, um den Kode der Fünfwalzen-›Enigma‹ zu brechen.

Die Polen boten den Briten jede erdenkliche Hilfe an, ihre Mathematiker legten sämtliche Erkenntnisse offen dar, und die Pläne über die ›Bomba‹-Dechiffriergeräte wurden zugeliefert. Aber das vielleicht wertvollste Geschenk waren zwei polnische AVA-Nachbauten der deutschen ›Enigma‹-Schlüsselmaschine, die unmittelbar nach dem Treffen in Paris ankamen.
Bertrand reiste am 16. August 1939 nach London und wurde von Paris aus von Tom Greene begleitet, dem offiziellen Kurier der Britischen Botschaft, der eine AVA-›Enigma‹-Maschine im Diplomatengepäck mitführte. Nach Bertrands Darstellung begrüßte Menzies sie am Fährzug im Victoria-Bahnhof. Sechzehn Tage später marschierten die Deutschen in Polen ein, und der Zweite Weltkrieg begann.
Ironischerweise hatten ausgerechnet die Polen, die am meisten von allen Nationen dafür getan hatten, den ›Enigma‹-Schlüssel zu brechen, als erste unter dem ›Blitzkrieg‹ zu leiden, jener schnellbeweglichen Art der Kampfführung, die mit Hilfe der ›Enigma‹-Geräte ermöglicht wurde. Innerhalb von Tagen wurde dem polnischen Generalstab klar, daß das Land zwangsläufig überrollt werden würde. Die Geheimdienste, darunter auch BS4, wurden aus Warschau evakuiert und erreichten nach dem endgültigen Zusammenbruch Ende September Rumänien, das damals noch neutral war. Die Reise verlief nicht ohne Zwischenfälle; ihr Zug wurde unaufhörlich aus der Luft angegriffen. Widerstrebend beschlossen die Polen, ihre ›Bomba‹-Geräte zu zerstören, weil die Möglichkeit gegeben war, daß sie in deutsche Hände fallen und das gesamte Team in Gefahr bringen könnten. Jedenfalls erreichte die Gruppe ›Luc‹, der gesamte Vorkriegsstab vom BS4, einschließlich der drei wichtigen Mathematiker Rejewski, Rozycki und Zygalski, wohlbehalten die französische Botschaft in Bukarest.
Von Bukarest aus reisten die Kryptologen unverzüglich weiter nach Paris. Einige, wenn nicht sogar alle, der ›Enigma‹-Techniker aus den AVA-Werkstätten wählten die gleiche Route. Bis zum 20. Oktober 1939 hatte Bertrand alle wiedergefunden und hatte sie im Château de Vignolles (Deckname ›Bruno‹) in Gretl-Armainvillers, etwas über vierzig Kilometer nördlich von Paris, untergebracht. Hier arbeiteten sie als die besondere Dechiffriergruppe – Z – in Bertrands Nachrichtendienststelle. Als Vertreter des britischen Nachrichtendienstes wurde ihnen Hauptmann McFarlane, genannt ›Pinky‹, zugeteilt.
Einige AVA-›Enigma‹-Geräte wurden nachgebaut. Um die Geheimhaltung zu wahren, wurde die Arbeit auf feinmechanische Werkstätten um Paris verteilt,

wobei keine Firma soviele Arbeitsaufträge bekam, daß sie daraus Rückschläge auf den Verwendungszweck hätte ziehen können. Die Endmontage wurde von einem AVA Ingenieur überwacht. Er hieß Palluth und hatte den Decknamen ›Lenoir‹. Die ›Enigma‹-Maschine, die im BBC-Fernsehfilm »Streng geheim« gezeigt wurde, war höchstwahrscheinlich eine von diesen Geräten.

Der Besitz einer ›Enigma‹ hatte ohne eine ›Bomba‹ nur wenig Wert. Trotzdem setzte die Arbeitsgruppe – Z – die mathematischen Analysen der abgehörten ›Enigma‹-Funksprüche fort, die jetzt zahlenmäßig allerdings einen sehr großen Umfang angenommen hatten. Es war eine große Hilfe für die Gruppe, als im Januar 1940 Alan Turing das Büro ›Bruno‹ besuchte und sechzig vollständige Sätze der perforierten Lochkartenblätter mitbrachte. Jeder Satz enthielt sechsundzwanzig Blätter mit 1000 eingestanzten Löchern. Nach polnischen Angaben waren das verbesserte Ausführungen von den polnischen Originalen, die Turing hergestellt hatte, um der Fünfwalzen-›Enigma‹ gerecht zu werden. Es gibt bis heute noch keinerlei Angaben darüber, wie sie benutzt worden waren, doch wiederum gelang es, den Schlüssel zu brechen. Bis zum 14. Juni 1940 konnten entschlüsselte Sprüche – nach Aussagen von Bertrand über eine Fernschreibstandverbindung – an den alliierten Geheimdienst durchgegeben werden. Zu diesem Zeitpunkt hatten die Deutschen bereits die alliierten Fronten aufgerollt und befanden sich wenige Kilometer von ›Bruno‹ entfernt. Das Château de Vignolles wurde unter Mitnahme aller wichtigen Dokumente, der Lochkartenblätter und selbstverständlich auch der ›Enigma‹-Maschinen, überstürzt geräumt.

Es erschien Bertrand und fast auch allen anderen durchaus möglich, daß die deutsche Wehrmacht im Verlauf der nächsten Wochen ganz Frankreich überrennen würde. Deshalb war das Team, als es mit Tausenden von anderen Flüchtlingen endlich Toulouse erreicht hatte, in Militärflugzeugen nach Algerien, der damaligen französischen Kolonie, geflogen, um dort die politischen Auswirkungen des Waffenstillstandes abzuwarten. Bertrand selbst blieb in Frankreich und ging in den Untergrund, um beim Aufbau der Widerstandsbewegung mitzuwirken. Mit der Festlegung der Demarkationslinie und nach Einsetzen der nationalfranzösischen Vichy-Regierung gelang es Bertrand, der sich jetzt ›Monsieur Barsac‹ nannte, mit Unterstützung von General Weygand, das kleine Château Fouzes in der Umgebung von Uzes, einem Landstädtchen bei Avignon, zu erwerben. Die Angehörigen der Arbeitsgruppe – Z – setzten sich nun einzeln oder zu zweit unter falschem Namen und mit gefälschten Papieren aus Algerien ab. Sie trafen wieder mit Bertrand und der Handvoll von Offizieren des französischen Chiffrierdienstes zusammen, die inzwischen ins unbesetzte Frankreich hatten überwechseln können. Die Gruppe, jetzt in ›Gruppe 300‹ umbenannt, zog sich in das Schloß (Deckname ›Cadix‹) zurück und begann von neuem mit ihrer Arbeit.

Die ›Gruppe 300‹ wurde gegen deutsche Agenten, französische Kollaborateure und die Vichy-Polizei durch ein geheimes Abwehrbüro der französischen Armee abgeschirmt. Es führte seine Operationen aus Geschäftsräumen an der Promenade de la Plage in Marseilles durch und war getarnt als ›Gesellschaft für Landwirtschaftliche Aufgaben‹ (in der Tat, eine recht zutreffende und genaue Beschreibung ihrer Tätigkeiten). Die ›Firma‹ wurde von Capitain Paillole geleitet, der vor dem Kriege in der Deutschland-Abteilung der französischen Abwehr tätig war. Die ›Gruppe 300‹ zeigte sich für den gewährten Schutz erkenntlich. Sie lieferte einschlägige Funksprüche an Capitain Paillole, die vom deutschen Funkverkehr abgehört worden waren.

Château de Vignolles, Deckname ›Bruno‹. Ganz links Capitain Bertrand.

Offiziersmesse von ›Bruno‹. Links Colonel Langer (›Luc‹).

In ›Bruno‹. Von links: Colonel Langer (›Luc‹), Capitain Bertrand und der Vertreter des britischen Nachrichtendienstes, Capitain McFarlane (›Pinky‹).

Château Fouzes, Deckname ›Cadiz‹. Schnappschuß von Capitain Bertrand 1941.

Bertrand hat erklärt, daß die Kryptologen während der Dauer ihres Einsatzes in ›Cadix‹ 673 deutsche Funksprüche entschlüsselt haben, die hauptsächlich für das deutsche Afrika-Korps bestimmt waren. Mangels einer Fernschreibverbindung liefen diese abgehörten Funksprüche über einen Radiosender, den die Briten nach Lissabon geliefert hatten, wo er von Bertrand abgeholt wurde. Die britische Gegenstelle dieser Funkverbindung war mit Polen besetzt, die in einem großen beschlagnahmten Hause im Vorort Stanmore, nördlich London, betrieben wurde. Der Schutz, den die ›Gruppe 300‹ durch die Tarnorganisation ›Gesellschaft für Landwirtschaftliche Aufgaben‹ genoß, muß sehr wirksam gewesen sein, denn die ›Gruppe 300‹ konnte ihre Arbeiten bis zum 8. November 1942 fortsetzen, dem Tage, an dem die Deutschen auch das südliche Frankreich besetzten. Vier Tage später erschien eine Autokolonne in Uzes. Soldaten schlugen die Türen des Schlößchens Fouzes ein und fanden es leer, obwohl der letzte Mann der ›Gruppe 300‹ gerade noch durch eine Hintertür entwischte, als die Deutschen vorne vorfuhren.

Die Gruppe zerstreute sich nach Süden. Rosycki ging mit dem Dampfer SS ›Lamoricière‹ unter, als er Anfang 1942 im Mittelmeer versenkt wurde. Einigen gelang es, Rejewski und Zygalski gehörten dazu, über die Pyrenäen nach Spanien zu entkommen, wo geheime Fluchtorganisationen sie über Gibraltar nach England schafften. Einige wurden unterwegs gefaßt und von der Gestapo vernommen, so auch der Chefingenieur der ›Gruppe 300‹, Palluth, der später in einem deutschen Konzentrationslager umkommen sollte. Oberst Langer wurde ebenfalls gefangengenommen, überlebte aber den Krieg. Nicht ein einziger der inhaftierten Polen, so scharf sie auch von der Gestapo verhört wurden, gab auch nur einen Hinweis darauf, das ›Enigma‹ entschlüsselt worden war. Manch einer nahm sein Geheimnis mit in ein unbekanntes Grab in einem KZ.
Hauptmann Bertrand, alias ›Monsieur Barsac‹, wurde von der Gestapo verhaftet und glücklicherweise durch einen Mann befragt, der ein Doppelagent war und den Bertrand einst eingesetzt hatte. Doch vorher gelang es ihm noch zu erfahren, daß der Agent ›Asche‹ von einem anderen französischen Agenten namens ›Rex‹

Zwanglos in ›Cadiz‹,
rechts im Bild Zygalski.

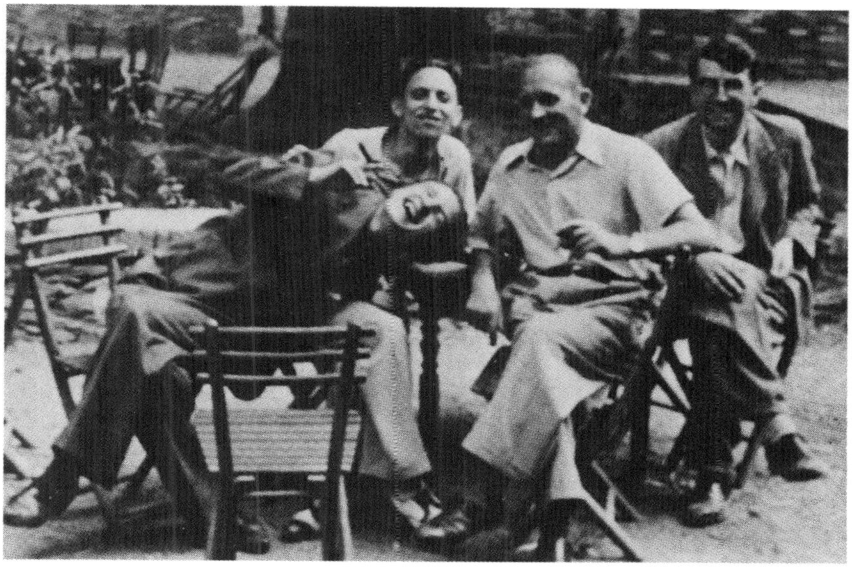

verraten wurde und erschossen worden war. Bertrand erreichte schließlich mit seiner Frau England. Es gab ein Wiedersehen mit den Überlebenden der ›Gruppe 300‹ im Gasthaus ›White Horse‹ von Boxmoor in Hampshire, ganz in der Nähe des Hauptquartiers der Polnischen Heeresnachrichtengruppe.
Mit der Auflösung der ›Gruppe 300‹ fand die französisch-polnische Zusammenarbeit in Sachen ›Enigma‹ ihr Ende. Sie hatte den Alliierten einen großen Dienst erwiesen, obwohl in Wirklichkeit schon die Hauptarbeit an den deutschen Schlüsselmaßnahmen von Frankreich auf England übergegangen war.

Bald nach dem Dreiertreffen, das im Sommer 1939 in Polen stattgefunden hatte, waren die britischen Kryptologen der britischen ›Staatlichen Kode- und Chiffrierschule‹ nach Bletchley Park umgezogen, wo die Arbeiten zur Entschlüsselung der ›Enigma‹-Schlüssel anliefen. Der Mann, der schließlich Leiter der Schule wurde, war der Marineoffizier Fregattenkapitän Edward Travis. Eine heimliche und gründliche Anwerbung wurde unter den Mathematikern der Universität Cambridge vorgenommen. Zu den ersten angeworbenen Mitarbeitern gehörten Gordon Welchman und Alan Turing.
Turing war nach einhelliger Ansicht ein ganz hervorragender Kopf. 1936 hatte er eine erstklassige Abhandlung über ›Berechenbare Zahlen‹ veröffentlicht, die heute als die theoretische Grundlage für moderne Computer angesehen wird. Er war natürlich Teilnehmer der britischen Delegation in Polen im Juli 1939 gewesen, wo ihm alle Einzelheiten des BS4-›Bomba‹-Gerätes mitgeteilt wurden. Bei Kriegsbeginn saß er in Bletchley Park und arbeitete an einer britischen Variante des ›Bomba‹-Gerätes, die ›Bombe‹ genannt wurde. Es bleibt unbekannt, in welchem Maße sie sich auf das polnische Vorbild abstützte, aber sie schien einen deutlichen Fortschritt zu verkörpern. Turings Anteil hieran war beträchtlich. Schließlich besaß er zwei wesentliche Voraussetzungen hierfür. Er war Mathematiker und Ingenieur. Auf beiden Gebieten leistete er Hervorragendes.
Gordon Welchman war der andere Cambridge-Mathematiker, der angeworben wurde. Er hatte um die Zeit des Münchener Abkommens 1938 eine höfliche

Anfrage erhalten, ob er im Falle eines Krieges bereit sei, ›König und Vaterland zu dienen‹. Er hatte erwidert, daß er bereit sei, und war umgehend gebeten worden, an einem Lehrgang an der »Staatlichen Kode- und Chiffrierschule« in London teilzunehmen. Für ihn war es, wie er sagte, eine reine Klippschule. Der Leiter dieser Schule, damals Alastair Denniston, bat Welchman, sich am ersten Tage eines Krieges, falls es dazu kommen sollte, in Bletchley Park zu melden.

Welchman meldete sich auch pünktlich in Bletchley Park. Denniston teilte ihn ›Dilly‹ (Dilwyn) Knox zu, der damals der Chef der britischen Kryptologen war und mit Turing und anderen in dem Gebäude, das die ›Cottage‹ (Hütte) genannt wurde, saß. Es gehörte zu den Stallgebäuden hinter dem so schaurigschönen Herrensitz. Hier begann die Gruppe ihre Arbeit am ›Enigma‹-Schlüssel, die durch das Vorhandensein der polnischen AVA-Maschine erleichtert wurde. Es ist möglich, ja sogar wahrscheinlich, daß man zu dieser Zeit weitere Muster davon in England nachgebaut hat. Das machte nur wenige Probleme. Dank des unschätzbaren Geschenks in Form der polnischen Maschine kannte man die funktionswichtige innere Verdrahtung der fünf Chiffrierwalzen, die im wesentlichen während des ganzen Krieges unverändert blieb.

Die Technik der Steckerverbindungen und die Eingabe der Schlüssel waren im Prinzip bekannt. Aber abgesehen von einigen Entschlüsselungen, die von Bertrand oder den Polen zur Verfügung gestellt worden waren, war in Bletchtley ziemlich sicher noch kein ›Enigma‹-Spruch entschlüsselt worden, bevor Welchman hinzustieß. Es scheint auch nicht so gewesen zu sein, daß man irgendwelche besondere Eile zeigte, das zu erreichen. Welchman erinnerte sich noch vor kurzem daran, wie er zum Beispiel von Denniston in die ›Cottage‹ geschickt wurde, um mit Knox und Turing zusammenzuarbeiten:

»... Dilly war nicht der Ansicht, daß er noch weitere Kryptologen benötigte, denn er schickte mich weiter, damit ich mich selbst mit Funkrufzeichen und ›Zweifelsfällen‹ beschäftigen sollte.«

Im weiteren Verlauf sollte sich dieses scheinbare Abschieben als guter Zufallstreffer erweisen. Welchman erkannte sehr schnell, daß die Rufzeichen in Wirklichkeit die Funkdecknamen der jeweiligen Absender und Empfänger waren, und daß die ›Zweifelsfälle‹, wie Denniston sie nannte, die Kenngruppen waren, mit denen die Deutschen angaben, mit welchem Chiffrierschlüssel einzelne oder mehrere Meldungen oder Funksprüche verschlüsselt worden waren. Während Welchman mit der Analyse dieser Rufzeichen und Kenngruppen beschäftigt war, wurde ihm der ganze Umfang der Arbeit deutlich, auf die sie sich alle eingelassen hatten:

»Ich glaube, ich bekam erst eine Ahnung von den überwältigenden Problemen, als man mir eine Sammlung jener wertvollen entschlüsselten deutschen Funksprüche vorlegte. Woher sie kamen, weiß ich nicht; sehr wahrscheinlich erhielten wir sie von den Polen. Ich konnte aber gut genug deutsch, um einen Eindruck von dem zu bekommen, was sich da tat. Und plötzlich dämmerte es mir, daß wir in Wirklichkeit ja gar nicht mehr mit kryptographischen Dingen, sondern mit dem gesamten Befehlsübermittlungssystem befaßt waren, das die Deutschen für ihren ›Blitzkrieg‹ aufgebaut hatten. Hier sprachen Truppenführer und Befehlshaber miteinander, erstatteten Meldungen und erhielten Weisungen und Befehle von ihren Oberkommandos und so weiter.

Die Rufzeichen gingen so bildhaft in mein ganzes Denken ein, als wären es tatsächlich bestehende Truppeneinheiten und nicht Funkstationen. Die genaue Untersuchung der ›Zweifelsfälle‹ führte mich dazu, zwischen den verschiedenartigen Funksprüchen, die übermittelt wurden, zu unterscheiden, worum es sich eigentlich handelte.«

Eingangstor zu den Stallungen in Bletchley Park. Das Haus durchs Tor gesehen ist die ›Cottage‹.

Obwohl die Briten den ›Enigma‹-Schlüssel noch brechen mußten, enthüllte eine einfache Funkverkehrsanalyse, die Welchman mit Hilfe der geheimen ›Y‹-Horchstelle der Marine vornahm, den riesigen Umfang und die ineinandergreifende Vielfalt der Nachrichtenorganisation der deutschen Wehrmacht. Sie besaß 1939 das mit Abstand perfekteste und umfangreichste militärische Fernmeldenetz der Welt. Ohne ein schnelles, leicht bedienbares und sicheres Schlüsselsystem konnte es keinen Funk geben und ohne Funk auch keinen ›Blitzkrieg‹. So einfach war das. (Die einzige Alternative zu ›Enigma‹, die völlige Sicherheit bot, dürfte die Wegwerfchiffriertafel zum einmaligen Gebrauch gewesen sein. Abgesehen davon, daß sie viel mehr Zeit zum Ver- und Entschlüsseln erforderte, hat man errechnet, daß alle Druckerpressen in Deutschland, selbst wenn sie Tag und Nacht nichts anderes als diese Art Chiffriertafeln gedruckt hätten, nicht in der Lage gewesen wären, die Bedürfnisse der deutschen Wehrmacht zu decken, weil der Anfall an verschlüsselten Funksprüchen derart umfangreich war.)

›Enigma‹ war die Lösung. Als Welchman die Funksprüche deutscher Truppenverbände auswertete und anhand ihrer Kenngruppen daraus deren Bewegungen feststellte, begriff er, sofern erst einmal die ehernen Geheimnisse der Fünfergruppen, die den Inhalt der abgehörten Funkmeldungen bildeten, aufgedeckt werden konnten, daß eine gewaltige Organisation erforderlich war, die auch zahlenmäßig dem Hauptteil der deutschen Nachrichtentruppe entsprechen mußte, um mit der Unmasse von ›Enigma‹-Sprüchen fertig zu werden. Es war eine kryptologische Analyse in einem bisher noch ungeahnten Ausmaß.

Als Welchman diese Aufgabe überdachte, sah er plötzlich einen möglichen Ansatzpunkt, der zur Lösung der Schlüsselverfahren führen könnte.

> »Ich rannte rüber zur ›Cottage‹, wo mein Chef Knox arbeitete, und meldete mich bei ihm, um dann nur zu hören, daß andere Leute sich schon vorher mit dem Problem befaßt hätten und tatsächlich die Rechengeräte schon entwickeln, mit deren Hilfe wir in der Lage wären, ›Enigma‹ zu ›knacken‹.«

Weit davon entfernt, enttäuscht zu sein, daß seine Ideen schon von anderen vorweggenommen worden waren, wußte Welchman jetzt wenigstens, was getan wurde, weil er ›Kenntnis‹ hatte. Ohne sein Gespräch mit Knox hätte es Monate dauern können, bevor man ihm die Möglichkeit eines bevorstehenden durchschlagenden Erfolges mitgeteilt hätte. Getreu der strengen Anwendung des Sicherheitsgrundsatzes: »Kenntnis nur wenn nötig!« Auf jeden Fall konnte er sich jetzt, aufgrund seiner Funkverkehrsanalysen, den Umfang der Aufgabenstellung, die Bletchley Park bevorstand, sehr gut vorstellen:

> »Ich dachte viel darüber nach, entwickelte einen Organisationsplan, legte ihn Travis vor, bekam ihn genehmigt und wurde ermächtigt, sofort mit der Anwerbung geeigneten Personals zu beginnen . . .«

Es wurden viele Fachleute und Spezialisten benötigt: Funker, um die Abhörstationen zu besetzen; Mädel vom Frauenhilfskorps der Royal Navy (WRNS – Women's Royal Naval Service) als Entschlüsselungspersonal; Techniker, Statistiker, Mathematiker, Nachrichtendienstler, also eine umfangreiche Organisation, die schließlich 10 000 Leute, Männer und Frauen, umfaßte, die alle zu strengster Geheimhaltung verpflichtet wurden.
Binnen weniger Wochen stand die Organisation in ihren Grundzügen. Alles wartete auf den Augenblick, bis die ›Schriftgelehrten‹, die Kryptologen, den Fünfwalzen-›Enigma‹-Schlüssel gebrochen hatten. Doch es war entmutigend. Die militärische ›Enigma‹, wie sie deutscherseits von Heer und Luftwaffe eingesetzt wurde, hatte $10^{21}$ mögliche Anfangseinstellungen. Für die Marine-›Enigma‹-Schlüsselmaschine, die vier Chiffrierwalzen aus acht wählbaren einsetzte, ergab sich ein Wert von $10^{23}$. Selbst der Besitz einer ›Enigma‹ bedeutete nur eine geringe Hilfe. Die Deutschen mußten die Möglichkeit, daß eine oder mehrere ›Enigma‹-Maschinen erbeutet werden könnten, vorausgesehen haben. Der Versuch, alle mathematisch denkbaren Kombinationen der Maschinen zu errechnen, selbst unter Einsatz heutiger Computer, konnte bis zu fünfzig Jahre dauern. Kein Wunder, daß die Deutschen absolutes Vertrauen in die Sicherheit ihrer Geheimkodes setzten.
Und doch gelang es, sie zu brechen. Wichtigstes Hilfsmittel war dabei die ›Bombe‹. Dies war ein gefährlicher Deckname. Wenn der deutsche Geheimdienst ihn aufgeklärt hätte, müßte er daraus schließen, daß in Bletchley eine Atombombe in Entwicklung stehe, und Bletchley lag in Reichweite deutscher Kampfgeschwader. Abgesehen vom Namen ›Bombe‹ gibt es keine Hinweise auf eine geistige Verwandtschaft der britischen Ausführung mit der polnischen ›Bomba‹. Dr. I. J. Good, einer jener Mathematiker aus Bletchley, erklärte im Verlauf eines Vortrages ›Pionierleistungen an Rechnern in Bletchley‹, den er 1976 vor auserlesenem Publikum im ›National Physical Laboratory‹ hielt, folgendes:

> ». . . es mußte also einige weitreichende sinnvolle Verbesserungen der britischen ›Bombe‹ (im Vergleich zu der polnischen ›Bomba‹) gegeben haben. Ich vermag das hier nicht näher zu erläutern. Ich kann nur sagen, daß Gordon Welchman einen der grundsätzlichen Gedanken gehabt hat und Turing einen weiteren. Meines Erachtens nach waren Turings Gedankengänge derart, daß in absehbarer Zeit niemand jemals darauf gekommen wäre. Er hat damit das Leistungsvermögen des Rechengerätes ›Bombe‹ entscheidend verbessert . . .«

Was diese beiden umwälzenden Ideen genau besehen beinhalteten, ist nicht bekannt: Turing ist tot, und Welchman ist noch an die amtliche Geheimhaltungs-

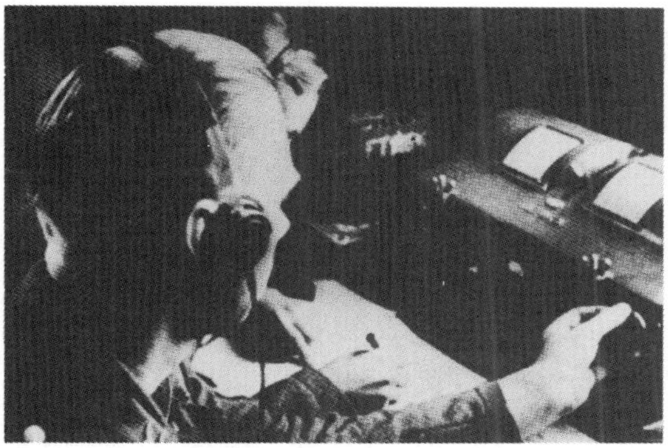

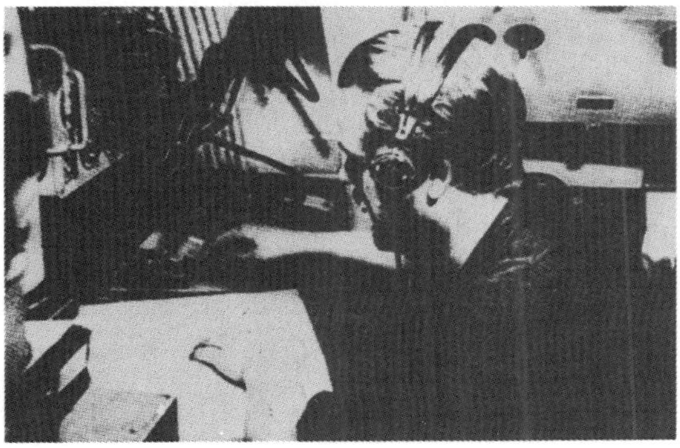

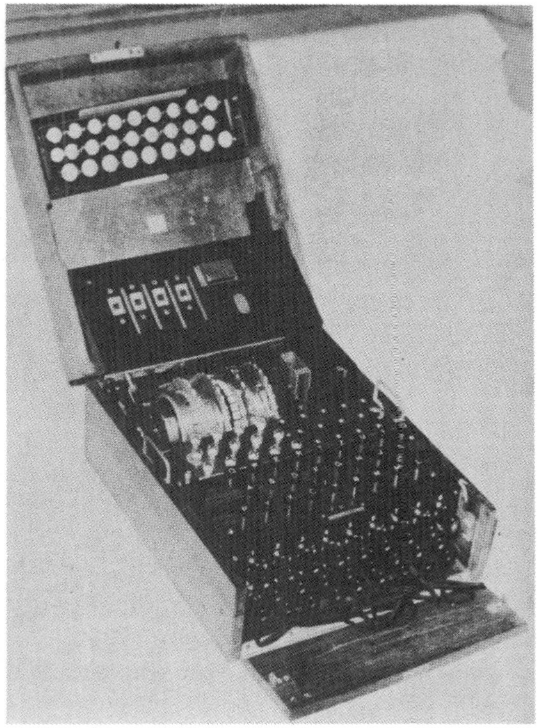

*Links:* Funk war für die Luftwaffe und U-Boote-Führung wichtig. Verschlüsselte ›Enigma‹-Sprüche wurden in Morsegruppen übermittelt.

*Rechts:* Vierwalzen-›Enigma‹, wie sie von der Marine für die ›Triton‹-Schlüssel benutzt wurden. Dieser Kode konnte von Bletchley Park erst 1943 nach intensivsten Entschlüsselungsbemühungen gebrochen werden.

verpflichtung gebunden, die er vor vielen Jahren unterschrieben hatte. Es kann jedoch durchaus angenommen werden, daß das polnische Originalgerät, und entsprechend die britischen Geräte, sehr groß waren. Dr. Good sprach von etwa drei Metern Höhe. Es waren gewiß die ›Bronze-Göttinnen‹, von denen Winterbotham in seinem Buch ›The Ultra Secret‹ berichtet. Nach Recherchen bei Leuten, die sie gebaut und bedient hatten, gelang es, ein Modell der ›Bombe‹ für die BBC-Fernsehsendungen nachzubauen, um eine allgemeine Vorstellung zu vermitteln, nach welchem Prinzip sie arbeitete. Sie wurde nicht elektronisch, sondern elektromechanisch betrieben. In gewisser Hinsicht waren die ›Bombe‹-Rechengeräte in umgekehrter Richtung arbeitende ›Enigma‹-Geräte, aber weitaus umfangreicher, weil sie die drei Chiffrierwalzen mehrfach simulieren und durchlaufen lassen mußten. Sie hatten auch Steckerverbindungen, auf der ein sogenanntes ›Menü‹ vorgewählt werden konnte. Dieses ›Menü‹ war nichts anderes als ein Programm elektromagnetischer Voreingaben an die ›Bombe‹, wodurch die Anzahl der möglichen Anfangseinstellungen einer ›Enigma‹-Maschine von $10^{21}$ auf wesentlich kleinere, besser überschaubare Werte verringert werden konnte. Dieses ›Menü‹, das vorwählbare Programm, wurde in ›Baracke 6‹ für Heer und Luftwaffe und in ›Baracke 8‹ für die Marine aufgestellt. Die Kryptologen bezogen die Informationen hierfür aus abgehörten Funksprüchen. Entscheidende Hilfe erhielten sie von den Deutschen selbst. Ohne sie wären diese Aufgaben unlösbar geblieben.

Man muß sich vor Augen halten, daß in der deutschen Wehrmacht eine sehr große Zahl von ›Enigma‹-Schlüsselmaschinen im Einsatz waren. Man vermutet eine Zahl von etwa 200 000, die täglich gewaltige Mengen von Funksprüchen verschlüsselten. Das bedeutete, daß alle Meldungen immer wieder die gleichen

Abbildung einer ›Enigma‹ aus einem deutschen Heereshandbuch. Diese spezielle Maschine verwendete 26 Ziffern auf den Walzen anstelle von Buchstaben.

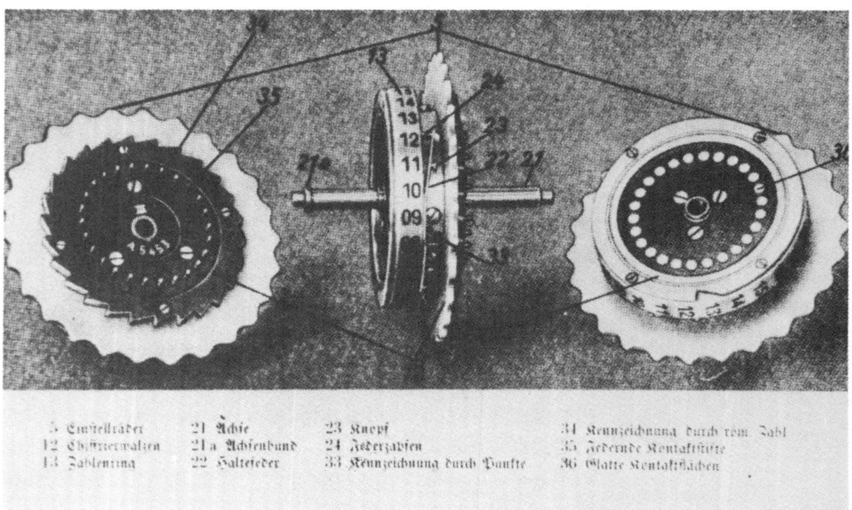


stereotypen Wortwendungen enthielten, wie ›Betreff/Bezug‹, ›Kommandeurssache‹, ›Führerbefehl‹ bis hin zu ›Heil Hitler‹. Derartige Wiederholungen sind Speise und Trank für den Kryptologen, er lebt davon und ist darauf angewiesen. Sobald nämlich eine dieser stereotypen Wortwendungen einmal dechiffriert war,

Bedeutung der Zahlen:
1 Haltevorrichtung
2 Federknöpfe
3 Haltehebel
4 Abdeckplatte
5 Einstellräder
6 Tasten
7 Schaltergriff
8 Zellonplatte
9 Federknöpfe
10 Transparente
11 Scharniere
12 Chiffrierwalzen
13 Zahlenringe
14 Doppelstecker
15 Steckerbrett
16 Fenster
17 Metalldeckel
18 Halteschrauben
19 Haltehebel
20 Umkehrwalze
21 Achse
21a Achsenbund
22 Haltefeder
23 Knopf
24 Federzapfen
25 Stirnwand
26 Haken
27 Batteriekasten
28 Kordelschrauben
29 Tastenbolzen
30 Doppelsteckerschnur
31 Buchsenpaare
32 Betriebsanweisung
33 Punktzeichen
34 Walzenkennzeichen
35 Federkontaktstifte
36 Glatte Kontaktflächen
37 Reserveglühbirnen
38 Glühlampenfeld
39 Lampenprüfer
40 Kabelprüfer
41 Kabelprüfbuchsen
42 Blatthalter

Zeichnung des britischen ›Bombe‹-Gerätes nach dem Gedächtnis von Leuten, die das Original kannten. Im Verhältnis zur danebenstehenden Schreibmaschine müßte es 1,80 Meter hoch gewesen sein.

diente sie als Schlüssel für die anderen. Auch Wettermeldungen waren aufschlußreich. Das europäische Wettergeschehen verläuft zumeist von West nach Ost. So wußten die Briten im voraus, welche Wettervorhersagen von den Deutschen insbesondere an die Luftwaffe ausgegeben werden würden.

Vereinfachtes Schema über die innere Verdrahtung einer Dreiwalzen-›Enigma‹.

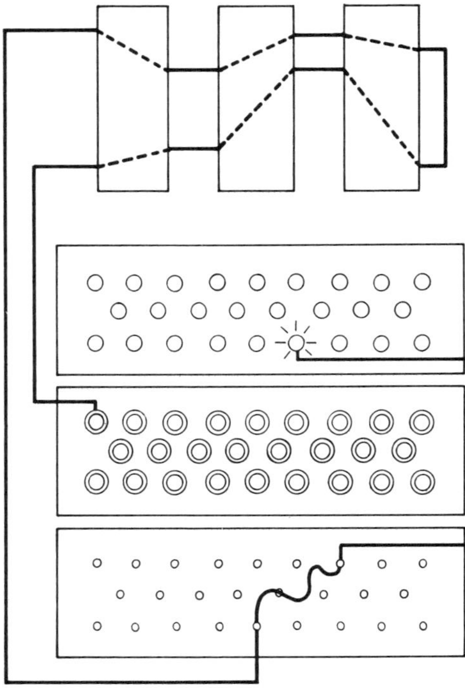


Auch deutsches Schlüsselpersonal half unbeabsichtigt in mehrfacher Hinsicht. Häufig hatte der Nachrichtenoffizier eines höheren Stabes einen gleichlautenden Funkspruch an mehrere Einheiten herauszugeben, jeden auf einem besonderen Schlüsselnetz mit besonderer Kenngruppe, wobei jede wiederum ihren eigenen charakteristischen ›Enigma‹-Schlüssel hatte. Das Heer benutzte viele dieser Kenngruppen. Unglaublich zwar, aber es gab Verschlüßler, die eine gleichlautende Meldung unter verschiedenen Kenngruppen herausschickten. Als Bletchley nun einen dieser Funksprüche entschlüsselt hatte, besaß es eine Klartextvorlage für alle anderen Verschlüsselungen, und zwar nicht nur für diesen einen Funkspruch, sondern für alle weiteren, solange der Schlüssel nicht gewechselt wurde. Die Wahl des Spruchschlüssels verleitete zu Nachlässigkeiten, die den Kodebrechern wertvolle Hinweise lieferten. Es sei daran erinnert, daß die Verschlüßler drei beliebig wählbare Buchstaben zweimal hintereinander in die Maschine einzutasten hatten. Viele wählten ›XYZ‹ oder ›ABC‹ oder entgegen den Anweisungen ihre eigenen Namensinitialen oder die ihrer Freundin – immer und immer wieder. Die Einheiten dieser Leute wurden durch ihre Funkrufzeichen bald ausfindig gemacht, wodurch ›Baracke 7‹ in Bletchley bald den Tagesschlüssel herausgefunden hatte. Es gab auch noch andere übliche Kniffe, die beim Entschlüsseln weiterhalfen. Zum Beispiel ist ›Q‹ ein selten vorkommender Buchstabe im Deutschen; andererseits ist ›CH‹ wiederum sehr häufig; viele Einheiten benutzten daher ›Q‹ anstelle des längeren ›CH‹. Ferner gab es kein Punktzeichen in der ›Enigma‹-Tastatur, deshalb wurde gern ›YY‹ als ›Ende‹- oder Punktzeichen benutzt.

Die Kryptologen verließen sich weitgehend auf ›Löcher‹, die oft in den Schlüsseln vorkamen. Angenommen, ›XYZXYZ‹ sei die frei zu wählende Buchstabengruppe, die ein Verschlüßler benutzt hatte, und die nach Durchlauf durch die Chiffrierwalze zum Beispiel als ›PAQPAB‹ verschlüsselt herauskam. Hierin erscheint ›P‹ zweimal. Diese Wiederholung eines Buchstabens in der Schlüsselgruppe wurde ›Loch‹ genannt. Wenn etwa um die dreißig dieser ›Löcher‹ im gleichen Schlüssel empfangen wurden, so konnte das Programm der ›Bombe‹ damit gespeist werden, und es bestand gute Aussicht auf Erfolg, die Meldung zu dechiffrieren. Die Polen scheinen die Technik erfunden zu haben, nicht jedoch die Bezeichnung dafür. Sie wurde in Bletchley typisch englisch geprägt und war ursprünglich auf die Anordnung der Stanzlöcher in den großen Lochkartenblättern bezogen, die auf Leuchttischen ausgewertet wurden. Turing war es, wie schon erwähnt, der die Verbesserungen an der ursprünglichen Leuchttischtechnik vornahm und sie dem ›Bombe‹-Verfahren anpaßte.

Die ›Enigma‹-Maschine trug selbst dazu bei. Weil sie die Stromimpulse durch alle drei Chiffrierwalzen zurückleitete, konnte sie nie einen gleichlautenden Buchstaben selbst verschlüsseln (falls sie es dennoch tat, mußte Walze ›Eins‹ in den beiden anderen einen Kurzschluß auslösen). Selbst dieser Mangel wurde von den Briten funkmäßig aufgeklärt und auf Stichhaltigkeit überprüft. Sie schickten ein Flugzeug an die französische Küste, um eine bekannte deutsche Leuchtboje zu zerstören; vielleicht eine, die eine ausgebaggerte Fahrrinne für Schnellboote vor der Küste von Calais kennzeichnete. Funkabhörstellen wurden nun angewiesen, insbesondere auf Funksprüche der zuständigen deutschen Kommandobehörde zu horchen. Alsbald mußte ein Funkspruch folgen, der die Schiffe warnte. Die britischen Kryptologen konnten ziemlich sicher sein, daß die Angabe: »Erloschen ist Leuchttonne« in dem Text erscheinen würde. Dann wurde durch Vergleich des erwarteten deutschen Ausdrucks im Klartext mit den verschlüsselten Gruppen nach einem Teil der Meldung gesucht, der keinen der deutschen Klartextbuchstaben enthielt. Wegen des Unvermögens der ›Enigma‹-Maschine, einen gleichlautenden Buchstaben selbst zu verschlüsseln, mußte die Textstelle, wenn man Glück hatte, die verschlüsselten Buchstaben der üblichen Redewendung enthalten:

| | |
|---|---|
| Schlüsselgruppe: | FQZPA MSLOK |
| Klartext: | LEUCH TONNE |

Sofern eine derartige Meldung tatsächlich erhältlich war, wurde sie über die rückseitig angebrachte Steckerverbindung als Teilprogramm des ›Menüs‹ in die ›Bombe‹ eingegeben.

Die britische Großrechenmaschine ›Bombe‹ bestand aus fünfundzwanzig bis dreißig Dreiwalzengeräten, die genauso verdrahtet waren wie die ›Enigma‹-Maschinen und über die gleichen, eingestanzten sechsundzwanzig Buchstaben des Alphabets auf dem Rand verfügten. Die Dreiwalzensätze waren übereinander angeordnet, wobei der oberste Walzensatz der ersten Chiffrierwalze des ›Enigma‹-Gerätes entsprach, der mittlere der zweiten und der unterste der dritten ›Enigma‹-Chiffrierwalze. Sie waren farblich unterschieden und wurden jeweils auf Anweisung von ›Baracke 6‹ oder ›Baracke 8‹ von den Marinehelferinnen ausgetauscht. Die Kryptologen konnten festlegen, welche drei der fünf Walzen jeweils genutzt werden sollten. Wahrscheinlich wurde es entweder durch mathematische Berechnung und Auswertung der Schlüssel oder durch das Vorhandensein von ›Löchern‹ im Schlüssel festgelegt.

Die Schalttafel hatte mehrere Reihen von Buchsen, wie in einer Telefonvermittlung, nur mit dem Unterschied, daß die Buchsen jeweils in Linien von je sechsundzwanzig angeordnet waren, jede mit einem Buchstaben des Alphabets gekennzeichnet. Die Stöpsel, die denen in einer Telefonvermittlung entsprachen, ermöglichten die Eingabe des Programmes. In dem vorstehenden Beispiel sind sie so angeordnet, daß sie das ›Bombe‹-Rechengerät derart programmieren, daß es anzeigt, sobald der erste Dreiwalzensatz ein ›L‹ in ein ›F‹ und der zweite ein ›E‹ in ›Q‹ und so fort umschlüsselte. Wenn das vorgegebene Programm gestöpselt und die genaue Walzeneinstellung vorgenommen worden war, wurde die Maschine eingeschaltet, woraufhin sie mit ihrem Suchlauf begann.

Die Walzen wurden elektrisch angetrieben und klickten ununterbrochen von Buchstabe zu Buchstabe, genauso wie die ›Enigma‹-Maschine. Wenn die erste Drehtrommel eine Umdrehung von sechsundzwanzig Buchstaben vollendet hatte, rückte die zweite, darunterliegende eine Buchstabenposition vor. Hatte diese ihre

Die klassische militärische Anwendung der ›Enigma‹-Schlüsselmaschine. General Heinz Guderian erwartet die Entschlüsselung von ›Enigma‹-Sprüchen durch seinen Stabsfunker auf einem Kommandowagen beim Durchbruch von Sedan im Mai 1940.

Ein ›Stuka‹ – an allen Brennpunkten während des Blitzkrieges im Einsatz.

sechsundzwanzig Buchstaben durchlaufen, begann die dritte ihre langsame Drehung. Nach Durchlauf der dritten sechsundzwanzig Buchstaben hatte dieser Dreiwalzensatz nicht weniger als 17 576 ($26^3$) mögliche Kombinationen durchgeprüft. Zur gleichen Zeit leisteten die anderen etwa dreißig Dreiwalzensätze die gleiche Arbeit. Sobald aber einer dieser Sätze den mittels Programm gestöpselten Schlüsselbuchstaben fand, zum Beispiel ›F‹ für ›L‹ fiel eine Klappe. Wenn alle Walzen ihr Programm durchlaufen hatten und ›FQZPA MSLOK‹ zu LEUCH TONNE‹ geworden war, schaltete das ›Bombe‹-Gerät ab, und die Marinehelferinnen, die sie bedienten, meldeten einen sogenannten ›Stop‹. So etwas konnte zehn Stunden oder auch nur zehn Minuten dauern.

Es muß ausdrücklich darauf hingewiesen werden, daß die ›Bombe‹-Rechenanlage selbst *keine* Entschlüsselungsmaschine war. Ihre Aufgabe bestand darin, die Verschlüsselung der ›Enigma‹ nachzuvollziehen, also die Chiffrierwalzenwahl und die Schlüsseleingabe. Sobald ein ›Stop‹ im Rechengang erreicht war, lagen diese Informationen vor, und die ermittelten Einstellwerte wurden dann in einer ›Enigma‹ ausprobiert. Wenn der Ruf ›Guter Stop!‹ ertönte, was nicht immer der Fall war, lag der Funkspruch im Klartext vor. Derartige Erfolge wurden von lauten Freudenrufen begleitet: ›Rot klappt!‹ oder ›Grün klappt!‹, die bis in die Bletchley-Baracken zu hören waren. Die Farbangaben waren ganz einfache Deckbezeichnungen und gaben Hinweise auf die Bedeutung, die man einem erwarteten entschlüsselten Funkspruch zumaß.

Die in Bletchley benutzten ›Enigma‹-Maschinen waren in England gebaut worden und hatten gegenüber den deutschen den Vorteil, daß sie die entschlüsselten Meldungen auf gummierten Papierstreifen ausdruckten, die wie bei einem Telegramm auf einem Blatt Papier zusammengeklebt und den Geheimdienstleuten in ihre Baracken zur Auswertung geschickt wurden.
Es ist nicht möglich anzugeben, wieviel ›Bomben‹-Rechengeräte es gab. Einige standen in Bletchley, andere in Außenstellen über das ganze Land verteilt, meist in größeren Landsitzen, die man beschlagnahmt hatte, inmitten schöner Ländereien hinter hohen Steinmauern. Derartige Häuser fristeten stets ein abgeschiedenes Dasein und waren nur undeutlich aus der Ferne hinter den reichverzierten Eisentoren am Ende langer Kieswege zu sehen. Während des Krieges wurden sie strengstens geheimgehalten und bewacht, obwohl die einzigen äußeren Anzeichen ihres abgewandelten Zweckes Stacheldraht und Wachposten waren. Ein solches Haus war auch Gayhurst Court, ein gepflegter Herrensitz im elisabethanischen Stil mit späteren Ergänzungsbauten, von etwa 1940, in den Parkanlagen. Und gerade hier kamen schließlich einige der ›Bombe‹-Rechner zum Einsatz. Die Rechnerräume wurden von Marinehelferinnen besetzt. Sie hatten sich freiwillig zur Royal Navy gemeldet, waren vorher im Marinestützpunkt HMS ›Pembroke‹ stationiert gewesen und dann nach Bletchley oder in eine der Außenstellen versetzt worden. Hier bedienten sie die ›Bombe‹-Geräte in Acht-Stunden-Schichten rund um die Uhr während der Kriegszeit. Helen Rance, eine ›Ehemalige‹ aus Gayhurst Court erinnert sich, daß ›pro Schicht fünfzig Mädchen arbeiteten‹. Es muß also eine größere Anzahl von ›Bombe‹-Geräten allein in dieser Außenstelle gestanden haben.
Die eigentliche Arbeit an den Geheimschriftenanalysen wurde in ›Baracke 6‹ und ›Baracke 8‹ in Bletchley geleistet. Hier wurde das Programm für die ›Bombe‹ festgelegt, aber auch herausgefunden, wie die Steckerverbindungen oder Schaltstellungen der ›Enigma‹ arbeiteten. Durch diese Steckerverbindungen wurde ein wesentlicher Anteil von den $10^{21}$ Zahlenkombinationen beeinflußt, konnte aber offensichtlich mit Hilfe eines anderen Rechners von Turing auch gelöst werden. Von diesem Rechner weiß man nur, daß es ein ›geniales Gerät mit Stäben‹ war.
Die ersten Entschlüsselungen gelangen in Bletchley nach Angaben von Welchman im April 1940 während des Norwegenfeldzuges. Von da an stiegen Güte und Anzahl der Entschlüsselungen steil an und erreichten im Frankreichfeldzug Anfang Mai 1940 einen beachtlichen Anteil am ›Enigma‹-Funkverkehr, der von den Kryptologen in ›Baracke 6‹ mitgelesen wurde. Es ist jedoch zu betonen, daß keineswegs alle Funksprüche entschlüsselt werden konnten. Bei vielen gelang es nur teilweise, bei anderen überhaupt nicht. Gewisse Schlüssel benötigten längere Zeit zur Entschlüsselung. Deshalb wurde eine Dringlichkeitsabstufung eingeführt: Funksprüche, deren Sendeorte durch Richtpeilungen entdeckt worden waren und die eine Kenngruppe führten, wurden als besonders wichtig angesehen und waren mit Vorrang zu bearbeiten. Sie wurden gewöhnlich rot gekennzeichnet.
In der zweiten Maiwoche 1940 wurde aus abgehörten Funksprüchen deutlich, daß eine Großoffensive bevorstand. Deutsche Panzertruppen unter Führung ihres bewährten Blitzkrieg-Strategen General Heinz Guderian stürmten innerhalb von zwei Tagen über die alten Schlachtfelder hinweg, um die im Ersten Weltkrieg vier Jahre lang unter blutigen Verlusten vergeblich gefochten worden war. Am 13. Mai überschritten deutsche Panzer die Maas und setzten ihren Siegeszug fort. Mit voller Fahrt jagten sie über die schnurgeraden, leergefegten Pappelalleen Frank-

Zwei alte Baracken in Bletchley, die erhalten blieben. Foto von 1977. Die rechte war die ›Hut 3‹ des Luftwaffennachrichtendienstes.

reichs, Guderian mitten unter ihnen in seinem gepanzerten Befehlswagen, in dem sich auch eine ›Enigma‹-Maschine befand. Von hier aus stand er über Funk mit seinen Panzerspitzen in ständiger Verbindung und koordinierte die unterstützenden und für die französischen Truppen demoralisierenden Stuka-Angriffe. Ein klassisches Beispiel für die Nutzung der ›Enigma‹ im Einsatz.

Die verschlüsselten Funksprüche wurden abgehört, und viele auch in ›Baracke 6‹ entschlüsselt. Doch dort hatten die Männer nur wenig Freude an ihren Erfolgen angesichts des düsteren Bildes, das sich ihnen aus den Texten bot. Die alliierten Streitkräfte waren offensichtlich unfähig, dem ungestümen Vormarsch der deutschen Panzer Einhalt zu gebieten. Das Britische Kriegskabinett tagte und beschloß unter dem Eindruck von Geheiminformationen aus ›Enigma‹-Quellen die Evakuierung des britischen Expeditionskorps.

Gordon Welchman, der damals in ›Baracke 6‹ arbeitete, sagte:

> »Ich bin der Ansicht, daß der wichtigste ›Enigma‹-Beitrag zur Schlacht in Frankreich einfach der war, daß aus den deutschen Vormarschmeldungen frühzeitig mit absoluter Klarheit hervorging, wie hoffnungslos unsere Lage war. Dadurch wurde die erforderliche Zeit zur Bereitstellung jener außergewöhnlichen Flotte von kleinen Hilfsschiffen gewonnen, die unsere Truppen aus Dünkirchen herausholten. Ich glaube kaum, daß dies ohne rechtzeitige Vorwarnung möglich gewesen wäre.«

Die Evakuierung von Dünkirchen begann am 27. Mai 1940. Als sie am 4. Juni abgeschlossen war, waren 340 000 Mann nach England zurückgebracht worden. Aus militärischer Sicht war Dünkirchen eine Niederlage. Für die Kryptologen aus den Holzbaracken in Bletchley Park war es ein Erfolg. Zum erstenmal seit den Tagen von vor 25 Jahren im ›Zimmer 40‹ war es den Entschlüßlern gelungen, auf den operativen Ablauf einer Schlacht Einfluß zu nehmen.

Der nachrichtendienstliche Gesichtspunkt von ›Enigma‹ lag im Zuständigkeitsbereich anderer ›Baracken‹ von Bletchley, hauptsächlich in ›Baracke 3‹, wo erfahrenes Auswertepersonal die Informationen zu Nachrichten zusammenstellte. Nichts war zu unwichtig. Alles, selbst Geringfügiges, wurde verglichen und in große

Karteien eingeordnet: Hunderte und Aberhunderte von Namen, Einheiten, Standorten, Personalveränderungen, Nachschubanforderungen, Einzelheiten über Beförderungen, Kriegsgerichtsverfahren und Urlaubslisten. Die Versetzung eines einzigen Luftwaffenleutnants konnte schon auf einen bevorstehenden Angriff hinweisen. Diese Kartei wuchs sich wahrhaft zu einem Archiv über die gesamte deutsche Kommandostruktur aus.
Mit dem Anwachsen der Feindlagenachrichten mußte eine eigene Organisation geschaffen werden, um sie in den Griff zu bekommen. Diese Feindnachrichtenunterlagen wurden mit der Bezeichnung ›Ultra‹ verteilt. Der britische RAF-Nachrichtendienstoffizier Oberst Winterbotham stellte dafür Sonderverbindungskommandos (Special Liaison Units – SUs) auf. Er erinnert sich, wie die Männer, meist Feldwebeldienstgrade, ausgesucht wurden:

> »Ich sprach persönlich mit jedem einzelnen dieser Feldwebel, um mir ein Urteil darüber zu bilden, ob er meiner Ansicht nach eine solche Aufgabe erfüllen konnte. Einige lehnte ich ab, aber die Mehrheit war geeignet. Erst danach kamen sie auf eine Schule, wo sie das Chiffrieren und ihre Tätigkeiten erlernten. Als sie dort ankamen (inzwischen kannte ich ihre Namen) sagte ich zu ihnen: ›Sie müssen wissen, daß alles, was Sie hier lernen, zu den größten Staatsgeheimnissen im Kriege gehört. Sie müssen jetzt und hier schwören, daß Sie niemals etwas darüber preisgeben werden.‹
> In diesem Augenblick zog der Schulkommandeur seinen Revolver, richtete ihn auf einen Mann und rief: ›Sollten Sie das je tun, erschieße ich Sie persönlich!‹
> Die Burschen erschraken sichtbar.«

Im weiteren Verlaufe des Krieges wuchs die Organisation von Bletchley an. Immer mehr deutsche Funksprüche wurden für die Entschlüßler abgehört. Die tägliche Überwachung des Funkverkehrs erfolgte durch zahlreiche weit verstreut liegende Abhörstellen in Nordschottland, Dorset, Mittelengland und an der Ostküste. Viele dieser Abhörstellen waren in beschlagnahmten Landsitzen, wie zum Beispiel Beaumanor Park in der Nähe von Loughborough, untergebracht, die rhombisch angeordneten Richtantennen in Büschen verborgen. Hier arbeiteten während des Krieges 600 Helferinnen vom Territorialen Hilfsdienst (ATS – Auxiliary Territorial Service) und schrieben im Dreischichtbetrieb rund um die Uhr die schwachen Morsesignale aus Deutschland und dem vom Feind besetzten Europa mit. Die benutzten Geräte waren hauptsächlich amerikanische RCA AR 88-Radioempfänger mit trennscharfen Kristallfiltern, um überlagernde Signale auszupegeln. Es war für das Abhörpersonal eine ermüdende Arbeit, Tag für Tag und Nacht für Nacht mit größtmöglicher Genauigkeit zahllose Buchstabengruppen ohne jeden Inhalt oder Zusammenhang mitzuschreiben.

Besonders wichtige Funksprüche wurden von mehreren, möglichst weit voneinander entfernten Bodenstellen aufgefangen in der Hoffnung, wenigstens von einer Station einen deutlichen Funkspruch zu erhalten, wenn er bei anderen zu schwach ankam oder durch Überlagerungen gestört war. Die abgehörten Meldungen wurden durch Eilkuriere oder mittels Fernschreiber über abhörsichere Fernschreibleitungen nach Bletchley geschickt.
Welches sind nun die bedeutendsten Entschlüsselungsergebnisse gewesen? Solange nicht alle Dokumente des Staatsarchivs freigegeben sind, läßt sich das unmöglich beurteilen. Doch der verantwortliche Leiter des ›Ultra‹-Geheimdienstes, F. W. Winterbotham, hat über einige wichtige Funksprüche berichtet, die zweifellos den Verlauf des Krieges beeinflußt haben. Einer davon betraf, wie schon

erwähnt, den Frankreichfeldzug, während ein anderer, seiner Ansicht nach, sich auf die Luftschlacht um England bezog.

»Ich erinnere mich an ein Gespräch mit Dowding nach der Luftschlacht um England, in dem er mir sagte, daß es für ihn die größte Hilfe gewesen sei, über Görings Absichten Bescheid zu wissen. Vor allem, als Göring zunehmend ratloser wurde, gab er an seine Jagdfliegerkräfte den Befehl: ›Zwingt die RAF-Jäger, sich zum Kampfe zu stellen!‹ Daraufhin schickte die Luftwaffe in steigendem Maße Jagdverbände nach England, um die RAF herauszulocken und zu binden. Doch Dowding setzte den Angriffen oft nur etwa eine Staffel entgegen.«

Diese herausfordernde, den Kampf suchende Taktik der Luftwaffe schlug zwar fehl, doch wurde Anfang September 1940 selbst diese Belastung für die RAF untragbar.

»Dann aber kam der für uns unbegreifliche Befehl an die deutschen Kampffliegerverbände, ihre Bombardierungen von den britischen Jägerstützpunkten auf die Stadt London zu verlagern. Dieser Wechsel in der Taktik durch Göring rettete uns . . .«

Luftmarschall Dowding war froh, sich des ›Ultra‹-Geheimdienstes bedienen zu können. Sehr viel später im Kriege nutzte auch der ›feuerfressende‹ amerikanische General Patton den ›Ultra‹-Dienst in großem Maße. Genau wie Guderian fuhr auch er in seinem Kommandofahrzeug bei seinen Panzerverbänden mit. Allerdings mit dem Unterschied, daß er seine Geheiminformationen direkt aus Bletchley erhielt. Sein Erzrivale, Feldmarschall Montgomery, hingegen kümmerte sich nicht weiter um ›Ultra‹ und legte gelegentlich sogar auch gar keinen Wert darauf. Dafür war das Desaster von Arnheim, wiederum nach Winterbothams Aussage, ein Beispiel:

»›Ultra‹ warnte Montgomery, daß ihm dort mehrere deutsche Panzerregimenter gegenüberstehen würden. Es handelte sich um eine Ruhestellung deutscher Truppen nach der Schlacht bei Falaise; es wimmelte dort nur so vor lauter deutschen Truppen. Montgomery dachte überhaupt nicht daran, Notiz davon zu nehmen.
Wir setzten einen Sonderkurier zu ihm nach Brüssel in Marsch, der ihm einen Tag vor dem Angriff auf Arnheim eine Botschaft überbrachte, die besagte: ›Vorsicht! Sie sind dabei, in ein Wespennest zu treten!‹ Er sah nicht einmal Veranlassung, die Meldung zu öffnen: er wandte sich von dem Kurier ab und ließ ihn stehen . . .«

Während des Afrikafeldzuges konnte ›Ultra‹ einige der glänzendsten Erfolge erzielen. Insbesondere bei der Entschlüsselung von Meldungen, die Einzelheiten über die Routen der Versorgungsschiffe für Rommels Afrikakorps beinhalteten. Durch diese Informationen war es der Royal Navy möglich, deutsche Versorgungsschiffe in großer Anzahl zu versenken. Es wurde behauptet, daß die Bedingungen für das mit der Entschlüsselung beschäftigte Personal so hervorragend waren, daß während des Afrikafeldzuges das Hauptquartier der 8. Britischen Armee in Kairo die ›Enigma‹-Funksprüche oft früher vorliegen hatte als Rommel selbst.
Während es ›Ultra‹-Informationen von ›Enigma‹-Funksprüchen des deutschen Heeres und der deutschen Luftwaffe im Überfluß gab, verhielt es sich mit Informationen über die deutsche Marine anders. Vielleicht beruhte das noch auf den Bemühungen des ›Zimmer 40‹ aus der Zeit des Ersten Weltkrieges. Die deutsche Marine war weitaus sicherheitsbewußter und auf Geheimhaltung bedacht als die anderen Waffengattungen. Sie war sich bewußt, daß Funk die einzige

Verbindung zwischen der ausgelaufenen Flotte auf See und dem Oberkommando der Marine darstellte. Das führte dazu, daß sie einen eigenen ›Enigma‹-Schlüssel, den ›Schlüssel M‹ verwandte. Dieser bestand aus dreizehn verschiedenen Schlüsseln, wobei nach alliierter Ansicht der Schlüssel ›Hydra‹ der wichtigste und bedeutendste war. Dieser Schlüssel wurde von den im Nordatlantik operierenden U-Booten benutzt.
In den ›Enigma‹-Geräten, die die U-Boote nutzten, konnten aus acht Walzen vier zum Chiffrieren gewählt werden, welche den Kryptologen $10^{23}$ Schlüsselkombinationen bescherten, die sie auswerten mußten. Das deutsche Marinechiffrierpersonal war wesentlich gründlicher geschult, disziplinierter und machte weniger Fehler. Ein ganzes Jahr lang, von 1940 bis zum Sommer 1941, war Bletchley nicht in der Lage, den ›Hydra‹-Schlüssel zu brechen. Patrick Beesley diente im Kriege beim Marinenachrichtendienst im U-Boot-Lageführungsraum der Admiralität in London. In seinem unlängst erschienenen Buch ›Very Special Intelligence‹ berichtet er, wie 1941 Schlüsselunterlagen und Ersatzchiffrierwalzen von drei deutschen bewaffneten Fischereifahrzeugen erbeutet wurden. Dieses Material war, wie man angab, von ›unschätzbarem Wert‹, aber die Männer in ›Baracke 8‹ (Marine) hatten das Problem ›Hydra‹ immer noch nicht gelöst. Am 8. Mai 1941 wurde das deutsche U-Boot U 110 vor Grönland nach einem Seegefecht mit der britischen Korvette ›Aubretia‹ und den Zerstörern HMS ›Bulldog‹ und ›Broadway‹ aufgebracht. Einem Enterkommando unter Befehl von Oberleutnant z. S. David Balme gelang es, das ›Enigma‹-Gerät mit seinen Chiffrierwalzen und den gültigen Signalheften und Kenngruppenbüchern unbeschädigt aus dem U-Boot zu bergen. Diese Beute mußte die britische Admiralität über den späteren Verlust des U-Bootes hinwegtrösten, weil U 110 beim Schlepp nach Island sank. Das Aufbringen des U-Bootes U 110 wurde bis zum Jahre 1958 offiziell nicht zugegeben. Die Tatsache, daß eine Marineversion der ›Enigma‹ ebenfalls erbeutet wurde, bedarf immer noch der offiziellen Bestätigung. Beesley jedoch, der es aufgrund seiner Tätigkeit wissen muß, bestätigt, daß erst der Besitz einer ›Enigma‹-Maschine Bletchley letztlich in die Lage versetzte, ›Hydra‹ zu ›knacken‹.
Schließlich trat an die Stelle von ›Hydra‹ der Schlüssel ›Triton‹. Er war mit Hilfe der verbesserten ›Bombe‹-Rechner und dank der Erfahrung, die man aus ›Hydra‹ gewonnen hatte, im April 1943 gebrochen worden. Hierdurch wurde es möglich, die Geleitzüge um die U-Boot-Rudel herumzuleiten. Eine weitere Folge war, daß man die ›Milchkühe‹, die U-Boot-Tanker, mit derartigem Erfolg orten und jagen konnte, daß jedes dieser Boote versenkt werden konnte.
Über ›Ultra‹ im allgemeinen hat Peter Calvocoressi, Chef der Abteilung des Nachrichtendienstes der Royal Air Force in ›Baracke 3‹ von Bletchley, folgendes gesagt:

> »Es besteht kein Zweifel darüber, daß ›Ultra‹ nicht nur erstaunlich, sondern auch von außerordentlicher Bedeutung war; und es hatte wahrscheinlich mehrere großartige Erfolge aufzuweisen. Doch sollte man sich nicht der Ansicht hingeben, als wäre dies alles gewesen, worauf es im Kriege ankam. ›Ultra‹ arbeitete zwar mit Erfolg, aber es verriet uns nicht alles.
> Es gab immer Dinge, die uns ›Ultra‹ nicht verriet; Dinge, die für uns wichtig waren . . . Und es gab sehr viele Fälle, wo es uns nur die halbe Geschichte, häufig sogar noch weniger, verriet. Wir waren dann darauf angewiesen, von einem bestimmten Punkt ab zu raten.«

›Enigma‹ war nicht die einzige Chiffriermaschine, die die Deutschen benutzten.

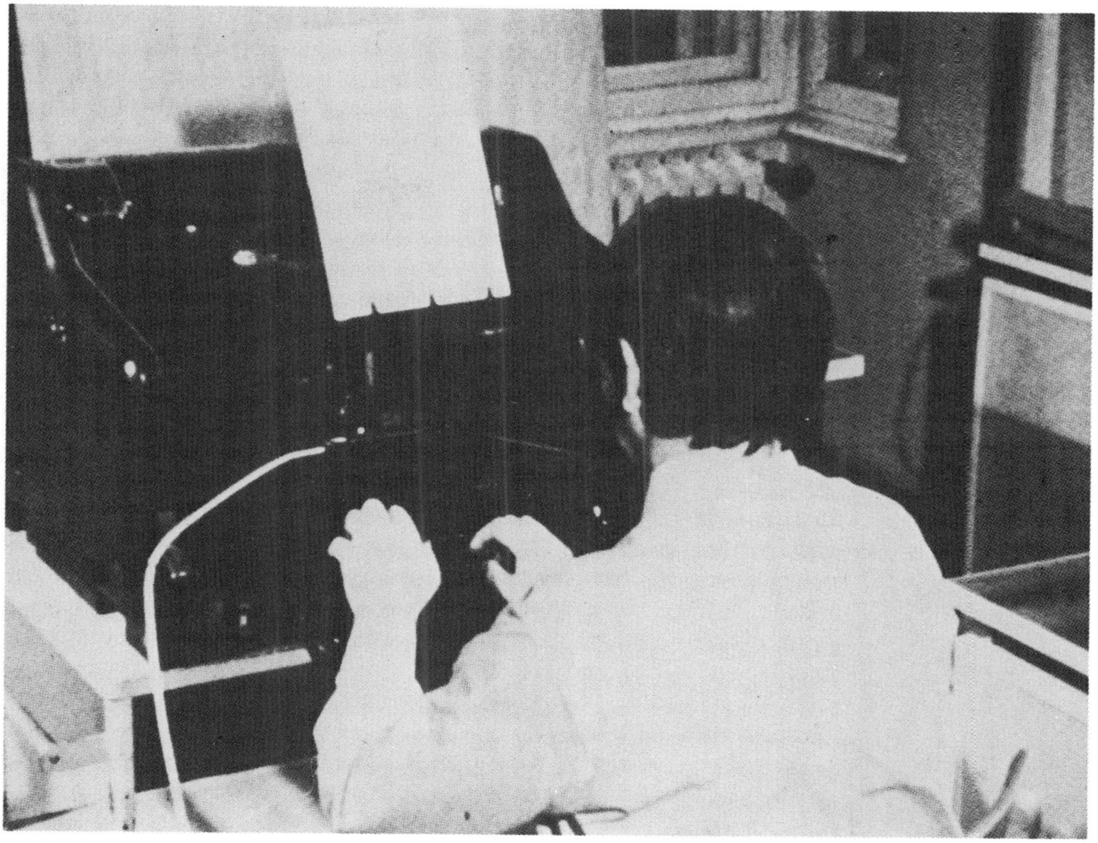

Der ›Geheimschreiber‹, ein Entschlüsselungsautomat, der den Schlüsseltext auf Fernschreibstreifen brachte oder direkt ins Fernmeldenetz oder zum Funksender übertrug.

Es gab noch eine andere, die die Engländer unter dem Tarnnamen ›Fisch‹ führten. Diese Maschine wurde in Deutschland ›Geheimschreiber‹ genannt und nur für den besonders wichtigen Nachrichtenverkehr allerhöchster Staatsgeheimnisse benutzt:

- Aufrechterhaltung des Verkehrs vom deutschen Außenministerium zu den Botschaften in neutralen Ländern,
- Übermittlung von Führerbefehlen und strategischen Weisungen an Befehlshaber im Ausland oder weitabgesetzte höhere Kommandobehörden.

Die ›Enigma‹-Schlüssel wurden für diese Zwecke als zu unsicher angesehen. Die ›Enigma‹ war eine Schlüsselmaschine für den taktischen Einsatz, wo es auf Schnelligkeit ankam. Die Deutschen gingen davon aus, daß die Schwierigkeiten beim Lösen der ›Enigma‹-Schlüssel, wenngleich nicht völlig unmöglich, so doch derart viel Zeit in Anspruch nehmen würden, daß die übermittelten Informationen inzwischen zeitlich überholt und dadurch taktisch und militärisch völlig wertlos sein mußten. Andererseits stellten der diplomatische Verkehr und die Übermittlung von Operationsplanungen und Führerbefehlen langfristige Maßnahmen dar, die ein absolut sicheres Chiffriersystem erforderten.

Die deutsche Telefon- und Telegrafen-Gesellschaft Siemens & Halske AG entwickelte und baute ein Chiffriergerät, von dem sie behauptete, das Schreckgespenst aller Kryptologen gefunden zu haben: die überhaupt nicht zu brechende Verschlüsselung. Das Gerät hatte zweifellos hervorragende Eigenschaften. Eine

davon ist als Direktverschlüsselung bekannt. Eine Einrichtung, die den Klartext direkt am Telegrafen oder am Funksender automatisch in den Schlüssel umsetzt, ohne das schwächste aller schwachen Glieder einzuschalten, den Menschen, in diesem Fall den Schlüßler. Die Entschlüsselung lief einfach umgekehrt ab, das Gerät nahm nur den Schlüsseltext auf und druckte ihn als Klartext aus.
Dieser ›Geheimschreiber‹ war im Grunde ein Fernschreiber, in dem das Schlüsseln auf dem ›Baudot‹- oder ›Murray‹-Telegrafenkode beruhte, der keineswegs geheim war. Es war und ist im internationalen Fernschreib- und Funktelegrafieverkehr üblich. Der ›Murray‹-Kode bestand aus zweiunddreißig Zeichen. Sie umfaßten sechsundzwanzig Buchstaben, zehn Zahlen, die Interpunktion und Fernschreibfunktionen wie Zeilenvorschub, Wagenrücklauf, Letternabstand sowie Buchstaben- und Zahlenumschalter. Um all dies mit zweiunddreißig Zeichen erreichen zu können, wurden die Zeichen mit einem Umschalter zweimal benutzt, der untere tastete die Buchstaben, der obere die Zahlen, Zeichen und Fernschreibfunktionen.
Jedes Zeichen bestand aus fünf Stromschritten gleicher Länge, üblicherweise 20 Millisekunden. (Um genau zu sein: der Kode bestand aus 7½ Stromschritten, mit einem Startimpuls und 1½ Stoppimpulsen für den Fernschreiber. Da diese für alle zweiunddreißig Zeichen gleich waren, beeinträchtigten sie den Schlüsselvorgang nicht.) Es gab nur zwei mögliche Stellungen: ›Kontakt geschlossen‹ oder ›Kontakt geöffnet‹ oder noch einfacher ›an‹ oder ›aus‹. Der Buchstabe ›A‹ im ›Murray‹-Kode lautete: ›an, an, aus, aus, aus‹.
Das Wesentliche des ›Murray‹-Kodes besteht darin, daß es sich um ein binäres Zahlensystem handelt, nach dem Digitalrechenvorgänge möglich sind. Die Firma Siemens war keineswegs die erste, die es anwandte. 1917 hatte Gilbert Vernam, ein Versuchsingenieur der amerikanischen Telefon- und Telegrafen-Gesellschaft, einen Maschinenschlüssel entworfen, der auf dem Telegrafenkode aufbaute. Er verband die Zeichen vom Fernschreiber mit einem Chiffrierschlüssel, der aus einem fünfreihigen Lochstreifen bestand, in den in beliebiger Reihenfolge bis zu fünf Löcher (Zeichen) eingestanzt werden konnten. Den Schlüsseltext erhielt man, wenn man die Zeichen von Maschine und Lochstreifen addierte. Vernam entwickelte eine einfache Regel für die Addition:

| | | | | |
|---|---|---|---|---|
| an | + | an | = | aus |
| an | + | aus | = | an |
| aus | + | an | = | an |
| aus | + | aus | = | aus |

Setzte man statt ›an‹ 1 und statt ›aus‹ 0, zeigt nachstehendes Beispiel das Prinzip:

| | | |
|---|---|---|
| Klartext | 11000 | (A) |
| Lochstreifen | 01101 | (P) |
| Schlüsseltext | 10101 | (Y) |

Also ist A + P = Y.
Dieser Schlüssel war ausreichend sicher, erforderte jedoch einen Lochstreifen, der so lang war wie der verschlüsselte Text zum Senden und zum Empfangen. So konnte er zu jener Zeit nicht als praktische Lösung angesehen werden (obwohl er in abgeänderter Form als Heeresschlüssel ›SIGTOT‹ der US-Army im Zweiten Weltkrieg wieder eingeführt wurde).
Der deutsche ›Geheimschreiber‹ erforderte keinen Lochstreifen und hatte deshalb auch nicht die Nachteile des Vernam-Verfahrens. Er war der ›Enigma‹ tatsächlich nicht unähnlich, weil er Walzen zum Verschlüsseln der Zeichen verwendete. Es

gab fünf Walzen für diesen Zweck, jede von ihnen konnte vom Verschlüßler auf einen gegebenen Schlüssel voreingestellt werden. Anders als bei ›Enigma‹ setzten die fünf Walzen keine Buchstaben um, sondern die fünf Stromschritte des ›Murray‹-Kodes, die jeweils ein Einzelzeichen ergaben. Die Walzen trugen Zakken, um das Einstellen zu ermöglichen. Die Zackenzahl auf den fünf Walzen war unterschiedlich, lag aber zwischen siebenundvierzig als niedrigster Zahl und neunundachtzig als höchster. Alle stellten Primzahlen dar.
Der ›Geheimschreiber‹ setzte nicht ständig Buchstaben und Zeichen um. Bei bestimmten Bestellungen der Schlüsselwalzen wurden gewisse Zeichen überhaupt nicht verändert. Eine zweite Reihe von fünf Walzen bewirkte eine Umsetzung der ›Murray‹-Kodezeichen durch binäre Addition, womit das gleiche Ergebnis wie mit Vernams Lochstreifen erzielt und ein sehr brauchbares, handliches und sicheres Verfahren geschaffen wurde. Alles, was der Verschlüßler zu tun hatte, war, sich an das Gerät zu setzen, das eine übliche Fernschreibertastatur hatte, und den Klartext einzutippen. Das Gerät verschlüsselte ihn und übertrug die Meldung gleichzeitig über Fernleitung oder Funk mit sechsundzwanzig Wörtern pro Minute. Wurde ein Spruch abgehört und direkt in einen Fernschreiber eingegeben, erschien nur verstümmeltes Zeug mit Druckfehlern, versetzten Zahlen, willkürlichen Buchstaben, Zahlen und Zeichensetzungen, kurzum, ein heilloses Durcheinander von Fernschreibzeichen ohne Sinn. Mit dem zugehörigen, abgestimmten Empfänger konnte der gleiche ›Geheimschreiber‹ mit seinen richtig eingestellten zehn Chiffrierwalzen den verschlüsselten Spruch aufnehmen, entschlüsseln und den deutschen Klartext ausdrucken.
Die Deutschen hielten ihren ›Geheimschreiber‹ für genauso sicher wie den Gebrauch der nur einmal verwendbaren ›Wegwerf‹-Schlüsseltafel, die auch von Sowjetagenten nach dem Kriege gerne benutzt wurden, weil sie absolut nicht zu brechen waren. (Einige davon wurden im ›Krugers' House‹ des Londoner Vororts Ruislip vom Sicherheitsdienst gefunden.) Dieser Schlüssel besteht aus einem Streifen von Fünferzahlengruppen, die völlig beliebig sind. Es gibt davon nur zwei Kopien, eine für den Absender, eine für den Empfänger. Der Text wird auf ganz einfache Weise nach einem numerischen Kode verschlüsselt, der sich oft auf eine Seite, Zeile, ein Wort oder einen Buchstaben irgendeines vereinbarten Buches bezieht. Dieses Buch haben Absender und Empfänger in gleichlautenden Ausgaben. Zahlen des ›Schlüssels‹ werden in den zu verschlüsselnden Text eingefügt und ergeben dann den chiffrierten Text. Wenn eine Meldung verschlüsselt ist, kann dieser Text unbesorgt übermittelt werden, seine Schlüssel werden kein zweitesmal benutzt, weil die diesbezügliche Schlüsseltafel vernichtet wird; sie wird unter allen Umständen nur einmal benutzt. Da die Zahlen beliebig wählbar sind, kann ein Kryptologe zweifellos, zumindest mit nur einem kurzen verschlüsselten Text, keine Schlüsselanalyse anstellen; der Schlüssel läßt sich nicht brechen. Doch für den militärischen Gebrauch ist er fast überhaupt nicht verwendbar, einfach deshalb, weil viel zu viele dieser ›Wegwerf‹-Schlüssel erforderlich wären. Auch bedarf er ermüdender Ver- und Entschlüsselungsarbeiten. Der ›Geheimschreiber‹ in Verbindung mit den ›Murray‹-Funkschlüsselzeichen tat eigentlich das gleiche, nur mit dem wichtigen Unterschied, daß die beliebig wählbaren Schlüsselzahlen beim ›Wegwerf‹-Schlüssel unendlich sind. Die Chiffrierwalzen des ›Geheimschreibers‹ hingegen erzeugten zwar eine unerhört große Zahl von Schlüsselziffern, doch sie waren nicht unendlich. Deshalb mußten sie sich früher oder später wiederholen, was zur Entschlüsselung eines Textes beitragen konnte.

Die zehn Nockenscheiben des Geheimschreibers.

Es läßt sich nicht sagen, wann Blethley eigentlich mit dem Dechiffrieren des ›Geheimschreibers‹ begann. Es ist möglich, daß sich in den ersten Kriegsjahren etwas tat. Der verschlüsselte Fernschreibverkehr mit höchster Geheimhaltungsstufe lief über deutsche Fernkabelleitungen und war deshalb gegen ein Abhören, zumindest von England aus, geschützt. Eine der Fernschreibleitungen von Deutschland ins besetzte Norwegen verlief jedoch durch das neutrale Schweden. Der schwedische Nachrichtendienst zapfte die Leitung an. Dem Geheimschriftexperten Arne Beurling gelang es, im Mai 1940 einen Schlüsselspruch mit Papier und Bleistift zu entschlüsseln. Ein schwedischer Fernschreibtechniker baute nach einer Konstruktionszeichnung von Beurling einen Apparat, mit dem man den deutschen Klartext ausdrucken konnte. Daß dies eine Meisterleistung von Beurling war, steht außer Zweifel. Doch sollte auch gesagt werden, daß die ersten Muster der ›Geheimschreiber‹ viel einfacher zu ›knacken‹ waren als die späteren. Der Mathematiker W. T. Tutte, der in einer Versuchsabteilung arbeitete, die von Major Tester geleitet und in Bletchley nur die ›Testerei‹ genannt wurde, schaffte es ebenfalls, einige ›Fisch‹-Meldungen aus der deutschen Fernschreibleitung nach Norwegen durch ähnliche mühselige ›Papier- und Bleistiftmethoden‹ zu dechiffrieren. Das Datum ist unbekannt, aber es kann im Sommer 1942 gewesen sein, denn im September des gleichen Jahres kam noch ein weiterer Mathematiker aus Cambridge, M. H. A. Newman, zur ›Testerei‹. 1976 erinnert er sich in einem Interview:

»Sie hatten einige der ›Geheimschreiber‹-Meldungen herausgekriegt durch ein sehr langwieriges Handverfahren und den Vergleich bestimmter Durchläufe mit anderen. Dieses Verfahren kam mir so vor, als vollzogen sie genau das nach, was die Verschlüsselungsmaschine unserer Feinde tat.
Da kam mir der Gedanke, daß wir vielleicht in der Lage wären, eine Maschine zu bauen, die wie deren Maschine funktionierte und die Arbeit für uns tat.«

Verschlüsselte Meldungen des deutschen Heeres über Fernschreibleitungen wurden als abhörsicher angesehen. Und doch wurde eine Fernschreibleitung, die durch Schweden lief, angezapft und der Fernschreibkode gebrochen.

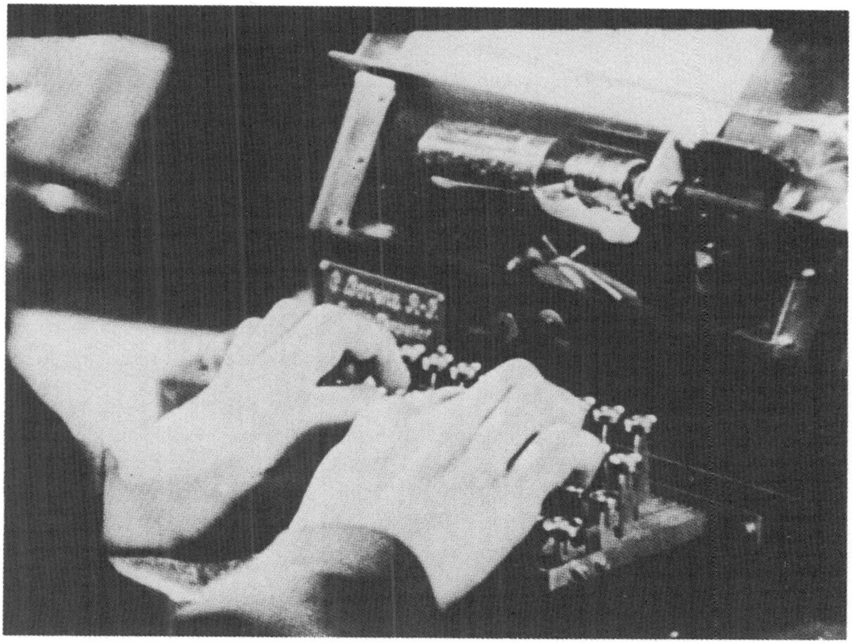

Newman überzeugte Fregattenkapitän Travis davon, die Aufstellung einer Arbeitsgruppe zu genehmigen, die dann als die ›Newmännerei‹ bekannt wurde und in ›Baracke F‹ von Bletchley tätig war. Zu den ersten Mitarbeitern zählten fast nur Mathematiker. Newman leitete die Diskussionen und Turing und Welchman traten als Berater hinzu. Der Chefkonstrukteur jener ins Auge gefaßten Maschine war Wynn-Williams vom TRE, unterstützt von mehreren Ingenieuren der Britischen Postversuchsstation in Dollis Hill, einem Vorort von London. Die Maschine wurde dort gebaut und dann in Bletchley aufgestellt. Sie arbeitete elektronisch und hatte, soweit sich Good erinnert, zwischen 30 und 80 Röhren. Sie war auf zwei postamtlichen Standardgerätegestellen aufmontiert, die etwa 50 Zentimeter breit und 2,50 Meter hoch waren. Dazu gehörten auch zwei fotoelektrische Zeilenleser, wovon jeder 2000 Telegrafenzeichen pro Sekunde abtasten konnte.

Die abgehörten verschlüsselten deutschen Telegrafensprüche wurden in einen der Leseköpfe in Form von Lochstreifen mit eingestanzten Fünfergruppen des ›Murray‹-Kodes eingelegt. Der Lochstreifen wurde zusammengeklebt und bildete so ein Endlosband, das über ein Rollensystem an den fotoelektrischen Zellen vorbeilief. Dann wurde der Lochstreifen mit den Telegrafenentschlüsselungszeichen zu einem Endlosband verklebt, das etwas kürzer war als das der verschlüsselten Meldung. Die Lochstreifen wurden nunmehr in Bewegung gesetzt und liefen mit hoher Geschwindigkeit durch die beiden Leseköpfe. Die Telegrafenlochstreifen hatten, wie die modernen Computerbänder, schmale Perforationen, in die ein Antriebszahnrad eingriff. Die Zahnräder hielten beide Lochstreifen im Synchronlauf. Da der Entschlüsselungsstreifen als Endlosband eine unterschiedliche Schleifenlänge hatte, liefen bei jeder Umdrehung auch verschiedene Lochstreifeninformationen synchron mit dem verschlüsselten Telegrafenspruch durch die Leseköpfe. War zum Beispiel der Lochstreifen der zu entschlüsselnden Meldung 2000 Zeichen lang und der Schlüssellochstreifen enthielt nur ein Zeichen weniger, so ergaben sich bereits 3 998 000 verschiedene Kombinationen der Lochstreifen zueinander, bevor sich die Durchlauffolge wiederholte. Mittels elektronischer binärer Rechengänge wurden aus dem zu entschlüsselnden Text die Verschlüsselungszeichen herausgefiltert. Das Ergebnis wurde mit einem, wie Good es beschrieb, ›primitiven Drucker‹, wahrscheinlich einem abgewandelten Fernschreiber, ausgedruckt.

Wegen der schnelldrehenden Lochstreifen und Röllchen an dieser Maschine gaben ihr die Marinehelferinnen, die sie bedienten, den Spitznamen ›Heath Robinson‹ (dem technische Kuriositäten zeichnenden Karikaturisten). Sie wurde ihrem Spitznamen gerecht, ihre Erfolgsraten waren sehr niedrig und Bandrisse an der Tagesordnung. Dies war natürlich noch vor der Zeit selbsthaftender Klebemethoden. So warf das Zusammenkleben von Endlosstreifen echte Probleme auf. Und Odette Wylie, eine der Marinehelferinnen, erinnert sich:

> »Es dauerte längere Zeit, bis wir brauchbare Klebemittel fanden, die der Belastung für die Endlosbänder unter dem Zug des ständigen Rundumlaufs bei hoher Geschwindigkeit standhielten. Auch die zwei Bänder genau synchron laufen zu lassen, war eine sehr schwierige Sache. Und wenn sie rissen, war das nicht einfach so, daß sie dann ruhig am Boden herumlagen, nein, sie schlängelten sich in die Lüfte und verwickelten sich in der Maschine, meist in jenen kleinen Ecken, wo man sie so schwer wieder entfernen konnte.
>
> Wir hatten auch nicht die entfernteste Idee, was die Maschine eigentlich bewirkte. Man gab uns einfach zwei Lochstreifen und sagte uns, wir sollten sie einlegen und die Maschine an der richtigen Stelle anstellen und an der richtigen Stelle wieder abstellen. Aber wir hatten keine Ahnung, was wir da eigentlich machten; . . . waren ja auch nur Lochstreifen . . .«

Ganz abgesehen von gerissenen Lochstreifen bereitete ›Heath Robinson‹ auch in anderer Beziehung Schwierigkeiten. Das binäre Auszählen war wegen der unzuverlässigen Relais ungenau. Auch der Lochstreifen, der den Schlüssel eingab, war unzureichend. Gewisse Verbesserungen wurden vorgenommen, hauptsächlich aufgrund von Empfehlungen und Vorschlägen des Geheimschriftanalytikers Donald Michie und des Mathematikers I. J. Good, die die Leistung soweit steigerten, daß das Vertrauen Newmans in eine Maschine gerechtfertigt blieb, mit der man den ›Fisch‹-Kode des ›Geheimschreibers‹ knacken könnte.

Was jedoch erforderlich war, war ein ›Super-Robinson‹-Gerät, das jeweils einen eigenen Entschlüsselungslochstreifen für jede der zehn Chiffrierwalzen des deutschen ›Geheimschreibers‹ besaß, damit man sie gleichzeitig mit dem auf Lochstreifen umgesetzten verschlüsselten Spruchtext vergleichen konnte.

Woher wußte Bletchley damals bereits, daß der ›Geheimschreiber‹ zehn Chiffrierwalzen hatte? Es waren zwei deutsche Heeres-›Geheimschreiber‹ von der 8. Britischen Armee in Nordafrika erbeutet worden. Auch ein Angehöriger der Geschäftsleitung der Firma Siemens in München bestätigte, daß »wir im Kriege natürlich einige ›Geheimschreiber‹ verloren haben«.

Im Januar 1943 wurden zwei Versuchsingenieure der Post, T. H. Flowers und S. W. Broadhurst, Fachleute für schnellaufende Wähler, zu Rate gezogen, um Verbesserungen vorzuschlagen. Flowers schlug ein völlig neues Konzept vor und ging sogleich daran, zusammen mit Newman einen Entwurf zu erarbeiten, der dann der erste elektronische Rechner der Welt werden sollte, ›Colossus‹ genannt. Newman umriß den Gesamtaufbau und stellte das Pflichtenheft auf, während Flowers für die technische Verwirklichung zuständig war.

Bei der Post bestand Flowers Aufgabe darin, automatische Wählanlagen und

Telefonvermittlungen zu entwickeln. Er war deshalb in der Lage, die Probleme in Bletchley unter völlig neuen Gesichtspunkten anzugehen:

> »Es kam mir der Gedanke, daß elektronische Schaltungen in Verbindung mit Röhren die gleichen Funktionen erfüllen müßten wie mechanische Schaltungen, jedoch wesentlich schneller und zuverlässiger. Das sollte unsere Schwierigkeiten überwinden helfen.«

Hiergegen wurden Einsprüche laut, weil Röhren angeblich unzuverlässig seien. Doch Flowers wies darauf hin, daß nach den Erfahrungen der Post und der BBC die Röhren, die nie ausgeschaltet werden, äußerst langlebig und zuverlässig sind. Es wurde daher beschlossen, mit ›Colossus‹ weiterzumachen unter Verwendung von nicht weniger als 1500 Röhren, weit mehr, als in irgendeinem elektronischen Einzelgerät bis dahin eingebaut worden waren.

Die Großrechenmaschine wurde im Labor für Wechselstrommeßbrücken im Erdgeschoß der Postversuchsstation in Dollis Hills zusammengebaut. Die Arbeiten begannen im Februar; und im Dezember 1943 wurde ›Colossus‹ MK I in Bletchley aufgestellt. Wie schon ›Heath Robinson‹ tat auch ›Colossus‹ genau dasselbe wie der deutsche ›Geheimschreiber‹. Die dünnen, schwachen und unzureichenden ›Robinson‹-Schlüsselbänder waren jetzt durch elektronisch hervorgerufene Schlüssel ersetzt worden. Die Aufgaben der zehn Chiffrierwalzen des ›Geheimschreibers‹ wurden dabei von zehn mit Thyratron-Dreielektrodenröhren bestückten Ringschaltungen übernommen. Diese Röhren, die Argongas enthielten, wirkten wie sehr schnell laufende Wähler und konnten hohe Stromstärken aufnehmen. Mechanisch waren sie in den Gerätegestellen in Reihen angeordnet. Nur eine Röhre in jedem einzelnen ›Ring‹ wirkte eine kurze Zeit lang als Leiter, dann übernahm die benachbarte den Stromkreis. Auf diese Weise wurde der Umlauf der Chiffrierwalzen im ›Geheimschreiber‹ nachvollzogen. Sobald eine Röhre leitete, wurden Impulse an andere Schaltkreise geleitet, die das Auszählen nach dem binären Zahlensystem und den Booleschen Funktionen algebraischer Logik ausführten. Das heißt nichts anderes, daß ›Colossus‹ entsprechende Schlüssel entwickelte und sie vom Originalspruch, der über den üblichen Fünferzeichenlochstreifen nach dem ›Murray‹-Verfahren in die Maschine eingegeben wurde, logisch subtrahierte, den verschlüsselten Originalspruch also durch einen elektronischen Filter laufen ließ.

Die Geschwindigkeit, mit der die Bänder ausgewertet wurden, war atemberaubend: fünftausend Zeichen pro Sekunde. Dies wurde teilweise dadurch erreicht, daß der Lochstreifen des zu entschlüsselnden Textes nicht mehr mit einem Entschlüsselungslochstreifen synchronisiert zu werden brauchte. Deshalb war die Laufgeschwindigkeit des zu entschlüsselnden Lochstreifens unabhängig von den Randperforationen im Lochstreifen. Es wurde nur über Riemenscheiben vorwärtsbewegt. Die Randlochung wurde jedoch dazu benutzt, um Zeitimpulse über fotoelektrische Zellen in den Lochstreifenabtaster einzusteuern. Diese Zeitimpulse synchronisierten die elektronischen Funktionen mit dem mechanischen Vorschub der Eingabebänder. Das Funktionsprinzip entsprach der heute als ›on-line‹ bekannten Programmierung von Computern, die einen ständigen Datenaustausch in Form eines Dialoges zwischen Mensch und Maschine darstellt, wie es allgemein erst in neuester Zeit mit den modernen Computern üblich geworden ist.

Der Lochstreifen, der den deutschen verschlüsselten Text enthielt, lief in Form einer Endlosschleife durch die fotoelektrischen Leseköpfe. Mit jedem Bandumlauf gab der Kryptologe der Maschine mit Hilfe der Marinehelferinnen, die das

Fotos, die 1943 in Bletchley von den ›Colossus‹-Geräten gemacht worden waren, gelangten erst 33 Jahre später – ohne Hinweis auf die einstige Verwendung – zur Veröffentlichung. Die Erläuterungen sind so, wie sie freigegeben wurden.

Die elektrische Schreibmaschine, die das Ausdrucken besorgte, ist deutlich zu sehen, wie auch die ›Murray‹-Kodebänder, die über die Bandrolle laufen.

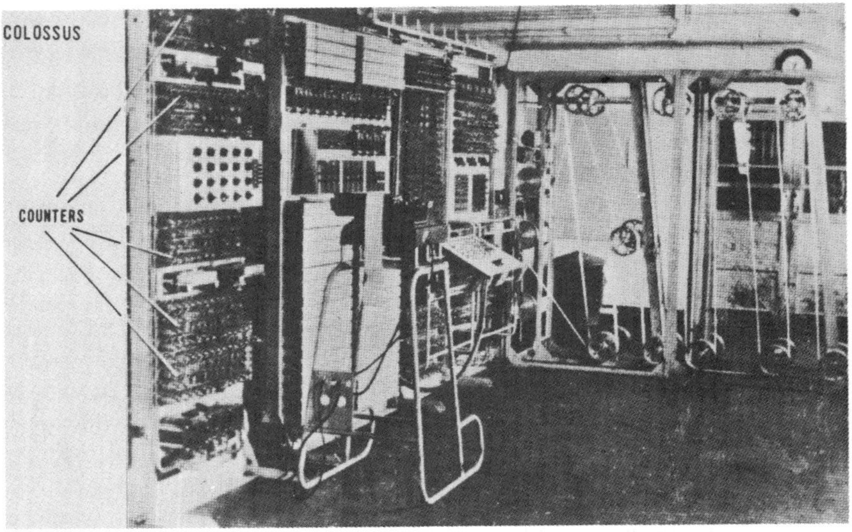

Die Rückseite eines ›Colossus‹-Gestells: Die Thyratron-Ringzähler sind aufgedeckt.

Rechenprogramm durch die Betätigung von Schaltern beeinflußten und überwachten, Anweisung, gewisse Abstimmungen mit dem Chiffrierschlüssel vorzunehmen. Der Kryptologe saß vor einer elektrischen Schreibmaschine, auf der die Analyseergebnisse der Maschine ausgedruckt wurden. Er achtete nur auf bedeutsame, verräterische Wiederholungen von Buchstaben, die die schrittweise Dechiffrierung des verschlüsselten Textes ankündigten. Dieser ›Dialog‹ wurde so lange fortgesetzt, bis die Entschlüsselung erreicht war.

Das Besondere bei ›Colossus‹ war, da er fast vollelektronisch arbeitete, daß alle erzielten Ergebnisse laufend wiederholbar blieben. Er machte, im Gegensatz zum elektromechanischen ›Robinson‹, keine Fehler. (Jack Good stellte in seiner 1976 gehaltenen Vorlesung am Nationalen Physikalischen Laboratorium in Teddington fest, daß ›Colossus‹ hintereinander mehr als $10^{11}$ elementare Boolesche logische Und-/Oder-Funktionen fehlerlos auszuführen vermochte.) War der richtige Schlüssel erst einmal gefunden, so konnte er alle weiteren Funksprüche mit

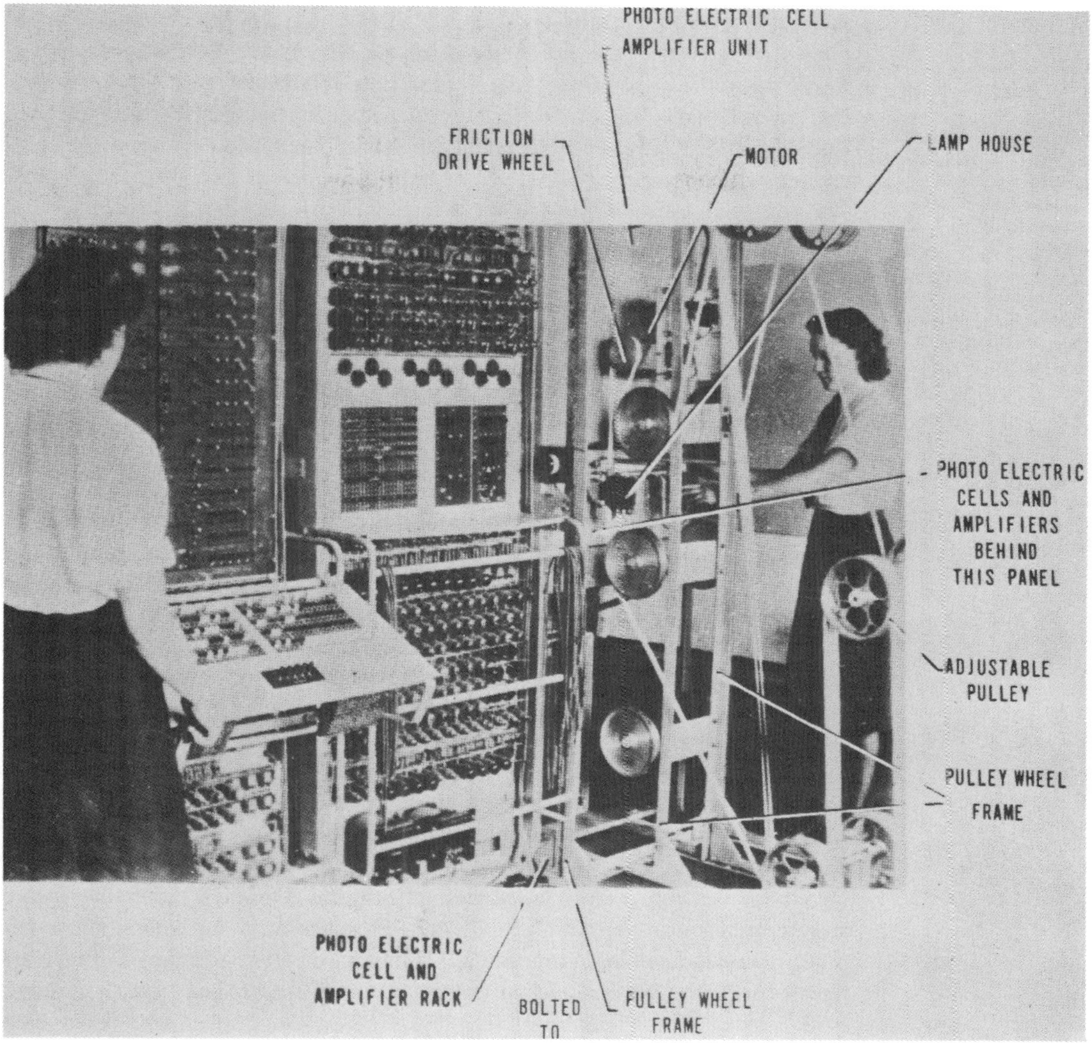


Nach Beendigung eines ›Colossus‹-Durchlaufs werden die Steckerverbindungen vom WRNS-Bediener nach Anweisung eines Kryptologen geändert.

gleichem Schlüssel dechiffrieren. ›Colossus‹, der erste freiprogrammierbare Computer, begann im Dezember 1943 in Bletchley zu arbeiten und lieferte fast umgehend Ergebnisse.

Der ›Geheimschreiber‹ wie auch ›Enigma‹ wurden während der Kriegsjahre ständig weiterentwickelt. Nach Angaben eines Sprechers der Firma Siemens wurden während des Krieges fünf unterschiedliche Versionen des ›Geheimschreibers‹ gebaut. Das 1939er Modell war wohl das einzige, das in Deutschland unter dem Namen ›Verschlüsselungsfernschreiber 52 AB‹ bekannt wurde. Er galt aber nicht als absolut sicher, obwohl dies bei dem Folgemodell 52 C der Fall war. 52 C dürfte die Typenbezeichnung des heute in Deutschland vorhandenen Gerätes gewesen sein. Diese Maschine besaß zusätzlich zu den zehn Chiffrierwalzen eine weitere Erschwerung, den Schlüssel zu ›knacken‹: einige der Chiffrierwalzen waren mit einem Schaltklinkensystem versehen. Sie drehten sich nicht unaufhörlich, weil sie in unregelmäßigen Abständen gesperrt wurden. Um mit diesen, sich

ruckweise drehenden Chiffrierwalzen fertig zu werden und um weitere Verbesserungen einzubringen, die aus Erfahrungen mit dem ersten ›Colossus‹ stammten, wurde das verbesserte Modell MK II entworfen und gebaut.
Das im ›Colossus‹ MK II eingebaute Funktionselement, das die unregelmäßig laufenden Chiffrierwalzen berücksichtigen sollte, nutzte bedingte Sprungbefehle, die mit dem Iterationsverfahren vermittelt wurden, mit anderen Worten: ›Colossus‹ konnte Entscheidungen treffen. Dieses Rechenverfahren ist heutzutage natürlich für alle modernen Computer selbstverständlich, doch ›Colossus‹ war eben der allererste, der diese Rechenmöglichkeit besaß. ›Colossus‹ MK II war größer und arbeitete schneller als MK I. 2500 Röhren wurden eingebaut. Der Eingabelesekopf konnte 5000 Zeichen pro Sekunde abtasten. Es war auch möglich, bis zu fünf Leseköpfe zusammenzuschalten, wodurch sich eine Lesegeschwindigkeit von 25 000 Zeichen pro Sekunde ergab. Eine derartige Lesegeschwindigkeit wurde bei handelsüblichen Computern erst zehn Jahre nach dem Kriege erreicht. Mit fünfzehn Buchstaben je Sekunde wurden die Ergebnisse über eine elektrische Zeilenschreibmaschine ausgedruckt.
Zehn ›Colossus‹ MK II wurden im März 1944 von der Postversuchsstation in Auftrag gegeben. Der erste sollte rechtzeitig vor der Invasion fertiggestellt und aufgestellt werden und am 1. Juni betriebsbereit in Bletchley stehen. Dieser Termin erschien unmöglich, doch stand unter Zurückstellung nahezu aller sonstigen Vorhaben und mit Einsatz der erfahrensten Kräfte ›Colossus‹ MK II genau am 1. Juni einsatzbereit. Die übrigen Geräte gemäß dieses Auftrages folgten kurz danach.
Als die alliierten Armeen Europa besetzten, nahmen die Aufgaben der ›Colossus‹-Arbeitsgruppe an Umfang und Bedeutung zu. Die ursprünglich kleine Gruppe, die sich einst mit ›Heath Robinson‹ herumgeschlagen hatte, war inzwischen auf zwanzig Kryptologen, zwanzig Ingenieure und über 250 Marinehelferinnen angewachsen.
Der Inhalt des von ›Colossus‹-Geräten entzifferten deutschen Fernfunkverkehrs konnte bisher nicht veröffentlicht werden. Er dürfte wohl auf jeden Fall zu den ›Ultra‹-Dokumenten insgesamt zählen, nimmt hierin aber auch die höchste Wertigkeit ein, weil ›Colossus‹ nie zur Entschlüsselung von ›Enigma‹-Sprüchen eingesetzt wurde. Erst kürzlich gab das Staatsarchiv Fotografien von ›Colossus‹-Geräten frei, die in diesem Buch abgebildet sind, jedoch ohne jeden Hinweis darauf, zu welchem Zweck sie eingesetzt worden sind. Es gibt aber deutliche Anzeichen dafür, daß zum Beispiel Hitlers Weisungen an Feldmarschall von Kluge, die zum deutschen Fehlschlag von Falaise führten, einer Schlacht von entscheidender Bedeutung für die Heeresoperationen in Frankreich, von ›Colossus‹ entschlüsselt worden sind.
Mit der offiziellen Freigabe der ›Ultra‹-Dokumente wird erst heute das ganze Ausmaß des alliierten nachrichtendienstlichen Eindringens in die deutsche Kommandostruktur deutlich. Der Anteil der Kryptologen von Bletchley am Ausgang des Krieges war tiefgreifend, wenn nicht sogar entscheidend, und sollte nicht zuletzt das Leben vieler alliierter Soldaten, Seeleute und Flieger erhalten – und auf deutscher Seite kosten. ›Ultra‹-Erkenntnisse mußten mit größter Vorsicht behandelt werden. Es erging während des Krieges die strikte Anweisung an alle Nutznießer von ›Ultra‹, niemals irgendwelche militärischen Maßnahmen zu ergreifen, die sich nicht gleichzeitig auch auf andere Quellen berufen können, wie Luftaufklärung, Gefangenenbefragungen und dergleichen.

Nahaufnahme der exzentrischen Walze. Zur Entzifferung wurde in den ›Colossus‹-Rechner eine bedingte Logik einprogrammiert.

Selbst heute noch widerstrebt es den Deutschen, an den vollen Umfang zu glauben, in dem ihre geheimsten Befehle für den Feind offenlagen. Die Versenkung von U-Boot-Tankern, die plötzlichen Kursänderungen von Geleitzügen – fort von U-Boot-Rudeln – und andere zufällige militärische Schachzüge, die ihre Absichten durchkreuzten, wurden gern irgendeinem Verrat zugeschrieben. Es sei daran erinnert, daß die Deutschen zumeist in besetzten Ländern stationiert waren, inmitten von feindlich gesinnter Bevölkerung und Agenten. Aber keine Agenten, nicht einmal die des von den Deutschen als allmächtig und allgegenwärtig angesehenen ›Secret Service‹, hätten eine solche Flut von hochkarätigen Geheimberichten liefern können, wie es die Ergebnisse von Bletchley darstellten. Diese Nachrichten kamen nur und ausschließlich aus einer einzigen Quelle: von den Deutschen selbst. Und trotzdem versicherte die ›Chi-Stelle‹, der deutsche Chiffrierdienst des OKW, zweifelnden Befehlshabern immer wieder, daß ihre Schlüssel ›dicht‹ und sicher seien. Ständig verbesserten sie ihre Maschinen. 1945 hatte tatsächlich noch eine neue ›Enigma‹ Frontreife erreicht und stand kurz vor der Einführung bei der Truppe. Wäre sie an die Truppe ausgeliefert worden, so hätte sie von Bletchley nicht ›geknackt‹ werden können. Doch wie so viele Anstrengungen deutscher Wissenschaftler und Forscher im Kriege kam auch sie zu spät.

So summten, ratterten und tickten sich die ›Bombe‹- und ›Colossus‹-Rechner durch die deutschen Geheimnisse hindurch bis zum letzten Tage des Krieges, dem Tage, an dem sie erstmals nach mehr als vier Jahren stillstehen durften. Die Kryptologen und Mathematiker gingen zurück in ihre Universitäten; einige in die neue Wissenschaft von den Computern, andere wurden Schachgroßmeister. Harry Golombek wurde Schachkorrespondent der Londoner ›Times‹. Ein anderer Mann aus Bletchley, Roy Jenkins, sollte Kabinettsmitglied und Schatzkanzler werden. Die Helferinnen der Territorialarmee und der Marine, die die Staatsgeheimnisse ihres Vaterlandes in ihren Händen hielten, wurden Ehefrauen und Mütter, und ihre Vorstadtnachbarn erfuhren nie etwas von ihrer Kriegstätigkeit. Die ›Barak-

Ein Luftbild neueren Datums von Bletchley Park. Viele der alten Barackenbauten wurden inzwischen erneuert. Doch im großen und ganzen ist es so wie zu Zeiten des Krieges. Das Haus mit Stallungen, Hof und ›Cottage‹ blieb unverändert, die Wohnsiedlung zur Linken wurde hingegen erst nach dem Kriege gebaut.

ken‹ von Bletchley Park dienten zunächst als Lehrerseminar. Später wurden sie, wesentlich angemessener, Sitz einer Postingenieurschule. Einige, wenn auch nicht alle, der Landsitze gingen an ihre früheren Besitzer zurück. Doch viele andere blieben wegen der veränderten Nachkriegsumstände leerstehen, bis sie als Management-Trainingszentren für Sommerkurse aufgekauft oder in Luxusgrundstücke aufgeteilt wurden.

Und was geschah mit den ›Colossus‹-Rechnern – den ersten elektronischen Computern der Welt? Als der Krieg aus war, stellten die Mathematiker sie wieder auf jene Parameter um, aus denen sie aufgebaut worden waren. Man fand heraus, daß sie mehr leisten konnten, viel mehr, als nur deutsche Geheimschlüssel zu entziffern. Obwohl die neue Technologie der Computer, die sie aus der Taufe gehoben hatten, weltweit offen weiterentwickelt wurde, verschwanden die Originalgeräte, ohne eine Spur zu hinterlassen. Wurden sie einfach auseinandergenommen, um in nicht mehr feststellbaren Teilstücken in irgendwelchen Resteläden verhökert zu werden zusammen mit anderen elektronischen Raritäten des Krieges?

Die ›Bombe‹-Rechengeräte, so scheint es, waren allzu schnell beseitigt worden. Helen Rance, eine von den vielen hundert ehemaligen Marinehelferinnen vom Marinestützpunkt HMS ›Pembroke‹, erinnert sich an die ›unheimliche Stille‹, in den Räumen der ›steinernen Fregatte‹, wie sie ihren alten Landsitz nannten, als die Rechner endgültig ausgeschaltet wurden. Einige der Mädchen konnten nicht widerstehen, die schweren Rechentrommeln über den Boden zu rollen, was sie vorher nie hätten tun dürfen. Und dann:

». . . setzten wir uns hin und zerlegten all die Trommeln mit Schraubenziehern in ihre einzelnen Bestandteile. Alles wurde restlos auseinandergenommen. Was hinterher mit ihnen geschah, weiß ich nicht.«

Erst wenn die offizielle Geschichte von ›Ultra‹ einmal geschrieben werden sollte, läßt sich ein endgültiges Urteil fällen. Vorerst soll der Mann, der das erste Wort über dieses Projekt verlauten ließ und niedergeschrieben hat – F. W. Winterbotham – das zunächst letzte haben:

»Ich weiß nicht, ob ein General oder eine Armee einst, jetzt oder in Zukunft je in der Lage war, ist oder sein wird, genau zu wissen, was sein Gegner zu tun beabsichtigt. Ich meine, die Geschichte wird darüber zu urteilen haben, welche Rolle ›Ultra‹ tatsächlich gespielt hat.
Ich selbst bin zwar etwas befangen, doch glaube ich, daß ›Ultra‹ Bedeutendes geleistet hat.«

# Namensverzeichnis